广视角·全方位·多品种

权威·前沿·原创

皮书系列为
"十二五"国家重点图书出版规划项目

图书在版编目（CIP）数据

"十二五"中期中国省域经济综合竞争力发展报告/李建平，李闽榕，高燕京主编. —北京：社会科学文献出版社，2014.3
（中国省域竞争力蓝皮书）
ISBN 978 - 7 - 5097 - 5657 - 7

Ⅰ.①十… Ⅱ.①李… ②李… ③高… Ⅲ.①省 - 区域经济发展 -
竞争力 - 研究报告 - 中国 Ⅳ.①F127

中国版本图书馆 CIP 数据核字（2014）第 026909 号

中国省域竞争力蓝皮书
"十二五"中期中国省域经济综合竞争力发展报告

主　　编/李建平　李闽榕　高燕京
副 主 编/李建建　苏宏文
执行主编/黄茂兴

出 版 人/谢寿光
出 版 者/社会科学文献出版社
地　　址/北京市西城区北三环中路甲 29 号院 3 号楼华龙大厦
邮政编码/100029

责任部门/社会政法分社（010）59367156　　责任编辑/曹长香　李兰生
电子信箱/shekebu@ ssap. cn　　　　　　　 责任校对/师晶晶　杜若普
项目统筹/王　绯　　　　　　　　　　　　　责任印制/岳　阳
经　　销/社会科学文献出版社市场营销中心（010）59367081　59367089
读者服务/读者服务中心（010）59367028

印　　装/三河市东方印刷有限公司
开　　本/787mm×1092mm　1/16　　　　　印　　张/43.75
版　　次/2014 年 3 月第 1 版　　　　　　　字　　数/1029 千字
印　　次/2014 年 3 月第 1 次印刷
书　　号/ISBN 978 - 7 - 5097 - 5657 - 7
定　　价/198.00 元

中国社会科学院创新工程学术出版项目

荣获中国首届优秀皮书"最佳影响力奖"（2009 年）

荣获中国第二届"优秀皮书奖"（2011 年）

荣获第三届"中国优秀皮书奖·报告奖"一等奖（2012 年）

荣获第四届"中国优秀皮书奖"（2013 年）

入选中国"十大皮书"（2013 年）

全国经济综合竞争力研究中心 2014 年重点项目研究成果

中央财政支持地方高校发展专项项目"福建师范大学产业与区域经济综合竞争力研究创新团队"2013～2014 年重大研究成果

中央组织部首批青年拔尖人才支持计划（组厅字〔2013〕33 号文件）2013～2014 年资助的阶段性研究成果

2010 年国家社科基金一般项目（项目编号：10BJL046）的阶段性研究成果

2010 年国家社科基金青年项目（项目编号：10CJL006）的阶段性研究成果

教育部新世纪优秀人才支持计划项目（项目编号：NCET－10－0017）的阶段性研究成果

福建省特色重点学科和省重点学科福建师范大学理论经济学暨福建省高校服务海西建设重点项目 2013～2014 年重大研究课题的最终研究成果

福建省高等学校科技创新团队培育计划（项目编号：闽教科〔2012〕03 号）的阶段性研究成果

福建省新世纪优秀人才支持计划项目（项目编号：JA10074S）的阶段性研究成果

福建师范大学创新团队建设计划 2013～2014 年的阶段性研究成果

中国省域竞争力蓝皮书编委会

主要编撰者简介

李建平 男，1946年出生于福建莆田，浙江温州人。曾任福建师范大学政治教育系副主任、主任，经济法律学院院长，副校长、校长。现任全国经济综合竞争力研究中心福建师范大学分中心主任，教授，博士生导师。理论经济学一级学科博士点和博士后科研流动站学术带头人，福建省特色重点建设学科与省级重点建设学科理论经济学学科负责人。同时兼任福建省人民政府经济顾问、福建省社会科学联合会副主席、中国《资本论》研究会副会长、中国经济规律研究会副会长、全国马克思主义经济学说史研究会副会长、全国历史唯物主义研究会副会长等。长期从事马克思主义经济思想发展史、《资本论》和社会主义市场经济、经济学方法论、区域经济发展等问题研究，已发表学术论文100多篇，撰写、主编学术著作、教材60多部。科研成果获得教育部第六届社科优秀成果二等奖，八次获得福建省哲学社会科学优秀成果一等奖，两次获得二等奖，还获得全国第七届"五个一工程"优秀理论文章奖，专著《〈资本论〉第一卷辩证法探索》获世界政治经济学学会颁发的第七届"21世纪世界政治经济学杰出成果奖"。福建省优秀专家，享受国务院政府特殊津贴专家，国家有突出贡献中青年专家，2009年被评为福建省第二届杰出人民教师。

李闽榕 男，1955年生，山西安泽人。经济学博士。现为福建省新闻出版广电局（福建省版权局）党组书记。福建师范大学兼职教授、博士生导师，中国区域经济学会副理事长。主要从事宏观经济学、区域经济竞争力、现代物流等问题研究，已出版著作《中国省域经济综合竞争力研究报告（1998~2004）》《中国省域农业竞争力发展报告（2004~2006）》《中国省域林业竞争力发展报告（2004~2006）》，以及在台湾出版的《海西经济区与台湾》等著作20多部（含合著），并在《人民日报》《求是》《管理世界》《经济学动态》等国家级报纸杂志上发表学术论文200多篇。近年来主持了国家社科基金"中国省域经济综合竞争力评价与预测研究""实验经济学的理论与方法在区域经济中的应用研究"等多项国家级和省级重大研究课题。科研成果曾荣获新疆维吾尔自治区第二届、第三届社会科学优秀成果三等奖，以及福建省科技进步一等奖（排名第三），福建省第七届、第八届、第九届、第十届社会科学优秀成果一等奖，福建省第六届社会科学优秀成果二等奖，福建省第七届社会科学优秀成果三等奖等10多项省部级奖励（含合作），并有20多篇论文和主持完成的研究报告荣获其他省厅级奖励。

李建建 男，1954年生，福建仙游人。经济学博士。现为福建师范大学经济学院院长，教授、博士生导师。享受国务院政府特殊津贴专家。福建师范大学政治经济学的学科带头人之一。主要从事《资本论》与社会主义市场经济、经济思想史、城市土地经济问题等方面的研究，先后主持和参加了国家自然科学基金、福建省社科规划基金以及福建省发改委、福建省教育厅和国际合作研究课题 20 余项，已出版专著、合著《中国城市土地市场结构研究》《〈资本论〉在社会主义市场经济中的运用与发展》《社会主义市场经济和改革开放》等 10 多部，主编《〈资本论〉选读课教材》《政治经济学》《发展经济学与中国经济发展策论》等教材，在《经济研究》《当代经济研究》《中国房地产》等刊物上发表论文 70 余篇。科研成果荣获国家教委优秀教学成果二等奖（合作）、福建省哲学社会科学优秀成果一等奖（合作）、福建省社会科学优秀成果二等奖、福建省社会科学优秀成果三等奖和福建师范大学优秀教学成果一等奖等多项省部级奖励。曾获福建省高校优秀共产党员、福建省教学名师和学校教学科研先进工作者称号。

黄茂兴　男，1976 年生，福建莆田人。经济学博士，教授、博士生导师。现为福建师范大学经济学院副院长、全国经济综合竞争力研究中心福建师范大学分中心常务副主任、福建师范大学青年联合会副主席。同时兼任中国数量经济学会常务理事、中国区域经济学会常务理事、中国青年政治经济学学者学术委员会执行委员、中国环境科学学会环境经济学分会专家委员、中国工业经济学会理事、福建省中青年经济研究会副会长等社会职务。主要从事技术经济、区域经济、竞争力问题研究，主持国家社科基金、教育部人文社科基金等国家级、部厅级课题 40 多项；出版专著、合著《技术选择与产业结构升级》《论技术选择与经济增长》等著作 28 部，在《经济研究》《管理世界》《经济学动态》《新华文摘》等国家核心刊物发表论文 120 多篇。科研成果曾获得教育部第六届社科优秀成果二等奖 1 项（合作），国务院第一次全国经济普查优秀论文一等奖 1 项（合作），福建省第七届、第八届、第九届、第十届社会科学优秀成果一等奖 5 项（合作），福建省第八届、第九届、第十届社会科学优秀成果二等奖 3 项，共获得 10 多项省部级奖励。入选"中组部首批'国家高层次人才特殊支持计划'青年拔尖人才支持计划人选"、"教育部新世纪优秀人才支持计划人选"、"全国新世纪百千万人才工程"第三层次人选、"福建省新世纪优秀人才支持计划人选"。荣获"福建省第六届优秀青年社会科学专家""福建省第七届'五四'青年奖章"等荣誉称号。所带领的科研团队先后入选财政部支持的国家创新团队和福建省高校科技创新团队。

摘　要

经济综合竞争力是一个地区、一个产业或行业在市场经济的激烈竞争中占据优势、处于不败之地的关键。省域经济作为中国经济的一个重要组成部分，在经济社会发展中发挥了中流砥柱的作用。在当代中国经济的发展中，中国要增强经济发展的内生活力和动力，就必须着眼和着力提升省域经济综合竞争力。

全书共三大部分。第一部分为总报告，旨在从总体上评价分析"十二五"中期（2011～2012年）中国省域经济综合竞争力的发展变化，揭示中国各省域经济综合竞争力的优劣势和变化特征，提出增强省域经济综合竞争力的基本路径、方法和对策，为我国区域经济战略决策提供有价值的分析依据。第二部分为分报告，通过对"十二五"中期中国31个省、市、区（不包括港澳台）经济综合竞争力进行比较分析和评价，明确各自内部的竞争优势和薄弱环节，追踪研究各省、市、区经济综合竞争力的演化轨迹和提升方向。第三部分为专题分析报告，深度剖析了"十二五"中期全国各省、市、区的宏观经济、产业结构、财政金融、生态环境、科技创新、区域协调、开放型经济等七个方面的发展状况，继续追踪研究省域经济发展与省域综合竞争力的内在关系，为提升中国经济综合竞争力提供有价值的决策依据。

附录部分收录本书关于中国省域经济综合竞争力指标评价体系的设置情况和各级指标得分及排名情况，以及2012年中国31个省、市、区主要经济指标数据，可为广大读者进行定量化分析提供数据参考。

Abstract

The overall competitiveness of economy is a key factor for an area, an industry or a domain to keep superiority and stay in an invincible position in the intense market competition. As an important part of the Chinese economy, provincial economy plays an important role in economic and social development. In contemporary economic development, China should pay attention to and promote the overall competitiveness of provincial economy in order to enhance the endogenous vitality and driving force of economic development.

The book consists of three parts. The first part is the general report, which generally evaluates and analyzes the development and changes in overall competitiveness of China's provincial economy during the first half of The "Twelfth Five-Year Plan" period (2011 – 2012), revealing the strengths, weaknesses and the variation in overall competitiveness of various provinces. The first part also proposes the basic paths, methods and strategies to enhance provincial competitiveness. In this way, it can provide valuable basis for strategic decisions about China's regional development. The second part is sub-reports. Through comparative analysis and evaluation of overall competitiveness of China's 31 provinces (not including Hong Kong, Macao, Taiwan) during the first half of The "Twelfth Five-Year Plan" period (2011 – 2012), each province clarifies their own competitive advantages and disadvantages. Then it furthers studies the evolutionary tracks and enhances the direction of the overall competitiveness of the economy for provinces, cities and districts. The third part is special analysis reports, which give in-depth analysis on seven areas: macro-economy, industrial structure, fiscal and financial issues, ecological and environmental issues, scientific and technological innovations, regional coordination, international trade during the first half of The "Twelfth Five-Year Plan" period and continues follow-up study on the inherent relationship between the development and the competitiveness of provincial economy. At last, it provides important suggestions for decision-making on enhancing the overall competitiveness of the Chinese economy. The appendixes include index systems for the overall competitiveness of China's provincial economy as well as all levels of indicators. Furthermore, statistical data on overall competitiveness of China's 31 provinces in 2012 are provided.

前　言

　　"竞争"是市场经济的自然属性和基本要义。在市场经济条件下，区域经济发展的本质就是区域间的经济竞争，任何一个区域要想在激烈的市场竞争中求得生存和发展，就必须具有能够占据优势的经济综合竞争力。进入 21 世纪后，随着经济全球化进程的进一步加快，资源在全球范围内配置的格局促使各种市场主体之间的竞争逐步趋向国际化，任何一个市场主体和经济区域都必须勇敢地面对竞争、积极参与竞争并在竞争中取得胜利。特别是在当前和今后一个时期，中国要继续应对国际金融危机及其后续影响，保持经济又好又快发展，最根本的就是增强综合国力，不断提升国家的国际竞争力。

　　中共中央总书记习近平 2013 年 7 月 21 日至 23 日在湖北调研全面深化改革问题和当前经济运行情况时强调，要大力发扬自力更生精神，研发生产我们自己的品牌产品，形成我们自己的核心竞争力。面对当前复杂多变的国际经济形势，我们必须坚定不移地推进体制创新、科技创新，落实创新驱动发展战略，推动经济发展方式转变，推进经济结构战略性调整，为推动科学发展增添新动力，提升我国经济综合竞争力，把握好在全球产业分工中的新定位，积极参与国际经济合作和创造竞争新优势。历史已经证明，只有不断增强中国的经济综合竞争力，才能不断提升中国的国际影响力和竞争力。

　　党的十七大以来，党中央多次强调要提高综合国力、国际竞争力和文化、企业等方面的竞争力。党的十八大报告将"综合国力、国际竞争力、国际影响力迈上一个大台阶"列为十年来取得的重大成就之一，并将"国际竞争力明显增强"列入全面建成小康社会和全面深化改革开放的目标之中，强调要"提高银行、证券、保险等行业竞争力"，"提高大中型企业核心竞争力，把我国经济发展活力和竞争力提高到新的水平"，"增强文化整体实力和竞争力"，"形成激发人才创造活力、具有国际竞争力的人才制度优势"。党的十八届三中全会强调，"积极发展混合所有制经济，提高竞争力"，"加快形成具有国际竞争力的人才制度优势，完善人才评价机制，增强人才政策开放度，广泛吸引境外优秀人才回国或来华创业发展"。2013 年 12 月 30 日，中共中央政治局就提高国家文化软实力进行第十二次集体学习，强调要"不断增强文化整体实力和竞争力，朝着建设社会主义文化强国的目标不断前进"。这些论述充分表明，在经济和社会发展中，我们党越来越重视国际竞争力和产业、行业竞争力的提升。

　　省域经济是一种集社会主义基本制度与市场经济体制的不同属性要求于一体、具有鲜明中国特色的区域经济类型，是中国社会主义市场经济不可缺失的一个重要组成部分，提升省域经济综合竞争力日益引起理论界、学术界和区域经济发展战略决策者们的高度重视。省域经济综合竞争力研究是中国社会主义市场经济建设和发展的产物，国际竞争力理论的兴起和发展为它提供了深厚的历史和理论背景，中国社会主义市场经济体制的建立和发展为它的产生提供了"沃土"。研究和提升省域经济综合竞争力既要借鉴国际竞争力、国家竞争力和区域竞争力的基本原理和方法，又要立足于中国社会主义市场经济发展的具体实际，不能全盘照抄照搬西方竞争力研究的理论和方法；既要搞好省域经济综合竞争力的评价，也要加强省域经济综合竞争力未来发展变化的预测。党的十八届三中全会提出，要"完善发展成果考核评价体系，纠正单纯以经济增长速度评定政绩的偏向，加大资源消耗、环境损害、生态效益、产能过剩、科技创新、安全生产、新增债务等指标的权重，更加重视劳动就业、居民收入、社会保障、人民健康状况"。这是我国首次以党的决议形式作出的关于调整政绩考核指标体系的规定，是党中央对新形势下"政绩观"和"发展观"的有效廓清，引导地方政府把注意力更多地集中到转方式、调结构、增效益上来，更加注重"提质增效"和"改革成果惠及全体人民"。这些要求有助于实现各级地方政府和官员从"为数量增长而竞争""唯 GDP 论英雄"到"为科学发展而竞争"的重大转变，具有十分重要的意义。多年来，课题组致力于中国省域经济综合竞争力评价研究，就一直极力淡化 GDP 的色彩，注重对经济发展质量的综合性评价，强调经济、社会、资源、环境之间的协调和可持续发展。当然，在今后的研究中，我们将继续按照新的考核体系的要求，进一步修改完善中国省域经济综合竞争力评价指标体系，以推动全国各省、市、区更加重视经济发展的质量和效益，更加重视环境保护和生态建设，更加重视安全生产和社会和谐稳定，更加追求长远利益的发展目标，努力实现全面、协调、可持续的"包容性增长"。只有这样，才能对中国省域经济综合竞争力的提升乃至整个中国经济的又好又快发展提供重要的理论和实践指导。

有鉴于此，为了适应国际竞争力发展和国内区域经济竞争格局的需要，早在 2006 年 1 月，国务院发展研究中心管理世界杂志社、福建师范大学等单位就联合成立了全国经济综合竞争力研究中心。同年，福建师范大学设立了分中心，福建师范大学原校长、博士生导师李建平教授担任分中心主任。该分中心主要致力于中国省域经济综合竞争力、环境竞争力、国家创新竞争力、低碳经济竞争力、创意经济竞争力及其他竞争力问题的研究。本蓝皮书具体由全国经济综合竞争力研究中心福建师范大学分中心负责组织研究。2007 年 3 月，由李建平、李闽榕、高燕京担任主编的第一部省域竞争力蓝皮书《中国省域经济综合竞争力发展报告 (2005~2006)》出版，并在中国社会科学院召开新闻发布会，引起了各级政府、理论界和新闻界的广泛关注，产生了强烈的社会反响。随后在 2008 年 3 月、2009 年 3 月、2010 年 2 月、2011 年 2 月、2012 年 2 月、2013 年 2 月，分别编撰出版了《中国省域经济综合竞争力发展报告 (2006~2007)》《中国省域经济综合竞争力发展报告 (2007~2008)》《中国省域经济综合竞争力发展报告 (2008~2009)》《中国省域经济综合竞争力发展报告 (2009~2010)》《"十一五"期间中国省域经济综合竞争力发展报告》《中国省域经济综合竞争力发展报告 (2011~2012)》等系列蓝皮书，国内外新闻媒体纷纷对该系列最新研究成果作了深入报道，引起了各级政府、学术界、理论界和新闻媒体的广泛关注，产生了较好的社会反响。据不完全统计，每年互联网上报道的信息超过 50 万条。经过这些年的努力，该系列蓝皮书已跃升为中国有重要影响力的皮书品牌。2009 年 8 月 17~19 日在辽宁丹东举行的中国首届优秀蓝皮书表彰大会上，全国 100 多种蓝皮书中仅评选出 6 种，其中《中国省域经济综合竞争力发展报告》系列蓝皮书荣获"中国首届优秀皮书'最佳影响力奖'"。2011 年在安徽合肥召开的中国优秀皮书颁奖大会上，表彰了 10 部优秀皮书，省域竞争力蓝皮书又荣获"中国优秀皮书奖"，这是入选 10 部获奖皮书中唯一由地方高校承担的研究成果。2012 年 9 月在江西南昌举行的第三届"中国优秀皮书奖·报告奖"评选中，该分中心完成的"2009~2010 年全国省域经济综合竞争力总体评价报告"和"2001~2010 年 G20 集团国家创新竞争力总体评价与比较分析"双双荣获第三届"中国优秀皮书奖·报告奖"一等奖，是唯一一个同时获得两项一等奖的课题组。2013 年 8 月 24 日至 25 日在甘肃兰州召开的中国优秀皮书颁奖大会上，省域竞争力蓝皮书荣获第四届"中国优秀皮书奖"。2014 年 1 月，经过网络评选和专家评议，"中国省域竞争力蓝皮书"入选中国"十大皮书"。

本年度的研究报告在充分借鉴国内外研究者相关研究成果的基础上，不断丰富省域经济综合竞争力的基本概念和内涵，紧密跟踪省域经济综合竞争力的最新研究动态，深入分析当前我国省域经济综合竞争力的特点、变化趋势及动因，按照科学性、客观性、系统性、公正性、可行性、可比性的原则，建立起比较科学完善、符合中国国情的省域经济综合竞争力指标体系及数学模型。我们通过对"十二五"中期（2011~2012 年）中国 31 个省级区域经济综合竞争力进行全面、深入、科学的比较分析和评价回顾，深刻揭示不同类型和发展水平的省域经济综合竞争力的特点及其相对差异性，明确各自内部的竞争优势和薄弱环节，追踪研究全国各省、市、区经济综合竞争力的演化轨迹和提升方向，为提升中国省域经济综合竞争力提供有价值的理论指导和决策借鉴。全书共三大部分，基本框架如下。

第一部分：总报告，即"十二五"中期全国省域经济综合竞争力总体评价报告。总报告是对 2011~2012 年中国除港澳台外 31 个省、市、区的经济综合竞争力进行评价分析，构建了由 1 个一级指标、9 个二级指标、25 个三级指标和 210 个四级指标组成的评价体系。在进行综合分析的基础上，通过对全国 2011~2012 年经济综合竞争力变化态势的评价分析，阐述 2011~2012 年全国各省、市、区经济综合竞争力的区域分布情况，明示了我国各省域的优劣势和相对地位，分析了评价期内省域经济综合竞争力的变化特征及发展启示，提出了增强省域经济综合竞争力的基本路径、方法和对策，为我国区域经济战略选择提供有价值的分析依据。

第二部分：分报告，即"十二五"中期各省域经济综合竞争力评价分析报告。以专题报告的形式，对 2011~2012 年中国除港澳台外 31 个省级区域的经济综合竞争力进行全面、深入、科学的比较分析和评价，深刻揭示 2011~2012 年不同类型和发展水平的省域经济综合竞争力的特点及其相对差异性，明确各自内部的竞争优势和薄弱环节，追踪研究各省、市、区经济综合竞争力的演化轨迹和提升方向。

第三部分：专题分析报告，即"十二五"中期全国省域经济发展专题报告。对"十二五"中期全国各省、市、区在宏观经济、产业结构、财政金融、生态环境、科技创新、区域协调、开放型经济等方面进行深度分析，继续追踪研究省域经济发展与省域综合竞争力的内在关系，为提升中国经济综合竞争力提供有价值的决策依据。

　　附录一列出了本书所构建的中国省域经济综合竞争力评价指标体系，为读者详细品读本书的各项研究结论提供分析依据；附录二列出了 2012 年中国省域经济综合竞争力各级指标得分和排名情况，为读者提供可量化的分析依据；附录三列出了 2012 年中国 31 个省、市、区主要经济指标的统计数值，为读者进行定量化分析提供分析依据。

　　本报告在过去七年前期研究成果的基础上，力图在省域经济综合竞争力的理论、研究方法和实践评价上尝试做一些创新和突破，但受到研究能力和占有资料有限等主客观因素的制约，在一些方面的认识和研究仍然不够深入和全面，还有许多需要深入研究的问题未及研究。此外，对各省、市、区如何提升省域经济综合竞争力的具体对策，也需要我们在今后继续深入探索和研究。本课题组愿与关注这些问题的研究者一起，不断深化对省域经济综合竞争力理论和方法的研究，使省域经济综合竞争力的评价更加符合客观实际，更为有效地指导省域经济和区域经济发展。

编　者

2013 年 12 月 31 日

目 录

BⅠ 总报告

BⅡ 分报告

B Ⅲ　专题分析报告

BⅣ 附录

皮书数据库阅读使用指南

CONTENTS

B I General Report

BⅡ Departmental Reports

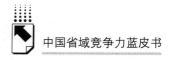

B Ⅲ   Special Reports

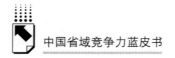

B IV   Appendix

B I 总报告

General Report

B.1
全国省域经济综合竞争力总体评价报告

中国位于亚欧大陆的东部、太平洋西岸，陆地面积约960万平方公里，陆地边界长达2.28万公里；海域面积473万平方公里，大陆海岸线长约1.8万公里。2011年全国年末总人口为13.54亿人，实现国内生产总值51.9万亿元，同比增长7.7%。世界经济论坛（WEF）公布的《2013~2014年全球竞争力报告》显示，在金砖国家中，中国的竞争力最强（第29位），领先于南非（第53位）、巴西（第56位）、印度（第60位）和俄罗斯（第64位）。省域是中国最大的行政区划，省域经济是中国经济的重要组成部分，省域经济综合竞争力水平在一定程度上决定着中国经济及其国际竞争力的发展水平。本部分通过对"十二五"中期（2011~2012年）中国省域经济综合竞争力以及各要素竞争力的排名变化分析，从中找出中国省域经济综合竞争力的推动点及影响因素，为进一步提升中国经济综合竞争力提供决策参考。

一 全国各省、市、区经济综合竞争力发展评价

1.1 全国省域经济综合竞争力评价结果

根据中国省域经济综合竞争力的指标体系和数学模型，课题组对2011~2012年全国除港澳台外31个省、市、区的相关指标数据进行统计和分析。图1-1、图1-2、图1-3和表1-1显示了评价期内全国31个省、市、区经济综合竞争力排位和排位变化情况及其下属9个二级指标的评价结果。

1.2 全国省域经济综合竞争力排序分析

2012年全国31个省、市、区经济综合竞争力处于上游区（1~10位）的依次为江苏省、广东省、北京市、上海市、浙江省、山东省、天津市、辽宁省、福建省、四川省；排

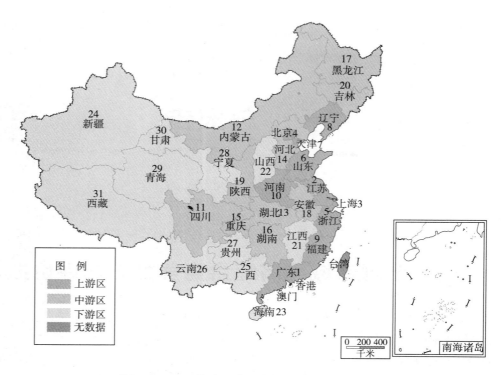

图 1 - 1　2011 年全国省域经济综合竞争力排位图

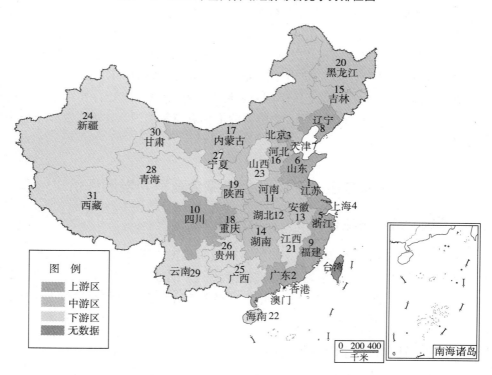

图 1 - 2　2012 年全国省域经济综合竞争力排位图

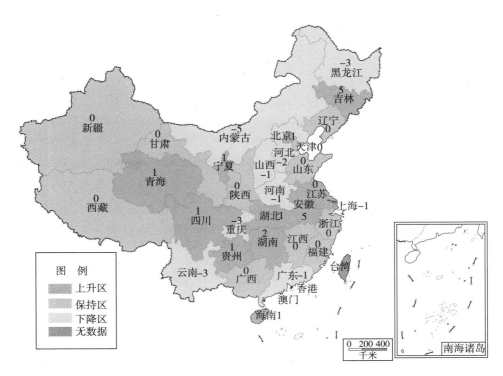

图 1 - 3　2011 ~ 2012 年全国省域经济综合竞争力排位变化图

在中游区（11 ~ 20 位）的依次为河南省、湖北省、安徽省、湖南省、吉林省、河北省、内蒙古自治区、重庆市、陕西省、黑龙江省；处于下游区（21 ~ 31 位）的依次为江西省、海南省、山西省、新疆维吾尔自治区、广西壮族自治区、贵州省、宁夏回族自治区、青海省、云南省、甘肃省、西藏自治区。

2011 年全国 31 个省、市、区经济综合竞争力处于上游区（1 ~ 10 位）的依次为广东省、江苏省、上海市、北京市、浙江省、山东省、天津市、辽宁省、福建省、河南省；排在中游区（11 ~ 20 位）的依次为四川省、内蒙古自治区、湖北省、河北省、重庆市、湖南省、黑龙江省、安徽省、陕西省、吉林省；处于下游区（21 ~ 31 位）的依次为江西省、山西省、海南省、新疆维吾尔自治区、广西壮族自治区、云南省、贵州省、宁夏回族自治区、青海省、甘肃省、西藏自治区。

1.3　全国省域经济综合竞争力排序变化比较

2012 年与 2011 年相比较，经济综合竞争力排位上升的有 11 个省、市、区，上升幅度最大的是安徽省和吉林省，排位均上升了 5 位，湖南省排位上升了 2 位，江苏省、北京市、四川省、湖北省、海南省、贵州省、宁夏回族自治区、青海省 8 个省份排位都上升了 1 位；11 个省、市、区排位没有变化；排位下降的有 9 个省、市、区，下降幅度最大的是内蒙古自治区，排位下降了 5 位，其次是重庆市、黑龙江省、云南省，都下降了 3 位，河北省下降了 2 位，广东省、上海市、河南省和山西省均下降了 1 位。

表1-1 2011～2012年全国31个省、市、区经济综合竞争力评价比较表

地区	2011年 宏观经济竞争力	产业经济竞争力	可持续发展竞争力	财政金融竞争力	知识经济竞争力	发展环境竞争力	政府作用竞争力	发展水平竞争力	统筹协调竞争力	全国比较综合排名	2012年 宏观经济竞争力	产业经济竞争力	可持续发展竞争力	财政金融竞争力	知识经济竞争力	发展环境竞争力	政府作用竞争力	发展水平竞争力	统筹协调竞争力	全国比较综合排名	综合排名升降
北京	6	11	2	1	3	3	6	5	2	4	8	8	4	5	3	2	6	5	2	3	1
天津	7	7	6	5	11	5	8	6	20	7	7	6	12	5	8	5	8	9	10	7	0
河北	11	16	20	28	16	13	12	11	15	14	16	19	29	27	17	16	12	16	11	16	-2
山西	22	25	8	13	17	17	14	25	21	22	26	28	14	11	16	20	14	26	20	23	-1
内蒙古	15	5	3	20	25	12	19	20	7	12	20	7	21	22	25	21	22	20	9	17	-5
辽宁	8	10	15	8	10	7	5	12	10	8	5	9	21	10	13	7	4	15	5	8	0
吉林	21	20	18	21	19	23	10	21	8	20	12	20	18	29	19	27	10	21	6	15	5
黑龙江	20	8	4	30	20	27	15	17	4	17	19	12	3	30	24	29	20	19	4	20	-3
上海	5	6	24	3	4	2	2	4	1	3	6	5	17	2	5	1	7	4	1	4	-1
江苏	2	1	13	3	4	2	3	3	3	2	1	1	16	4	4	3	1	1	3	1	1
浙江	3	4	9	7	5	6	4	2	5	5	4	4	7	8	4	4	3	3	7	5	0
安徽	17	19	17	24	14	18	13	13	19	18	15	18	10	18	11	19	13	13	24	13	5
福建	10	15	1	22	13	9	9	7	25	9	9	15	1	21	14	8	9	6	26	9	0
江西	19	21	19	26	18	24	16	10	16	21	18	24	20	23	18	22	23	10	14	21	0
山东	4	2	5	12	6	10	7	8	6	6	3	2	7	9	6	10	5	7	8	6	0
河南	13	9	11	27	8	16	18	19	18	10	13	11	9	25	9	12	17	17	16	11	-1
湖北	12	18	23	16	9	15	20	16	13	13	17	17	15	19	10	11	18	11	18	12	1
湖南	16	13	25	25	15	4	21	14	14	16	14	14	19	26	15	18	16	12	15	14	2
广东	1	3	7	4	1	4	1	1	11	1	2	3	6	3	1	6	2	2	13	2	-1
广西	29	29	12	29	21	25	28	18	31	25	28	27	13	28	21	28	27	18	28	25	0
海南	18	22	10	18	28	26	17	23	24	23	23	21	2	16	29	17	15	22	26	22	1
重庆	9	28	22	6	22	19	23	9	17	15	11	29	24	13	20	9	24	8	14	18	-3
四川	14	17	28	11	12	22	11	15	9	11	10	16	27	7	12	24	11	14	12	10	1
贵州	27	27	30	14	26	21	27	29	26	27	25	22	28	12	27	26	28	25	29	26	1
云南	28	24	26	19	24	29	24	27	28	26	30	26	23	14	23	30	29	29	23	29	-3
西藏	26	23	21	9	31	31	31	28	12	31	22	23	22	6	31	31	29	28	31	31	0
陕西	23	14	14	10	7	14	22	24	29	19	24	13	11	20	7	13	19	24	27	19	0
甘肃	31	31	27	31	23	28	26	31	27	30	31	30	26	31	22	25	25	30	25	30	0
青海	24	26	31	23	30	20	30	26	23	29	21	25	31	24	30	15	30	27	22	28	1
宁夏	30	30	29	17	29	11	29	22	30	28	29	31	30	17	28	14	21	23	30	27	1
新疆	25	12	16	15	27	30	25	30	22	24	27	10	25	15	26	23	26	31	17	24	0

1.4 全国省域经济综合竞争力跨区段变化情况及动因分析

在评价期内，四川省和河南省两省经济综合竞争力排位出现了跨区段变化，其中，四川省由中游区升入上游区，河南省由上游区降入中游区。由于一级指标仍属于合成性指标，要真正找准影响经济综合竞争力升降的根本原因，还必须对处于基础地位、具有确定值的四级指标进行评价分析，本书第二部分将在每个省份的经济综合竞争力评价分析报告中进行具体的分析和评价。

二 全国各省、市、区经济综合竞争力的区域分布

2.1 全国省域经济综合竞争力均衡性分析

按照阈值法进行无量纲化处理和加权求和后得到的各省、市、区经济综合竞争力排位，反映的只是排序位差，要更为准确地反映各省、市、区经济综合竞争力的实际差距，还需要分析各级指标竞争力得分及分布情况，对省域竞争力得分的实际差距及其均衡性进行深入研究和分析。图 2 - 1 显示了 2011 年和 2012 年全国各省、市、区经济综合竞争力评价分值的分布情况。表 2 - 1 则以 2012 年排位为基准，列出了评价期内全国各省、市、区经济综合竞争力评价分值及其变化情况。

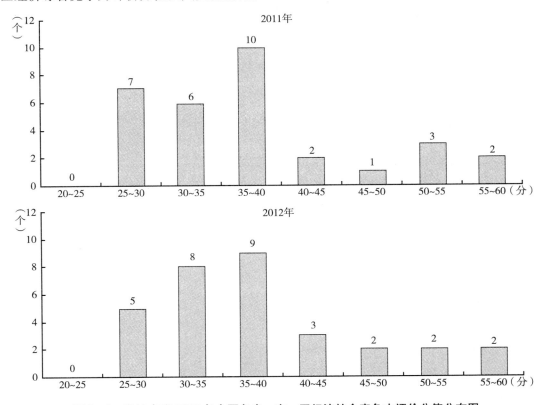

图 2 - 1 2011 年和 2012 年全国各省、市、区经济综合竞争力评价分值分布图

从图 2－1 中可以看出，不同地区之间经济综合竞争力得分分布很不均衡，全国大半省份的竞争力得分集中在 30～40 分，整体上看，都比较分散，而且呈现偏态分布。从2011 年至 2012 年的对比情况来看，2012 年各省份得分有所提高，其中得分在 30～35 分的省份由 6 个增加到 8 个，而得分在 35～40 分的省份则由 10 个减少到 9 个，其他得分区间的省份数量变化不明显。

表 2 - 1　全国各省、市、区经济综合竞争力评价分值及分差比较表

单位：分

序号	地　区	2011 年	2012 年	分值升降
1	江　苏	57.24	57.81	0.57
2	广　东	57.39	56.70	-0.69
3	北　京	53.49	53.01	-0.48
4	上　海	53.82	52.63	-1.19
5	浙　江	50.20	49.73	-0.47
6	山　东	46.95	48.05	1.10
7	天　津	44.90	44.52	-0.38
8	辽　宁	42.15	42.90	0.75
9	福　建	39.59	40.18	0.59
10	四　川	36.79	38.22	1.43
平　均		**48.25**	**48.38**	**0.13**
11	河　南	37.38	37.78	0.40
12	湖　北	36.52	37.24	0.72
13	安　徽	35.44	37.03	1.59
14	湖　南	35.77	36.41	0.64
15	吉　林	34.38	35.96	1.58
16	河　北	36.46	35.90	-0.56
17	内蒙古	36.78	35.67	-1.11
18	重　庆	35.91	35.46	-0.45
19	陕　西	34.86	34.96	0.10
20	黑龙江	35.60	34.92	-0.68
平　均		**35.91**	**36.13**	**0.22**
21	江　西	34.15	34.85	0.70
22	海　南	32.12	33.66	1.54
23	山　西	33.89	33.00	-0.89
24	新　疆	30.42	31.11	0.69
25	广　西	29.23	30.58	1.35
26	贵　州	28.20	30.19	1.99
27	宁　夏	28.16	29.73	1.57
28	青　海	28.14	29.51	1.37
29	云　南	28.72	29.00	0.28
30	甘　肃	25.31	27.76	2.45
31	西　藏	25.00	27.49	2.49
平　均		**29.39**	**30.63**	**1.24**
全国平均		**37.58**	**38.13**	**0.55**

从表 2 - 1 中可以看出，有些省、市、区经济综合竞争力的综合得分差距悬殊，2012 年，得分最低的西藏自治区只有 27.49 分，不到第一名江苏省的一半。另外，相同区位内部各省份的得分差距也比较明显，同样是处于上游区，排在第 10 位的四川省与排在第 1 位的江苏省在评价总分值上相差了 19.59 分；同样是处于下游区，排在第 21 位的江西省比排在第 31 位的西藏自治区高出 7.36 分；但是处于中游区的 10 个省份得分比较接近，排在第 11 位的河南省得分为 37.78 分，比排在第 20 位的黑龙江省仅多出 2.86 分。处于上游区的 10 个省、市、区平均分值为 48.38 分，处于中游区的 10 个省份的平均分值为 36.13 分，处于下游区的 11 个省、市、区的平均分值为 30.63 分，比差为 1.58∶1.18∶1。

　　从 2011~2012 年得分升降来看，全国 21 个省份的得分有所上升，上升幅度最大的是西藏自治区，增加了 2.49 分，其次是甘肃省、贵州省、安徽省、吉林省、宁夏回族自治区、海南省、四川省、青海省、广西壮族自治区和山东省，都增加了 1 分以上；有 10 个省份得分有不同程度的下降，下降幅度最大的是上海市，下降了 1.19 分，内蒙古自治区下降了 1.11 分。从全国平均分值来看，2012 年为 38.13 分，比 2011 年上升了 0.55 分，上升幅度比较大。

2.2　全国省域经济综合竞争力区域评价分析

　　表 2 - 2 列出了评价期内全国四大区域经济综合竞争力评价分值及其分差情况。2011年全国四大区域经济综合竞争力的评价分值依次为：东部地区 47.22 分，中部地区 35.52分，西部地区 30.63 分，东北地区 37.38 分，比差为 1∶0.75∶0.65∶0.79，西部地区经济综合竞争力分值与东部地区的差距比较大。2012 年全国四大区域经济综合竞争力的评价分值依次为：东部地区 47.22 分，中部地区 36.05 分，西部地区 31.64 分，东北地区37.93 分，四大区域的分值比差为 1∶0.76∶0.67∶0.80，西部地区经济综合竞争力与东部地区的差距有所缩小。与 2011 年相比，西部地区与东部的差距缩小了 1.01 分，表明西部地区竞争力有所提升，但差距仍然较大，中部地区、东北地区与东部地区的差距也有所缩小。

　　从 2011~2012 年区域经济综合竞争力平均分值变化情况看，四个地区平均分值各有变化，其中西部地区分值上升最多，增加了 1.01 分；其次为东北地区，增加了 0.55分；中部地区得分增加了 0.53 分。由此反映出西部各省份经济综合竞争力平均提升较快，与东部地区的差距呈逐步缩小趋势，说明四大区域经济综合竞争力发展的协调性有所增强。

表 2 - 2　全国四大区域经济综合竞争力评价分值及分差比较表

单位：分

地　　区	2011 年	2012 年	分值升降	地　　区	2011 年	2012 年	分值升降
东部地区	47.22	47.22	0.00	西部地区	30.63	31.64	1.01
中部地区	35.52	36.05	0.53	东北地区	37.38	37.93	0.55

2.3 全国省域经济综合竞争力区域内部差异分析

省域经济综合竞争力不仅在全国四大区域之间有明显差距，四大区域内部各省份之间也存在较大的差距，为了分析我国四大区域各自内部省份的经济综合竞争力排位差异情况，表2-3、表2-4、表2-5和表2-6分别列出了评价期内东部地区、中部地区、西部地区和东北地区各省份在全国的排位情况。

表2-3　东部地区经济综合竞争力排位比较表

地 区	东部地区排位			全国排位		
	2011 年	2012 年	排位升降	2011 年	2012 年	排位升降
江 苏	2	1	1	2	1	1
广 东	1	2	-1	1	2	-1
北 京	4	3	1	4	3	1
上 海	3	4	-1	3	4	-1
浙 江	5	5	0	5	5	0
山 东	6	6	0	6	6	0
天 津	7	7	0	7	7	0
福 建	8	8	0	9	9	0
河 北	9	9	0	14	16	-2
海 南	10	10	0	23	22	1

从表2-3中可以看出，东部10个省份的经济综合竞争力排位绝大部分在上游区，只有河北省和海南省分别处于中游区和下游区，其他8个省份都处在上游区，并且排位比较稳定，基本上变化不大。其中江苏省和广东省排位对调，北京市和上海市排位对调，说明东部地区在全国处于绝对优势地位。但在东部地区的10个省份内部，竞争格局也是不平衡的，最明显的差距体现在海南省与其他省份之间，就是同样排在上游区的省份，也存在较大的差距。表2-1的竞争力得分表明，除江苏省以外，广东省、上海市和北京市得分都在50分以上，天津市和福建省得分较低。

表2-4　中部地区经济综合竞争力排位比较表

地 区	中部地区排位			全国排位		
	2011 年	2012 年	排位升降	2011 年	2012 年	排位升降
河 南	1	1	0	10	11	-1
湖 北	2	2	0	13	12	1
安 徽	4	3	1	18	13	5
湖 南	3	4	-1	16	14	2
江 西	5	5	0	21	21	0
山 西	6	6	0	22	23	-1

从表2－4中可以看出，中部地区6个省份的经济综合竞争力排位，除江西省和山西省处在下游区外，其他4个省份都处在中游区，与2011年相比，2012年安徽综合排位波动明显，上升了5位，其他省份排位变化幅度不大。从表2－2的竞争力得分来看，中部地区与东部地区得分差距较大，与西部地区得分差距较小，这说明整体而言中部地区不具备明显的竞争优势。中部地区内部的6个省份也表现出明显的非均衡性，河南省、湖北省、安徽省和湖南省都处于中游区的前列，江西省和山西省则处于下游区。从地区内部的排位变化来看，中部地区各省份竞争力相对变化不明显。

表2－5　西部地区经济综合竞争力排位比较表

地　区	西部地区排位			全国排位		
	2011 年	2012 年	排位升降	2011 年	2012 年	排位升降
四　　川	1	1	0	11	10	1
内 蒙 古	2	2	0	12	17	－5
重　　庆	3	3	0	15	18	－3
陕　　西	4	4	0	19	19	0
新　　疆	5	5	0	24	24	0
广　　西	6	6	0	25	25	0
贵　　州	8	7	1	27	26	1
宁　　夏	9	8	1	28	27	1
青　　海	10	9	1	29	28	1
云　　南	7	10	－3	26	29	－3
甘　　肃	11	11	0	30	30	0
西　　藏	12	12	0	31	31	0

从表2－5中可以看出，西部地区12个省份的经济综合竞争力排位大多数处在下游区，但是也有个别省份处于上游区和中游区，如四川省处于上游区，内蒙古自治区、重庆市和陕西省处于中游区，其他各省份处于明显的竞争劣势地位。从表2－2的竞争力得分来看，西部地区平均得分只有东部地区得分的67%，表明其竞争力与东部地区相比有很大差距，但西部地区与中部地区相比，很多省份的竞争力得分差距很小，其竞争力劣势就不太明显。从2011～2012年得分变化来看，西部地区平均分值增加较大，与东部地区的差距在缩小，说明西部大开发战略的实施，使西部地区的竞争力得到提升。从西部地区12个省份的内部来看，同样存在明显的非均衡性，特别是四川省处于上游区，在全国处于竞争优势地位，与西部地区其他省份相比，具有明显的竞争优势。从表2－1的得分来看，各省份之间的差距也是很明显的。西部地区各省份的综合竞争力排位相对稳定，除了少数省份排位有所调整外，没有太大变化。

表 2-6 东北地区经济综合竞争力排位比较表

地　区	东北地区排位			全国排位		
	2011 年	2012 年	排位升降	2011 年	2012 年	排位升降
辽　宁	1	1	0	8	8	0
吉　林	3	2	1	20	15	5
黑龙江	2	3	-1	17	20	-3

从表 2-6 中可以看出，相对于其他地区，东北地区 2012 年竞争优势有一定的提升，其中吉林省上升了 5 位，但黑龙江省的排位与辽宁相比，仍然有很大差距。

三　全国省域宏观经济竞争力评价分析

3.1　全国省域宏观经济竞争力评价结果

根据宏观经济竞争力指标体系和数学模型，课题组对采集到的 2011~2012 年全国 31 个省、市、区的相关统计资料进行整理和合成。图 3-1、图 3-2、图 3-3 和表 3-1 显示了这两个年份宏观经济竞争力排位和排位变化情况以及其下属 3 个三级指标的评价结果。

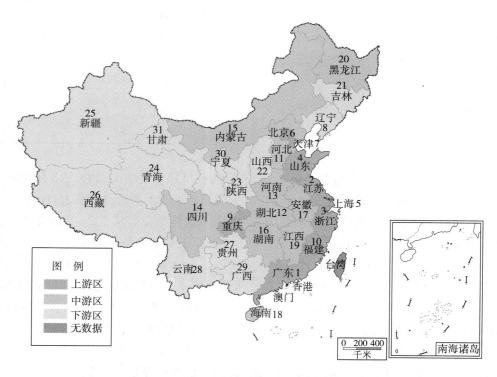

图 3-1　2011 年全国省域宏观经济竞争力排位图

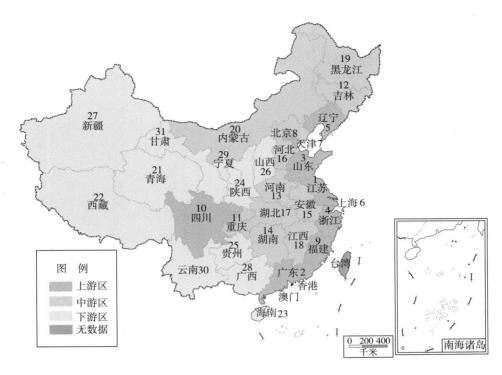

图 3 - 2　2012 年全国省域宏观经济竞争力排位图

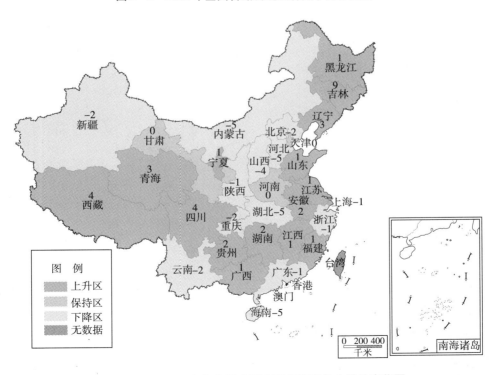

图 3 - 3　2011~2012 年全国省域宏观经济竞争力排位变化图

表 3 - 1　全国各省、市、区宏观经济竞争力评价比较表

项目 地区	2011 年				2012 年				综合排名 升降
	经济实力 竞争力	经济结构 竞争力	经济外向 度竞争力	全国比较 综合排名	经济实力 竞争力	经济结构 竞争力	经济外向 度竞争力	全国比较 综合排名	
北 京	7	4	7	6	12	1	11	8	-2
天 津	3	7	11	7	3	6	9	7	0
河 北	14	8	18	11	15	9	22	16	-5
山 西	20	23	22	22	29	25	25	26	-4
内蒙古	8	21	25	15	8	23	30	20	-5
辽 宁	6	10	8	8	4	8	6	5	3
吉 林	26	13	24	21	9	13	21	12	9
黑龙江	21	14	21	20	21	14	28	19	1
上 海	15	5	3	5	22	4	3	6	-1
江 苏	2	1	2	2	1	2	2	1	1
浙 江	5	2	4	3	6	3	5	4	-1
安 徽	18	18	15	17	17	17	10	15	2
福 建	10	12	12	10	11	10	15	9	1
江 西	28	11	14	19	27	11	18	18	1
山 东	4	6	5	4	2	7	4	3	1
河 南	16	20	9	13	13	22	8	13	0
湖 北	11	16	13	12	10	16	20	17	-5
湖 南	17	15	17	16	16	15	13	14	2
广 东	1	3	1	1	5	5	1	2	-1
广 西	29	28	26	29	20	27	26	28	1
海 南	27	9	16	18	31	12	23	23	-5
重 庆	9	19	6	9	18	19	7	11	-2
四 川	19	17	10	14	7	18	12	10	4
贵 州	25	29	28	27	25	28	14	25	2
云 南	24	30	20	28	26	31	17	30	-2
西 藏	23	22	29	26	28	20	29	22	4
陕 西	13	27	23	23	14	29	19	24	-1
甘 肃	30	31	27	31	30	30	16	31	0
青 海	12	24	30	24	24	21	27	21	3
宁 夏	31	25	31	30	19	24	31	29	1
新 疆	22	26	19	25	23	26	24	27	-2

3.2　全国省域宏观经济竞争力排序分析

2011 年全国各省、市、区宏观经济竞争力处于上游区（1～10 位）的依次排序是广东省、江苏省、浙江省、山东省、上海市、北京市、天津市、辽宁省、重庆市、福建省；排在中游区（11～20 位）的依次为河北省、湖北省、河南省、四川省、内蒙古自治区、

湖南省、安徽省、海南省、江西省、黑龙江省；处于下游区（21～31位）的依次排序为吉林省、山西省、陕西省、青海省、新疆维吾尔自治区、西藏自治区、贵州省、云南省、广西壮族自治区、宁夏回族自治区、甘肃省。

2012年全国各省、市、区宏观经济竞争力处于上游区（1～10位）的依次排序是江苏省、广东省、山东省、浙江省、辽宁省、上海市、天津市、北京市、福建省、四川省；处于中游区（11～20位）的依次排序为重庆市、吉林省、河南省、湖南省、安徽省、河北省、湖北省、江西省、黑龙江省、内蒙古自治区；处于下游区（21～31位）的依次排序为青海省、西藏自治区、海南省、陕西省、贵州省、山西省、新疆维吾尔自治区、广西壮族自治区、宁夏回族自治区、云南省、甘肃省。

3.3 全国省域宏观经济竞争力排序变化比较

2012年与2011年相比较，排位上升的有15个省、市、区，上升幅度最大的是吉林省（9位），其他依次为四川省（4位）、西藏自治区（4位）、青海省（3位）、辽宁省（3位）、安徽省（2位）、湖南省（2位）、贵州省（2位）、黑龙江省（1位）、江苏省（1位）、福建省（1位）、江西省（1位）、山东省（1位）、广西壮族自治区（1位）、宁夏回族自治区（1位）；有3个省、市、区的排位没有变化；排位下降的有13个省、市、区，下降幅度最大的是内蒙古自治区（5位）、河北省（5位）、湖北省（5位）、海南省（5位），其他依次为山西省（4位）、北京市（2位）、新疆维吾尔自治区（2位）、云南省（2位）、重庆市（2位）、上海市（1位）、浙江省（1位）、广东省（1位）、陕西省（1位）。

3.4 全国省域宏观经济竞争力跨区段变化情况

不同区段是衡量竞争力优劣水平的重要标志，在评价期内，一些省、市、区宏观经济竞争力排位出现了跨区段变化。在跨区段上升方面，四川省由中游区升入上游区，吉林由下游区升入中游区。在跨区段下降方面，海南省由中游区降入下游区。

3.5 全国省域宏观经济竞争力动因分析

作为省域经济综合竞争力的二级指标，省域宏观经济竞争力的变化是三级指标的变化综合作用的结果，表3–1还列出了3个三级指标的变化情况。

在经济实力竞争力方面，2011年排在前10位的省、市、区依次为广东省、江苏省、天津市、山东省、浙江省、辽宁省、北京市、内蒙古自治区、重庆市、福建省；2012年排在前10位的省、市、区依次为江苏省、山东省、天津市、辽宁省、广东省、浙江省、四川省、内蒙古自治区、吉林省、湖北省。

在经济结构竞争力方面，2011年排在前10位的省、市、区依次为江苏省、浙江省、广东省、北京市、上海市、山东省、天津市、河北省、海南省、辽宁省；2012年排在前10位的省、市、区依次为北京市、江苏省、浙江省、上海市、广东省、天津市、山东省、辽宁省、河北省、福建省。

在经济外向度竞争力方面，2011 年排在前 10 位的省、市、区依次为广东省、江苏省、上海市、浙江省、山东省、重庆市、北京市、辽宁省、河南省、四川省；2012 年排在前 10 位的省、市、区依次为广东省、江苏省、上海市、山东省、浙江省、辽宁省、重庆市、河南省、天津市、安徽省。

从上述宏观经济竞争力排位跨区段升降的省、市、区看，吉林省宏观经济竞争力排位上升 9 位，是经济实力竞争力排位上升 17 位和经济外向度竞争力排位上升 3 位共同推动的结果；海南省宏观经济竞争力排位下降 5 位，主要是受到经济实力竞争力排位下降 4 位、经济结构竞争力排位下降 3 位和经济外向度竞争力排位下降 7 位的影响。此外，从宏观经济竞争力排位在评价期内均处于上游区的省、市、区来看，要保持竞争优势地位，需要 3 个三级指标的良好表现来支撑。

四 全国省域产业经济竞争力评价分析

4.1 全国省域产业经济竞争力评价结果

根据产业经济竞争力指标体系和数学模型，课题组对采集到的 2011～2012 年全国 31 个省、市、区的相关统计资料进行了整理和合成。图 4－1、图 4－2、图 4－3 和表 4－1 显示了这两个年份产业经济竞争力排位和排位变化情况，以及其下属 4 个三级指标的评价结果。

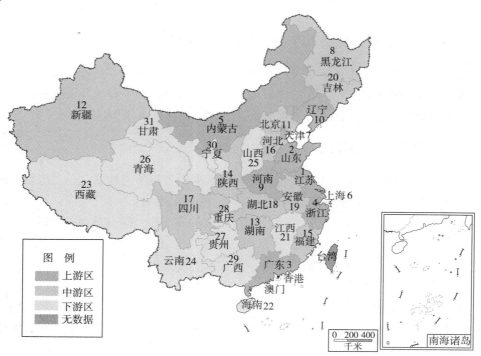

图 4－1　2011 年全国省域产业经济竞争力排位图

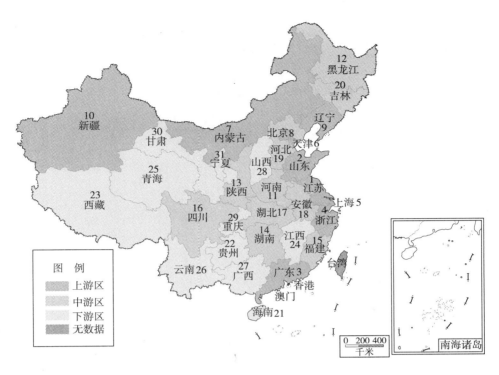

图 4 - 2 2012 年全国省域产业经济竞争力排位图

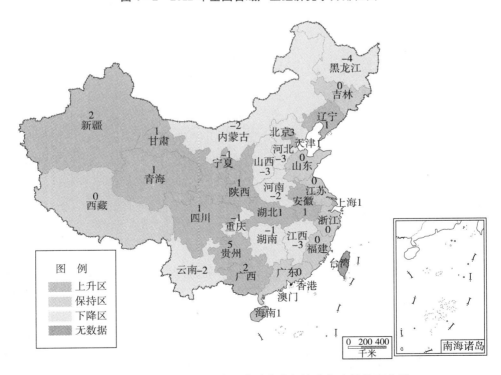

图 4 - 3 2011 ~ 2012 年全国省域产业经济竞争力排位变化图

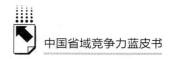

表4-1 全国各省、市、区产业经济竞争力评价比较表

项目 地区	2011年					2012年					综合 排名 升降
	农业 竞争力	工业 竞争力	服务业 竞争力	企业 竞争力	全国比较 综合排名	农业 竞争力	工业 竞争力	服务业 竞争力	企业 竞争力	全国比较 综合排名	
北　京	30	23	3	5	11	21	21	4	5	8	3
天　津	17	5	8	8	7	22	4	7	6	6	1
河　北	9	8	19	23	16	11	10	20	22	19	-3
山　西	27	21	27	22	25	31	23	29	24	28	-3
内蒙古	5	3	12	11	5	5	5	14	11	7	-2
辽　宁	4	10	10	16	10	6	9	9	18	9	1
吉　林	8	17	22	27	20	8	18	21	26	20	0
黑龙江	3	14	7	13	8	2	17	25	10	12	-4
上　海	6	12	5	7	6	12	12	3	7	5	1
江　苏	2	1	2	3	1	1	2	2	2	1	0
浙　江	7	7	6	4	4	7	8	6	4	4	0
安　徽	22	18	16	21	19	17	19	11	20	18	1
福　建	12	15	17	15	15	9	16	16	17	15	0
江　西	24	19	21	24	21	25	20	26	25	24	-3
山　东	1	2	4	2	2	4	1	5	1	2	0
河　南	11	6	14	17	9	13	14	19	15	11	-2
湖　北	16	20	11	19	18	16	15	12	21	17	1
湖　南	21	13	13	10	13	24	14	10	8	14	-1
广　东	14	4	1	1	3	15	3	1	3	3	0
广　西	26	25	23	30	29	20	25	28	28	27	2
海　南	15	29	26	12	22	10	24	31	12	21	1
重　庆	23	24	25	28	28	30	26	22	29	29	-1
四　川	13	16	9	25	17	14	13	8	23	16	1
贵　州	31	30	15	20	27	29	22	13	19	22	5
云　南	18	26	20	26	24	19	27	23	27	26	-2
西　藏	19	22	28	18	23	18	29	24	9	23	0
陕　西	20	9	18	14	14	26	7	18	13	13	1
甘　肃	28	31	31	31	31	27	31	15	31	30	1
青　海	29	27	29	9	26	28	28	27	16	25	1
宁　夏	25	28	30	29	30	23	30	30	30	31	-1
新　疆	10	11	24	6	12	3	11	17	14	10	2

4.2　全国省域产业经济竞争力排序分析

　　2011年全国各省、市、区产业经济竞争力处于上游区（1～10位）的依次是江苏省、山东省、广东省、浙江省、内蒙古自治区、上海市、天津市、黑龙江省、河南省、辽宁省；排在中游区（11～20位）的依次为北京市、新疆维吾尔自治区、湖南省、陕西省、

福建省、河北省、四川省、湖北省、安徽省、吉林省；处于下游区（21～31位）的依次排序为江西省、海南省、西藏自治区、云南省、山西省、青海省、贵州省、重庆市、广西壮族自治区、宁夏回族自治区、甘肃省。

2012年全国各省、市、区产业经济竞争力处于上游区（1～10位）的依次是江苏省、山东省、广东省、浙江省、上海市、天津市、内蒙古自治区、北京市、辽宁省、新疆维吾尔自治区；处于中游区（11～20位）的依次排序为河南省、黑龙江省、陕西省、湖南省、福建省、四川省、湖北省、安徽省、河北省、吉林省；处于下游区（21～31位）的依次排序为海南省、贵州省、西藏自治区、江西省、青海省、云南省、广西壮族自治区、山西省、重庆市、甘肃省、宁夏回族自治区。

4.3　全国省域产业经济竞争力排序变化比较

2012年与2011年相比较，排位上升的有14个省、市、区，上升幅度最大的是贵州省（5位），其他依次为北京市（3位）、新疆维吾尔自治区（2位）、广西壮族自治区（2位）、天津市（1位）、辽宁省（1位）、上海市（1位）、安徽省（1位）、湖北省（1位）、海南省（1位）、四川省（1位）、陕西省（1位）、甘肃省（1位）、青海省（1位）；7个省、市、区排位没有变化；其他10个省份排位下降，下降幅度最大的是黑龙江省（4位），其他依次为河北省（3位）、山西省（3位）、江西省（3位）、内蒙古自治区（2位）、河南省（2位）、云南省（2位）、湖南省（1位）、重庆市（1位）、宁夏回族自治区（1位）。

4.4　全国省域产业经济竞争力跨区段变化情况

在评价期内，一些省、市、区产业经济竞争力排位出现了跨区段变化。在跨区段上升方面，北京市由中游区升入上游区；在跨区段下降方面，黑龙江省由上游区降入中游区。

4.5　全国省域产业经济竞争力动因分析

在农业竞争力方面，2011年排在前10位的省、市、区依次为山东省、江苏省、黑龙江省、辽宁省、内蒙古自治区、上海市、浙江省、吉林省、河北省、新疆维吾尔自治区；2012年排在前10位的省、市、区依次为江苏省、黑龙江省、新疆维吾尔自治区、山东省、内蒙古自治区、辽宁省、浙江省、吉林省、福建省、海南省。

在工业竞争力方面，2011年排在前10位的省、市、区依次为江苏省、山东省、内蒙古自治区、广东省、天津市、河南省、浙江省、河北省、陕西省、辽宁省；2012年排在前10位的省、市、区依次为山东省、江苏省、广东省、天津市、内蒙古自治区、河南省、陕西省、浙江省、辽宁省、河北省。

在服务业竞争力方面，2011年排在前10位的省、市、区依次为广东省、江苏省、北京市、山东省、上海市、浙江省、黑龙江省、天津市、四川省、辽宁省；2012年排在前10位的省、市、区依次为广东省、江苏省、上海市、北京市、山东省、浙江省、天津市、四川省、辽宁省、湖南省。

在企业竞争力方面，2011 年排在前 10 位的省、市、区依次为广东省、山东省、江苏省、浙江省、北京市、新疆维吾尔自治区、上海市、天津市、青海省、湖南省；2012 年排在前 10 位的省、市、区依次为山东省、江苏省、广东省、浙江省、北京市、天津市、上海市、湖南省、西藏自治区、黑龙江省。

从上述产业经济竞争力排位跨区段升降的省、市、区看，贵州省产业经济竞争力排位上升 5 位，是 4 个三级指标排位上升共同作用的结果，特别是工业竞争力（上升 8 位）排位有较大幅度的上升。所以，要不断提升一个地区的产业经济竞争力，就必须全面提升 4 个三级指标的排位。产业经济竞争力排位在评价期内均处于上游区的省、市、区，也都是由于有 4 个三级指标的良好表现来支撑的。

五　全国省域可持续发展竞争力评价分析

5.1　全国省域可持续发展竞争力评价结果

根据可持续发展竞争力指标体系和数学模型，课题组对采集到的 2011～2012 年全国 31 个省、市、区的相关统计资料进行了整理和合成。图 5 - 1、图 5 - 2、图 5 - 3 和表 5 - 1 显示了这两个年份可持续发展竞争力排位和排位变化情况，以及其下属 3 个三级指标的评价结果。

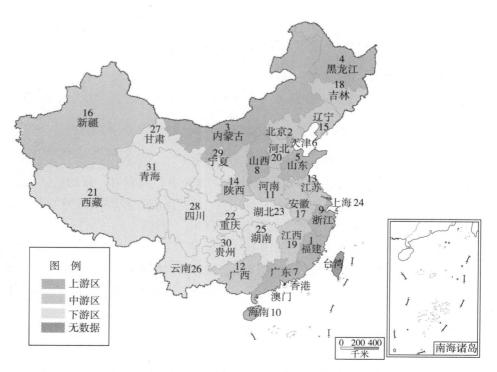

图 5 - 1　2011 年全国省域可持续发展竞争力排位图

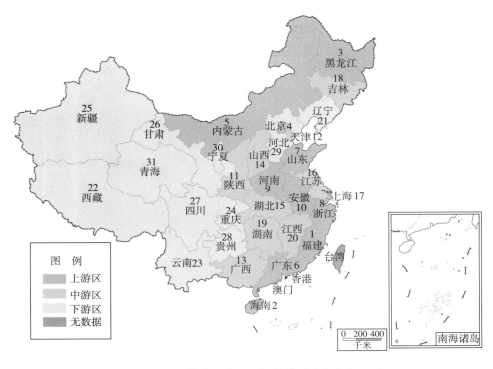

图 5 - 2　2012 年全国省域可持续发展竞争力排位图

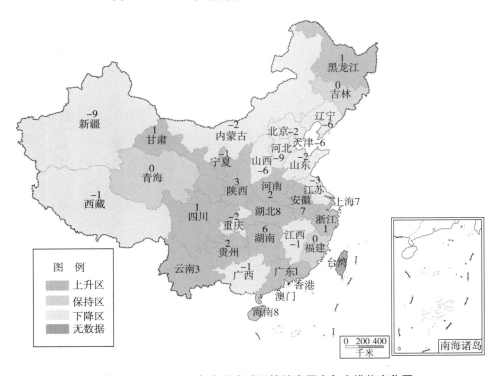

图 5 - 3　2011 ~ 2012 年全国省域可持续发展竞争力排位变化图

表 5 - 1　全国各省、市、区可持续发展竞争力评价比较表

项目 地区	2011 年				2012 年				综合排名 升降
	资源 竞争力	环境 竞争力	人力资源 竞争力	全国比较 综合排名	资源 竞争力	环境 竞争力	人力资源 竞争力	全国比较 综合排名	
北　京	31	9	1	2	31	18	1	4	- 2
天　津	29	2	2	6	29	8	5	12	- 6
河　北	13	23	12	20	12	31	13	29	- 9
山　西	3	25	21	8	5	21	20	14	- 6
内蒙古	2	22	19	3	2	28	21	5	- 2
辽　宁	7	20	15	15	7	25	12	21	- 6
吉　林	8	13	25	18	8	15	24	18	0
黑龙江	4	12	22	4	3	16	22	3	1
上　海	30	18	4	24	30	19	2	17	7
江　苏	15	19	10	13	14	22	11	16	- 3
浙　江	25	5	5	9	25	13	3	8	1
安　徽	20	16	11	17	20	12	8	10	7
福　建	16	1	7	1	17	2	10	1	0
江　西	28	7	18	19	27	5	19	20	- 1
山　东	6	15	6	5	6	20	6	7	- 2
河　南	14	14	8	11	16	14	7	9	2
湖　北	23	24	9	23	23	17	9	15	8
湖　南	26	17	14	25	26	10	15	19	6
广　东	24	6	3	7	24	7	4	6	1
广　西	22	3	13	12	21	3	18	13	- 1
海　南	9	4	17	10	10	1	14	2	8
重　庆	27	8	24	22	28	6	25	24	- 2
四　川	21	28	23	28	18	27	17	27	1
贵　州	17	21	30	30	19	9	30	28	2
云　南	11	11	28	26	11	11	28	23	3
西　藏	1	29	31	21	1	26	31	22	- 1
陕　西	19	10	16	14	15	4	16	11	3
甘　肃	10	26	27	27	13	23	27	26	1
青　海	12	31	29	31	9	30	29	31	0
宁　夏	18	30	26	29	22	24	26	30	- 1
新　疆	5	27	20	16	4	29	23	25	- 9

5.2　全国省域可持续发展竞争力排序分析

2011 年全国各省、市、区可持续发展竞争力处于上游区（1 ~ 10 位）的依次排序是福建省、北京市、内蒙古自治区、黑龙江省、山东省、天津市、广东省、山西省、浙江省、海南省；排在中游区（11 ~ 20 位）的依次为河南省、广西壮族自治区、江苏省、陕

西省、辽宁省、新疆维吾尔自治区、安徽省、吉林省、江西省、河北省；处于下游区（21～31位）的依次排序为西藏自治区、重庆市、湖北省、上海市、湖南省、云南省、甘肃省、四川省、宁夏回族自治区、贵州省、青海省。

2012年全国各省、市、区可持续发展处于上游区（1～10位）的依次排序是福建省、海南省、黑龙江省、北京市、内蒙古自治区、广东省、山东省、浙江省、河南省、安徽省；排在中游区（11～20位）的依次为陕西省、天津市、广西壮族自治区、山西省、湖北省、江苏省、上海市、吉林省、湖南省、江西省；处于下游区（21～31位）的依次排序为辽宁省、西藏自治区、云南省、重庆市、新疆维吾尔自治区、甘肃省、四川省、贵州省、河北省、宁夏回族自治区、青海省。

5.3 全国省域可持续发展竞争力排序变化比较

2012年与2011年相比较，排位上升的有14个省、市、区，上升幅度最大的是湖北省（8位）和海南省（8位），其他依次为上海市（7位）、安徽省（7位）、湖南省（6位）、云南省（3位）、陕西省（3位）、河南省（2位）、贵州省（2位）、黑龙江省（1位）、浙江省（1位）、广东省（1位）、四川省（1位）、甘肃省（1位）；3个省区排位没有变化；排位下降的有14个省市，下降幅度最大的是河北省（9位）和新疆维吾尔自治区（9位），其他依次为天津市（6位）、山西省（6位）、辽宁省（6位）、江苏省（3位）、北京市（2位）、山东省（2位）、重庆市（2位）、内蒙古自治区（2位）、江西省（1位）、广西壮族自治区（1位）、西藏自治区（1位）、宁夏回族自治区（1位）。

5.4 全国省域可持续发展竞争力跨区段变化情况

在评价期内，一些省、市、区可持续发展竞争力排位出现了跨区段变化。在跨区段上升方面，安徽省由中游区升入上游区，上海市、湖北省、湖南省由下游区升入中游区。在跨区段下降方面，天津市、山西省由上游区跌入中游区，河北省、新疆维吾尔自治区、辽宁省由中游区跌入下游区。

5.5 全国省域可持续发展竞争力动因分析

在资源竞争力方面，2011年排在前10位的省、市、区依次为西藏自治区、内蒙古自治区、山西省、黑龙江省、新疆维吾尔自治区、山东省、辽宁省、吉林省、海南省、甘肃省；2012年排在前10位的省、市、区依次为西藏自治区、内蒙古自治区、黑龙江省、新疆维吾尔自治区、山西省、山东省、辽宁省、吉林省、青海省、海南省。

在环境竞争力方面，2011年排在前10位的省、市、区依次为福建省、天津市、广西壮族自治区、海南省、浙江省、广东省、江西省、重庆市、北京市、陕西省；2012年排在前10位的省、市、区依次为海南省、福建省、广西壮族自治区、陕西省、江西省、重庆市、广东省、天津市、贵州省、湖南省。

在人力资源竞争力方面，2011年排在前10位的省、市、区依次为北京市、天津市、广东省、上海市、浙江省、山东省、福建省、河南省、湖北省、江苏省；2012年排在前

10 位的省、市、区依次为北京市、上海市、浙江省、广东省、天津市、山东省、河南省、安徽省、湖北省、福建省。

从可持续发展竞争力排位上升幅度最大的湖北省和海南省来看，主要是环境竞争力大幅度上升在起主导作用。可持续发展竞争力排位下降幅度最大的河北省和新疆维吾尔自治区，也均是环境竞争力排位大幅度下降以及人力资源竞争力下降所引起的。这说明资源竞争力受不可再生资源消耗的制约，提升位次难度很大，而环境是可以通过保护、改善得到优化的，因此，提升可持续发展竞争力重点在于提升环境竞争力、人力资源竞争力。但是，资源的合理开发、保护和有效利用，也是提升可持续发展竞争力一个不可忽视的重要因素。

六　全国省域财政金融竞争力评价分析

6.1　全国省域财政金融竞争力评价结果

根据财政金融竞争力指标体系和数学模型，课题组对采集到的 2011～2012 年全国 31 个省、市、区的相关统计资料进行了整理和合成。图 6－1、图 6－2、图 6－3 和表 6－1 显示了这两个年份财政金融竞争力排位和排位变化情况，以及其下属 2 个三级指标的评价结果。

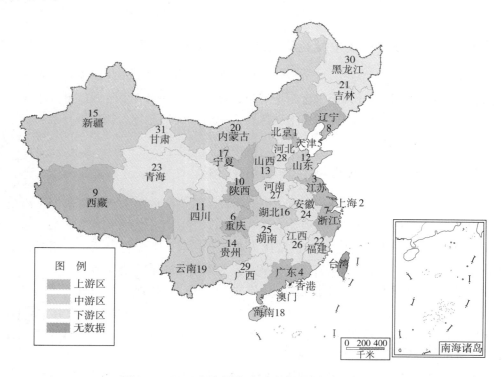

图 6－1　2011 年全国省域财政金融竞争力排位图

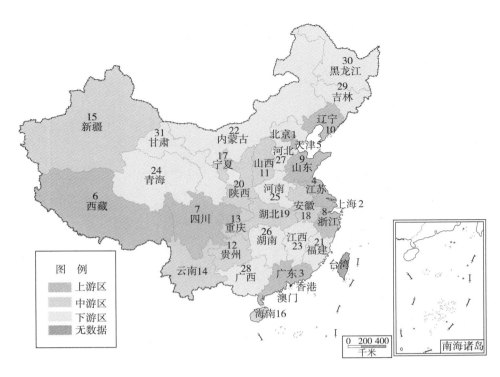

图6-2 2012年全国省域财政金融竞争力排位图

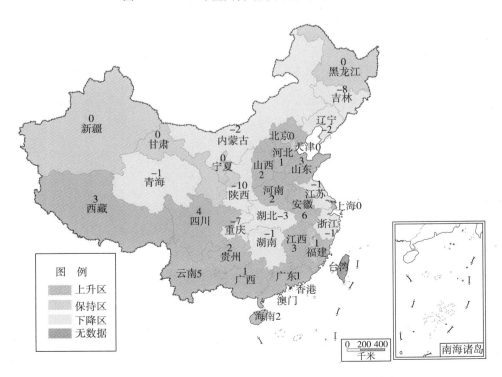

图6-3 2011~2012年全国省域财政金融竞争力排位变化图

表6－1　全国各省、市、区财政金融竞争力评价比较表

项目 地区	2011 年			2012 年			综合排名 升降
	财政竞争力	金融竞争力	全国比较 综合排名	财政竞争力	金融竞争力	全国比较 综合排名	
北 京	1	1	1	1	1	1	0
天 津	5	8	5	4	8	5	0
河 北	28	19	28	29	20	27	1
山 西	26	6	13	17	6	11	2
内蒙古	13	23	20	20	23	22	-2
辽 宁	9	11	8	8	11	10	-2
吉 林	16	24	21	25	25	29	-8
黑龙江	27	26	30	30	26	30	0
上 海	2	2	2	2	2	2	0
江 苏	6	4	3	7	4	4	-1
浙 江	15	5	7	21	5	8	-1
安 徽	24	18	24	19	17	18	6
福 建	23	17	22	22	15	21	1
江 西	22	29	26	16	30	23	3
山 东	19	9	12	12	9	9	3
河 南	30	14	27	27	14	25	2
湖 北	21	12	16	24	12	19	-3
湖 南	25	15	25	28	16	26	-1
广 东	7	3	4	5	3	3	1
广 西	29	21	29	26	24	28	1
海 南	14	20	18	14	19	16	2
重 庆	4	10	6	15	10	13	-7
四 川	17	7	11	13	7	7	4
贵 州	12	22	14	6	22	12	2
云 南	18	16	19	10	18	14	5
西 藏	3	31	9	3	31	6	3
陕 西	8	13	10	23	13	20	-10
甘 肃	31	30	31	31	29	31	0
青 海	20	27	23	18	27	24	-1
宁 夏	11	28	17	11	28	17	0
新 疆	10	25	15	9	21	15	0

6.2 全国省域财政金融竞争力排序分析

2011 年全国各省、市、区财政金融竞争力处于上游区（1～10 位）的依次是北京市、上海市、江苏省、广东省、天津市、重庆市、浙江省、辽宁省、西藏自治区、陕西省；排在中游区（11～20 位）的依次为四川省、山东省、山西省、贵州省、新疆维吾尔自治区、湖北省、宁夏回族自治区、海南省、云南省、内蒙古自治区；处于下游区（21～31 位）的依次排序为吉林省、福建省、青海省、安徽省、湖南省、江西省、河南省、河北省、广西壮族自治区、黑龙江省、甘肃省。

2012 年全国各省、市、区财政金融竞争力处于上游区（1～10 位）的依次是北京市、上海市、广东省、江苏省、天津市、西藏自治区、四川省、浙江省、山东省、辽宁省；排在中游区（11～20 位）的依次为山西省、贵州省、重庆市、云南省、新疆维吾尔自治区、海南省、宁夏回族自治区、安徽省、湖北省、陕西省；处于下游区（21～31 位）的依次排序为福建省、内蒙古自治区、江西省、青海省、河南省、湖南省、河北省、广西壮族自治区、吉林省、黑龙江省、甘肃省。

6.3 全国省域财政金融竞争力排序变化比较

2012 年与 2011 年相比较，排位上升的有 14 个省、市、区，上升幅度最大的是安徽省（6 位），其他依次为云南省（5 位）、四川省（4 位）、江西省（3 位）、山东省（3 位）、西藏自治区（3 位）、山西省（2 位）、河南省（2 位）、海南省（2 位）、贵州省（2 位）、河北省（1 位）、福建省（1 位）、广东省（1 位）、广西壮族自治区（1 位）；7 个省区排位没有变化；排位下降的有 10 个省、市、区，下降幅度最大的是陕西省（10 位），其他依次为吉林省（8 位）、重庆市（7 位）、湖北省（3 位）、辽宁省（2 位）、内蒙古自治区（2 位）、江苏省（1 位）、浙江省（1 位）、湖南省（1 位）、青海省（1 位）。

6.4 全国省域财政金融竞争力跨区段变化情况

在评价期内，一些省、市、区财政金融竞争力排位出现了跨区段变化。在跨区段上升方面，安徽省由下游区升入中游区，四川省由中游区升入上游区；在跨区段下降方面，陕西省由上游区跌入中游区。

6.5 全国省域财政金融竞争力动因分析

在财政竞争力方面，2011 年排在前 10 位的省、市、区依次为北京市、上海市、西藏自治区、重庆市、天津市、江苏省、广东省、陕西省、辽宁省、新疆维吾尔自治区；2012 年排在前 10 位的省、市、区依次为北京市、上海市、西藏自治区、天津市、广东省、贵州省、江苏省、辽宁省、新疆维吾尔自治区、云南省。

在金融竞争力方面，2011 年排在前 10 位的省、市、区依次为北京市、上海市、广东省、江苏省、浙江省、山西省、四川省、天津市、山东省、重庆市；2012 年排在前 10 位的省、市、区依次为北京市、上海市、广东省、江苏省、浙江省、山西省、四川省、天津市、山东省、重庆市。

从表中可以看出，在评价期内，财政金融竞争力排位居于前 10 位的大部分省、市、区，其 2 个三级指标均处于上游区。这表明财政、金融的关系密不可分，财政金融竞争力优势的形成需要财政竞争力、金融竞争力的共同支撑。

七　全国省域知识经济竞争力评价分析

7.1　全国省域知识经济竞争力评价结果

根据知识经济竞争力指标体系和数学模型，课题组对采集到的 2011～2012 年全国 31 个省、市、区的相关统计资料进行了整理和合成。图 7-1、图 7-2、图 7-3 和表 7-1显示了这两个年份知识经济竞争力排位和排位变化情况，以及其下属 3 个三级指标的评价结果。

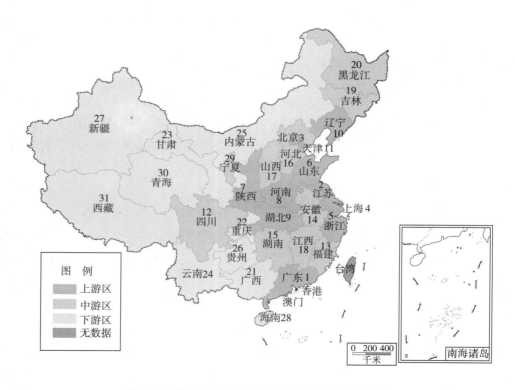

图 7-1　2011 年全国省域知识经济竞争力排位图

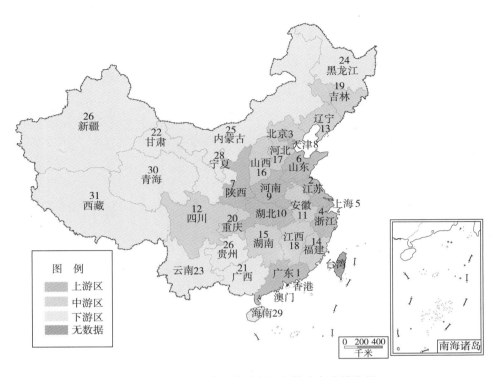

图 7 - 2　2012 年全国省域知识经济竞争力排位图

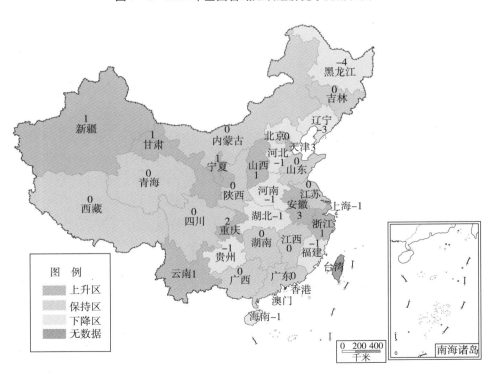

图 7 - 3　2011～2012 年全国省域知识经济竞争力排位变化图

表 7-1　全国各省、市、区知识经济竞争力评价比较表

项目地区	2011 年				2012 年				综合排名升降
	科技竞争力	教育竞争力	文化竞争力	全国比较综合排名	科技竞争力	教育竞争力	文化竞争力	全国比较综合排名	
北　京	3	1	5	3	3	1	5	3	0
天　津	7	17	18	11	7	10	17	8	3
河　北	16	12	20	16	17	17	18	17	-1
山　西	21	9	11	17	21	12	12	16	1
内蒙古	25	28	17	25	23	27	19	25	0
辽　宁	8	13	9	10	11	11	15	13	-3
吉　林	19	23	16	19	20	19	10	19	0
黑龙江	18	25	23	20	19	26	25	24	-4
上　海	4	11	4	4	4	9	4	5	-1
江　苏	2	2	1	2	2	2	1	2	0
浙　江	6	4	2	5	6	4	2	4	1
安　徽	15	14	12	14	13	8	11	11	3
福　建	12	15	14	13	10	18	16	14	-1
江　西	20	18	19	18	18	15	21	18	0
山　东	5	5	6	6	5	5	6	6	0
河　南	13	6	13	8	14	6	13	9	-1
湖　北	10	8	7	9	9	14	7	10	-1
湖　南	14	16	10	15	15	16	9	15	0
广　东	1	3	3	1	1	3	3	1	0
广　西	22	21	21	21	22	22	20	21	0
海　南	30	26	29	28	30	28	29	29	-1
重　庆	17	27	22	22	16	24	24	20	2
四　川	9	10	15	12	8	13	14	12	0
贵　州	24	24	26	26	25	25	26	27	-1
云　南	26	20	24	24	26	21	22	23	1
西　藏	31	29	31	31	31	29	31	31	0
陕　西	11	7	8	7	12	7	8	7	0
甘　肃	23	19	25	23	24	23	23	22	1
青　海	29	31	30	30	29	30	30	30	0
宁　夏	28	30	27	29	27	31	27	28	1
新　疆	27	22	28	27	28	20	28	26	1

7.2 全国省域知识经济竞争力排序分析

2011 年全国各省、市、区知识经济竞争力处于上游区（1～10 位）的依次是广东省、江苏省、北京市、上海市、浙江省、山东省、陕西省、河南省、湖北省、辽宁省；排在中游区（11～20 位）的依次为天津市、四川省、福建省、安徽省、湖南省、河北省、山西省、江西省、吉林省、黑龙江省；处于下游区（21～31 位）的依次为广西壮族自治区、重庆市、甘肃省、云南省、内蒙古自治区、贵州省、新疆维吾尔自治区、海南省、宁夏回族自治区、青海省、西藏自治区。

2012 年全国各省、市、区知识经济竞争力处于上游区（1～10 位）的依次为广东省、江苏省、北京市、浙江省、上海市、山东省、陕西省、天津市、河南省、湖北省；排在中游区（11～20 位）的依次为安徽省、四川省、辽宁省、福建省、湖南省、山西省、河北省、江西省、吉林省、重庆市；处于下游区（21～31 位）的依次为广西壮族自治区、甘肃省、云南省、黑龙江省、内蒙古自治区、新疆维吾尔自治区、贵州省、宁夏回族自治区、海南省、青海省、西藏自治区。

7.3 全国省域知识经济竞争力排序变化比较

2012 年与 2011 年相比，排位上升的有 9 个省、市、区，上升幅度最大的是天津市（3 位）和安徽省（3 位），其他依次为重庆市（2 位）、山西省（1 位）、浙江省（1 位）、云南省（1 位）、甘肃省（1 位）、宁夏回族自治区（1 位）、新疆维吾尔自治区（1 位）；13 个省、市、区的排位没有变化；排位下降的有 9 个省、市、区，下降幅度最大的是黑龙江省（4 位），其他依次为辽宁省（3 位）、贵州省（1 位）、海南省（1 位）、湖北省（1 位）、河南省（1 位）、福建省（1 位）、上海市（1 位）、河北省（1 位）。

7.4 全国省域知识经济竞争力跨区段变化情况

在评价期内，一些省、市、区知识经济竞争力排位出现了跨区段变化。在跨区段上升方面，天津市由中游区升入上游区，重庆市由下游区升入中游区；在跨区段下降方面，黑龙江省由中游区跌入下游区，辽宁省由上游区跌入中游区。

7.5 全国省域知识经济竞争力动因分析

在科技竞争力方面，2011 年排在前 10 位的省、市、区依次为广东省、江苏省、北京市、上海市、山东省、浙江省、天津市、辽宁省、四川省、湖北省；2012 年排在前 10 位的省、市、区依次为广东省、江苏省、北京市、上海市、山东省、浙江省、天津市、四川省、湖北省、福建省。

在教育竞争力方面，2011 年排在前 10 位的省、市、区依次为北京市、江苏省、广东省、浙江省、山东省、河南省、陕西省、湖北省、山西省、四川省；2012 年排在前 10 位的省、市、区依次为北京市、江苏省、广东省、浙江省、山东省、河南省、陕西省、安徽

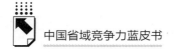

省、上海市、天津市。

在文化竞争力方面，2011 年排在前 10 位的省、市、区依次为江苏省、浙江省、广东省、上海市、北京市、山东省、湖北省、陕西省、辽宁省、湖南省；2012 年排在前 10 位的省、市、区依次为江苏省、浙江省、广东省、上海市、北京市、山东省、湖北省、陕西省、湖南省、吉林省。

从上述 3 个三级指标的变化情况可以看出，经济发达地区多数表现出科技竞争力、教育竞争力和文化竞争力比较均衡、协调提升的态势，一些中西部省、市、区的 3 个三级指标也保持了比较均衡、协调提升的态势，如湖北省、河南省、陕西省。

八 全国省域发展环境竞争力评价分析

8.1 全国省域发展环境竞争力评价结果

根据发展环境竞争力指标体系和数学模型，课题组对采集到的 2011～2012 年全国 31 个省、市、区的相关统计资料进行了整理和合成。图 8 - 1、图 8 - 2、图 8 - 3 和表 8 - 1 显示了这两个年份发展环境竞争力排位和排位变化情况，以及其下属 2 个三级指标的评价结果。

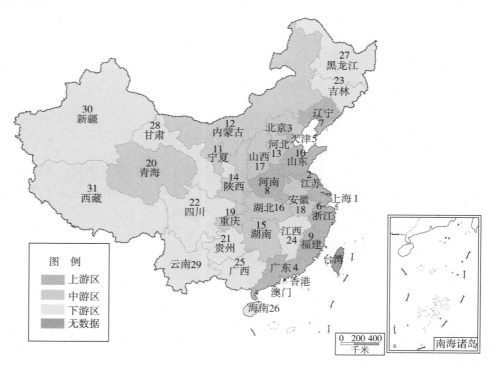

图 8 - 1 2011 年全国省域发展环境竞争力排位图

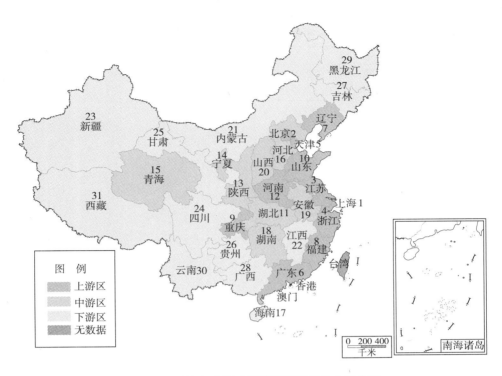

图 8 - 2 2012 年全国省域发展环境竞争力排位图

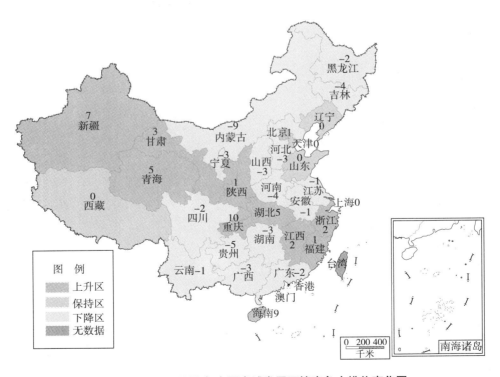

图 8 - 3 2011 ~ 2012 年全国省域发展环境竞争力排位变化图

表 8 – 1　全国各省、市、区发展环境竞争力评价比较表

项目 地区	2011 年			2012 年			综合排名 升降
	基础设施 竞争力	软环境 竞争力	全国比较 综合排名	基础设施 竞争力	软环境 竞争力	全国比较 综合排名	
北　京	3	3	3	3	3	2	1
天　津	6	4	5	6	2	5	0
河　北	11	24	13	11	29	16	-3
山　西	19	15	17	19	23	20	-3
内蒙古	17	6	12	17	27	21	-9
辽　宁	8	5	7	8	6	7	0
吉　林	25	13	23	25	21	27	-4
黑龙江	27	23	27	28	22	29	-2
上　海	1	1	1	1	1	1	0
江　苏	4	2	2	4	5	3	-1
浙　江	5	7	6	5	7	4	2
安　徽	13	28	18	13	30	19	-1
福　建	9	12	9	9	10	8	1
江　西	22	22	24	22	15	22	2
山　东	7	29	10	7	25	10	0
河　南	10	11	8	10	26	12	-4
湖　北	12	27	16	12	13	11	5
湖　南	14	17	15	15	24	18	-3
广　东	2	16	4	2	31	6	-2
广　西	24	25	25	24	28	28	-3
海　南	21	31	26	21	14	17	9
重　庆	16	26	19	16	4	9	10
四　川	23	14	22	23	17	24	-2
贵　州	26	9	21	26	18	26	-5
云　南	30	21	29	30	16	30	-1
西　藏	31	20	31	31	19	31	0
陕　西	18	10	14	18	11	13	1
甘　肃	29	19	28	29	9	25	3
青　海	20	18	20	20	8	15	5
宁　夏	15	8	11	14	20	14	-3
新　疆	28	30	30	27	12	23	7

8.2　全国省域发展环境竞争力排序分析

2011 年全国各省、市、区发展环境竞争力处于上游区（1～10 位）的依次是上海市、江苏省、北京市、广东省、天津市、浙江省、辽宁省、河南省、福建省、山东省；排在中游区（11～20 位）的依次为宁夏回族自治区、内蒙古自治区、河北省、陕西省、湖南省、湖北省、山西省、安徽省、重庆市、青海省；处于下游区（21～31 位）的依次排序为贵州省、四川省、吉林省、江西省、广西壮族自治区、海南省、黑龙江省、甘肃省、云南省、新疆维吾尔自治区、西藏自治区。

2012 年全国各省、市、区发展环境竞争力处于上游区（1～10 位）的依次是上海市、北京市、江苏省、浙江省、天津市、广东省、辽宁省、福建省、重庆市、山东省；排在中游区（11～20 位）的依次为湖北省、河南省、陕西省、宁夏回族自治区、青海省、河北省、海南省、湖南省、安徽省、山西省；处于下游区（21～31 位）的依次排序为内蒙古自治区、江西省、新疆维吾尔自治区、四川省、甘肃省、贵州省、吉林省、广西壮族自治区、黑龙江省、云南省、西藏自治区。

8.3　全国省域发展环境竞争力排序变化比较

2012 年与 2011 年相比较，排位上升的有 11 个省、市、区，上升幅度最大的是重庆市（10 位），其他依次为海南省（9 位）、新疆维吾尔自治区（7 位）、湖北省（5 位）、青海省（5 位）、甘肃省（3 位）、浙江省（2 位）、江西省（2 位）、北京市（1 位）、福建省（1 位）、陕西省（1 位）；5 个省、市排位没有变化；排位下降的有 15 个省、市、区，下降幅度最大的是内蒙古自治区（9 位），其他依次为贵州省（5 位）、河南省（4 位）、吉林省（4 位）、河北省（3 位）、山西省（3 位）、湖南省（3 位）、广西壮族自治区（3 位）、宁夏回族自治区（3 位）、黑龙江省（2 位）、广东省（2 位）、四川省（2 位）、江苏省（1 位）、安徽省（1 位）、云南省（1 位）。

8.4　全国省域发展环境竞争力跨区段变化情况

在评价期内，一些省、市、区发展环境竞争力排位出现了跨区段变化。在跨区段上升方面，重庆市由中游区升入上游区，海南省由下游区升入中游区；在跨区段下降方面，河南省由上游区降入中游区，内蒙古自治区由中游区降入下游区。

8.5　全国省域发展环境竞争力动因分析

在基础设施竞争力方面，2011 年排在前 10 位的省、市、区依次为上海市、广东省、北京市、江苏省、浙江省、天津市、山东省、辽宁省、福建省、河南省；2012 年排在前 10 位的省、市、区依次为上海市、广东省、北京市、江苏省、浙江省、天津市、山东省、辽宁省、福建省、河南省。

在软环境竞争力方面，2011 年排在前 10 位的省、市、区依次为上海市、江苏省、北京市、天津市、辽宁省、内蒙古自治区、浙江省、宁夏回族自治区、贵州省、陕西省；

2012年排在前10位的省、市、区依次为上海市、天津市、北京市、重庆市、江苏省、辽宁省、浙江省、青海省、甘肃省、福建省。

从2个三级指标的变化可以看出，发展环境竞争力排位处于上游区的省、市、区，基础设施竞争力和软环境竞争力基本都在同一区段内比较协调地变化，那些排位差距呈现不断拉大趋势的地区，发展环境竞争力的综合排位也呈现下降趋势。这表明基础设施竞争力和软环境竞争力都是发展环境竞争力不可缺少的重要组成部分，需要协调发展、同步提升。

九　全国省域政府作用竞争力评价分析

9.1　全国省域政府作用竞争力评价结果

根据政府作用竞争力指标体系和数学模型，课题组对采集到的2011~2012年全国31个省、市、区的相关统计资料进行了整理和合成。图9－1、图9－2、图9－3和表9－1显示了这两个年份政府作用竞争力排位和排位变化情况，以及其下属3个三级指标的评价结果。

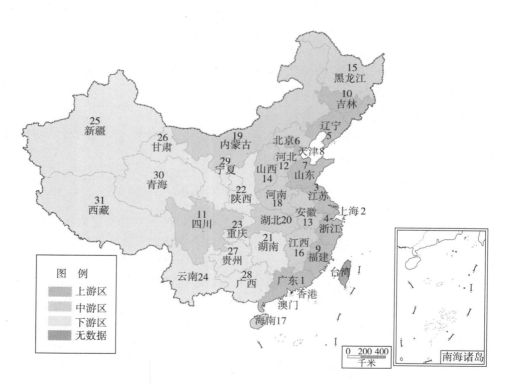

图9－1　2011年全国省域政府作用竞争力排位图

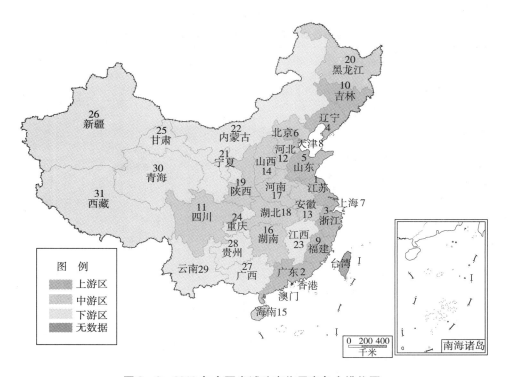

图 9 - 2   2012 年全国省域政府作用竞争力排位图

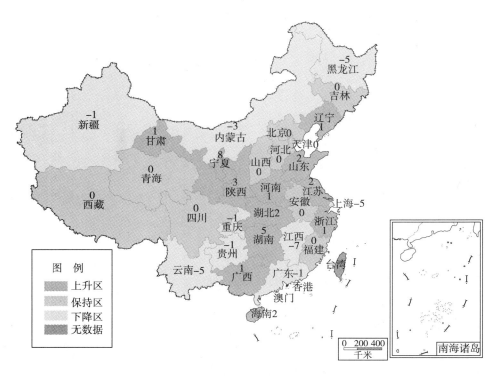

图 9 - 3   2011～2012 年全国省域政府作用竞争力排位变化图

表 9－1　全国各省、市、区政府作用竞争力评价比较表

项目 地区	2011 年				2012 年				综合排名升降
	政府发展经济竞争力	政府规调经济竞争力	政府保障经济竞争力	全国比较综合排名	政府发展经济竞争力	政府规调经济竞争力	政府保障经济竞争力	全国比较综合排名	
北　京	18	2	3	6	20	2	4	6	0
天　津	3	3	22	8	4	4	28	8	0
河　北	10	16	13	12	12	10	21	12	0
山　西	20	8	20	14	21	7	19	14	0
内　蒙　古	22	14	17	19	22	18	17	22	－ 3
辽　宁	8	5	6	5	7	8	5	4	1
吉　林	21	6	11	10	18	5	11	10	0
黑　龙　江	24	11	12	15	23	11	14	20	－ 5
上　海	2	1	5	2	8	3	8	7	－ 5
江　苏	6	7	2	3	2	6	2	1	2
浙　江	4	4	7	4	3	1	6	3	1
安　徽	9	17	15	13	10	17	15	13	0
福　建	1	12	27	9	1	12	25	9	0
江　西	15	20	14	16	16	25	20	23	－ 7
山　东	7	10	8	7	6	9	7	5	2
河　南	12	19	25	18	9	20	24	17	1
湖　北	13	21	19	20	14	21	16	18	2
湖　南	11	23	23	21	13	13	23	16	5
广　东	5	9	1	1	5	14	1	2	－ 1
广　西	16	30	28	28	15	30	29	27	1
海　南	28	27	4	17	27	27	3	15	2
重　庆	17	29	21	23	19	28	13	24	－ 1
四　川	14	15	10	11	11	16	10	11	0
贵　州	25	22	26	27	26	26	26	28	－ 1
云　南	26	13	30	24	25	22	31	29	－ 5
西　藏	31	28	31	31	31	31	30	31	0
陕　西	19	18	24	22	17	19	22	19	3
甘　肃	23	26	18	26	24	24	18	25	1
青　海	30	25	29	30	30	23	27	30	0
宁　夏	27	31	16	29	28	15	12	21	8
新　疆	29	24	9	25	29	29	9	26	－ 1

9.2 全国省域政府作用竞争力排序分析

2011 年全国各省、市、区政府作用竞争力处于上游区（1～10 位）的依次是广东省、上海市、江苏省、浙江省、辽宁省、北京市、山东省、天津市、福建省、吉林省；排在中游区（11～20 位）的依次为四川省、河北省、安徽省、山西省、黑龙江省、江西省、海南省、河南省、内蒙古自治区、湖北省；处于下游区（21～31 位）的依次排序为湖南省、陕西省、重庆市、云南省、新疆维吾尔自治区、甘肃省、贵州省、广西壮族自治区、宁夏回族自治区、青海省、西藏自治区。

2012 年全国各省、市、区政府作用竞争力处于上游区（1～10 位）的依次是江苏省、广东省、浙江省、辽宁省、山东省、北京市、上海市、天津市、福建省、吉林省；排在中游区（11～20 位）的依次为四川省、河北省、安徽省、山西省、海南省、湖南省、河南省、湖北省、陕西省、黑龙江省；处于下游区（21～31 位）的依次排序为宁夏回族自治区、内蒙古自治区、江西省、重庆市、甘肃省、新疆维吾尔自治区、广西壮族自治区、贵州省、云南省、青海省、西藏自治区。

9.3 全国省域政府作用竞争力排序变化比较

2012 年与 2011 年相比较，排位上升的有 12 个省、市、区，上升幅度最大的是宁夏回族自治区（8 位），其他依次为湖南省（5 位）、陕西省（3 位）、江苏省（2 位）、山东省（2 位）、湖北省（2 位）、海南省（2 位）、辽宁省（1 位）、浙江省（1 位）、河南省（1 位）、广西壮族自治区（1 位）、甘肃省（1 位）；排位没有变化的有 10 个省、市、区；排位下降的有 9 个省、市、区，下降幅度最大的是江西省（7 位），其他依次为黑龙江省（5 位）、上海市（5 位）、云南省（5 位）、内蒙古自治区（3 位）、广东省（1 位）、重庆市（1 位）、贵州省（1 位）、新疆维吾尔自治区（1 位）。

9.4 全国省域政府作用竞争力跨区段变化情况

在评价期内，一些省、市、区政府作用竞争力排位出现了跨区段变化。在跨区段上升方面，湖南省、陕西省由下游区升入中游区；在跨区段下降方面，江西省由中游区降入下游区。

9.5 全国省域政府作用竞争力动因分析

在政府发展经济竞争力方面，2011 年排在前 10 位的省、市、区依次为福建省、上海市、天津市、浙江省、广东省、江苏省、山东省、辽宁省、安徽省、河北省；2012 年排在前 10 位的省、市、区依次为福建省、江苏省、浙江省、天津市、广东省、山东省、辽宁省、上海市、河南省、安徽省。

在政府规调经济竞争力方面，2011 年排在前 10 位的省、市、区依次为上海市、北京市、天津市、浙江省、辽宁省、吉林省、江苏省、山西省、广东省、山东省；2012 年排在前 10 位的省、市、区依次为浙江省、北京市、上海市、天津市、吉林省、江苏省、山西省、辽宁省、山东省、河北省。

在政府保障经济竞争力方面，2011 年排在前 10 位的省、市、区依次为广东省、江苏省、北京市、海南省、上海市、辽宁省、浙江省、山东省、新疆维吾尔自治区、四川省；2012 年排在前 10 位的省、市、区依次为广东省、江苏省、海南省、北京市、辽宁省、浙江省、山东省、上海市、新疆维吾尔自治区、四川省。

从上述 3 个三级指标的变化还可以看出，经济比较活跃和发达的省、市、区，这 3 个指标大多数表现比较好，而那些 3 个指标表现欠佳的省市，多数是中西部经济欠发达地区。这表明，在经济体制转轨时期，政府作用对经济增长有着直接影响，提升省域经济综合竞争力必须全面提升政府作用竞争力。

十　全国省域发展水平竞争力评价分析

10.1　全国省域发展水平竞争力评价结果

根据发展水平竞争力指标体系和数学模型，课题组对采集到的 2011～2012 年全国 31 个省、市、区的相关资料进行了整理和合成。图 10 - 1、图 10 - 2、图 10 - 3 和表 10 -1显示了这两个年份发展水平竞争力排位和排位变化情况，以及其下属 3 个三级指标的评价结果。

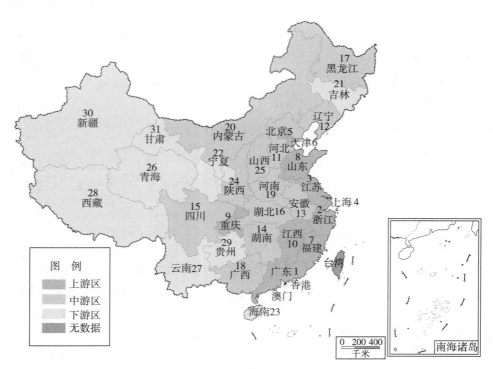

图 10 - 1　2011 年全国省域发展水平竞争力排位图

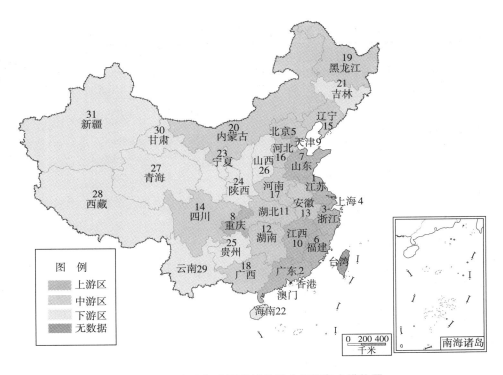

图 10 - 2　2012 年全国省域发展水平竞争力排位图

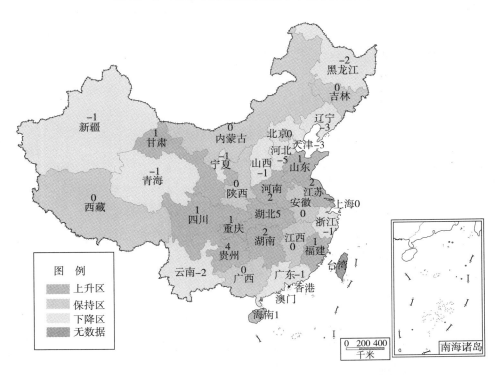

图 10 - 3　2011 ~ 2012 年全国省域发展水平竞争力排位变化图

表 10 - 1　全国各省、市、区发展水平竞争力评价比较表

项目 地区	2011 年				2012 年				综合排名 升降
	工业化进程竞争力	城市化进程竞争力	市场化进程竞争力	全国比较综合排名	工业化进程竞争力	城市化进程竞争力	市场化进程竞争力	全国比较综合排名	
北　京	8	4	14	5	7	4	16	5	0
天　津	6	5	15	6	5	12	19	9	-3
河　北	16	17	4	11	20	18	5	16	-5
山　西	21	23	26	25	26	23	26	26	-1
内蒙古	24	13	20	20	24	11	21	20	0
辽　宁	19	15	8	12	21	13	7	15	-3
吉　林	20	21	19	21	16	24	20	21	0
黑龙江	5	22	23	17	6	22	23	19	-2
上　海	2	6	5	4	3	5	3	4	0
江　苏	3	3	2	3	4	3	1	1	2
浙　江	7	2	1	2	9	2	2	3	-1
安　徽	13	18	12	13	14	16	13	13	0
福　建	4	8	11	7	2	7	6	6	1
江　西	9	12	9	10	10	10	10	10	0
山　东	12	7	6	8	12	6	4	7	1
河　南	15	25	13	19	11	25	11	17	2
湖　北	18	10	18	16	15	9	15	11	5
湖　南	17	16	10	14	17	14	12	12	2
广　东	1	1	7	1	1	1	8	2	-1
广　西	23	19	16	18	23	17	14	18	0
海　南	31	11	22	23	30	15	17	22	1
重　庆	14	9	3	9	13	8	9	8	1
四　川	10	20	17	15	8	20	18	14	1
贵　州	25	31	24	29	18	29	25	25	4
云　南	26	26	27	27	22	31	28	29	-2
西　藏	30	27	25	28	29	30	24	28	0
陕　西	11	24	29	24	19	21	29	24	0
甘　肃	29	30	30	31	27	28	30	30	1
青　海	22	29	28	26	25	27	27	27	-1
宁　夏	27	14	21	22	28	19	22	23	-1
新　疆	28	28	31	30	31	26	31	31	-1

10.2　全国省域发展水平竞争力排序分析

2011 年全国各省、市、区发展水平竞争力处于上游区（1 ~ 10 位）的依次是广东省、浙江省、江苏省、上海市、北京市、天津市、福建省、山东省、重庆市、江西省；排在中游区（11 ~ 20 位）的依次为河北省、辽宁省、安徽省、湖南省、四川省、湖北省、黑龙江省、广西壮族自治区、河南省、内蒙古自治区；处于下游区（21 ~ 31 位）的依次排序为吉林省、宁夏回族自治区、海南省、陕西省、山西省、青海省、云南省、西藏自治区、贵州省、新疆维吾尔自治区、甘肃省。

2012 年全国各省、市、区发展水平竞争力处于上游区（1 ~ 10 位）的依次是江苏省、广东省、浙江省、上海市、北京市、福建省、山东省、重庆市、天津市、江西省；排在中游区（11 ~ 20 位）的依次为湖北省、湖南省、安徽省、四川省、辽宁省、河北省、河南省、广西壮族自治区、黑龙江省、内蒙古自治区；处于下游区（21 ~ 31 位）的依次排序为吉林省、海南省、宁夏回族自治区、陕西省、贵州省、山西省、青海省、西藏自治区、云南省、甘肃省、新疆维吾尔自治区。

10.3　全国省域发展水平竞争力排序变化比较

2012 年与 2011 年相比较，排位上升的有 11 个省、市、区，上升幅度最大的是湖北省（5 位），其他依次为贵州省（4 位）、江苏省（2 位）、湖南省（2 位）、河南省（2 位）、福建省（1 位）、山东省（1 位）、海南省（1 位）、重庆市（1 位）、四川省（1 位）、甘肃省（1 位）；有 9 个省、市、区排位没有变化；排位下降的有 11 个省、市、区，下降幅度最大的是河北省（5 位），其他依次为天津市（3 位）、辽宁省（3 位）、黑龙江省（2 位）、云南省（2 位）、山西省（1 位）、浙江省（1 位）、广东省（1 位）、青海省（1 位）、宁夏回族自治区（1 位）、新疆维吾尔自治区（1 位）。

10.4　全国省域发展水平竞争力跨区段变化情况

在评价期内，没有省份的发展水平竞争力排位出现跨区段变化。

10.5　全国省域发展水平竞争力动因分析

在工业化进程竞争力方面，2011 年排在前 10 位的省、市、区依次为广东省、上海市、江苏省、福建省、黑龙江省、天津市、浙江省、北京市、江西省、四川省；2012 年排在前 10 位的省、市、区依次为广东省、福建省、上海市、江苏省、天津市、黑龙江省、北京市、四川省、浙江省、江西省。

在城市化进程竞争力方面，2011 年排在前 10 位的省、市、区依次为广东省、浙江省、江苏省、北京市、天津市、上海市、山东省、福建省、重庆市、湖北省；2012 年排在前 10 位的省、市、区依次为广东省、浙江省、江苏省、北京市、上海市、山东省、福建省、重庆市、湖北省、江西省。

在市场化进程竞争力方面，2011 年排在前 10 位的省、市、区依次为浙江省、江苏省、重庆市、河北省、上海市、山东省、广东省、辽宁省、江西省、湖南省；2012 年排在前 10 位的省、市、区依次为江苏省、浙江省、上海市、山东省、河北省、福建省、辽宁省、广东省、重庆市、江西省。

从上述 3 个三级指标的变化可以看出，排位居于前 10 位的省、市、区，大多数位于经济比较活跃的东部沿海地区，这些地区中的大多数省份 3 个指标表现都比较好。这表明，工业化、城市化、市场化在总体上是一个联系密切、相辅相成、互相促进的发展过程，省域发展水平竞争力是工业化、城市化、市场化进程竞争力的综合体现。

十一 全国省域统筹协调竞争力评价分析

11.1 全国省域统筹协调竞争力评价结果

根据统筹协调竞争力指标体系和数学模型，课题组对采集到的 2011～2012 年全国 31 个省、市、区的相关统计资料进行了整理和合成。图 11 - 1、图 11 - 2、图 11 - 3 和表 11 - 1显示了这两个年份统筹协调竞争力排位和排位变化情况，以及其下属 2 个三级指标的评价结果。

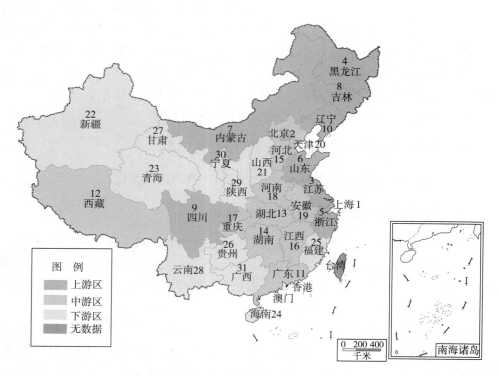

图 11 - 1 2011 年全国省域统筹协调竞争力排位图

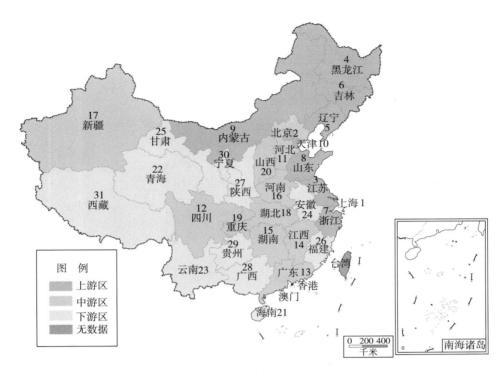

图 11 - 2　2012 年全国省域统筹协调竞争力排位图

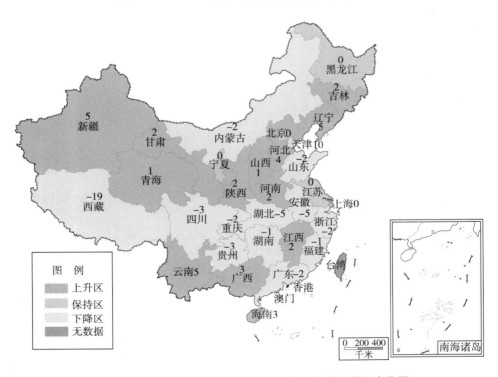

图 11 - 3　2011～2012 年全国省域统筹协调竞争力排位变化图

表 11 - 1　全国各省、市、区统筹协调竞争力评价比较表

项目 地区	2011 年			2012 年			综合排名 升降
	统筹发展 竞争力	协调发展 竞争力	全国比较 综合排名	统筹发展 竞争力	协调发展 竞争力	全国比较 综合排名	
北　京	2	20	2	2	19	2	0
天　津	7	26	20	6	18	10	10
河　北	27	7	15	26	1	11	4
山　西	29	5	21	28	10	20	1
内蒙古	25	2	7	22	3	9	-2
辽　宁	26	3	10	12	6	5	5
吉　林	15	8	8	13	5	6	2
黑龙江	10	1	4	14	2	4	0
上　海	1	23	1	1	24	1	0
江　苏	5	9	3	4	11	3	0
浙　江	4	13	5	5	14	7	-2
安　徽	18	18	19	23	20	24	-5
福　建	13	28	25	19	28	26	-1
江　西	9	19	16	8	16	14	2
山　东	12	6	6	11	8	8	-2
河　南	17	15	18	20	15	16	2
湖　北	19	12	13	21	13	18	-5
湖　南	14	14	14	10	17	15	-1
广　东	3	30	11	3	29	13	-2
广　西	16	31	31	18	31	28	3
海　南	21	21	24	9	27	21	3
重　庆	8	24	17	7	26	19	-2
四　川	11	10	9	15	9	12	-3
贵　州	23	22	26	25	23	29	-3
云　南	20	27	28	16	25	23	5
西　藏	6	17	12	30	22	31	-19
陕　西	24	29	29	17	30	27	2
甘　肃	22	25	27	24	21	25	2
青　海	31	4	23	31	4	22	1
宁　夏	30	16	30	29	12	30	0
新　疆	28	11	22	27	7	17	5

11.2 全国省域统筹协调竞争力排序分析

2011 年全国各省、市、区统筹协调竞争力处于上游区（1～10 位）的依次是上海市、北京市、江苏省、黑龙江省、浙江省、山东省、内蒙古自治区、吉林省、四川省、辽宁省；排在中游区（11～20 位）的依次为广东省、西藏自治区、湖北省、湖南省、河北省、江西省、重庆市、河南省、安徽省、天津市；处于下游区（21～31 位）的依次排序为山西省、新疆维吾尔自治区、青海省、海南省、福建省、贵州省、甘肃省、云南省、陕西省、宁夏回族自治区、广西壮族自治区。

2012 年全国各省、市、区统筹协调竞争力处于上游区（1～10 位）的依次是上海市、北京市、江苏省、黑龙江省、辽宁省、吉林省、浙江省、山东省、内蒙古自治区、天津市；排在中游区（11～20 位）的依次为河北省、四川省、广东省、江西省、湖南省、河南省、新疆维吾尔自治区、湖北省、重庆市、山西省；处于下游区（21～31 位）的依次排序为海南省、青海省、云南省、安徽省、甘肃省、福建省、陕西省、广西壮族自治区、贵州省、宁夏回族自治区、西藏自治区。

11.3 全国省域统筹协调竞争力排序变化比较

2012 年与 2011 年相比较，排位上升的有 14 个省、市、区，上升幅度最大的是天津市（10 位），其他依次为辽宁省（5 位）、云南省（5 位）、新疆维吾尔自治区（5 位）、河北省（4 位）、广西壮族自治区（3 位）、海南省（3 位）、吉林省（2 位）、江西省（2 位）、河南省（2 位）、陕西省（2 位）、甘肃省（2 位）、山西省（1 位）、青海省（1 位）；有 5 个省、市、区排位没有变化；排位下降的有 12 个省、市、区，下降幅度最大的是西藏自治区（19 位），其他依次为湖北省（5 位）、安徽省（5 位）、四川省（3 位）、贵州省（3 位）、内蒙古自治区（2 位）、浙江省（2 位）、山东省（2 位）、广东省（2 位）、重庆市（2 位）、福建省（1 位）、湖南省（1 位）。

11.4 全国省域统筹协调竞争力跨区段变化情况

在评价期内，一些省、市、区统筹协调竞争力排位出现了跨区段变化。在跨区段上升方面，天津市由中游区升入上游区，新疆维吾尔自治区由下游区升入中游区；在跨区段下降方面，四川省由上游区降入中游区，安徽省、西藏自治区由中游区降入下游区。

11.5 全国省域统筹协调竞争力动因分析

在统筹发展竞争力方面，2011 年排在前 10 位的省、市、区依次为上海市、北京市、广东省、浙江省、江苏省、西藏自治区、天津市、重庆市、江西省、黑龙江省；2012 年排在前 10 位的省、市、区依次为上海市、北京市、广东省、江苏省、浙江省、天津市、重庆市、江西省、海南省、湖南省。

在协调发展竞争力方面，2011 年排在前 10 位的省、市、区依次为黑龙江省、内蒙古自治区、辽宁省、青海省、山西省、山东省、河北省、吉林省、江苏省、四川省；2012年排在前10位的省、市、区依次为河北省、黑龙江省、内蒙古自治区、青海省、吉林省、辽宁省、新疆维吾尔自治区、山东省、四川省、山西省。

从表中可以看出，大部分省份不管是统筹协调竞争力排位靠前还是靠后，统筹发展竞争力和协调发展竞争力2个三级指标都不太协调，经济较发达的省份也存在不协调发展的情况。这与各地发展基础以及自然状况有关，也与经济发展的路径选择有关，如何保持经济以科学、协调的方式快速发展，是每一个省份都要认真思考的问题。

十二 "十二五"中期全国省域经济综合竞争力变化的基本特征及启示

省域经济综合竞争力是由9个二级指标、25个三级指标和210个四级指标组成的综合评价体系，综合反映了一个省份在经济、科技、教育、财政、金融、资源、环境、政府作用和统筹协调发展等各方面的发展能力及在全国的竞争地位，各方面的发展相互促进、相互制约，共同影响省域经济综合竞争力的排位和变化趋势，也表现出一定的变化规律和特征。省域经济综合竞争力的发展变化有其内在的基本特征，既有各个省、市、区普遍存在的共性特征，也有不同省情所决定的特殊性。要有效提升省域经济综合竞争力，就需要深刻认识和深入把握这些特征，从而研究和发现提升省域经济综合竞争力的正确路径、方法和对策。

12.1 省域经济综合竞争力排位整体比较稳定，个别省份排位波动明显

表12-1列出了2011年和2012年全国各省、市、区经济综合竞争力排位及变化情况。

表12-1 全国各省、市、区2011~2012年经济综合竞争力排位变化分析表

	地 区	2011	2012		地 区	2011	2012		地 区	2011	2012
上游区	江 苏	2	1	中游区	河 南	10	11	下游区	江 西	21	21
	广 东	1	2		湖 北	13	12		海 南	23	22
	北 京	4	3		安 徽	18	13		山 西	22	23
	上 海	3	4		湖 南	16	14		新 疆	24	24
	浙 江	5	5		吉 林	20	15		广 西	25	25
	山 东	6	6		河 北	14	16		贵 州	27	26
	天 津	7	7		内蒙古	12	17		宁 夏	28	27
	辽 宁	8	8		重 庆	15	18		青 海	29	28
	福 建	9	9		陕 西	19	19		云 南	26	29
	四 川	11	10		黑龙江	17	20		甘 肃	30	30
									西 藏	31	31

从表 12 - 1 中的排位变化情况来看，整体上各省份经济综合竞争力排位相对比较稳定，在某一区域内变化较小，只是在局部有所调整。2011 年处于上游区的 10 个省份，只有河南省 2012 年下降到中游区，其他 9 个省份在 2012 年都继续保持在上游区，持续保持竞争优势地位。2011 年处于中游区的 10 个省份大多继续保持在中游区，只有个别省份进入上游区，四川省由第 11 位上升到第 10 位，由中游区升入上游区。处于下游区的 11 个省份仍然继续处于下游区，特别是西部地区几个省份排位一直都处于下游区末尾，表现出明显的竞争劣势，劣势地位在短期内难以改变。

尽管各省份经济综合竞争力排位相对稳定，但并不意味着各省份的竞争优劣势没有发生变化，从竞争力得分就可以看出，各省竞争力得分之间的差距还是有所变化的，只不过这种变化在短时间内还不够明显，还没有对排位产生较大影响。持续较长一段时间后，这种差距就会逐步扩大，使竞争力排位发生变化。特别是在中游区和下游区的省份，竞争力综合排位发生变化的省份比较多，其中中游区 10 个省份中有 9 个省份的排位发生变化，下游区 11 个省份中有 6 个省份的排位发生了变化，主要是中游区和下游区各省份得分比较接近，各省份之间竞争优劣势不明显，排位容易发生变化。尽管上游区各省份得分差距比较大，排位比较稳定，但当分差的变动累积到一定程度以后，就有可能发生排位上的变化，如江苏和广东排位对调，上海和北京排位对调。

经济综合竞争力的稳定性说明，一个省份的竞争优势或者竞争劣势是长期积累的结果，也是通过众多客观指标综合反映的结果，形成省域经济综合竞争优势或劣势。提升竞争力排位不能寄希望于一时的变化，也不能寄希望于少数指标的变化，而是需要经过长期不懈的努力，需要各个方面综合发展、协同提升。但经济综合竞争力排位又是动态变化的，具有不稳定的特点，多种因素都有可能使排位发生变化，不管是大省还是小省，经济发达还是欠发达，每个省份只有抓住历史机遇，加快发展、持续发展和协调发展，才能有效提升经济综合竞争力。

12.2 经济综合竞争力是多种要素综合反映的结果，客观体现了各省域经济综合发展的能力

表 12 - 2 列出了 2011 年和 2012 年各省、市、区经济综合竞争力得分与 9 个二级指标竞争力得分的相关系数及变化情况。

表 12 - 2 全国各省、市、区经济综合竞争力与二级指标得分相关系数

	宏观经济竞争力	产业经济竞争力	可持续发展竞争力	财政金融竞争力	知识经济竞争力	发展环境竞争力	政府作用竞争力	发展水平竞争力	统筹协调竞争力
2011 年	0.947	0.846	0.489	0.737	0.938	0.899	0.948	0.912	0.724
2012 年	0.947	0.861	0.416	0.712	0.946	0.868	0.925	0.910	0.746
变化	0.000	0.015	− 0.073	− 0.025	0.008	− 0.031	− 0.023	− 0.002	0.022

从表 12 - 2 来看，2012 年与经济综合竞争力得分相关系数最大的二级指标是宏观经济竞争力，其次为知识经济竞争力、政府作用竞争力和发展水平竞争力，相关系数都超过

0.9，远高于其他几个二级指标。这种高度拟合的效果说明宏观经济竞争力是经济综合竞争力最直接的体现，也就是说，各省在着力发展经济、加快产业结构调整、提高经济发展水平的过程中，经济综合竞争力也会得到相应的提升。同时，省域经济综合竞争力的评价对象是以省域级别的行政区域划分的，各省经济综合竞争力的提升离不开各省级政府对本省经济发展的宏观政策调控和指导作用。各省级政府依据本省份的省情，制定相关促进经济社会发展的政策和规划，实施针对本省发展经济、规调经济和保障经济等的措施，对本省经济综合竞争力提升有直接的影响。科技创新是省域经济快速健康发展的主要推动力，教育发展为省域经济发展提供人力资源和智力支持，所以知识经济是提高省域经济发展速度、优化省域经济结构、提高省域经济效益的有效手段。从两年相关系数的变化来看，系数增加的有产业经济竞争力、知识经济竞争力和统筹协调竞争力，其他二级指标和经济综合竞争力的相关系数都有不同程度的下降，说明产业经济发展对经济社会发展的影响越来越大，产业经济竞争力的提升逐渐成为经济综合竞争力提升的主要动力。

总之，省域经济综合竞争力是多种要素综合反映的结果，既是经济总量的竞争，也是增长速度、平均水平、经济结构和效益的综合竞争，是显性优势和潜在优势的综合反映。任何一个省份要提升省域经济综合竞争力，都要从综合竞争力的各要素出发，全面培养竞争优势，减少竞争劣势，制定竞争力提升的长期战略。

12.3 产业经济竞争力是推动省域经济综合竞争力上升的重要因素

农业、工业和服务业是国民经济发展的基础，三次产业是国民经济的主要载体，产业经济的发展是经济增长的动力，而企业竞争力更是地区经济竞争的核心。图 12－1 和图 12－2 分别描述了 2011 年和 2012 年全国各省、市、区经济综合竞争力排位变化与产业经济竞争力的变动关系。

从图 12－1 和图 12－2 中可以看出，各省、市、区经济综合竞争力和产业经济竞争力基本上是同方向变化的，大部分省份都聚集在趋势线上，具有较强的正向线性关系。也就是说，产业经济竞争力得分越高，其经济综合竞争力得分也越高，2011 年和 2012 年的图

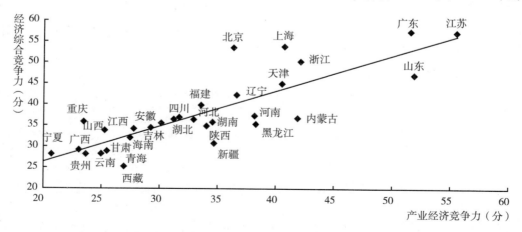

图 12－1 2011 年全国各省、市、区产业经济竞争力和经济综合竞争力得分对应关系

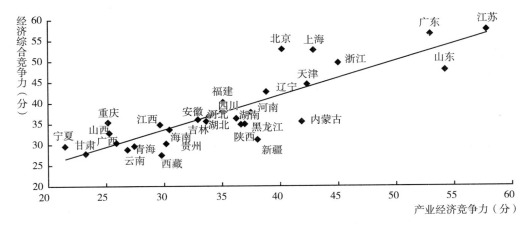

图 12 - 2　2012 年全国各省、市、区产业经济竞争力和经济综合竞争力得分对应关系

形非常接近。也有一些比较特殊的省份，如北京市和上海市等省份的产业经济竞争力不是特别靠前，但经济综合竞争力反而名列前茅，这是由于其他二级指标得分比较高。可以说，没有产业的发展，就没有国民经济的发展，产业没有竞争力，国民经济也不会有竞争力，由此决定了产业经济竞争力是省域经济综合竞争力的重要支撑。产业经济竞争力的大幅度提升，是推动经济综合竞争力上升的主导力量，要大力提升省域经济综合竞争力，必须紧紧抓住产业经济竞争力这一关键环节。

12.4　固强扶优、优化指标结构，才能保持省域经济综合竞争力处于优势地位

表 12 - 3 列出了 2012 年全国各省、市、区经济综合竞争力四级指标的竞争态势结构，以反映竞争力指标优劣势及其结构对竞争力排位的影响。

表 12 - 3　全国各省、市、区经济综合竞争力四级指标优劣势结构分析表

地　区	强势指标(个)	优势指标(个)	中势指标(个)	劣势指标(个)	2012 年排位
江　苏	65	62	37	46	1
广　东	63	55	38	54	2
北　京	63	46	39	62	3
上　海	60	55	36	59	4
浙　江	34	89	38	49	5
山　东	38	72	58	42	6
天　津	37	60	53	60	7
辽　宁	16	81	75	38	8
福　建	7	71	82	50	9
四　川	1	72	84	53	10
河　南	14	52	83	61	11
湖　北	2	51	114	43	12

续表

地 区	强势指标(个)	优势指标(个)	中势指标(个)	劣势指标(个)	2012 年排位
安 徽	4	50	107	49	13
湖 南	7	54	88	61	14
吉 林	11	47	93	59	15
河 北	4	50	85	71	16
内蒙古	16	44	74	76	17
重 庆	9	35	101	65	18
陕 西	6	44	107	53	19
黑龙江	14	30	90	76	20
江 西	11	27	103	69	21
海 南	16	45	57	92	22
山 西	8	34	91	77	23
新 疆	18	38	51	103	24
广 西	2	29	85	94	25
贵 州	20	29	41	120	26
宁 夏	12	31	49	118	27
青 海	17	38	35	120	28
云 南	6	34	64	106	29
甘 肃	11	28	45	126	30
西 藏	41	17	20	132	31

　　从表 12-3 中可以看出，一个省份拥有众多的强势指标和优势指标，其经济综合竞争力才能在较长时间内保持竞争优势地位。江苏省、广东省、上海市和北京市等省份之所以长期处于上游区，排位始终名列前茅，具有明显的竞争优势，一个共同的特点就是，这些省份都有一大批始终处于上游区的强势指标和优势指标，而且强势指标的数量也是最多的。强势指标的数量以天津市为界线，形成了明显的断层，排位在天津市以前的省份强势指标数量较多，远远超过其他省份，其经济综合竞争力的优势地位非常稳固，而辽宁省、福建省和四川省虽然居于上游区，但强势指标个数相对较少。当然，强势指标的个数也不能完全决定一个省份在全国的排位，特别是处于中游区和下游区的省份强势指标个数没有明显区别，很多排位比较靠前的省份强势指标个数反而比排位靠后的省份少，而排位在中游区和下游区的很多省份同样拥有一定数量的强势指标。例如，排在末位的西藏自治区拥有 41 个强势指标，不但比中游区和下游区省份的强势指标多，甚至比处于上游区的多数省份拥有的强势指标数量还要多。另外，新疆维吾尔自治区和贵州省也拥有较多数量的强势指标，但排位都在下游区。

　　决定一个省份排位的不仅仅是强势指标数量，更重要的是优势指标数量，处于上游区的辽宁省、福建省和四川省虽然强势指标不多，但它们拥有的优势指标数量比较多，这是排在下游区的省份无法相比的，其他处于上游区的省份也有这个特点。把各省份的强势指标个数和优势指标个数加总后，可以发现，强势和优势指标个数之和越多的，其经济综合竞争力排位越靠前。处于上游区的 10 个省份中，排在前 6 位的省份强势和优势指标个数之和都超过100个，天津市和辽宁省也接近100个，而福建省和四川省所拥有的强势指标和优势指标个数之和也超过中游区和下游区省份。所以，强势指标与优势指标的组合，才是决定一个省域在全国排位的关键因素。中游区和下游区省份强势指标和优势指标数量之和都比较少，但区别不大，中游区和下游区的区别主要体现在劣势指标的数量上。排在第26位及以后的省份劣势指标都超过100个，其他下游区省份的劣势指标个数也接近100个，远多于排位在前面的省份。所以，一个省、市、区经济综合竞争力的排位优势需要依靠更多的强势指标和优势指标来支撑，反之，劣势指标太多，就会导致经济综合竞争力排位靠后。处于下游区的省份强势、优势指标都比较少，中势指标和劣势指标数量相对较多，劣势指标越多，排位越靠后。

总之，省域经济综合竞争力优势地位的保持和提升，关键在于强势指标和优势指标数量的增加，从而对应于劣势指标数量的减少。因此，一个省份在指标体系中强势指标、优势指标、中势指标、劣势指标的不同结构分布，决定了其在全国的竞争力排位，也为提升省域经济综合竞争力指明了基本路径和方法。要有针对性地采取措施，保持强势指标，强化优势指标，减少劣势指标，不断优化指标组成结构，才能保证省域经济综合竞争力的优势地位。

12.5 增加上升指标、减少下降指标，可以显著提升省域经济综合竞争力

表12-4列出了2012年全国各省、市、区经济综合竞争力四级指标的竞争变化趋势，以反映竞争力指标排位波动及其结构对竞争力排位的影响。

表12-4 全国各省、市、区经济综合竞争力四级指标竞争变化趋势表

地 区	上升指标（个）	保持指标（个）	下降指标（个）	波动趋势	升降幅度
吉 林	76	68	66	上升	5
安 徽	86	67	57	上升	5
湖 南	74	71	65	上升	2
湖 北	77	61	72	上升	1
北 京	47	104	59	上升	1
江 苏	54	106	50	上升	1
海 南	67	85	58	上升	1
四 川	81	70	59	上升	1
贵 州	84	78	48	上升	1
青 海	66	95	49	上升	1
宁 夏	54	78	78	上升	1
天 津	58	100	52	保持	0
辽 宁	61	86	63	保持	0
浙 江	38	103	69	保持	0
福 建	61	71	78	保持	0
江 西	76	58	76	保持	0
山 东	60	91	59	保持	0

地　区	上升指标(个)	保持指标(个)	下降指标(个)	波动趋势	升降幅度
广　西	73	68	69	保持	0
西　藏	44	123	43	保持	0
陕　西	74	68	68	保持	0
甘　肃	75	84	51	保持	0
新　疆	68	78	64	保持	0
山　西	62	68	80	下降	-1
上　海	49	103	58	下降	-1
河　南	73	69	68	下降	-1
广　东	51	102	57	下降	-1
河　北	52	74	84	下降	-2
黑龙江	57	66	87	下降	-3
重　庆	67	82	61	下降	-3
云　南	65	77	68	下降	-3
内蒙古	51	69	90	下降	-5

从表12-4可以看出，各省份210个四级指标的排位波动及其构成变化对经济综合竞争力的变化有较大影响，在综合排位上升的11个省份中，除了北京市和宁夏回族自治区以外，其他9个省份的上升指标都超过了下降指标的个数，特别是上升指标数量显著大于下降指标的省份，其排位的上升幅度较大。比如吉林省和安徽省，上升指标个数超过下降指标较多，排位上升幅度较大。排位保持不变的11个省份中，虽然上升指标和下降指标一致的省份不多，但没有表现出明显的差别，其中几个省份的上升指标和下降指标数量比较接近，但都是排位保持的指标个数最多，占据主导地位。比如天津市、浙江省、山东省和西藏自治区，排位保持的指标个数都非常多，排位比较稳定。在综合排位下降的9个省份中，有7个省份的下降指标个数大于上升指标个数，特别是排位下降比较明显的河北省、内蒙古自治区和黑龙江省，下降指标超出上升指标个数较多。因此，要保持省域经济综合竞争优势，提高综合排位，就需要维持各指标的竞争优势，力促有优势的指标排位不断上升，避免或减少劣势指标排位下降，才能系统而有效地促进省域经济综合竞争力整体水平的不断提升。

十三　提升全国省域经济综合竞争力的基本路径、方法和对策

（1）改善宏观调控，形成扩大内需长效机制，着力增加消费需求，全面深化改革，不断提高对外开放水平，促进经济持续健康发展，协力提升省域宏观经济竞争力。2014年是全面贯彻落实党的十八届三中全会精神、全面深化改革的第一年，对全面完成"十二五"规划至关重要。世界经济仍将延续缓慢复苏态势，不稳定不确定因素还比较多，各种形式的贸易保护主义明显抬头，潜在通胀和资产泡沫的压力加大。因此，推动经济结构调整和发展方式转变的任务十分艰巨。2014年，我国要坚持稳中求进，统筹稳增长、

调结构、促改革，保持经济增速在合理区间平稳运行，增强调控的针对性、灵活性、前瞻性，全面认识持续健康发展和生产总值增长的关系，切实增强经济发展的协调性、可持续性和内生动力。第一，要处理好保持经济平稳较快发展、调整经济结构、管理通胀预期之间的关系，巩固和增强经济回升向好势头。第二，要继续实施积极的财政政策，发挥财政政策在稳定增长、改善结构、调节分配、促进和谐等方面的作用；保持财政收入稳定增长，优化财政支出结构，下决心压缩一般性支出，厉行节约；加强地方政府性债务管理，坚决防止盲目铺摊子、上项目，着力防控债务风险。第三，要实施稳健的货币政策，按照总体稳健、调节有度、结构优化的要求，把好流动性这个总闸门，把信贷资金更多投向实体经济，特别是"三农"和中小企业，更好地服务于经济平稳较快发展；进一步完善人民币汇率形成机制，保持人民币汇率在合理均衡水平上的基本稳定。第四，要牢牢把握扩大内需这一战略基点，加快构建扩大内需长效机制，着力增加消费需求，加快培育一批拉动力强的消费增长点，增强消费对经济增长的拉动作用，发挥好投资对经济增长的关键作用。增加并引导好民间投资，同时在打基础、利长远、惠民生，又不会造成重复建设的基础设施领域加大公共投资力度。第五，要全面深化改革，不断完善和发展中国特色社会主义制度，推进国家治理体系和治理能力现代化。更加注重改革的系统性、整体性、协同性，加快发展社会主义市场经济、民主政治、先进文化、和谐社会、生态文明。第六，要不断提高对外开放水平。对外开放是强国富省的必由之路，党的十八大报告强调，要"适应经济全球化新形势，必须实行更加积极主动的开放战略，完善互利共赢、多元平衡、安全高效的开放型经济体系"。"对外开放"与"对内搞强"是相辅相成的，尤其是全球金融危机引起的全球经济衰退和外部需求下降，对我国外贸进出口带来的负面影响日益显现。我国出口增长逐步放缓，未来外部需求仍存在不确定性，外贸出口形势仍很严峻。正如2013年中央经济工作会议强调提出："要保持传统出口优势，发挥技术和大型成套装备出口对关联行业出口的带动作用，创造新的比较优势和竞争优势。注重制度建设和规则保障，加快推进自贸区谈判，稳步推进投资协定谈判。营造稳定、透明、公平的投资环境，切实保护投资者的合法权益。加强对走出去的宏观指导和服务，提供对外投资精准信息，简化对外投资审批程序。推进丝绸之路经济带建设，抓紧制定战略规划，加强基础设施互联互通建设。建设21世纪海上丝绸之路，加强海上通道互联互通建设，拉紧相互利益纽带。"因此，我国仍要进一步扩大对外开放，拓展国际经济合作空间，切实提升对外开放的水平和效益。针对评价期内一些省份存在的对外开放和对内搞活不同步、不协调问题，要注重和善于从扩大对外开放和强壮自身经济素质两个方面，合力促进经济外向度竞争力和省域经济综合竞争力的有效提升。概括地说，要顺应世界政治经济格局的新变化，适应国内发展的新要求，从着力提升开放型经济的质量水平和不断强壮经济"体质"两个方面入手，强"内"抗"外"，不断提高应对国际市场波动影响的能力；强"内"拓"外"，切实转变对外贸易增长方式，深入实施"走出去"战略，探索新的投资合作方式，注意防范和化解境外投资风险；强"内"引"外"，进一步扩大利用外资规模，提高利用外资水平，加强指导和服务，鼓励外资投向高端制造业、高技术产业、现代服务业、节能环保等领域和中西部地区，积极稳妥扩大金融等服务领域对外开放；以"外"强

"内"，通过增创对外开放新优势，促进省域经济素质和综合实力的不断提升。在加强自身经济素质方面，要着力调整优化产业结构、加快转变经济发展方式，提高自主创新能力，提升产业和企业素质，增强经济实力，进一步提升宏观经济竞争力，推动省域经济综合竞争力在大开放中实现大提升。

（2）深入实施创新驱动发展战略，继续调整优化产业结构，提高产业整体素质，增强发展的平衡性、协调性、可持续性，着力提升省域产业经济竞争力。尊重经济规律，实现有质量、有效益、可持续的发展，关键是深化产业结构战略性调整。针对当前国内外经济形势，2013年中央经济工作会议明确提出："要着力抓好化解产能过剩和实施创新驱动发展"，"把使市场在资源配置中起决定性作用和更好发挥政府作用有机结合起来，坚持通过市场竞争实现优胜劣汰"，"化解产能过剩的根本出路是创新，包括技术创新、产品创新、组织创新、商业模式创新、市场创新。大力发展战略性新兴产业，加快传统产业优化升级。创造环境，使企业真正成为创新主体"。国际金融危机对我国的冲击，表面上是对经济增长速度的冲击，实质上是对不合理的经济发展方式的冲击。2014年作为"十二五"规划实施的重要一年，应该继续坚持把经济结构战略性调整作为加快转变经济发展方式的主攻方向。纵观国内外经济发展的历史实践，产业是经济的基础、财富的源泉，在现代市场经济中，如果产业不具有竞争优势，其他方面的竞争优势必然也难以持续保持。在本评价期内，省域经济综合竞争力不具备优势的省份，无一不是产业经济竞争力不具备优势或处于下降趋势的省份。从这些省份产业经济竞争力存在的问题看，主要体现在产业的增长速度、规模经营、效率效益和技术水平等方面，特别是工业产业和企业在这些方面的问题更为突出。这就要求提升产业经济竞争力，必须从调整优化产业结构、转变经济发展方式两个方面入手，着力调整优化需求结构，增强消费拉动力，重点提升居民消费能力、改善居民消费条件、培育新的消费热点；以优化投资结构为重点，提高投资质量和效益；严控投资产能过剩行业，防止新的低水平重复建设，坚定不移化解产能过剩。各地区要把统筹城乡区域协调发展与推进新型城镇化结合起来，重点加快中小城市和小城镇的发展，发挥好城市对农村的辐射带动作用，壮大县域经济。要以缩小区域发展差距和优化生产力布局为重点，调整地区结构，继续深入实施区域发展总体战略，完善并创新区域政策，缩小政策单元，重视跨区域、次区域规划，坚定不移实施主体功能区规划，推进基本公共服务均等化和引导产业有序转移，积极促进区域协调发展。要积极稳妥推进新型城镇化，着力提高城镇化质量，合理确定大中小城市和小城镇的功能定位、产业布局、开发边界，形成基本公共服务和基础设施一体化、网络化发展的城镇化新格局。在走中国特色新型工业化道路的过程中，要大力发展战略性新兴产业，强化政策支持，加大财政投入，大力推进技术改造，加快传统产业优化升级。积极创造环境，使企业真正成为创新主体。培育一批适应市场需要、拥有核心技术、重视创新、机制灵活的优势企业和产业，提高产业集中度。构建现代产业体系，不断壮大发展趋势好、后劲足、带动面广的现代制造业；壮大旅游、金融保险、现代物流业等具有一定基础又有较好发展前景的产业，培育扶持新材料、生物工程技术、环保新技术、海洋技术等现在比较弱小但代表未来经济发展方向的新兴高科技产业，着力发展特色产业，不断增强产业经济的独特竞争优势，努力形成一个内部关系协调、聚合力强、整体水平高、竞争优势持久的产业体系。加强基础产业基础设施建设，加快发展现代能源产业和综合运输体系。整合提高各类经济园区，增强产业集约化竞争力。培育大企业、发展中小企业，鼓励发展具有国际竞争力的大企业集团。大力培育名牌产品，以产品竞争力的增强促进企业竞争力和产业经济竞争力的持续提升。

（3）继续实施积极的财政政策和稳健的货币政策，着力防控债务风险，增强财政金融服务经济发展的能力，切实提升省域财政金融竞争力。财政、金融是现代经济的核心，是经济活力的重要标志，也是产业经济、知识经济、可持续发展不可缺少的财力支撑。我国经济正处于一个历史性重要关口，2014年世界经济仍将延续缓慢复苏的态势，不稳定不确定因素仍然较多，新的增长动力源尚不明朗，大国货币政策、贸易投资格局、大宗商品价格的变化方向都存在不确定性。在这种背景下，我国仍将继续实施积极的财政政策，保持宏观经济政策的连续性和稳定性，发挥财政政策在稳定增长、改善结构、调节分配、促进和谐等方面的作用。同时，又要根据新形势新情况，着力提高政策的针对性、灵活性、有效性，进一步调整财政支出结构，厉行节约，提高资金使用效率，完善结构性减税政策，扩大"营改增"试点行业，并配合金融政策和其他手段，进一步改善经济结构和拉动经济增长。在本评价期内，一些省份的财政竞争力和金融竞争力处于劣势地位，成为经济综合竞争力中的两条"短腿"。这就要求这些省份在提升财政竞争力方面：第一，要充分发挥政府公共投资的作用，促进投资平稳增长，重点是加强农村公共服务能力建设，改进教育培训、医疗卫生、公共文化服务，强化乡村正常运转的财力保障，培育农村新型金融组织，解决好农村融资难问题；第二，调整优化财政支出结构，下决心压缩一般性支出，厉行节约，加强地方政府性债务管理，把控制和化解地方政府性债务风险作为经济工作的重要任务，把短期应对措施和长期制度建设结合起来，做好化解地方政府性债务风险各项工作；第三，要合理运用出口退税、关税、财政补贴等财税政策手段，稳定和扩大出口，改善出口结构；第四，进一步放宽社会资本以参股等方式进入金融、铁路、公路、航空、电信、电力以及城市供水等多个行业，培育新的经济增长点；第五，通过财税手段引导和支持企业培育自主创新能力，对企业技术改造项目、技术创新活动给予政策性导向的信贷支持和财政补贴与税收优惠；第六，要继续深化预算制度改革，强化预算管理和监督，健全中央和地方财力与事权相匹配的体制，加快形成统一、规范、透明的财政转移支付制度，提高一般性转移支付规模和比例，加大公共服务领域的投入。在提升金融竞争力方面：第一，推进利率市场化和人民币汇率形成机制改革，增强金融运行效率和服务实体经济能力，进一步改善国际收支状况；第二，要科学把握放贷的节奏和投向，特别要密切跟踪国内外经济形势变化，保持货币信贷及社会融资规模合理增长，改善和优化融资结构和信贷结构，加大信贷政策对经济社会薄弱环节、就业、战略性新兴产业、产业转移等方面的支持，有效缓解小企业融资难问题，保证重点建设项目贷款需要，严格控制对高耗能、高排放行业和产能过剩行业的贷款，着力提高信贷质量和效益；第三，要密切关注和防范国内外可能出现的各类金融风险，继续保持金融体系的稳定，突出关注通胀问题，发挥货币政策在管理通胀预期方面的特殊作用；第四，要使货币政策与财政政策、产业政策、就业政策、中小企业发展政策以及区域发展政策等协调配合，为经济社会发展创造良好的金融环境，加快发展企业债、公司债、短期融资和中期票据等非金融企业债务融资工具，拓宽企业融资渠道，同时要引导和规范资本市场健康发展；第五，要以提高金融支持经济发展的能力为着力点，加快推进金融体制改革，发展各类金融市场，形成多种所有制和多种经营形式、结构合理、功能完善、高效安全的现代金融体系。提高银行业、证券业、保险业的竞争力。从提高金融质量、加强金融机构对地方经济的支持、促进资本市场的健康发展、增强金融活力、促进金融创新、充分发挥金融在市场资源配置中的核心作用等关键环节入手，努力为经济发展提供强力支持。发挥国家发展规划、计划、产业政策在宏观调控中的导向作用，综合运用财政、金融政策，提高宏观调控水平，切实提升省域财政金融竞争力。

（4）完善生态文明制度建设，着力推进绿色发展、循环发展、低碳发展，优化人口结构，提高人才素质，持续提升省域可持续发展竞争力。坚持节约资源和保护环境的基本国策，坚持可持续发展，是关系人民群众切身利益和中华民族生存发展的重大课题，也是推动和保障经济和社会全面、快速、健康、持久发展的一项重大战略。党的十八大把生态文明建设提升到五位一体总体布局的战略高度，第一次单列一个部分加以论述，有关内容和要求写入新修订的党章。提出大力推进生态文明建设，建设美丽中国，实现中华民族永续发展。在本评价期内，一些省份资源竞争力、环境竞争力和人力资源竞争力处于劣势地位或下降趋势，成为影响省域经济综合竞争力提升的"瓶颈"。因此，各省份要把资源节约型、环境友好型社会建设放在突出位置，推动可持续发展竞争力持续上升，提高生态文明水平。我国政府已向世界作出庄严承诺：到2020年，中国单位国内生产总值二氧化碳排放量比2005年下降40%~45%。这一目标远远高于美国宣布的减排17%、欧盟提出的最高减排30%的目标。由此可见，我国应对气候变化、减缓碳排放的力度和决心是相当大的。2014年，我国在继续落实中央实施的扩大内需政策、积极稳妥推进新型城镇化的过程中，要加快建立生态文明制度，健全国土空间开发、资源节约利用、生态环境保护的体制机制，推动形成人与自然和谐发展的现代化建设新格局。第一，要完善政府节能减排目标责任考核评价体系，进一步发挥市场作用，健全激励和约束机制，增强企业和全社会节能减排内生动力；第二，加强重点节能工程建设，大力发展循环经济和环保产业，加快低碳技术研发应用，开展低碳经济试点，加强生态保护和环境治理，加快建设资源节约型、环境友好型社会；第三，坚持开发节约并重、节约优先，运用补助、贴息、税收、价格等扶持政策和发挥政府投资的引导作用，引导民间资本投向自主创新、产业升级、资源节约和环境保护等领域，并与民间投资有机结合起来；第四，加强重点流域、区域、行业污染治理，加快建立生态补偿机制，加快城镇污水、垃圾处理设施建设和重点流域水污染防治，加强重点防护林和天然林资源保护工程建设；第五，开发和推广节约、替代、循环利用和治理污染的先进适用技术，发展清洁能源和可再生能源，保护土地和水资源，建立科学合理的能源资源利用体系，提高能源资源利用效率。各省份要充分认识保护生态环境的重要性、艰巨性、长期性，坚持以人为本，坚持保护环境的基本国策，建立系统完整的生态文明制度体系。第一，要实行最严格的源头保护制度、损害赔偿制度、责任追究制度，完善环境治理和生态修复制度，用制度保护生态环境；第二，要加大保护生态环境的力度，努力解决影响经济社会发展，特别是严重危害人民健康的突出问题，逐步改善生态环境，促进经济与环境协调发展；第三，要加强水利、林业、草原建设，加强荒漠化、石漠化治理，促进生态修复；第四，要加强应对气候变化的能力建设，落实控制温室气体排放行动目标，积极开展国际合作，为保护全球气候作出新贡献。在创新人口与计划生育工作的思路和方式方法方面：第一，要优化人口结构，实现优生优育，不断提高人口的健康素质和文化素质；第二，要加强人力资源开发，建立健全人才培养、引进、使用和激励机制，建立和完善人才市场体系与人才服务机制，创新人才评价和使用机制，大力培养、积极引进、合理使用各类人才，努力营造一个开放度大、自由度高、公正性强、鼓励竞争、宽容失败、有利于优秀人才创新创业的良好社会人文环境，为持续提升省域经济综合竞争力提供人力资源和人才保证。

（5）深化科技体制改革和教育领域综合改革，大力推进改革创新，提高原始创新、集成创新和引进消化吸收再创新能力，改善教育质量，建设社会主义文化强国和人力资源强国，全面提升省域知识经济竞争力。

当今世界，知识和科技的更新速度非常快，知识经济已成为经济综合竞争力的一个重要组成部分，并日益成为推动经济社会持续快速发展的重要动力。党的十八大报告提出，要坚持走中国特色自主创新道路，以全球视野谋划和推动创新，提高原始创新、集成创新和引进消化吸收再创新能力，更加注重协同创新。十八届三中全会提出，要深化科技体制改革，建立健全鼓励原始创新、集成创新、引进消化吸收再创新的体制机制，健全技术创新市场导向机制，发挥市场对技术研发方向、路线选择、要素价格、各类创新要素配置的导向作用。建立产学研协同创新机制，健全技术创新激励机制。2013年中央经济工作会议强调指出："深入实施创新驱动发展战略，促进产业结构调整升级。"从我国省域经济综合竞争力的构成和变化发展来看，多数省份知识经济竞争力水平不高，有些省份甚至科技竞争力和教育竞争力全部是劣势指标，成为经济综合竞争力的"软肋"。这些省份要显著提升经济综合竞争力，就必须深入实施创新驱动发展战略，持续加大对自主创新的投入，着力突破制约经济社会发展的关键技术，不断增强自主创新能力。要抓紧落实国家重大科技专项，落实重点产业调整振兴规划，大力推进技术改造，加快传统产业优化升级，全面提升省域知识经济竞争力。在提升科技竞争力方面，要深化科技管理体制改革，整合科技规划和资源，完善政府对基础性、战略性、前沿性科学研究和共性技术研究的支持机制。完善鼓励技术创新和科技成果产业化的法制保障、政策体系、激励机制、市场环境。要支持基础研究、前沿技术研究、社会公益性技术研究，筛选和扶持一批原创性研究项目和重大高新技术产业化项目，加大重大科技专项实施力度，加强相关技术的配套集成与创新，力求在一批重点技术领域取得新的突破，抢占一批科技制高点。要构筑技术支持体系，促进科技与经济结合，加快科技成果转化为现实生产力，提高经济增长的技术含量。要真正确立企业技术创新的主体地位，建立技术创新试点企业，强化企业的技术创新能力，培育一批适应市场需要、拥有核心技术、重视创新、机制灵活的优势企业和产业。加快建立高新技术产业风险投资机制，为高新技术企业的发展提供资金支持，不断增强企业的科技研发能力、自主创新能力和科技成果转化能力。要进一步营造鼓励创新的环境，努力引进和造就世界一流的科学家和科技领军人才，注重培养一线的创新人才，使全社会创新智慧竞相迸发、各方面创新人才大量涌现。在提升教育竞争力方面，要深化教育领域综合改革，健全教育投入保障机制，大力促进教育公平，健全家庭经济困难学生资助体系，构建利用信息化手段扩大优质教育资源覆盖面的有效机制，逐步缩小区域、城乡、校际差距。统筹城乡义务教育资源均衡配置，实行公办学校标准化建设和校长教师交流轮岗，不设重点学校重点班，破解择校难题，标本兼治减轻学生课业负担。大力发展职业教育，提高高等教育质量，努力建设全民学习、终身学习的学习型社会。要加快推进文化体制机制创新，加快完善文化管理体制和文化生产经营机制，建立健全现代公共文化服务体系、现代文化市场体系，推动社会主义文化大发展大繁荣。积极推进广播影视、新闻出版等领域的重大文化建设项目和产品创新。积极培养各类人才特别是科技人才，加强对劳动者专业技能、创业能力、创新精神和职业道德的培养，普遍提高劳动者的素质，为推进技术创新和科技进步奠定坚实的人才基础。

(6) 持续加快基础设施和软环境建设，为经济社会发展创造良好的硬环境和软环境，强化对经济社会发展的支撑能力，着力提升发展环境竞争力。发展环境是经济社会发展不可缺少的基础条件，其优劣程度直接影响和制约着经济综合竞争力的提高。要继续加大基础设施建设和软环境建设的力度，全面提升发展环境竞争力。在提升基础设施竞争力方面，中央出台的一系列投资计划中，交通基础设施建设是最重要的领域。第一，要以构建更具强大支撑力的物质性基础设施体系为目标，完善高速公路网、铁路网、航空网，建设综合立体交通网络；第二，要大力发展城市轨道交通，完善综合交通运输服务条件和设施，提高交通运输管理服务的信息化、现代化水平；第三，要加强市政基础设施建设，完善城市管理，全方位提高城镇化发展水平；第四，要着力加强农村基础设施建设，加大对农村水利、电网和危房改造、环境整治投入力度，继续推进农村公路、沼气建设，把水利作为农村基础设施建设的重点，多方筹集资金，切实增加投入；第五，要加快建立现代化信息传输网，积极建设稳定可靠的能源保障网络和安全、稳定、可靠的电网，加快完善城镇供水、排水、燃气、供电、现代信息基础设施建设和以提高农业抗旱防洪能力及以农村路网为重点的农村基础设施建设，不断增强基础设施环境竞争力，使"硬件"更硬。在提升软环境竞争力方面：第一，要以构建优质高效的社会服务支撑体系为目标，依法行政，依法管理经济和企业，形成比较完善的法制环境；第二，要进一步完善养老、医疗、住房等各项社会保障制度；第三，要强化各级政府部门和社会中介服务组织的服务功能，及时帮助国有企业、个体私营企业和外资企业解决生产经营中遇到的困难和问题，促进公用事业和公共服务领域形成多元投资、公平竞争、规范经营的发展格局，创造良好的社会服务环境；第四，要严厉打击骗税、偷漏税、制假售假、商业欺诈等经济违法犯罪行为，保护市场主体的合法权益，切实改善企业经营环境；第五，要加快社会信用体系建设，建立企业和个人信用档案，健全信用监管和失信惩戒机制，提高企业和个人的信用水平，建立良好的社会信用环境；第六，要加强社会治安综合治理，积极防范和严厉打击各类违法犯罪活动，保障各类市场主体的合法权益，切实增强经济发展软环境竞争力，使"软件"更软。

（7）促进工业化、信息化、城镇化、农业现代化协调发展，提升经济社会发展水平，不断增强发展后劲，显著提升省域发展水平竞争力。工业化、城镇化是经济和社会发展走向现代化的必然过程，是经济和社会发展的客观规律。党的十八大提出："坚持走中国特色新型工业化、信息化、城镇化、农业现代化道路，推动信息化和工业化深度融合、工业化和城镇化良性互动、城镇化和农业现代化相互协调，促进工业化、信息化、城镇化、农业现代化同步发展。"在评价期内，一些省份工业化进程竞争力、城市化进程竞争力、市场化进程竞争力发展不够平衡和协调，要坚持以工业化为主导，以市场化为基础，以城市化为动力，全面、协调、有效地促进省域发展水平竞争力的提升。第一，继续坚持走新型工业化道路，将调整优化经济结构与转变经济发展方式紧密结合起来，在增强工业素质和提高产业水平上取得突破性进展，不断提升工业化进程竞争力。第二，推动农村改革创新，加快构建新型农业经营体系，坚持家庭经营在农业中的基础性地位，推进家庭经营、集体经营、合作经营、企业经营等共同发展的农业经营方式创新。鼓励农村发展合作经济，扶持发展规模化、专业化、现代化经营。鼓励农户运用现代科技和物质装备，加快发展农民专业合作组织，培育发展专业化、市场化的农业社会化服务体系。第三，以构建体系健全、机制完善的市场支撑体系，形成统一开放、竞争有序的良好市场环境为着眼点，培育能够促进市场和产业互动发展的区域性专业市场，健全生产和消费互动的农村市场体系，发展地方性资本市场，同时还要完善市场机制，坚持以市场机制引导和促进各类所有制经济加快发展，形成多元投资、公平竞争、规范经营的发展格局，不断增强体制机制创新能力和市场竞争力。第四，积极稳妥推进新型城镇化，完善城镇化健康发展体制机制，推进以人为核心的城镇化，推动大中小城市和小城镇协调发展、产业和城镇融合发展，促进城镇化和新农村建设协调推进。构建科学合理的城市格局，大中小城市和小城镇、城市群要科学布局，与区域经济发展和产业布局紧密衔接，与资源环境承载能力相适应。合理确定大中小城市和小城镇的功能定位、产业布局、开发边界，形成基本公共服务和基础设施一体化、网络化发展的城镇化新格局，促进大中小城市和小城镇协调发展。以增强综合承载能力为重点，以特大城市为依托，形成辐射作用强的城市群，培育新的经济增长极。要把强化中心城市功能作用与提升区域竞争力和对各类经济资源的吸引力结合起来，增强城市聚集效益和辐射功能，突出抓好中心城市和中心城镇的功能培育和发展壮大，加强城镇建设和经营管理，逐步形成中心城市辐射带动作用较强，大中小城市和小城镇共同发展、分工有序、功能互补、布局合理、结构协调的城市化体系，不断提升城市化进程竞争力。此外，政府要充分发挥宏观调控政策和区域政策在促进区域协调发展中的积极作用，在制定实施宏观调控和区域政策时，要统筹国土空间开发利用，增强区域发展协调性，坚持把深入实施西部大开发战略放在区域发展总体战略优先位置，全面振兴东北地区等老工业基地，大力促进中部地区崛起，积极支持东部地区率先发展，加大对革命老区、民族地区、边疆地区、贫困地区扶持力度；加快制定法律法规、配套政策、考核体系，确保国家主体功能区规划落到实处。加大扶贫开发力度，提高自主发展能力，改善群众生产生活条件，让各族人民共享改革发展成果。要发展区域特色经济，在市场机制的基础上，重视对区域产业集聚的扶持与调控，培育区域经济增长的动力。继续做好区域规划的编制和实施，推动形成合理有序的空间开发结构。加强区域政策的研究制定，促进形成特色鲜明的区域发展格局。

（8）加强和创新社会管理，突出民生优先，切实提高人民生活水平，着力提升政府作用竞争力。保障和改善民生是落实科学发展观、促进社会和谐的内在要求，是经济发展的出发点和落脚点。要始终坚持以人为本，更加注重发展，不断提高人民群众的生活质量和水平；更加注重民意，努力解决好人民群众最关心、最直接、最现实的问题；更加注重和谐，努力为人民群众创造安定稳定的社会环境，使经济发展成果更多地体现在改善民生上，以民生的改善来凝聚民心，为经济持续较快发展提供强大的动力和支撑。2013年中央经济工作会议提出："着力做好保障和改善民生工作。"2014年，各省份要继续按照守住底线、突出重点、完善制度、引导舆论的思路，统筹教育、就业、收入分配、社会保障、医药卫生、住房、食品安全、安全生产等，切实做好改善民生各项工作。第一，要把做好就业工作摆到突出位置，坚持更加积极的就业政策，把促进充分就业作为经济社会发展的优先目标，多渠道开发就业岗位，完善城乡公共就业服务体系，重点抓好高校毕业生就业和化解产能过剩中出现的下岗再就业工作，保障劳动者权益，构建和谐劳动关系。第二，要加强农民工职业技能培训，鼓励就地就近就业和返乡创业。各级政府要加强职业技能培训和公共就业服务，加强对就业困难人员和零就业家庭的就业援助，鼓励有实力的大企业创造更多智力密集型就业机会。第三，要加快建设覆盖城乡居民的社会保障体系，在扩大养老保险覆盖面、提高统筹层次、完善转移接续办法等方面取得新进展，扩大新型农村社会养老保险试点范围，建立健全企业退休人员基本养老金、城乡居民低保标准正常调整机制。第四，要扎实推进医药卫生体制改革，突出抓好健全基本药物制度和加快公立医院改革试点工作，保障群众用药安全有效、价格合理、方便可及，坚持公共医疗卫生的公益性质，为群众提供满意的基本医疗卫生服务。第五，要努力解决好住房问题，探索适合国情、符合发展阶段性特征的住房模式，加大廉租住房、公共租赁住房等保障性住房建设和供给，做好棚户区改造。特大城市要注重调整供地结构，提高住宅用地比例，提高土地容积率。第六，加大环境治理和保护生态的工作力度、投资力度、政策力度，加强区域联防联控，加强源头治理，把大气污染防治措施真正落到实处。此外，各级政府要牢固树立为人民群众和经济发展服务的观念，做好各项服务工作，做到"问政于民、问需于民、问计于民"，确保中央关于进一步扩大内需、促进经济增长的政策措施不折不扣落实到位，以经济和法律手段为主，辅之以必要的行政手段，全面加强价格调控监管工作，保持物价总水平基本稳定。要加强对影响社会稳定因素的分析和把握，完善维护社会稳定的体制机制，高度重视和正确处理新形势下人民内部矛盾，加强源头治理，依法按政策及时妥善处理群众反映的问题，加强社会治安综合治理，有效防范和坚决遏制重特大安全事故，切实抓好维护社会大局稳定工作，切实维护国家安全。要健全政府职责体系，完善公共服务体系，推行电子政务，强化社会管理和公共服务。政府要转变职能，按照市场规律办事，做到"有所为，有所不为"，将政府不该管的审批事项全部减下来；建立一套科学合理并与部门和个人利益紧密挂钩的绩效考评机制，提高政府领导经济工作的效率和成效。

（9）促进人口、资源、环境协调发展，提高可持续发展水平，努力建设美丽中国，全面提升省域经济统筹协调竞争力。科学发展观第一要义是发展，越是在经济发展面临较大困难的时候，我们越是要坚定不移地贯彻"发展才是硬道理"的战略思想，牢牢抓住经济建设这个中心，始终做到聚精会神搞建设、一心一意谋发展。我们所谋求的发展必须是讲求质量和效益的发展，必须是以人为本、全面协调可持续的发展。当前，我国要按照科学发展观的要求，树立尊重自然、顺应自然、保护自然的生态文明理念，把生态文明建设放在突出地位，融入经济建设、政治建设、文化建设、社会建设各方面和全过程，建立系统完整的生态文明制度体系，用制度保护生态环境，努力建设美丽中国，实现中华民族永续发展。我们要在经济发展的同时，努力提高人民的生活水平和质量，促进人的全面发展，通过发展人力资本，发挥创新精神，提高劳动者的创造力和劳动效率；更好地实施科教兴国战略、人才战略、可持续发展战略，着力把握发展规律、创新发展理念、转变发展方式、破解发展难题、提高发展质量和效益；既要通过发展增加社会物质财富、不断改善人民生活，又要通过发展保障社会公平正义、不断促进社会和谐。全面协调可持续发展要求坚持生产发展、生活富裕、生态良好的文明发展道路，建设资源节约型、环境友好型社会，实现速度和结构、质量、效益相统一，经济发展与人口、资源、环境相协调。在推进经济建设的同时，加快发展政治建设、文化建设、社会建设，促进现代化建设各个环节、各个方面相协调，实现又好又快发展，全面提升省域经济统筹协调竞争力。

Ⓑ.2

1

北京市经济综合竞争力评价分析报告

北京市简称京，是中华人民共和国的首都，为历史悠久的世界著名古城。位于华北平原西北边缘，东南距渤海约 150 公里，与河北省、天津市相接。全市面积为 16410 平方公里，2012 年全市常住人口为 2069 万人，地区生产总值为 17879 亿元，同比增长 7.7%，人均 GDP 达 87475 元。本部分通过分析"十二五"中期北京市经济综合竞争力以及各要素竞争力的排名变化，从中找出北京市经济综合竞争力的推动点及影响因素，为进一步提升北京市经济综合竞争力提供决策参考。

1.1　北京市经济综合竞争力总体分析

1. 北京市经济综合竞争力一级指标概要分析

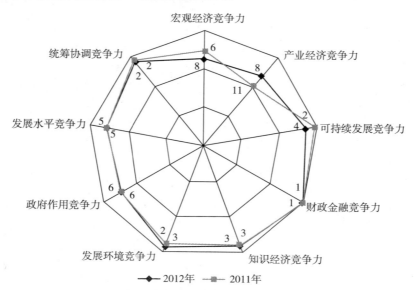

图 1-1　2011~2012 年北京市经济综合竞争力二级指标比较雷达图

表 1 - 1　2011～2012 年北京市经济综合竞争力二级指标比较表

年份\项目	宏观经济竞争力	产业经济竞争力	可持续发展竞争力	财政金融竞争力	知识经济竞争力	发展环境竞争力	政府作用竞争力	发展水平竞争力	统筹协调竞争力	综合排位
2011	6	11	2	1	3	3	6	5	2	4
2012	8	8	4	1	3	2	6	5	2	3
升降	-2	3	-2	0	0	1	0	0	0	1
优劣度	优势	优势	优势	强势	强势	强势	优势	优势	强势	强势

（1）从综合排位看，2012 年北京市经济综合竞争力综合排位在全国居第 3 位，这表明其在全国处于强势地位；与 2011 年相比，综合排位上升了 1 位。

（2）从指标所处区位看，9 个指标均处于上游区，其中，财政金融竞争力、知识经济竞争力、发展环境竞争力和统筹协调竞争力 4 个指标为北京市经济综合竞争力的强势指标。

（3）从指标变化趋势看，9 个二级指标中，有 2 个指标处于上升趋势，分别为产业经济竞争力和发展环境竞争力，这些是北京市经济综合竞争力上升的动力所在；有 5 个指标排位没有发生变化，分别为财政金融竞争力、知识经济竞争力、政府作用竞争力、发展水平竞争力和统筹协调竞争力；有 2 个指标处于下降趋势，分别为宏观经济竞争力和可持续发展竞争力，这些是北京市经济综合竞争力下降的拉力所在。

2. 北京市经济综合竞争力各级指标动态变化分析

表 1 - 2　2011～2012 年北京市经济综合竞争力各级指标排位变化态势比较表

二级指标	三级指标	四级指标数	上升指标数	上升比重（%）	保持指标数	保持比重（%）	下降指标数	下降比重（%）	变化趋势
宏观经济竞争力	经济实力竞争力	12	3	25.0	3	25.0	6	50.0	下降
	经济结构竞争力	6	1	16.7	4	66.7	1	16.7	上升
	经济外向度竞争力	9	2	22.2	4	44.4	3	33.3	下降
	小　计	27	6	22.2	11	40.7	10	37.0	下降
产业经济竞争力	农业竞争力	12	2	16.7	8	66.7	2	16.7	上升
	工业竞争力	10	3	30.0	3	30.0	4	40.0	上升
	服务业竞争力	9	3	33.3	3	33.3	3	33.3	下降
	企业竞争力	10	2	20.0	4	40.0	4	40.0	保持
	小　计	41	10	24.4	18	43.9	13	31.7	上升
可持续发展竞争力	资源竞争力	9	2	22.2	7	77.8	0	0.0	保持
	环境竞争力	8	4	50.0	3	37.5	1	12.5	下降
	人力资源竞争力	8	2	25.0	5	62.5	1	12.5	保持
	小　计	25	8	32.0	15	60.0	2	8.0	下降
财政金融竞争力	财政竞争力	12	3	25.0	5	41.7	4	33.3	保持
	金融竞争力	10	1	10.0	9	90.0	0	0.0	保持
	小　计	22	4	18.2	14	63.6	4	18.2	保持

续表

二级指标	三级指标	四级指标数	上升		保持		下降		变化趋势
			指标数	比重（%）	指标数	比重（%）	指标数	比重（%）	
知识经济竞争力	科技竞争力	8	0	0.0	5	62.5	3	37.5	保持
	教育竞争力	10	1	10.0	6	60.0	3	30.0	保持
	文化竞争力	8	1	12.5	5	62.5	2	25.0	保持
	小　计	26	2	7.7	16	61.5	8	30.8	保持
发展环境竞争力	基础设施竞争力	9	2	22.2	5	55.6	2	22.2	保持
	软环境竞争力	9	3	33.3	3	33.3	3	33.3	保持
	小　计	18	5	27.8	8	44.4	5	27.8	上升
政府作用竞争力	政府发展经济竞争力	5	0	0.0	1	20.0	4	80.0	下降
	政府规调经济竞争力	5	0	0.0	3	60.0	2	40.0	保持
	政府保障经济竞争力	6	1	16.7	3	50.0	2	33.3	下降
	小　计	16	1	6.3	7	43.8	8	50.0	保持
发展水平竞争力	工业化进程竞争力	6	3	50.0	1	16.7	2	33.3	上升
	城市化进程竞争力	7	3	42.9	4	57.1	0	0.0	保持
	市场化进程竞争力	6	1	16.7	2	33.3	3	50.0	下降
	小　计	19	7	36.8	7	36.8	5	26.3	保持
统筹协调竞争力	统筹发展竞争力	8	2	25.0	5	62.5	1	12.5	保持
	协调发展竞争力	8	2	25.0	3	37.5	3	37.5	上升
	小　计	16	4	25.0	8	50.0	4	25.0	保持
合　计		210	47	22.4	104	49.5	59	28.1	上升

　　从表1-2可以看出，210个四级指标中，上升指标有47个，占指标总数的22.4%；下降指标有59个，占指标总数的28.1%；保持不变的指标有104个，占指标总数的49.5%。综上所述，北京市经济综合竞争力上升的动力小于下降的拉力，但受其他外部因素的综合影响，2011～2012年北京市经济综合竞争力排位仍处于上升趋势。

　　3. 北京市经济综合竞争力各级指标优劣势结构分析

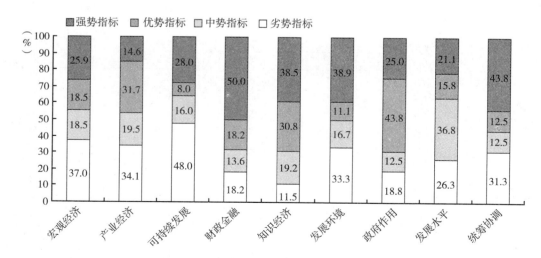

图1-2　2012年北京市经济综合竞争力各级指标优劣势比较图

表1-3　2012年北京市经济综合竞争力各级指标优劣势比较表

二级指标	三级指标	四级指标数	强势指标		优势指标		中势指标		劣势指标		优劣势
			个数	比重（%）	个数	比重（%）	个数	比重（%）	个数	比重（%）	
宏观经济竞争力	经济实力竞争力	12	3	25.0	1	8.3	3	25.0	5	41.7	中势
	经济结构竞争力	6	3	50.0	0	0.0	1	16.7	2	33.3	强势
	经济外向度竞争力	9	1	11.1	4	44.4	1	11.1	3	33.3	中势
	小　计	27	7	25.9	5	18.5	5	18.5	10	37.0	优势
产业经济竞争力	农业竞争力	12	2	16.7	2	16.7	2	16.7	6	50.0	劣势
	工业竞争力	10	0	0.0	3	30.0	3	30.0	4	40.0	劣势
	服务业竞争力	9	2	22.2	4	44.4	1	11.1	2	22.2	优势
	企业竞争力	10	2	20.0	4	40.0	2	20.0	2	20.0	优势
	小　计	41	6	14.6	13	31.7	8	19.5	14	34.1	优势
可持续发展竞争力	资源竞争力	9	0	0.0	0	0.0	2	22.2	7	77.8	劣势
	环境竞争力	8	2	25.0	2	25.0	1	12.5	3	37.5	中势
	人力资源竞争力	8	5	62.5	0	0.0	1	12.5	2	25.0	强势
	小　计	25	7	28.0	2	8.0	4	16.0	12	48.0	优势
财政金融竞争力	财政竞争力	12	5	41.7	2	16.7	2	16.7	3	25.0	强势
	金融竞争力	10	6	60.0	2	20.0	1	10.0	1	10.0	强势
	小　计	22	11	50.0	4	18.2	3	13.6	4	18.2	强势
知识经济竞争力	科技竞争力	8	4	50.0	3	37.5	1	12.5	0	0.0	强势
	教育竞争力	10	2	20.0	3	30.0	3	30.0	2	20.0	强势
	文化竞争力	8	4	50.0	2	25.0	1	12.5	1	12.5	优势
	小　计	26	10	38.5	8	30.8	5	19.2	3	11.5	强势
发展环境竞争力	基础设施竞争力	9	4	44.4	1	11.1	1	11.1	3	33.3	强势
	软环境竞争力	9	3	33.3	1	11.1	2	22.2	3	33.3	强势
	小　计	18	7	38.9	2	11.1	3	16.7	6	33.3	强势
政府作用竞争力	政府发展经济竞争力	5	0	0.0	1	20.0	2	40.0	2	40.0	中势
	政府规调经济竞争力	5	3	60.0	1	20.0	0	0.0	1	20.0	强势
	政府保障经济竞争力	6	1	16.7	5	83.3	0	0.0	0	0.0	优势
	小　计	16	4	25.0	7	43.8	2	12.5	3	18.8	优势
发展水平竞争力	工业化进程竞争力	6	1	16.7	0	0.0	2	33.3	3	50.0	优势
	城市化进程竞争力	7	2	28.6	0	0.0	4	57.1	1	14.3	优势
	市场化进程竞争力	6	1	16.7	3	50.0	1	16.7	1	16.7	中势
	小　计	19	4	21.1	3	15.8	7	36.8	5	26.3	优势
统筹协调竞争力	统筹发展竞争力	8	5	62.5	1	12.5	1	12.5	1	12.5	强势
	协调发展竞争力	8	2	25.0	1	12.5	1	12.5	4	50.0	中势
	小　计	16	7	43.8	2	12.5	2	12.5	5	31.3	强势
合　　计		210	63	30.0	46	21.9	39	18.6	62	29.5	强势

　　基于图1-2和表1-3，从四级指标来看，强势指标63个，占指标总数的30%；优势指标46个，占指标总数的21.9%；中势指标39个，占指标总数的18.6%；劣势指标

62 个，占指标总数的 29.5%。从三级指标来看，强势指标 10 个，占三级指标总数的 40%；优势指标 6 个，占三级指标总数的 24%；中势指标 6 个，占三级指标总数的 24%；劣势指标 3 个，占三级指标总数的 12%。反映到二级指标上来，强势指标 4 个，占二级指标总数的 44.4%；优势指标有 5 个，占二级指标总数的 55.6%。综合来看，由于强势指标在指标体系中居于主导地位，2012 年北京市经济综合竞争力处于强势地位。

4. 北京市经济综合竞争力四级指标优劣势对比分析

表 1-4　2012 年北京市经济综合竞争力各级指标优劣势比较表

二级指标	优劣势	四级指标
宏观经济竞争力（27 个）	强势指标	人均地区生产总值、人均财政收入、人均全社会消费品零售总额、产业结构优化度、城乡经济结构优化度、就业结构优化度、外贸依存度(7 个)
	优势指标	财政总收入、进出口总额、出口总额、对外经济合作完成营业额、对外直接投资(5 个)
	劣势指标	地区生产总值增长率、财政总收入增长率、固定资产投资额、固定资产投资额增长率、全社会消费品零售总额增长率、所有制经济结构优化度、资本形成结构优化度、出口增长率、实际 FDI、实际 FDI 增长率(10 个)
产业经济竞争力（41 个）	强势指标	农民人均纯收入、农产品出口占农林牧渔总产值比重、人均服务业增加值、限额以上餐饮企业利税率、规模以上企业平均资产、规模以上企业平均所有者权益(6 个)
	优势指标	农业劳动生产率、农村人均用电量、工业资产总额、工业全员劳动生产率、工业产品销售率、服务业增加值、服务业从业人员数增长率、旅游外汇收入、房地产经营总收入、规模以上企业平均利润、优等品率、工业企业 R&D 经费投入强度、中国驰名商标持有量(13 个)
	劣势指标	农业增加值、农业增加值增长率、人均农业增加值、农民人均纯收入增长率、人均主要农产品产量、财政支农资金比重、工业增加值、工业增加值增长率、工业资产总额增长率、工业资产总贡献率、服务业增加值增长率、限额以上批零企业利税率、规模以上工业企业数、流动资金周转次数(14 个)
可持续发展竞争力（25 个）	强势指标	人均工业废气排放量、人均工业固体废物排放量、15～64 岁人口比例、文盲率、大专以上教育程度人口比例、平均受教育程度、人口健康素质(7 个)
	优势指标	一般工业固体废物综合利用率、生活垃圾无害化处理率(2 个)
	劣势指标	人均国土面积、人均年水资源量、耕地面积、人均耕地面积、人均牧草地面积、主要能源矿产基础储量、人均森林储积量、人均废水排放量、人均治理工业污染投资额、自然灾害直接经济损失、人力资源利用率、职业学校毕业生数(12 个)
财政金融竞争力（22 个）	强势指标	地方财政收入占 GDP 比重、税收收入占 GDP 比重、人均地方财政收入、人均地方财政支出、人均税收收入、存款余额、人均存款余额、人均贷款余额、保险密度、保险深度、人均证券市场筹资额(11 个)
	优势指标	地方财政收入、税收收入占财政总收入比重、贷款余额、保险费净收入(4 个)
	劣势指标	地方财政收入增速、地方财政支出增速、税收收入增速、货币市场融资额(4 个)

续表

二级指标	优劣势	四级指标
知识经济 竞 争 力 (26个)	强势 指标	R&D人员、R&D经费、R&D经费投入强度、技术市场成交合同金额、人均教育经费、万人高等学校在校学生数、出版印刷工业销售产值、城镇居民人均文化娱乐支出、农村居民人均文化娱乐支出、城镇居民人均文化娱乐支出占消费性支出比重(10个)
	优势 指标	高技术产业规模以上企业产值、高技术产业规模以上企业产值占GDP比重、发明专利申请授权量、公共教育经费占财政支出比重、人均文化教育支出占个人消费支出比重、高校专任教师数、文化产业增加值、农村居民人均文化娱乐支出占消费性支出比重(8个)
	劣势 指标	万人中小学学校数、万人中小学专任教师数、图书和期刊出版数(3个)
发展环境 竞 争 力 (18个)	强势 指标	铁路网线密度、人均邮电业务总量、万户移动电话数、万户上网用户数、万人外资企业数、万人商标注册件数、罚没收入占财政收入比重(7个)
	优势 指标	公路网线密度、外资企业数增长率(2个)
	劣势 指标	人均内河航道里程、全社会旅客周转量、全社会货物周转量、个体私营企业数增长率、万人个体私营企业数、食品安全事故数(6个)
政府作用 竞 争 力 (16个)	强势 指标	调控城乡消费差距、统筹经济社会发展、规范税收、城镇登记失业率(4个)
	优势 指标	财政投资对社会投资的拉动、人口控制、城市城镇社区服务设施数、医疗保险覆盖率、养老保险覆盖率、失业保险覆盖率、下岗职工再就业率(7个)
	劣势 指标	财政支出用于基本建设投资比重、政府消费对民间消费的拉动、物价调控(3个)
发展水平 竞 争 力 (19个)	强势 指标	高新技术产业占工业总产值比重、城镇化率、城镇居民人均可支配收入、全社会消费品零售总额占工农总产值比重(4个)
	优势 指标	社会投资占投资总资金的比重、非国有单位从业人员占城镇从业人员比重、亿元以上商品市场成交额(3个)
	劣势 指标	工业增加值占GDP比重、工业从业人员比重、工业从业人员增长率、人均拥有道路面积、非公有制经济产值占全社会总产值的比重(5个)
统筹协调 竞 争 力 (16个)	强势 指标	社会劳动生产率、社会劳动生产率增速、万元GDP综合能耗、最终消费率、固定资产投资额占GDP比重、城乡居民家庭人均收入比差、城乡居民人均生活消费支出比差(7个)
	优势 指标	非农用地产出率、环境竞争力与宏观经济竞争力比差(2个)
	劣势 指标	固定资产交付使用率、资源竞争力与宏观经济竞争力比差、人力资源竞争力与宏观经济竞争力比差、资源竞争力与工业竞争力比差、全社会消费品零售总额与外贸出口总额比差(5个)

1.2 北京市经济综合竞争力各级指标具体分析

1. 北京市宏观经济竞争力指标排名变化情况

表1-5 2011~2012年北京市宏观经济竞争力指标组排位及变化趋势表

指　　标	2011年	2012年	排位升降	优劣势
1 宏观经济竞争力	6	8	-2	优势
1.1 经济实力竞争力	7	12	-5	中势
地区生产总值	13	13	0	中势
地区生产总值增长率	31	30	1	劣势
人均地区生产总值	3	2	1	强势
财政总收入	4	8	-4	优势
财政总收入增长率	3	28	-25	劣势
人均财政收入	2	2	0	强势
固定资产投资额	23	24	-1	劣势
固定资产投资额增长率	29	30	-1	劣势
人均固定资产投资额	6	13	-7	中势
全社会消费品零售总额	10	11	-1	中势
全社会消费品零售总额增长率	31	30	1	劣势
人均全社会消费品零售总额	1	1	0	强势
1.2 经济结构竞争力	4	1	3	强势
产业结构优化度	1	1	0	强势
所有制经济结构优化度	28	28	0	劣势
城乡经济结构优化度	3	3	0	强势
就业结构优化度	2	2	0	强势
资本形成结构优化度	30	22	8	劣势
贸易结构优化度	10	11	-1	中势
1.3 经济外向度竞争力	7	11	-4	中势
进出口总额	4	4	0	优势
进出口增长率	16	19	-3	中势
出口总额	7	7	0	优势
出口增长率	31	27	4	劣势
实际FDI	11	24	-13	劣势
实际FDI增长率	21	31	-10	劣势
外贸依存度	1	1	0	强势
对外经济合作完成营业额	10	9	1	优势
对外直接投资	9	9	0	优势

2. 北京市产业经济竞争力指标排名变化情况

表1-6　2011~2012年北京市产业经济竞争力指标组排位及变化趋势表

指　　标	2011年	2012年	排位升降	优劣势
2　产业经济竞争力	11	8	3	优势
2.1　农业竞争力	30	21	9	劣势
农业增加值	29	29	0	劣势
农业增加值增长率	30	27	3	劣势
人均农业增加值	30	30	0	劣势
乡镇企业总产值	20	20	0	中势
农民人均纯收入	2	2	0	强势
农民人均纯收入增长率	31	29	2	劣势
农产品出口占农林牧渔总产值比重	2	2	0	强势
人均主要农产品产量	30	30	0	劣势
农业劳动生产率	8	9	-1	优势
农村人均固定资产原值	18	19	-1	中势
农村人均用电量	8	8	0	优势
财政支农资金比重	29	29	0	劣势
2.2　工业竞争力	23	21	2	劣势
工业增加值	24	24	0	劣势
工业增加值增长率	24	26	-2	劣势
人均工业增加值	12	17	-5	中势
工业资产总额	10	10	0	优势
工业资产总额增长率	23	25	-2	劣势
工业资产总贡献率	30	30	0	劣势
规模以上工业利润总额	21	19	2	中势
工业全员劳动生产率	8	6	2	优势
工业成本费用利润率	18	12	6	中势
工业产品销售率	3	4	-1	优势
2.3　服务业竞争力	3	4	-1	优势
服务业增加值	5	5	0	优势
服务业增加值增长率	29	31	-2	劣势
人均服务业增加值	1	1	0	强势
服务业从业人员数	16	14	2	中势
服务业从业人员数增长率	29	8	21	优势
限额以上批零企业利税率	21	24	-3	劣势
限额以上餐饮企业利税率	2	1	1	强势
旅游外汇收入	4	5	-1	优势
房地产经营总收入	6	6	0	优势

指　标	2011 年	2012 年	排位升降	优劣势
2.4　企业竞争力	5	5	0	优势
规模以上工业企业数	20	23	−3	劣势
规模以上企业平均资产	2	3	−1	强势
规模以上企业平均增加值	19	19	0	中势
流动资金周转次数	29	30	−1	劣势
规模以上企业平均利润	9	7	2	优势
规模以上企业销售利税率	19	13	6	中势
规模以上企业平均所有者权益	2	2	0	强势
优等品率	5	7	−2	优势
工业企业 R&D 经费投入强度	4	4	0	优势
中国驰名商标持有量	6	6	0	优势

3. 北京市可持续发展竞争力指标排名变化情况

表 1 – 7　2011～2012 年北京市可持续发展竞争力指标组排位及变化趋势表

指　标	2011 年	2012 年	排位升降	优劣势
3　可持续发展竞争力	2	4	−2	优势
3.1　资源竞争力	31	31	0	劣势
人均国土面积	30	30	0	劣势
人均可使用海域和滩涂面积	12	12	0	中势
人均年水资源量	30	29	1	劣势
耕地面积	31	31	0	劣势
人均耕地面积	30	30	0	劣势
人均牧草地面积	25	25	0	劣势
主要能源矿产基础储量	25	25	0	劣势
人均主要能源矿产基础储量	24	12	12	中势
人均森林储积量	28	28	0	劣势
3.2　环境竞争力	9	18	−9	中势
森林覆盖率	15	15	0	中势
人均废水排放量	26	26	0	劣势
人均工业废气排放量	2	1	1	强势
人均工业固体废物排放量	3	2	1	强势
人均治理工业污染投资额	30	25	5	劣势
一般工业固体废物综合利用率	14	10	4	优势
生活垃圾无害化处理率	4	4	0	优势
自然灾害直接经济损失	3	26	−23	劣势

指　　　标	2011 年	2012 年	排位升降	优劣势
3.3　人力资源竞争力	1	1	0	强势
人口自然增长率	21	20	1	中势
15～64 岁人口比例	2	2	0	强势
文盲率	1	1	0	强势
大专以上教育程度人口比例	1	1	0	强势
平均受教育程度	1	1	0	强势
人口健康素质	2	2	0	强势
人力资源利用率	26	27	-1	劣势
职业学校毕业生数	26	25	1	劣势

4. 北京市财政金融竞争力指标排名变化情况

表 1-8　2011～2012 年北京市财政金融竞争力指标组排位及变化趋势表

指　　　标	2011 年	2012 年	排位升降	优劣势
4　财政金融竞争力	1	1	0	强势
4.1　财政竞争力	1	1	0	强势
地方财政收入	6	6	0	优势
地方财政支出	12	13	-1	中势
地方财政收入占 GDP 比重	1	2	-1	强势
地方财政支出占 GDP 比重	20	20	0	中势
税收收入占 GDP 比重	1	1	0	强势
税收收入占财政总收入比重	8	6	2	优势
人均地方财政收入	1	1	0	强势
人均地方财政支出	4	3	1	强势
人均税收收入	1	1	0	强势
地方财政收入增速	18	28	-10	劣势
地方财政支出增速	29	24	5	劣势
税收收入增速	19	29	-10	劣势
4.2　金融竞争力	1	1	0	强势
存款余额	2	2	0	强势
人均存款余额	1	1	0	强势
贷款余额	4	4	0	优势
人均贷款余额	1	1	0	强势
货币市场融资额	31	31	0	劣势
中长期贷款占贷款余额比重	23	13	10	中势
保险费净收入	5	5	0	优势
保险密度	1	1	0	强势
保险深度	2	2	0	强势
人均证券市场筹资额	1	1	0	强势

5. 北京市知识经济竞争力指标排名变化情况

表1-9　2011~2012年北京市知识经济竞争力指标组排位及变化趋势表

指　标	2011年	2012年	排位升降	优劣势
5　知识经济竞争力	3	3	0	强势
5.1　科技竞争力	3	3	0	强势
R&D人员	3	3	0	强势
R&D经费	3	3	0	强势
R&D经费投入强度	1	1	0	强势
高技术产业规模以上企业产值	6	8	-2	优势
高技术产业规模以上企业产值占GDP比重	5	5	0	优势
高技术产品出口额	8	11	-3	中势
发明专利申请授权量	2	7	-5	优势
技术市场成交合同金额	1	1	0	强势
5.2　教育竞争力	1	1	0	强势
教育经费	10	11	-1	中势
教育经费占GDP比重	16	16	0	中势
人均教育经费	1	1	0	强势
公共教育经费占财政支出比重	6	6	0	优势
人均文化教育支出占个人消费支出比重	7	8	-1	优势
万人中小学学校数	30	30	0	劣势
万人中小学专任教师数	30	30	0	劣势
高等学校数	14	13	1	中势
高校专任教师数	9	10	-1	优势
万人高等学校在校学生数	1	1	0	强势
5.3　文化竞争力	5	5	0	优势
文化产业增加值	3	6	-3	优势
图书和期刊出版数	21	21	0	劣势
报纸出版数	12	13	-1	中势
出版印刷工业销售产值	3	3	0	强势
城镇居民人均文化娱乐支出	2	2	0	强势
农村居民人均文化娱乐支出	2	2	0	强势
城镇居民人均文化娱乐支出占消费性支出比重	2	2	0	强势
农村居民人均文化娱乐支出占消费性支出比重	9	4	5	优势

6. 北京市发展环境竞争力指标排名变化情况

表 1 - 10　2011 ~ 2012 年北京市发展环境竞争力指标组排位及变化趋势表

指　　标	2011 年	2012 年	排位升降	优劣势
6　发展环境竞争力	3	2	1	强势
6.1　基础设施竞争力	3	3	0	强势
铁路网线密度	1	1	0	强势
公路网线密度	6	6	0	优势
人均内河航道里程	28	28	0	劣势
全社会旅客周转量	24	25	-1	劣势
全社会货物周转量	28	29	-1	劣势
人均邮电业务总量	1	1	0	强势
万户移动电话数	2	1	1	强势
万户上网用户数	1	1	0	强势
人均耗电量	13	12	1	中势
6.2　软环境竞争力	3	3	0	强势
外资企业数增长率	8	9	-1	优势
万人外资企业数	2	2	0	强势
个体私营企业数增长率	30	25	5	劣势
万人个体私营企业数	21	22	-1	劣势
万人商标注册件数	1	1	0	强势
查处商标侵权假冒案件	19	19	0	中势
每十万人交通事故发生数	21	16	5	中势
罚没收入占财政收入比重	4	3	1	强势
食品安全事故数	28	30	-2	劣势

7. 北京市政府作用竞争力指标排名变化情况

表 1 - 11　2011 ~ 2012 年北京市政府作用竞争力指标组排位及变化趋势表

指　　标	2011 年	2012 年	排位升降	优劣势
7　政府作用竞争力	6	6	0	优势
7.1　政府发展经济竞争力	18	20	-2	中势
财政支出用于基本建设投资比重	30	31	-1	劣势
财政支出对 GDP 增长的拉动	12	12	0	中势
政府公务员对经济的贡献	10	11	-1	中势
政府消费对民间消费的拉动	28	29	-1	劣势
财政投资对社会投资的拉动	2	4	-2	优势
7.2　政府规调经济竞争力	2	2	0	强势
物价调控	21	29	-8	劣势
调控城乡消费差距	1	2	-1	强势
统筹经济社会发展	3	3	0	强势
规范税收	2	2	0	强势
人口控制	5	5	0	优势

续表

指　　标	2011 年	2012 年	排位升降	优劣势
7.3　政府保障经济竞争力	3	4	−1	优势
城市城镇社区服务设施数	5	6	−1	优势
医疗保险覆盖率	6	6	0	优势
养老保险覆盖率	15	10	5	优势
失业保险覆盖率	4	4	0	优势
下岗职工再就业率	4	6	−2	优势
城镇登记失业率	1	1	0	强势

8. 北京市发展水平竞争力指标排名变化情况

表 1－12　2011～2012 年北京市发展水平竞争力指标组排位及变化趋势表

指　　标	2011 年	2012 年	排位升降	优劣势
8　发展水平竞争力	5	5	0	优势
8.1　工业化进程竞争力	8	7	1	优势
工业增加值占 GDP 比重	21	22	−1	劣势
工业增加值增长率	30	17	13	中势
高新技术产业占工业总产值比重	3	3	0	强势
工业从业人员比重	21	24	−3	劣势
工业从业人员增长率	28	26	2	劣势
霍夫曼系数	20	18	2	中势
8.2　城市化进程竞争力	4	4	0	优势
城镇化率	2	2	0	强势
城镇居民人均可支配收入	2	2	0	强势
城市平均建成区面积	14	14	0	中势
人均拥有道路面积	30	29	1	劣势
人均日生活用水量	14	14	0	中势
人均居住面积	20	15	5	中势
人均公共绿地面积	15	13	2	中势
8.3　市场化进程竞争力	14	16	−2	中势
非公有制经济产值占全社会总产值的比重	25	28	−3	劣势
社会投资占投资总资金的比重	9	10	−1	优势
非国有单位从业人员占城镇从业人员比重	5	7	−2	优势
亿元以上商品市场成交额	9	9	0	优势
亿元以上商品市场成交额占全社会消费品零售总额比重	13	12	1	中势
全社会消费品零售总额占工农总产值比重	2	2	0	强势

9. 北京市统筹协调竞争力指标排名变化情况

表 1 – 13 2011～2012 年北京市统筹协调竞争力指标组排位及变化趋势表

指标	2011 年	2012 年	排位升降	优劣势
9 统筹协调竞争力	2	2	0	强势
9.1 统筹发展竞争力	2	2	0	强势
社会劳动生产率	2	2	0	强势
社会劳动生产率增速	3	3	0	强势
万元 GDP 综合能耗	1	1	0	强势
非农用地产出率	6	6	0	优势
生产税净额和营业盈余占 GDP 比重	30	13	17	中势
最终消费率	5	3	2	强势
固定资产投资额占 GDP 比重	3	3	0	强势
固定资产交付使用率	30	31	− 1	劣势
9.2 协调发展竞争力	20	19	1	中势
环境竞争力与宏观经济竞争力比差	9	9	0	优势
资源竞争力与宏观经济竞争力比差	28	28	0	劣势
人力资源竞争力与宏观经济竞争力比差	30	31	− 1	劣势
资源竞争力与工业竞争力比差	22	23	− 1	劣势
环境竞争力与工业竞争力比差	24	18	6	中势
城乡居民家庭人均收入比差	3	3	0	强势
城乡居民人均生活消费支出比差	1	2	− 1	强势
全社会消费品零售总额与外贸出口总额比差	24	22	2	劣势

2

天津市经济综合竞争力评价分析报告

　　天津市简称津，位于华北平原东北部，与北京市、河北省相接，是中央四大直辖市之一，也是中国北方最大的沿海开放城市，素有"渤海明珠"之称。全市面积为 11919.7 平方公里。2012 年全市常住人口为 1413 万人，地区生产总值为 12894 亿元，同比增长 13.8%，人均 GDP 达 93173 元。本部分通过分析"十二五"中期天津市经济综合竞争力以及各要素竞争力的排名变化，从中找出天津市经济综合竞争力的推动点及影响因素，为进一步提升天津市经济综合竞争力提供决策参考。

2.1　天津市经济综合竞争力总体分析

1. 天津市经济综合竞争力一级指标概要分析

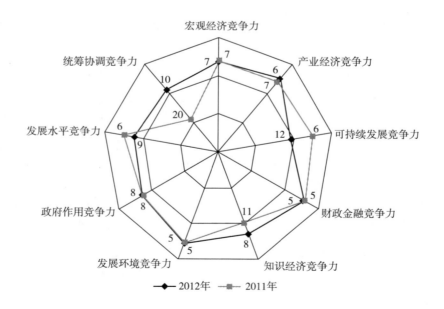

图 2 - 1　2011 ~ 2012 年天津市经济综合竞争力二级指标比较雷达图

表2-1 2011~2012年天津市经济综合竞争力二级指标比较表

项目 年份	宏观经济 竞争力	产业经济 竞争力	可持续发 展竞争力	财政金融 竞争力	知识经济 竞争力	发展环境 竞争力	政府作用 竞争力	发展水平 竞争力	统筹协调 竞争力	综合 排位
2011	7	7	6	5	11	5	8	6	20	7
2012	7	6	12	5	8	5	8	9	10	7
升降	0	1	-6	0	3	0	0	-3	10	0
优劣度	优势	优势	中势	优势	优势	优势	优势	优势	优势	优势

（1）从综合排位看，2012年天津市经济综合竞争力综合排位在全国居第7位，这表明其在全国处于优势地位；与2011年相比，综合排位保持不变。

（2）从指标所处区位看，处于上游区的指标有8个，分别为宏观经济竞争力、产业经济竞争力、财政金融竞争力、知识经济竞争力、发展环境竞争力、政府作用竞争力、发展水平竞争力和统筹协调竞争力。其中，宏观经济竞争力、产业经济竞争力、财政金融竞争力、知识经济竞争力、发展环境竞争力、政府作用竞争力、发展水平竞争力和统筹协调竞争力8个指标为天津市经济综合竞争力中的优势指标。

（3）从指标变化趋势看，9个二级指标中，有3个指标处于上升趋势，分别为产业经济竞争力、知识经济竞争力和统筹协调竞争力，这些是天津市经济综合竞争力上升的动力所在；有4个指标排位没有发生变化，分别为宏观经济竞争力、财政金融竞争力、发展环境竞争力和政府作用竞争力；有2个指标处于下降趋势，分别为可持续发展竞争力和发展水平竞争力，这些是天津市经济综合竞争力下降的拉力所在。

2. 天津市经济综合竞争力各级指标动态变化分析

表2-2 2011~2012年天津市经济综合竞争力各级指标排位变化态势比较表

二级指标	三级指标	四级 指标数	上升 指标数	上升 比重（%）	保持 指标数	保持 比重（%）	下降 指标数	下降 比重（%）	变化 趋势
宏观经济 竞争力	经济实力竞争力	12	3	25.0	7	58.3	2	16.7	保持
	经济结构竞争力	6	2	33.3	4	66.7	0	0.0	上升
	经济外向度竞争力	9	2	22.2	4	44.4	3	33.3	上升
	小　计	27	7	25.9	15	55.6	5	18.5	保持
产业经济 竞争力	农业竞争力	12	0	0.0	6	50.0	6	50.0	下降
	工业竞争力	10	5	50.0	2	20.0	3	30.0	上升
	服务业竞争力	9	1	11.1	5	55.6	3	33.3	上升
	企业竞争力	10	6	60.0	4	40.0	0	0.0	上升
	小　计	41	12	29.3	17	41.5	12	29.3	上升
可持续发展 竞争力	资源竞争力	9	2	22.2	7	77.8	0	0.0	保持
	环境竞争力	8	1	12.5	2	25.0	5	62.5	下降
	人力资源竞争力	8	2	25.0	4	50.0	2	25.0	下降
	小　计	25	5	20.0	13	52.0	7	28.0	下降
财政金融 竞争力	财政竞争力	12	3	25.0	5	41.7	4	33.3	上升
	金融竞争力	10	1	10.0	7	70.0	2	20.0	保持
	小　计	22	4	18.2	12	54.5	6	27.3	保持

续表

二级指标	三级指标	四级指标数	上升		保持		下降		变化趋势
			指标数	比重（%）	指标数	比重（%）	指标数	比重（%）	
知识经济竞争力	科技竞争力	8	1	12.5	6	75.0	1	12.5	保持
	教育竞争力	10	5	50.0	5	50.0	0	0.0	上升
	文化竞争力	8	2	25.0	3	37.5	3	37.5	上升
	小　计	26	8	30.8	14	53.8	4	15.4	上升
发展环境竞争力	基础设施竞争力	9	0	0.0	6	66.7	3	33.3	保持
	软环境竞争力	9	4	44.4	3	33.3	2	22.2	上升
	小　计	18	4	22.2	9	50.0	5	27.8	保持
政府作用竞争力	政府发展经济竞争力	5	1	20.0	3	60.0	1	20.0	下降
	政府规调经济竞争力	5	3	60.0	1	20.0	1	20.0	下降
	政府保障经济竞争力	6	0	0.0	2	33.3	4	66.7	下降
	小　计	16	4	25.0	6	37.5	6	37.5	保持
发展水平竞争力	工业化进程竞争力	6	3	50.0	2	33.3	1	16.7	上升
	城市化进程竞争力	7	2	28.6	3	42.9	2	28.6	下降
	市场化进程竞争力	6	2	33.3	1	16.7	3	50.0	下降
	小　计	19	7	36.8	6	31.6	6	31.6	下降
统筹协调竞争力	统筹发展竞争力	8	2	25.0	5	62.5	1	12.5	上升
	协调发展竞争力	8	5	62.5	3	37.5	0	0.0	上升
	小　计	16	7	43.8	8	50.0	1	6.3	上升
合　计		210	58	27.6	100	47.6	52	24.8	保持

从表2-2可以看出，210个四级指标中，上升指标有58个，占指标总数的27.6%；下降指标有52个，占指标总数的24.8%；保持不变的指标有100个，占指标总数的47.6%。综上所述，天津市经济综合竞争力上升的动力大于下降的拉力，但受其他外部因素的综合影响，2011～2012年天津市经济综合竞争力排位保持不变。

3. 天津市经济综合竞争力各级指标优劣势结构分析

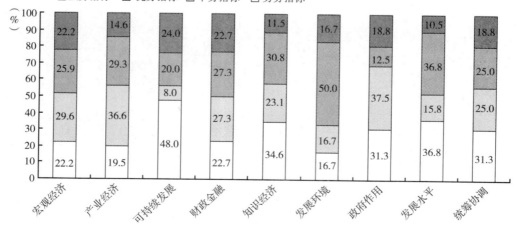

图2-2　2012年天津市经济综合竞争力各级指标优劣势比较图

表2-3　2012年天津市经济综合竞争力各级指标优劣势比较表

二级指标	三级指标	四级指标数	强势指标		优势指标		中势指标		劣势指标		优劣势
			个数	比重(%)	个数	比重(%)	个数	比重(%)	个数	比重(%)	
宏观经济竞争力	经济实力竞争力	12	4	33.3	1	8.3	3	25.0	4	33.3	强势
	经济结构竞争力	6	2	33.3	1	16.7	1	16.7	2	33.3	优势
	经济外向度竞争力	9	0	0.0	5	55.6	4	44.4	0	0.0	优势
	小　计	27	6	22.2	7	25.9	8	29.6	6	22.2	优势
产业经济竞争力	农业竞争力	12	1	8.3	2	16.7	4	33.3	5	41.7	劣势
	工业竞争力	10	3	30.0	4	40.0	2	20.0	1	10.0	优势
	服务业竞争力	9	2	22.2	2	22.2	3	33.3	2	22.2	优势
	企业竞争力	10	0	0.0	4	40.0	6	60.0	0	0.0	优势
	小　计	41	6	14.6	12	29.3	15	36.6	8	19.5	优势
可持续发展竞争力	资源竞争力	9	0	0.0	1	11.1	1	11.1	7	77.8	劣势
	环境竞争力	8	3	37.5	2	25.0	1	12.5	2	25.0	优势
	人力资源竞争力	8	3	37.5	2	25.0	0	0.0	3	37.5	优势
	小　计	25	6	24.0	5	20.0	2	8.0	12	48.0	中势
财政金融竞争力	财政竞争力	12	2	16.7	5	41.7	2	16.7	3	25.0	优势
	金融竞争力	10	3	30.0	1	10.0	4	40.0	2	20.0	优势
	小　计	22	5	22.7	6	27.3	6	27.3	5	22.7	优势
知识经济竞争力	科技竞争力	8	1	12.5	5	62.5	2	25.0	0	0.0	优势
	教育竞争力	10	2	20.0	0	0.0	2	20.0	6	60.0	优势
	文化竞争力	8	0	0.0	3	37.5	2	25.0	3	37.5	中势
	小　计	26	3	11.5	8	30.8	6	23.1	9	34.6	优势
发展环境竞争力	基础设施竞争力	9	1	11.1	5	55.6	1	11.1	2	22.2	优势
	软环境竞争力	9	2	22.2	4	44.4	2	22.2	1	11.1	强势
	小　计	18	3	16.7	9	50.0	3	16.7	3	16.7	优势
政府作用竞争力	政府发展经济竞争力	5	2	40.0	1	20.0	0	0.0	2	40.0	优势
	政府规调经济竞争力	5	1	20.0	1	20.0	2	40.0	1	20.0	优势
	政府保障经济竞争力	6	0	0.0	0	0.0	4	66.7	2	33.3	劣势
	小　计	16	3	18.8	2	12.5	6	37.5	5	31.3	优势
发展水平竞争力	工业化进程竞争力	6	1	16.7	3	50.0	1	16.7	1	16.7	优势
	城市化进程竞争力	7	1	14.3	2	28.6	0	0.0	4	57.1	中势
	市场化进程竞争力	6	0	0.0	2	33.3	2	33.3	2	33.3	中势
	小　计	19	2	10.5	7	36.8	3	15.8	7	36.8	优势
统筹协调竞争力	统筹发展竞争力	8	2	25.0	3	37.5	1	12.5	2	25.0	优势
	协调发展竞争力	8	1	12.5	1	12.5	3	37.5	3	37.5	中势
	小　计	16	3	18.8	4	25.0	4	25.0	5	31.3	优势
合　计		210	37	17.6	60	28.6	53	25.2	60	28.6	优势

基于图2-2和表2-3，从四级指标来看，强势指标37个，占指标总数的17.6%；优势指标60个，占指标总数的28.6%；中势指标53个，占指标总数的25.2%；劣势指

标 60 个，占指标总数的 28.6%。从三级指标来看，强势指标 2 个，占三级指标总数的 8%；优势指标 16 个，占三级指标总数的 64%；中势指标 4 个，占三级指标总数的 16%；劣势指标 3 个，占三级指标总数的 12%。反映到二级指标上来，没有强势指标；优势指标有 8 个，占二级指标总数的 88.9%。综合来看，由于优势指标在指标体系中居于主导地位，2012 年天津市经济综合竞争力处于优势地位。

4. 天津市经济综合竞争力四级指标优劣势对比分析

表 2-4　2012 年天津市经济综合竞争力各级指标优劣势比较表

二级指标	优劣势	四级指标
宏观经济竞争力（27 个）	强势指标	地区生产总值增长率、人均地区生产总值、人均固定资产投资额、人均全社会消费品零售总额、城乡经济结构优化度、就业结构优化度（6 个）
	优势指标	人均财政收入、产业结构优化度、进出口总额、出口总额、实际 FDI、外贸依存度、对外经济合作完成营业额（7 个）
	劣势指标	财政总收入、固定资产投资额、固定资产投资额增长率、全社会消费品零售总额、资本形成结构优化度、贸易结构优化度（6 个）
产业经济竞争力（41 个）	强势指标	农产品出口占农林牧渔总产值比重、工业增加值增长率、人均工业增加值、工业全员劳动生产率、服务业增加值增长率、人均服务业增加值（6 个）
	优势指标	农民人均纯收入、农村人均用电量、工业资产总贡献率、规模以上工业利润总额、工业成本费用利润率、工业产品销售率、限额以上餐饮企业利税率、旅游外汇收入、规模以上企业平均利润、规模以上企业销售利税率、优等品率、工业企业 R&D 经费投入强度（12 个）
	劣势指标	农业增加值、农业增加值增长率、人均农业增加值、人均主要农产品产量、财政支农资金比重、工业资产总额增长率、服务业从业人员数、限额以上批零企业利税率（8 个）
可持续发展竞争力（25 个）	强势指标	人均治理工业污染投资额、一般工业固体废物综合利用率、生活垃圾无害化处理率、大专以上教育程度人口比例、平均受教育程度、人口健康素质（6 个）
	优势指标	人均可使用海域和滩涂面积、人均工业固体废物排放量、自然灾害直接经济损失、15～64 岁人口比例、文盲率（5 个）
	劣势指标	人均国土面积、人均年水资源量、耕地面积、人均耕地面积、人均牧草地面积、主要能源矿产基础储量、人均森林储积量、森林覆盖率、人均废水排放量、人口自然增长率、人力资源利用率、职业学校毕业生数（12 个）
财政金融竞争力（22 个）	强势指标	人均地方财政收入、人均税收收入、人均存款余额、人均贷款余额、人均证券市场筹资额（5 个）
	优势指标	地方财政收入占 GDP 比重、税收收入占财政总收入比重、人均地方财政支出、地方财政收入增速、地方财政支出增速、保险密度（6 个）
	劣势指标	地方财政支出、地方财政支出占 GDP 比重、税收收入增速、保险费净收入、保险深度（5 个）

续表

二级指标	优劣势	四级指标
知识经济竞争力（26个）	强势指标	R&D 经费投入强度、人均教育经费、万人高等学校在校学生数（3 个）
	优势指标	R&D 经费、高技术产业规模以上企业产值、高技术产业规模以上企业产值占 GDP 比重、高技术产品出口额、技术市场成交合同金额、城镇居民人均文化娱乐支出、农村居民人均文化娱乐支出、农村居民人均文化娱乐支出占消费性支出比重（8 个）
	劣势指标	教育经费、教育经费占 GDP 比重、万人中小学学校数、万人中小学专任教师数、高等学校数、高校专任教师数、文化产业增加值、图书和期刊出版数、出版印刷工业销售产值（9 个）
发展环境竞争力（18个）	强势指标	铁路网线密度、查处商标侵权假冒案件、罚没收入占财政收入比重（3 个）
	优势指标	公路网线密度、全社会货物周转量、人均邮电业务总量、万户上网用户数、人均耗电量、万人外资企业数、万人个体私营企业数、万人商标注册件数、食品安全事故数（9 个）
	劣势指标	人均内河航道里程、全社会旅客周转量、每十万人交通事故发生数（3 个）
政府作用竞争力（16个）	强势指标	政府公务员对经济的贡献、财政投资对社会投资的拉动、统筹经济社会发展（3 个）
	优势指标	财政支出对 GDP 增长的拉动、人口控制（2 个）
	劣势指标	财政支出用于基本建设投资比重、政府消费对民间消费的拉动、规范税收、城市城镇社区服务设施数、下岗职工再就业率（5 个）
发展水平竞争力（19个）	强势指标	工业从业人员比重、城镇化率（2 个）
	优势指标	工业增加值占 GDP 比重、工业增加值增长率、高新技术产业占工业总产值比重、城镇居民人均可支配收入、人均拥有道路面积、非国有单位从业人员占城镇从业人员比重、亿元以上商品市场成交额占全社会消费品零售总额比重（7 个）
	劣势指标	霍夫曼系数、城市平均建成区面积、人均日生活用水量、人均居住面积、人均公共绿地面积、社会投资占投资总资金的比重、全社会消费品零售总额占工农总产值比重（7 个）
统筹协调竞争力（16个）	强势指标	社会劳动生产率、非农用地产出率、城乡居民家庭人均收入比差（3 个）
	优势指标	万元 GDP 综合能耗、生产税净额和营业盈余占 GDP 比重、固定资产投资额占 GDP 比重、环境竞争力与工业竞争力比差（4 个）
	劣势指标	社会劳动生产率增速、最终消费率、资源竞争力与宏观经济竞争力比差、资源竞争力与工业竞争力比差、全社会消费品零售总额与外贸出口总额比差（5 个）

2.2 天津市经济综合竞争力各级指标具体分析

1. 天津市宏观经济竞争力指标排名变化情况

表2-5 2011~2012年天津市宏观经济竞争力指标组排位及变化趋势表

指 标	2011 年	2012 年	排位升降	优劣势
1 宏观经济竞争力	7	7	0	优势
1.1 经济实力竞争力	3	3	0	强势
地区生产总值	20	20	0	中势
地区生产总值增长率	1	1	0	强势
人均地区生产总值	1	1	0	强势
财政总收入	23	26	-3	劣势
财政总收入增长率	18	14	4	中势
人均财政收入	8	5	3	优势
固定资产投资额	21	21	0	劣势
固定资产投资额增长率	17	28	-11	劣势
人均固定资产投资额	1	1	0	强势
全社会消费品零售总额	23	23	0	劣势
全社会消费品零售总额增长率	28	15	13	中势
人均全社会消费品零售总额	3	3	0	强势
1.2 经济结构竞争力	7	6	1	优势
产业结构优化度	5	5	0	优势
所有制经济结构优化度	19	18	1	中势
城乡经济结构优化度	2	2	0	强势
就业结构优化度	3	3	0	强势
资本形成结构优化度	24	24	0	劣势
贸易结构优化度	27	25	2	劣势
1.3 经济外向度竞争力	11	9	2	优势
进出口总额	8	8	0	优势
进出口增长率	19	12	7	中势
出口总额	9	9	0	优势
出口增长率	21	18	3	中势
实际 FDI	4	5	-1	优势
实际 FDI 增长率	13	15	-2	中势
外贸依存度	6	6	0	优势
对外经济合作完成营业额	7	8	-1	优势
对外直接投资	12	12	0	中势

2. 天津市产业经济竞争力指标排名变化情况

表 2 – 6　2011 ～ 2012 年天津市产业经济竞争力指标组排位及变化趋势表

指　　标	2011 年	2012 年	排位升降	优劣势
2　产业经济竞争力	7	6	1	优势
2.1　农业竞争力	17	22	−5	劣势
农业增加值	27	28	−1	劣势
农业增加值增长率	25	29	−4	劣势
人均农业增加值	29	29	0	劣势
乡镇企业总产值	15	15	0	中势
农民人均纯收入	4	4	0	优势
农民人均纯收入增长率	3	17	−14	中势
农产品出口占农林牧渔总产值比重	3	3	0	强势
人均主要农产品产量	29	29	0	劣势
农业劳动生产率	10	13	−3	中势
农村人均固定资产原值	14	14	0	中势
农村人均用电量	6	7	−1	优势
财政支农资金比重	30	31	−1	劣势
2.2　工业竞争力	5	4	1	优势
工业增加值	19	16	3	中势
工业增加值增长率	25	1	24	强势
人均工业增加值	1	1	0	强势
工业资产总额	16	17	−1	中势
工业资产总额增长率	6	21	−15	劣势
工业资产总贡献率	12	7	5	优势
规模以上工业利润总额	13	10	3	优势
工业全员劳动生产率	4	3	1	强势
工业成本费用利润率	8	8	0	优势
工业产品销售率	2	6	−4	优势
2.3　服务业竞争力	8	6	2	优势
服务业增加值	14	14	0	中势
服务业增加值增长率	3	1	2	强势
人均服务业增加值	3	3	0	强势
服务业从业人员数	25	26	−1	劣势
服务业从业人员数增长率	2	11	−9	中势
限额以上批零企业利税率	30	30	0	劣势
限额以上餐饮企业利税率	8	9	−1	优势
旅游外汇收入	9	9	0	优势
房地产经营总收入	17	17	0	中势

指　　标	2011 年	2012 年	排位升降	优劣势
2.4　企业竞争力	8	6	2	优势
规模以上工业企业数	17	15	2	中势
规模以上企业平均资产	13	12	1	中势
规模以上企业平均增加值	14	14	0	中势
流动资金周转次数	19	18	1	中势
规模以上企业平均利润	7	5	2	优势
规模以上企业销售利税率	10	10	0	优势
规模以上企业平均所有者权益	14	14	0	中势
优等品率	6	4	2	优势
工业企业 R&D 经费投入强度	7	7．	0	优势
中国驰名商标持有量	17	16	1	中势

3. 天津市可持续发展竞争力指标排名变化情况

表 2 - 7　2011~2012 年天津市可持续发展竞争力指标组排位及变化趋势表

指　　标	2011 年	2012 年	排位升降	优劣势
3　可持续发展竞争力	6	12	-6	中势
3.1　资源竞争力	29	29	0	劣势
人均国土面积	29	29	0	劣势
人均可使用海域和滩涂面积	9	9	0	优势
人均年水资源量	31	28	3	劣势
耕地面积	28	28	0	劣势
人均耕地面积	28	28	0	劣势
人均牧草地面积	28	28	0	劣势
主要能源矿产基础储量	27	27	0	劣势
人均主要能源矿产基础储量	21	16	5	中势
人均森林储积量	30	30	0	劣势
3.2　环境竞争力	2	8	-6	优势
森林覆盖率	29	29	0	劣势
人均废水排放量	22	24	-2	劣势
人均工业废气排放量	19	20	-1	中势
人均工业固体废物排放量	10	9	1	优势
人均治理工业污染投资额	2	3	-1	强势
一般工业固体废物综合利用率	1	1	0	强势
生活垃圾无害化处理率	1	2	-1	强势
自然灾害直接经济损失	1	7	-6	优势

指　标	2011 年	2012 年	排位升降	优劣势
3.3　人力资源竞争力	2	5	−3	优势
人口自然增长率	27	27	0	劣势
15～64 岁人口比例	4	8	−4	优势
文盲率	5	4	1	优势
大专以上教育程度人口比例	3	3	0	强势
平均受教育程度	3	3	0	强势
人口健康素质	3	3	0	强势
人力资源利用率	23	22	1	劣势
职业学校毕业生数	27	28	−1	劣势

4. 天津市财政金融竞争力指标排名变化情况

表 2-8　2011～2012 年天津市财政金融竞争力指标组排位及变化趋势表

指　标	2011 年	2012 年	排位升降	优劣势
4　财政金融竞争力	5	5	0	优势
4.1　财政竞争力	5	4	1	优势
地方财政收入	17	15	2	中势
地方财政支出	26	26	0	劣势
地方财政收入占 GDP 比重	6	6	0	优势
地方财政支出占 GDP 比重	24	25	−1	劣势
税收收入占 GDP 比重	9	14	−5	中势
税收收入占财政总收入比重	6	7	−1	优势
人均地方财政收入	3	3	0	强势
人均地方财政支出	5	5	0	优势
人均税收收入	3	3	0	强势
地方财政收入增速	11	10	1	优势
地方财政支出增速	9	7	2	优势
税收收入增速	16	28	−12	劣势
4.2　金融竞争力	8	8	0	优势
存款余额	17	17	0	中势
人均存款余额	3	3	0	强势
贷款余额	13	13	0	中势
人均贷款余额	3	3	0	强势
货币市场融资额	3	18	−15	中势
中长期贷款占贷款余额比重	15	18	−3	中势
保险费净收入	25	24	1	劣势
保险密度	4	4	0	优势
保险深度	25	25	0	劣势
人均证券市场筹资额	3	3	0	强势

5. 天津市知识经济竞争力指标排名变化情况

表2-9 2011~2012年天津市知识经济竞争力指标组排位及变化趋势表

指　　标	2011 年	2012 年	排位升降	优劣势
5　知识经济竞争力	11	8	3	优势
5.1　科技竞争力	7	7	0	优势
R&D 人员	16	16	0	中势
R&D 经费	9	9	0	优势
R&D 经费投入强度	3	3	0	强势
高技术产业规模以上企业产值	8	9	-1	优势
高技术产业规模以上企业产值占 GDP 比重	4	4	0	优势
高技术产品出口额	4	4	0	优势
发明专利申请授权量	12	11	1	中势
技术市场成交合同金额	6	6	0	优势
5.2　教育竞争力	17	10	7	优势
教育经费	27	26	1	劣势
教育经费占 GDP 比重	30	25	5	劣势
人均教育经费	4	3	1	强势
公共教育经费占财政支出比重	20	14	6	中势
人均文化教育支出占个人消费支出比重	24	15	9	中势
万人中小学学校数	28	28	0	劣势
万人中小学专任教师数	29	29	0	劣势
高等学校数	23	23	0	劣势
高校专任教师数	23	23	0	劣势
万人高等学校在校学生数	2	2	0	强势
5.3　文化竞争力	18	17	1	中势
文化产业增加值	25	25	0	劣势
图书和期刊出版数	28	28	0	劣势
报纸出版数	16	17	-1	中势
出版印刷工业销售产值	20	23	-3	劣势
城镇居民人均文化娱乐支出	6	6	0	优势
农村居民人均文化娱乐支出	6	5	1	优势
城镇居民人均文化娱乐支出占消费性支出比重	12	14	-2	中势
农村居民人均文化娱乐支出占消费性支出比重	16	7	9	优势

6. 天津市发展环境竞争力指标排名变化情况

表2-10　2011~2012年天津市发展环境竞争力指标组排位及变化趋势表

指　　标	2011年	2012年	排位升降	优劣势
6　发展环境竞争力	5	5	0	优势
6.1　基础设施竞争力	6	6	0	优势
铁路网线密度	2	2	0	强势
公路网线密度	7	7	0	优势
人均内河航道里程	27	27	0	劣势
全社会旅客周转量	26	26	0	劣势
全社会货物周转量	4	10	-6	优势
人均邮电业务总量	6	7	-1	优势
万户移动电话数	11	15	-4	中势
万户上网用户数	6	6	0	优势
人均耗电量	7	7	0	优势
6.2　软环境竞争力	4	2	2	强势
外资企业数增长率	25	17	8	中势
万人外资企业数	4	4	0	优势
个体私营企业数增长率	25	12	13	中势
万人个体私营企业数	7	6	1	优势
万人商标注册件数	6	6	0	优势
查处商标侵权假冒案件	5	3	2	强势
每十万人交通事故发生数	20	24	-4	劣势
罚没收入占财政收入比重	2	2	0	强势
食品安全事故数	8	9	-1	优势

7. 天津市政府作用竞争力指标排名变化情况

表2-11　2011~2012年天津市政府作用竞争力指标组排位及变化趋势表

指　　标	2011年	2012年	排位升降	优劣势
7　政府作用竞争力	8	8	0	优势
7.1　政府发展经济竞争力	3	4	-1	优势
财政支出用于基本建设投资比重	29	30	-1	劣势
财政支出对GDP增长的拉动	8	7	1	优势
政府公务员对经济的贡献	2	2	0	强势
政府消费对民间消费的拉动	25	25	0	劣势
财政投资对社会投资的拉动	1	1	0	强势
7.2　政府规调经济竞争力	3	4	-1	优势
物价调控	1	16	-15	中势
调控城乡消费差距	19	11	8	中势
统筹经济社会发展	1	1	0	强势
规范税收	28	27	1	劣势
人口控制	6	4	2	优势

指 标	2011 年	2012 年	排位升降	优劣势
7.3 政府保障经济竞争力	22	28	-6	劣势
城市城镇社区服务设施数	24	24	0	劣势
医疗保险覆盖率	14	17	-3	中势
养老保险覆盖率	20	20	0	中势
失业保险覆盖率	11	12	-1	中势
下岗职工再就业率	30	31	-1	劣势
城镇登记失业率	17	20	-3	中势

8. 天津市发展水平竞争力指标排名变化情况

表 2 - 12　2011～2012 年天津市发展水平竞争力指标组排位及变化趋势表

指 标	2011 年	2012 年	排位升降	优劣势
8　发展水平竞争力	6	9	-3	优势
8.1 工业化进程竞争力	6	5	1	优势
工业增加值占 GDP 比重	6	4	2	优势
工业增加值增长率	17	8	9	优势
高新技术产业占工业总产值比重	5	5	0	优势
工业从业人员比重	6	3	3	强势
工业从业人员增长率	2	11	-9	中势
霍夫曼系数	24	24	0	劣势
8.2 城市化进程竞争力	5	12	-7	中势
城镇化率	3	3	0	强势
城镇居民人均可支配收入	4	6	-2	优势
城市平均建成区面积	25	25	0	劣势
人均拥有道路面积	8	5	3	优势
人均日生活用水量	23	21	2	劣势
人均居住面积	12	30	-18	劣势
人均公共绿地面积	21	21	0	劣势
8.3 市场化进程竞争力	15	19	-4	中势
非公有制经济产值占全社会总产值的比重	19	20	-1	中势
社会投资占投资总资金的比重	25	22	3	劣势
非国有单位从业人员占城镇从业人员比重	2	6	-4	优势
亿元以上商品市场成交额	8	13	-5	中势
亿元以上商品市场成交额占全社会消费品零售总额比重	5	5	0	优势
全社会消费品零售总额占工农总产值比重	30	28	2	劣势

9. 天津市统筹协调竞争力指标排名变化情况

表 2 - 13　2011～2012 年天津市统筹协调竞争力指标组排位及变化趋势表

指　　　标	2011 年	2012 年	排位升降	优劣势
9　统筹协调竞争力	20	10	10	优势
9.1　统筹发展竞争力	7	6	1	优势
社会劳动生产率	3	3	0	强势
社会劳动生产率增速	31	31	0	劣势
万元 GDP 综合能耗	9	9	0	优势
非农用地产出率	2	2	0	强势
生产税净额和营业盈余占 GDP 比重	8	9	-1	优势
最终消费率	31	31	0	劣势
固定资产投资额占 GDP 比重	10	6	4	优势
固定资产交付使用率	24	20	4	中势
9.2　协调发展竞争力	26	18	8	中势
环境竞争力与宏观经济竞争力比差	17	13	4	中势
资源竞争力与宏观经济竞争力比差	26	26	0	劣势
人力资源竞争力与宏观经济竞争力比差	13	12	1	中势
资源竞争力与工业竞争力比差	30	30	0	劣势
环境竞争力与工业竞争力比差	12	9	3	优势
城乡居民家庭人均收入比差	2	2	0	强势
城乡居民人均生活消费支出比差	19	11	8	中势
全社会消费品零售总额与外贸出口总额比差	26	25	1	劣势

B.4
3
河北省经济综合竞争力评价分析报告

　　河北省简称冀，位于黄河下游以北，东部濒临渤海，东南部和南部与山东、河南两省接壤，西部隔太行山与山西省为邻，西北部、北部和东北部同内蒙古自治区、辽宁省相接。全省面积为18.77万平方公里，2012年全省常住人口为7288万人，地区生产总值为26575亿元，同比增长9.6%，人均GDP达36584元。本部分通过分析"十二五"中期河北省经济综合竞争力以及各要素竞争力的排名变化，从中找出河北省经济综合竞争力的推动点及影响因素，为进一步提升河北省经济综合竞争力提供决策参考。

3.1　河北省经济综合竞争力总体分析

1. 河北省经济综合竞争力一级指标概要分析

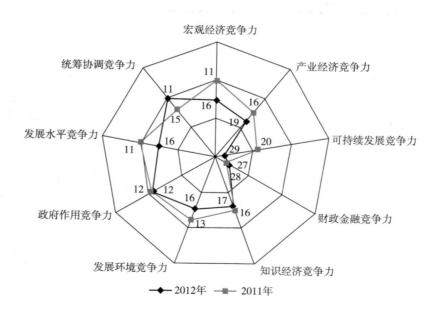

图 3-1　2011~2012 年河北省经济综合竞争力二级指标比较雷达图

表 3 - 1   2011～2012 年河北省经济综合竞争力二级指标比较表

项目年份	宏观经济竞争力	产业经济竞争力	可持续发展竞争力	财政金融竞争力	知识经济竞争力	发展环境竞争力	政府作用竞争力	发展水平竞争力	统筹协调竞争力	综合排位
2011	11	16	20	28	16	13	12	11	15	14
2012	16	19	29	27	17	16	12	16	11	16
升降	-5	-3	-9	1	-1	-3	0	-5	4	-2
优劣度	中势	中势	劣势	劣势	中势	中势	中势	中势	中势	中势

（1）从综合排位看，2012 年河北省经济综合竞争力综合排位在全国居第 16 位，这表明其在全国处于居中偏下地位；与 2011 年相比，综合排位下降了 2 位。

（2）从指标所处区位看，处于中游区的指标有 7 个，分别为宏观经济竞争力、产业经济竞争力、知识经济竞争力、发展环境竞争力、政府作用竞争力、发展水平竞争力和统筹协调竞争力。可持续发展竞争力和财政金融竞争力 2 个指标为河北省经济综合竞争力中的劣势指标。

（3）从指标变化趋势看，9 个二级指标中，有 2 个指标处于上升趋势，分别为财政金融竞争力和统筹协调竞争力，这些是河北省经济综合竞争力上升的动力所在；有 1 个指标排位没有发生变化，为政府作用竞争力；有 6 个指标处于下降趋势，分别为宏观经济竞争力、产业经济竞争力、可持续发展竞争力、知识经济竞争力、发展环境竞争力和发展水平竞争力，这些是河北省经济综合竞争力下降的拉力所在。

2. 河北省经济综合竞争力各级指标动态变化分析

表 3 - 2   2011～2012 年河北省经济综合竞争力各级指标排位变化态势比较表

二级指标	三级指标	四级指标数	上升		保持		下降		变化趋势
			指标数	比重（%）	指标数	比重（%）	指标数	比重（%）	
宏观经济竞争力	经济实力竞争力	12	2	16.7	4	33.3	6	50.0	下降
	经济结构竞争力	6	0	0.0	5	83.3	1	16.7	下降
	经济外向度竞争力	9	2	22.2	1	11.1	6	66.7	下降
	小 计	27	4	14.8	10	37.0	13	48.1	下降
产业经济竞争力	农业竞争力	12	2	16.7	7	58.3	3	25.0	下降
	工业竞争力	10	2	20.0	3	30.0	5	50.0	下降
	服务业竞争力	9	4	44.4	1	11.1	4	44.4	下降
	企业竞争力	10	1	10.0	5	50.0	4	40.0	上升
	小 计	41	9	22.0	16	39.0	16	39.0	下降
可持续发展竞争力	资源竞争力	9	2	22.2	6	66.7	1	11.1	上升
	环境竞争力	8	1	12.5	2	25.0	5	62.5	下降
	人力资源竞争力	8	3	37.5	2	25.0	3	37.5	下降
	小 计	25	6	24.0	10	40.0	9	36.0	下降
财政金融竞争力	财政竞争力	12	1	8.3	7	58.3	4	33.3	下降
	金融竞争力	10	1	10.0	4	40.0	5	50.0	下降
	小 计	22	2	9.1	11	50.0	9	40.9	上升

续表

二级指标	三级指标	四级指标数	上升		保持		下降		变化趋势
			指标数	比重（%）	指标数	比重（%）	指标数	比重（%）	
知识经济竞争力	科技竞争力	8	3	37.5	2	25.0	3	37.5	下降
	教育竞争力	10	0	0.0	4	40.0	6	60.0	下降
	文化竞争力	8	4	50.0	1	12.5	3	37.5	上升
	小　计	26	7	26.9	7	26.9	12	46.2	下降
发展环境竞争力	基础设施竞争力	9	2	22.2	6	66.7	1	11.1	保持
	软环境竞争力	9	1	11.1	2	22.2	6	66.7	下降
	小　计	18	3	16.7	8	44.4	7	38.9	下降
政府作用竞争力	政府发展经济竞争力	5	2	40.0	2	40.0	1	20.0	下降
	政府规调经济竞争力	5	2	40.0	0	0.0	3	60.0	上升
	政府保障经济竞争力	6	1	16.7	2	33.3	3	50.0	下降
	小　计	16	5	31.3	4	25.0	7	43.8	保持
发展水平竞争力	工业化进程竞争力	6	3	50.0	2	33.3	1	16.7	下降
	城市化进程竞争力	7	2	28.6	2	28.6	3	42.9	下降
	市场化进程竞争力	6	2	33.3	3	50.0	1	16.7	下降
	小　计	19	7	36.8	7	36.8	5	26.3	下降
统筹协调竞争力	统筹发展竞争力	8	3	37.5	1	12.5	4	50.0	上升
	协调发展竞争力	8	6	75.0	0	0.0	2	25.0	上升
	小　计	16	9	56.3	1	6.3	6	37.5	上升
合　计		210	52	24.8	74	35.2	84	40.0	下降

从表 3 - 2 可以看出，210 个四级指标中，上升指标有 52 个，占指标总数的 24.8%；下降指标有 84 个，占指标总数的 40%；保持不变的指标有 74 个，占指标总数的 35.2%。综上所述，河北省经济综合竞争力上升的动力小于下降的拉力，使得 2011～2012 年河北省经济综合竞争力排位下降。

3. 河北省经济综合竞争力各级指标优劣势结构分析

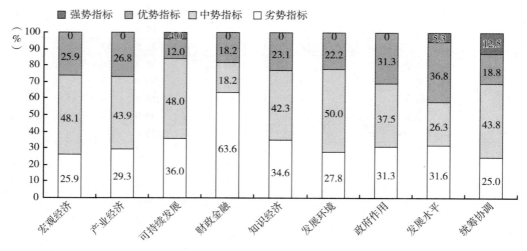

图 3 - 2　2012 年河北省经济综合竞争力各级指标优劣势比较图

表 3 - 3 2012 年河北省经济综合竞争力各级指标优劣势比较表

二级指标	三级指标	四级指标数	强势指标		优势指标		中势指标		劣势指标		优劣势
			个数	比重（%）	个数	比重（%）	个数	比重（%）	个数	比重（%）	
宏观经济竞争力	经济实力竞争力	12	0	0.0	3	25.0	6	50.0	3	25.0	中势
	经济结构竞争力	6	0	0.0	3	50.0	2	33.3	1	16.7	优势
	经济外向度竞争力	9	0	0.0	1	11.1	5	55.6	3	33.3	劣势
	小　计	27	0	0.0	7	25.9	13	48.1	7	25.9	中势
产业经济竞争力	农业竞争力	12	0	0.0	3	25.0	7	58.3	2	16.7	中势
	工业竞争力	10	0	0.0	3	30.0	4	40.0	3	30.0	优势
	服务业竞争力	9	0	0.0	2	22.2	3	33.3	4	44.4	中势
	企业竞争力	10	0	0.0	3	30.0	4	40.0	3	30.0	劣势
	小　计	41	0	0.0	11	26.8	18	43.9	12	29.3	中势
可持续发展竞争力	资源竞争力	9	0	0.0	3	33.3	3	33.3	3	33.3	中势
	环境竞争力	8	0	0.0	0	0.0	3	37.5	5	62.5	劣势
	人力资源竞争力	8	1	12.5	0	0.0	6	75.0	1	12.5	中势
	小　计	25	1	4.0	3	12.0	12	48.0	9	36.0	劣势
财政金融竞争力	财政竞争力	12	0	0.0	2	16.7	2	16.7	8	66.7	劣势
	金融竞争力	10	0	0.0	2	20.0	2	20.0	6	60.0	中势
	小　计	22	0	0.0	4	18.2	4	18.2	14	63.6	劣势
知识经济竞争力	科技竞争力	8	0	0.0	0	0.0	6	75.0	2	25.0	中势
	教育竞争力	10	0	0.0	4	40.0	2	20.0	4	40.0	中势
	文化竞争力	8	0	0.0	2	25.0	3	37.5	3	37.5	中势
	小　计	26	0	0.0	6	23.1	11	42.3	9	34.6	中势
发展环境竞争力	基础设施竞争力	9	0	0.0	3	33.3	4	44.4	2	22.2	中势
	软环境竞争力	9	0	0.0	1	11.1	5	55.6	3	33.3	劣势
	小　计	18	0	0.0	4	22.2	9	50.0	5	27.8	中势
政府作用竞争力	政府发展经济竞争力	5	0	0.0	2	40.0	2	40.0	1	20.0	中势
	政府规调经济竞争力	5	0	0.0	2	40.0	2	40.0	1	20.0	优势
	政府保障经济竞争力	6	0	0.0	1	16.7	2	33.3	3	50.0	劣势
	小　计	16	0	0.0	5	31.3	6	37.5	5	31.3	中势
发展水平竞争力	工业化进程竞争力	6	0	0.0	2	33.3	1	16.7	3	50.0	中势
	城市化进程竞争力	7	0	0.0	3	42.9	2	28.6	2	28.6	中势
	市场化进程竞争力	6	1	16.7	2	33.3	2	33.3	1	16.7	优势
	小　计	19	1	5.3	7	36.8	5	26.3	6	31.6	优势
统筹协调竞争力	统筹发展竞争力	8	0	0.0	1	12.5	3	37.5	4	50.0	劣势
	协调发展竞争力	8	2	25.0	2	25.0	4	50.0	0	0.0	强势
	小　计	16	2	12.5	3	18.8	7	43.8	4	25.0	中势
合　计		210	4	1.9	50	23.8	85	40.5	71	33.8	中势

　　基于图 3 - 2 和表 3 - 3，从四级指标来看，强势指标 4 个，占指标总数的 1.9%；优势指标 50 个，占指标总数的 23.8%；中势指标 85 个，占指标总数的 40.5%；劣势指标

71 个，占指标总数的 33.8%。从三级指标来看，强势指标 1 个，占三级指标总数的 4%；优势指标 4 个，占三级指标总数的 16%；中势指标 13 个，占三级指标总数的 52%；劣势指标 7 个，占三级指标总数的 28%。反映到二级指标上来，没有强势指标和优势指标。综合来看，由于中势指标在指标体系中居于主导地位，2012 年河北省经济综合竞争力处于中势地位。

4. 河北省经济综合竞争力四级指标优劣势对比分析

表 3-4　2012 年河北省经济综合竞争力各级指标优劣势比较表

二级指标	优劣势	四级指标
宏观经济竞争力（27 个）	强势指标	（0 个）
	优势指标	地区生产总值、固定资产投资额、全社会消费品零售总额、城乡经济结构优化度、资本形成结构优化度、贸易结构优化度、对外经济合作完成营业额（7 个）
	劣势指标	地区生产总值增长率、人均财政收入、固定资产投资额增长率、产业结构优化度、进出口增长率、出口增长率、外贸依存度（7 个）
产业经济竞争力（41 个）	强势指标	（0 个）
	优势指标	农业增加值、乡镇企业总产值、农村人均用电量、工业增加值、工业资产总额、规模以上工业利润总额、服务业增加值、服务业从业人员数、规模以上企业平均增加值、流动资金周转次数、中国驰名商标持有量（11 个）
	劣势指标	农业增加值增长率、农民人均纯收入增长率、工业资产总额增长率、工业资产总贡献率、工业成本费用利润率、服务业增加值增长率、限额以上批零企业利税率、限额以上餐饮企业利税率、旅游外汇收入、规模以上企业销售利税率、优等品率、工业企业 R&D 经费投入强度（12 个）
可持续发展竞争力（25 个）	强势指标	职业学校毕业生数（1 个）
	优势指标	人均可使用海域和滩涂面积、耕地面积、人均主要能源矿产基础储量（3 个）
	劣势指标	人均国土面积、人均年水资源量、人均森林储积量、人均工业废气排放量、人均工业固体废物排放量、一般工业固体废物综合利用率、生活垃圾无害化处理率、自然灾害直接经济损失、大专以上教育程度人口比例（9 个）
财政金融竞争力（22 个）	强势指标	（0 个）
	优势指标	地方财政收入、地方财政支出、存款余额、贷款余额（4 个）
	劣势指标	地方财政收入占 GDP 比重、地方财政支出占 GDP 比重、税收收入占 GDP 比重、人均地方财政收入、人均地方财政支出、人均税收收入、地方财政支出增速、税收收入增速、人均存款余额、人均贷款余额、中长期贷款占贷款余额比重、保险密度、保险深度、人均证券市场筹资额（14 个）

续表

二级指标	优劣势	四级指标
知识经济竞争力（26个）	强势指标	（0个）
	优势指标	教育经费、公共教育经费占财政支出比重、高等学校数、高校专任教师数、报纸出版数、出版印刷工业销售产值（6个）
	劣势指标	高技术产业规模以上企业产值占 GDP 比重、技术市场成交合同金额、教育经费占 GDP 比重、人均教育经费、人均文化教育支出占个人消费支出比重、万人高等学校在校学生数、城镇居民人均文化娱乐支出、城镇居民人均文化娱乐支出占消费性支出比重、农村居民人均文化娱乐支出占消费性支出比重（9个）
发展环境竞争力（18个）	强势指标	（0个）
	优势指标	铁路网线密度、全社会旅客周转量、全社会货物周转量、每十万人交通事故发生数（4个）
	劣势指标	人均内河航道里程、人均邮电业务总量、外资企业数增长率、万人商标注册件数、罚没收入占财政收入比重（5个）
政府作用竞争力（16个）	强势指标	（0个）
	优势指标	财政支出对 GDP 增长的拉动、财政投资对社会投资的拉动、调控城乡消费差距、统筹经济社会发展、城市城镇社区服务设施数（5个）
	劣势指标	财政支出用于基本建设投资比重、人口控制、失业保险覆盖率、下岗职工再就业率、城镇登记失业率（5个）
发展水平竞争力（19个）	强势指标	社会投资占投资总资金的比重（1个）
	优势指标	工业增加值占 GDP 比重、工业从业人员比重、城市平均建成区面积、人均拥有道路面积、人均公共绿地面积、亿元以上商品市场成交额、亿元以上商品市场成交额占全社会消费品零售总额比重（7个）
	劣势指标	工业增加值增长率、高新技术产业占工业总产值比重、霍夫曼系数、城镇化率、人均日生活用水量、全社会消费品零售总额占工农总产值比重（6个）
统筹协调竞争力（16个）	强势指标	环境竞争力与宏观经济竞争力比差、环境竞争力与工业竞争力比差（2个）
	优势指标	固定资产交付使用率、城乡居民家庭人均收入比差、城乡居民人均生活消费支出比差（3个）
	劣势指标	社会劳动生产率增速、万元 GDP 综合能耗、生产税净额和营业盈余占 GDP 比重、最终消费率（4个）

3.2 河北省经济综合竞争力各级指标具体分析

1. 河北省宏观经济竞争力指标排名变化情况

表 3 – 5 2011～2012 年河北省宏观经济竞争力指标组排位及变化趋势表

指 标	2011 年	2012 年	排位升降	优劣势
1 宏观经济竞争力	11	16	– 5	中势
1.1 经济实力竞争力	14	15	– 1	中势
地区生产总值	6	6	0	优势
地区生产总值增长率	25	25	0	劣势
人均地区生产总值	14	15	– 1	中势
财政总收入	9	12	– 3	中势
财政总收入增长率	10	20	– 10	中势
人均财政收入	21	30	– 9	劣势
固定资产投资额	6	5	1	优势
固定资产投资额增长率	24	21	3	劣势
人均固定资产投资额	14	15	– 1	中势
全社会消费品零售总额	9	9	0	优势
全社会消费品零售总额增长率	18	20	– 2	中势
人均全社会消费品零售总额	15	15	0	中势
1.2 经济结构竞争力	8	9	– 1	优势
产业结构优化度	24	24	0	劣势
所有制经济结构优化度	11	11	0	中势
城乡经济结构优化度	10	10	0	优势
就业结构优化度	11	11	0	中势
资本形成结构优化度	4	4	0	优势
贸易结构优化度	5	7	– 2	优势
1.3 经济外向度竞争力	18	22	– 4	劣势
进出口总额	10	13	– 3	中势
进出口增长率	18	31	– 13	劣势
出口总额	11	13	– 2	中势
出口增长率	16	24	– 8	劣势
实际 FDI	16	15	1	中势
实际 FDI 增长率	12	16	– 4	中势
外贸依存度	17	21	– 4	劣势
对外经济合作完成营业额	11	10	1	优势
对外直接投资	18	18	0	中势

2. 河北省产业经济竞争力指标排名变化情况

表 3 - 6   2011 ~ 2012 年河北省产业经济竞争力指标组排位及变化趋势表

指标	2011 年	2012 年	排位升降	优劣势
2 产业经济竞争力	16	19	- 3	中势
2.1 农业竞争力	9	11	- 2	中势
农业增加值	5	5	0	优势
农业增加值增长率	18	24	- 6	劣势
人均农业增加值	12	12	0	中势
乡镇企业总产值	5	4	1	优势
农民人均纯收入	12	12	0	中势
农民人均纯收入增长率	11	21	- 10	劣势
农产品出口占农林牧渔总产值比重	18	18	0	中势
人均主要农产品产量	11	12	- 1	中势
农业劳动生产率	12	12	0	中势
农村人均固定资产原值	13	13	0	中势
农村人均用电量	9	9	0	优势
财政支农资金比重	21	20	1	中势
2.2 工业竞争力	8	10	- 2	优势
工业增加值	6	6	0	优势
工业增加值增长率	22	13	9	中势
人均工业增加值	15	12	3	中势
工业资产总额	6	7	- 1	优势
工业资产总额增长率	7	24	- 17	劣势
工业资产总贡献率	18	22	- 4	劣势
规模以上工业利润总额	6	6	0	优势
工业全员劳动生产率	14	17	- 3	中势
工业成本费用利润率	23	24	- 1	劣势
工业产品销售率	15	15	0	中势
2.3 服务业竞争力	19	20	- 1	中势
服务业增加值	7	8	- 1	优势
服务业增加值增长率	22	30	- 8	劣势
人均服务业增加值	17	20	- 3	中势
服务业从业人员数	11	10	1	优势
服务业从业人员数增长率	8	15	- 7	中势
限额以上批零企业利税率	26	21	5	劣势
限额以上餐饮企业利税率	25	23	2	劣势
旅游外汇收入	23	23	0	劣势
房地产经营总收入	14	13	1	中势

指　标	2011 年	2012 年	排位升降	优劣势
2.4　企业竞争力	23	22	1	劣势
规模以上工业企业数	11	12	−1	中势
规模以上企业平均资产	16	16	0	中势
规模以上企业平均增加值	7	7	0	优势
流动资金周转次数	6	6	0	优势
规模以上企业平均利润	13	16	−3	中势
规模以上企业销售利税率	27	27	0	劣势
规模以上企业平均所有者权益	17	16	1	中势
优等品率	22	28	−6	劣势
工业企业 R&D 经费投入强度	24	24	0	劣势
中国驰名商标持有量	8	9	−1	优势

3. 河北省可持续发展竞争力指标排名变化情况

表 3 − 7　2011～2012 年河北省可持续发展竞争力指标组排位及变化趋势表

指　标	2011 年	2012 年	排位升降	优劣势
3　可持续发展竞争力	20	29	−9	劣势
3.1　资源竞争力	13	12	1	中势
人均国土面积	22	22	0	劣势
人均可使用海域和滩涂面积	8	8	0	优势
人均年水资源量	27	24	3	劣势
耕地面积	5	5	0	优势
人均耕地面积	16	16	0	中势
人均牧草地面积	15	15	0	中势
主要能源矿产基础储量	11	12	−1	中势
人均主要能源矿产基础储量	15	8	7	优势
人均森林储积量	25	25	0	劣势
3.2　环境竞争力	23	31	−8	劣势
森林覆盖率	19	19	0	中势
人均废水排放量	10	11	−1	中势
人均工业废气排放量	25	25	0	劣势
人均工业固体废物排放量	27	28	−1	劣势
人均治理工业污染投资额	13	17	−4	中势
一般工业固体废物综合利用率	29	30	−1	劣势
生活垃圾无害化处理率	23	22	1	劣势
自然灾害直接经济损失	13	30	−17	劣势

续表

指　标	2011 年	2012 年	排位升降	优劣势
3.3　人力资源竞争力	12	13	-1	中势
人口自然增长率	9	12	-3	中势
15~64 岁人口比例	15	18	-3	中势
文盲率	10	12	-2	中势
大专以上教育程度人口比例	30	30	0	劣势
平均受教育程度	22	19	3	中势
人口健康素质	16	16	0	中势
人力资源利用率	19	17	2	中势
职业学校毕业生数	4	3	1	强势

4. 河北省财政金融竞争力指标排名变化情况

表 3 - 8　2011 ~ 2012 年河北省财政金融竞争力指标组排位及变化趋势表

指　标	2011 年	2012 年	排位升降	优劣势
4　财政金融竞争力	28	27	1	劣势
4.1　财政竞争力	28	29	-1	劣势
地方财政收入	9	9	0	优势
地方财政支出	9	10	-1	优势
地方财政收入占 GDP 比重	30	30	0	劣势
地方财政支出占 GDP 比重	26	26	0	劣势
税收收入占 GDP 比重	28	28	0	劣势
税收收入占财政总收入比重	15	15	0	中势
人均地方财政收入	23	26	-3	劣势
人均地方财政支出	30	30	0	劣势
人均税收收入	22	26	-4	劣势
地方财政收入增速	16	14	2	中势
地方财政支出增速	19	21	-2	劣势
税收收入增速	22	22	0	劣势
4.2　金融竞争力	19	20	-1	中势
存款余额	9	9	0	优势
人均存款余额	21	21	0	劣势
贷款余额	9	10	-1	优势
人均贷款余额	22	22	0	劣势
货币市场融资额	15	12	3	中势
中长期贷款占贷款余额比重	24	25	-1	劣势
保险费净收入	13	14	-1	中势
保险密度	27	28	-1	劣势
保险深度	30	30	0	劣势
人均证券市场筹资额	14	25	-11	劣势

5. 河北省知识经济竞争力指标排名变化情况

表 3 – 9　2011～2012 年河北省知识经济竞争力指标组排位及变化趋势表

指　　　标	2011 年	2012 年	排位升降	优劣势
5　知识经济竞争力	16	17	−1	中势
5.1　科技竞争力	16	17	−1	中势
R&D 人员	12	13	−1	中势
R&D 经费	16	16	0	中势
R&D 经费投入强度	22	20	2	中势
高技术产业规模以上企业产值	16	19	−3	中势
高技术产业规模以上企业产值占 GDP 比重	22	21	1	劣势
高技术产品出口额	15	15	0	中势
发明专利申请授权量	18	16	2	中势
技术市场成交合同金额	21	22	−1	劣势
5.2　教育竞争力	12	17	−5	中势
教育经费	7	7	0	优势
教育经费占 GDP 比重	24	26	−2	劣势
人均教育经费	29	31	−2	劣势
公共教育经费占财政支出比重	5	7	−2	优势
人均文化教育支出占个人消费支出比重	17	27	−10	劣势
万人中小学学校数	16	16	0	中势
万人中小学专任教师数	19	19	0	中势
高等学校数	7	8	−1	优势
高校专任教师数	7	7	0	优势
万人高等学校在校学生数	20	22	−2	劣势
5.3　文化竞争力	20	18	2	中势
文化产业增加值	16	11	5	中势
图书和期刊出版版数	16	15	1	中势
报纸出版数	11	10	1	优势
出版印刷工业销售产值	8	8	0	优势
城镇居民人均文化娱乐支出	25	29	−4	劣势
农村居民人均文化娱乐支出	21	20	1	中势
城镇居民人均文化娱乐支出占消费性支出比重	23	25	−2	劣势
农村居民人均文化娱乐支出占消费性支出比重	23	25	−2	劣势

6. 河北省发展环境竞争力指标排名变化情况

表 3 – 10　2011～2012 年河北省发展环境竞争力指标组排位及变化趋势表

指　　标	2011 年	2012 年	排位升降	优劣势
6　发展环境竞争力	13	16	−3	中势
6.1　基础设施竞争力	11	11	0	中势
铁路网线密度	5	5	0	优势
公路网线密度	16	16	0	中势
人均内河航道里程	28	28	0	劣势
全社会旅客周转量	7	7	0	优势
全社会货物周转量	5	4	1	优势
人均邮电业务总量	23	23	0	劣势
万户移动电话数	16	16	0	中势
万户上网用户数	17	14	3	中势
人均耗电量	11	13	−2	中势
6.2　软环境竞争力	24	29	−5	劣势
外资企业数增长率	24	25	−1	劣势
万人外资企业数	19	20	−1	中势
个体私营企业数增长率	6	15	−9	中势
万人个体私营企业数	13	13	0	中势
万人商标注册件数	18	21	−3	劣势
查处商标侵权假冒案件	22	15	7	中势
每十万人交通事故发生数	2	4	−2	优势
罚没收入占财政收入比重	31	31	0	劣势
食品安全事故数	8	20	−12	中势

7. 河北省政府作用竞争力指标排名变化情况

表 3 – 11　2011～2012 年河北省政府作用竞争力指标组排位及变化趋势表

指　　标	2011 年	2012 年	排位升降	优劣势
7　政府作用竞争力	12	12	0	中势
7.1　政府发展经济竞争力	10	12	−2	中势
财政支出用于基本建设投资比重	24	23	1	劣势
财政支出对 GDP 增长的拉动	6	6	0	优势
政府公务员对经济的贡献	15	15	0	中势
政府消费对民间消费的拉动	17	18	−1	中势
财政投资对社会投资的拉动	7	6	1	优势
7.2　政府规调经济竞争力	16	10	6	优势
物价调控	22	13	9	中势
调控城乡消费差距	8	9	−1	优势
统筹经济社会发展	6	9	−3	优势
规范税收	17	20	−3	中势
人口控制	22	21	1	劣势

续表

指 标	2011 年	2012 年	排位升降	优劣势
7.3 政府保障经济竞争力	13	21	-8	劣势
城市城镇社区服务设施数	9	9	0	优势
医疗保险覆盖率	17	19	-2	中势
养老保险覆盖率	12	17	-5	中势
失业保险覆盖率	14	22	-8	劣势
下岗职工再就业率	24	22	2	劣势
城镇登记失业率	23	23	0	劣势

8. 河北省发展水平竞争力指标排名变化情况

表 3 - 12　2011 ~ 2012 年河北省发展水平竞争力指标组排位及变化趋势表

指 标	2011 年	2012 年	排位升降	优劣势
8 发展水平竞争力	11	16	-5	中势
8.1 工业化进程竞争力	16	20	-4	中势
工业增加值占 GDP 比重	7	7	0	优势
工业增加值增长率	16	24	-8	劣势
高新技术产业占工业总产值比重	25	24	1	劣势
工业从业人员比重	9	7	2	优势
工业从业人员增长率	20	13	7	中势
霍夫曼系数	21	21	0	劣势
8.2 城市化进程竞争力	17	18	-1	中势
城镇化率	21	21	0	劣势
城镇居民人均可支配收入	18	19	-1	中势
城市平均建成区面积	9	9	0	优势
人均拥有道路面积	6	7	-1	优势
人均日生活用水量	27	25	2	劣势
人均居住面积	13	11	2	中势
人均公共绿地面积	6	7	-1	优势
8.3 市场化进程竞争力	4	5	-1	优势
非公有制经济产值占全社会总产值的比重	11	11	0	中势
社会投资占投资总资金的比重	8	2	6	强势
非国有单位从业人员占城镇从业人员比重	13	17	-4	中势
亿元以上商品市场成交额	6	6	0	优势
亿元以上商品市场成交额占全社会消费品零售总额比重	6	6	0	优势
全社会消费品零售总额占工农总产值比重	23	22	1	劣势

9. 河北省统筹协调竞争力指标排名变化情况

表 3 – 13 2011 ~ 2012 年河北省统筹协调竞争力指标组排位及变化趋势表

指 标	2011 年	2012 年	排位升降	优劣势
9 统筹协调竞争力	15	11	4	中势
9.1 统筹发展竞争力	27	26	1	劣势
社会劳动生产率	17	18	− 1	中势
社会劳动生产率增速	19	22	− 3	劣势
万元 GDP 综合能耗	23	22	1	劣势
非农用地产出率	17	18	− 1	中势
生产税净额和营业盈余占 GDP 比重	16	30	− 14	劣势
最终消费率	29	25	4	劣势
固定资产投资额占 GDP 比重	15	15	0	中势
固定资产交付使用率	12	7	5	优势
9.2 协调发展竞争力	7	1	6	强势
环境竞争力与宏观经济竞争力比差	10	3	7	强势
资源竞争力与宏观经济竞争力比差	16	15	1	中势
人力资源竞争力与宏观经济竞争力比差	15	16	− 1	中势
资源竞争力与工业竞争力比差	21	18	3	中势
环境竞争力与工业竞争力比差	5	2	3	强势
城乡居民家庭人均收入比差	10	9	1	优势
城乡居民人均生活消费支出比差	8	9	− 1	优势
全社会消费品零售总额与外贸出口总额比差	16	14	2	中势

山西省经济综合竞争力评价分析报告

　　山西省简称晋，地处黄河以东、太行山之西，基本地形是中间为盆地，东西侧为山岭，北与内蒙古自治区相接，东与河北省相接，南与河南省相连，西隔黄河与陕西省为邻。全省面积为 15.6 万平方公里，2012 年全省总人口为 3611 万人，地区生产总值达12113 亿元，同比增长 10.1％，人均 GDP 达 33628 元。本部分通过分析"十二五"中期山西省经济综合竞争力以及各要素竞争力的排名变化，从中找出山西省经济综合竞争力的推动点及影响因素，为进一步提升山西省经济综合竞争力提供决策参考。

4.1　山西省经济综合竞争力总体分析

1. 山西省经济综合竞争力一级指标概要分析

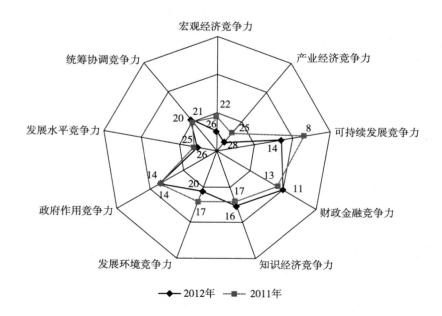

图 4－1　2011～2012 年山西省经济综合竞争力二级指标比较雷达图

表4-1　2011～2012年山西省经济综合竞争力二级指标比较表

年份＼项目	宏观经济竞争力	产业经济竞争力	可持续发展竞争力	财政金融竞争力	知识经济竞争力	发展环境竞争力	政府作用竞争力	发展水平竞争力	统筹协调竞争力	综合排位
2011	22	25	8	13	17	17	14	25	21	22
2012	26	28	14	11	16	20	14	26	20	23
升降	-4	-3	-6	2	1	-3	0	-1	1	-1
优劣度	劣势	劣势	中势	中势	中势	中势	中势	劣势	中势	劣势

（1）从综合排位看，2012年山西省经济综合竞争力综合排位在全国居第23位，这表明其在全国处于劣势地位；与2011年相比，综合排位下降了1位。

（2）从指标所处区位看，没有指标处于上游区，处于下游区的指标有3个，分别为宏观经济竞争力、产业经济竞争力和发展水平竞争力，其余指标处于中游区。

（3）从指标变化趋势看，9个二级指标中，有3个指标处于上升趋势，分别为财政金融竞争力、知识经济竞争力和统筹协调竞争力，这些是山西省经济综合竞争力上升的动力所在；有1个指标排位没有发生变化，为政府作用竞争力；有5个指标处于下降趋势，分别为宏观经济竞争力、产业经济竞争力、可持续发展竞争力、发展环境竞争力和发展水平竞争力，这些是山西省经济综合竞争力下降的拉力所在。

2. 山西省经济综合竞争力各级指标动态变化分析

表4-2　2011～2012年山西省经济综合竞争力各级指标排位变化态势比较表

二级指标	三级指标	四级指标数	上升指标数	上升比重（%）	保持指标数	保持比重（%）	下降指标数	下降比重（%）	变化趋势
宏观经济竞争力	经济实力竞争力	12	3	25.0	3	25.0	6	50.0	下降
	经济结构竞争力	6	1	16.7	1	16.7	4	66.7	下降
	经济外向度竞争力	9	4	44.4	2	22.2	3	33.3	下降
	小　计	27	8	29.6	6	22.2	13	48.1	下降
产业经济竞争力	农业竞争力	12	3	25.0	5	41.7	4	33.3	下降
	工业竞争力	10	1	10.0	1	10.0	8	80.0	下降
	服务业竞争力	9	5	55.6	3	33.3	1	11.1	下降
	企业竞争力	10	1	10.0	3	30.0	6	60.0	下降
	小　计	41	10	24.4	12	29.3	19	46.3	下降
可持续发展竞争力	资源竞争力	9	1	11.1	7	77.8	1	11.1	下降
	环境竞争力	8	4	50.0	2	25.0	2	25.0	上升
	人力资源竞争力	8	4	50.0	1	12.5	3	37.5	上升
	小　计	25	9	36.0	10	40.0	6	24.0	下降
财政金融竞争力	财政竞争力	12	6	50.0	4	33.3	2	16.7	上升
	金融竞争力	10	1	10.0	5	50.0	4	40.0	保持
	小　计	22	7	31.8	9	40.9	6	27.3	上升

续表

二级指标	三级指标	四级指标数	上升		保持		下降		变化趋势
			指标数	比重（%）	指标数	比重（%）	指标数	比重（%）	
知识经济竞争力	科技竞争力	8	3	37.5	4	50.0	1	12.5	保持
	教育竞争力	10	1	10.0	3	30.0	6	60.0	下降
	文化竞争力	8	1	12.5	4	50.0	3	37.5	下降
	小　计	26	5	19.2	11	42.3	10	38.5	上升
发展环境竞争力	基础设施竞争力	9	1	11.1	4	44.4	4	44.4	保持
	软环境竞争力	9	4	44.4	1	11.1	4	44.4	下降
	小　计	18	5	27.8	5	27.8	8	44.4	下降
政府作用竞争力	政府发展经济竞争力	5	0	0.0	2	40.0	3	60.0	下降
	政府规调经济竞争力	5	3	60.0	1	20.0	1	20.0	上升
	政府保障经济竞争力	6	2	33.3	1	16.7	3	50.0	上升
	小　计	16	5	31.3	4	25.0	7	43.8	保持
发展水平竞争力	工业化进程竞争力	6	2	33.3	2	33.3	2	33.3	下降
	城市化进程竞争力	7	5	71.4	2	28.6	0	0.0	保持
	市场化进程竞争力	6	1	16.7	2	33.3	3	50.0	保持
	小　计	19	8	42.1	6	31.6	5	26.3	下降
统筹协调竞争力	统筹发展竞争力	8	3	37.5	2	25.0	3	37.5	上升
	协调发展竞争力	8	2	25.0	3	37.5	3	37.5	下降
	小　计	16	5	31.3	5	31.3	6	37.5	上升
合　计		210	62	29.5	68	32.4	80	38.1	下降

　　从表4－2可以看出，210个四级指标中，上升指标有62个，占指标总数的29.5%；下降指标有80个，占指标总数的38.1%；保持不变的指标有68个，占指标总数的32.4%。综上所述，山西省经济综合竞争力上升的动力小于下降的拉力，使得2011～2012年山西省经济综合竞争力排位下降1位，在全国处于第23位。

3. 山西省经济综合竞争力各级指标优劣势结构分析

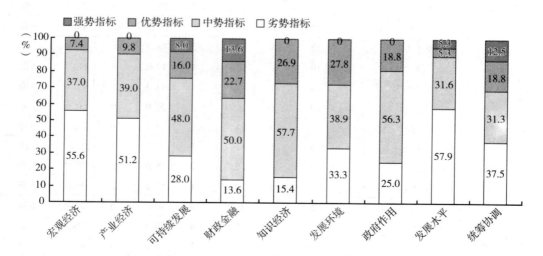

图4－2　2012年山西省经济综合竞争力各级指标优劣势比较图

表4-3　2012年山西省经济综合竞争力各级指标优劣势比较表

二级指标	三级指标	四级指标数	强势指标		优势指标		中势指标		劣势指标		优劣势
			个数	比重（%）	个数	比重（%）	个数	比重（%）	个数	比重（%）	
宏观经济竞争力	经济实力竞争力	12	0	0.0	0	0.0	8	66.7	4	33.3	劣势
	经济结构竞争力	6	0	0.0	0	0.0	2	33.3	4	66.7	劣势
	经济外向度竞争力	9	0	0.0	2	22.2	0	0.0	7	77.8	劣势
	小　计	27	0	0.0	2	7.4	10	37.0	15	55.6	劣势
产业经济竞争力	农业竞争力	12	0	0.0	1	8.3	3	25.0	8	66.7	劣势
	工业竞争力	10	0	0.0	0	0.0	3	30.0	7	70.0	劣势
	服务业竞争力	9	0	0.0	0	0.0	6	66.7	3	33.3	劣势
	企业竞争力	10	0	0.0	3	30.0	4	40.0	3	30.0	劣势
	小　计	41	0	0.0	4	9.8	16	39.0	21	51.2	劣势
可持续发展竞争力	资源竞争力	9	1	11.1	1	11.1	5	55.6	2	22.2	优势
	环境竞争力	8	1	12.5	1	12.5	2	25.0	4	50.0	劣势
	人力资源竞争力	8	0	0.0	2	25.0	5	62.5	1	12.5	中势
	小　计	25	2	8.0	4	16.0	12	48.0	7	28.0	中势
财政金融竞争力	财政竞争力	12	0	0.0	2	16.7	8	66.7	2	16.7	中势
	金融竞争力	10	3	30.0	3	30.0	3	30.0	1	10.0	优势
	小　计	22	3	13.6	5	22.7	11	50.0	3	13.6	中势
知识经济竞争力	科技竞争力	8	0	0.0	0	0.0	5	62.5	3	37.5	劣势
	教育竞争力	10	0	0.0	3	30.0	7	70.0	0	0.0	中势
	文化竞争力	8	0	0.0	4	50.0	3	37.5	1	12.5	中势
	小　计	26	0	0.0	7	26.9	15	57.7	4	15.4	中势
发展环境竞争力	基础设施竞争力	9	0	0.0	3	33.3	4	44.4	2	22.2	中势
	软环境竞争力	9	0	0.0	2	22.2	3	33.3	4	44.4	劣势
	小　计	18	0	0.0	5	27.8	7	38.9	6	33.3	中势
政府作用竞争力	政府发展经济竞争力	5	0	0.0	0	0.0	4	80.0	1	20.0	劣势
	政府规调经济竞争力	5	0	0.0	3	60.0	2	40.0	0	0.0	优势
	政府保障经济竞争力	6	0	0.0	0	0.0	3	50.0	3	50.0	中势
	小　计	16	0	0.0	3	18.8	9	56.3	4	25.0	中势
发展水平竞争力	工业化进程竞争力	6	1	16.7	0	0.0	2	33.3	3	50.0	劣势
	城市化进程竞争力	7	0	0.0	0	0.0	4	57.1	3	42.9	劣势
	市场化进程竞争力	6	0	0.0	1	16.7	0	0.0	5	83.3	劣势
	小　计	19	1	5.3	1	5.3	6	31.6	11	57.9	劣势
统筹协调竞争力	统筹发展竞争力	8	0	0.0	1	12.5	5	62.5	2	25.0	劣势
	协调发展竞争力	8	2	25.0	2	25.0	0	0.0	4	50.0	优势
	小　计	16	2	12.5	3	18.8	5	31.3	6	37.5	中势
合　计		210	8	3.8	34	16.2	91	43.3	77	36.7	劣势

基于图4-2和表4-3，从四级指标来看，强势指标8个，占指标总数的3.8%；优势指标34个，占指标总数的16.2%；中势指标91个，占指标总数的43.3%；劣势指标

77 个，占指标总数的 36.7%。从三级指标来看，没有强势指标；优势指标 4 个，占三级指标总数的 16%；中势指标 6 个，占三级指标总数的 24%；劣势指标 15 个，占三级指标总数的 60%。反映到二级指标上来，没有强势指标和优势指标；中势指标有 6 个，占二级指标总数的 66.7%，综合来看，由于劣势指标在指标体系中居于主导地位，2012 年山西省经济综合竞争力处于劣势地位。

4. 山西省经济综合竞争力四级指标优劣势对比分析

表 4 - 4 2012 年山西省经济综合竞争力各级指标优劣势比较表

二级指标	优劣势	四级指标
宏观经济竞争力（27 个）	强势指标	（0 个）
	优势指标	出口增长率、实际 FDI 增长率（2 个）
	劣势指标	地区生产总值、地区生产总值增长率、财政总收入、财政总收入增长率、所有制经济结构优化度、城乡经济结构优化度、资本形成结构优化度、贸易结构优化度、进出口总额、进出口增长率、出口总额、实际 FDI、外贸依存度、对外经济合作完成营业额、对外直接投资（15 个）
产业经济竞争力（41 个）	强势指标	（0 个）
	优势指标	农业增加值增长率、规模以上企业平均资产、规模以上企业平均利润、规模以上企业平均所有者权益（4 个）
	劣势指标	农业增加值、人均农业增加值、农民人均纯收入、农民人均纯收入增长率、农产品出口占农林牧渔总产值比重、人均主要农产品产量、农业劳动生产率、农村人均固定资产原值、工业增加值增长率、工业资产总额增长率、工业资产总贡献率、规模以上工业利润总额、工业全员劳动生产率、工业成本费用利润率、工业产品销售率、服务业增加值增长率、限额以上批零企业利税率、房地产经营总收入、规模以上工业企业数、流动资金周转次数、规模以上企业销售利税率（21 个）
可持续发展竞争力（25 个）	强势指标	主要能源矿产基础储量、人均治理工业污染投资额（2 个）
	优势指标	人均耕地面积、人均废水排放量、文盲率、平均受教育程度（4 个）
	劣势指标	人均年水资源量、人均森林储积量、森林覆盖率、人均工业废气排放量、人均工业固体废物排放量、生活垃圾无害化处理率、人力资源利用率（7 个）
财政金融竞争力（22 个）	强势指标	货币市场融资额、保险密度、保险深度（3 个）
	优势指标	地方财政收入占 GDP 比重、地方财政收入增速、人均存款余额、保险费净收入、人均证券市场筹资额（5 个）
	劣势指标	地方财政支出、税收收入占财政总收入比重、中长期贷款占贷款余额比重（3 个）

二级指标	优劣势	四级指标
知识经济 竞争力 (26个)	强势 指标	(0个)
	优势 指标	人均文化教育支出占个人消费支出比重、万人中小学学校数、万人中小学专任教师数、文化产业增加值、报纸出版数、城镇居民人均文化娱乐支出占消费性支出比重、农村居民人均文化娱乐支出占消费性支出比重(7个)
	劣势 指标	高技术产业规模以上企业产值、高技术产业规模以上企业产值占GDP比重、技术市场成交合同金额、出版印刷工业销售产值(4个)
发展环境 竞争力 (18个)	强势 指标	(0个)
	优势 指标	铁路网线密度、万户上网用户数、人均耗电量、个体私营企业数增长率、食品安全事故数(5个)
	劣势 指标	人均内河航道里程、全社会旅客周转量、万人外资企业数、万人商标注册件数、查处商标侵权假冒案件、罚没收入占财政收入比重(6个)
政府作用 竞争力 (16个)	强势 指标	(0个)
	优势 指标	物价调控、调控城乡消费差距、统筹经济社会发展(3个)
	劣势 指标	政府公务员对经济的贡献、城市城镇社区服务设施数、养老保险覆盖率、下岗职工再就业率(4个)
发展水平 竞争力 (19个)	强势 指标	工业增加值占GDP比重(1个)
	优势 指标	全社会消费品零售总额占工农总产值比重(1个)
	劣势 指标	工业增加值增长率、高新技术产业占工业总产值比重、霍夫曼系数、城镇居民人均可支配收入、人均拥有道路面积、人均日生活用水量、非公有制经济产值占全社会总产值的比重、社会投资占投资总资金的比重、非国有单位从业人员占城镇从业人员比重、亿元以上商品市场成交额、亿元以上商品市场成交额占全社会消费品零售总额比重(11个)
统筹协调 竞争力 (16个)	强势 指标	资源竞争力与宏观经济竞争力比差、资源竞争力与工业竞争力比差(2个)
	优势 指标	生产税净额和营业盈余占GDP比重、城乡居民人均生活消费支出比差、全社会消费品零售总额与外贸出口总额比差(3个)
	劣势 指标	社会劳动生产率增速、万元GDP综合能耗、环境竞争力与宏观经济竞争力比差、人力资源竞争力与宏观经济竞争力比差、环境竞争力与工业竞争力比差、城乡居民家庭人均收入比差(6个)

4.2 山西省经济综合竞争力各级指标具体分析

1. 山西省宏观经济竞争力指标排名变化情况

表4－5 2011～2012年山西省宏观经济竞争力指标组排位及变化趋势表

指　标	2011年	2012年	排位升降	优劣势
1 宏观经济竞争力	22	26	－4	劣势
1.1 经济实力竞争力	20	29	－9	劣势
地区生产总值	21	21	0	劣势
地区生产总值增长率	12	21	－9	劣势
人均地区生产总值	18	19	－1	中势
财政总收入	18	21	－3	劣势
财政总收入增长率	11	22	－11	劣势
人均财政收入	16	18	－2	中势
固定资产投资额	20	19	1	中势
固定资产投资额增长率	10	13	－3	中势
人均固定资产投资额	20	19	1	中势
全社会消费品零售总额	19	19	0	中势
全社会消费品零售总额增长率	19	17	2	中势
人均全社会消费品零售总额	16	16	0	中势
1.2 经济结构竞争力	23	25	－2	劣势
产业结构优化度	20	18	2	中势
所有制经济结构优化度	25	27	－2	劣势
城乡经济结构优化度	23	25	－2	劣势
就业结构优化度	12	12	0	中势
资本形成结构优化度	3	28	－25	劣势
贸易结构优化度	21	23	－2	劣势
1.3 经济外向度竞争力	22	25	－3	劣势
进出口总额	23	23	0	劣势
进出口增长率	27	21	6	劣势
出口总额	23	23	0	劣势
出口增长率	26	8	18	优势
实际FDI	22	21	1	劣势
实际FDI增长率	2	9	－7	优势
外贸依存度	24	25	－1	劣势
对外经济合作完成营业额	19	24	－5	劣势
对外直接投资	25	24	1	劣势

2. 山西省产业经济竞争力指标排名变化情况

表 4 - 6　2011~2012 年山西省产业经济竞争力指标组排位及变化趋势表

指　　标	2011 年	2012 年	排位升降	优劣势
2　产业经济竞争力	25	28	-3	劣势
2.1　农业竞争力	27	31	-4	劣势
农业增加值	25	25	0	劣势
农业增加值增长率	5	6	-1	优势
人均农业增加值	28	28	0	劣势
乡镇企业总产值	13	13	0	中势
农民人均纯收入	22	23	-1	劣势
农民人均纯收入增长率	21	22	-1	劣势
农产品出口占农林牧渔总产值比重	31	31	0	劣势
人均主要农产品产量	24	23	1	劣势
农业劳动生产率	27	27	0	劣势
农村人均固定资产原值	27	28	-1	劣势
农村人均用电量	16	14	2	中势
财政支农资金比重	22	17	5	中势
2.2　工业竞争力	21	23	-2	劣势
工业增加值	16	17	-1	中势
工业增加值增长率	19	22	-3	劣势
人均工业增加值	14	15	-1	中势
工业资产总额	12	12	0	中势
工业资产总额增长率	5	23	-18	劣势
工业资产总贡献率	26	27	-1	劣势
规模以上工业利润总额	18	21	-3	劣势
工业全员劳动生产率	22	27	-5	劣势
工业成本费用利润率	12	26	-14	劣势
工业产品销售率	25	23	2	劣势
2.3　服务业竞争力	27	29	-2	劣势
服务业增加值	20	19	1	中势
服务业增加值增长率	29	24	5	劣势
人均服务业增加值	20	19	1	优势
服务业从业人员数	19	19	0	中势
服务业从业人员数增长率	18	13	5	中势
限额以上批零企业利税率	25	31	-6	劣势
限额以上餐饮企业利税率	18	14	4	中势
旅游外汇收入	20	20	0	中势
房地产经营总收入	27	27	0	劣势

续表

指　　　标	2011 年	2012 年	排位升降	优劣势
2.4　企业竞争力	22	24	-2	劣势
规模以上工业企业数	22	22	0	劣势
规模以上企业平均资产	4	4	0	优势
规模以上企业平均增加值	17	18	-1	中势
流动资金周转次数	27	28	-1	劣势
规模以上企业平均利润	8	9	-1	优势
规模以上企业销售利税率	20	29	-9	劣势
规模以上企业平均所有者权益	8	9	-1	优势
优等品率	23	16	7	中势
工业企业 R&D 经费投入强度	20	20	0	中势
中国驰名商标持有量	15	16	-1	中势

3. 山西省可持续发展竞争力指标排名变化情况

表 4 - 7　2011～2012 年山西省可持续发展竞争力指标组排位及变化趋势表

指　　　标	2011 年	2012 年	排位升降	优劣势
3　可持续发展竞争力	8	14	-6	中势
3.1　资源竞争力	3	5	-2	优势
人均国土面积	14	14	0	中势
人均可使用海域和滩涂面积	13	13	0	中势
人均年水资源量	26	25	1	劣势
耕地面积	17	17	0	中势
人均耕地面积	10	10	0	优势
人均牧草地面积	12	12	0	中势
主要能源矿产基础储量	1	1	0	强势
人均主要能源矿产基础储量	1	16	-15	中势
人均森林储积量	23	23	0	劣势
3.2　环境竞争力	25	21	4	劣势
森林覆盖率	23	23	0	劣势
人均废水排放量	5	7	-2	优势
人均工业废气排放量	29	28	1	劣势
人均工业固体废物排放量	29	29	0	劣势
人均治理工业污染投资额	3	2	1	强势
一般工业固体废物综合利用率	20	14	6	中势
生活垃圾无害化处理率	19	23	-4	劣势
自然灾害直接经济损失	15	12	3	中势

续表

指　　标	2011 年	2012 年	排位升降	优劣势
3.3　人力资源竞争力	21	20	1	中势
人口自然增长率	18	19	－1	中势
15～64 岁人口比例	13	11	2	中势
文盲率	7	6	1	优势
大专以上教育程度人口比例	23	19	4	中势
平均受教育程度	9	5	4	优势
人口健康素质	17	17	0	中势
人力资源利用率	27	28	－1	劣势
职业学校毕业生数	11	15	－4	中势

4. 山西省财政金融竞争力指标排名变化情况

表 4 - 8　2011～2012 年山西省财政金融竞争力指标组排位及变化趋势表

指　　标	2011 年	2012 年	排位升降	优劣势
4　财政金融竞争力	13	11	2	中势
4.1　财政竞争力	26	17	9	中势
地方财政收入	19	19	0	中势
地方财政支出	21	21	0	劣势
地方财政收入占 GDP 比重	11	8	3	优势
地方财政支出占 GDP 比重	16	16	0	中势
税收收入占 GDP 比重	14	13	1	中势
税收收入占财政总收入比重	22	24	－2	劣势
人均地方财政收入	15	13	2	中势
人均地方财政支出	18	19	－1	中势
人均税收收入	16	16	0	中势
地方财政收入增速	26	5	21	优势
地方财政支出增速	24	18	6	中势
税收收入增速	20	11	9	中势
4.2　金融竞争力	6	6	0	优势
存款余额	13	13	0	中势
人均存款余额	8	8	0	优势
贷款余额	19	19	0	中势
人均贷款余额	16	17	－1	中势
货币市场融资额	2	3	－1	强势
中长期贷款占贷款余额比重	25	24	1	劣势
保险费净收入	7	8	－1	优势
保险密度	3	3	0	强势
保险深度	1	1	0	强势
人均证券市场筹资额	9	10	－1	优势

5. 山西省知识经济竞争力指标排名变化情况

表 4 – 9　2011～2012 年山西省知识经济竞争力指标组排位及变化趋势表

指　　标	2011 年	2012 年	排位升降	优劣势
5　知识经济竞争力	17	16	1	中势
5.1　科技竞争力	21	21	0	劣势
R&D 人员	19	19	0	中势
R&D 经费	19	19	0	中势
R&D 经费投入强度	17	16	1	中势
高技术产业规模以上企业产值	23	24	−1	劣势
高技术产业规模以上企业产值占 GDP 比重	24	24	0	劣势
高技术产品出口额	20	17	3	中势
发明专利申请授权量	20	18	2	中势
技术市场成交合同金额	23	23	0	劣势
5.2　教育竞争力	9	12	−3	中势
教育经费	18	19	−1	中势
教育经费占 GDP 比重	13	13	0	中势
人均教育经费	17	18	−1	中势
公共教育经费占财政支出比重	10	12	−2	中势
人均文化教育支出占个人消费支出比重	2	6	−4	优势
万人中小学学校数	3	4	−1	优势
万人中小学专任教师数	4	5	−1	优势
高等学校数	17	17	0	中势
高校专任教师数	18	18	0	中势
万人高等学校在校学生数	13	11	2	中势
5.3　文化竞争力	11	12	−1	中势
文化产业增加值	10	10	0	优势
图书和期刊出版数	20	19	1	中势
报纸出版数	6	6	0	优势
出版印刷工业销售产值	19	21	−2	劣势
城镇居民人均文化娱乐支出	20	20	0	中势
农村居民人均文化娱乐支出	12	12	0	中势
城镇居民人均文化娱乐支出占消费性支出比重	7	8	−1	优势
农村居民人均文化娱乐支出占消费性支出比重	4	6	−2	优势

6. 山西省发展环境竞争力指标排名变化情况

表 4 - 10　2011～2012 年山西省发展环境竞争力指标组排位及变化趋势表

指　　标		2011 年	2012 年	排位升降	优劣势
6　发展环境竞争力		17	20	-3	中势
6.1	基础设施竞争力	19	19	0	中势
	铁路网线密度	9	9	0	优势
	公路网线密度	15	15	0	中势
	人均内河航道里程	24	24	0	劣势
	全社会旅客周转量	23	24	-1	劣势
	全社会货物周转量	16	17	-1	中势
	人均邮电业务总量	15	18	-3	中势
	万户移动电话数	17	19	-2	中势
	万户上网用户数	10	9	1	优势
	人均耗电量	8	8	0	优势
6.2	软环境竞争力	15	23	-8	劣势
	外资企业数增长率	5	19	-14	中势
	万人外资企业数	21	21	0	劣势
	个体私营企业数增长率	1	4	-3	优势
	万人个体私营企业数	22	20	2	中势
	万人商标注册件数	27	30	-3	劣势
	查处商标侵权假冒案件	24	22	2	劣势
	每十万人交通事故发生数	18	17	1	中势
	罚没收入占财政收入比重	30	29	1	劣势
	食品安全事故数	1	7	-6	优势

7. 山西省政府作用竞争力指标排名变化情况

表 4 - 11　2011～2012 年山西省政府作用竞争力指标组排位及变化趋势表

指　　标		2011 年	2012 年	排位升降	优劣势
7　政府作用竞争力		14	14	0	中势
7.1	政府发展经济竞争力	20	21	-1	劣势
	财政支出用于基本建设投资比重	17	17	0	中势
	财政支出对 GDP 增长的拉动	16	16	0	中势
	政府公务员对经济的贡献	25	27	-2	劣势
	政府消费对民间消费的拉动	16	17	-1	中势
	财政投资对社会投资的拉动	15	17	-2	中势
7.2	政府规调经济竞争力	8	7	1	优势
	物价调控	8	8	0	优势
	调控城乡消费差距	10	5	5	优势
	统筹经济社会发展	5	6	-1	优势
	规范税收	15	11	4	中势
	人口控制	15	12	3	中势

指　　　标	2011 年	2012 年	排位升降	优劣势
7.3　政府保障经济竞争力	20	19	1	中势
城市城镇社区服务设施数	22	22	0	劣势
医疗保险覆盖率	19	18	1	中势
养老保险覆盖率	21	23	-2	劣势
失业保险覆盖率	24	16	8	中势
下岗职工再就业率	12	21	-9	劣势
城镇登记失业率	13	15	-2	中势

8. 山西省发展水平竞争力指标排名变化情况

表 4 - 12　2011～2012 年山西省发展水平竞争力指标组排位及变化趋势表

指　　　标	2011 年	2012 年	排位升降	优劣势
8　发展水平竞争力	25	26	-1	劣势
8.1　工业化进程竞争力	21	26	-5	劣势
工业增加值占 GDP 比重	1	2	-1	强势
工业增加值增长率	5	29	-24	劣势
高新技术产业占工业总产值比重	26	26	0	劣势
工业从业人员比重	14	12	2	中势
工业从业人员增长率	16	14	2	中势
霍夫曼系数	31	31	0	劣势
8.2　城市化进程竞争力	23	23	0	劣势
城镇化率	17	16	1	中势
城镇居民人均可支配收入	21	21	0	劣势
城市平均建成区面积	21	20	1	中势
人均拥有道路面积	25	24	1	劣势
人均日生活用水量	29	29	0	劣势
人均居住面积	18	16	2	中势
人均公共绿地面积	23	19	4	中势
8.3　市场化进程竞争力	26	26	0	劣势
非公有制经济产值占全社会总产值的比重	22	25	-3	劣势
社会投资占投资总资金的比重	27	27	0	劣势
非国有单位从业人员占城镇从业人员比重	27	29	-2	劣势
亿元以上商品市场成交额	24	24	0	劣势
亿元以上商品市场成交额占全社会消费品零售总额比重	27	28	-1	劣势
全社会消费品零售总额占工农总产值比重	12	9	3	优势

9. 山西省统筹协调竞争力指标排名变化情况

表4-13　2011~2012年山西省统筹协调竞争力指标组排位及变化趋势表

指　　标	2011 年	2012 年	排位升降	优劣势
9　统筹协调竞争力	21	20	1	中势
9.1　统筹发展竞争力	29	28	1	劣势
社会劳动生产率	14	16	-2	中势
社会劳动生产率增速	15	21	-6	劣势
万元 GDP 综合能耗	28	27	1	劣势
非农用地产出率	20	20	0	中势
生产税净额和营业盈余占 GDP 比重	20	10	10	优势
最终消费率	23	20	3	中势
固定资产投资额占 GDP 比重	11	14	-3	中势
固定资产交付使用率	16	16	0	中势
9.2　协调发展竞争力	5	10	-5	优势
环境竞争力与宏观经济竞争力比差	16	22	-6	劣势
资源竞争力与宏观经济竞争力比差	4	3	1	强势
人力资源竞争力与宏观经济竞争力比差	24	27	-3	劣势
资源竞争力与工业竞争力比差	2	2	0	强势
环境竞争力与工业竞争力比差	17	22	-5	劣势
城乡居民家庭人均收入比差	23	23	0	劣势
城乡居民人均生活消费支出比差	10	5	5	优势
全社会消费品零售总额与外贸出口总额比差	4	4	0	优势

5

内蒙古自治区经济综合竞争力评价分析报告

内蒙古自治区简称内蒙古，位于我国北部边疆，地跨中国东北、西北、华北"三北"地区，北部紧邻蒙古国和俄罗斯，内接黑龙江省、吉林省、辽宁省、河北省、山西省、宁夏回族自治区、甘肃省。全区面积为118.3万平方公里，2012年全区总人口为2490万人，全区地区生产总值达15881亿元，同比增长11.5%，人均GDP达63886元。本部分通过分析"十二五"中期内蒙古自治区经济综合竞争力以及各要素竞争力的排名变化，从中找出内蒙古自治区经济综合竞争力的推动点及影响因素，为进一步提升内蒙古自治区经济综合竞争力提供决策参考。

5.1　内蒙古自治区经济综合竞争力总体分析

1. 内蒙古自治区经济综合竞争力一级指标概要分析

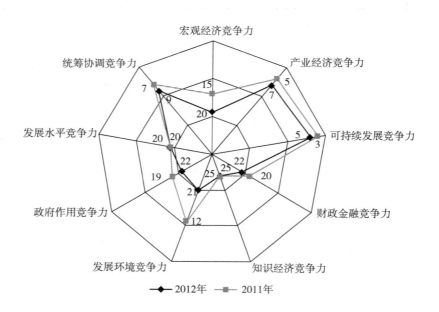

图5-1　2011~2012年内蒙古自治区经济综合竞争力二级指标比较雷达图

表 5－1 2011～2012 年内蒙古自治区经济综合竞争力二级指标比较表

项目 年份	宏观经济 竞争力	产业经济 竞争力	可持续发 展竞争力	财政金融 竞争力	知识经济 竞争力	发展环境 竞争力	政府作用 竞争力	发展水平 竞争力	统筹协调 竞争力	综合 排位
2011	15	5	3	20	25	12	19	20	7	12
2012	20	7	5	22	25	21	22	20	9	17
升降	－5	－2	－2	－2	0	－9	－3	0	－2	－5
优劣度	中势	优势	优势	劣势	劣势	劣势	劣势	中势	优势	中势

（1）从综合排位看，2012 年内蒙古自治区经济综合竞争力综合排位在全国居第 17 位，这表明其在全国处于居中偏下地位；与 2011 年相比，综合排位下降了 5 位。

（2）从指标所处区位看，处于上游区的指标有 3 个，分别为产业经济竞争力、可持续发展竞争力和统筹协调竞争力，处于中游区的指标有 2 个，分别为宏观经济竞争力和发展水平竞争力，其余指标处于下游区。

（3）从指标变化趋势看，9 个二级指标中，没有指标处于上升趋势；有 2 个指标排位没有发生变化，分别为知识经济竞争力和发展水平竞争力；有 7 个指标处于下降趋势，分别为宏观经济竞争力、产业经济竞争力、可持续发展竞争力、财政金融竞争力、发展环境竞争力、政府作用竞争力和统筹协调竞争力，这些是内蒙古自治区经济综合竞争力下降的拉力所在。

2. 内蒙古自治区经济综合竞争力各级指标动态变化分析

表 5－2 2011～2012 年内蒙古自治区经济综合竞争力各级指标排位变化态势比较表

二级指标	三级指标	四级 指标数	上升 指标 数	上升 比重 （%）	保持 指标 数	保持 比重 （%）	下降 指标 数	下降 比重 （%）	变化 趋势
宏观经济 竞争力	经济实力竞争力	12	4	33.3	3	25.0	5	41.7	保持
	经济结构竞争力	6	1	16.7	2	33.3	3	50.0	下降
	经济外向度竞争力	9	1	11.1	4	44.4	4	44.4	下降
	小 计	27	6	22.2	9	33.3	12	44.4	下降
产业经济 竞争力	农业竞争力	12	1	8.3	4	33.3	7	58.3	保持
	工业竞争力	10	3	30.0	3	30.0	4	40.0	下降
	服务业竞争力	9	2	22.2	2	22.2	5	55.6	上升
	企业竞争力	10	4	40.0	1	10.0	5	50.0	保持
	小 计	41	10	24.4	10	24.4	21	51.2	下降
可持续发展 竞争力	资源竞争力	9	2	22.2	7	77.8	0	0.0	保持
	环境竞争力	8	2	25.0	3	37.5	3	37.5	下降
	人力资源竞争力	8	3	37.5	1	12.5	4	50.0	下降
	小 计	25	7	28.0	11	44.0	7	28.0	下降
财政金融 竞争力	财政竞争力	12	2	16.7	4	33.3	6	50.0	下降
	金融竞争力	10	2	20.0	4	40.0	4	40.0	保持
	小 计	22	4	18.2	8	36.4	10	45.5	下降

续表

二级指标	三级指标	四级指标数	上升		保持		下降		变化趋势
			指标数	比重（%）	指标数	比重（%）	指标数	比重（%）	
知识经济竞争力	科技竞争力	8	4	50.0	2	25.0	2	25.0	上升
	教育竞争力	10	0	0.0	4	40.0	6	60.0	上升
	文化竞争力	8	1	12.5	2	25.0	5	62.5	下降
	小　计	26	5	19.2	8	30.8	13	50.0	保持
发展环境竞争力	基础设施竞争力	9	1	11.1	7	77.8	1	11.1	保持
	软环境竞争力	9	1	11.1	0	0.0	8	88.9	下降
	小　计	18	2	11.1	7	38.9	9	50.0	下降
政府作用竞争力	政府发展经济竞争力	5	2	40.0	2	40.0	1	20.0	保持
	政府规调经济竞争力	5	2	40.0	1	20.0	2	40.0	下降
	政府保障经济竞争力	6	1	16.7	2	33.3	3	50.0	保持
	小　计	16	5	31.3	5	31.3	6	37.5	下降
发展水平竞争力	工业化进程竞争力	6	3	50.0	2	33.3	1	16.7	保持
	城市化进程竞争力	7	1	14.3	4	57.1	2	28.6	上升
	市场化进程竞争力	6	1	16.7	0	0.0	5	83.3	下降
	小　计	19	5	26.3	6	31.6	8	42.1	保持
统筹协调竞争力	统筹发展竞争力	8	3	37.5	3	37.5	2	25.0	上升
	协调发展竞争力	8	4	50.0	2	25.0	2	25.0	下降
	小　计	16	7	43.8	5	31.3	4	25.0	下降
合　计		210	51	24.3	69	32.9	90	42.9	下降

　　从表5－2可以看出，210个四级指标中，上升指标有51个，占指标总数的24.3%；下降指标有90个，占指标总数的42.9%；保持指标有69个，占指标总数的32.9%。综上所述，内蒙古自治区经济综合竞争力上升的动力小于下降的拉力，使得2011～2012年内蒙古自治区经济综合竞争力排位下降了5位，在全国处于第17位。

3. 内蒙古自治区经济综合竞争力各级指标优劣势结构分析

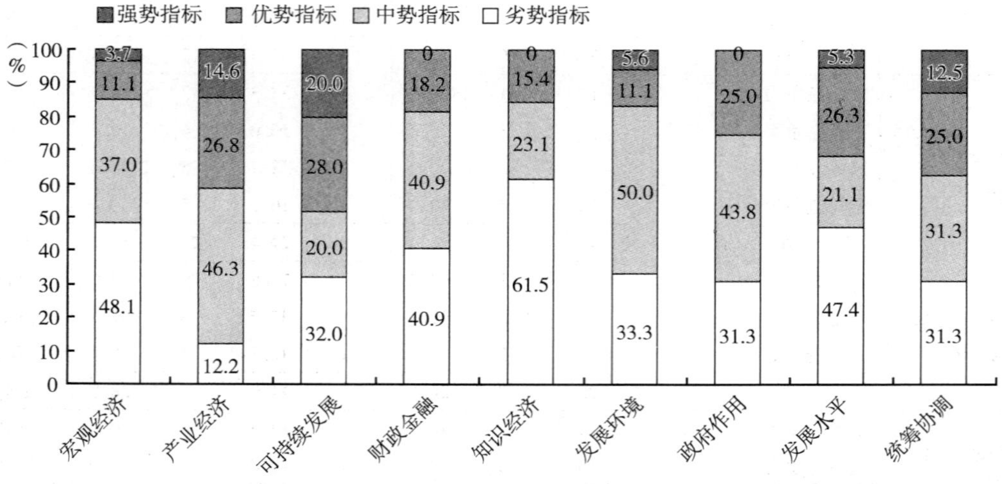

图5－2　2012年内蒙古自治区经济综合竞争力各级指标优劣势比较图

表 5 - 3　2012 年内蒙古自治区经济综合竞争力各级指标优劣势比较表

二级指标	三级指标	四级指标数	强势指标		优势指标		中势指标		劣势指标		优劣势
			个数	比重（%）	个数	比重（%）	个数	比重（%）	个数	比重（%）	
宏观经济竞争力	经济实力竞争力	12	1	8.3	3	25.0	6	50.0	2	16.7	优势
	经济结构竞争力	6	0	0.0	0	0.0	2	33.3	4	66.7	劣势
	经济外向度竞争力	9	0	0.0	0	0.0	2	22.2	7	77.8	劣势
	小　计	27	1	3.7	3	11.1	10	37.0	13	48.1	中势
产业经济竞争力	农业竞争力	12	2	16.7	3	25.0	5	41.7	2	16.7	优势
	工业竞争力	10	2	20.0	2	20.0	5	50.0	1	10.0	优势
	服务业竞争力	9	1	11.1	3	33.3	4	44.4	1	11.1	中势
	企业竞争力	10	1	10.0	3	30.0	5	50.0	1	10.0	中势
	小　计	41	6	14.6	11	26.8	19	46.3	5	12.2	优势
可持续发展竞争力	资源竞争力	9	5	55.6	2	22.2	2	22.2	0	0.0	强势
	环境竞争力	8	0	0.0	2	25.0	1	12.5	5	62.5	劣势
	人力资源竞争力	8	0	0.0	3	37.5	2	25.0	3	37.5	劣势
	小　计	25	5	20.0	7	28.0	5	20.0	8	32.0	优势
财政金融竞争力	财政竞争力	12	0	0.0	3	25.0	4	33.3	5	41.7	中势
	金融竞争力	10	0	0.0	1	10.0	5	50.0	4	40.0	劣势
	小　计	22	0	0.0	4	18.2	9	40.9	9	40.9	劣势
知识经济竞争力	科技竞争力	8	0	0.0	0	0.0	1	12.5	7	87.5	劣势
	教育竞争力	10	0	0.0	1	10.0	3	30.0	6	60.0	劣势
	文化竞争力	8	0	0.0	3	37.5	2	25.0	3	37.5	中势
	小　计	26	0	0.0	4	15.4	6	23.1	16	61.5	劣势
发展环境竞争力	基础设施竞争力	9	1	11.1	1	11.1	4	44.4	3	33.3	中势
	软环境竞争力	9	0	0.0	1	11.1	5	55.6	3	33.3	劣势
	小　计	18	1	5.6	2	11.1	9	50.0	6	33.3	劣势
政府作用竞争力	政府发展经济竞争力	5	0	0.0	2	40.0	2	40.0	1	20.0	劣势
	政府规调经济竞争力	5	0	0.0	2	40.0	1	20.0	2	40.0	中势
	政府保障经济竞争力	6	0	0.0	0	0.0	4	66.7	2	33.3	中势
	小　计	16	0	0.0	4	25.0	7	43.8	5	31.3	劣势
发展水平竞争力	工业化进程竞争力	6	1	16.7	1	16.7	1	16.7	3	50.0	劣势
	城市化进程竞争力	7	0	0.0	4	57.1	1	14.3	2	28.6	中势
	市场化进程竞争力	6	0	0.0	0	0.0	2	33.3	4	66.7	劣势
	小　计	19	1	5.3	5	26.3	4	21.1	9	47.4	中势
统筹协调竞争力	统筹发展竞争力	8	0	0.0	2	25.0	2	25.0	4	50.0	劣势
	协调发展竞争力	8	2	25.0	2	25.0	3	37.5	1	12.5	强势
	小　计	16	2	12.5	4	25.0	5	31.3	5	31.3	优势
合　计		210	16	7.6	44	21.0	74	35.2	76	36.2	中势

　　基于图 5-2 和表 5-3，从四级指标来看，强势指标 16 个，占指标总数的 7.6%；优势指标 44 个，占指标总数的 21.0%；中势指标 74 个，占指标总数的 35.2%；劣势指标

76 个，占指标总数的 36.2%。从三级指标来看，有 2 个强势指标，占三级指标总数的 8.0%；优势指标 3 个，占三级指标总数的 12%；中势指标 8 个，占三级指标总数的 32%；劣势指标 12 个，占三级指标总数的 48%。反映到二级指标上来，没有强势指标，优势指标有 3 个，占二级指标总数的 33.3%；中势指标有 2 个，占二级指标总数的 22.2%，劣势指标有 4 个，占二级指标总数的 44.4%，综合来看，在中势指标和劣势指标的综合作用下，2012 年内蒙古自治区经济综合竞争力处于中势地位。

4. 内蒙古自治区经济综合竞争力四级指标优劣势对比分析

表 5 - 4　2012 年内蒙古自治区经济综合竞争力各级指标优劣势比较表

二级指标	优劣势	四级指标
宏观经济竞争力（27 个）	强势指标	人均固定资产投资额（1 个）
	优势指标	人均地区生产总值、人均财政收入、人均全社会消费品零售总额（3 个）
	劣势指标	固定资产投资额增长率、全社会消费品零售总额增长率、产业结构优化度、城乡经济结构优化度、就业结构优化度、贸易结构优化度、进出口总额、进出口增长率、出口总额、出口增长率、实际 FDI 增长率、外贸依存度、对外经济合作完成营业额（13 个）
产业经济竞争力（41 个）	强势指标	人均农业增加值、人均主要农产品产量、人均工业增加值、工业全员劳动生产率、限额以上餐饮企业利税率、规模以上企业平均利润（6 个）
	优势指标	农业增加值增长率、农村人均固定资产原值、财政支农资金比重、工业增加值增长率、工业成本费用利润率、人均服务业增加值、服务业从业人员数量增长率、限额以上批零企业利税率、规模以上企业平均资产、规模以上企业销售利税率、规模以上企业平均所有者权益（11 个）
	劣势指标	乡镇企业总产值、农产品出口占农林牧渔总产值比重、工业产品销售率、服务业从业人员数、中国驰名商标持有量（5 个）
可持续发展竞争力（25 个）	强势指标	人均耕地面积、人均牧草地面积、主要能源矿产基础储量、人均主要能源矿产基础储量、人均森林储积量（5 个）
	优势指标	人均国土面积、耕地面积、人均废水排放量、人均治理工业污染投资额、15～64 岁人口比例、大专以上教育程度人口比例、平均受教育程度（7 个）
	劣势指标	森林覆盖率、人均工业废气排放量、人均工业固体废物排放量、一般工业固体废物综合利用率、自然灾害直接经济损失、人口自然增长率、人口健康素质、人力资源利用率（8 个）
财政金融竞争力（22 个）	强势指标	（0 个）
	优势指标	人均地方财政收入、人均地方财政支出、人均税收收入、人均证券市场筹资额（4 个）
	劣势指标	地方财政收入占 GDP 比重、税收收入占 GDP 比重、地方财政收入增速、地方财政支出增速、税收收入增速、存款余额、贷款余额、保险费净收入、保险深度（9 个）

续表

二级指标	优劣势	四级指标
知识经济竞争力(26个)	强势指标	(0个)
	优势指标	人均教育经费、城镇居民人均文化娱乐支出、农村居民人均文化娱乐支出、农村居民人均文化娱乐支出占消费性支出比重(4个)
	劣势指标	R&D人员、R&D经费、R&D经费投入强度、高技术产业规模以上企业产值、高技术产业规模以上企业产值占GDP比重、高技术产品出口额、发明专利申请授权量、教育经费占GDP比重、公共教育经费占财政支出比重、万人中小学学校数、高等学校数、高校专任教师数、万人高等学校在校学生数、图书和期刊出版数、报纸出版数、出版印刷工业销售产值(16个)
发展环境竞争力(18个)	强势指标	人均耗电量(1个)
	优势指标	万户移动电话数、查处商标侵权假冒案件(2个)
	劣势指标	铁路网线密度、公路网线密度、全社会旅客周转量、外资企业数增长率、个体私营企业数增长率、罚没收入占财政收入比重(6个)
政府作用竞争力(16个)	强势指标	(0个)
	优势指标	政府公务员对经济的贡献、财政投资对社会投资的拉动、统筹经济社会发展、人口控制(4个)
	劣势指标	政府消费对民间消费的拉动、物价调控、调控城乡消费差距、城市城镇社区服务设施数、城镇登记失业率(5个)
发展水平竞争力(19个)	强势指标	工业增加值占GDP比重(1个)
	优势指标	工业从业人员增长率、城镇化率、城镇居民人均可支配收入、人均拥有道路面积、人均公共绿地面积(5个)
	劣势指标	高新技术产业占工业总产值比重、工业从业人员比重、霍夫曼系数、人均日生活用水量、人均居住面积、社会投资占投资总资金的比重、非国有单位从业人员占城镇从业人员比重、亿元以上商品市场成交额、亿元以上商品市场成交额占全社会消费品零售总额比重(9个)
统筹协调竞争力(16个)	强势指标	环境竞争力与工业竞争力比差、全社会消费品零售总额与外贸出口总额比差(2个)
	优势指标	社会劳动生产率、固定资产交付使用率、资源竞争力与宏观经济竞争力比差、资源竞争力与工业竞争力比差(4个)
	劣势指标	万元GDP综合能耗、非农用地产出率、生产税净额和营业盈余占GDP比重、最终消费率、城乡居民人均生活消费支出比差(5个)

5.2 内蒙古自治区经济综合竞争力各级指标具体分析

1. 内蒙古自治区宏观经济竞争力指标排名变化情况

表 5 – 5　2011 ~ 2012 年内蒙古自治区宏观经济竞争力指标组排位及变化趋势表

指　　标	2011 年	2012 年	排位升降	优劣势
1　宏观经济竞争力	15	20	-5	中势
1.1　经济实力竞争力	8	8	0	优势
地区生产总值	15	15	0	中势
地区生产总值增长率	5	14	-9	中势
人均地区生产总值	6	5	1	优势
财政总收入	17	15	2	中势
财政总收入增长率	20	12	8	中势
人均财政收入	10	6	4	优势
固定资产投资额	12	14	-2	中势
固定资产投资额增长率	11	27	-16	劣势
人均固定资产投资额	2	3	-1	强势
全社会消费品零售总额	17	17	0	中势
全社会消费品零售总额增长率	15	27	-12	劣势
人均全社会消费品零售总额	10	10	0	优势
1.2　经济结构竞争力	21	23	-2	劣势
产业结构优化度	21	22	-1	劣势
所有制经济结构优化度	12	16	-4	中势
城乡经济结构优化度	21	21	0	劣势
就业结构优化度	23	22	1	劣势
资本形成结构优化度	5	15	-10	中势
贸易结构优化度	28	28	0	劣势
1.3　经济外向度竞争力	25	30	-5	劣势
进出口总额	26	26	0	劣势
进出口增长率	9	30	-21	劣势
出口总额	25	26	-1	劣势
出口增长率	8	30	-22	劣势
实际 FDI	19	19	0	中势
实际 FDI 增长率	22	24	-2	劣势
外贸依存度	30	30	0	劣势
对外经济合作完成营业额	30	30	0	劣势
对外直接投资	27	19	8	中势

2. 内蒙古自治区产业经济竞争力指标排名变化情况

表 5-6   2011~2012 年内蒙古自治区产业经济竞争力指标组排位及变化趋势表

指　　标	2011 年	2012 年	排位升降	优劣势
2　产业经济竞争力	5	7	-2	优势
2.1　农业竞争力	5	5	0	优势
农业增加值	17	17	0	中势
农业增加值增长率	7	10	-3	优势
人均农业增加值	2	3	-1	强势
乡镇企业总产值	21	21	0	劣势
农民人均纯收入	15	15	0	中势
农民人均纯收入增长率	8	11	-3	中势
农产品出口占农林牧渔总产值比重	29	25	4	劣势
人均主要农产品产量	2	2	0	强势
农业劳动生产率	9	11	-2	中势
农村人均固定资产原值	3	4	-1	优势
农村人均用电量	15	16	-1	中势
财政支农资金比重	6	8	-2	优势
2.2　工业竞争力	3	5	-2	优势
工业增加值	13	13	0	中势
工业增加值增长率	17	10	7	优势
人均工业增加值	3	2	1	强势
工业资产总额	15	14	1	中势
工业资产总额增长率	1	12	-11	中势
工业资产总贡献率	8	17	-9	中势
规模以上工业利润总额	9	14	-5	中势
工业全员劳动生产率	1	1	0	强势
工业成本费用利润率	5	5	0	优势
工业产品销售率	13	24	-11	劣势
2.3　服务业竞争力	12	14	-2	中势
服务业增加值	15	15	0	中势
服务业增加值增长率	8	19	-11	中势
人均服务业增加值	7	7	0	优势
服务业从业人员数	22	23	-1	劣势
服务业从业人员数增长率	9	6	3	优势
限额以上批零企业利税率	3	6	-3	优势
限额以上餐饮企业利税率	7	3	4	强势
旅游外汇收入	18	19	-1	中势
房地产经营总收入	18	20	-2	中势

指　　标	2011 年	2012 年	排位升降	优劣势
2.4　企业竞争力	11	11	0	中势
规模以上工业企业数	19	20	－1	中势
规模以上企业平均资产	10	9	1	优势
规模以上企业平均增加值	16	17	－1	中势
流动资金周转次数	13	17	－4	中势
规模以上企业平均利润	4	2	2	强势
规模以上企业销售利税率	8	8	0	优势
规模以上企业平均所有者权益	10	8	2	优势
优等品率	12	13	－1	中势
工业企业 R&D 经费投入强度	21	18	3	中势
中国驰名商标持有量	20	21	－1	劣势

3. 内蒙古自治区可持续发展竞争力指标排名变化情况

表 5 – 7　2011 ~ 2012 年内蒙古自治区可持续发展竞争力指标组排位及变化趋势表

指　　标	2011 年	2012 年	排位升降	优劣势
3　可持续发展竞争力	3	5	－2	优势
3.1　资源竞争力	2	2	0	强势
人均国土面积	4	4	0	优势
人均可使用海域和滩涂面积	13	13	0	中势
人均年水资源量	18	14	4	中势
耕地面积	4	4	0	优势
人均耕地面积	2	2	0	强势
人均牧草地面积	3	3	0	强势
主要能源矿产基础储量	2	2	0	强势
人均主要能源矿产基础储量	2	1	1	强势
人均森林储积量	2	2	0	强势
3.2　环境竞争力	22	28	－6	劣势
森林覆盖率	21	21	0	劣势
人均废水排放量	13	9	4	优势
人均工业废气排放量	30	30	0	劣势
人均工业固体废物排放量	30	30	0	劣势
人均治理工业污染投资额	1	5	－4	优势
一般工业固体废物综合利用率	18	28	－10	劣势
生活垃圾无害化处理率	14	12	2	中势
自然灾害直接经济损失	21	24	－3	劣势

续表

指　　标	2011 年	2012 年	排位升降	优劣势
3.3　人力资源竞争力	19	21	-2	劣势
人口自然增长率	23	25	-2	劣势
15～64 岁人口比例	5	7	-2	优势
文盲率	14	13	1	中势
大专以上教育程度人口比例	5	9	-4	优势
平均受教育程度	6	9	-3	优势
人口健康素质	23	23	0	劣势
人力资源利用率	28	25	3	劣势
职业学校毕业生数	22	19	3	中势

4. 内蒙古自治区财政金融竞争力指标排名变化情况

表 5 - 8　2011～2012 年内蒙古自治区财政金融竞争力指标组排位及变化趋势表

指　　标	2011 年	2012 年	排位升降	优劣势
4　财政金融竞争力	20	22	-2	劣势
4.1　财政竞争力	13	20	-7	中势
地方财政收入	18	18	0	中势
地方财政支出	14	15	-1	中势
地方财政收入占 GDP 比重	18	21	-3	劣势
地方财政支出占 GDP 比重	18	17	1	中势
税收收入占 GDP 比重	21	22	-1	劣势
税收收入占财政总收入比重	17	16	1	中势
人均地方财政收入	7	7	0	优势
人均地方财政支出	6	6	0	优势
人均税收收入	8	8	0	优势
地方财政收入增速	22	25	-3	劣势
地方财政支出增速	8	23	-15	劣势
税收收入增速	12	24	-12	劣势
4.2　金融竞争力	23	23	0	劣势
存款余额	23	23	0	劣势
人均存款余额	15	17	-2	中势
贷款余额	21	21	0	劣势
人均贷款余额	11	12	-1	中势
货币市场融资额	18	14	4	中势
中长期贷款占贷款余额比重	14	15	-1	中势
保险费净收入	22	22	0	劣势
保险密度	11	13	-2	中势
保险深度	29	29	0	劣势
人均证券市场筹资额	21	9	12	优势

5. 内蒙古自治区知识经济竞争力指标排名变化情况

表 5 – 9　2011~2012 年内蒙古自治区知识经济竞争力指标组排位及变化趋势表

指　　标	2011 年	2012 年	排位升降	优劣势
5　知识经济竞争力	25	25	0	劣势
5.1　科技竞争力	25	23	2	劣势
R&D 人员	23	23	0	劣势
R&D 经费	22	22	0	劣势
R&D 经费投入强度	28	27	1	劣势
高技术产业规模以上企业产值	24	23	1	劣势
高技术产业规模以上企业产值占 GDP 比重	27	25	2	劣势
高技术产品出口额	21	25	-4	劣势
发明专利申请授权量	26	27	-1	劣势
技术市场成交合同金额	22	11	11	中势
5.2　教育竞争力	28	27	1	劣势
教育经费	20	20	0	中势
教育经费占 GDP 比重	26	27	-1	劣势
人均教育经费	7	9	-2	优势
公共教育经费占财政支出比重	24	26	-2	劣势
人均文化教育支出占个人消费支出比重	14	16	-2	中势
万人中小学学校数	26	26	0	劣势
万人中小学专任教师数	12	13	-1	中势
高等学校数	25	25	0	劣势
高校专任教师数	24	24	0	劣势
万人高等学校在校学生数	22	23	-1	劣势
5.3　文化竞争力	17	19	-2	中势
文化产业增加值	14	17	-3	中势
图书和期刊出版数	26	25	1	劣势
报纸出版数	27	27	0	劣势
出版印刷工业销售产值	26	27	-1	劣势
城镇居民人均文化娱乐支出	9	9	0	优势
农村居民人均文化娱乐支出	7	10	-3	优势
城镇居民人均文化娱乐支出占消费性支出比重	13	16	-3	中势
农村居民人均文化娱乐支出占消费性支出比重	2	10	-8	优势

6. 内蒙古自治区发展环境竞争力指标排名变化情况

表 5 – 10　2011～2012 年内蒙古自治区发展环境竞争力指标组排位及变化趋势表

指　　标	2011 年	2012 年	排位升降	优劣势
6　发展环境竞争力	12	21	- 9	劣势
6.1　基础设施竞争力	17	17	0	中势
铁路网线密度	25	25	0	劣势
公路网线密度	28	28	0	劣势
人均内河航道里程	12	12	0	中势
全社会旅客周转量	25	23	2	劣势
全社会货物周转量	11	11	0	中势
人均邮电业务总量	11	12	- 1	中势
万户移动电话数	10	10	0	优势
万户上网用户数	19	19	0	中势
人均耗电量	3	3	0	强势
6.2　软环境竞争力	6	27	- 21	劣势
外资企业数增长率	19	24	- 5	劣势
万人外资企业数	14	17	- 3	中势
个体私营企业数增长率	5	31	- 26	劣势
万人个体私营企业数	17	19	- 2	中势
万人商标注册件数	14	15	- 1	中势
查处商标侵权假冒案件	3	4	- 1	优势
每十万人交通事故发生数	19	18	1	中势
罚没收入占财政收入比重	12	21	- 9	劣势
食品安全事故数	1	13	- 12	中势

7. 内蒙古自治区政府作用竞争力指标排名变化情况

表 5 – 11　2011～2012 年内蒙古自治区政府作用竞争力指标组排位及变化趋势表

指　　标	2011 年	2012 年	排位升降	优劣势
7　政府作用竞争力	19	22	- 3	劣势
7.1　政府发展经济竞争力	22	22	0	劣势
财政支出用于基本建设投资比重	21	20	1	中势
财政支出对 GDP 增长的拉动	14	15	- 1	中势
政府公务员对经济的贡献	9	9	0	优势
政府消费对民间消费的拉动	27	27	0	劣势
财政投资对社会投资的拉动	11	9	2	优势
7.2　政府规调经济竞争力	14	18	- 4	中势
物价调控	19	25	- 6	劣势
调控城乡消费差距	21	21	0	劣势
统筹经济社会发展	20	8	12	优势
规范税收	13	18	- 5	中势
人口控制	7	6	1	优势

续表

指　　　标	2011 年	2012 年	排位升降	优劣势
7.3　政府保障经济竞争力	17	17	0	中势
城市城镇社区服务设施数	21	23	−2	劣势
医疗保险覆盖率	13	11	2	中势
养老保险覆盖率	19	19	0	中势
失业保险覆盖率	16	18	−2	中势
下岗职工再就业率	16	19	−3	中势
城镇登记失业率	25	25	0	劣势

8. 内蒙古自治区发展水平竞争力指标排名变化情况

表 5 - 12　2011 ~ 2012 年内蒙古自治区发展水平竞争力指标组排位及变化趋势表

指　　　标	2011 年	2012 年	排位升降	优劣势
8　发展水平竞争力	20	20	0	中势
8.1　工业化进程竞争力	24	24	0	劣势
工业增加值占 GDP 比重	3	3	0	强势
工业增加值增长率	10	14	−4	中势
高新技术产业占工业总产值比重	28	27	1	劣势
工业从业人员比重	24	23	1	劣势
工业从业人员增长率	17	5	12	优势
霍夫曼系数	25	25	0	劣势
8.2　城市化进程竞争力	13	11	2	中势
城镇化率	9	9	0	优势
城镇居民人均可支配收入	10	10	0	优势
城市平均建成区面积	16	16	0	中势
人均拥有道路面积	9	8	1	优势
人均日生活用水量	31	31	0	劣势
人均居住面积	21	25	−4	劣势
人均公共绿地面积	4	5	−1	优势
8.3　市场化进程竞争力	20	21	−1	劣势
非公有制经济产值占全社会总产值的比重	16	18	−2	中势
社会投资占投资总资金的比重	19	21	−2	劣势
非国有单位从业人员占城镇从业人员比重	21	22	−1	劣势
亿元以上商品市场成交额	21	22	−1	劣势
亿元以上商品市场成交额占全社会消费品零售总额比重	24	25	−1	劣势
全社会消费品零售总额占工农总产值比重	20	18	2	中势

9. 内蒙古自治区统筹协调竞争力指标排名变化情况

表 5 – 13 2011 ~ 2012 年内蒙古自治区统筹协调竞争力指标组排位及变化趋势表

指 标	2011 年	2012 年	排位升降	优劣势
9 统筹协调竞争力	7	9	– 2	优势
9.1 统筹发展竞争力	25	22	3	劣势
社会劳动生产率	4	4	0	优势
社会劳动生产率增速	16	19	– 3	中势
万元 GDP 综合能耗	25	23	2	劣势
非农用地产出率	27	27	0	劣势
生产税净额和营业盈余占 GDP 比重	7	28	– 21	劣势
最终消费率	30	29	1	劣势
固定资产投资额占 GDP 比重	21	16	5	中势
固定资产交付使用率	6	6	0	优势
9.2 协调发展竞争力	2	3	– 1	强势
环境竞争力与宏观经济竞争力比差	12	11	1	中势
资源竞争力与宏观经济竞争力比差	2	6	– 4	优势
人力资源竞争力与宏观经济竞争力比差	12	17	– 5	中势
资源竞争力与工业竞争力比差	12	6	6	优势
环境竞争力与工业竞争力比差	2	1	1	强势
城乡居民家庭人均收入比差	21	20	1	中势
城乡居民人均生活消费支出比差	21	21	0	劣势
全社会消费品零售总额与外贸出口总额比差	1	1	0	强势

B.7

6

辽宁省经济综合竞争力评价分析报告

　　辽宁省简称辽，位于中国东北地区的南部沿海，东隔鸭绿江与朝鲜为邻，内接吉林省、内蒙古自治区、河北省，是中国东北经济区和环渤海经济区的重要接合部。全省陆地面积达 14.59 万平方公里，2012 年全省总人口为 4389 万人，地区生产总值达24846 亿元，同比增长 9.5%，人均 GDP 达 56649 元。本部分通过分析"十二五"中期辽宁省经济综合竞争力以及各要素竞争力的排名变化，从中找出辽宁省经济综合竞争力的推动点及影响因素，为进一步提升辽宁省经济综合竞争力提供决策参考。

6.1　辽宁省经济综合竞争力总体分析

1. 辽宁省经济综合竞争力一级指标概要分析

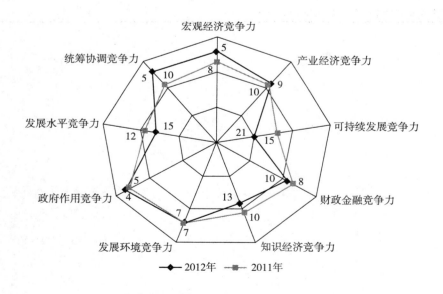

图 6-1　2011~2012 年辽宁省经济综合竞争力二级指标比较雷达图

表6-1 2011~2012年辽宁省经济综合竞争力二级指标比较表

年份\项目	宏观经济竞争力	产业经济竞争力	可持续发展竞争力	财政金融竞争力	知识经济竞争力	发展环境竞争力	政府作用竞争力	发展水平竞争力	统筹协调竞争力	综合排位
2011	8	10	15	8	10	7	5	12	10	8
2012	5	9	21	10	13	7	4	15	5	8
升降	3	1	-6	-2	-3	0	1	-3	5	0
优劣度	优势	优势	劣势	优势	中势	优势	优势	中势	优势	优势

（1）从综合排位看，2012年辽宁省经济综合竞争力综合排位在全国居第8位，这表明其在全国处于优势地位；与2011年相比，综合排位保持不变。

（2）从指标所处区位看，处于上游区的指标有6个，分别为宏观经济竞争力、产业经济竞争力、财政金融竞争力、发展环境竞争力、政府作用竞争力和统筹协调竞争力，处于中游区的指标有2个，分别为知识经济竞争力和发展水平竞争力，可持续发展竞争力指标处于下游区。

（3）从指标变化趋势看，9个二级指标中，有4个指标处于上升趋势，分别为宏观经济竞争力、产业经济竞争力、政府作用竞争力和统筹协调竞争力，这些是辽宁省经济综合竞争力上升的动力所在；有1个指标排位没有发生变化，为发展环境竞争力；有4个指标处于下降趋势，分别为可持续发展竞争力、财政金融竞争力、知识经济竞争力和发展水平竞争力，这些是辽宁省经济综合竞争力下降的拉力所在。

2. 辽宁省经济综合竞争力各级指标动态变化分析

表6-2 2011~2012年辽宁省经济综合竞争力各级指标排位变化态势比较表

二级指标	三级指标	四级指标数	上升 指标数	上升 比重(%)	保持 指标数	保持 比重(%)	下降 指标数	下降 比重(%)	变化趋势
宏观经济竞争力	经济实力竞争力	12	5	41.7	3	25.0	4	33.3	上升
	经济结构竞争力	6	2	33.3	3	50.0	1	16.7	上升
	经济外向度竞争力	9	4	44.4	3	33.3	2	22.2	上升
	小计	27	11	40.7	9	33.3	7	25.9	上升
产业经济竞争力	农业竞争力	12	3	25.0	7	58.3	2	16.7	下降
	工业竞争力	10	2	20.0	4	40.0	4	40.0	上升
	服务业竞争力	9	4	44.4	2	22.2	3	33.3	上升
	企业竞争力	10	3	30.0	5	50.0	2	20.0	下降
	小计	41	12	29.3	18	43.9	11	26.8	上升
可持续发展竞争力	资源竞争力	9	1	11.1	7	77.8	1	11.1	保持
	环境竞争力	8	4	50.0	3	37.5	1	12.5	下降
	人力资源竞争力	8	2	25.0	4	50.0	2	25.0	上升
	小计	25	7	28.0	14	56.0	4	16.0	下降
财政金融竞争力	财政竞争力	12	3	25.0	6	50.0	3	25.0	上升
	金融竞争力	10	3	30.0	4	40.0	3	30.0	保持
	小计	22	6	27.3	10	45.5	6	27.3	下降

续表

二级指标	三级指标	四级指标数	上升		保持		下降		变化趋势
			指标数	比重（%）	指标数	比重（%）	指标数	比重（%）	
知识经济竞争力	科技竞争力	8	0	0.0	2	25.0	6	75.0	下降
	教育竞争力	10	2	20.0	5	50.0	3	30.0	上升
	文化竞争力	8	1	12.5	4	50.0	3	37.5	下降
	小　计	26	3	11.5	11	42.3	12	46.2	下降
发展环境竞争力	基础设施竞争力	9	2	22.2	5	55.6	2	22.2	保持
	软环境竞争力	9	2	22.2	4	44.4	3	33.3	下降
	小　计	18	4	22.2	9	50.0	5	27.8	保持
政府作用竞争力	政府发展经济竞争力	5	2	40.0	2	40.0	1	20.0	上升
	政府规调经济竞争力	5	0	0.0	2	40.0	3	60.0	下降
	政府保障经济竞争力	6	3	50.0	3	50.0	0	0.0	上升
	小　计	16	5	31.3	7	43.8	4	25.0	上升
发展水平竞争力	工业化进程竞争力	6	1	16.7	0	0.0	5	83.3	下降
	城市化进程竞争力	7	3	42.9	3	42.9	1	14.3	上升
	市场化进程竞争力	6	1	16.7	2	33.3	3	50.0	上升
	小　计	19	5	26.3	5	26.3	9	47.4	下降
统筹协调竞争力	统筹发展竞争力	8	5	62.5	2	25.0	1	12.5	上升
	协调发展竞争力	8	3	37.5	1	12.5	4	50.0	下降
	小　计	16	8	50.0	3	18.8	5	31.3	上升
合　　计		210	61	29.0	86	41.0	63	30.0	保持

从表6－2可以看出，210个四级指标中，上升指标有61个，占指标总数的29.0%；下降指标有63个，占指标总数的30%；保持不变的指标有86个，占指标总数的41.0%。综上所述，辽宁省经济综合竞争力排位保持不变的指标起主导作用，受其他外部因素综合影响，最终2011~2012年辽宁省经济综合竞争力排位保持不变。

3. 辽宁省经济综合竞争力各级指标优劣势结构分析

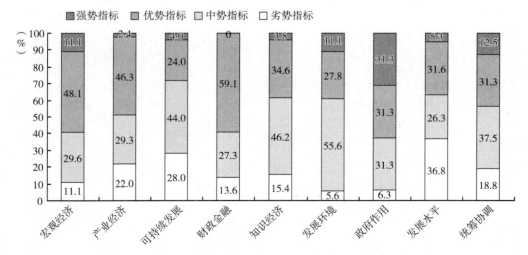

图6－2　2012年辽宁省经济综合竞争力各级指标优劣势比较图

表 6 – 3　2012 年辽宁省经济综合竞争力各级指标优劣势比较表

二级指标	三级指标	四级指标数	强势指标		优势指标		中势指标		劣势指标		优劣势
			个数	比重（%）	个数	比重（%）	个数	比重（%）	个数	比重（%）	
宏观经济竞争力	经济实力竞争力	12	2	16.7	6	50.0	2	16.7	2	16.7	优势
	经济结构竞争力	6	0	0.0	4	66.7	2	33.3	0	0.0	优势
	经济外向度竞争力	9	1	11.1	3	33.3	4	44.4	1	11.1	优势
	小　计	27	3	11.1	13	48.1	8	29.6	3	11.1	优势
产业经济竞争力	农业竞争力	12	1	8.3	7	58.3	2	16.7	2	16.7	优势
	工业竞争力	10	0	0.0	4	40.0	4	40.0	2	20.0	优势
	服务业竞争力	9	0	0.0	5	55.6	3	33.3	1	11.1	优势
	企业竞争力	10	0	0.0	3	30.0	3	30.0	4	40.0	中势
	小　计	41	1	2.4	19	46.3	12	29.3	9	22.0	优势
可持续发展竞争力	资源竞争力	9	1	11.1	1	11.1	7	77.8	0	0.0	优势
	环境竞争力	8	0	0.0	0	0.0	3	37.5	5	62.5	劣势
	人力资源竞争力	8	0	0.0	5	62.5	1	12.5	2	25.0	中势
	小　计	25	1	4.0	6	24.0	11	44.0	7	28.0	劣势
财政金融竞争力	财政竞争力	12	0	0.0	7	58.3	3	25.0	2	16.7	优势
	金融竞争力	10	0	0.0	6	60.0	3	30.0	1	10.0	中势
	小　计	22	0	0.0	13	59.1	6	27.3	3	13.6	优势
知识经济竞争力	科技竞争力	8	0	0.0	3	37.5	5	62.5	0	0.0	中势
	教育竞争力	10	0	0.0	4	40.0	2	20.0	4	40.0	中势
	文化竞争力	8	1	12.5	2	25.0	5	62.5	0	0.0	中势
	小　计	26	1	3.8	9	34.6	12	46.2	4	15.4	中势
发展环境竞争力	基础设施竞争力	9	1	11.1	3	33.3	4	44.4	1	11.1	优势
	软环境竞争力	9	1	11.1	2	22.2	6	66.7	0	0.0	优势
	小　计	18	2	11.1	5	27.8	10	55.6	1	5.6	优势
政府作用竞争力	政府发展经济竞争力	5	1	20.0	3	60.0	1	20.0	0	0.0	优势
	政府规调经济竞争力	5	1	20.0	1	20.0	2	40.0	1	20.0	优势
	政府保障经济竞争力	6	3	50.0	1	16.7	2	33.3	0	0.0	优势
	小　计	16	5	31.3	5	31.3	5	31.3	1	6.3	优势
发展水平竞争力	工业化进程竞争力	6	0	0.0	1	16.7	2	33.3	3	50.0	劣势
	城市化进程竞争力	7	0	0.0	3	42.9	1	14.3	3	42.9	中势
	市场化进程竞争力	6	1	16.7	2	33.3	2	33.3	1	16.7	优势
	小　计	19	1	5.3	6	31.6	5	26.3	7	36.8	中势
统筹协调竞争力	统筹发展竞争力	8	1	12.5	2	25.0	3	37.5	2	25.0	中势
	协调发展竞争力	8	1	12.5	3	37.5	3	37.5	1	12.5	优势
	小　计	16	2	12.5	5	31.3	6	37.5	3	18.8	优势
合　计		210	16	7.6	81	38.6	75	35.7	38	18.1	优势

　　基于图 6 – 2 和表 6 – 3，从四级指标来看，强势指标 16 个，占指标总数的 7.6%；优势指标 81 个，占指标总数的 38.6%；中势指标 75 个，占指标总数的 35.7%；劣势指标 38 个，

占指标总数的 18.1%。从三级指标来看，没有强势指标；优势指标 15 个，占三级指标总数的 60%；中势指标 8 个，占三级指标总数的 32%；劣势指标 2 个，占三级指标总数的 8%。反映到二级指标上来，没有强势指标，优势指标有 6 个，占二级指标总数的 66.7%；中势指标有 2 个，占二级指标总数的 22.2%，劣势指标有 1 个，占二级指标总数的 11.1%。综合来看，在优势指标的主导作用下，2012 年辽宁省经济综合竞争力处于优势地位。

4. 辽宁省经济综合竞争力四级指标优劣势对比分析

表 6 - 4 2012 年辽宁省经济综合竞争力各级指标优劣势比较表

二级指标	优劣势	四级指标
宏观经济竞争力（27 个）	强势指标	固定资产投资额、人均固定资产投资额、实际 FDI（3 个）
	优势指标	地区生产总值、人均地区生产总值、财政总收入、人均财政收入、全社会消费品零售总额、人均全社会消费品零售总额、所有制经济结构优化度、城乡经济结构优化度、就业结构优化度、资本形成结构优化度、进出口总额、出口总额、对外直接投资（13 个）
	劣势指标	地区生产总值增长率、财政总收入增长率、实际 FDI 增长率（3 个）
产业经济竞争力（41 个）	强势指标	农业劳动生产率（1 个）
	优势指标	人均农业增加值、乡镇企业总产值、农民人均纯收入、农产品出口占农林牧渔总产值比重、人均主要农产品产量、农村人均固定资产原值、农村人均用电量、工业增加值、人均工业增加值、工业资产总额、规模以上工业利润总额、服务业增加值、人均服务业增加值、服务业从业人员数增长率、旅游外汇收入、房地产经营总收入、规模以上工业企业数、规模以上企业平均增加值、流动资金周转次数（19 个）
	劣势指标	农民人均纯收入增长率、财政支农资金比重、工业资产总额增长率、工业成本费用利润率、限额以上批零企业利税率、规模以上企业平均资产、规模以上企业平均利润、规模以上企业销售利税率、规模以上企业平均所有者权益（9 个）
可持续发展竞争力（25 个）	强势指标	人均可使用海域和滩涂面积（1 个）
	优势指标	主要能源矿产基础储量、15～64 岁人口比例、文盲率、大专以上教育程度人口比例、平均受教育程度、人口健康素质（6 个）
	劣势指标	人均废水排放量、人均工业废气排放量、人均工业固体废物排放量、一般工业固体废物综合利用率、自然灾害直接经济损失、人口自然增长率、人力资源利用率（7 个）
财政金融竞争力（22 个）	强势指标	（0 个）
	优势指标	地方财政收入、地方财政支出、地方财政收入占 GDP 比重、税收收入占 GDP 比重、人均地方财政收入、人均地方财政支出、人均税收收入、存款余额、人均存款余额、贷款余额、人均贷款余额、货币市场融资额、人均证券市场筹资额（13 个）
	劣势指标	地方财政支出占 GDP 比重、税收收入占财政总收入比重、保险深度（3 个）

续表

二级指标	优劣势	四级指标
知识经济竞争力（26个）	强势指标	农村居民人均文化娱乐支出占消费性支出比重（1个）
	优势指标	R&D人员、R&D经费、技术市场成交合同金额、教育经费、人均文化教育支出占个人消费支出比重、高等学校数、万人高等学校在校学生数、报纸出版数、农村居民人均文化娱乐支出（9个）
	劣势指标	教育经费占GDP比重、公共教育经费占财政支出比重、万人中小学学校数、万人中小学专任教师数（4个）
发展环境竞争力（18个）	强势指标	全社会货物周转量、万人个体私营企业数（2个）
	优势指标	铁路网线密度、人均邮电业务总量、万户上网用户数、万人外资企业数、食品安全事故数（5个）
	劣势指标	人均内河航道里程（1个）
政府作用竞争力（16个）	强势指标	政府消费对民间消费的拉动、人口控制、医疗保险覆盖率、养老保险覆盖率、下岗职工再就业率（5个）
	优势指标	财政支出用于基本建设投资比重、财政支出对GDP增长的拉动、政府公务员对经济的贡献、统筹经济社会发展、失业保险覆盖率（5个）
	劣势指标	物价调控（1个）
发展水平竞争力（19个）	强势指标	社会投资占投资总资金的比重（1个）
	优势指标	工业增加值占GDP比重、城镇化率、城镇居民人均可支配收入、城市平均建成区面积、亿元以上商品市场成交额、亿元以上商品市场成交额占全社会消费品零售总额比重（6个）
	劣势指标	高新技术产业占工业总产值比重、工业从业人员增长率、霍夫曼系数、人均拥有道路面积、人均日生活用水量、人均居住面积、全社会消费品零售总额占工农总产值比重（7个）
统筹协调竞争力（16个）	强势指标	生产税净额和营业盈余占GDP比重、环境竞争力与宏观经济竞争力比差（2个）
	优势指标	社会劳动生产率、非农用地产出率、人力资源竞争力与宏观经济竞争力比差、环境竞争力与工业竞争力比差、城乡居民家庭人均收入比差（5个）
	劣势指标	最终消费率、固定资产投资额占GDP比重、资源竞争力与宏观经济竞争力比差（3个）

6.2 辽宁省经济综合竞争力各级指标具体分析

1. 辽宁省宏观经济竞争力指标排名变化情况

表6-5 2011~2012年辽宁省宏观经济竞争力指标组排位及变化趋势表

指　　标	2011年	2012年	排位升降	优劣势
1　宏观经济竞争力	8	5	3	优势
1.1　经济实力竞争力	6	4	2	优势
地区生产总值	7	7	0	优势
地区生产总值增长率	20	26	-6	劣势
人均地区生产总值	8	7	1	优势
财政总收入	5	6	-1	优势
财政总收入增长率	12	24	-12	劣势
人均财政收入	9	10	-1	优势
固定资产投资额	4	3	1	强势
固定资产投资额增长率	21	17	4	中势
人均固定资产投资额	3	2	1	强势
全社会消费品零售总额	7	7	0	优势
全社会消费品零售总额增长率	23	18	5	中势
人均全社会消费品零售总额	7	7	0	优势
1.2　经济结构竞争力	10	8	2	优势
产业结构优化度	17	19	-2	中势
所有制经济结构优化度	13	10	3	优势
城乡经济结构优化度	8	8	0	优势
就业结构优化度	8	8	0	优势
资本形成结构优化度	14	10	4	优势
贸易结构优化度	17	17	0	中势
1.3　经济外向度竞争力	8	6	2	优势
进出口总额	9	9	0	优势
进出口增长率	24	16	8	中势
出口总额	8	8	0	优势
出口增长率	22	16	6	中势
实际FDI	2	2	0	强势
实际FDI增长率	17	21	-4	劣势
外贸依存度	10	12	-2	中势
对外经济合作完成营业额	14	13	1	中势
对外直接投资	7	4	3	优势

2. 辽宁省产业经济竞争力指标排名变化情况

表 6 – 6　2011 ~ 2012 年辽宁省产业经济竞争力指标组排位及变化趋势表

指　标	2011 年	2012 年	排位升降	优劣势
2　产业经济竞争力	10	9	1	优势
2.1　农业竞争力	4	6	– 2	优势
农业增加值	11	11	0	中势
农业增加值增长率	1	16	– 15	中势
人均农业增加值	8	7	1	优势
乡镇企业总产值	6	5	1	优势
农民人均纯收入	9	9	0	优势
农民人均纯收入增长率	9	26	– 17	劣势
农产品出口占农林牧渔总产值比重	8	8	0	优势
人均主要农产品产量	7	7	0	优势
农业劳动生产率	5	3	2	强势
农村人均固定资产原值	5	5	0	优势
农村人均用电量	5	5	0	优势
财政支农资金比重	26	26	0	劣势
2.2　工业竞争力	10	9	1	优势
工业增加值	7	7	0	优势
工业增加值增长率	21	12	9	中势
人均工业增加值	6	6	0	优势
工业资产总额	5	6	– 1	优势
工业资产总额增长率	27	28	– 1	劣势
工业资产总贡献率	20	19	1	中势
规模以上工业利润总额	7	7	0	优势
工业全员劳动生产率	16	20	– 4	中势
工业成本费用利润率	28	28	0	劣势
工业产品销售率	11	15	– 4	中势
2.3　服务业竞争力	10	9	1	优势
服务业增加值	8	7	1	优势
服务业增加值增长率	17	18	– 1	中势
人均服务业增加值	8	8	0	优势
服务业从业人员数	12	11	1	中势
服务业从业人员数增长率	15	10	5	优势
限额以上批零企业利税率	29	27	2	劣势
限额以上餐饮企业利税率	16	17	– 1	中势
旅游外汇收入	7	7	0	优势
房地产经营总收入	7	8	– 1	优势

续表

指　标	2011 年	2012 年	排位升降	优劣势
2.4　企业竞争力	16	18	-2	中势
规模以上工业企业数	6	6	0	优势
规模以上企业平均资产	22	22	0	劣势
规模以上企业平均增加值	6	6	0	优势
流动资金周转次数	8	7	1	优势
规模以上企业平均利润	27	26	1	劣势
规模以上企业销售利税率	26	26	0	劣势
规模以上企业平均所有者权益	20	22	-2	劣势
优等品率	14	11	3	中势
工业企业 R&D 经费投入强度	8	13	-5	中势
中国驰名商标持有量	11	11	0	中势

3. 辽宁省可持续发展竞争力指标排名变化情况

表6-7　2011～2012 年辽宁省可持续发展竞争力指标组排位及变化趋势表

指　标	2011 年	2012 年	排位升降	优劣势
3　可持续发展竞争力	15	21	-6	劣势
3.1　资源竞争力	7	7	0	优势
人均国土面积	17	17	0	中势
人均可使用海域和滩涂面积	3	3	0	强势
人均年水资源量	20	19	1	中势
耕地面积	16	16	0	中势
人均耕地面积	14	14	0	中势
人均牧草地面积	17	17	0	中势
主要能源矿产基础储量	5	5	0	优势
人均主要能源矿产基础储量	7	16	-9	中势
人均森林储积量	17	17	0	中势
3.2　环境竞争力	20	25	-5	劣势
森林覆盖率	12	12	0	中势
人均废水排放量	24	23	1	劣势
人均工业废气排放量	26	26	0	劣势
人均工业固体废物排放量	28	27	1	劣势
人均治理工业污染投资额	18	18	0	中势
一般工业固体废物综合利用率	30	29	1	劣势
生活垃圾无害化处理率	21	18	3	中势
自然灾害直接经济损失	9	27	-18	劣势

续表

指　标	2011 年	2012 年	排位升降	优劣势
3.3　人力资源竞争力	15	12	3	中势
人口自然增长率	31	31	0	劣势
15～64 岁人口比例	8	4	4	优势
文盲率	3	4	−1	优势
大专以上教育程度人口比例	7	4	3	优势
平均受教育程度	4	4	0	优势
人口健康素质	8	8	0	优势
人力资源利用率	24	24	0	劣势
职业学校毕业生数	16	17	−1	中势

4. 辽宁省财政金融竞争力指标排名变化情况

表6－8　2011～2012 年辽宁省财政金融竞争力指标组排位及变化趋势表

指　标	2011 年	2012 年	排位升降	优劣势
4　财政金融竞争力	8	10	−2	优势
4.1　财政竞争力	9	8	1	优势
地方财政收入	7	7	0	优势
地方财政支出	7	6	1	优势
地方财政收入占 GDP 比重	9	9	0	优势
地方财政支出占 GDP 比重	22	22	0	劣势
税收收入占 GDP 比重	8	7	1	优势
税收收入占财政总收入比重	14	28	−14	劣势
人均地方财政收入	5	5	0	优势
人均地方财政支出	9	9	0	优势
人均税收收入	6	6	0	优势
地方财政收入增速	14	19	−5	中势
地方财政支出增速	25	19	6	中势
税收收入增速	14	17	−3	中势
4.2　金融竞争力	11	11	0	中势
存款余额	8	8	0	优势
人均存款余额	7	7	0	优势
贷款余额	7	7	0	优势
人均贷款余额	7	7	0	优势
货币市场融资额	6	8	−2	优势
中长期贷款占贷款余额比重	19	17	2	中势
保险费净收入	16	13	3	中势
保险密度	18	17	1	中势
保险深度	27	28	−1	劣势
人均证券市场筹资额	5	7	−2	优势

5. 辽宁省知识经济竞争力指标排名变化情况

表 6-9　2011~2012 年辽宁省知识经济竞争力指标组排位及变化趋势表

指　　标	2011 年	2012 年	排位升降	优劣势
5　知识经济竞争力	10	13	-3	中势
5.1　科技竞争力	8	11	-3	中势
R&D 人员	8	9	-1	优势
R&D 经费	7	7	0	优势
R&D 经费投入强度	10	11	-1	中势
高技术产业规模以上企业产值	10	11	-1	中势
高技术产业规模以上企业产值占 GDP 比重	11	14	-3	中势
高技术产品出口额	11	12	-1	中势
发明专利申请授权量	8	14	-6	中势
技术市场成交合同金额	7	7	0	优势
5.2　教育竞争力	13	11	2	中势
教育经费	9	10	-1	优势
教育经费占 GDP 比重	28	28	0	劣势
人均教育经费	14	13	1	中势
公共教育经费占财政支出比重	23	24	-1	劣势
人均文化教育支出占个人消费支出比重	10	10	0	优势
万人中小学学校数	24	25	-1	劣势
万人中小学专任教师数	27	27	0	劣势
高等学校数	9	9	0	优势
高校专任教师数	11	11	0	中势
万人高等学校在校学生数	8	7	1	优势
5.3　文化竞争力	9	15	-6	中势
文化产业增加值	13	19	-6	中势
图书和期刊出版数	13	16	-3	中势
报纸出版数	9	9	0	优势
出版印刷工业销售产值	18	18	0	中势
城镇居民人均文化娱乐支出	11	11	0	中势
农村居民人均文化娱乐支出	5	8	-3	优势
城镇居民人均文化娱乐支出占消费性支出比重	21	17	4	中势
农村居民人均文化娱乐支出占消费性支出比重	3	3	0	强势

6. 辽宁省发展环境竞争力指标排名变化情况

表 6 – 10　2011～2012 年辽宁省发展环境竞争力指标组排位及变化趋势表

指　标		2011 年	2012 年	排位升降	优劣势
6	发展环境竞争力	7	7	0	优势
6.1	基础设施竞争力	8	8	0	优势
	铁路网线密度	4	4	0	优势
	公路网线密度	19	19	0	中势
	人均内河航道里程	26	26	0	劣势
	全社会旅客周转量	12	12	0	中势
	全社会货物周转量	3	2	1	强势
	人均邮电业务总量	8	10	– 2	优势
	万户移动电话数	15	13	2	中势
	万户上网用户数	7	7	0	优势
	人均耗电量	9	11	– 2	中势
6.2	软环境竞争力	5	6	– 1	优势
	外资企业数增长率	17	14	3	中势
	万人外资企业数	8	8	0	优势
	个体私营企业数增长率	12	19	– 7	中势
	万人个体私营企业数	3	3	0	强势
	万人商标注册件数	11	13	– 2	中势
	查处商标侵权假冒案件	15	16	– 1	中势
	每十万人交通事故发生数	14	14	0	中势
	罚没收入占财政收入比重	19	19	0	中势
	食品安全事故数	26	9	17	优势

7. 辽宁省政府作用竞争力指标排名变化情况

表 6 – 11　2011～2012 年辽宁省政府作用竞争力指标组排位及变化趋势表

指　标		2011 年	2012 年	排位升降	优劣势
7	政府作用竞争力	5	4	1	优势
7.1	政府发展经济竞争力	8	7	1	优势
	财政支出用于基本建设投资比重	7	9	– 2	优势
	财政支出对 GDP 增长的拉动	10	10	0	优势
	政府公务员对经济的贡献	7	7	0	优势
	政府消费对民间消费的拉动	4	2	2	强势
	财政投资对社会投资的拉动	18	11	7	中势
7.2	政府规调经济竞争力	5	8	– 3	优势
	物价调控	6	22	– 16	劣势
	调控城乡消费差距	18	20	– 2	中势
	统筹经济社会发展	7	7	0	优势
	规范税收	12	12	0	中势
	人口控制	1	2	– 1	强势

指　　　标	2011 年	2012 年	排位升降	优劣势
7.3　政府保障经济竞争力	6	5	1	优势
城市城镇社区服务设施数	14	12	2	中势
医疗保险覆盖率	4	3	1	强势
养老保险覆盖率	4	3	1	强势
失业保险覆盖率	6	6	0	优势
下岗职工再就业率	2	2	0	强势
城镇登记失业率	19	19	0	中势

8. 辽宁省发展水平竞争力指标排名变化情况

表 6 - 12　　2011 ~ 2012 年辽宁省发展水平竞争力指标组排位及变化趋势表

指　　　标	2011 年	2012 年	排位升降	优劣势
8　发展水平竞争力	12	15	- 3	中势
8.1　工业化进程竞争力	19	21	- 2	劣势
工业增加值占 GDP 比重	5	9	- 4	优势
工业增加值增长率	18	16	2	中势
高新技术产业占工业总产值比重	18	21	- 3	劣势
工业从业人员比重	13	17	- 4	中势
工业从业人员增长率	15	27	- 12	劣势
霍夫曼系数	22	23	- 1	劣势
8.2　城市化进程竞争力	15	13	2	中势
城镇化率	5	5	0	优势
城镇居民人均可支配收入	9	9	0	优势
城市平均建成区面积	4	4	0	优势
人均拥有道路面积	23	25	- 2	劣势
人均日生活用水量	25	23	2	劣势
人均居住面积	27	22	5	劣势
人均公共绿地面积	19	18	1	中势
8.3　市场化进程竞争力	8	7	1	优势
非公有制经济产值占全社会总产值的比重	12	13	- 1	中势
社会投资占投资总资金的比重	3	3	0	强势
非国有单位从业人员占城镇从业人员比重	11	15	- 4	中势
亿元以上商品市场成交额	7	7	0	优势
亿元以上商品市场成交额占全社会消费品零售总额比重	9	8	1	优势
全社会消费品零售总额占工农总产值比重	24	25	- 1	劣势

9. 辽宁省统筹协调竞争力指标排名变化情况

表 6 – 13　2011～2012 年辽宁省统筹协调竞争力指标组排位及变化趋势表

指　　　标	2011 年	2012 年	排位升降	优劣势
9　统筹协调竞争力	10	5	5	优势
9.1　统筹发展竞争力	26	12	14	中势
社会劳动生产率	6	6	0	优势
社会劳动生产率增速	20	17	3	中势
万元 GDP 综合能耗	21	19	2	中势
非农用地产出率	9	9	0	优势
生产税净额和营业盈余占 GDP 比重	6	2	4	强势
最终消费率	26	27	−1	劣势
固定资产投资额占 GDP 比重	28	26	2	劣势
固定资产交付使用率	20	15	5	中势
9.2　协调发展竞争力	3	6	−3	优势
环境竞争力与宏观经济竞争力比差	5	2	3	强势
资源竞争力与宏观经济竞争力比差	21	23	−2	劣势
人力资源竞争力与宏观经济竞争力比差	4	4	0	优势
资源竞争力与工业竞争力比差	15	16	−1	中势
环境竞争力与工业竞争力比差	9	6	3	优势
城乡居民家庭人均收入比差	8	10	−2	优势
城乡居民人均生活消费支出比差	18	20	−2	中势
全社会消费品零售总额与外贸出口总额比差	22	19	3	中势

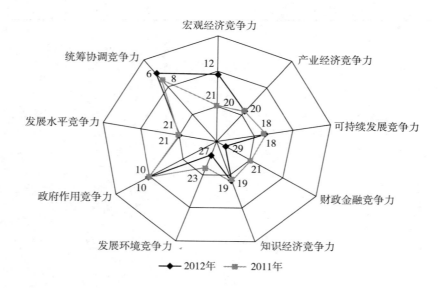

B.8
7
吉林省经济综合竞争力评价分析报告

  吉林省简称吉，位于我国东北地区中部，南隔图们江、鸭绿江与朝鲜为邻，东与俄罗斯接壤，内陆与黑龙江省、内蒙古自治区、辽宁省相接。全省总面积 18.74 万平方公里，2012 年全省总人口为 2750 万人，地区生产总值达 11939 亿元，同比增长 12.0%，人均GDP 达 43415 元。本部分通过分析"十二五"中期吉林省经济综合竞争力以及各要素竞争力的排名变化，从中找出吉林省经济综合竞争力的推动点及影响因素，为进一步提升吉林省经济综合竞争力提供决策参考。

7.1 吉林省经济综合竞争力总体分析

1. 吉林省经济综合竞争力一级指标概要分析

图 7 - 1　2011~2012 年吉林省经济综合竞争力二级指标比较雷达图

表7-1　2011～2012年吉林省经济综合竞争力二级指标比较表

项目 年份	宏观经济 竞 争 力	产业经济 竞 争 力	可持续发 展竞争力	财政金融 竞 争 力	知识经济 竞 争 力	发展环境 竞 争 力	政府作用 竞 争 力	发展水平 竞 争 力	统筹协调 竞 争 力	综合 排位
2011	21	20	18	21	19	23	10	21	8	20
2012	12	20	18	29	19	27	10	21	6	15
升降	9	0	0	-8	0	-4	0	0	2	5
优劣度	中势	中势	中势	劣势	中势	劣势	优势	劣势	优势	中势

（1）从综合排位看，2012年吉林省经济综合竞争力综合排位在全国居第15位，这表明其在全国处于居中偏上地位；与2011年相比，综合排位上升了5位。

（2）从指标所处区位看，处于上游区的指标有2个，分别为政府作用竞争力和统筹协调竞争力；处于中游区的指标有4个，分别为宏观经济竞争力、产业经济竞争力、可持续发展竞争力和知识经济竞争力；处于下游区的指标有3个，分别为财政金融竞争力、发展环境竞争力和发展水平竞争力。

（3）从指标变化趋势看，9个二级指标中，有2个指标处于上升趋势，分别为宏观经济竞争力和统筹协调竞争力，这些是吉林省经济综合竞争力上升的动力所在；有5个指标排位没有发生变化，分别为产业经济竞争力、可持续发展竞争力、知识经济竞争力、政府作用竞争力和发展水平竞争力；有2个指标处于下降趋势，分别为财政金融竞争力和发展环境竞争力，这些是吉林省经济综合竞争力下降的拉力所在。

2. 吉林省经济综合竞争力各级指标动态变化分析

表7-2　2011～2012年吉林省经济综合竞争力各级指标排位变化态势比较表

二级指标	三级指标	四级 指标数	上升		保持		下降		变化 趋势
			指标 数	比重 （%）	指标 数	比重 （%）	指标 数	比重 （%）	
宏观经济 竞 争 力	经济实力竞争力	12	7	58.3	4	33.3	1	8.3	上升
	经济结构竞争力	6	3	50.0	1	16.7	2	33.3	保持
	经济外向度竞争力	9	4	44.4	4	44.4	1	11.1	上升
	小　　计	27	14	51.9	9	33.3	4	14.8	上升
产业经济 竞 争 力	农业竞争力	12	1	8.3	8	66.7	3	25.0	保持
	工业竞争力	10	5	50.0	3	30.0	2	20.0	下降
	服务业竞争力	9	3	33.3	1	11.1	5	55.6	上升
	企业竞争力	10	6	60.0	2	20.0	2	20.0	上升
	小　　计	41	15	36.6	14	34.1	12	29.3	保持
可持续发展 竞 争 力	资源竞争力	9	2	22.2	6	66.7	1	11.1	保持
	环境竞争力	8	3	37.5	3	37.5	2	25.0	下降
	人力资源竞争力	8	2	25.0	3	37.5	3	37.5	上升
	小　　计	25	7	28.0	12	48.0	6	24.0	保持
财政金融 竞 争 力	财政竞争力	12	0	0.0	6	50.0	6	50.0	下降
	金融竞争力	10	1	10.0	4	40.0	5	50.0	下降
	小　　计	22	1	4.5	10	45.5	11	50.0	下降

续表

二级指标	三级指标	四级指标数	上升		保持		下降		变化趋势
			指标数	比重（%）	指标数	比重（%）	指标数	比重（%）	
知识经济竞争力	科技竞争力	8	2	25.0	2	25.0	4	50.0	下降
	教育竞争力	10	5	50.0	5	50.0	0	0.0	上升
	文化竞争力	8	6	75.0	1	12.5	1	12.5	上升
	小　计	26	13	50.0	8	30.8	5	19.2	保持
发展环境竞争力	基础设施竞争力	9	2	22.2	3	33.3	4	44.4	保持
	软环境竞争力	9	3	33.3	0	0.0	6	66.7	下降
	小　计	18	5	27.8	3	16.7	10	55.6	下降
政府作用竞争力	政府发展经济竞争力	5	3	60.0	1	20.0	1	20.0	上升
	政府规调经济竞争力	5	2	40.0	1	20.0	2	40.0	上升
	政府保障经济竞争力	6	1	16.7	2	33.3	3	50.0	保持
	小　计	16	6	37.5	4	25.0	6	37.5	保持
发展水平竞争力	工业化进程竞争力	6	4	66.7	0	0.0	2	33.3	上升
	城市化进程竞争力	7	2	28.6	4	57.1	1	14.3	下降
	市场化进程竞争力	6	2	33.3	1	16.7	3	50.0	下降
	小　计	19	8	42.1	5	26.3	6	31.6	保持
统筹协调竞争力	统筹发展竞争力	8	3	37.5	2	25.0	3	37.5	上升
	协调发展竞争力	8	4	50.0	1	12.5	3	37.5	上升
	小　计	16	7	43.8	3	18.8	6	37.5	上升
合　计		210	76	36.2	68	32.4	66	31.4	上升

从表 7-2 可以看出，210 个四级指标中，上升指标有 76 个，占指标总数的 36.2%；下降指标有 66 个，占指标总数的 31.4%；保持不变的指标有 68 个，占指标总数的 32.4%。综上所述，吉林省经济综合竞争力上升的动力大于下降的拉力，使得 2011～2012 年吉林省经济综合竞争力排位上升 5 位。

3. 吉林省经济综合竞争力各级指标优劣势结构分析

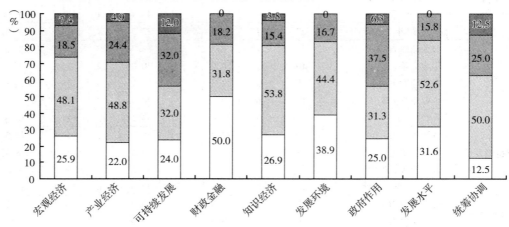

图 7-2　2012 年吉林省经济综合竞争力各级指标优劣势比较图

表7-3　2012年吉林省经济综合竞争力各级指标优劣势比较表

二级指标	三级指标	四级指标数	强势指标		优势指标		中势指标		劣势指标		优劣势
			个数	比重（%）	个数	比重（%）	个数	比重（%）	个数	比重（%）	
宏观经济竞争力	经济实力竞争力	12	1	8.3	4	33.3	5	41.7	2	16.7	优势
	经济结构竞争力	6	1	16.7	1	16.7	2	33.3	2	33.3	中势
	经济外向度竞争力	9	0	0.0	0	0.0	6	66.7	3	33.3	劣势
	小　计	27	2	7.4	5	18.5	13	48.1	7	25.9	中势
产业经济竞争力	农业竞争力	12	1	8.3	3	25.0	6	50.0	2	16.7	优势
	工业竞争力	10	1	10.0	3	30.0	5	50.0	1	10.0	中势
	服务业竞争力	9	0	0.0	2	22.2	2	22.2	5	55.6	劣势
	企业竞争力	10	0	0.0	2	20.0	7	70.0	1	10.0	劣势
	小　计	41	2	4.9	10	24.4	20	48.8	9	22.0	中势
可持续发展竞争力	资源竞争力	9	1	11.1	4	44.4	4	44.4	0	0.0	优势
	环境竞争力	8	0	0.0	2	25.0	4	50.0	2	25.0	中势
	人力资源竞争力	8	2	25.0	2	25.0	0	0.0	4	50.0	劣势
	小　计	25	3	12.0	8	32.0	8	32.0	6	24.0	中势
财政金融竞争力	财政竞争力	12	0	0.0	3	25.0	4	33.3	5	41.7	劣势
	金融竞争力	10	0	0.0	1	10.0	3	30.0	6	60.0	劣势
	小　计	22	0	0.0	4	18.2	7	31.8	11	50.0	劣势
知识经济竞争力	科技竞争力	8	0	0.0	0	0.0	4	50.0	4	50.0	中势
	教育竞争力	10	0	0.0	2	20.0	6	60.0	2	20.0	中势
	文化竞争力	8	1	12.5	2	25.0	4	50.0	1	12.5	优势
	小　计	26	1	3.8	4	15.4	14	53.8	7	26.9	中势
发展环境竞争力	基础设施竞争力	9	0	0.0	0	0.0	5	55.6	4	44.4	劣势
	软环境竞争力	9	0	0.0	3	33.3	3	33.3	3	33.3	劣势
	小　计	18	0	0.0	3	16.7	8	44.4	7	38.9	劣势
政府作用竞争力	政府发展经济竞争力	5	0	0.0	1	20.0	3	60.0	1	20.0	中势
	政府规调经济竞争力	5	1	20.0	2	40.0	1	20.0	1	20.0	优势
	政府保障经济竞争力	6	0	0.0	3	50.0	1	16.7	2	33.3	中势
	小　计	16	1	6.3	6	37.5	5	31.3	4	25.0	优势
发展水平竞争力	工业化进程竞争力	6	0	0.0	2	33.3	3	50.0	1	16.7	中势
	城市化进程竞争力	7	0	0.0	0	0.0	4	57.1	3	42.9	劣势
	市场化进程竞争力	6	0	0.0	1	16.7	3	50.0	2	33.3	中势
	小　计	19	0	0.0	3	15.8	10	52.6	6	31.6	劣势
统筹协调竞争力	统筹发展竞争力	8	1	12.5	1	12.5	4	50.0	2	25.0	中势
	协调发展竞争力	8	1	12.5	3	37.5	4	50.0	0	0.0	优势
	小　计	16	2	12.5	4	25.0	8	50.0	2	12.5	优势
合　　计		210	11	5.2	47	22.4	93	44.3	59	28.1	中势

　　基于图7-2和表7-3，从四级指标来看，强势指标11个，占指标总数的5.2%；优势指标47个，占指标总数的22.4%；中势指标93个，占指标总数的44.3%；劣势指标

59 个, 占指标总数的 28.1%。从三级指标来看, 没有强势指标; 优势指标 6 个, 占三级指标总数的 24%; 中势指标 10 个, 占三级指标总数的 40%; 劣势指标 9 个, 占三级指标总数的 36%。反映到二级指标上来, 没有强势指标; 优势指标有 2 个, 占二级指标总数的 22.2%; 中势指标有 4 个, 占二级指标总数的 44.5%; 劣势指标有 3 个, 占二级指标总数的 33.3%。综合来看, 由于中势指标在指标体系中居于主导地位, 2012 年吉林省经济综合竞争力处于中势地位。

4. 吉林省经济综合竞争力四级指标优劣势对比分析

表 7 - 4　2012 年吉林省经济综合竞争力各级指标优劣势比较表

二级指标	优劣势	四级指标
宏观经济竞争力(27 个)	强势指标	财政总收入增长率、资本形成结构优化度(2 个)
	优势指标	地区生产总值增长率、固定资产投资额增长率、人均固定资产投资、全社会消费品零售总额增长率、城乡经济结构优化度(5 个)
	劣势指标	地区生产总值、财政总收入、产业结构优化度、贸易结构优化度、出口总额、对外经济合作完成营业额、对外直接投资(7 个)
产业经济竞争力(41 个)	强势指标	人均主要农产品产量、工业增加值增长率(2 个)
	优势指标	人均农业增加值、农业劳动生产率、农村人均固定资产原值、人均工业增加值、工业资产总贡献率、工业全员劳动生产率、服务业增加值增长率、限额以上批零企业利税率、流动资金周转次数、规模以上企业平均利润(10 个)
	劣势指标	乡镇企业总产值、农村人均用电量、工业成本费用利润率、服务业增加值、服务业从业人员数、限额以上餐饮企业利税率、旅游外汇收入、房地产经营总收入、工业企业 R&D 经费投入强度(9 个)
可持续发展竞争力(25 个)	强势指标	人均耕地面积、15 ~ 64 岁人口比例、文盲率(3 个)
	优势指标	人均国土面积、耕地面积、人均主要能源矿产基础储量、人均森林储积量、森林覆盖率、自然灾害直接经济损失、平均受教育程度、人口健康素质(8 个)
	劣势指标	人均治理工业污染投资额、生活垃圾无害化处理率、人口自然增长率、大专以上教育程度人口比例、人力资源利用率、职业学校毕业生数(6 个)
财政金融竞争力(22 个)	强势指标	(0 个)
	优势指标	税收收入占财政总收入比重、地方财政收入增速、税收收入增速、货币市场融资额(4 个)
	劣势指标	地方财政收入、地方财政支出、地方财政收入占 GDP 比重、税收收入占 GDP 比重、地方财政支出增速、存款余额、人均存款余额、贷款余额、保险费净收入、保险深度、人均证券市场筹资额(11 个)

续表

二级指标	优劣势	四级指标
知识经济 竞争力 (26个)	强势 指标	农村居民人均文化娱乐支出占消费性支出比重(1个)
	优势 指标	人均文化教育支出占个人消费支出比重、万人高等学校在校学生数、图书和期刊出版数、农村居民人均文化娱乐支出(4个)
	劣势 指标	R&D经费、高技术产品出口额、发明专利申请授权量、技术市场成交合同金额、教育经费、高等学校数、文化产业增加值(7个)
发展环境 竞争力 (18个)	强势 指标	(0个)
	优势 指标	查处商标侵权假冒案件、每十万人交通事故发生数、食品安全事故数(3个)
	劣势 指标	公路网线密度、全社会旅客周转量、全社会货物周转量、人均耗电量、个体私营企业数增长率、万人商标注册件数、罚没收入占财政收入比重(7个)
政府作用 竞争力 (16个)	强势 指标	人口控制(1个)
	优势 指标	财政投资对社会投资的拉动、物价调控、调控城乡消费差距、医疗保险覆盖率、养老保险覆盖率、下岗职工再就业率(6个)
	劣势 指标	财政支出用于基本建设投资比重、规范税收、城市城镇社区服务设施数、城镇登记失业率(4个)
发展水平 竞争力 (19个)	强势 指标	(0个)
	优势 指标	工业增加值占GDP比重、工业增加值增长率、社会投资占投资总资金的比重(3个)
	劣势 指标	工业从业人员增长率、城镇居民人均可支配收入、人均日生活用水量、人均居住面积、亿元以上商品市场成交额、亿元以上商品市场成交额占全社会消费品零售总额比重(6个)
统筹协调 竞争力 (16个)	强势 指标	固定资产交付使用率、全社会消费品零售总额与外贸出口总额比差(2个)
	优势 指标	社会劳动生产率、人力资源竞争力与宏观经济竞争力比差、城乡居民家庭人均收入比差、城乡居民人均生活消费支出比差(4个)
	劣势 指标	最终消费率、固定资产投资额占GDP比重(2个)

7.2 吉林省经济综合竞争力各级指标具体分析

1. 吉林省宏观经济竞争力指标排名变化情况

表7-5 2011~2012年吉林省宏观经济竞争力指标组排位及变化趋势表

指标	2011年	2012年	排位升降	优劣势
1 宏观经济竞争力	21	12	9	中势
1.1 经济实力竞争力	26	9	17	优势
地区生产总值	22	22	0	劣势
地区生产总值增长率	7	10	-3	优势
人均地区生产总值	11	11	0	中势
财政总收入	28	25	3	劣势
财政总收入增长率	28	3	25	强势
人均财政收入	28	15	13	中势
固定资产投资额	19	18	1	中势
固定资产投资额增长率	31	8	23	优势
人均固定资产投资额	7	5	2	优势
全社会消费品零售总额	16	16	0	中势
全社会消费品零售总额增长率	21	4	17	优势
人均全社会消费品零售总额	11	11	0	中势
1.2 经济结构竞争力	13	13	0	中势
产业结构优化度	22	25	-3	劣势
所有制经济结构优化度	20	20	0	中势
城乡经济结构优化度	6	5	1	优势
就业结构优化度	20	17	3	中势
资本形成结构优化度	1	2	-1	强势
贸易结构优化度	25	22	3	劣势
1.3 经济外向度竞争力	24	21	3	劣势
进出口总额	20	20	0	中势
进出口增长率	13	13	0	中势
出口总额	24	24	0	劣势
出口增长率	28	13	15	中势
实际FDI	17	16	1	中势
实际FDI增长率	14	13	1	中势
外贸依存度	18	19	-1	中势
对外经济合作完成营业额	26	23	3	劣势
对外直接投资	23	23	0	劣势

2. 吉林省产业经济竞争力指标排名变化情况

表 7 - 6　2011～2012 年吉林省产业经济竞争力指标组排位及变化趋势表

指　标	2011 年	2012 年	排位升降	优劣势
2　产业经济竞争力	20	20	0	中势
2.1　农业竞争力	8	8	0	优势
农业增加值	18	18	0	中势
农业增加值增长率	10	14	-4	中势
人均农业增加值	4	5	-1	优势
乡镇企业总产值	22	22	0	劣势
农民人均纯收入	11	11	0	中势
农民人均纯收入增长率	7	12	-5	中势
农产品出口占农林牧渔总产值比重	12	12	0	中势
人均主要农产品产量	3	3	0	强势
农业劳动生产率	16	10	6	优势
农村人均固定资产原值	6	6	0	优势
农村人均用电量	21	21	0	劣势
财政支农资金比重	13	13	0	中势
2.2　工业竞争力	17	18	-1	中势
工业增加值	21	19	2	中势
工业增加值增长率	18	3	15	强势
人均工业增加值	10	10	0	优势
工业资产总额	20	19	1	中势
工业资产总额增长率	15	15	0	中势
工业资产总贡献率	10	8	2	优势
规模以上工业利润总额	20	20	0	中势
工业全员劳动生产率	9	10	-1	优势
工业成本费用利润率	19	22	-3	劣势
工业产品销售率	12	11	1	中势
2.3　服务业竞争力	22	21	1	劣势
服务业增加值	23	24	-1	劣势
服务业增加值增长率	17	10	7	优势
人均服务业增加值	12	14	-2	中势
服务业从业人员数	21	22	-1	劣势
服务业从业人员数增长率	13	16	-3	中势
限额以上批零企业利税率	13	5	8	优势
限额以上餐饮企业利税率	14	24	-10	劣势
旅游外汇收入	25	24	1	劣势
房地产经营总收入	23	23	0	劣势

指　　标	2011 年	2012 年	排位升降	优劣势
2.4　企业竞争力	27	26	1	劣势
规模以上工业企业数	15	16	−1	中势
规模以上企业平均资产	17	17	0	中势
规模以上企业平均增加值	18	16	2	中势
流动资金周转次数	5	4	1	优势
规模以上企业平均利润	14	10	4	优势
规模以上企业销售利税率	18	16	2	中势
规模以上企业平均所有者权益	16	15	1	中势
优等品率	20	15	5	中势
工业企业 R&D 经费投入强度	27	29	−2	劣势
中国驰名商标持有量	18	18	0	中势

3. 吉林省可持续发展竞争力指标排名变化情况

表 7 - 7　2011～2012 年吉林省可持续发展竞争力指标组排位及变化趋势表

指　　标	2011 年	2012 年	排位升降	优劣势
3　可持续发展竞争力	18	18	0	中势
3.1　资源竞争力	8	8	0	优势
人均国土面积	9	9	0	优势
人均可使用海域和滩涂面积	13	13	0	中势
人均年水资源量	13	16	−3	中势
耕地面积	9	9	0	优势
人均耕地面积	3	3	0	强势
人均牧草地面积	11	11	0	中势
主要能源矿产基础储量	20	19	1	中势
人均主要能源矿产基础储量	18	9	9	优势
人均森林储积量	5	5	0	优势
3.2　环境竞争力	13	15	−2	中势
森林覆盖率	10	10	0	优势
人均废水排放量	16	16	0	中势
人均工业废气排放量	22	19	3	中势
人均工业固体废物排放量	19	16	3	中势
人均治理工业污染投资额	20	23	−3	劣势
一般工业固体废物综合利用率	17	16	1	中势
生活垃圾无害化处理率	28	29	−1	劣势
自然灾害直接经济损失	10	10	0	优势

续表

指　　标	2011 年	2012 年	排位升降	优劣势
3.3　人力资源竞争力	25	24	1	劣势
人口自然增长率	30	30	0	劣势
15~64 岁人口比例	7	3	4	强势
文盲率	2	2	0	强势
大专以上教育程度人口比例	16	21	−5	劣势
平均受教育程度	11	8	3	优势
人口健康素质	10	10	0	优势
人力资源利用率	29	30	−1	劣势
职业学校毕业生数	21	23	−2	劣势

4. 吉林省财政金融竞争力指标排名变化情况

表 7 - 8　2011~2012 年吉林省财政金融竞争力指标组排位及变化趋势表

指　　标	2011 年	2012 年	排位升降	优劣势
4　财政金融竞争力	21	29	−8	劣势
4.1　财政竞争力	16	25	−9	劣势
地方财政收入	24	24	0	劣势
地方财政支出	24	25	−1	劣势
地方财政收入占 GDP 比重	25	25	0	劣势
地方财政支出占 GDP 比重	17	19	−2	中势
税收收入占 GDP 比重	23	23	0	劣势
税收收入占财政总收入比重	5	10	−5	优势
人均地方财政收入	17	17	0	中势
人均地方财政支出	12	12	0	中势
人均税收收入	17	17	0	中势
地方财政收入增速	8	9	−1	优势
地方财政支出增速	23	28	−5	劣势
税收收入增速	3	7	−4	优势
4.2　金融竞争力	24	25	−1	劣势
存款余额	24	24	0	劣势
人均存款余额	22	22	0	劣势
贷款余额	24	24	0	劣势
人均贷款余额	17	18	−1	中势
货币市场融资额	4	5	−1	优势
中长期贷款占贷款余额比重	16	14	2	中势
保险费净收入	20	23	−3	劣势
保险密度	20	20	0	中势
保险深度	22	23	−1	劣势
人均证券市场筹资额	27	29	−2	劣势

5. 吉林省知识经济竞争力指标排名变化情况

表 7－9　2011～2012 年吉林省知识经济竞争力指标组排位及变化趋势表

指　　标	2011 年	2012 年	排位升降	优劣势
5　知识经济竞争力	19	19	0	中势
5.1　科技竞争力	19	20	−1	中势
R&D 人员	17	18	−1	中势
R&D 经费	21	21	0	劣势
R&D 经费投入强度	20	20	0	中势
高技术产业规模以上企业产值	17	18	−1	中势
高技术产业规模以上企业产值占 GDP 比重	13	12	1	中势
高技术产品出口额	23	22	1	劣势
发明专利申请授权量	19	24	−5	劣势
技术市场成交合同金额	20	24	−4	劣势
5.2　教育竞争力	23	19	4	中势
教育经费	25	25	0	劣势
教育经费占 GDP 比重	20	19	1	中势
人均教育经费	18	17	1	中势
公共教育经费占财政支出比重	22	20	2	中势
人均文化教育支出占个人消费支出比重	6	4	2	优势
万人中小学学校数	14	14	0	中势
万人中小学专任教师数	20	20	0	中势
高等学校数	22	22	0	劣势
高校专任教师数	19	19	0	中势
万人高等学校在校学生数	7	6	1	优势
5.3　文化竞争力	16	10	6	优势
文化产业增加值	22	23	−1	劣势
图书和期刊出版数	11	8	3	优势
报纸出版数	18	16	2	中势
出版印刷工业销售产值	13	13	0	中势
城镇居民人均文化娱乐支出	17	15	2	中势
农村居民人均文化娱乐支出	11	6	5	优势
城镇居民人均文化娱乐支出占消费性支出比重	16	15	1	中势
农村居民人均文化娱乐支出占消费性支出比重	6	2	4	强势

6. 吉林省发展环境竞争力指标排名变化情况

表7-10 2011~2012年吉林省发展环境竞争力指标组排位及变化趋势表

指 标	2011 年	2012 年	排位升降	优劣势
6 发展环境竞争力	23	27	-4	劣势
6.1 基础设施竞争力	25	25	0	劣势
铁路网线密度	12	11	1	中势
公路网线密度	23	24	-1	劣势
人均内河航道里程	18	18	0	中势
全社会旅客周转量	21	21	0	劣势
全社会货物周转量	24	24	0	劣势
人均邮电业务总量	14	16	-2	中势
万户移动电话数	20	18	2	中势
万户上网用户数	18	20	-2	中势
人均耗电量	24	25	-1	劣势
6.2 软环境竞争力	13	21	-8	劣势
外资企业数增长率	15	13	2	中势
万人外资企业数	11	13	-2	中势
个体私营企业数增长率	11	24	-13	劣势
万人个体私营企业数	14	15	-1	中势
万人商标注册件数	22	24	-2	劣势
查处商标侵权假冒案件	10	7	3	优势
每十万人交通事故发生数	12	9	3	优势
罚没收入占财政收入比重	27	30	-3	劣势
食品安全事故数	1	9	-8	优势

7. 吉林省政府作用竞争力指标排名变化情况

表7-11 2011~2012年吉林省政府作用竞争力指标组排位及变化趋势表

指 标	2011 年	2012 年	排位升降	优劣势
7 政府作用竞争力	10	10	0	优势
7.1 政府发展经济竞争力	21	18	3	中势
财政支出用于基本建设投资比重	25	26	-1	劣势
财政支出对 GDP 增长的拉动	15	13	2	中势
政府公务员对经济的贡献	14	14	0	中势
政府消费对民间消费的拉动	22	20	2	中势
财政投资对社会投资的拉动	9	7	2	优势
7.2 政府规调经济竞争力	6	5	1	优势
物价调控	9	7	2	优势
调控城乡消费差距	7	10	-3	优势
统筹经济社会发展	9	18	-9	中势
规范税收	22	22	0	劣势
人口控制	2	1	1	强势

续表

指　　标	2011 年	2012 年	排位升降	优劣势
7.3　政府保障经济竞争力	11	11	0	中势
城市城镇社区服务设施数	28	28	0	劣势
医疗保险覆盖率	7	8	-1	优势
养老保险覆盖率	9	9	0	优势
失业保险覆盖率	15	17	-2	中势
下岗职工再就业率	11	10	1	优势
城镇登记失业率	21	22	-1	劣势

8. 吉林省发展水平竞争力指标排名变化情况

表 7－12　2011～2012 年吉林省发展水平竞争力指标组排位及变化趋势表

指　　标	2011 年	2012 年	排位升降	优劣势
8　发展水平竞争力	21	21	0	劣势
8.1　工业化进程竞争力	20	16	4	中势
工业增加值占 GDP 比重	11	8	3	优势
工业增加值增长率	13	7	6	优势
高新技术产业占工业总产值比重	17	18	-1	中势
工业从业人员比重	22	20	2	中势
工业从业人员增长率	21	23	-2	劣势
霍夫曼系数	15	14	1	中势
8.2　城市化进程竞争力	21	24	-3	劣势
城镇化率	12	12	0	中势
城镇居民人均可支配收入	23	23	0	劣势
城市平均建成区面积	13	13	0	中势
人均拥有道路面积	22	20	2	中势
人均日生活用水量	28	28	0	劣势
人均居住面积	23	27	-4	劣势
人均公共绿地面积	20	17	3	中势
8.3　市场化进程竞争力	19	20	-1	中势
非公有制经济产值占全社会总产值的比重	20	19	1	中势
社会投资占投资总资金的比重	6	7	-1	优势
非国有单位从业人员占城镇从业人员比重	15	18	-3	中势
亿元以上商品市场成交额	23	21	2	劣势
亿元以上商品市场成交额占全社会消费品零售总额比重	26	26	0	劣势
全社会消费品零售总额占工农总产值比重	15	20	-5	中势

9. 吉林省统筹协调竞争力指标排名变化情况

表 7 – 13　2011～2012 年吉林省统筹协调竞争力指标组排位及变化趋势表

指　　标	2011 年	2012 年	排位升降	优劣势
9　统筹协调竞争力	8	6	2	优势
9.1　统筹发展竞争力	15	13	2	中势
社会劳动生产率	9	9	0	优势
社会劳动生产率增速	21	16	5	中势
万元 GDP 综合能耗	17	16	1	中势
非农用地产出率	14	14	0	中势
生产税净额和营业盈余占 GDP 比重	13	17	−4	中势
最终消费率	28	30	−2	劣势
固定资产投资额占 GDP 比重	20	21	−1	劣势
固定资产交付使用率	3	1	2	强势
9.2　协调发展竞争力	8	5	3	优势
环境竞争力与宏观经济竞争力比差	23	16	7	中势
资源竞争力与宏观经济竞争力比差	10	14	−4	中势
人力资源竞争力与宏观经济竞争力比差	18	8	10	优势
资源竞争力与工业竞争力比差	11	13	−2	中势
环境竞争力与工业竞争力比差	22	17	5	中势
城乡居民家庭人均收入比差	6	5	1	优势
城乡居民人均生活消费支出比差	7	10	−3	优势
全社会消费品零售总额与外贸出口总额比差	2	2	0	强势

B.9

8

黑龙江省经济综合竞争力评价分析报告

黑龙江省简称黑，位于我国最东北部，与俄罗斯为邻，内接内蒙古自治区、吉林省。全省面积为 46 万多平方公里，2012 年全省总人口为 3834 万人，地区生产总值达 13692 亿元，同比增长 10.0%，人均 GDP 达 35711 元。本部分通过分析"十二五"中期黑龙江省经济综合竞争力以及各要素竞争力的排名变化，从中找出黑龙江省经济综合竞争力的推动点及影响因素，为进一步提升黑龙江省经济综合竞争力提供决策参考。

8.1 黑龙江省经济综合竞争力总体分析

1. 黑龙江省经济综合竞争力一级指标概要分析

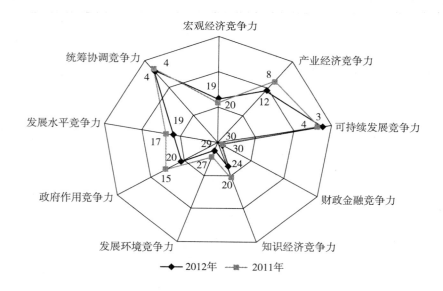

图 8 - 1 2011 ~ 2012 年黑龙江省经济综合竞争力二级指标比较雷达图

表 8 - 1　2011～2012 年黑龙江省经济综合竞争力二级指标比较表

项目 年份	宏观经济竞争力	产业经济竞争力	可持续发展竞争力	财政金融竞争力	知识经济竞争力	发展环境竞争力	政府作用竞争力	发展水平竞争力	统筹协调竞争力	综合排位
2011	20	8	4	30	20	27	15	17	4	17
2012	19	12	3	30	24	29	20	19	4	20
升降	1	-4	1	0	-4	-2	-5	-2	0	-3
优劣度	中势	中势	强势	劣势	劣势	劣势	中势	中势	优势	中势

（1）从综合排位看，2012 年黑龙江省经济综合竞争力综合排位在全国居第 20 位，这表明其在全国处于居中偏下地位；与 2011 年相比，综合排位下降了 3 位。

（2）从指标所处区位看，处于上游区的指标有 2 个，分别为可持续发展竞争力和统筹协调竞争力，其中，可持续发展竞争力为黑龙江省经济综合竞争力中的强势指标；处于中游区的指标有 4 个，分别为宏观经济竞争力、产业经济竞争力、政府作用竞争力和发展水平竞争力；处于下游区的指标有 3 个，分别为财政金融竞争力、知识经济竞争力和发展环境竞争力。

（3）从指标变化趋势看，9 个二级指标中，有 2 个指标处于上升趋势，分别为宏观经济竞争力和可持续发展竞争力，这些是黑龙江省经济综合竞争力上升的动力所在；有 2 个指标排位没有发生变化，分别为财政金融竞争力和统筹协调竞争力；有 5 个指标处于下降趋势，分别为产业经济竞争力、知识经济竞争力、发展环境竞争力、政府作用竞争力和发展水平竞争力，这些是黑龙江省经济综合竞争力下降的拉力所在。

2. 黑龙江省经济综合竞争力各级指标动态变化分析

表 8 - 2　2011～2012 年黑龙江省经济综合竞争力各级指标排位变化态势比较表

二级指标	三级指标	四级指标数	上升		保持		下降		变化趋势
			指标数	比重（%）	指标数	比重（%）	指标数	比重（%）	
宏观经济竞争力	经济实力竞争力	12	4	33.3	5	41.7	3	25.0	保持
	经济结构竞争力	6	2	33.3	2	33.3	2	33.3	保持
	经济外向度竞争力	9	2	22.2	0	0.0	7	77.8	下降
	小　　计	27	8	29.6	7	25.9	12	44.4	上升
产业经济竞争力	农业竞争力	12	4	33.3	5	41.7	3	25.0	上升
	工业竞争力	10	1	10.0	2	20.0	7	70.0	下降
	服务业竞争力	9	4	44.4	2	22.2	3	33.3	下降
	企业竞争力	10	4	40.0	2	20.0	4	40.0	上升
	小　　计	41	13	31.7	11	26.8	17	41.5	下降
可持续发展竞争力	资源竞争力	9	1	11.1	6	66.7	2	22.2	上升
	环境竞争力	8	2	25.0	2	25.0	4	50.0	下降
	人力资源竞争力	8	1	12.5	3	37.5	4	50.0	保持
	小　　计	25	4	16.0	11	44.0	10	40.0	上升
财政金融竞争力	财政竞争力	12	2	16.7	3	25.0	7	58.3	下降
	金融竞争力	10	4	40.0	4	40.0	2	20.0	保持
	小　　计	22	6	27.3	7	31.8	9	40.9	保持

续表

二级指标	三级指标	四级指标数	上升		保持		下降		变化趋势
			指标数	比重（%）	指标数	比重（%）	指标数	比重（%）	
知识经济竞争力	科技竞争力	8	3	37.5	2	25.0	3	37.5	下降
	教育竞争力	10	2	20.0	6	60.0	2	20.0	下降
	文化竞争力	8	3	37.5	1	12.5	4	50.0	下降
	小　计	26	8	30.8	9	34.6	9	34.6	下降
发展环境竞争力	基础设施竞争力	9	1	11.1	5	55.6	3	33.3	下降
	软环境竞争力	9	2	22.2	3	33.3	4	44.4	上升
	小　计	18	3	16.7	8	44.4	7	38.9	下降
政府作用竞争力	政府发展经济竞争力	5	1	20.0	3	60.0	1	20.0	上升
	政府规调经济竞争力	5	2	40.0	0	0.0	3	60.0	保持
	政府保障经济竞争力	6	0	0.0	0	0.0	6	100.0	下降
	小　计	16	3	18.8	3	18.8	10	62.5	下降
发展水平竞争力	工业化进程竞争力	6	1	16.7	2	33.3	3	50.0	下降
	城市化进程竞争力	7	2	28.6	1	14.3	4	57.1	保持
	市场化进程竞争力	6	2	33.3	3	50.0	1	16.7	保持
	小　计	19	5	26.3	6	31.6	8	42.1	下降
统筹协调竞争力	统筹发展竞争力	8	2	25.0	3	37.5	3	37.5	下降
	协调发展竞争力	8	5	62.5	1	12.5	2	25.0	下降
	小　计	16	7	43.8	4	25.0	5	31.3	保持
合　计		210	57	27.1	66	31.4	87	41.4	下降

从表8-2可以看出，210个四级指标中，上升指标有57个，占指标总数的27.1%；下降指标有87个，占指标总数的41.4%；保持不变的指标有66个，占指标总数的31.4%。由此可见，黑龙江省经济综合竞争力上升的动力小于下降的拉力，使得2011～2012年黑龙江省经济综合竞争力排位下降3位。

3. 黑龙江省经济综合竞争力各级指标优劣势结构分析

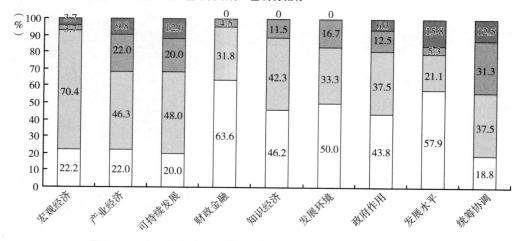

图8-2　2012年黑龙江省经济综合竞争力各级指标优劣势比较图

表 8-3 2012 年黑龙江省经济综合竞争力各级指标优劣势比较表

二级指标	三级指标	四级指标数	强势指标		优势指标		中势指标		劣势指标		优劣势
			个数	比重（%）	个数	比重（%）	个数	比重（%）	个数	比重（%）	
宏观经济竞争力	经济实力竞争力	12	0	0.0	1	8.3	10	83.3	1	8.3	劣势
	经济结构竞争力	6	1	16.7	0	0.0	3	50.0	2	33.3	中势
	经济外向度竞争力	9	0	0.0	0	0.0	6	66.7	3	33.3	劣势
	小　计	27	1	3.7	1	3.7	19	70.4	6	22.2	中势
产业经济竞争力	农业竞争力	12	2	16.7	5	41.7	2	16.7	3	25.0	强势
	工业竞争力	10	1	10.0	2	20.0	4	40.0	3	30.0	中势
	服务业竞争力	9	0	0.0	1	11.1	7	77.8	1	11.1	劣势
	企业竞争力	10	1	10.0	1	10.0	6	60.0	2	20.0	优势
	小　计	41	4	9.8	9	22.0	19	46.3	9	22.0	中势
可持续发展竞争力	资源竞争力	9	3	33.3	2	22.2	4	44.4	0	0.0	强势
	环境竞争力	8	0	0.0	1	12.5	4	50.0	3	37.5	中势
	人力资源竞争力	8	0	0.0	2	25.0	4	50.0	2	25.0	劣势
	小　计	25	3	12.0	5	20.0	12	48.0	5	20.0	强势
财政金融竞争力	财政竞争力	12	0	0.0	1	8.3	3	25.0	8	66.7	劣势
	金融竞争力	10	0	0.0	0	0.0	4	40.0	6	60.0	劣势
	小　计	22	0	0.0	1	4.5	7	31.8	14	63.6	劣势
知识经济竞争力	科技竞争力	8	0	0.0	0	0.0	5	62.5	3	37.5	中势
	教育竞争力	10	0	0.0	1	10.0	5	50.0	4	40.0	劣势
	文化竞争力	8	0	0.0	2	25.0	1	12.5	5	62.5	劣势
	小　计	26	0	0.0	3	11.5	11	42.3	12	46.2	劣势
发展环境竞争力	基础设施竞争力	9	0	0.0	1	11.1	2	22.2	6	66.7	劣势
	软环境竞争力	9	0	0.0	2	22.2	4	44.4	3	33.3	劣势
	小　计	18	0	0.0	3	16.7	6	33.3	9	50.0	劣势
政府作用竞争力	政府发展经济竞争力	5	0	0.0	0	0.0	3	60.0	2	40.0	劣势
	政府规调经济竞争力	5	1	20.0	1	20.0	0	0.0	3	60.0	中势
	政府保障经济竞争力	6	0	0.0	1	16.7	3	50.0	2	33.3	中势
	小　计	16	1	6.3	2	12.5	6	37.5	7	43.8	中势
发展水平竞争力	工业化进程竞争力	6	2	33.3	0	0.0	0	0.0	4	66.7	优势
	城市化进程竞争力	7	0	0.0	1	14.3	2	28.6	4	57.1	劣势
	市场化进程竞争力	6	1	16.7	0	0.0	2	33.3	3	50.0	劣势
	小　计	19	3	15.8	1	5.3	4	21.1	11	57.9	中势
统筹协调竞争力	统筹发展竞争力	8	0	0.0	2	25.0	4	50.0	2	25.0	中势
	协调发展竞争力	8	2	25.0	3	37.5	2	25.0	1	12.5	强势
	小　计	16	2	12.5	5	31.3	6	37.5	3	18.8	优势
合　计		210	14	6.7	30	14.3	90	42.9	76	36.2	中势

基于图 8-2 和表 8-3，从四级指标来看，强势指标 14 个，占指标总数的 6.7%；优势指标 30 个，占指标总数的 14.3%；中势指标 90 个，占指标总数的 42.9%；劣势指标

76 个，占指标总数的 36.2%。从三级指标来看，强势指标 3 个，占三级指标总数的 12%；优势指标 2 个，占三级指标总数的 8%；中势指标 7 个，占三级指标总数的 28%；劣势指标 13 个，占三级指标总数的 52%。反映到二级指标上来，强势指标 1 个，占二级指标总数的 11.1%；优势指标有 1 个，占二级指标总数的 11.1%；中势指标 4 个，占二级指标总数的 44.5%；劣势指标 3 个，占二级指标总数的 33.3%。综合来看，由于中势指标在指标体系中居于主导地位，2012 年黑龙江省经济综合竞争力处于中势地位。

4. 黑龙江省经济综合竞争力四级指标优劣势对比分析

表 8 - 4　2012 年黑龙江省经济综合竞争力各级指标优劣势比较表

二级指标	优劣势	四级指标
宏观经济竞争力（27 个）	强势指标	城乡经济结构优化度（1 个）
	优势指标	固定资产投资额增长率（1 个）
	劣势指标	地区生产总值增长率、所有制经济结构优化度、贸易结构优化度、进出口增长率、出口增长率、对外直接投资（6 个）
产业经济竞争力（41 个）	强势指标	人均主要农产品产量、农村人均固定资产原值、工业资产总贡献率、规模以上企业销售利税率（4 个）
	优势指标	农业增加值增长率、人均农业增加值、农民人均纯收入、农业劳动生产率、财政支农资金比重、工业全员劳动生产率、工业成本费用利润率、限额以上餐饮企业利税率、规模以上企业平均利润（9 个）
	劣势指标	乡镇企业总产值、农民人均纯收入增长率、农产品出口占农林牧渔总产值比重、工业增加值、工业增加值增长率、工业资产总额增长率、服务业从业人员数增长率、规模以上工业企业数、规模以上企业平均增加值（9 个）
可持续发展竞争力（25 个）	强势指标	耕地面积、人均耕地面积、人均森林储积量（3 个）
	优势指标	人均国土面积、人均牧草地面积、森林覆盖率、15 ~ 64 岁人口比例、文盲率（5 个）
	劣势指标	人均工业废气排放量、人均治理工业污染投资额、生活垃圾无害化处理率、人口自然增长率、人力资源利用率（5 个）
财政金融竞争力（22 个）	强势指标	（0 个）
	优势指标	税收收入占财政总收入比重（1 个）
	劣势指标	地方财政收入、地方财政收入占 GDP 比重、税收收入占 GDP 比重、人均地方财政收入、人均税收收入、地方财政收入增速、地方财政支出增速、税收收入增速、存款余额、人均存款余额、贷款余额、人均贷款余额、中长期贷款占贷款余额比重、人均证券市场筹资额（14 个）

续表

二级指标	优劣势	四级指标
知识经济 竞争力 (26个)	强势 指标	(0个)
	优势 指标	万人高等学校在校学生数、农村居民人均文化娱乐支出、农村居民人均文化娱乐支出占消费性支出比重(3个)
	劣势 指标	高技术产业规模以上企业产值、高技术产业规模以上企业产值占 GDP 比重、高技术产品出口额、教育经费、人均教育经费、公共教育经费占财政支出比重、万人中小学专任教师数、文化产业增加值、图书和期刊出版数、出版印刷工业销售产值、城镇居民人均文化娱乐支出、城镇居民人均文化娱乐支出占消费性支出比重(12个)
发展环境 竞争力 (18个)	强势 指标	(0个)
	优势 指标	人均内河航道里程、个体私营企业数增长率、每十万人交通事故发生数(3个)
	劣势 指标	铁路网线密度、公路网线密度、全社会货物周转量、万户移动电话数、万户上网用户数、人均耗电量、万人个体私营企业数、万人商标注册件数、罚没收入占财政收入比重(9个)
政府作用 竞争力 (16个)	强势 指标	人口控制(1个)
	优势 指标	调控城乡消费差距、失业保险覆盖率(2个)
	劣势 指标	财政支出对 GDP 增长的拉动、政府消费对民间消费的拉动、物价调控、统筹经济社会发展、规范税收、下岗职工再就业率、城镇登记失业率(7个)
发展水平 竞争力 (19个)	强势 指标	工业从业人员比重、工业从业人员增长率、全社会消费品零售总额占工农总产值比重(3个)
	优势 指标	城市平均建成区面积(1个)
	劣势 指标	工业增加值占 GDP 比重、工业增加值增长率、高新技术产业占工业总产值比重、霍夫曼系数、城镇居民人均可支配收入、人均拥有道路面积、人均日生活用水量、人均居住面积、非公有制经济产值占全社会总产值的比重、非国有单位从业人员占城镇从业人员比重、亿元以上商品市场成交额占全社会消费品零售总额比重(11个)
统筹协调 竞争力 (16个)	强势 指标	资源竞争力与宏观经济竞争力比差、城乡居民家庭人均收入比差(2个)
	优势 指标	最终消费率、固定资产交付使用率、资源竞争力与工业竞争力比差、城乡居民人均生活消费支出比差、全社会消费品零售总额与外贸出口总额比差(5个)
	劣势 指标	社会劳动生产率增速、非农用地产出率、环境竞争力与宏观经济竞争力比差(3个)

8.2 黑龙江省经济综合竞争力各级指标具体分析

1. 黑龙江省宏观经济竞争力指标排名变化情况

表8-5 2011~2012年黑龙江省宏观经济竞争力指标组排位及变化趋势表

指　　标	2011年	2012年	排位升降	优劣势
1 宏观经济竞争力	20	19	1	中势
1.1 经济实力竞争力	21	21	0	劣势
地区生产总值	16	17	-1	中势
地区生产总值增长率	17	23	-6	劣势
人均地区生产总值	17	17	0	中势
财政总收入	16	16	0	中势
财政总收入增长率	15	17	-2	中势
人均财政收入	17	16	1	中势
固定资产投资额	17	17	0	中势
固定资产投资额增长率	22	6	16	优势
人均固定资产投资额	21	18	3	中势
全社会消费品零售总额	15	15	0	中势
全社会消费品零售总额增长率	20	11	9	中势
人均全社会消费品零售总额	13	13	0	中势
1.2 经济结构竞争力	14	14	0	中势
产业结构优化度	18	12	6	中势
所有制经济结构优化度	21	22	-1	劣势
城乡经济结构优化度	1	1	0	强势
就业结构优化度	16	16	0	中势
资本形成结构优化度	20	18	2	中势
贸易结构优化度	22	24	-2	劣势
1.3 经济外向度竞争力	21	28	-7	劣势
进出口总额	12	15	-3	中势
进出口增长率	5	27	-22	劣势
出口总额	16	19	-3	中势
出口增长率	30	31	-1	劣势
实际FDI	20	18	2	中势
实际FDI增长率	10	14	-4	中势
外贸依存度	12	14	-2	中势
对外经济合作完成营业额	18	19	-1	中势
对外直接投资	24	21	3	劣势

2. 黑龙江省产业经济竞争力指标排名变化情况

表 8 - 6　2011～2012 年黑龙江省产业经济竞争力指标组排位及变化趋势表

指　　标	2011 年	2012 年	排位升降	优劣势
2　产业经济竞争力	8	12	-4	中势
2.1　农业竞争力	3	2	1	强势
农业增加值	12	12	0	中势
农业增加值增长率	3	5	-2	优势
人均农业增加值	6	4	2	优势
乡镇企业总产值	24	24	0	劣势
农民人均纯收入	10	10	0	优势
农民人均纯收入增长率	4	23	-19	劣势
农产品出口占农林牧渔总产值比重	20	22	-2	劣势
人均主要农产品产量	1	1	0	强势
农业劳动生产率	11	7	4	优势
农村人均固定资产原值	4	3	1	强势
农村人均用电量	20	20	0	中势
财政支农资金比重	8	5	3	优势
2.2　工业竞争力	14	17	-3	中势
工业增加值	18	21	-3	劣势
工业增加值增长率	23	29	-6	劣势
人均工业增加值	19	20	-1	中势
工业资产总额	19	20	-1	中势
工业资产总额增长率	21	26	-5	劣势
工业资产总贡献率	2	3	-1	强势
规模以上工业利润总额	17	18	-1	中势
工业全员劳动生产率	7	7	0	优势
工业成本费用利润率	4	4	0	优势
工业产品销售率	23	20	3	中势
2.3　服务业竞争力	7	25	-18	劣势
服务业增加值	17	17	0	中势
服务业增加值增长率	6	15	-9	中势
人均服务业增加值	16	15	1	中势
服务业从业人员数	5	17	-12	中势
服务业从业人员数增长率	1	31	-30	劣势
限额以上批零企业利税率	17	15	2	中势
限额以上餐饮企业利税率	24	8	16	优势
旅游外汇收入	17	17	0	中势
房地产经营总收入	19	18	1	中势

续表

指　标	2011 年	2012 年	排位升降	优劣势
2.4　企业竞争力	13	10	3	优势
规模以上工业企业数	23	21	2	劣势
规模以上企业平均资产	12	13	−1	中势
规模以上企业平均增加值	22	23	−1	劣势
流动资金周转次数	20	16	4	中势
规模以上企业平均利润	6	8	−2	优势
规模以上企业销售利税率	3	1	2	强势
规模以上企业平均所有者权益	12	13	−1	中势
优等品率	27	14	13	中势
工业企业 R&D 经费投入强度	14	14	0	中势
中国驰名商标持有量	20	20	0	中势

3. 黑龙江省可持续发展竞争力指标排名变化情况

表 8−7　2011～2012 年黑龙江省可持续发展竞争力指标组排位及变化趋势表

指　标	2011 年	2012 年	排位升降	优劣势
3　可持续发展竞争力	4	3	1	强势
3.1　资源竞争力	4	3	1	强势
人均国土面积	6	6	0	优势
人均可使用海域和滩涂面积	13	13	0	中势
人均年水资源量	14	13	1	中势
耕地面积	1	1	0	强势
人均耕地面积	1	1	0	强势
人均牧草地面积	9	9	0	优势
主要能源矿产基础储量	12	13	−1	中势
人均主要能源矿产基础储量	9	16	−7	中势
人均森林储积量	3	3	0	强势
3.2　环境竞争力	12	16	−4	中势
森林覆盖率	9	9	0	优势
人均废水排放量	11	13	−2	中势
人均工业废气排放量	20	22	−2	劣势
人均工业固体废物排放量	14	14	0	中势
人均治理工业污染投资额	19	29	−10	劣势
一般工业固体废物综合利用率	11	13	−2	中势
生活垃圾无害化处理率	29	28	1	劣势
自然灾害直接经济损失	19	14	5	中势

续表

指　　标	2011 年	2012 年	排位升降	优劣势
3.3　人力资源竞争力	22	22	0	劣势
人口自然增长率	29	29	0	劣势
15~64 岁人口比例	3	5	-2	优势
文盲率	6	7	-1	优势
大专以上教育程度人口比例	14	13	1	中势
平均受教育程度	10	11	-1	中势
人口健康素质	11	11	0	中势
人力资源利用率	25	26	-1	劣势
职业学校毕业生数	18	18	0	中势

4. 黑龙江省财政金融竞争力指标排名变化情况

表 8-8　2011~2012 年黑龙江省财政金融竞争力指标组排位及变化趋势表

指　　标	2011 年	2012 年	排位升降	优劣势
4　财政金融竞争力	30	30	0	劣势
4.1　财政竞争力	27	30	-3	劣势
地方财政收入	22	23	-1	劣势
地方财政支出	17	17	0	中势
地方财政收入占 GDP 比重	26	26	0	劣势
地方财政支出占 GDP 比重	12	11	1	中势
税收收入占 GDP 比重	24	25	-1	劣势
税收收入占财政总收入比重	27	8	19	优势
人均地方财政收入	20	21	-1	劣势
人均地方财政支出	15	15	0	中势
人均税收收入	19	23	-4	劣势
地方财政收入增速	13	22	-9	劣势
地方财政支出增速	21	25	-4	劣势
税收收入增速	8	25	-17	劣势
4.2　金融竞争力	26	26	0	劣势
存款余额	20	21	-1	劣势
人均存款余额	23	23	0	劣势
贷款余额	23	23	0	劣势
人均贷款余额	25	25	0	劣势
货币市场融资额	10	16	-6	中势
中长期贷款占贷款余额比重	26	26	0	劣势
保险费净收入	18	17	1	中势
保险密度	19	18	1	中势
保险深度	14	13	1	中势
人均证券市场筹资额	29	24	5	劣势

5. 黑龙江省知识经济竞争力指标排名变化情况

表 8 − 9　2011 ∼ 2012 年黑龙江省知识经济竞争力指标组排位及变化趋势表

指　　标	2011 年	2012 年	排位升降	优劣势
5　知识经济竞争力	20	24	− 4	劣势
5.1　科技竞争力	18	19	− 1	中势
R&D 人员	13	12	1	中势
R&D 经费	17	18	− 1	中势
R&D 经费投入强度	16	17	− 1	中势
高技术产业规模以上企业产值	21	21	0	劣势
高技术产业规模以上企业产值占 GDP 比重	23	23	0	劣势
高技术产品出口额	25	23	2	劣势
发明专利申请授权量	15	19	− 4	中势
技术市场成交合同金额	14	12	2	中势
5.2　教育竞争力	25	26	− 1	劣势
教育经费	22	22	0	劣势
教育经费占 GDP 比重	21	20	1	中势
人均教育经费	25	27	− 2	劣势
公共教育经费占财政支出比重	27	30	− 3	劣势
人均文化教育支出占个人消费支出比重	12	11	1	中势
万人中小学学校数	20	20	0	中势
万人中小学专任教师数	22	22	0	劣势
高等学校数	16	16	0	中势
高校专任教师数	15	15	0	中势
万人高等学校在校学生数	10	10	0	优势
5.3　文化竞争力	23	25	− 2	劣势
文化产业增加值	26	27	− 1	劣势
图书和期刊出版数	22	24	− 2	劣势
报纸出版数	17	18	− 1	中势
出版印刷工业销售产值	23	22	1	劣势
城镇居民人均文化娱乐支出	26	28	− 2	劣势
农村居民人均文化娱乐支出	10	9	1	优势
城镇居民人均文化娱乐支出占消费性支出比重	26	26	0	劣势
农村居民人均文化娱乐支出占消费性支出比重	8	5	3	优势

6. 黑龙江省发展环境竞争力指标排名变化情况

表8-10 2011~2012年黑龙江省发展环境竞争力指标组排位及变化趋势表

指 标		2011年	2012年	排位升降	优劣势
6	**发展环境竞争力**	27	29	-2	劣势
6.1	基础设施竞争力	27	28	-1	劣势
	铁路网线密度	23	23	0	劣势
	公路网线密度	26	26	0	劣势
	人均内河航道里程	7	6	1	优势
	全社会旅客周转量	17	19	-2	中势
	全社会货物周转量	22	22	0	劣势
	人均邮电业务总量	20	20	0	中势
	万户移动电话数	26	29	-3	劣势
	万户上网用户数	21	21	0	劣势
	人均耗电量	27	28	-1	劣势
6.2	软环境竞争力	23	22	1	劣势
	外资企业数增长率	23	20	3	中势
	万人外资企业数	15	16	-1	中势
	个体私营企业数增长率	19	7	12	优势
	万人个体私营企业数	23	23	0	劣势
	万人商标注册件数	26	26	0	劣势
	查处商标侵权假冒案件	14	14	0	中势
	每十万人交通事故发生数	6	7	-1	优势
	罚没收入占财政收入比重	24	26	-2	劣势
	食品安全事故数	8	16	-8	中势

7. 黑龙江省政府作用竞争力指标排名变化情况

表8-11 2011~2012年黑龙江省政府作用竞争力指标组排位及变化趋势表

指 标		2011年	2012年	排位升降	优劣势
7	**政府作用竞争力**	15	20	-5	中势
7.1	政府发展经济竞争力	24	23	1	劣势
	财政支出用于基本建设投资比重	18	18	0	中势
	财政支出对GDP增长的拉动	20	21	-1	劣势
	政府公务员对经济的贡献	16	16	0	中势
	政府消费对民间消费的拉动	26	26	0	劣势
	财政投资对社会投资的拉动	16	15	1	中势
7.2	政府规调经济竞争力	11	11	0	中势
	物价调控	25	26	-1	劣势
	调控城乡消费差距	4	6	-2	优势
	统筹经济社会发展	23	26	-3	劣势
	规范税收	23	21	2	劣势
	人口控制	4	3	1	强势

指　　标	2011 年	2012 年	排位升降	优劣势
7.3 政府保障经济竞争力	12	14	-2	中势
城市城镇社区服务设施数	19	20	-1	中势
医疗保险覆盖率	10	12	-2	中势
养老保险覆盖率	16	18	-2	中势
失业保险覆盖率	7	8	-1	优势
下岗职工再就业率	8	23	-15	劣势
城镇登记失业率	27	29	-2	劣势

8. 黑龙江省发展水平竞争力指标排名变化情况

表 8-12　2011~2012 年黑龙江省发展水平竞争力指标组排位及变化趋势表

指　　标	2011 年	2012 年	排位升降	优劣势
8 发展水平竞争力	17	19	-2	中势
8.1 工业化进程竞争力	5	6	-1	优势
工业增加值占 GDP 比重	18	23	-5	劣势
工业增加值增长率	19	31	-12	劣势
高新技术产业占工业总产值比重	21	23	-2	劣势
工业从业人员比重	1	1	0	强势
工业从业人员增长率	1	1	0	强势
霍夫曼系数	23	22	1	劣势
8.2 城市化进程竞争力	22	22	0	劣势
城镇化率	10	11	-1	中势
城镇居民人均可支配收入	28	29	-1	劣势
城市平均建成区面积	10	10	0	优势
人均拥有道路面积	26	23	3	劣势
人均日生活用水量	24	26	-2	劣势
人均居住面积	28	26	2	劣势
人均公共绿地面积	13	14	-1	中势
8.3 市场化进程竞争力	23	23	0	劣势
非公有制经济产值占全社会总产值的比重	24	23	1	劣势
社会投资占投资总资金的比重	23	19	4	中势
非国有单位从业人员占城镇从业人员比重	22	24	-2	劣势
亿元以上商品市场成交额	19	19	0	中势
亿元以上商品市场成交额占全社会消费品零售总额比重	22	22	0	劣势
全社会消费品零售总额占工农总产值比重	3	3	0	强势

9. 黑龙江省统筹协调竞争力指标排名变化情况

表 8 - 13　2011～2012 年黑龙江省统筹协调竞争力指标组排位及变化趋势表

指　标	2011 年	2012 年	排位升降	优劣势
9　统筹协调竞争力	4	4	0	优势
9.1　统筹发展竞争力	10	14	-4	中势
社会劳动生产率	13	17	-4	中势
社会劳动生产率增速	26	27	-1	劣势
万元 GDP 综合能耗	20	20	0	中势
非农用地产出率	24	24	0	劣势
生产税净额和营业盈余占 GDP 比重	29	19	10	中势
最终消费率	8	8	0	优势
固定资产投资额占 GDP 比重	8	11	-3	中势
固定资产交付使用率	9	5	4	优势
9.2　协调发展竞争力	1	2	-1	强势
环境竞争力与宏观经济竞争力比差	22	21	1	劣势
资源竞争力与宏观经济竞争力比差	3	2	1	强势
人力资源竞争力与宏观经济竞争力比差	14	15	-1	中势
资源竞争力与工业竞争力比差	5	4	1	优势
环境竞争力与工业竞争力比差	19	16	3	中势
城乡居民家庭人均收入比差	1	1	0	强势
城乡居民人均生活消费支出比差	4	6	-2	优势
全社会消费品零售总额与外贸出口总额比差	18	10	8	优势

B.10

9

上海市经济综合竞争力评价分析报告

上海市简称沪，地处长江三角洲前缘，东濒东海，南临杭州湾，西接江苏、浙江两省，北接长江入海口，处于我国南北海岸线的中部，交通便利，腹地广阔，地理位置优越，是一个良好的江海港口城市。全市面积6340.5平方公里。2012年全市总人口为2380万人，地区生产总值达20182亿元，同比增长7.5%，人均GDP达85373元。本部分通过分析"十二五"中期上海市经济综合竞争力以及各要素竞争力的排名变化，从中找出上海市经济综合竞争力的推动点及影响因素，为进一步提升上海市经济综合竞争力提供决策参考。

9.1　上海市经济综合竞争力总体分析

1. 上海市经济综合竞争力一级指标概要分析

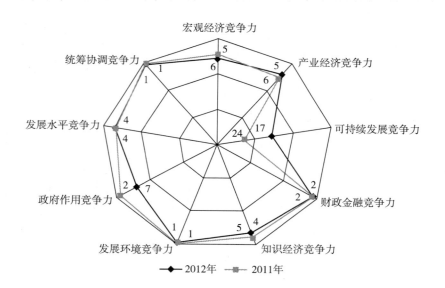

图9-1　2011~2012年上海市经济综合竞争力二级指标比较雷达图

表 9 - 1　2011～2012 年上海市经济综合竞争力二级指标比较表

项目 年份	宏观经济 竞争力	产业经济 竞争力	可持续发 展竞争力	财政金融 竞争力	知识经济 竞争力	发展环境 竞争力	政府作用 竞争力	发展水平 竞争力	统筹协调 竞争力	综合 排位
2011	5	6	24	2	4	1	2	4	1	3
2012	6	5	17	2	5	1	7	4	1	4
升降	-1	1	7	0	-1	0	-5	0	0	-1
优劣度	优势	优势	中势	强势	优势	强势	优势	优势	强势	优势

（1）从综合排位的变化比较看，2012 年上海市经济综合竞争力综合排位在全国处于第 4 位，表明其在全国处于优势地位；与 2011 年相比，综合排位下降了 1 位。

（2）从指标所处区位看，处于上游区的指标有 8 个，为宏观经济竞争力、产业经济竞争力、财政金融竞争力、知识经济竞争力、发展环境竞争力、政府作用竞争力、发展水平竞争力和统筹协调竞争力。其中，财政金融竞争力、发展环境竞争力和统筹协调竞争力3 个指标为上海市经济综合竞争力中的强势指标。处于中游区的指标有 1 个，为可持续发展竞争力。

（3）从指标变化趋势看，9 个二级指标中，有 2 个指标处于上升趋势，为产业经济竞争力和可持续发展竞争力，这些是上海市经济综合竞争力的上升动力所在；有 4 个指标排位没有发生变化，为财政金融竞争力、发展环境竞争力、发展水平竞争力、统筹协调竞争力；有 3 个指标处于下降趋势，为宏观经济竞争力、知识经济竞争力、政府作用竞争力，这些是上海市经济综合竞争力的下降拉力所在。

2. 上海市经济综合竞争力各级指标动态变化分析

表 9 - 2　2011～2012 年上海市经济综合竞争力各级指标排位变化态势比较表

二级指标	三级指标	四级 指标数	上升 指标数	上升 比重（%）	保持 指标数	保持 比重（%）	下降 指标数	下降 比重（%）	变化 趋势
宏观经济 竞争力	经济实力竞争力	12	0	0.0	4	33.3	8	66.7	下降
	经济结构竞争力	6	2	33.3	3	50.0	1	16.7	上升
	经济外向度竞争力	9	3	33.3	3	33.3	3	33.3	保持
	小计	27	5	18.5	10	37.0	12	44.4	下降
产业经济 竞争力	农业竞争力	12	1	8.3	8	66.7	3	25.0	下降
	工业竞争力	10	3	30.0	3	30.0	4	40.0	保持
	服务业竞争力	9	5	55.6	3	33.3	1	11.1	上升
	企业竞争力	10	4	40.0	6	60.0	0	0.0	保持
	小计	41	13	31.7	20	48.8	8	19.5	上升
可持续发展 竞争力	资源竞争力	9	1	11.1	7	77.8	1	11.1	保持
	环境竞争力	8	3	37.5	4	50.0	1	12.5	下降
	人力资源竞争力	8	2	25.0	5	62.5	1	12.5	上升
	小计	25	6	24.0	16	64.0	3	12.0	上升
财政金融 竞争力	财政竞争力	12	3	25.0	6	50.0	3	25.0	保持
	金融竞争力	10	2	20.0	7	70.0	1	10.0	保持
	小计	22	5	22.7	13	59.1	4	18.2	保持

续表

二级指标	三级指标	四级指标数	上升		保持		下降		变化趋势
			指标数	比重（%）	指标数	比重（%）	指标数	比重（%）	
知识经济竞争力	科技竞争力	8	0	0.0	6	75.0	2	25.0	保持
	教育竞争力	10	3	30.0	5	50.0	2	20.0	上升
	文化竞争力	8	1	12.5	5	62.5	2	25.0	保持
	小　计	26	4	15.4	16	61.5	6	23.1	下降
发展环境竞争力	基础设施竞争力	9	2	22.2	6	66.7	1	11.1	保持
	软环境竞争力	9	0	0.0	4	44.4	5	55.6	保持
	小　计	18	2	11.1	10	55.6	6	33.3	保持
政府作用竞争力	政府发展经济竞争力	5	1	20.0	2	40.0	2	40.0	下降
	政府规调经济竞争力	5	1	20.0	1	20.0	3	60.0	下降
	政府保障经济竞争力	6	1	16.7	1	16.7	4	66.7	下降
	小　计	16	3	18.8	4	25.0	9	56.3	下降
发展水平竞争力	工业化进程竞争力	6	1	16.7	2	33.3	3	50.0	下降
	城市化进程竞争力	7	2	28.6	4	57.1	1	14.3	上升
	市场化进程竞争力	6	5	83.3	0	0.0	1	16.7	上升
	小　计	19	8	42.1	6	31.6	5	26.3	保持
统筹协调竞争力	统筹发展竞争力	8	2	25.0	4	50.0	2	25.0	保持
	协调发展竞争力	8	1	12.5	4	50.0	3	37.5	下降
	小　计	16	3	18.8	8	50.0	5	31.3	保持
合　计		210	49	23.3	103	49.0	58	27.6	下降

从表9-2可以看出，210个四级指标中，上升指标有49个，占指标总数的23.3%；下降指标有58个，占指标总数的27.6%；保持指标有103个，占指标总数的49.0%。综上所述，上升的动力小于下降的拉力，使得2011~2012年上海市经济综合竞争力排位下降1位。

3. 上海市经济综合竞争力各级指标优劣势结构分析

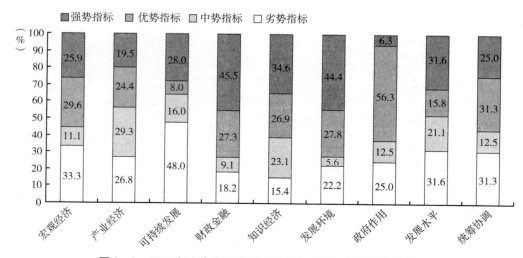

图9-2　2012年上海市经济综合竞争力各级指标优劣势比较图

表 9 – 3　2012 年上海市经济综合竞争力各级指标优劣势比较表

二级指标	三级指标	四级指标数	强势指标		优势指标		中势指标		劣势指标		优劣势
			个数	比重(%)	个数	比重(%)	个数	比重(%)	个数	比重(%)	
宏观经济竞争力	经济实力竞争力	12	2	16.7	2	16.7	2	16.7	6	50.0	劣势
	经济结构竞争力	6	2	33.3	2	33.3	1	16.7	1	16.7	优势
	经济外向度竞争力	9	3	33.3	4	44.4	0	0.0	2	22.2	强势
	小　计	27	7	25.9	8	29.6	3	11.1	9	33.3	优势
产业经济竞争力	农业竞争力	12	3	25.0	1	8.3	1	8.3	7	58.3	中势
	工业竞争力	10	0	0.0	4	40.0	3	30.0	3	30.0	中势
	服务业竞争力	9	4	44.4	2	22.2	3	33.3	0	0.0	强势
	企业竞争力	10	1	10.0	3	30.0	5	50.0	1	10.0	优势
	小　计	41	8	19.5	10	24.4	12	29.3	11	26.8	优势
可持续发展竞争力	资源竞争力	9	0	0.0	0	0.0	2	22.2	7	77.8	劣势
	环境竞争力	8	2	25.0	2	25.0	2	25.0	2	25.0	中势
	人力资源竞争力	8	5	62.5	0	0.0	0	0.0	3	37.5	强势
	小　计	25	7	28.0	2	8.0	4	16.0	12	48.0	中势
财政金融竞争力	财政竞争力	12	5	41.7	3	25.0	1	8.3	3	25.0	强势
	金融竞争力	10	5	50.0	3	30.0	1	10.0	1	10.0	强势
	小　计	22	10	45.5	6	27.3	2	9.1	4	18.2	强势
知识经济竞争力	科技竞争力	8	5	62.5	3	37.5	0	0.0	0	0.0	优势
	教育竞争力	10	1	10.0	1	10.0	4	40.0	4	40.0	优势
	文化竞争力	8	3	37.5	3	37.5	2	25.0	0	0.0	优势
	小　计	26	9	34.6	7	26.9	6	23.1	4	15.4	优势
发展环境竞争力	基础设施竞争力	9	5	55.6	2	22.2	1	11.1	1	11.1	强势
	软环境竞争力	9	3	33.3	3	33.3	0	0.0	3	33.3	强势
	小　计	18	8	44.4	5	27.8	1	5.6	4	22.2	强势
政府作用竞争力	政府发展经济竞争力	5	1	20.0	1	20.0	1	20.0	2	40.0	优势
	政府规调经济竞争力	5	0	0.0	4	80.0	0	0.0	1	20.0	强势
	政府保障经济竞争力	6	0	0.0	4	66.7	1	16.7	1	16.7	优势
	小　计	16	1	6.3	9	56.3	2	12.5	4	25.0	优势
发展水平竞争力	工业化进程竞争力	6	1	16.7	2	33.3	1	16.7	2	33.3	强势
	城市化进程竞争力	7	2	28.6	1	14.3	0	0.0	4	57.1	优势
	市场化进程竞争力	6	3	50.0	0	0.0	3	50.0	0	0.0	强势
	小　计	19	6	31.6	3	15.8	4	21.1	6	31.6	优势
统筹协调竞争力	统筹发展竞争力	8	4	50.0	2	25.0	0	0.0	2	25.0	强势
	协调发展竞争力	8	0	0.0	3	37.5	2	25.0	3	37.5	劣势
	小　计	16	4	25.0	5	31.3	2	12.5	5	31.3	强势
合　计		210	60	28.6	55	26.2	36	17.1	59	28.1	优势

基于图 9-2 和表 9-3，从四级指标来看，强势指标 60 个，占指标总数的 28.6%；优势指标 55 个，占指标总数的 26.2%；中势指标 36 个，占指标总数的 17.1%；劣势指

标 59 个，占指标总数的 28.1%。从三级指标来看，强势指标 11 个，占三级指标总数的 44%；优势指标 8 个，占三级指标总数的 32%；中势指标 3 个，占三级指标总数的 12%；劣势指标 3 个，占三级指标总数的 12%。反映到二级指标上来，强势指标 3 个，占二级指标总数的 33.3%；优势指标有 5 个，占二级指标总数的 55.6%；中势指标有 1 个，占二级指标总数的 11.1%。综合来看，由于强势指标和优势指标在指标体系中居于主导地位，2012 年上海市经济综合竞争力处于优势地位。

4. 上海市经济综合竞争力四级指标优劣势对比分析

表 9-4　2012 年上海市经济综合竞争力各级指标优劣势比较表

二级指标	优劣势	四级指标
宏观经济 竞争力 （27 个）	强势 指标	人均地区生产总值、人均全社会消费品零售总额、产业结构优化度、就业结构优化度、进出口总额、外贸依存度、对外经济合作完成营业额（7 个）
	优势 指标	财政总收入、人均财政收入、城乡经济结构优化度、贸易结构优化度、出口总额、实际 FDI、实际 FDI 增长率、对外直接投资（8 个）
	劣势 指标	地区生产总值增长率、财政总收入增长率、固定资产投资额、固定资产投资额增长率、人均固定资产投资额、全社会消费品零售总额增长率、资本形成结构优化度、进出口增长率、出口增长率（9 个）
产业经济 竞争力 （41 个）	强势 指标	农民人均纯收入、农产品出口占农林牧渔总产值比重、农村人均用电量、人均服务业增加值、服务业从业人员数增长率、限额以上餐饮企业利税率、旅游外汇收入、优等品率（8 个）
	优势 指标	农业劳动生产率、人均工业增加值、工业资产总额、规模以上工业利润总额、工业产品销售率、服务业增加值、房地产经营总收入、规模以上企业平均增加值、工业企业 R&D 经费投入强度、中国驰名商标持有量（10 个）
	劣势 指标	农业增加值、农业增加值增长率、人均农业增加值、农民人均纯收入增长率、人均主要农产品产量、农村人均固定资产原值、财政支农资金比重、工业增加值增长率、工业资产总额增长率、工业资产总贡献率、流动资金周转次数（11 个）
可持续发展 竞争力 （25 个）	强势 指标	一般工业固体废物综合利用率、自然灾害直接经济损失、15~64 岁人口比例、文盲率、大专以上教育程度人口比例、平均受教育程度、人口健康素质（7 个）
	优势 指标	人均工业废气排放量、人均工业固体废物排放量（2 个）
	劣势 指标	人均国土面积、人均年水资源量、耕地面积、人均耕地面积、人均牧草地面积、主要能源矿产基础储量、人均森林储积量、森林覆盖率、人均废水排放量、人口自然增长率、人力资源利用率、职业学校毕业生数（12 个）
财政金融 竞争力 （22 个）	强势 指标	地方财政收入占 GDP 比重、税收收入占 GDP 比重、税收收入占财政总收入比重、人均地方财政收入、人均税收收入、人均存款余额、人均贷款余额、保险密度、保险深度、人均证券市场筹资额（10 个）
	优势 指标	地方财政收入、地方财政支出、人均地方财政支出、存款余额、贷款余额、保险费净收入（6 个）
	劣势 指标	地方财政收入增速、地方财政支出增速、税收收入增速、货币市场融资额（4 个）

续表

二级指标	优劣势	四级指标
知识经济 竞争力 (26个)	强势 指标	R&D经费投入强度、高技术产业规模以上企业产值、高技术产业规模以上企业产值占GDP比重、高技术产品出口额、技术市场成交合同金额、人均教育经费、城镇居民人均文化娱乐支出、农村居民人均文化娱乐支出、城镇居民人均文化娱乐支出占消费性支出比重(9个)
	优势 指标	R&D人员、R&D经费、发明专利申请授权量、万人高等学校在校学生数、文化产业增加值、图书和期刊出版数、出版印刷工业销售产值(7个)
	劣势 指标	教育经费占GDP比重、公共教育经费占财政支出比重、万人中小学学校数、万人中小学专任教师数(4个)
发展环境 竞争力 (18个)	强势 指标	铁路网线密度、公路网线密度、全社会货物周转量、人均邮电业务总量、万户上网用户数、万人外资企业数、万人商标注册件数、罚没收入占财政收入比重(8个)
	优势 指标	万户移动电话数、人均耗电量、外资企业数增长率、万人个体私营企业数、每十万人交通事故发生数(5个)
	劣势 指标	全社会旅客周转量、个体私营企业数增长率、查处商标侵权假冒案件、食品安全事故数(4个)
政府作用 竞争力 (16个)	强势 指标	政府公务员对经济的贡献(1个)
	优势 指标	政府消费对民间消费的拉动、调控城乡消费差距、统筹经济社会发展、规范税收、人口控制、医疗保险覆盖率、养老保险覆盖率、失业保险覆盖率、城镇登记失业率(9个)
	劣势 指标	财政支出用于基本建设投资比重、财政投资对社会投资的拉动、物价调控、下岗职工再就业率(4个)
发展水平 竞争力 (19个)	强势 指标	高新技术产业占工业总产值比重、城镇化率、城镇居民人均可支配收入、非公有制经济产值占全社会总产值的比重、亿元以上商品市场成交额、亿元以上商品市场成交额占全社会消费品零售总额比重(6个)
	优势 指标	工业从业人员比重、工业从业人员增长率、人均日生活用水量(3个)
	劣势 指标	工业增加值占GDP比重、工业增加值增长率、城市平均建成区面积、人均拥有道路面积、人均居住面积、人均公共绿地面积(6个)
统筹协调 竞争力 (16个)	强势 指标	社会劳动生产率、非农用地产出率、生产税净额和营业盈余占GDP比重、固定资产投资额占GDP比重(4个)
	优势 指标	万元GDP综合能耗、最终消费率、环境竞争力与宏观经济竞争力比差、城乡居民家庭人均收入比差、城乡居民人均生活消费支出比差(5个)
	劣势 指标	社会劳动生产率增速、固定资产交付使用率、资源竞争力与宏观经济竞争力比差、资源竞争力与工业竞争力比差、全社会消费品零售总额与外贸出口总额比差(5个)

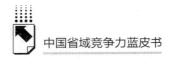

9.2 上海市经济综合竞争力各级指标具体分析

1. 上海市宏观经济竞争力指标排名变化情况

表 9 – 5　2011～2012 年上海市宏观经济竞争力指标组排位及变化趋势表

指　　标	2011 年	2012 年	排位升降	优劣势
1　宏观经济竞争力	5	6	– 1	优势
1.1　经济实力竞争力	15	22	– 7	劣势
地区生产总值	11	11	0	中势
地区生产总值增长率	30	31	– 1	劣势
人均地区生产总值	2	3	– 1	强势
财政总收入	8	9	– 1	优势
财政总收入增长率	14	21	– 7	劣势
人均财政收入	4	4	0	优势
固定资产投资额	24	27	– 3	劣势
固定资产投资额增长率	30	31	– 1	劣势
人均固定资产投资额	16	25	– 9	劣势
全社会消费品零售总额	12	12	0	中势
全社会消费品零售总额增长率	30	31	– 1	劣势
人均全社会消费品零售总额	2	2	0	强势
1.2　经济结构竞争力	5	4	1	优势
产业结构优化度	2	2	0	强势
所有制经济结构优化度	18	19	– 1	中势
城乡经济结构优化度	4	4	0	优势
就业结构优化度	1	1	0	强势
资本形成结构优化度	31	30	1	劣势
贸易结构优化度	6	5	1	优势
1.3　经济外向度竞争力	3	3	0	强势
进出口总额	3	3	0	强势
进出口增长率	25	26	– 1	劣势
出口总额	4	4	0	优势
出口增长率	24	29	– 5	劣势
实际 FDI	5	4	1	优势
实际 FDI 增长率	19	10	9	优势
外贸依存度	2	2	0	强势
对外经济合作完成营业额	4	3	1	强势
对外直接投资	5	6	– 1	优势

2. 上海市产业经济竞争力指标排名变化情况

表 9 - 6　2011 ~ 2012 年上海市产业经济竞争力指标组排位及变化趋势表

指　　标	2011 年	2012 年	排位升降	优劣势
2　产业经济竞争力	6	5	1	优势
2.1　农业竞争力	6	12	-6	中势
农业增加值	30	30	0	劣势
农业增加值增长率	31	31	0	劣势
人均农业增加值	31	31	0	劣势
乡镇企业总产值	7	11	-4	中势
农民人均纯收入	1	1	0	强势
农民人均纯收入增长率	29	31	-2	劣势
农产品出口占农林牧渔总产值比重	1	1	0	强势
人均主要农产品产量	31	31	0	劣势
农业劳动生产率	1	5	-4	优势
农村人均固定资产原值	31	31	0	劣势
农村人均用电量	1	1	0	强势
财政支农资金比重	31	30	1	劣势
2.2　工业竞争力	12	12	0	中势
工业增加值	14	14	0	中势
工业增加值增长率	31	24	7	劣势
人均工业增加值	2	4	-2	优势
工业资产总额	7	8	-1	优势
工业资产总额增长率	31	31	0	劣势
工业资产总贡献率	24	23	1	劣势
规模以上工业利润总额	8	9	-1	优势
工业全员劳动生产率	10	11	-1	中势
工业成本费用利润率	25	20	5	中势
工业产品销售率	5	5	0	优势
2.3　服务业竞争力	5	3	2	强势
服务业增加值	6	6	0	优势
服务业增加值增长率	26	16	10	中势
人均服务业增加值	2	2	0	强势
服务业从业人员数	23	20	3	中势
服务业从业人员数增长率	27	2	25	强势
限额以上批零企业利税率	15	14	1	中势
限额以上餐饮企业利税率	3	2	1	强势
旅游外汇收入	2	3	-1	强势
房地产经营总收入	4	4	0	优势

续表

指　　标	2011 年	2012 年	排位升降	优劣势
2.4　企业竞争力	7	7	0	优势
规模以上工业企业数	13	13	0	中势
规模以上企业平均资产	15	14	1	中势
规模以上企业平均增加值	8	8	0	优势
流动资金周转次数	22	22	0	劣势
规模以上企业平均利润	15	12	3	中势
规模以上企业销售利税率	17	15	2	中势
规模以上企业平均所有者权益	13	11	2	中势
优等品率	2	2	0	强势
工业企业 R&D 经费投入强度	6	6	0	优势
中国驰名商标持有量	7	7	0	优势

3. 上海市可持续发展竞争力指标排名变化情况

表 9 – 7　2011 ~ 2012 年上海市可持续发展竞争力指标组排位及变化趋势表

指　　标	2011 年	2012 年	排位升降	优劣势
3　可持续发展竞争力	24	17	7	中势
3.1　资源竞争力	30	30	0	劣势
人均国土面积	31	31	0	劣势
人均可使用海域和滩涂面积	11	11	0	中势
人均年水资源量	28	31	- 3	劣势
耕地面积	30	30	0	劣势
人均耕地面积	31	31	0	劣势
人均牧草地面积	30	30	0	劣势
主要能源矿产基础储量	31	31	0	劣势
人均主要能源矿产基础储量	31	16	15	中势
人均森林储积量	31	31	0	劣势
3.2　环境竞争力	18	19	- 1	中势
森林覆盖率	28	28	0	劣势
人均废水排放量	31	31	0	劣势
人均工业废气排放量	11	10	1	优势
人均工业固体废物排放量	6	5	1	优势
人均治理工业污染投资额	17	12	5	中势
一般工业固体废物综合利用率	2	2	0	强势
生活垃圾无害化处理率	16	20	- 4	中势
自然灾害直接经济损失	2	2	0	强势

续表

指　标	2011 年	2012 年	排位升降	优劣势
3.3　人力资源竞争力	4	2	2	强势
人口自然增长率	28	22	6	劣势
15－64 岁人口比例	1	1	0	强势
文盲率	4	3	1	强势
大专以上教育程度人口比例	2	2	0	强势
平均受教育程度	2	2	0	强势
人口健康素质	1	1	0	强势
人力资源利用率	31	31	0	劣势
职业学校毕业生数	25	26	－1	劣势

4. 上海市财政金融竞争力指标排名变化情况

表 9 － 8　2011～2012 年上海市财政金融竞争力指标组排位及变化趋势表

指　标	2011 年	2012 年	排位升降	优劣势
4　财政金融竞争力	2	2	0	强势
4.1　财政竞争力	2	2	0	强势
地方财政收入	4	4	0	优势
地方财政支出	6	7	－1	优势
地方财政收入占 GDP 比重	2	1	1	强势
地方财政支出占 GDP 比重	19	18	1	中势
税收收入占 GDP 比重	2	2	0	强势
税收收入占财政总收入比重	1	1	0	强势
人均地方财政收入	2	2	0	强势
人均地方财政支出	3	4	－1	优势
人均税收收入	2	2	0	强势
地方财政收入增速	31	30	1	劣势
地方财政支出增速	30	31	－1	劣势
税收收入增速	31	31	0	劣势
4.2　金融竞争力	2	2	0	强势
存款余额	5	5	0	优势
人均存款余额	2	2	0	强势
贷款余额	6	6	0	优势
人均贷款余额	2	2	0	强势
货币市场融资额	30	22	8	劣势
中长期贷款占贷款余额比重	17	20	－3	中势
保险费净收入	9	7	2	优势
保险密度	2	2	0	强势
保险深度	3	3	0	强势
人均证券市场筹资额	2	2	0	强势

5. 上海市知识经济竞争力指标排名变化情况

表9-9 2011~2012年上海市知识经济竞争力指标组排位及变化趋势表

指　　标	2011年	2012年	排位升降	优劣势
5　知识经济竞争力	4	5	-1	优势
5.1　科技竞争力	4	4	0	优势
R&D人员	6	6	0	优势
R&D经费	6	6	0	优势
R&D经费投入强度	2	2	0	强势
高技术产业规模以上企业产值	3	3	0	强势
高技术产业规模以上企业产值占GDP比重	2	3	-1	强势
高技术产品出口额	3	3	0	强势
发明专利申请授权量	4	6	-2	优势
技术市场成交合同金额	2	2	0	强势
5.2　教育竞争力	11	9	2	优势
教育经费	13	12	1	中势
教育经费占GDP比重	25	21	4	劣势
人均教育经费	2	2	0	强势
公共教育经费占财政支出比重	28	23	5	劣势
人均文化教育支出占个人消费支出比重	11	14	-3	中势
万人中小学学校数	31	31	0	劣势
万人中小学专任教师数	31	31	0	劣势
高等学校数	19	19	0	中势
高校专任教师数	17	17	0	中势
万人高等学校在校学生数	3	4	-1	优势
5.3　文化竞争力	4	4	0	优势
文化产业增加值	4	5	-1	优势
图书和期刊出版数	6	4	2	优势
报纸出版数	10	11	-1	中势
出版印刷工业销售产值	5	5	0	优势
城镇居民人均文化娱乐支出	1	1	0	强势
农村居民人均文化娱乐支出	3	3	0	强势
城镇居民人均文化娱乐支出占消费性支出比重	3	3	0	强势
农村居民人均文化娱乐支出占消费性支出比重	13	13	0	中势

6. 上海市发展环境竞争力指标排名变化情况

表 9 – 10　2011～2012 年上海市发展环境竞争力指标组排位及变化趋势表

指　　标	2011 年	2012 年	排位升降	优劣势
6　发展环境竞争力	1	1	0	强势
6.1　基础设施竞争力	1	1	0	强势
铁路网线密度	3	3	0	强势
公路网线密度	3	2	1	强势
人均内河航道里程	13	13	0	中势
全社会旅客周转量	28	27	1	劣势
全社会货物周转量	1	1	0	强势
人均邮电业务总量	2	2	0	强势
万户移动电话数	9	9	0	优势
万户上网用户数	2	2	0	强势
人均耗电量	4	6	− 2	优势
6.2　软环境竞争力	1	1	0	强势
外资企业数增长率	4	6	− 2	优势
万人外资企业数	1	1	0	强势
个体私营企业数增长率	29	29	0	劣势
万人个体私营企业数	6	7	− 1	优势
万人商标注册件数	2	2	0	强势
查处商标侵权假冒案件	21	25	− 4	劣势
每十万人交通事故发生数	5	8	− 3	优势
罚没收入占财政收入比重	1	1	0	强势
食品安全事故数	23	26	− 3	劣势

7. 上海市政府作用竞争力指标排名变化情况

表 9 – 11　2011～2012 年上海市政府作用竞争力指标组排位及变化趋势表

指　　标	2011 年	2012 年	排位升降	优劣势
7　政府作用竞争力	2	7	− 5	优势
7.1　政府发展经济竞争力	2	8	− 6	优势
财政支出用于基本建设投资比重	31	27	4	劣势
财政支出对 GDP 增长的拉动	13	14	− 1	中势
政府公务员对经济的贡献	1	1	0	强势
政府消费对民间消费的拉动	8	8	0	优势
财政投资对社会投资的拉动	4	21	− 17	劣势
7.2　政府规调经济竞争力	1	3	− 2	强势
物价调控	7	21	− 14	劣势
调控城乡消费差距	5	4	1	优势
统筹经济社会发展	4	4	0	优势
规范税收	4	5	− 1	优势
人口控制	3	8	− 5	优势

指　标	2011 年	2012 年	排位升降	优劣势
7.3　政府保障经济竞争力	5	8	-3	优势
城市城镇社区服务设施数	13	15	-2	中势
医疗保险覆盖率	3	5	-2	优势
养老保险覆盖率	3	5	-2	优势
失业保险覆盖率	5	5	0	优势
下岗职工再就业率	13	30	-17	劣势
城镇登记失业率	15	8	7	优势

8. 上海市发展水平竞争力指标排名变化情况

表 9 – 12　2011～2012 年上海市发展水平竞争力指标组排位及变化趋势表

指　标	2011 年	2012 年	排位升降	优劣势
8　发展水平竞争力	4	4	0	优势
8.1　工业化进程竞争力	2	3	-1	强势
工业增加值占 GDP 比重	27	27	0	劣势
工业增加值增长率	31	30	1	劣势
高新技术产业占工业总产值比重	2	2	0	强势
工业从业人员比重	3	6	-3	优势
工业从业人员增长率	4	10	-6	优势
霍夫曼系数	14	20	-6	中势
8.2　城市化进程竞争力	6	5	1	优势
城镇化率	1	1	0	强势
城镇居民人均可支配收入	1	1	0	强势
城市平均建成区面积	20	21	-1	劣势
人均拥有道路面积	31	31	0	劣势
人均日生活用水量	12	10	2	优势
人均居住面积	31	29	2	劣势
人均公共绿地面积	31	31	0	劣势
8.3　市场化进程竞争力	5	3	2	强势
非公有制经济产值占全社会总产值的比重	18	1	17	强势
社会投资占投资总资金的比重	18	20	-2	中势
非国有单位从业人员占城镇从业人员比重	16	12	4	中势
亿元以上商品市场成交额	4	3	1	强势
亿元以上商品市场成交额占全社会消费品零售总额比重	2	1	1	强势
全社会消费品零售总额占工农总产值比重	16	13	3	中势

9. 上海市统筹协调竞争力指标排名变化情况

表 9 – 13 2011～2012 年上海市统筹协调竞争力指标组排位及变化趋势表

指　　标	2011 年	2012 年	排位升降	优劣势
9　统筹协调竞争力	1	1	0	强势
9.1　统筹发展竞争力	1	1	0	强势
社会劳动生产率	1	1	0	强势
社会劳动生产率增速	10	30	− 20	劣势
万元 GDP 综合能耗	5	4	1	优势
非农用地产出率	1	1	0	强势
生产税净额和营业盈余占 GDP 比重	15	3	12	强势
最终消费率	6	6	0	优势
固定资产投资额占 GDP 比重	1	1	0	强势
固定资产交付使用率	17	25	− 8	劣势
9.2　协调发展竞争力	23	24	− 1	劣势
环境竞争力与宏观经济竞争力比差	3	7	− 4	优势
资源竞争力与宏观经济竞争力比差	29	29	0	劣势
人力资源竞争力与宏观经济竞争力比差	11	14	− 3	中势
资源竞争力与工业竞争力比差	27	27	0	劣势
环境竞争力与工业竞争力比差	10	12	− 2	中势
城乡居民家庭人均收入比差	4	4	0	优势
城乡居民人均生活消费支出比差	5	4	1	优势
全社会消费品零售总额与外贸出口总额比差	31	31	0	劣势

10

江苏省经济综合竞争力评价分析报告

　　江苏省简称苏，位于我国东部沿海中心，位居长江、淮河下游，东濒黄海，东南与浙江和上海毗邻，西连安徽，北接山东。全省面积 10.26 万平方公里，2012 年全省总人口为 7920 万人，地区生产总值达 54058 亿元，同比增长 10.1%，人均 GDP 达 68347 元。本部分通过分析"十二五"中期江苏省经济综合竞争力以及各要素竞争力的排名变化，从中找出江苏省经济综合竞争力的推动点及影响因素，为进一步提升江苏省经济综合竞争力提供决策参考。

10.1　江苏省经济综合竞争力总体分析

1. 江苏省经济综合竞争力一级指标概要分析

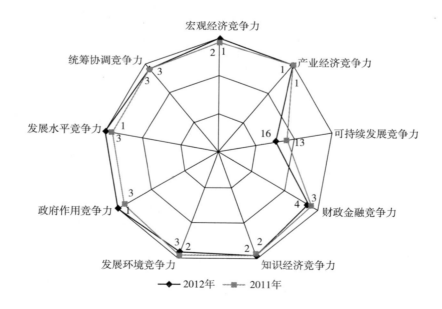

图 10 - 1　2011 ~ 2012 年江苏省经济综合竞争力二级指标比较雷达图

表 10－1　2011～2012 年江苏省经济综合竞争力二级指标比较表

年份＼项目	宏观经济竞争力	产业经济竞争力	可持续发展竞争力	财政金融竞争力	知识经济竞争力	发展环境竞争力	政府作用竞争力	发展水平竞争力	统筹协调竞争力	综合排位
2011	2	1	13	3	2	2	3	3	3	2
2012	1	1	16	4	2	3	1	1	3	1
升降	1	0	－3	－1	0	－1	2	2	0	1
优劣度	强势	强势	中势	优势	强势	强势	强势	强势	强势	强势

（1）从综合排位变化看，2012 年江苏省经济综合竞争力综合排位在全国处于第 1 位，表明其在全国处于强势地位；与 2011 年相比，综合排位上升了 1 位。

（2）从指标所处区位看，处于上游区的指标有 8 个，为宏观经济竞争力、产业经济竞争力、财政金融竞争力、知识经济竞争力、发展环境竞争力、政府作用竞争力、发展水平竞争力和统筹协调竞争力。其中，宏观经济竞争力、产业经济竞争力、知识经济竞争力、发展环境竞争力、政府作用竞争力、发展水平竞争力和统筹协调竞争力 7 个指标为江苏省经济综合竞争力的强势指标。处于中游区的指标有 1 个，为可持续发展竞争力。

（3）从指标变化趋势看，9 个二级指标中，有 3 个指标处于上升趋势，为宏观经济竞争力、政府作用竞争力和发展水平竞争力，这些是江苏省经济综合竞争力的上升动力所在；有 3 个指标排位没有发生变化，为产业经济竞争力、知识经济竞争力和统筹协调竞争力；有 3 个指标处于下降趋势，为可持续发展竞争力、财政金融竞争力、发展环境竞争力，这些是江苏省经济综合竞争力的下降拉力所在。

2. 江苏省经济综合竞争力各级指标动态变化分析

表 10－2　2011～2012 年江苏省经济综合竞争力各级指标排位变化态势比较表

二级指标	三级指标	四级指标数	上升		保持		下降		变化趋势
			指标数	比重（％）	指标数	比重（％）	指标数	比重（％）	
宏观经济竞争力	经济实力竞争力	12	1	8.3	8	66.7	3	25.0	上升
	经济结构竞争力	6	0	0.0	5	83.3	1	16.7	下降
	经济外向度竞争力	9	3	33.3	5	55.6	1	11.1	保持
	小　计	27	4	14.8	18	66.7	5	18.5	上升
产业经济竞争力	农业竞争力	12	2	16.7	8	66.7	2	16.7	上升
	工业竞争力	10	4	40.0	3	30.0	3	30.0	下降
	服务业竞争力	9	2	22.2	3	33.3	4	44.4	保持
	企业竞争力	10	4	40.0	4	40.0	2	20.0	上升
	小　计	41	12	29.3	18	43.9	11	26.8	保持
可持续发展竞争力	资源竞争力	9	3	33.3	6	66.7	0	0.0	上升
	环境竞争力	8	3	37.5	2	25.0	3	37.5	下降
	人力资源竞争力	8	2	25.0	3	37.5	3	37.5	下降
	小　计	25	8	32.0	11	44.0	6	24.0	下降
财政金融竞争力	财政竞争力	12	3	25.0	4	33.3	5	41.7	下降
	金融竞争力	10	3	30.0	7	70.0	0	0.0	保持
	小　计	22	6	27.3	11	50.0	5	22.7	下降

二级指标	三级指标	四级指标数	上升		保持		下降		变化趋势
			指标数	比重（%）	指标数	比重（%）	指标数	比重（%）	
知识经济竞争力	科技竞争力	8	2	25.0	6	75.0	0	0.0	保持
	教育竞争力	10	1	10.0	5	50.0	4	40.0	保持
	文化竞争力	8	2	25.0	6	75.0	0	0.0	保持
	小　计	26	5	19.2	17	65.4	4	15.4	保持
发展环境竞争力	基础设施竞争力	9	4	44.4	4	44.4	1	11.1	保持
	软环境竞争力	9	1	11.1	2	22.2	6	66.7	下降
	小　计	18	5	27.8	6	33.3	7	38.9	下降
政府作用竞争力	政府发展经济竞争力	5	3	60.0	1	20.0	1	20.0	上升
	政府规调经济竞争力	5	2	40.0	2	40.0	1	20.0	上升
	政府保障经济竞争力	6	0	0.0	5	83.3	1	16.7	保持
	小　计	16	5	31.3	8	50.0	3	18.8	上升
发展水平竞争力	工业化进程竞争力	6	3	50.0	1	16.7	2	33.3	下降
	城市化进程竞争力	7	3	42.9	4	57.1	0	0.0	保持
	市场化进程竞争力	6	1	16.7	3	50.0	2	33.3	上升
	小　计	19	7	36.8	8	42.1	4	21.1	上升
统筹协调竞争力	统筹发展竞争力	8	2	25.0	3	37.5	3	37.5	上升
	协调发展竞争力	8	0	0.0	6	75.0	2	25.0	下降
	小　计	16	2	12.5	9	56.3	5	31.3	保持
合　计		210	54	25.7	106	50.5	50	23.8	上升

从表 10 - 2 可以看出，210 个四级指标中，上升指标有 54 个，占指标总数的 25.7%；下降指标有 50 个，占指标总数的 23.8%；保持指标有 106 个，占指标总数的 50.5%。综上所述，上升的动力大于下降的拉力，使得 2011～2012 年江苏省经济综合竞争力排位上升 1 位。

3. 江苏省经济综合竞争力各级指标优劣势结构分析

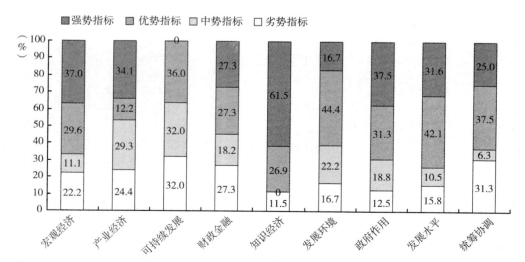

图 10 - 2　2012 年江苏省经济综合竞争力各级指标优劣势比较图

表 10－3　2012 年江苏省经济综合竞争力各级指标优劣势比较表

二级指标	三级指标	四级指标数	强势指标		优势指标		中势指标		劣势指标		优劣势
			个数	比重（%）	个数	比重（%）	个数	比重（%）	个数	比重（%）	
宏观经济竞争力	经济实力竞争力	12	4	33.3	3	25.0	1	8.3	4	33.3	强势
	经济结构竞争力	6	2	33.3	3	50.0	1	16.7	0	0.0	强势
	经济外向度竞争力	9	4	44.4	2	22.2	1	11.1	2	22.2	强势
	小　计	27	10	37.0	8	29.6	3	11.1	6	22.2	强势
产业经济竞争力	农业竞争力	12	4	33.3	1	8.3	5	41.7	2	16.7	强势
	工业竞争力	10	4	40.0	1	10.0	3	30.0	2	20.0	强势
	服务业竞争力	9	3	33.3	2	22.2	2	22.2	2	22.2	强势
	企业竞争力	10	3	30.0	1	10.0	2	20.0	4	40.0	强势
	小　计	41	14	34.1	5	12.2	12	29.3	10	24.4	强势
可持续发展竞争力	资源竞争力	9	0	0.0	2	22.2	2	22.2	5	55.6	中势
	环境竞争力	8	0	0.0	3	37.5	3	37.5	2	25.0	劣势
	人力资源竞争力	8	0	0.0	4	50.0	3	37.5	1	12.5	中势
	小　计	25	0	0.0	9	36.0	8	32.0	8	32.0	中势
财政金融竞争力	财政竞争力	12	2	16.7	2	16.7	3	25.0	5	41.7	优势
	金融竞争力	10	4	40.0	4	40.0	1	10.0	1	10.0	优势
	小　计	22	6	27.3	6	27.3	4	18.2	6	27.3	优势
知识经济竞争力	科技竞争力	8	7	87.5	1	12.5	0	0.0	0	0.0	强势
	教育竞争力	10	3	30.0	4	40.0	0	0.0	3	30.0	强势
	文化竞争力	8	6	75.0	2	25.0	0	0.0	0	0.0	强势
	小　计	26	16	61.5	7	26.9	0	0.0	3	11.5	强势
发展环境竞争力	基础设施竞争力	9	2	22.2	5	55.6	2	22.2	0	0.0	优势
	软环境竞争力	9	1	11.1	3	33.3	2	22.2	3	33.3	优势
	小　计	18	3	16.7	8	44.4	4	22.2	3	16.7	强势
政府作用竞争力	政府发展经济竞争力	5	2	40.0	1	20.0	0	0.0	2	40.0	强势
	政府规调经济竞争力	5	1	20.0	1	20.0	3	60.0	0	0.0	优势
	政府保障经济竞争力	6	3	50.0	3	50.0	0	0.0	0	0.0	强势
	小　计	16	6	37.5	5	31.3	3	18.8	2	12.5	强势
发展水平竞争力	工业化进程竞争力	6	0	0.0	2	33.3	2	33.3	2	33.3	优势
	城市化进程竞争力	7	2	28.6	5	71.4	0	0.0	0	0.0	强势
	市场化进程竞争力	6	4	66.7	1	16.7	0	0.0	1	16.7	强势
	小　计	19	6	31.6	8	42.1	2	10.5	3	15.8	强势
统筹协调竞争力	统筹发展竞争力	8	1	12.5	4	50.0	1	12.5	2	25.0	优势
	协调发展竞争力	8	3	37.5	2	25.0	0	0.0	3	37.5	中势
	小　计	16	4	25.0	6	37.5	1	6.3	5	31.3	强势
合　计		210	65	31.0	62	29.5	37	17.6	46	21.9	强势

基于图 10－2 和表 10－3，从四级指标来看，强势指标 65 个，占指标总数的 31.0%；优势指标 62 个，占指标总数的 29.5%；中势指标 37 个，占指标总数的 17.6%；劣势指

标46个，占指标总数的21.9%。从三级指标来看，强势指标14个，占三级指标总数的56.0%；优势指标7个，占三级指标总数的28.0%；中势指标3个，占三级指标总数的12%；劣势指标1个，占三级指标总数的4.0%。反映到二级指标上来，强势指标7个，占二级指标总数的77.8%；优势指标有1个，占二级指标总数的11.1%；中势指标1个，占二级指标总数的11.1%。综合来看，由于强势指标在指标体系中居于主导地位，2012年江苏省经济综合竞争力处于强势地位。

4. 江苏省经济综合竞争力四级指标优劣势对比分析

表10-4　2012年江苏省经济综合竞争力各级指标优劣势比较表

二级指标	优劣势	四级指标
宏观经济竞争力（27个）	强势指标	地区生产总值、财政总收入、固定资产投资额、全社会消费品零售总额、所有制经济结构优化度、贸易结构优化度、进出口总额、出口总额、实际FDI、对外直接投资（10个）
	优势指标	人均地区生产总值、人均固定资产投资额、人均全社会消费品零售总额、产业结构优化度、城乡经济结构优化度、就业结构优化度、外贸依存度、对外经济合作完成营业额（8个）
	劣势指标	地区生产总值增长率、财政总收入增长率、固定资产投资额增长率、全社会消费品零售总额增长率、进出口增长率、出口增长率（6个）
产业经济竞争力（41个）	强势指标	农业增加值、乡镇企业总产值、农业劳动生产率、农村人均用电量、工业增加值、人均工业增加值、工业资产总额、规模以上工业利润总额、服务业增加值、旅游外汇收入、房地产经营总收入、规模以上工业企业数、规模以上企业平均增加值、中国驰名商标持有量（14个）
	优势指标	农民人均纯收入、工业产品销售率、人均服务业增加值、服务业从业人员数、工业企业R&D经费投入强度（5个）
	劣势指标	农民人均纯收入增长率、财政支农资金比重、工业资产总额增长率、工业成本费用利润率、服务业增加值增长率、服务业从业人员数增长率、规模以上企业平均资产、规模以上企业平均利润、规模以上企业销售利税率、规模以上企业平均所有者权益（10个）
可持续发展竞争力（25个）	强势指标	（0个）
	优势指标	人均可使用海域和滩涂面积、耕地面积、人均工业固体废物排放量、一般工业固体废物综合利用率、生活垃圾无害化处理率、大专以上教程程度人口比例、平均受教育程度、人口健康素质、职业学校毕业生数（9个）
	劣势指标	人均国土面积、人均年水资源量、人均耕地面积、人均牧草地面积、人均森林储积量、森林覆盖率、人均废水排放量、人口自然增长率（8个）
财政金融竞争力（22个）	强势指标	地方财政收入、地方财政支出、存款余额、贷款余额、货币市场融资额、保险费净收入（6个）
	优势指标	人均地方财政收入、人均税收收入、人均存款余额、人均贷款余额、保险密度、人均证券市场筹资额（6个）
	劣势指标	地方财政支出占GDP比重、税收收入占财政总收入比重、地方财政收入增速、地方财政支出增速、税收收入增速、中长期贷款占贷款余额比重（6个）

续表

二级指标	优劣势	四级指标
知识经济 竞争力 （26个）	强势 指标	R&D人员、R&D经费、高技术产业规模以上企业产值、高技术产业规模以上企业产值占GDP比重、高技术产品出口额、发明专利申请授权量、技术市场成交合同金额、教育经费、高等学校数、高校专任教师数、文化产业增加值、图书和期刊出版数、城镇居民人均文化娱乐支出、农村居民人均文化娱乐支出、城镇居民人均文化娱乐支出占消费性支出比重、农村居民人均文化娱乐支出占消费性支出比重（16个）
	优势 指标	R&D经费投入强度、人均教育经费、公共教育经费占财政支出比重、人均文化教育支出占个人消费支出比重、万人高等学校在校学生数、报纸出版数、出版印刷工业销售产值（7个）
	劣势 指标	教育经费占GDP比重、万人中小学学校数、万人中小学专任教师数（3个）
发展环境 竞争力 （18个）	强势 指标	人均内河航道里程、全社会旅客周转量、万人个体私营企业数（3个）
	优势 指标	公路网线密度、全社会货物周转量、人均邮电业务总量、万户上网用户数、人均耗电量、万人外资企业数、万人商标注册件数、罚没收入占财政收入比重（8个）
	劣势 指标	个体私营企业数增长率、查处商标侵权假冒案件、食品安全事故数（3个）
政府作用 竞争力 （16个）	强势 指标	政府公务员对经济的贡献、财政投资对社会投资的拉动、调控城乡消费差距、医疗保险覆盖率、养老保险覆盖率、失业保险覆盖率（6个）
	优势 指标	财政支出对GDP增长的拉动、人口控制、城市城镇社区服务设施数、下岗职工再就业率、城镇登记失业率（5个）
	劣势 指标	财政支出用于基本建设投资比重、政府消费对民间消费的拉动（2个）
发展水平 竞争力 （19个）	强势 指标	城市平均建成区面积、人均拥有道路面积、非公有制经济产值占全社会总产值的比重、非国有单位从业人员占城镇从业人员比重、亿元以上商品市场成交额、亿元以上商品市场成交额占全社会消费品零售总额比重（6个）
	优势 指标	高新技术产业占工业总产值比重、工业从业人员比重、城镇化率、城镇居民人均可支配收入、人均日生活用水量、人均居住面积、人均公共绿地面积、社会投资占投资总资金的比重（8个）
	劣势 指标	工业增加值增长率、工业从业人员增长率、全社会消费品零售总额占工农总产值比重（3个）
统筹协调 竞争力 （16个）	强势 指标	固定资产交付使用率、环境竞争力与宏观经济竞争力比差、环境竞争力与工业竞争力比差、城乡居民人均生活消费支出比差（4个）
	优势 指标	社会劳动生产率、万元GDP综合能耗、非农用地产出率、固定资产投资额占GDP比重、人力资源竞争力与宏观经济竞争力比差、城乡居民家庭人均收入比差（6个）
	劣势 指标	生产税净额和营业盈余占GDP比重、最终消费率、资源竞争力与宏观经济竞争力比差、资源竞争力与工业竞争力比差、全社会消费品零售总额与外贸出口总额比差（5个）

10.2 江苏省经济综合竞争力各级指标具体分析

1. 江苏省宏观经济竞争力指标排名变化情况

表 10 - 5 2011 ～ 2012 年江苏省宏观经济竞争力指标组排位及变化趋势表

指　　标	2011 年	2012 年	排位升降	优劣势
1　宏观经济竞争力	2	1	1	强势
1.1　经济实力竞争力	2	1	1	强势
地区生产总值	2	2	0	强势
地区生产总值增长率	26	22	4	劣势
人均地区生产总值	4	4	0	优势
财政总收入	2	2	0	强势
财政总收入增长率	6	26	－20	劣势
人均财政收入	11	13	－2	中势
固定资产投资额	2	2	0	强势
固定资产投资额增长率	12	26	－14	劣势
人均固定资产投资额	4	4	0	优势
全社会消费品零售总额	3	3	0	强势
全社会消费品零售总额增长率	24	24	0	劣势
人均全社会消费品零售总额	5	5	0	优势
1.2　经济结构竞争力	1	2	－1	强势
产业结构优化度	9	9	0	优势
所有制经济结构优化度	1	1	0	强势
城乡经济结构优化度	7	7	0	优势
就业结构优化度	5	5	0	优势
资本形成结构优化度	8	12	－4	中势
贸易结构优化度	2	2	0	强势
1.3　经济外向度竞争力	2	2	0	强势
进出口总额	2	2	0	强势
进出口增长率	31	23	8	劣势
出口总额	2	2	0	强势
出口增长率	25	22	3	劣势
实际 FDI	1	1	0	强势
实际 FDI 增长率	31	19	12	中势
外贸依存度	4	4	0	优势
对外经济合作完成营业额	3	4	－1	优势
对外直接投资	3	3	0	强势

2. 江苏省产业经济竞争力指标排名变化情况

表 10 - 6 2011~2012 年江苏省产业经济竞争力指标组排位及变化趋势表

指 标	2011 年	2012 年	排位升降	优劣势
2 产业经济竞争力	1	1	0	强势
2.1 农业竞争力	2	1	1	强势
农业增加值	3	3	0	强势
农业增加值增长率	22	20	2	中势
人均农业增加值	13	13	0	中势
乡镇企业总产值	1	1	0	强势
农民人均纯收入	5	5	0	优势
农民人均纯收入增长率	18	27	-9	劣势
农产品出口占农林牧渔总产值比重	11	11	0	中势
人均主要农产品产量	14	14	0	中势
农业劳动生产率	2	1	1	强势
农村人均固定资产原值	15	16	-1	中势
农村人均用电量	2	2	0	强势
财政支农资金比重	23	23	0	劣势
2.2 工业竞争力	1	2	-1	强势
工业增加值	2	2	0	强势
工业增加值增长率	27	15	12	中势
人均工业增加值	4	3	1	强势
工业资产总额	1	1	0	强势
工业资产总额增长率	18	27	-9	劣势
工业资产总贡献率	17	13	4	中势
规模以上工业利润总额	2	2	0	强势
工业全员劳动生产率	18	19	-1	中势
工业成本费用利润率	24	23	1	劣势
工业产品销售率	6	7	-1	优势
2.3 服务业竞争力	2	2	0	强势
服务业增加值	2	2	0	强势
服务业增加值增长率	15	23	-8	劣势
人均服务业增加值	4	4	0	优势
服务业从业人员数	3	4	-1	优势
服务业从业人员数增长率	22	27	-5	劣势
限额以上批零企业利税率	23	18	5	中势
限额以上餐饮企业利税率	6	13	-7	中势
旅游外汇收入	3	2	1	强势
房地产经营总收入	1	1	0	强势

指　标	2011 年	2012 年	排位升降	优劣势
2.4　企业竞争力	3	2	1	强势
规模以上工业企业数	1	1	0	强势
规模以上企业平均资产	24	25	-1	劣势
规模以上企业平均增加值	1	1	0	强势
流动资金周转次数	15	11	4	中势
规模以上企业平均利润	24	23	1	劣势
规模以上企业销售利税率	28	25	3	劣势
规模以上企业平均所有者权益	24	25	-1	劣势
优等品率	21	18	3	中势
工业企业 R&D 经费投入强度	5	5	0	优势
中国驰名商标持有量	3	3	0	强势

3. 江苏省可持续发展竞争力指标排名变化情况

表 10 - 7　2011～2012 年江苏省可持续发展竞争力指标组排位及变化趋势表

指　标	2011 年	2012 年	排位升降	优劣势
3　可持续发展竞争力	13	16	-3	中势
3.1　资源竞争力	15	14	1	中势
人均国土面积	28	28	0	劣势
人均可使用海域和滩涂面积	5	5	0	优势
人均年水资源量	24	23	1	劣势
耕地面积	10	10	0	优势
人均耕地面积	24	24	0	劣势
人均牧草地面积	29	29	0	劣势
主要能源矿产基础储量	21	20	1	中势
人均主要能源矿产基础储量	27	16	11	中势
人均森林储积量	29	29	0	劣势
3.2　环境竞争力	19	22	-3	劣势
森林覆盖率	25	25	0	劣势
人均废水排放量	28	28	0	劣势
人均工业废气排放量	16	15	1	中势
人均工业固体废物排放量	12	10	2	优势
人均治理工业污染投资额	10	11	-1	中势
一般工业固体废物综合利用率	3	5	-2	优势
生活垃圾无害化处理率	5	9	-4	优势
自然灾害直接经济损失	20	19	1	中势

续表

指　标	2011 年	2012 年	排位升降	优劣势
3.3　人力资源竞争力	10	11	-1	中势
人口自然增长率	26	28	-2	劣势
15~64 岁人口比例	12	12	0	中势
文盲率	17	18	-1	中势
大专以上教育程度人口比例	9	6	3	优势
平均受教育程度	8	7	1	优势
人口健康素质	5	5	0	优势
人力资源利用率	13	13	0	中势
职业学校毕业生数	7	9	-2	优势

4. 江苏省财政金融竞争力指标排名变化情况

表 10 - 8　2011~2012 年江苏省财政金融竞争力指标组排位及变化趋势表

指　标	2011 年	2012 年	排位升降	优劣势
4　财政金融竞争力	3	4	-1	优势
4.1　财政竞争力	6	7	-1	优势
地方财政收入	2	2	0	强势
地方财政支出	2	2	0	强势
地方财政收入占 GDP 比重	12	15	-3	中势
地方财政支出占 GDP 比重	27	28	-1	劣势
税收收入占 GDP 比重	13	11	2	中势
税收收入占财政总收入比重	9	26	-17	劣势
人均地方财政收入	4	4	0	优势
人均地方财政支出	13	13	0	中势
人均税收收入	5	4	1	优势
地方财政收入增速	23	26	-3	劣势
地方财政支出增速	18	27	-9	劣势
税收收入增速	25	21	4	劣势
4.2　金融竞争力	4	4	0	优势
存款余额	3	3	0	强势
人均存款余额	6	6	0	优势
贷款余额	3	3	0	强势
人均贷款余额	5	5	0	优势
货币市场融资额	1	1	0	强势
中长期贷款占贷款余额比重	28	28	0	劣势
保险费净收入	2	1	1	强势
保险密度	5	5	0	优势
保险深度	15	14	1	中势
人均证券市场筹资额	7	5	2	优势

5. 江苏省知识经济竞争力指标排名变化情况

表 10 - 9 2011~2012 年江苏省知识经济竞争力指标组排位及变化趋势表

指　　　标	2011 年	2012 年	排位升降	优劣势
5　知识经济竞争力	2	2	0	强势
5.1　科技竞争力	2	2	0	强势
R&D 人员	2	2	0	强势
R&D 经费	1	1	0	强势
R&D 经费投入强度	4	4	0	优势
高技术产业规模以上企业产值	2	2	0	强势
高技术产业规模以上企业产值占 GDP 比重	3	2	1	强势
高技术产品出口额	2	2	0	强势
发明专利申请授权量	3	2	1	强势
技术市场成交合同金额	3	3	0	强势
5.2　教育竞争力	2	2	0	强势
教育经费	2	2	0	强势
教育经费占 GDP 比重	29	30	- 1	劣势
人均教育经费	8	10	- 2	优势
公共教育经费占财政支出比重	11	8	3	优势
人均文化教育支出占个人消费支出比重	4	5	- 1	优势
万人中小学学校数	29	29	0	劣势
万人中小学专任教师数	26	26	0	劣势
高等学校数	1	1	0	强势
高校专任教师数	1	1	0	强势
万人高等学校在校学生数	6	8	- 2	优势
5.3　文化竞争力	1	1	0	强势
文化产业增加值	6	3	3	强势
图书和期刊出版数	1	1	0	强势
报纸出版数	4	4	0	优势
出版印刷工业销售产值	6	6	0	优势
城镇居民人均文化娱乐支出	4	3	1	强势
农村居民人均文化娱乐支出	1	1	0	强势
城镇居民人均文化娱乐支出占消费性支出比重	1	1	0	强势
农村居民人均文化娱乐支出占消费性支出比重	1	1	0	强势

6. 江苏省发展环境竞争力指标排名变化情况

表 10 – 10 2011 ~ 2012 年江苏省发展环境竞争力指标组排位及变化趋势表

指　　标	2011 年	2012 年	排位升降	优劣势
6 发展环境竞争力	2	3	−1	强势
6.1 基础设施竞争力	4	4	0	优势
铁路网线密度	11	12	−1	中势
公路网线密度	5	5	0	优势
人均内河航道里程	1	1	0	强势
全社会旅客周转量	4	3	1	强势
全社会货物周转量	9	9	0	优势
人均邮电业务总量	7	6	1	优势
万户移动电话数	12	11	1	中势
万户上网用户数	8	8	0	优势
人均耗电量	6	5	1	优势
6.2 软环境竞争力	2	5	−3	优势
外资企业数增长率	10	18	−8	中势
万人外资企业数	5	5	0	优势
个体私营企业数增长率	20	22	−2	劣势
万人个体私营企业数	2	2	0	强势
万人商标注册件数	7	8	−1	优势
查处商标侵权假冒案件	20	24	−4	劣势
每十万人交通事故发生数	17	20	−3	中势
罚没收入占财政收入比重	7	4	3	优势
食品安全事故数	26	27	−1	劣势

7. 江苏省政府作用竞争力指标排名变化情况

表 10 – 11 2011 ~ 2012 年江苏省政府作用竞争力指标组排位及变化趋势表

指　　标	2011 年	2012 年	排位升降	优劣势
7 政府作用竞争力	3	1	2	强势
7.1 政府发展经济竞争力	6	2	4	强势
财政支出用于基本建设投资比重	28	29	−1	劣势
财政支出对 GDP 增长的拉动	5	4	1	优势
政府公务员对经济的贡献	3	3	0	强势
政府消费对民间消费的拉动	23	21	2	劣势
财政投资对社会投资的拉动	3	2	1	强势
7.2 政府规调经济竞争力	7	6	1	优势
物价调控	14	11	3	中势
调控城乡消费差距	3	3	0	强势
统筹经济社会发展	12	17	−5	中势
规范税收	14	14	0	中势
人口控制	9	7	2	优势

续表

指　标	2011 年	2012 年	排位升降	优劣势
7.3　政府保障经济竞争力	2	2	0	强势
城市城镇社区服务设施数	4	4	0	优势
医疗保险覆盖率	2	2	0	强势
养老保险覆盖率	2	2	0	强势
失业保险覆盖率	1	1	0	强势
下岗职工再就业率	3	4	−1	优势
城镇登记失业率	8	8	0	优势

8. 江苏省发展水平竞争力指标排名变化情况

表 10 – 12　2011 ~ 2012 年江苏省发展水平竞争力指标组排位及变化趋势表

指　标	2011 年	2012 年	排位升降	优劣势
8　发展水平竞争力	3	1	2	强势
8.1　工业化进程竞争力	3	4	−1	优势
工业增加值占 GDP 比重	16	15	1	中势
工业增加值增长率	26	22	4	劣势
高新技术产业占工业总产值比重	4	4	0	优势
工业从业人员比重	4	9	−5	优势
工业从业人员增长率	24	29	−5	劣势
霍夫曼系数	18	16	2	中势
8.2　城市化进程竞争力	3	3	0	强势
城镇化率	7	7	0	优势
城镇居民人均可支配收入	6	5	1	优势
城市平均建成区面积	3	3	0	强势
人均拥有道路面积	2	2	0	强势
人均日生活用水量	6	5	1	优势
人均居住面积	7	5	2	优势
人均公共绿地面积	8	8	0	优势
8.3　市场化进程竞争力	2	1	1	强势
非公有制经济产值占全社会总产值的比重	1	2	−1	强势
社会投资占投资总资金的比重	2	5	−3	优势
非国有单位从业人员占城镇从业人员比重	24	1	23	强势
亿元以上商品市场成交额	1	1	0	强势
亿元以上商品市场成交额占全社会消费品零售总额比重	3	3	0	强势
全社会消费品零售额占工农总产值比重	31	31	0	劣势

9. 江苏省统筹协调竞争力指标排名变化情况

表 10 - 13　2011～2012 年江苏省统筹协调竞争力指标组排位及变化趋势表

指　　标	2011 年	2012 年	排位升降	优劣势
9　统筹协调竞争力	3	3	0	强势
9.1　统筹发展竞争力	5	4	1	优势
社会劳动生产率	5	5	0	优势
社会劳动生产率增速	12	13	-1	中势
万元 GDP 综合能耗	4	5	-1	优势
非农用地产出率	5	4	1	优势
生产税净额和营业盈余占 GDP 比重	4	23	-19	劣势
最终消费率	24	24	0	劣势
固定资产投资额占 GDP 比重	5	5	0	优势
固定资产交付使用率	4	2	2	强势
9.2　协调发展竞争力	9	11	-2	中势
环境竞争力与宏观经济竞争力比差	1	1	0	强势
资源竞争力与宏观经济竞争力比差	30	30	0	劣势
人力资源竞争力与宏观经济竞争力比差	5	9	-4	优势
资源竞争力与工业竞争力比差	31	31	0	劣势
环境竞争力与工业竞争力比差	1	3	-2	强势
城乡居民家庭人均收入比差	7	7	0	优势
城乡居民人均生活消费支出比差	3	3	0	强势
全社会消费品零售总额与外贸出口总额比差	29	29	0	劣势

11

浙江省经济综合竞争力评价分析报告

　　浙江省简称浙，位于我国东南沿海，地处长江三角洲南翼，东临东海，南邻福建，西接安徽、江西，北连上海、江苏。浙江山清水秀，物产丰饶，人杰地灵，素有"鱼米之乡、丝茶之府、文物之邦、旅游胜地"的美誉。全省面积10.2万平方公里，2012年总人口为5477万人，地区生产总值达34665亿元，同比增长8%，人均GDP达63374元。本部分通过分析"十二五"中期浙江省经济综合竞争力以及各要素竞争力的排名变化，从中找出浙江省经济综合竞争力的推动点及影响因素，为进一步提升浙江省经济综合竞争力提供决策参考。

11.1　浙江省经济综合竞争力总体分析

1. 浙江省经济综合竞争力一级指标概要分析

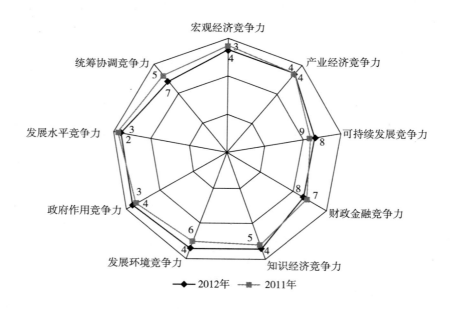

图11-1　2011~2012年浙江省经济综合竞争力二级指标比较雷达图

表11-1　2011～2012年浙江省经济综合竞争力二级指标比较表

项目 年份	宏观经济 竞 争 力	产业经济 竞 争 力	可持续发 展竞争力	财政金融 竞 争 力	知识经济 竞 争 力	发展环境 竞 争 力	政府作用 竞 争 力	发展水平 竞 争 力	统筹协调 竞 争 力	综合 排位
2011	3	4	9	7	5	6	4	2	5	5
2012	4	4	8	8	4	4	3	3	7	5
升降	-1	0	1	-1	1	2	1	-1	-2	0
优劣度	优势	优势	优势	优势	优势	优势	强势	强势	优势	优势

（1）从综合排位的变化比较看，2012年浙江省经济综合竞争力综合排位在全国处于第5位，表明其在全国处于优势地位；与2011年相比，综合排位保持不变。

（2）从指标所处区位看，9个指标全部处于上游区。其中，政府作用竞争力和发展水平竞争力2个指标为浙江省经济综合竞争力的强势指标。

（3）从指标变化趋势看，9个二级指标中，有4个指标处于上升趋势，为可持续发展竞争力、知识经济竞争力、发展环境竞争力和政府作用竞争力，这些是浙江省经济综合竞争力的上升动力所在；有1个指标排位没有发生变化，为产业经济竞争力；有4个指标处于下降趋势，为宏观经济竞争力、财政金融竞争力、发展水平竞争力和统筹协调竞争力，这些是浙江省经济综合竞争力的下降拉力所在。

2. 浙江省经济综合竞争力各级指标动态变化分析

表11-2　2011～2012年浙江省经济综合竞争力各级指标排位变化态势比较表

二级指标	三级指标	四级指标数	上升 指标数	上升 比重（%）	保持 指标数	保持 比重（%）	下降 指标数	下降 比重（%）	变化趋势
宏观经济竞争力	经济实力竞争力	12	1	8.3	5	41.7	6	50.0	下降
	经济结构竞争力	6	1	16.7	3	50.0	2	33.3	下降
	经济外向度竞争力	9	2	22.2	4	44.4	3	33.3	下降
	小　计	27	4	14.8	12	44.4	11	40.7	下降
产业经济竞争力	农业竞争力	12	1	8.3	8	66.7	3	25.0	保持
	工业竞争力	10	2	20.0	6	60.0	2	20.0	下降
	服务业竞争力	9	3	33.3	5	55.6	1	11.1	保持
	企业竞争力	10	1	10.0	7	70.0	2	20.0	保持
	小　计	41	7	17.1	26	63.4	8	19.5	保持
可持续发展竞争力	资源竞争力	9	1	11.1	8	88.9	0	0.0	保持
	环境竞争力	8	3	37.5	3	37.5	2	25.0	下降
	人力资源竞争力	8	4	50.0	2	25.0	2	25.0	上升
	小　计	25	8	32.0	13	52.0	4	16.0	上升
财政金融竞争力	财政竞争力	12	1	8.3	4	33.3	7	58.3	下降
	金融竞争力	10	1	10.0	6	60.0	3	30.0	保持
	小　计	22	2	9.1	10	45.5	10	45.5	下降

续表

二级指标	三级指标	四级指标数	上升		保持		下降		变化趋势
			指标数	比重（%）	指标数	比重（%）	指标数	比重（%）	
知识经济竞争力	科技竞争力	8	2	25.0	3	37.5	3	37.5	保持
	教育竞争力	10	0	0.0	6	60.0	4	40.0	保持
	文化竞争力	8	0	0.0	5	62.5	3	37.5	保持
	小　计	26	2	7.7	14	53.8	10	38.5	上升
发展环境竞争力	基础设施竞争力	9	1	11.1	5	55.6	3	33.3	保持
	软环境竞争力	9	3	33.3	5	55.6	1	11.1	保持
	小　计	18	4	22.2	10	55.6	4	22.2	上升
政府作用竞争力	政府发展经济竞争力	5	1	20.0	1	20.0	3	60.0	上升
	政府规调经济竞争力	5	2	40.0	1	20.0	2	40.0	上升
	政府保障经济竞争力	6	1	16.7	3	50.0	2	33.3	上升
	小　计	16	4	25.0	5	31.3	7	43.8	上升
发展水平竞争力	工业化进程竞争力	6	1	16.7	1	16.7	4	66.7	下降
	城市化进程竞争力	7	4	57.1	3	42.9	0	0.0	保持
	市场化进程竞争力	6	0	0.0	2	33.3	4	66.7	下降
	小　计	19	5	26.3	6	31.6	8	42.1	下降
统筹协调竞争力	统筹发展竞争力	8	0	0.0	5	62.5	3	37.5	下降
	协调发展竞争力	8	2	25.0	2	25.0	4	50.0	下降
	小　计	16	2	12.5	7	43.8	7	43.8	下降
合　计		210	38	18.1	103	49.0	69	32.9	保持

　　从表 11-2 可以看出，210 个四级指标中，上升指标有 38 个，占指标总数的 18.1%；下降指标有 69 个，占指标总数的 32.9%；保持指标有 103 个，占指标总数的 49.0%。综上所述，上升的动力小于下降的拉力，但受其他外部因素的综合影响，2011~2012 年浙江省经济综合竞争力排位保持不变。

3. 浙江省经济综合竞争力各级指标优劣势结构分析

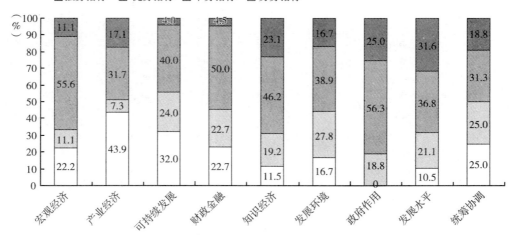

图 11-2　2012 年浙江省经济综合竞争力各级指标优劣势比较图

表 11 - 3　2012 年浙江省经济综合竞争力各级指标优劣势比较表

二级指标	三级指标	四级指标数	强势指标		优势指标		中势指标		劣势指标		优劣势
			个数	比重（%）	个数	比重（%）	个数	比重（%）	个数	比重（%）	
宏观经济竞争力	经济实力竞争力	12	0	0.0	7	58.3	2	16.7	3	25.0	优势
	经济结构竞争力	6	2	33.3	3	50.0	0	0.0	1	16.7	强势
	经济外向度竞争力	9	1	11.1	5	55.6	1	11.1	2	22.2	优势
	小　计	27	3	11.1	15	55.6	3	11.1	6	22.2	优势
产业经济竞争力	农业竞争力	12	4	33.3	2	16.7	1	8.3	5	41.7	优势
	工业竞争力	10	0	0.0	4	40.0	1	10.0	5	50.0	优势
	服务业竞争力	9	1	11.1	4	44.4	1	11.1	3	33.3	优势
	企业竞争力	10	2	20.0	3	30.0	0	0.0	5	50.0	优势
	小　计	41	7	17.1	13	31.7	3	7.3	18	43.9	优势
可持续发展竞争力	资源竞争力	9	0	0.0	1	11.1	3	33.3	5	55.6	劣势
	环境竞争力	8	1	12.5	4	50.0	1	12.5	2	25.0	中势
	人力资源竞争力	8	0	0.0	5	62.5	2	25.0	1	12.5	强势
	小　计	25	1	4.0	10	40.0	6	24.0	8	32.0	优势
财政金融竞争力	财政竞争力	12	0	0.0	5	41.7	3	25.0	4	33.3	劣势
	金融竞争力	10	1	10.0	6	60.0	2	20.0	1	10.0	优势
	小　计	22	1	4.5	11	50.0	5	22.7	5	22.7	优势
知识经济竞争力	科技竞争力	8	1	12.5	5	62.5	2	25.0	0	0.0	优势
	教育竞争力	10	2	20.0	3	30.0	2	20.0	3	30.0	优势
	文化竞争力	8	3	37.5	4	50.0	1	12.5	0	0.0	强势
	小　计	26	6	23.1	12	46.2	5	19.2	3	11.5	优势
发展环境竞争力	基础设施竞争力	9	1	11.1	6	66.7	2	22.2	0	0.0	优势
	软环境竞争力	9	2	22.2	1	11.1	3	33.3	3	33.3	优势
	小　计	18	3	16.7	7	38.9	5	27.8	3	16.7	优势
政府作用竞争力	政府发展经济竞争力	5	1	20.0	3	60.0	1	20.0	0	0.0	强势
	政府规调经济竞争力	5	2	40.0	2	40.0	1	20.0	0	0.0	强势
	政府保障经济竞争力	6	1	16.7	4	66.7	1	16.7	0	0.0	优势
	小　计	16	4	25.0	9	56.3	3	18.8	0	0.0	强势
发展水平竞争力	工业化进程竞争力	6	1	16.7	1	16.7	2	33.3	2	33.3	优势
	城市化进程竞争力	7	2	28.6	5	71.4	0	0.0	0	0.0	强势
	市场化进程竞争力	6	3	50.0	1	16.7	2	33.3	0	0.0	强势
	小　计	19	6	31.6	7	36.8	4	21.1	2	10.5	强势
统筹协调竞争力	统筹发展竞争力	8	2	25.0	3	37.5	2	25.0	1	12.5	优势
	协调发展竞争力	8	1	12.5	2	25.0	2	25.0	3	37.5	中势
	小　计	16	3	18.8	5	31.3	4	25.0	4	25.0	优势
合　计		210	34	16.2	89	42.4	38	18.1	49	23.3	优势

　　基于图 11 - 2 和表 11 - 3，从四级指标来看，强势指标 34 个，占指标总数的 16.2%；优势指标 89 个，占指标总数的 42.4%；中势指标 38 个，占指标总数的

18.1%；劣势指标 49 个，占指标总数的 23.3%。从三级指标来看，强势指标 7 个，占三级指标总数的 28.0%；优势指标 14 个，占三级指标总数的 56.0%；中势指标 2 个，占三级指标总数的 8.0%；劣势指标 2 个，占三级指标总数的 8.0%。反映到二级指标上来，强势指标 2 个，占二级指标总数的 22.2%；优势指标有 7 个，占二级指标总数的 77.8%。综合来看，由于优势指标在指标体系中居于主导地位，2012 年浙江省经济综合竞争力处于优势地位。

4. 浙江省经济综合竞争力四级指标优劣势对比分析

表 11-4　2012 年浙江省经济综合竞争力各级指标优劣势比较表

二级指标	优劣势	四级指标
宏观经济竞争力（27 个）	强势指标	所有制经济结构优化度、贸易结构优化度、出口总额（3 个）
	优势指标	地区生产总值、人均地区生产总值、财政总收入、固定资产投资额、人均固定资产投资额、全社会消费品零售总额、人均全社会消费品零售总额、产业结构优化度、城乡经济结构优化度、就业结构优化度、进出口额、实际 FDI、外贸依存度、对外经济合作完成营业额、对外直接投资（15 个）
	劣势指标	地区生产总值增长率、财政总收入增长率、全社会消费品零售总额增长率、资本形成结构优化度、进出口增长率、出口增长率（6 个）
产业经济竞争力（41 个）	强势指标	乡镇企业总产值、农民人均纯收入、农业劳动生产率、农村人均用电量、房地产经营总收入、工业企业 R&D 经费投入强度、中国驰名商标持有量（7 个）
	优势指标	农产品出口占农林牧渔总产值比重、农村人均固定资产原值、工业增加值、人均工业增加值、工业资产总额、规模以上工业利润总额、服务业增加值、人均服务业增加值、服务业从业人员数、旅游外汇收入、规模以上工业企业数、规模以上企业平均增加值、优等品率（13 个）
	劣势指标	农业增加值增长率、人均农业增加值、农民人均纯收入增长率、人均主要农产品产量、财政支农资金比重、工业资产总额增长率、工业资产总贡献率、工业全员劳动生产率、工业成本费用利润率、工业产品销售率、服务业增加值增长率、服务业从业人员数增长率、限额以上批零企业利税率、规模以上企业平均资产、流动资金周转次数、规模以上企业平均利润、规模以上企业销售利税率、规模以上企业平均所有者权益（18 个）
可持续发展竞争力（25 个）	强势指标	森林覆盖率（1 个）
	优势指标	人均可使用海域和滩涂面积、人均工业固体废物排放量、人均治理工业污染投资额、一般工业固体废物综合利用率、生活垃圾无害化处理率、15～64 岁人口比例、大专以上教育程度人口比例、平均受教育程度、人口健康素质、人力资源利用率（10 个）
	劣势指标	人均国土面积、耕地面积、人均耕地面积、人均牧草地面积、主要能源矿产基础储量、人均废水排放量、自然灾害直接经济损失、人口自然增长率（8 个）
财政金融竞争力（22 个）	强势指标	贷款余额（1 个）
	优势指标	地方财政收入、地方财政支出、税收收入占 GDP 比重、人均地方财政收入、人均税收收入、存款余额、人均存款余额、人均贷款余额、保险费净收入、保险密度、人均证券市场筹资额（11 个）
	劣势指标	地方财政支出占 GDP 比重、地方财政收入增速、地方财政支出增速、税收收入增速、中长期贷款占贷款余额比重（5 个）

续表

二级指标	优劣势	四级指标
知识经济 竞 争 力 （26个）	强势 指标	发明专利申请授权量、公共教育经费占财政支出比重、人均文化教育支出占个人消费支出比重、文化产业增加值、报纸出版数、出版印刷工业销售产值（6个）
	优势 指标	R&D 人员、R&D 经费、R&D 经费投入强度、高技术产业规模以上企业产值、高技术产品出口额、教育经费、人均教育经费、高等学校数、图书和期刊出版数、城镇居民人均文化娱乐支出、农村居民人均文化娱乐支出、城镇居民人均文化娱乐支出占消费性支出比重（12个）
	劣势 指标	教育经费占 GDP 比重、万人中小学学校数、万人中小学专任教师数（3个）
发展环境 竞 争 力 （18个）	强势 指标	人均内河航道里程、万人个体私营企业数、万人商标注册件数（3个）
	优势 指标	全社会旅客周转量、全社会货物周转量、人均邮电业务总量、万户移动电话数、万户上网用户数、人均耗电量、万人外资企业数（7个）
	劣势 指标	查处商标侵权假冒案件、每十万人交通事故发生数、食品安全事故数（3个）
政府作用 竞 争 力 （16个）	强势 指标	财政支出对 GDP 增长的拉动、调控城乡消费差距、规范税收、城市城镇社区服务设施数（4个）
	优势 指标	财政支出用于基本建设投资比重、政府公务员对经济的贡献、政府消费对民间消费的拉动、物价调控、人口控制、医疗保险覆盖率、养老保险覆盖率、失业保险覆盖率、城镇登记失业率（9个）
	劣势 指标	（0个）
发展水平 竞 争 力 （19个）	强势 指标	霍夫曼系数、城镇居民人均可支配收入、人均居住面积、非国有单位从业人员占城镇从业人员比重、亿元以上商品市场成交额、亿元以上商品市场成交额占全社会消费品零售总额比重（6个）
	优势 指标	工业从业人员比重、城镇化率、城市平均建成区面积、人均拥有道路面积、人均日生活用水量、人均公共绿地面积、非公有制经济产值占全社会总产值的比重（7个）
	劣势 指标	工业增加值增长率、工业从业人员增长率（2个）
统筹协调 竞 争 力 （16个）	强势 指标	万元 GDP 综合能耗、非农用地产出率、城乡居民人均生活消费支出比差（3个）
	优势 指标	社会劳动生产率、社会劳动生产率增速、固定资产投资额占 GDP 比重、环境竞争力与宏观经济竞争力比差、城乡居民家庭人均收入比差（5个）
	劣势 指标	固定资产交付使用率、资源竞争力与宏观经济竞争力比差、资源竞争力与工业竞争力比差、全社会消费品零售总额与外贸出口总额比差（4个）

11.2　浙江省经济综合竞争力各级指标具体分析

1. 浙江省宏观经济竞争力指标排名变化情况

表 11 - 5　2011～2012 年浙江省宏观经济竞争力指标组排位及变化趋势表

指　　标	2011 年	2012 年	排位升降	优劣势
1　宏观经济竞争力	3	4	-1	优势
1.1　经济实力竞争力	5	6	-1	优势
地区生产总值	4	4	0	优势
地区生产总值增长率	29	29	0	劣势
人均地区生产总值	5	6	-1	优势
财政总收入	3	5	-2	优势
财政总收入增长率	5	30	-25	劣势
人均财政收入	7	12	-5	中势
固定资产投资额	8	7	1	优势
固定资产投资额增长率	14	14	0	中势
人均固定资产投资额	9	10	-1	优势
全社会消费品零售总额	4	4	0	优势
全社会消费品零售总额增长率	25	28	-3	劣势
人均全社会消费品零售总额	4	4	0	优势
1.2　经济结构竞争力	2	3	-1	强势
产业结构优化度	8	8	0	优势
所有制经济结构优化度	4	3	1	强势
城乡经济结构优化度	5	6	-1	优势
就业结构优化度	4	4	0	优势
资本形成结构优化度	25	26	-1	劣势
贸易结构优化度	3	3	0	强势
1.3　经济外向度竞争力	4	5	-1	优势
进出口总额	5	5	0	优势
进出口增长率	21	25	-4	劣势
出口总额	3	3	0	强势
出口增长率	20	23	-3	劣势
实际 FDI	6	6	0	优势
实际 FDI 增长率	25	18	7	中势
外贸依存度	5	5	0	优势
对外经济合作完成营业额	9	7	2	优势
对外直接投资	1	5	-4	优势

2. 浙江省产业经济竞争力指标排名变化情况

表 11 – 6　2011～2012 年浙江省产业经济竞争力指标组排位及变化趋势表

指　标	2011 年	2012 年	排位升降	优劣势
2　产业经济竞争力	4	4	0	优势
2.1　农业竞争力	7	7	0	优势
农业增加值	14	14	0	中势
农业增加值增长率	27	30	− 3	劣势
人均农业增加值	20	23	− 3	劣势
乡镇企业总产值	3	3	0	强势
农民人均纯收入	3	3	0	强势
农民人均纯收入增长率	27	30	− 3	劣势
农产品出口占农林牧渔总产值比重	6	6	0	优势
人均主要农产品产量	27	27	0	劣势
农业劳动生产率	3	2	1	强势
农村人均固定资产原值	8	8	0	优势
农村人均用电量	3	3	0	强势
财政支农资金比重	24	24	0	劣势
2.2　工业竞争力	7	8	− 1	优势
工业增加值	4	4	0	优势
工业增加值增长率	26	18	8	中势
人均工业增加值	5	5	0	优势
工业资产总额	4	4	0	优势
工业资产总额增长率	30	29	1	劣势
工业资产总贡献率	25	25	0	劣势
规模以上工业利润总额	5	5	0	优势
工业全员劳动生产率	28	30	− 2	劣势
工业成本费用利润率	27	27	0	劣势
工业产品销售率	16	21	− 5	劣势
2.3　服务业竞争力	6	6	0	优势
服务业增加值	4	4	0	优势
服务业增加值增长率	27	28	− 1	劣势
人均服务业增加值	5	5	0	优势
服务业从业人员数	9	8	1	优势
服务业从业人员数增长率	26	26	0	劣势
限额以上批零企业利税率	28	28	0	劣势
限额以上餐饮企业利税率	20	15	5	中势
旅游外汇收入	5	4	1	优势
房地产经营总收入	3	3	0	强势

续表

指　　　标	2011 年	2012 年	排位升降	优劣势
2.4　企业竞争力	4	4	0	优势
规模以上工业企业数	4	4	0	优势
规模以上企业平均资产	29	29	0	劣势
规模以上企业平均增加值	4	4	0	优势
流动资金周转次数	24	26	-2	劣势
规模以上企业平均利润	31	31	0	劣势
规模以上企业销售利税率	30	30	0	劣势
规模以上企业平均所有者权益	30	31	-1	劣势
优等品率	19	9	10	优势
工业企业 R&D 经费投入强度	1	1	0	强势
中国驰名商标持有量	1	1	0	强势

3. 浙江省可持续发展竞争力指标排名变化情况

表 11 - 7　2011～2012 年浙江省可持续发展竞争力指标组排位及变化趋势表

指　　　标	2011 年	2012 年	排位升降	优劣势
3　可持续发展竞争力	9	8	1	优势
3.1　资源竞争力	25	25	0	劣势
人均国土面积	24	24	0	劣势
人均可使用海域和滩涂面积	7	7	0	优势
人均年水资源量	12	12	0	中势
耕地面积	23	23	0	劣势
人均耕地面积	27	27	0	劣势
人均牧草地面积	30	30	0	劣势
主要能源矿产基础储量	29	29	0	劣势
人均主要能源矿产基础储量	30	15	15	中势
人均森林储积量	20	20	0	中势
3.2　环境竞争力	5	13	-8	中势
森林覆盖率	3	3	0	强势
人均废水排放量	29	29	0	劣势
人均工业废气排放量	12	11	1	中势
人均工业固体废物排放量	4	4	0	优势
人均治理工业污染投资额	14	10	4	优势
一般工业固体废物综合利用率	5	4	1	优势
生活垃圾无害化处理率	3	5	-2	优势
自然灾害直接经济损失	26	29	-3	劣势

续表

指　标	2011 年	2012 年	排位升降	优劣势
3.3　人力资源竞争力	5	3	2	强势
人口自然增长率	20	21	-1	劣势
15～64 岁人口比例	6	6	0	优势
文盲率	22	19	3	中势
大专以上教育程度人口比例	6	5	1	优势
平均受教育程度	16	10	6	优势
人口健康素质	4	4	0	优势
人力资源利用率	6	8	-2	优势
职业学校毕业生数	13	11	2	中势

4. 浙江省财政金融竞争力指标排名变化情况

表 11 - 8　2011～2012 年浙江省财政金融竞争力指标组排位及变化趋势表

指　标	2011 年	2012 年	排位升降	优劣势
4　财政金融竞争力	7	8	-1	优势
4.1　财政竞争力	15	21	-6	劣势
地方财政收入	5	5	0	优势
地方财政支出	8	8	0	优势
地方财政收入占 GDP 比重	15	19	-4	中势
地方财政支出占 GDP 比重	30	30	0	劣势
税收收入占 GDP 比重	5	9	-4	优势
税收收入占财政总收入比重	10	11	-1	中势
人均地方财政收入	6	6	0	优势
人均地方财政支出	16	20	-4	中势
人均税收收入	4	5	-1	优势
地方财政收入增速	30	29	1	劣势
地方财政支出增速	28	30	-2	劣势
税收收入增速	29	30	-1	劣势
4.2　金融竞争力	5	5	0	优势
存款余额	4	4	0	优势
人均存款余额	4	4	0	优势
贷款余额	2	2	0	强势
人均贷款余额	4	4	0	优势
货币市场融资额	11	14	-3	中势
中长期贷款占贷款余额比重	31	31	0	劣势
保险费净收入	8	9	-1	优势
保险密度	6	6	0	优势
保险深度	18	16	2	中势
人均证券市场筹资额	4	6	-2	优势

5. 浙江省知识经济竞争力指标排名变化情况

表 11－9 2011～2012 年浙江省知识经济竞争力指标组排位及变化趋势表

指　　　标	2011 年	2012 年	排位升降	优劣势
5　知识经济竞争力	5	4	1	优势
5.1　科技竞争力	6	6	0	优势
R&D 人员	5	5	0	优势
R&D 经费	5	5	0	优势
R&D 经费投入强度	8	6	2	优势
高技术产业规模以上企业产值	5	5	0	优势
高技术产业规模以上企业产值占 GDP 比重	9	11	－2	中势
高技术产品出口额	5	7	－2	优势
发明专利申请授权量	5	3	2	强势
技术市场成交合同金额	10	14	－4	中势
5.2　教育竞争力	4	4	0	优势
教育经费	3	4	－1	优势
教育经费占 GDP 比重	19	22	－3	劣势
人均教育经费	5	6	－1	优势
公共教育经费占财政支出比重	1	1	0	强势
人均文化教育支出占个人消费支出比重	1	1	0	强势
万人中小学学校数	27	27	0	劣势
万人中小学专任教师数	28	28	0	劣势
高等学校数	10	10	0	优势
高校专任教师数	12	12	0	中势
万人高等学校在校学生数	11	14	－3	中势
5.3　文化竞争力	2	2	0	强势
文化产业增加值	1	2	－1	强势
图书和期刊出版数	7	7	0	优势
报纸出版数	2	2	0	强势
出版印刷工业销售产值	2	2	0	强势
城镇居民人均文化娱乐支出	3	4	－1	优势
农村居民人均文化娱乐支出	4	4	0	优势
城镇居民人均文化娱乐支出占消费性支出比重	4	4	0	优势
农村居民人均文化娱乐支出占消费性支出比重	11	12	－1	中势

6. 浙江省发展环境竞争力指标排名变化情况

表 11 - 10　2011 ~ 2012 年浙江省发展环境竞争力指标组排位及变化趋势表

指　标	2011 年	2012 年	排位升降	优劣势
6　发展环境竞争力	6	4	2	优势
6.1　基础设施竞争力	5	5	0	优势
铁路网线密度	19	20	-1	中势
公路网线密度	12	12	0	中势
人均内河航道里程	2	2	0	强势
全社会旅客周转量	8	9	-1	优势
全社会货物周转量	6	8	-2	优势
人均邮电业务总量	4	4	0	优势
万户移动电话数	4	4	0	优势
万户上网用户数	5	5	0	优势
人均耗电量	5	4	1	优势
6.2　软环境竞争力	7	7	0	优势
外资企业数增长率	12	11	1	中势
万人外资企业数	7	7	0	优势
个体私营企业数增长率	28	17	11	中势
万人个体私营企业数	1	1	0	强势
万人商标注册件数	3	3	0	强势
查处商标侵权假冒案件	30	30	0	劣势
每十万人交通事故发生数	31	31	0	劣势
罚没收入占财政收入比重	18	15	3	中势
食品安全事故数	23	28	-5	劣势

7. 浙江省政府作用竞争力指标排名变化情况

表 11 - 11　2011 ~ 2012 年浙江省政府作用竞争力指标组排位及变化趋势表

指　标	2011 年	2012 年	排位升降	优劣势
7　政府作用竞争力	4	3	1	强势
7.1　政府发展经济竞争力	4	3	1	强势
财政支出用于基本建设投资比重	14	8	6	优势
财政支出对 GDP 增长的拉动	2	2	0	强势
政府公务员对经济的贡献	5	6	-1	优势
政府消费对民间消费的拉动	3	7	-4	优势
财政投资对社会投资的拉动	13	18	-5	中势
7.2　政府规调经济竞争力	4	1	3	强势
物价调控	16	4	12	优势
调控城乡消费差距	2	1	1	强势
统筹经济社会发展	10	16	-6	中势
规范税收	1	1	0	强势
人口控制	8	10	-2	优势

指　　标	2011 年	2012 年	排位升降	优劣势
7.3　政府保障经济竞争力	7	6	1	优势
城市城镇社区服务设施数	3	2	1	强势
医疗保险覆盖率	9	10	− 1	优势
养老保险覆盖率	6	6	0	优势
失业保险覆盖率	9	9	0	优势
下岗职工再就业率	14	20	− 6	中势
城镇登记失业率	6	6	0	优势

8. 浙江省发展水平竞争力指标排名变化情况

表 11 – 12　2011 ~ 2012 年浙江省发展水平竞争力指标组排位及变化趋势表

指　　标	2011 年	2012 年	排位升降	优劣势
8　发展水平竞争力	2	3	− 1	强势
8.1　工业化进程竞争力	7	9	− 2	优势
工业增加值占 GDP 比重	15	14	1	中势
工业增加值增长率	25	28	− 3	劣势
高新技术产业占工业总产值比重	9	11	− 2	中势
工业从业人员比重	2	4	− 2	优势
工业从业人员增长率	23	28	− 5	劣势
霍夫曼系数	3	3	0	强势
8.2　城市化进程竞争力	2	2	0	强势
城镇化率	6	6	0	优势
城镇居民人均可支配收入	3	3	0	强势
城市平均建成区面积	5	5	0	优势
人均拥有道路面积	7	5	2	优势
人均日生活用水量	9	7	2	优势
人均居住面积	4	1	3	强势
人均公共绿地面积	11	9	2	优势
8.3　市场化进程竞争力	1	2	− 1	强势
非公有制经济产值占全社会总产值的比重	3	4	− 1	优势
社会投资占投资总资金的比重	10	13	− 3	中势
非国有单位从业人员占城镇从业人员比重	1	2	− 1	强势
亿元以上商品市场成交额	2	2	0	强势
亿元以上商品市场成交额占全社会消费品零售总额比重	1	2	− 1	强势
全社会消费品零售总额占工农总产值比重	19	19	0	中势

9. 浙江省统筹协调竞争力指标排名变化情况

表 11－13　2011～2012 年浙江省统筹协调竞争力指标组排位及变化趋势表

指　　　标	2011 年	2012 年	排位升降	优劣势
9　统筹协调竞争力	5	7	－2	优势
9.1　统筹发展竞争力	4	5	－1	优势
社会劳动生产率	8	8	0	优势
社会劳动生产率增速	5	9	－4	优势
万元 GDP 综合能耗	3	3	0	强势
非农用地产出率	3	3	0	强势
生产税净额和营业盈余占 GDP 比重	11	14	－3	中势
最终消费率	17	17	0	中势
固定资产投资额占 GDP 比重	4	4	0	优势
固定资产交付使用率	22	29	－7	劣势
9.2　协调发展竞争力	13	14	－1	中势
环境竞争力与宏观经济竞争力比差	7	8	－1	优势
资源竞争力与宏观经济竞争力比差	27	27	0	劣势
人力资源竞争力与宏观经济竞争力比差	3	11	－8	中势
资源竞争力与工业竞争力比差	25	26	－1	劣势
环境竞争力与工业竞争力比差	18	11	7	中势
城乡居民家庭人均收入比差	5	6	－1	优势
城乡居民人均生活消费支出比差	2	1	1	强势
全社会消费品零售总额与外贸出口总额比差	28	28	0	劣势

B.13

12

安徽省经济综合竞争力评价分析报告

安徽省简称皖，位于华东腹地，地跨长江、淮河中下游，东连江苏、浙江，西接湖北、河南，南邻江西，北靠山东。全省总面积 13.96 万平方公里，2012 年总人口为 5988 万人，地区生产总值达 17212 亿元，同比增长 12.1%，人均 GDP 达 28792 元。本部分通过分析"十二五"中期安徽省经济综合竞争力以及各要素竞争力的排名变化，从中找出安徽省经济综合竞争力的推动点及影响因素，为进一步提升安徽省经济综合竞争力提供决策参考。

12.1 安徽省经济综合竞争力总体分析

1. 安徽省经济综合竞争力一级指标概要分析

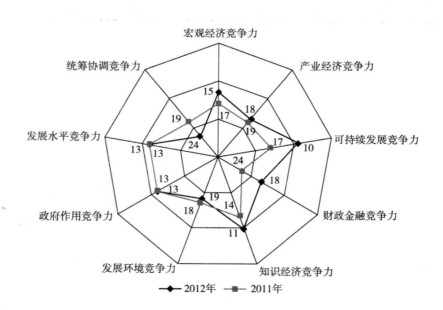

图 12-1 2011~2012 年安徽省经济综合竞争力二级指标比较雷达图

表 12 -1　2011～2012 年安徽省经济综合竞争力二级指标比较表

年份＼项目	宏观经济竞争力	产业经济竞争力	可持续发展竞争力	财政金融竞争力	知识经济竞争力	发展环境竞争力	政府作用竞争力	发展水平竞争力	统筹协调竞争力	综合排位
2011	17	19	17	24	14	18	13	13	19	18
2012	15	18	10	18	11	19	13	13	24	13
升降	2	1	7	6	3	-1	0	0	-5	5
优劣度	中势	中势	优势	中势	中势	中势	中势	中势	劣势	中势

（1）从综合排位的变化比较看，2012 年安徽省经济综合竞争力综合排位在全国处于第 13 位，表明其在全国处于居中偏上地位；与 2011 年相比，综合排位上升了 5 位。

（2）从指标所处区位看，处于上游区的指标有 1 个，为可持续发展竞争力；处于中游区的指标有 7 个，为宏观经济竞争力、产业经济竞争力、财政金融竞争力、知识经济竞争力、发展环境竞争力、政府作用竞争力和发展水平竞争力；处于下游区的指标有 1 个，为统筹协调竞争力。

（3）从指标变化趋势看，9 个二级指标中，有 5 个指标处于上升趋势，为宏观经济竞争力、产业经济竞争力、可持续发展竞争力、财政金融竞争力和知识经济竞争力，这些是安徽省经济综合竞争力的上升动力所在；有 2 个指标排位没有发生变化，为政府作用竞争力和发展水平竞争力；有 2 个指标处于下降趋势，为发展环境竞争力和统筹协调竞争力，这些是安徽省经济综合竞争力的下降拉力所在。

2. 安徽省经济综合竞争力各级指标动态变化分析

表 12 -2　2011～2012 年安徽省经济综合竞争力各级指标排位变化态势比较表

二级指标	三级指标	四级指标数	上升		保持		下降		变化趋势
			指标数	比重（%）	指标数	比重（%）	指标数	比重（%）	
宏观经济竞争力	经济实力竞争力	12	4	33.3	5	41.7	3	25.0	上升
	经济结构竞争力	6	2	33.3	3	50.0	1	16.7	上升
	经济外向度竞争力	9	8	88.9	1	11.1	0	0.0	上升
	小　计	27	14	51.9	9	33.3	4	14.8	上升
产业经济竞争力	农业竞争力	12	8	66.7	2	16.7	2	16.7	上升
	工业竞争力	10	5	50.0	3	30.0	2	20.0	下降
	服务业竞争力	9	4	44.4	3	33.3	2	22.2	上升
	企业竞争力	10	5	50.0	4	40.0	1	10.0	上升
	小　计	41	22	53.7	12	29.3	7	17.1	上升
可持续发展竞争力	资源竞争力	9	1	11.1	5	55.6	3	33.3	保持
	环境竞争力	8	4	50.0	1	12.5	3	37.5	上升
	人力资源竞争力	8	5	62.5	3	37.5	0	0.0	上升
	小　计	25	10	40.0	9	36.0	6	24.0	上升
财政金融竞争力	财政竞争力	12	6	50.0	3	25.0	3	25.0	上升
	金融竞争力	10	1	10.0	7	70.0	2	20.0	上升
	小　计	22	7	31.8	10	45.5	5	22.7	上升

续表

二级指标	三级指标	四级指标数	上升		保持		下降		变化趋势
			指标数	比重（%）	指标数	比重（%）	指标数	比重（%）	
知识经济竞争力	科技竞争力	8	4	50.0	3	37.5	1	12.5	上升
	教育竞争力	10	6	60.0	4	40.0	0	0.0	上升
	文化竞争力	8	2	25.0	3	37.5	3	37.5	上升
	小　计	26	12	46.2	10	38.5	4	15.4	上升
发展环境竞争力	基础设施竞争力	9	5	55.6	4	44.4	0	0.0	保持
	软环境竞争力	9	5	55.6	0	0.0	4	44.4	下降
	小　计	18	10	55.6	4	22.2	4	22.2	下降
政府作用竞争力	政府发展经济竞争力	5	0	0.0	2	40.0	3	60.0	下降
	政府规调经济竞争力	5	1	20.0	1	20.0	3	60.0	保持
	政府保障经济竞争力	6	0	0.0	2	33.3	4	66.7	保持
	小　计	16	1	6.3	5	31.3	10	62.5	保持
发展水平竞争力	工业化进程竞争力	6	3	50.0	1	16.7	2	33.3	下降
	城市化进程竞争力	7	1	14.3	3	42.9	3	42.9	上升
	市场化进程竞争力	6	2	33.3	1	16.7	3	50.0	下降
	小　计	19	6	31.6	5	26.3	8	42.1	保持
统筹协调竞争力	统筹发展竞争力	8	2	25.0	2	25.0	4	50.0	下降
	协调发展竞争力	8	2	25.0	1	12.5	5	62.5	下降
	小　计	16	4	25.0	3	18.8	9	56.3	下降
合　计		210	86	41.0	67	31.9	57	27.1	上升

从表12－2可以看出，210个四级指标中，上升指标有86个，占指标总数的41%；下降指标有57个，占指标总数的27.1%；保持指标有67个，占指标总数的31.9%。综上所述，上升的动力大于下降的拉力，使得2011～2012年安徽省经济综合竞争力排位上升5位。

3. 安徽省经济综合竞争力各级指标优劣势结构分析

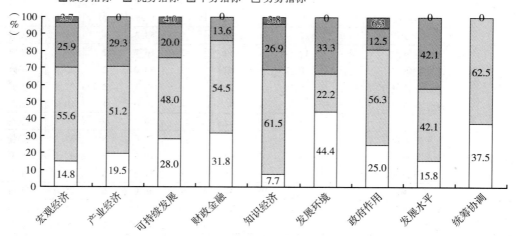

图12－2　2012年安徽省经济综合竞争力各级指标优劣势比较图

表 12 - 3 2012 年安徽省经济综合竞争力各级指标优劣势比较表

二级指标	三级指标	四级指标数	强势指标		优势指标		中势指标		劣势指标		优劣势
			个数	比重(%)	个数	比重(%)	个数	比重(%)	个数	比重(%)	
宏观经济竞争力	经济实力竞争力	12	0	0.0	3	25.0	6	50.0	3	25.0	中势
	经济结构竞争力	6	0	0.0	2	33.3	3	50.0	1	16.7	中势
	经济外向度竞争力	9	1	11.1	2	22.2	6	66.7	0	0.0	优势
	小 计	27	1	3.7	7	25.9	15	55.6	4	14.8	中势
产业经济竞争力	农业竞争力	12	0	0.0	3	25.0	7	58.3	2	16.7	中势
	工业竞争力	10	0	0.0	2	20.0	7	70.0	1	10.0	中势
	服务业竞争力	9	0	0.0	4	44.4	4	44.4	1	11.1	中势
	企业竞争力	10	0	0.0	3	30.0	3	30.0	4	40.0	中势
	小 计	41	0	0.0	12	29.3	21	51.2	8	19.5	中势
可持续发展竞争力	资源竞争力	9	0	0.0	2	22.2	4	44.4	3	33.3	中势
	环境竞争力	8	0	0.0	1	12.5	6	75.0	1	12.5	中势
	人力资源竞争力	8	1	12.5	2	25.0	2	25.0	3	37.5	优势
	小 计	25	1	4.0	5	20.0	12	48.0	7	28.0	优势
财政金融竞争力	财政竞争力	12	0	0.0	2	16.7	7	58.3	3	25.0	中势
	金融竞争力	10	0	0.0	1	10.0	5	50.0	4	40.0	中势
	小 计	22	0	0.0	3	13.6	12	54.5	7	31.8	中势
知识经济竞争力	科技竞争力	8	0	0.0	2	25.0	6	75.0	0	0.0	中势
	教育竞争力	10	1	10.0	3	30.0	5	50.0	1	10.0	优势
	文化竞争力	8	0	0.0	2	25.0	5	62.5	1	12.5	中势
	小 计	26	1	3.8	7	26.9	16	61.5	2	7.7	中势
发展环境竞争力	基础设施竞争力	9	0	0.0	4	44.4	1	11.1	4	44.4	中势
	软环境竞争力	9	0	0.0	2	22.2	3	33.3	4	44.4	劣势
	小 计	18	0	0.0	6	33.3	4	22.2	8	44.4	中势
政府作用竞争力	政府发展经济竞争力	5	1	20.0	0	0.0	4	80.0	0	0.0	优势
	政府规调经济竞争力	5	0	0.0	1	20.0	2	40.0	2	40.0	中势
	政府保障经济竞争力	6	0	0.0	1	16.7	3	50.0	2	33.3	中势
	小 计	16	1	6.3	2	12.5	9	56.3	4	25.0	中势
发展水平竞争力	工业化进程竞争力	6	0	0.0	3	50.0	2	33.3	1	16.7	中势
	城市化进程竞争力	7	0	0.0	2	28.6	4	57.1	1	14.3	中势
	市场化进程竞争力	6	0	0.0	3	50.0	2	33.3	1	16.7	中势
	小 计	19	0	0.0	8	42.1	8	42.1	3	15.8	优势
统筹协调竞争力	统筹发展竞争力	8	0	0.0	0	0.0	4	50.0	4	50.0	劣势
	协调发展竞争力	8	0	0.0	0	0.0	6	75.0	2	25.0	中势
	小 计	16	0	0.0	0	0.0	10	62.5	6	37.5	劣势
合 计		210	4	1.9	50	23.8	107	51.0	49	23.3	中势

基于图 12 - 2 和表 12 - 3，从四级指标来看，强势指标 4 个，占指标总数的 1.9%；优势指标 50 个，占指标总数的 23.8%；中势指标 107 个，占指标总数的 51.0%；劣势指

标 49 个，占指标总数的 23.3%。从三级指标来看，优势指标 4 个，占三级指标总数的
16.0%；中势指标 19 个，占三级指标总数的 76.0%；劣势指标 2 个，占三级指标总数的
8.0%。反映到二级指标上来；优势指标有 1 个，占二级指标总数的 11.1%；中势指标有
7 个，占二级指标总数的 77.8%；劣势指标有 1 个，占二级指标总数的 11.1%。综合来
看，由于中势指标在指标体系中居于主导地位，2012 年安徽省经济综合竞争力处于居中
偏上地位。

4. 安徽省经济综合竞争力四级指标优劣势对比分析

表 12 - 4　2012 年安徽省经济综合竞争力各级指标优劣势比较表

二级指标	优劣势	四级指标
宏观经济 竞争力 (27 个)	强势 指标	实际 FDI 增长率(1 个)
	优势 指标	地区生产总值增长率、固定资产投资额、全社会消费品零售总额增长率、资本形成结构优化度、贸易结构优化度、进出口增长率、出口增长率(7 个)
	劣势 指标	人均地区生产总值、人均财政收入、人均全社会消费品零售总额、产业结构优化度(4 个)
产业经济 竞争力 (41 个)	强势 指标	(0 个)
	优势 指标	农业增加值、农民人均纯收入增长率、人均主要农产品产量、工业增加值增长率、工业资产总额增长率、服务业从业人员数、服务业从业人员数增长率、限额以上批零企业利税率、房地产经营总收入、规模以上工业企业数、流动资金周转次数、优等品率(12 个)
	劣势 指标	农业劳动生产率、财政支农资金比重、人均工业增加值、人均服务业增加值、规模以上企业平均资产、规模以上企业平均利润、规模以上企业销售利税率、规模以上企业平均所有者权益(8 个)
可持续发展 竞争力 (25 个)	强势 指标	人力资源利用率(1 个)
	优势 指标	耕地面积、主要能源矿产基础储量、一般工业固体废物综合利用率、人口自然增长率、职业学校毕业生数(5 个)
	劣势 指标	人均国土面积、人均牧草地面积、人均森林储积量、人均治理工业污染投资额、15～64 岁人口比例、文盲率、平均受教育程度(7 个)
财政金融 竞争力 (22 个)	强势 指标	(0 个)
	优势 指标	地方财政收入增速、地方财政支出增速、保险深度(3 个)
	劣势 指标	人均地方财政收入、人均地方财政支出、人均税收收入、人均存款余额、人均贷款余额、中长期贷款占贷款余额比重、保险密度(7 个)

续表

二级指标	优劣势	四级指标
知识经济竞争力（26个）	强势指标	人均文化教育支出占个人消费支出比重（1个）
	优势指标	R&D经费投入强度、发明专利申请授权量、教育经费、教育经费占GDP比重、高等学校数、城镇居民人均文化娱乐支出、城镇居民人均文化娱乐支出占消费性支出比重（7个）
	劣势指标	人均教育经费、农村居民人均文化娱乐支出占消费性支出比重（2个）
发展环境竞争力（18个）	强势指标	（0个）
	优势指标	铁路网线密度、公路网线密度、全社会旅客周转量、全社会货物周转量、个体私营企业数增长率、万人个体私营企业数（6个）
	劣势指标	人均邮电业务总量、万户移动电话数、万户上网用户数、人均耗电量、外资企业数增长率、万人外资企业数、查处商标侵权假冒案件、每十万人交通事故发生数（8个）
政府作用竞争力（16个）	强势指标	政府消费对民间消费的拉动（1个）
	优势指标	物价调控、城市城镇社区服务设施数（2个）
	劣势指标	规范税收、人口控制、下岗职工再就业率、城镇登记失业率（4个）
发展水平竞争力（19个）	强势指标	（0个）
	优势指标	工业增加值占GDP比重、工业增加值增长率、工业从业人员增长率、人均拥有道路面积、人均居住面积、社会投资占投资总资金的比重、非国有单位从业人员占城镇从业人员比重、亿元以上商品市场成交额占全社会消费品零售总额比重（8个）
	劣势指标	高新技术产业占工业总产值比重、城镇化率、全社会消费品零售总额占工农总产值比重（3个）
统筹协调竞争力（16个）	强势指标	（0个）
	优势指标	（0个）
	劣势指标	社会劳动生产率、生产税净额和营业盈余占GDP比重、固定资产投资额占GDP比重、固定资产交付使用率、人力资源竞争力与宏观经济竞争力比差、城乡居民家庭人均收入比差（6个）

12.2 安徽省经济综合竞争力各级指标具体分析

1. 安徽省宏观经济竞争力指标排名变化情况

表 12-5 2011~2012 年安徽省宏观经济竞争力指标组排位及变化趋势表

指 标	2011 年	2012 年	排位升降	优劣势
1 宏观经济竞争力	17	15	2	中势
1.1 经济实力竞争力	18	17	1	中势
地区生产总值	14	14	0	中势
地区生产总值增长率	10	9	1	优势
人均地区生产总值	26	26	0	劣势
财政总收入	12	13	-1	中势
财政总收入增长率	13	18	-5	中势
人均财政收入	20	29	-9	劣势
固定资产投资额	10	10	0	优势
固定资产投资额增长率	26	16	10	中势
人均固定资产投资额	18	17	1	中势
全社会消费品零售总额	14	14	0	中势
全社会消费品零售总额增长率	12	5	7	优势
人均全社会消费品零售总额	23	23	0	劣势
1.2 经济结构竞争力	18	17	1	中势
产业结构优化度	29	30	-1	劣势
所有制经济结构优化度	15	14	1	中势
城乡经济结构优化度	20	20	0	中势
就业结构优化度	14	14	0	中势
资本形成结构优化度	6	6	0	优势
贸易结构优化度	11	10	1	优势
1.3 经济外向度竞争力	15	10	5	优势
进出口总额	16	14	2	中势
进出口增长率	17	7	10	优势
出口总额	17	14	3	中势
出口增长率	9	5	4	优势
实际 FDI	12	11	1	中势
实际 FDI 增长率	7	3	4	强势
外贸依存度	19	17	2	中势
对外经济合作完成营业额	12	11	1	中势
对外直接投资	15	15	0	中势

2. 安徽省产业经济竞争力指标排名变化情况

表 12-6　2011~2012 年安徽省产业经济竞争力指标组排位及变化趋势表

指　标	2011 年	2012 年	排位升降	优劣势
2　产业经济竞争力	19	18	1	中势
2.1　农业竞争力	22	17	5	中势
农业增加值	10	9	1	优势
农业增加值增长率	22	12	10	优势
人均农业增加值	16	17	−1	中势
乡镇企业总产值	17	16	1	中势
农民人均纯收入	20	20	0	中势
农民人均纯收入增长率	23	6	17	优势
农产品出口占农林牧渔总产值比重	21	19	2	中势
人均主要农产品产量	9	8	1	优势
农业劳动生产率	25	25	0	劣势
农村人均固定资产原值	16	15	1	中势
农村人均用电量	19	18	1	中势
财政支农资金比重	20	22	−2	劣势
2.2　工业竞争力	18	19	−1	中势
工业增加值	12	12	0	中势
工业增加值增长率	5	9	−4	优势
人均工业增加值	24	22	2	劣势
工业资产总额	13	13	0	中势
工业资产总额增长率	4	9	−5	优势
工业资产总贡献率	16	14	2	中势
规模以上工业利润总额	16	15	1	中势
工业全员劳动生产率	20	18	2	中势
工业成本费用利润率	22	18	4	中势
工业产品销售率	18	18	0	中势
2.3　服务业竞争力	16	11	5	中势
服务业增加值	16	16	0	中势
服务业增加值增长率	21	12	9	中势
人均服务业增加值	28	29	−1	劣势
服务业从业人员数	7	6	1	优势
服务业从业人员数增长率	3	9	−6	优势
限额以上批零企业利税率	12	7	5	优势
限额以上餐饮企业利税率	22	16	6	中势
旅游外汇收入	12	12	0	中势
房地产经营总收入	10	10	0	优势

指 标	2011 年	2012 年	排位升降	优劣势
2.4 企业竞争力	21	20	1	中势
规模以上工业企业数	9	8	1	优势
规模以上企业平均资产	28	28	0	劣势
规模以上企业平均增加值	13	12	1	中势
流动资金周转次数	7	8	−1	优势
规模以上企业平均利润	30	30	0	劣势
规模以上企业销售利税率	23	21	2	劣势
规模以上企业平均所有者权益	29	29	0	劣势
优等品率	16	6	10	优势
工业企业 R&D 经费投入强度	12	12	0	中势
中国驰名商标持有量	13	12	1	中势

3. 安徽省可持续发展竞争力指标排名变化情况

表 12 – 7　2011 ~ 2012 年安徽省可持续发展竞争力指标组排位及变化趋势表

指 标	2011 年	2012 年	排位升降	优劣势
3 可持续发展竞争力	17	10	7	优势
3.1 资源竞争力	20	20	0	中势
人均国土面积	23	23	0	劣势
人均可使用海域和滩涂面积	13	13	0	中势
人均年水资源量	19	20	−1	中势
耕地面积	8	8	0	优势
人均耕地面积	13	12	1	中势
人均牧草地面积	21	21	0	劣势
主要能源矿产基础储量	8	9	−1	优势
人均主要能源矿产基础储量	11	16	−5	中势
人均森林储积量	22	22	0	劣势
3.2 环境竞争力	16	12	4	中势
森林覆盖率	18	18	0	中势
人均废水排放量	15	14	1	中势
人均工业废气排放量	10	12	−2	中势
人均工业固体废物排放量	18	19	−1	中势
人均治理工业污染投资额	27	22	5	劣势
一般工业固体废物综合利用率	7	8	−1	优势
生活垃圾无害化处理率	26	13	13	中势
自然灾害直接经济损失	22	17	5	中势

续表

指　标	2011 年	2012 年	排位升降	优劣势
3.3　人力资源竞争力	11	8	3	优势
人口自然增长率	12	10	2	优势
15～64 岁人口比例	27	25	2	劣势
文盲率	26	26	0	劣势
大专以上教育程度人口比例	29	11	18	中势
平均受教育程度	25	23	2	劣势
人口健康素质	15	15	0	中势
人力资源利用率	1	1	0	强势
职业学校毕业生数	8	6	2	优势

4. 安徽省财政金融竞争力指标排名变化情况

表 12－8　2011～2012 年安徽省财政金融竞争力指标组排位及变化趋势表

指　标	2011 年	2012 年	排位升降	优劣势
4　财政金融竞争力	24	18	6	中势
4.1　财政竞争力	24	19	5	中势
地方财政收入	16	12	4	中势
地方财政支出	11	11	0	中势
地方财政收入占 GDP 比重	17	17	0	中势
地方财政支出占 GDP 比重	15	12	3	中势
税收收入占 GDP 比重	18	19	－1	中势
税收收入占财政总收入比重	18	18	0	中势
人均地方财政收入	22	23	－1	劣势
人均地方财政支出	26	25	1	劣势
人均税收收入	23	24	－1	劣势
地方财政收入增速	20	8	12	优势
地方财政支出增速	15	4	11	优势
税收收入增速	18	16	2	中势
4.2　金融竞争力	18	17	1	中势
存款余额	14	14	0	中势
人均存款余额	26	26	0	劣势
贷款余额	14	14	0	中势
人均贷款余额	23	23	0	劣势
货币市场融资额	14	12	2	中势
中长期贷款占贷款余额比重	20	21	－1	劣势
保险费净收入	12	12	0	中势
保险密度	21	21	0	劣势
保险深度	8	10	－2	优势
人均证券市场筹资额	17	17	0	中势

5. 安徽省知识经济竞争力指标排名变化情况

表 12 – 9　2011 ~ 2012 年安徽省知识经济竞争力指标组排位及变化趋势表

指　　标	2011 年	2012 年	排位升降	优劣势
5　知识经济竞争力	14	11	3	中势
5.1　科技竞争力	15	13	2	中势
R&D 人员	15	15	0	中势
R&D 经费	15	14	1	中势
R&D 经费投入强度	11	10	1	优势
高技术产业规模以上企业产值	18	16	2	中势
高技术产业规模以上企业产值占 GDP 比重	18	18	0	中势
高技术产品出口额	17	20	– 3	中势
发明专利申请授权量	14	5	9	优势
技术市场成交合同金额	13	13	0	中势
5.2　教育竞争力	14	8	6	优势
教育经费	11	8	3	优势
教育经费占 GDP 比重	14	10	4	优势
人均教育经费	27	23	4	劣势
公共教育经费占财政支出比重	17	11	6	中势
人均文化教育支出占个人消费支出比重	5	2	3	强势
万人中小学学校数	13	13	0	中势
万人中小学专任教师数	17	17	0	中势
高等学校数	8	7	1	优势
高校专任教师数	13	13	0	中势
万人高等学校在校学生数	19	19	0	中势
5.3　文化竞争力	12	11	1	中势
文化产业增加值	17	12	5	中势
图书和期刊出版数	10	12	– 2	中势
报纸出版数	14	14	0	中势
出版印刷工业销售产值	11	11	0	中势
城镇居民人均文化娱乐支出	10	10	0	优势
农村居民人均文化娱乐支出	15	18	– 3	中势
城镇居民人均文化娱乐支出占消费性支出比重	8	7	1	优势
农村居民人均文化娱乐支出占消费性支出比重	14	21	– 7	劣势

6. 安徽省发展环境竞争力指标排名变化情况

表 12 - 10 2011～2012 年安徽省发展环境竞争力指标组排位及变化趋势表

指 标		2011 年	2012 年	排位升降	优劣势
6 发展环境竞争力		18	19	−1	中势
6.1	基础设施竞争力	13	13	0	中势
	铁路网线密度	10	10	0	优势
	公路网线密度	10	8	2	优势
	人均内河航道里程	14	14	0	中势
	全社会旅客周转量	5	5	0	优势
	全社会货物周转量	8	5	3	优势
	人均邮电业务总量	31	30	1	劣势
	万户移动电话数	31	31	0	劣势
	万户上网用户数	28	26	2	劣势
	人均耗电量	28	26	2	劣势
6.2	软环境竞争力	28	30	−2	劣势
	外资企业数增长率	21	27	−6	劣势
	万人外资企业数	24	25	−1	劣势
	个体私营企业数增长率	13	9	4	优势
	万人个体私营企业数	9	8	1	优势
	万人商标注册件数	23	19	4	中势
	查处商标侵权假冒案件	31	29	2	劣势
	每十万人交通事故发生数	26	30	−4	劣势
	罚没收入占财政收入比重	14	16	−2	中势
	食品安全事故数	15	13	2	中势

7. 安徽省政府作用竞争力指标排名变化情况

表 12 - 11 2011～2012 年安徽省政府作用竞争力指标组排位及变化趋势表

指 标		2011 年	2012 年	排位升降	优劣势
7 政府作用竞争力		13	13	0	中势
7.1	政府发展经济竞争力	9	10	−1	优势
	财政支出用于基本建设投资比重	9	11	−2	中势
	财政支出对 GDP 增长的拉动	17	20	−3	中势
	政府公务员对经济的贡献	13	13	0	中势
	政府消费对民间消费的拉动	1	3	−2	强势
	财政投资对社会投资的拉动	19	19	0	中势
7.2	政府规调经济竞争力	17	17	0	中势
	物价调控	18	5	13	优势
	调控城乡消费差距	15	18	−3	中势
	统筹经济社会发展	11	12	−1	中势
	规范税收	24	24	0	劣势
	人口控制	20	22	−2	劣势

指　　标	2011 年	2012 年	排位升降	优劣势
7.3　政府保障经济竞争力	15	15	0	中势
城市城镇社区服务设施数	10	10	0	优势
医疗保险覆盖率	15	15	0	中势
养老保险覆盖率	14	15	-1	中势
失业保险覆盖率	10	13	-3	中势
下岗职工再就业率	23	26	-3	劣势
城镇登记失业率	22	24	-2	劣势

8. 安徽省发展水平竞争力指标排名变化情况

表 12-12　2011~2012 年安徽省发展水平竞争力指标组排位及变化趋势表

指　　标	2011 年	2012 年	排位升降	优劣势
8　发展水平竞争力	13	13	0	中势
8.1　工业化进程竞争力	13	14	-1	中势
工业增加值占 GDP 比重	14	10	4	优势
工业增加值增长率	2	6	-4	优势
高新技术产业占工业总产值比重	22	22	0	劣势
工业从业人员比重	16	13	3	中势
工业从业人员增长率	26	8	18	优势
霍夫曼系数	11	12	-1	中势
8.2　城市化进程竞争力	18	16	2	中势
城镇化率	23	23	0	劣势
城镇居民人均可支配收入	14	15	-1	中势
城市平均建成区面积	11	11	0	中势
人均拥有道路面积	4	4	0	优势
人均日生活用水量	15	16	-1	中势
人均居住面积	15	10	5	优势
人均公共绿地面积	10	12	-2	中势
8.3　市场化进程竞争力	12	13	-1	中势
非公有制经济产值占全社会总产值的比重	13	15	-2	中势
社会投资占投资总资金的比重	7	9	-2	优势
非国有单位从业人员占城镇从业人员比重	8	10	-2	优势
亿元以上商品市场成交额	12	12	0	中势
亿元以上商品市场成交额占全社会消费品零售总额比重	10	9	1	优势
全社会消费品零售总额占工农总产值比重	27	26	1	劣势

9. 安徽省统筹协调竞争力指标排名变化情况

表 12 – 13 2011~2012 年安徽省统筹协调竞争力指标组排位及变化趋势表

指 标	2011 年	2012 年	排位升降	优劣势
9 统筹协调竞争力	19	24	– 5	劣势
9.1 统筹发展竞争力	18	23	– 5	劣势
社会劳动生产率	27	27	0	劣势
社会劳动生产率增速	18	15	3	中势
万元 GDP 综合能耗	10	11	– 1	中势
非农用地产出率	11	11	0	中势
生产税净额和营业盈余占 GDP 比重	12	27	– 15	劣势
最终消费率	10	14	– 4	中势
固定资产投资额占 GDP 比重	29	28	1	劣势
固定资产交付使用率	19	21	– 2	劣势
9.2 协调发展竞争力	18	20	– 2	中势
环境竞争力与宏观经济竞争力比差	20	19	1	中势
资源竞争力与宏观经济竞争力比差	15	17	– 2	中势
人力资源竞争力与宏观经济竞争力比差	23	26	– 3	劣势
资源竞争力与工业竞争力比差	16	15	1	中势
环境竞争力与工业竞争力比差	20	20	0	中势
城乡居民家庭人均收入比差	20	21	– 1	劣势
城乡居民人均生活消费支出比差	15	18	– 3	中势
全社会消费品零售总额与外贸出口总额比差	15	18	– 3	中势

13

福建省经济综合竞争力评价分析报告

福建省简称闽，地处中国东南沿海，毗邻浙江、江西、广东，与台湾隔海相望。以福建为主体的海峡西岸经济区发展战略于 2009 年 5 月获得国务院批准，从地方战略上升为国家战略。全省土地面积 12.14 万平方公里，2012 年总人口为 3748 万人，全省地区生产总值达 19702 亿元，同比增长 11.4%，人均 GDP 达 52763 元。本部分通过分析"十二五"中期福建省经济综合竞争力以及各要素竞争力的排名变化，从中找出福建省经济综合竞争力的推动点及影响因素，为进一步提升福建省经济综合竞争力提供决策参考。

13.1 福建省经济综合竞争力总体分析

1. 福建省经济综合竞争力一级指标概要分析

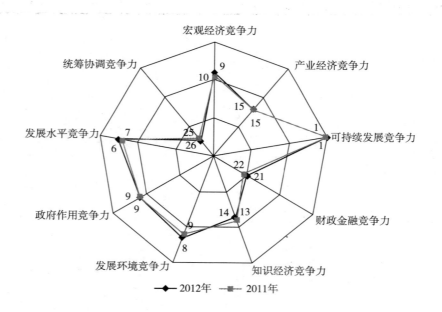

图 13－1 2011～2012 年福建省经济综合竞争力二级指标比较雷达图

表 13-1　2011~2012 年福建省经济综合竞争力二级指标比较表

项目 年份	宏观经济 竞争力	产业经济 竞争力	可持续发 展竞争力	财政金融 竞争力	知识经济 竞争力	发展环境 竞争力	政府作用 竞争力	发展水平 竞争力	统筹协调 竞争力	综合 排位
2011	10	15	1	22	13	9	9	7	25	9
2012	9	15	1	21	14	8	9	6	26	9
升降	1	0	0	1	-1	1	0	1	-1	0
优劣度	优势	中势	强势	劣势	中势	优势	优势	优势	劣势	优势

（1）从综合排位的变化比较看，2012 年福建省经济综合竞争力综合排位在全国处于第 9 位，表明其在全国处于优势地位；与 2011 年相比，综合排位保持不变。

（2）从指标所处区位看，处于上游区的指标有 5 个，为宏观经济竞争力、可持续发展竞争力、发展环境竞争力、政府作用竞争力、发展水平竞争力。其中，可持续发展竞争力为福建省经济综合竞争力的强势指标。

（3）从指标变化趋势看，9 个二级指标中，有 4 个指标处于上升趋势，为宏观经济竞争力、财政金融竞争力、发展环境竞争力和发展水平竞争力，这些是福建省经济综合竞争力的上升动力所在；有 3 个指标排位没有发生变化，为产业经济竞争力、可持续发展竞争力及政府作用竞争力；有 2 个指标处于下降趋势，为知识经济竞争力和统筹协调竞争力，这些是福建省经济综合竞争力的下降拉力所在。

2. 福建省经济综合竞争力各级指标动态变化分析

表 13-2　2011~2012 年福建省经济综合竞争力各级指标排位变化态势比较表

二级指标	三级指标	四级 指标数	上升		保持		下降		变化 趋势
			指标 数	比重 （%）	指标 数	比重 （%）	指标 数	比重 （%）	
宏观经济 竞争力	经济实力竞争力	12	3	25.0	4	33.3	5	41.7	下降
	经济结构竞争力	6	1	16.7	2	33.3	3	50.0	上升
	经济外向度竞争力	9	2	22.2	3	33.3	4	44.4	下降
	小　计	27	6	22.2	9	33.3	12	44.4	上升
产业经济 竞争力	农业竞争力	12	4	33.3	5	41.7	3	25.0	上升
	工业竞争力	10	4	40.0	2	20.0	4	40.0	下降
	服务业竞争力	9	3	33.3	2	22.2	4	44.4	上升
	企业竞争力	10	1	10.0	5	50.0	4	40.0	下降
	小　计	41	12	29.3	14	34.1	15	36.6	保持
可持续发展 竞争力	资源竞争力	9	2	22.2	6	66.7	1	11.1	下降
	环境竞争力	8	3	37.5	2	25.0	3	37.5	下降
	人力资源竞争力	8	3	37.5	1	12.5	4	50.0	下降
	小　计	25	8	32.0	9	36.0	8	32.0	保持
财政金融 竞争力	财政竞争力	12	3	25.0	3	25.0	6	50.0	上升
	金融竞争力	10	4	40.0	6	60.0	0	0.0	上升
	小　计	22	7	31.8	9	40.9	6	27.3	上升

续表

二级指标	三级指标	四级指标数	上升		保持		下降		变化趋势
			指标数	比重（%）	指标数	比重（%）	指标数	比重（%）	
知识经济竞争力	科技竞争力	8	3	37.5	3	37.5	2	25.0	上升
	教育竞争力	10	2	20.0	2	20.0	6	60.0	下降
	文化竞争力	8	3	37.5	4	50.0	1	12.5	下降
	小　计	26	8	30.8	9	34.6	9	34.6	下降
发展环境竞争力	基础设施竞争力	9	1	11.1	3	33.3	5	55.6	保持
	软环境竞争力	9	3	33.3	3	33.3	3	33.3	上升
	小　计	18	4	22.2	6	33.3	8	44.4	上升
政府作用竞争力	政府发展经济竞争力	5	2	40.0	1	20.0	2	40.0	保持
	政府规调经济竞争力	5	2	40.0	0	0.0	3	60.0	保持
	政府保障经济竞争力	6	4	66.7	1	16.7	1	16.7	上升
	小　计	16	8	50.0	2	12.5	6	37.5	保持
发展水平竞争力	工业化进程竞争力	6	2	33.3	2	33.3	2	33.3	上升
	城市化进程竞争力	7	2	28.6	4	57.1	1	14.3	上升
	市场化进程竞争力	6	1	16.7	1	16.7	4	66.7	上升
	小　计	19	5	26.3	7	36.8	7	36.8	上升
统筹协调竞争力	统筹发展竞争力	8	1	12.5	4	50.0	3	37.5	下降
	协调发展竞争力	8	2	25.0	2	25.0	4	50.0	保持
	小　计	16	3	18.8	6	37.5	7	43.8	下降
合　计		210	61	29.0	71	33.8	78	37.1	保持

从表 13 - 2 可以看出，210 个四级指标中，上升指标有 61 个，占指标总数的 29%；下降指标有 78 个，占指标总数的 37.1%；保持指标有 71 个，占指标总数的 33.8%。综上所述，上升的动力小于下降的拉力，但受其他外部因素的综合影响，2011～2012 年福建省经济综合竞争力排位保持不变。

3. 福建省经济综合竞争力各级指标优劣势结构分析

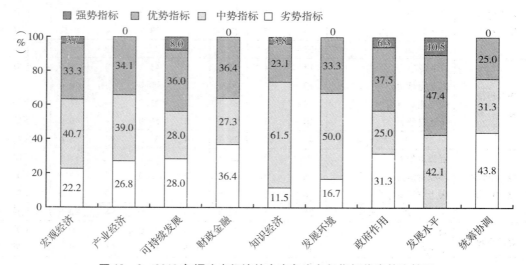

图 13 - 2　2012 年福建省经济综合竞争力各级指标优劣势比较图

表 13 – 3 2012 年福建省经济综合竞争力各级指标优劣势比较表

二级指标	三级指标	四级指标数	强势指标		优势指标		中势指标		劣势指标		优劣势
			个数	比重（%）	个数	比重（%）	个数	比重（%）	个数	比重（%）	
宏观经济竞争力	经济实力竞争力	12	0	0.0	4	33.3	6	50.0	2	16.7	中势
	经济结构竞争力	6	1	16.7	2	33.3	2	33.3	1	16.7	优势
	经济外向度竞争力	9	0	0.0	3	33.3	3	33.3	3	33.3	中势
	小　计	27	1	3.7	9	33.3	11	40.7	6	22.2	优势
产业经济竞争力	农业竞争力	12	0	0.0	6	50.0	2	16.7	4	33.3	优势
	工业竞争力	10	0	0.0	2	20.0	7	70.0	1	10.0	中势
	服务业竞争力	9	0	0.0	2	22.2	4	44.4	3	33.3	中势
	企业竞争力	10	0	0.0	4	40.0	3	30.0	3	30.0	中势
	小　计	41	0	0.0	14	34.1	16	39.0	11	26.8	中势
可持续发展竞争力	资源竞争力	9	1	11.1	2	22.2	2	22.2	4	44.4	中势
	环境竞争力	8	1	12.5	5	62.5	1	12.5	1	12.5	强势
	人力资源竞争力	8	0	0.0	2	25.0	4	50.0	2	25.0	优势
	小　计	25	2	8.0	9	36.0	7	28.0	7	28.0	强势
财政金融竞争力	财政竞争力	12	0	0.0	3	25.0	3	25.0	6	50.0	劣势
	金融竞争力	10	0	0.0	5	50.0	3	30.0	2	20.0	中势
	小　计	22	0	0.0	8	36.4	6	27.3	8	36.4	劣势
知识经济竞争力	科技竞争力	8	0	0.0	4	50.0	4	50.0	0	0.0	优势
	教育竞争力	10	1	10.0	0	0.0	7	70.0	2	20.0	中势
	文化竞争力	8	0	0.0	2	25.0	5	62.5	1	12.5	中势
	小　计	26	1	3.8	6	23.1	16	61.5	3	11.5	中势
发展环境竞争力	基础设施竞争力	9	0	0.0	3	33.3	6	66.7	0		优势
	软环境竞争力	9	0	0.0	3	33.3	3	33.3	3	33.3	优势
	小　计	18	0	0.0	6	33.3	9	50.0	3	16.7	优势
政府作用竞争力	政府发展经济竞争力	5	1	20.0	3	60.0	0	0.0	1	20.0	强势
	政府规调经济竞争力	5	0	0.0	2	40.0	2	40.0	1	20.0	中势
	政府保障经济竞争力	6	0	0.0	1	16.7	2	33.3	3	50.0	劣势
	小　计	16	1	6.3	6	37.5	4	25.0	5	31.3	优势
发展水平竞争力	工业化进程竞争力	6	1	16.7	4	66.7	1	16.7	0	0.0	强势
	城市化进程竞争力	7	0	0.0	4	57.1	3	42.9	0	0.0	优势
	市场化进程竞争力	6	1	16.7	1	16.7	4	66.7	0	0.0	优势
	小　计	19	2	10.5	9	47.4	8	42.1	0	0.0	优势
统筹协调竞争力	统筹发展竞争力	8	0	0.0	4	50.0	0	0.0	4	50.0	中势
	协调发展竞争力	8	0	0.0	0	0.0	5	62.5	3	37.5	劣势
	小　计	16	0	0.0	4	25.0	5	31.3	7	43.8	劣势
合　计		210	7	3.3	71	33.8	82	39.0	50	23.8	优势

　　基于图 13 – 2 和表 13 – 3，从四级指标来看，强势指标 7 个，占指标总数的 3.3%；优势指标 71 个，占指标总数的 33.8%；中势指标 82 个，占指标总数的 39%；劣势指标

50 个，占指标总数的 23.8%。从三级指标来看，强势指标 3 个，占三级指标总数的 12%；优势指标 8 个，占三级指标总数的 32%；中势指标 11 个，占三级指标总数的 44%；劣势指标 3 个，占三级指标总数的 12%。反映到二级指标上来，强势指标 1 个，占二级指标总数的 11.1%；优势指标有 4 个，占二级指标总数的 44.4%。综合来看，由于强势指标和优势指标在指标体系中居于主导地位，2012 年福建省经济综合竞争力处于优势地位。

4. 福建省经济综合竞争力四级指标优劣势对比分析

表 13 - 4　2012 年福建省经济综合竞争力各级指标优劣势比较表

二级指标	优劣势	四级指标
宏观经济竞争力（27 个）	强势指标	所有制经济结构优化度（1 个）
	优势指标	人均地区生产总值、人均固定资产投资额、全社会消费品零售总额增长率、人均全社会消费品零售总额、就业结构优化度、贸易结构优化度、进出口总额、出口总额、外贸依存度（9 个）
	劣势指标	财政总收入、财政总收入增长率、资本形成结构优化度、出口增长率、实际 FDI 增长率、对外经济合作完成营业额（6 个）
产业经济竞争力（41 个）	强势指标	（0 个）
	优势指标	人均农业增加值、乡镇企业总产值、农民人均纯收入、农产品出口占农林牧渔总产值比重、农业劳动生产率、农村人均用电量、人均工业增加值、工业资产总贡献率、人均服务业增加值、旅游外汇收入、规模以上工业企业数、优等品率、工业企业 R&D 经费投入强度、中国驰名商标持有量（14 个）
	劣势指标	农业增加值增长率、人均主要农产品产量、农村人均固定资产原值、财政支农资金比重、工业全员劳动生产率、服务业增加值增长率、限额以上批零企业利税率、限额以上餐饮企业利税率、规模以上企业平均资产、规模以上企业平均利润、规模以上企业平均所有者权益（11 个）
可持续发展竞争力（25 个）	强势指标	人均可使用海域和滩涂面积、森林覆盖率（2 个）
	优势指标	人均年水资源量、人均森林储积量、人均工业废气排放量、人均治理工业污染投资额、一般工业固体废物综合利用率、生活垃圾无害化处理率、自然灾害直接经济损失、人口自然增长率、人力资源利用率（9 个）
	劣势指标	耕地面积、人均耕地面积、人均牧草地面积、主要能源矿产基础储量、人均废水排放量、大专以上教育程度人口比例、平均受教育程度（7 个）
财政金融竞争力（22 个）	强势指标	（0 个）
	优势指标	人均地方财政收入、人均税收收入、地方财政支出增速、人均存款余额、贷款余额、人均贷款余额、货币市场融资额、保险密度（8 个）
	劣势指标	地方财政支出、地方财政收入占 GDP 比重、地方财政支出占 GDP 比重、税收收入占 GDP 比重、人均地方财政支出、税收收入增速、中长期贷款占贷款余额比重、保险深度（8 个）

二级指标	优劣势	四级指标
知识经济竞争力（26个）	强势指标	公共教育经费占财政支出比重（1个）
	优势指标	高技术产业规模以上企业产值、高技术产业规模以上企业产值占GDP比重、高技术产品出口额、发明专利申请授权量、城镇居民人均文化娱乐支出、农村居民人均文化娱乐支出（6个）
	劣势指标	教育经费占GDP比重、人均文化教育支出占个人消费支出比重、图书和期刊出版数（3个）
发展环境竞争力（18个）	强势指标	（0个）
	优势指标	人均邮电业务总量、万户移动电话数、万户上网用户数、万人外资企业数、万人个体私营企业数、万人商标注册件数（6个）
	劣势指标	查处商标侵权假冒案件、每十万人交通事故发生数、食品安全事故数（3个）
政府作用竞争力（16个）	强势指标	财政支出用于基本建设投资比重（1个）
	优势指标	财政支出对GDP增长的拉动、政府公务员对经济的贡献、政府消费对民间消费的拉动、物价调控、规范税收、下岗职工再就业率（6个）
	劣势指标	财政投资对社会投资的拉动、统筹经济社会发展、医疗保险覆盖率、养老保险覆盖率、失业保险覆盖率（5个）
发展水平竞争力（19个）	强势指标	霍夫曼系数、非公有制经济产值占全社会总产值的比重（2个）
	优势指标	工业增加值增长率、高新技术产业占工业总产值比重、工业从业人员比重、工业从业人员增长率、城镇化率、城镇居民人均可支配收入、人均居住面积、人均公共绿地面积、非国有单位从业人员占城镇从业人员比重（9个）
	劣势指标	（0个）
统筹协调竞争力（16个）	强势指标	（0个）
	优势指标	社会劳动生产率、万元GDP综合能耗、非农用地产出率、固定资产投资额占GDP比重（4个）
	劣势指标	社会劳动生产率增速、生产税净额和营业盈余占GDP比重、最终消费率、固定资产交付使用率、环境竞争力与宏观经济竞争力比差、环境竞争力与工业竞争力比差、全社会消费品零售总额与外贸出口总额比差（7个）

13.2 福建省经济综合竞争力各级指标具体分析

1. 福建省宏观经济竞争力指标排名变化情况

表 13-5 2011～2012 年福建省宏观经济竞争力指标组排位及变化趋势表

指 标	2011 年	2012 年	排位升降	优劣势
1 宏观经济竞争力	10	9	1	优势
1.1 经济实力竞争力	10	11	-1	中势
地区生产总值	12	12	0	中势
地区生产总值增长率	17	15	2	中势
人均地区生产总值	9	9	0	优势
财政总收入	13	22	-9	劣势
财政总收入增长率	9	25	-16	劣势
人均财政收入	14	19	-5	中势
固定资产投资额	13	12	1	中势
固定资产投资额增长率	8	12	-4	中势
人均固定资产投资额	8	6	2	优势
全社会消费品零售总额	13	13	0	中势
全社会消费品零售总额增长率	6	10	-4	优势
人均全社会消费品零售总额	9	9	0	优势
1.2 经济结构竞争力	12	10	2	优势
产业结构优化度	12	16	-4	中势
所有制经济结构优化度	2	2	0	强势
城乡经济结构优化度	14	15	-1	中势
就业结构优化度	7	7	0	优势
资本形成结构优化度	29	31	-2	劣势
贸易结构优化度	7	6	1	优势
1.3 经济外向度竞争力	12	15	-3	中势
进出口总额	7	7	0	优势
进出口增长率	11	15	-4	中势
出口总额	6	6	0	优势
出口增长率	13	21	-8	劣势
实际 FDI	13	14	-1	中势
实际 FDI 增长率	24	25	-1	劣势
外贸依存度	7	7	0	优势
对外经济合作完成营业额	22	21	1	劣势
对外直接投资	19	16	3	中势

2. 福建省产业经济竞争力指标排名变化情况

表 13－6　2011～2012 年福建省产业经济竞争力指标组排位及变化趋势表

指　标	2011 年	2012 年	排位升降	优劣势
2　产业经济竞争力	15	15	0	中势
2.1　农业竞争力	12	9	3	优势
农业增加值	13	13	0	中势
农业增加值增长率	16	23	−7	劣势
人均农业增加值	9	8	1	优势
乡镇企业总产值	8	7	1	优势
农民人均纯收入	7	7	0	优势
农民人均纯收入增长率	22	20	2	中势
农产品出口占农林牧渔总产值比重	4	4	0	优势
人均主要农产品产量	23	24	−1	劣势
农业劳动生产率	6	6	0	优势
农村人均固定资产原值	22	24	−2	劣势
农村人均用电量	7	6	1	优势
财政支农资金比重	25	25	0	劣势
2.2　工业竞争力	15	16	−1	中势
工业增加值	11	11	0	中势
工业增加值增长率	20	16	4	中势
人均工业增加值	9	9	0	优势
工业资产总额	14	15	−1	中势
工业资产总额增长率	17	20	−3	中势
工业资产总贡献率	11	9	2	优势
规模以上工业利润总额	11	13	−2	中势
工业全员劳动生产率	27	25	2	劣势
工业成本费用利润率	11	13	−2	中势
工业产品销售率	20	14	6	中势
2.3　服务业竞争力	17	16	1	中势
服务业增加值	13	13	0	中势
服务业增加值增长率	28	29	−1	劣势
人均服务业增加值	9	10	−1	优势
服务业从业人员数	14	12	2	中势
服务业从业人员数增长率	4	12	−8	中势
限额以上批零企业利税率	24	22	2	劣势
限额以上餐饮企业利税率	23	26	−3	劣势
旅游外汇收入	6	6	0	优势
房地产经营总收入	12	11	1	中势

续表

指　　标	2011 年	2012 年	排位升降	优劣势
2.4　企业竞争力	15	17	−2	中势
规模以上工业企业数	7	7	0	优势
规模以上企业平均资产	30	30	0	劣势
规模以上企业平均增加值	11	11	0	中势
流动资金周转次数	9	12	−3	中势
规模以上企业平均利润	26	28	−2	劣势
规模以上企业销售利税率	14	19	−5	中势
规模以上企业平均所有者权益	28	28	0	劣势
优等品率	7	8	−1	优势
工业企业 R&D 经费投入强度	13	9	4	优势
中国驰名商标持有量	5	5	0	优势

3. 福建省可持续发展竞争力指标排名变化情况

表 13 - 7　2011 ~ 2012 年福建省可持续发展竞争力指标组排位及变化趋势表

指　　标	2011 年	2012 年	排位升降	优劣势
3　可持续发展竞争力	1	1	0	强势
3.1　资源竞争力	16	17	−1	中势
人均国土面积	18	18	0	中势
人均可使用海域和滩涂面积	2	2	0	强势
人均年水资源量	6	7	−1	优势
耕地面积	24	24	0	劣势
人均耕地面积	26	26	0	劣势
人均牧草地面积	27	27	0	劣势
主要能源矿产基础储量	23	22	1	劣势
人均主要能源矿产基础储量	23	13	10	中势
人均森林储积量	8	8	0	优势
3.2　环境竞争力	1	2	−1	强势
森林覆盖率	1	1	0	强势
人均废水排放量	30	27	3	劣势
人均工业废气排放量	9	9	0	优势
人均工业固体废物排放量	8	20	−12	中势
人均治理工业污染投资额	11	8	3	优势
一般工业固体废物综合利用率	12	6	6	优势
生活垃圾无害化处理率	7	8	−1	优势
自然灾害直接经济损失	4	9	−5	优势

续表

指　标	2011 年	2012 年	排位升降	优劣势
3.3　人力资源竞争力	7	10	-3	优势
人口自然增长率	13	8	5	优势
15~64 岁人口比例	9	14	-5	中势
文盲率	15	16	-1	中势
大专以上教育程度人口比例	8	24	-16	劣势
平均受教育程度	15	22	-7	劣势
人口健康素质	12	12	0	中势
人力资源利用率	5	4	1	优势
职业学校毕业生数	15	14	1	中势

4. 福建省财政金融竞争力指标排名变化情况

表 13 - 8　2011~2012 年福建省财政金融竞争力指标组排位及变化趋势表

指　标	2011 年	2012 年	排位升降	优劣势
4　财政金融竞争力	22	21	1	劣势
4.1　财政竞争力	23	22	1	劣势
地方财政收入	13	14	-1	中势
地方财政支出	25	24	1	劣势
地方财政收入占 GDP 比重	23	23	0	劣势
地方财政支出占 GDP 比重	29	27	2	劣势
税收收入占 GDP 比重	20	21	-1	劣势
税收收入占财政总收入比重	11	13	-2	中势
人均地方财政收入	10	10	0	优势
人均地方财政支出	22	22	0	劣势
人均税收收入	9	10	-1	优势
地方财政收入增速	17	18	-1	中势
地方财政支出增速	12	10	2	优势
税收收入增速	15	23	-8	劣势
4.2　金融竞争力	17	15	2	中势
存款余额	12	12	0	中势
人均存款余额	9	9	0	优势
贷款余额	10	9	1	优势
人均贷款余额	8	8	0	优势
货币市场融资额	19	10	9	优势
中长期贷款占贷款余额比重	27	27	0	劣势
保险费净收入	15	15	0	中势
保险密度	10	10	0	优势
保险深度	23	22	1	劣势
人均证券市场筹资额	30	16	14	中势

5. 福建省知识经济竞争力指标排名变化情况

表 13 - 9　2011~2012 年福建省知识经济竞争力指标组排位及变化趋势表

指　　标	2011 年	2012 年	排位升降	优劣势
5　知识经济竞争力	13	14	-1	中势
5.1　科技竞争力	12	10	2	优势
R&D 人员	18	17	1	中势
R&D 经费	14	15	-1	中势
R&D 经费投入强度	14	14	0	中势
高技术产业规模以上企业产值	7	7	0	优势
高技术产业规模以上企业产值占 GDP 比重	6	6	0	优势
高技术产品出口额	7	10	-3	优势
发明专利申请授权量	16	9	7	优势
技术市场成交合同金额	18	17	1	中势
5.2　教育竞争力	15	18	-3	中势
教育经费	14	16	-2	中势
教育经费占 GDP 比重	22	24	-2	劣势
人均教育经费	13	16	-3	中势
公共教育经费占财政支出比重	2	3	-1	强势
人均文化教育支出占个人消费支出比重	27	22	5	劣势
万人中小学学校数	19	19	0	中势
万人中小学专任教师数	14	15	-1	中势
高等学校数	14	15	-1	中势
高校专任教师数	16	16	0	中势
万人高等学校在校学生数	14	12	2	中势
5.3　文化竞争力	14	16	-2	中势
文化产业增加值	12	15	-3	中势
图书和期刊出版数	23	23	0	劣势
报纸出版数	15	15	0	中势
出版印刷工业销售产值	14	14	0	中势
城镇居民人均文化娱乐支出	7	7	0	优势
农村居民人均文化娱乐支出	8	7	1	优势
城镇居民人均文化娱乐支出占消费性支出比重	17	13	4	中势
农村居民人均文化娱乐支出占消费性支出比重	15	14	1	中势

6. 福建省发展环境竞争力指标排名变化情况

表 13 – 10　2011～2012 年福建省发展环境竞争力指标组排位及变化趋势表

指　标	2011 年	2012 年	排位升降	优劣势
6　发展环境竞争力	9	8	1	优势
6.1　基础设施竞争力	9	9	0	优势
铁路网线密度	17	16	1	中势
公路网线密度	17	18	−1	中势
人均内河航道里程	15	15	0	中势
全社会旅客周转量	19	20	−1	中势
全社会货物周转量	14	15	−1	中势
人均邮电业务总量	5	5	0	优势
万户移动电话数	5	7	−2	优势
万户上网用户数	4	4	0	优势
人均耗电量	12	14	−2	中势
6.2　软环境竞争力	12	10	2	优势
外资企业数增长率	14	15	−1	中势
万人外资企业数	6	6	0	优势
个体私营企业数增长率	14	11	3	中势
万人个体私营企业数	5	5	0	优势
万人商标注册件数	5	5	0	优势
查处商标侵权假冒案件	29	27	2	劣势
每十万人交通事故发生数	29	28	1	劣势
罚没收入占财政收入比重	17	18	−1	中势
食品安全事故数	20	23	−3	劣势

7. 福建省政府作用竞争力指标排名变化情况

表 13 – 11　2011～2012 年福建省政府作用竞争力指标组排位及变化趋势表

指　标	2011 年	2012 年	排位升降	优劣势
7　政府作用竞争力	9	9	0	优势
7.1　政府发展经济竞争力	1	1	0	强势
财政支出用于基本建设投资比重	3	1	2	强势
财政支出对 GDP 增长的拉动	3	5	−2	优势
政府公务员对经济的贡献	4	4	0	优势
政府消费对民间消费的拉动	9	4	5	优势
财政投资对社会投资的拉动	24	26	−2	劣势
7.2　政府规调经济竞争力	12	12	0	中势
物价调控	11	6	5	优势
调控城乡消费差距	12	14	−2	中势
统筹经济社会发展	25	23	2	劣势
规范税收	7	9	−2	优势
人口控制	16	20	−4	中势

续表

指　　标	2011 年	2012 年	排位升降	优劣势
7.3　政府保障经济竞争力	27	25	2	劣势
城市城镇社区服务设施数	23	19	4	中势
医疗保险覆盖率	31	29	2	劣势
养老保险覆盖率	26	25	1	劣势
失业保险覆盖率	26	25	1	劣势
下岗职工再就业率	5	9	-4	优势
城镇登记失业率	20	20	0	中势

8. 福建省发展水平竞争力指标排名变化情况

表 13 - 12　2011 ~ 2012 年福建省发展水平竞争力指标组排位及变化趋势表

指　　标	2011 年	2012 年	排位升降	优劣势
8　发展水平竞争力	7	6	1	优势
8.1　工业化进程竞争力	4	2	2	强势
工业增加值占 GDP 比重	19	19	0	中势
工业增加值增长率	23	10	13	优势
高新技术产业占工业总产值比重	6	7	-1	优势
工业从业人员比重	7	5	2	优势
工业从业人员增长率	8	9	-1	优势
霍夫曼系数	1	1	0	强势
8.2　城市化进程竞争力	8	7	1	优势
城镇化率	8	8	0	优势
城镇居民人均可支配收入	7	7	0	优势
城市平均建成区面积	15	15	0	中势
人均拥有道路面积	17	16	1	中势
人均日生活用水量	11	11	0	中势
人均居住面积	3	4	-1	优势
人均公共绿地面积	12	10	2	优势
8.3　市场化进程竞争力	11	6	5	优势
非公有制经济产值占全社会总产值的比重	2	3	-1	强势
社会投资占投资总资金的比重	15	17	-2	中势
非国有单位从业人员占城镇从业人员比重	12	4	8	优势
亿元以上商品市场成交额	14	16	-2	中势
亿元以上商品市场成交额占全社会消费品零售总额比重	18	19	-1	中势
全社会消费品零售总额占工农总产值比重	17	17	0	中势

9. 福建省统筹协调竞争力指标排名变化情况

表 13 – 13　2011～2012 年福建省统筹协调竞争力指标组排位及变化趋势表

指　　标	2011 年	2012 年	排位升降	优劣势
9　统筹协调竞争力	25	26	−1	劣势
9. 1　统筹发展竞争力	13	19	−6	中势
社会劳动生产率	10	10	0	优势
社会劳动生产率增速	28	28	0	劣势
万元 GDP 综合能耗	6	6	0	优势
非农用地产出率	8	8	0	优势
生产税净额和营业盈余占 GDP 比重	19	24	−5	劣势
最终消费率	25	28	−3	劣势
固定资产投资额占 GDP 比重	6	8	−2	优势
固定资产交付使用率	28	26	2	劣势
9. 2　协调发展竞争力	28	28	0	劣势
环境竞争力与宏观经济竞争力比差	27	27	0	劣势
资源竞争力与宏观经济竞争力比差	20	18	2	中势
人力资源竞争力与宏观经济竞争力比差	17	18	−1	中势
资源竞争力与工业竞争力比差	19	17	2	中势
环境竞争力与工业竞争力比差	25	29	−4	劣势
城乡居民家庭人均收入比差	14	16	−2	中势
城乡居民人均生活消费支出比差	12	14	−2	中势
全社会消费品零售总额与外贸出口总额比差	27	27	0	劣势

14

江西省经济综合竞争力评价分析报告

江西省简称赣，地处中国东南偏中部长江中下游南岸，东邻浙江、福建，南连广东，西靠湖南，北毗湖北、安徽而共接长江。全省面积 16.69 万平方公里，2012 年总人口为 4504 万人，地区生产总值达 12949 亿元，同比增长 11%，人均 GDP 达 28800 元。本部分通过分析"十二五"中期江西省经济综合竞争力以及各要素竞争力的排名变化，从中找出江西省经济综合竞争力的推动点及影响因素，为进一步提升江西省经济综合竞争力提供决策参考。

14.1 江西省经济综合竞争力总体分析

1. 江西省经济综合竞争力一级指标概要分析

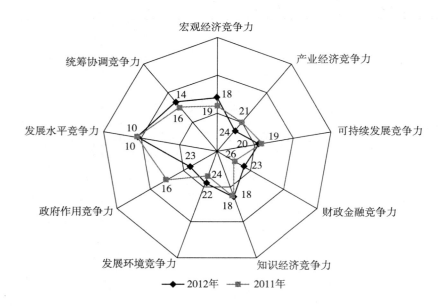

图 14 - 1 2011 ~ 2012 年江西省经济综合竞争力二级指标比较雷达图

表14－1　2011～2012年江西省经济综合竞争力二级指标比较表

项目 年份	宏观经济 竞争力	产业经济 竞争力	可持续发 展竞争力	财政金融 竞争力	知识经济 竞争力	发展环境 竞争力	政府作用 竞争力	发展水平 竞争力	统筹协调 竞争力	综合 排位
2011	19	21	19	26	18	24	16	10	16	21
2012	18	24	20	23	18	22	23	10	14	21
升降	1	－3	－1	3	0	2	－7	0	2	0
优劣度	中势	劣势	中势	劣势	中势	劣势	劣势	优势	中势	劣势

　　（1）从综合排位的变化比较看，2012年江西省经济综合竞争力综合排位在全国处于第21位，表明其在全国处于劣势地位，与2011年相比，综合排位保持不变。

　　（2）从指标所处区位看，优势指标有1个，为发展水平竞争力；中势指标有4个，分别为宏观经济竞争力、可持续发展竞争力、知识经济竞争力和统筹协调竞争力。

　　（3）从指标变化趋势看，9个二级指标中，有4个指标处于上升趋势，为宏观经济竞争力、财政金融竞争力、发展环境竞争力和统筹协调竞争力，这些是江西省经济综合竞争力的上升动力所在；有2个指标排位没有发生变化，为知识经济竞争力和发展水平竞争力；有3个指标处于下降趋势，产业经济竞争力、可持续发展竞争力和政府作用竞争力，这些是江西省经济综合竞争力的下降拉力所在。

　　2. 江西省经济综合竞争力各级指标动态变化分析

表14－2　2011～2012年江西省经济综合竞争力各级指标排位变化态势比较表

二级指标	三级指标	四级 指标数	上升		保持		下降		变化 趋势
			指标 数	比重 （％）	指标 数	比重 （％）	指标 数	比重 （％）	
宏观经济 竞争力	经济实力竞争力	12	5	41.7	4	33.3	3	25.0	上升
	经济结构竞争力	6	3	50.0	3	50.0	0	0.0	保持
	经济外向度竞争力	9	2	22.2	0	0.0	7	77.8	下降
	小　　计	27	10	37.0	7	25.9	10	37.0	上升
产业经济 竞争力	农业竞争力	12	6	50.0	3	25.0	3	25.0	下降
	工业竞争力	10	5	50.0	1	10.0	4	40.0	下降
	服务业竞争力	9	3	33.3	1	11.1	5	55.6	下降
	企业竞争力	10	4	40.0	4	40.0	2	20.0	下降
	小　　计	41	18	43.9	9	22.0	14	34.1	下降
可持续发展 竞争力	资源竞争力	9	2	22.2	7	77.8	0	0.0	上升
	环境竞争力	8	4	50.0	1	12.5	3	37.5	上升
	人力资源竞争力	8	3	37.5	4	50.0	1	12.5	下降
	小　　计	25	9	36.0	12	48.0	4	16.0	下降
财政金融 竞争力	财政竞争力	12	8	66.7	2	16.7	2	16.7	上升
	金融竞争力	10	3	30.0	4	40.0	3	30.0	下降
	小　　计	22	11	50.0	6	27.3	5	22.7	上升

续表

二级指标	三级指标	四级指标数	上升		保持		下降		变化趋势
			指标数	比重（%）	指标数	比重（%）	指标数	比重（%）	
知识经济竞争力	科技竞争力	8	2	25.0	3	37.5	3	37.5	上升
	教育竞争力	10	5	50.0	2	20.0	3	30.0	上升
	文化竞争力	8	0	0.0	2	25.0	6	75.0	下降
	小　计	26	7	26.9	7	26.9	12	46.2	保持
发展环境竞争力	基础设施竞争力	9	1	11.1	4	44.4	4	44.4	保持
	软环境竞争力	9	4	44.4	2	22.2	3	33.3	上升
	小　计	18	5	27.8	6	33.3	7	38.9	上升
政府作用竞争力	政府发展经济竞争力	5	1	20.0	0	0.0	4	80.0	下降
	政府规调经济竞争力	5	0	0.0	1	20.0	4	80.0	下降
	政府保障经济竞争力	6	1	16.7	0	0.0	5	83.3	下降
	小　计	16	2	12.5	1	6.3	13	81.3	下降
发展水平竞争力	工业化进程竞争力	6	2	33.3	1	16.7	3	50.0	下降
	城市化进程竞争力	7	4	57.1	3	42.9	0	0.0	上升
	市场化进程竞争力	6	0	0.0	1	16.7	5	83.3	下降
	小　计	19	6	31.6	5	26.3	8	42.1	保持
统筹协调竞争力	统筹发展竞争力	8	4	50.0	3	37.5	1	12.5	上升
	协调发展竞争力	8	4	50.0	2	25.0	2	25.0	上升
	小　计	16	8	50.0	5	31.3	3	18.8	上升
合　计		210	76	36.2	58	27.6	76	36.2	保持

从表 14-2 可以看出，210 个四级指标中，上升指标有 76 个，占指标总数的 36.2%；下降指标有 76 个，占指标总数的 36.2%；保持指标有 58 个，占指标总数的 27.6%。综上所述，上升的动力与下降的拉力大致相当，2011～2012 年江西省经济综合竞争力排位保持不变。

3. 江西省经济综合竞争力各级指标优劣势结构分析

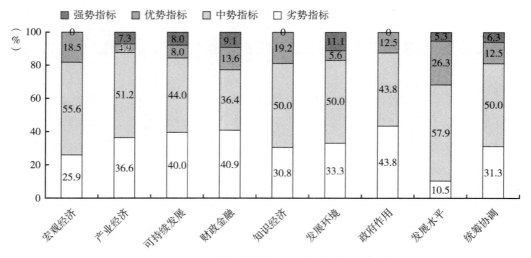

图 14-2　2012 年江西省经济综合竞争力各级指标优劣势比较图

表 14 - 3　2012 年江西省经济综合竞争力各级指标优劣势比较表

二级指标	三级指标	四级指标数	强势指标		优势指标		中势指标		劣势指标		优劣势
			个数	比重（%）	个数	比重（%）	个数	比重（%）	个数	比重（%）	
宏观经济竞争力	经济实力竞争力	12	0	0.0	1	8.3	5	41.7	6	50.0	劣势
	经济结构竞争力	6	0	0.0	4	66.7	1	16.7	1	16.7	中势
	经济外向度竞争力	9	0	0.0	0	0.0	9	100.0	0	0.0	中势
	小　计	27	0	0.0	5	18.5	15	55.6	7	25.9	中势
产业经济竞争力	农业竞争力	12	0	0.0	1	8.3	8	66.7	3	25.0	劣势
	工业竞争力	10	2	20.0	0	0.0	5	50.0	3	30.0	中势
	服务业竞争力	9	0	0.0	1	11.1	3	33.3	5	55.6	劣势
	企业竞争力	10	1	10.0	0	0.0	5	50.0	4	40.0	劣势
	小　计	41	3	7.3	2	4.9	21	51.2	15	36.6	劣势
可持续发展竞争力	资源竞争力	9	1	11.1	0	0.0	4	44.4	4	44.4	劣势
	环境竞争力	8	1	12.5	0	0.0	4	50.0	3	37.5	优势
	人力资源竞争力	8	0	0.0	2	25.0	3	37.5	3	37.5	中势
	小　计	25	2	8.0	2	8.0	11	44.0	10	40.0	中势
财政金融竞争力	财政竞争力	12	2	16.7	2	16.7	6	50.0	2	16.7	中势
	金融竞争力	10	0	0.0	1	10.0	2	20.0	7	70.0	劣势
	小　计	22	2	9.1	3	13.6	8	36.4	9	40.9	劣势
知识经济竞争力	科技竞争力	8	0	0.0	1	12.5	3	37.5	4	50.0	中势
	教育竞争力	10	0	0.0	3	30.0	6	60.0	1	10.0	中势
	文化竞争力	8	0	0.0	1	12.5	4	50.0	3	37.5	劣势
	小　计	26	0	0.0	5	19.2	13	50.0	8	30.8	中势
发展环境竞争力	基础设施竞争力	9	0	0.0	1	11.1	4	44.4	4	44.4	劣势
	软环境竞争力	9	2	22.2	0	0.0	5	55.6	2	22.2	中势
	小　计	18	2	11.1	1	5.6	9	50.0	6	33.3	劣势
政府作用竞争力	政府发展经济竞争力	5	0	0.0	1	20.0	2	40.0	2	40.0	中势
	政府规调经济竞争力	5	0	0.0	0	0.0	2	40.0	3	60.0	劣势
	政府保障经济竞争力	6	0	0.0	1	16.7	3	50.0	2	33.3	中势
	小　计	16	0	0.0	2	12.5	7	43.8	7	43.8	劣势
发展水平竞争力	工业化进程竞争力	6	0	0.0	2	33.3	4	66.7	0	0.0	优势
	城市化进程竞争力	7	1	14.3	1	14.3	4	57.1	1	14.3	优势
	市场化进程竞争力	6	0	0.0	2	33.3	3	50.0	1	16.7	优势
	小　计	19	1	5.3	5	26.3	11	57.9	2	10.5	优势
统筹协调竞争力	统筹发展竞争力	8	1	12.5	1	12.5	4	50.0	2	25.0	优势
	协调发展竞争力	8	0	0.0	1	12.5	4	50.0	3	37.5	中势
	小　计	16	1	6.3	2	12.5	8	50.0	5	31.3	中势
合　计		210	11	5.2	27	12.9	103	49.0	69	32.9	劣势

　　基于图 14 - 2 和表 14 - 3，从四级指标来看，强势指标 11 个，占指标总数的 5.2%；优势指标 27 个，占指标总数的 12.9%；中势指标 103 个，占指标总数的 49%；劣势指标

69 个，占指标总数的 32.9% 。从三级指标来看，没有强势指标；优势指标 5 个，占三级指标总数的 20%；中势指标 11 个，占三级指标总数的 44%；劣势指标 9 个，占三级指标总数的 36% 。反映到二级指标上来，没有强势指标；优势指标有 1 个，占二级指标总数的 11.1% 。综合来看，由于劣势指标在指标体系中占主导地位，2012 年江西省经济综合竞争力处于劣势地位。

4. 江西省经济综合竞争力四级指标优劣势对比分析

表 14 - 4   2012 年江西省经济综合竞争力各级指标优劣势比较表

二级指标	优劣势	四级指标
宏观经济竞争力（27 个）	强势指标	(0 个)
	优势指标	财政总收入增长率、所有制经济结构优化度、城乡经济结构优化度、就业结构优化度、贸易结构优化度(5 个)
	劣势指标	人均地区生产总值、人均财政收入、固定资产投资额增长率、人均固定资产投资额、全社会消费品零售总额、人均全社会消费品零售总额、产业结构优化度(7 个)
产业经济竞争力（41 个）	强势指标	工业资产总贡献率、工业产品销售率、流动资金周转次数(3 个)
	优势指标	财政支农资金比重、限额以上批零企业利税率(2 个)
	劣势指标	农产品出口占农林牧渔总产值比重、农村人均固定资产原值、农村人均用电量、工业增加值增长率、人均工业增加值、工业资产总额、服务业增加值、服务业增加值增长率、人均服务业增加值、服务业从业人员数增长率、旅游外汇收入、规模以上企业平均资产、规模以上企业销售利税率、规模以上企业平均所有者权益、工业企业 R&D 经费投入强度(15 个)
可持续发展竞争力（25 个）	强势指标	人均年水资源量、森林覆盖率(2 个)
	优势指标	人口自然增长率、文盲率(2 个)
	劣势指标	耕地面积、人均耕地面积、人均牧草地面积、主要能源矿产基础储量、人均工业固体废物排放量、人均治理工业污染投资额、一般工业固体废物综合利用率、15～64 岁人口比例、大专以上教育程度人口比例、人口健康素质(10 个)
财政金融竞争力（22 个）	强势指标	地方财政收入增速、税收收入增速(2 个)
	优势指标	地方财政支出占 GDP 比重、地方财政支出增速、货币市场融资额(3 个)
	劣势指标	人均地方财政支出、人均税收收入、人均存款余额、贷款余额、人均贷款余额、中长期贷款占贷款余额比重、保险密度、保险深度、人均证券市场筹资额(9 个)

续表

二级指标	优劣势	四级指标
知识经济竞争力（26个）	强势指标	（0个）
	优势指标	高技术产业规模以上企业产值占GDP比重、教育经费占GDP比重、公共教育经费占财政支出比重、万人中小学学校数、城镇居民人均文化娱乐支出占消费性支出比重（5个）
	劣势指标	R&D人员、R&D经费投入强度、发明专利申请授权量、技术市场成交合同金额、人均教育经费、文化产业增加值、城镇居民人均文化娱乐支出、农村居民人均文化娱乐支出（8个）
发展环境竞争力（18个）	强势指标	外资企业数增长率、每十万人交通事故发生数（2个）
	优势指标	人均内河航道里程（1个）
	劣势指标	人均邮电业务总量、万户移动电话数、万户上网用户数、人均耗电量、万人商标注册件数、罚没收入占财政收入比重（6个）
政府作用竞争力（16个）	强势指标	（0个）
	优势指标	政府消费对民间消费的拉动、城镇登记失业率（2个）
	劣势指标	财政支出对GDP增长的拉动、政府公务员对经济的贡献、统筹经济社会发展、规范税收、人口控制、医疗保险覆盖率、失业保险覆盖率（7个）
发展水平竞争力（19个）	强势指标	人均居住面积（1个）
	优势指标	高新技术产业占工业总产值比重、霍夫曼系数、人均公共绿地面积、非公有制经济产值占全社会总产值的比重、社会投资占投资总资金的比重（5个）
	劣势指标	城镇居民人均可支配收入、全社会消费品零售总额占工农总产值比重（2个）
统筹协调竞争力（16个）	强势指标	固定资产交付使用率（1个）
	优势指标	万元GDP综合能耗、城乡居民家庭人均收入比差（2个）
	劣势指标	社会劳动生产率、固定资产投资额占GDP比重、环境竞争力与宏观经济竞争力比差、资源竞争力与宏观经济竞争力比差、环境竞争力与工业竞争力比差（5个）

14.2 江西省经济综合竞争力各级指标具体分析

1. 江西省宏观经济竞争力指标排名变化情况

表 14－5 2011～2012 年江西省宏观经济竞争力指标组排位及变化趋势表

指　　标	2011 年	2012 年	排位升降	优劣势
1 宏观经济竞争力	19	18	1	中势
1.1 经济实力竞争力	28	27	1	劣势
地区生产总值	19	19	0	中势
地区生产总值增长率	16	19	－3	中势
人均地区生产总值	24	25	－1	劣势
财政总收入	22	19	3	中势
财政总收入增长率	25	7	18	优势
人均财政收入	24	23	1	劣势
固定资产投资额	15	15	0	中势
固定资产投资额增长率	28	23	5	劣势
人均固定资产投资额	19	21	－2	劣势
全社会消费品零售总额	22	22	0	劣势
全社会消费品零售总额增长率	17	13	4	中势
人均全社会消费品零售总额	24	24	0	劣势
1.2 经济结构竞争力	11	11	0	中势
产业结构优化度	27	27	0	劣势
所有制经济结构优化度	10	8	2	优势
城乡经济结构优化度	9	9	0	优势
就业结构优化度	10	9	1	优势
资本形成结构优化度	15	14	1	中势
贸易结构优化度	9	9	0	优势
1.3 经济外向度竞争力	14	18	－4	中势
进出口总额	15	16	－1	中势
进出口增长率	8	18	－10	中势
出口总额	12	15	－3	中势
出口增长率	3	15	－12	中势
实际 FDI	15	13	2	中势
实际 FDI 增长率	15	17	－2	中势
外贸依存度	14	15	－1	中势
对外经济合作完成营业额	13	14	－1	中势
对外直接投资	22	20	2	中势

2. 江西省产业经济竞争力指标排名变化情况

表14－6　2011～2012年江西省产业经济竞争力指标组排位及变化趋势表

指　　标	2011 年	2012 年	排位升降	优劣势
2　产业经济竞争力	21	24	－3	劣势
2.1　农业竞争力	24	25	－1	劣势
农业增加值	16	16	0	中势
农业增加值增长率	18	19	－1	中势
人均农业增加值	18	19	－1	中势
乡镇企业总产值	14	14	0	中势
农民人均纯收入	14	14	0	中势
农民人均纯收入增长率	16	19	－3	中势
农产品出口占农林牧渔总产值比重	30	26	4	劣势
人均主要农产品产量	12	11	1	中势
农业劳动生产率	17	16	1	中势
农村人均固定资产原值	28	27	1	劣势
农村人均用电量	23	22	1	劣势
财政支农资金比重	15	10	5	优势
2.2　工业竞争力	19	20	－1	中势
工业增加值	17	18	－1	中势
工业增加值增长率	9	21	－12	劣势
人均工业增加值	22	24	－2	劣势
工业资产总额	22	22	0	劣势
工业资产总额增长率	9	13	－4	中势
工业资产总贡献率	4	2	2	强势
规模以上工业利润总额	19	17	2	中势
工业全员劳动生产率	23	13	10	中势
工业成本费用利润率	21	15	6	中势
工业产品销售率	4	3	1	强势
2.3　服务业竞争力	21	26	－5	劣势
服务业增加值	21	22	－1	劣势
服务业增加值增长率	15	26	－11	劣势
人均服务业增加值	24	25	－1	劣势
服务业从业人员数	13	13	0	中势
服务业从业人员数增长率	5	22	－17	劣势
限额以上批零企业利税率	7	4	3	优势
限额以上餐饮企业利税率	27	20	7	中势
旅游外汇收入	24	25	－1	劣势
房地产经营总收入	20	19	1	中势

指　　标	2011 年	2012 年	排位升降	优劣势
2.4　企业竞争力	24	25	−1	劣势
规模以上工业企业数	14	14	0	中势
规模以上企业平均资产	27	27	0	劣势
规模以上企业平均增加值	15	15	0	中势
流动资金周转次数	2	1	1	强势
规模以上企业平均利润	20	15	5	中势
规模以上企业销售利税率	25	22	3	劣势
规模以上企业平均所有者权益	27	27	0	劣势
优等品率	10	17	−7	中势
工业企业 R&D 经费投入强度	18	23	−5	劣势
中国驰名商标持有量	16	15	1	中势

3. 江西省可持续发展竞争力指标排名变化情况

表 14 – 7　2011 ~ 2012 年江西省可持续发展竞争力指标组排位及变化趋势表

指　　标	2011 年	2012 年	排位升降	优劣势
3　可持续发展竞争力	19	20	−1	中势
3.1　资源竞争力	28	27	1	劣势
人均国土面积	16	16	0	中势
人均可使用海域和滩涂面积	13	13	0	中势
人均年水资源量	5	3	2	强势
耕地面积	21	21	0	劣势
人均耕地面积	23	23	0	劣势
人均牧草地面积	26	26	0	劣势
主要能源矿产基础储量	24	24	0	劣势
人均主要能源矿产基础储量	25	16	9	中势
人均森林储积量	11	11	0	中势
3.2　环境竞争力	7	5	2	优势
森林覆盖率	2	2	0	强势
人均废水排放量	18	17	1	中势
人均工业废气排放量	14	13	1	中势
人均工业固体废物排放量	23	22	1	劣势
人均治理工业污染投资额	28	30	−2	劣势
一般工业固体废物综合利用率	22	23	−1	劣势
生活垃圾无害化处理率	13	15	−2	中势
自然灾害直接经济损失	23	20	3	中势

续表

指　标	2011 年	2012 年	排位升降	优劣势
3.3　人力资源竞争力	18	19	-1	中势
人口自然增长率	7	7	0	优势
15～64 岁人口比例	28	28	0	劣势
文盲率	11	10	1	优势
大专以上教育程度人口比例	27	23	4	劣势
平均受教育程度	19	16	3	中势
人口健康素质	24	24	0	劣势
人力资源利用率	12	12	0	中势
职业学校毕业生数	12	13	-1	中势

4. 江西省财政金融竞争力指标排名变化情况

表 14 - 8　2011～2012 年江西省财政金融竞争力指标组排位及变化趋势表

指　标	2011 年	2012 年	排位升降	优劣势
4　财政金融竞争力	26	23	3	劣势
4.1　财政竞争力	22	16	6	中势
地方财政收入	21	20	1	中势
地方财政支出	20	19	1	中势
地方财政收入占 GDP 比重	21	16	5	中势
地方财政支出占 GDP 比重	14	10	4	优势
税收收入占 GDP 比重	22	20	2	中势
税收收入占财政总收入比重	12	14	-2	中势
人均地方财政收入	25	20	5	中势
人均地方财政支出	24	24	0	劣势
人均税收收入	25	25	0	劣势
地方财政收入增速	12	3	9	强势
地方财政支出增速	7	8	-1	优势
税收收入增速	9	3	6	强势
4.2　金融竞争力	29	30	-1	劣势
存款余额	21	20	1	中势
人均存款余额	27	27	0	劣势
贷款余额	22	22	0	劣势
人均贷款余额	27	27	0	劣势
货币市场融资额	15	8	7	优势
中长期贷款占贷款余额比重	21	23	-2	劣势
保险费净收入	19	19	0	中势
保险密度	24	25	-1	劣势
保险深度	20	21	-1	劣势
人均证券市场筹资额	28	26	2	劣势

5. 江西省知识经济竞争力指标排名变化情况

表 14 – 9　2011～2012 年江西省知识经济竞争力指标组排位及变化趋势表

指　　标	2011 年	2012 年	排位升降	优劣势
5　知识经济竞争力	18	18	0	中势
5.1　科技竞争力	20	18	2	中势
R&D 人员	22	22	0	劣势
R&D 经费	20	20	0	中势
R&D 经费投入强度	21	22	– 1	劣势
高技术产业规模以上企业产值	13	14	– 1	中势
高技术产业规模以上企业产值占 GDP 比重	10	9	1	优势
高技术产品出口额	14	14	0	中势
发明专利申请授权量	22	21	1	劣势
技术市场成交合同金额	19	21	– 2	劣势
5.2　教育竞争力	18	15	3	中势
教育经费	19	17	2	中势
教育经费占 GDP 比重	15	9	6	优势
人均教育经费	28	21	7	劣势
公共教育经费占财政支出比重	21	9	12	优势
人均文化教育支出占个人消费支出比重	9	19	– 10	中势
万人中小学学校数	10	10	0	优势
万人中小学专任教师数	13	12	1	中势
高等学校数	13	14	– 1	中势
高校专任教师数	14	14	0	中势
万人高等学校在校学生数	12	13	– 1	中势
5.3　文化竞争力	19	21	– 2	劣势
文化产业增加值	23	26	– 3	劣势
图书和期刊出版数	14	14	0	中势
报纸出版数	19	19	0	中势
出版印刷工业销售产值	15	16	– 1	中势
城镇居民人均文化娱乐支出	19	21	– 2	劣势
农村居民人均文化娱乐支出	20	22	– 2	劣势
城镇居民人均文化娱乐支出占消费性支出比重	9	10	– 1	优势
农村居民人均文化娱乐支出占消费性支出比重	18	19	– 1	中势

6. 江西省发展环境竞争力指标排名变化情况

表 14 – 10   2011～2012 年江西省发展环境竞争力指标组排位及变化趋势表

指　　标		2011 年	2012 年	排位升降	优劣势
6	**发展环境竞争力**	24	22	2	劣势
6.1	基础设施竞争力	22	22	0	劣势
	铁路网线密度	18	19	−1	中势
	公路网线密度	14	14	0	中势
	人均内河航道里程	8	8	0	优势
	全社会旅客周转量	13	13	0	中势
	全社会货物周转量	17	16	1	中势
	人均邮电业务总量	30	31	−1	劣势
	万户移动电话数	25	27	−2	劣势
	万户上网用户数	30	31	−1	劣势
	人均耗电量	30	30	0	劣势
6.2	软环境竞争力	22	15	7	中势
	外资企业数增长率	26	3	23	强势
	万人外资企业数	12	11	1	中势
	个体私营企业数增长率	10	13	−3	中势
	万人个体私营企业数	18	18	0	中势
	万人商标注册件数	21	22	−1	劣势
	查处商标侵权假冒案件	13	11	2	中势
	每十万人交通事故发生数	4	2	2	强势
	罚没收入占财政收入比重	28	28	0	劣势
	食品安全事故数	15	20	−5	中势

7. 江西省政府作用竞争力指标排名变化情况

表 14 – 11   2011～2012 年江西省政府作用竞争力指标组排位及变化趋势表

指　　标		2011 年	2012 年	排位升降	优劣势
7	**政府作用竞争力**	16	23	−7	劣势
7.1	政府发展经济竞争力	15	16	−1	中势
	财政支出用于基本建设投资比重	15	14	1	中势
	财政支出对 GDP 增长的拉动	18	22	−4	劣势
	政府公务员对经济的贡献	20	21	−1	劣势
	政府消费对民间消费的拉动	7	9	−2	优势
	财政投资对社会投资的拉动	12	13	−1	中势
7.2	政府规调经济竞争力	20	25	−5	劣势
	物价调控	10	18	−8	中势
	调控城乡消费差距	11	13	−2	中势
	统筹经济社会发展	27	28	−1	劣势
	规范税收	27	28	−1	劣势
	人口控制	25	25	0	劣势

指　　标	2011 年	2012 年	排位升降	优劣势
7.3　政府保障经济竞争力	14	20	-6	中势
城市城镇社区服务设施数	15	16	-1	中势
医疗保险覆盖率	20	24	-4	劣势
养老保险覆盖率	10	13	-3	中势
失业保险覆盖率	23	26	-3	劣势
下岗职工再就业率	18	17	1	中势
城镇登记失业率	4	6	-2	优势

8. 江西省发展水平竞争力指标排名变化情况

表 14 - 12　2011 ~ 2012 年江西省发展水平竞争力指标组排位及变化趋势表

指　　标	2011 年	2012 年	排位升降	优劣势
8　发展水平竞争力	10	10	0	优势
8.1　工业化进程竞争力	9	10	-1	优势
工业增加值占 GDP 比重	13	13	0	中势
工业增加值增长率	11	18	-7	中势
高新技术产业占工业总产值比重	12	10	2	优势
工业从业人员比重	10	11	-1	中势
工业从业人员增长率	13	20	-7	中势
霍夫曼系数	9	8	1	优势
8.2　城市化进程竞争力	12	10	2	优势
城镇化率	20	19	1	中势
城镇居民人均可支配收入	25	24	1	劣势
城市平均建成区面积	18	18	0	中势
人均拥有道路面积	11	11	0	中势
人均日生活用水量	13	12	1	中势
人均居住面积	2	2	0	强势
人均公共绿地面积	7	6	1	优势
8.3　市场化进程竞争力	9	10	-1	优势
非公有制经济产值占全社会总产值的比重	8	8	0	优势
社会投资占投资总资金的比重	4	6	-2	优势
非国有单位从业人员占城镇从业人员比重	9	13	-4	中势
亿元以上商品市场成交额	16	17	-1	中势
亿元以上商品市场成交额占全社会消费品零售总额比重	12	14	-2	中势
全社会消费品零售总额占工农总产值比重	26	27	-1	劣势

9. 江西省统筹协调竞争力指标排名变化情况

表 14 – 13 2011～2012 年江西省统筹协调竞争力指标组排位及变化趋势表

指 标	2011 年	2012 年	排位升降	优劣势
9 统筹协调竞争力	16	14	2	中势
9.1 统筹发展竞争力	9	8	1	优势
社会劳动生产率	23	23	0	劣势
社会劳动生产率增速	23	18	5	中势
万元 GDP 综合能耗	7	7	0	优势
非农用地产出率	16	16	0	中势
生产税净额和营业盈余占 GDP 比重	17	11	6	中势
最终消费率	14	15	− 1	中势
固定资产投资额占 GDP 比重	25	23	2	劣势
固定资产交付使用率	7	3	4	强势
9.2 协调发展竞争力	19	16	3	中势
环境竞争力与宏观经济竞争力比差	26	25	1	劣势
资源竞争力与宏观经济竞争力比差	19	22	− 3	劣势
人力资源竞争力与宏观经济竞争力比差	21	13	8	中势
资源竞争力与工业竞争力比差	20	20	0	中势
环境竞争力与工业竞争力比差	23	23	0	劣势
城乡居民家庭人均收入比差	9	8	1	优势
城乡居民人均生活消费支出比差	11	13	− 2	中势
全社会消费品零售总额与外贸出口总额比差	21	20	1	中势

15
山东省经济综合竞争力评价分析报告

山东省简称鲁，地处中国东部、黄河下游，东临海洋，西部自北而南依次与河北、河南、安徽、江苏4省接壤，是中国主要沿海省市之一。全省陆地总面积15.67万平方公里，2012年全省总人口为9685万人，地区生产总值达50013亿元，同比增长9.8%，人均GDP达51768元。本部分通过分析"十二五"中期山东省经济综合竞争力以及各要素竞争力的排名变化，从中找出山东省经济综合竞争力的推动点及影响因素，为进一步提升山东省经济综合竞争力提供决策参考。

15.1 山东省经济综合竞争力总体分析

1. 山东省经济综合竞争力一级指标概要分析

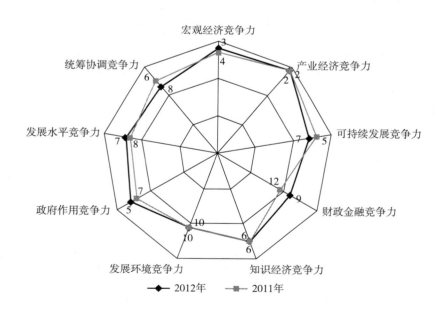

图15-1 2011~2012年山东省经济综合竞争力二级指标比较雷达图

表 15 - 1　2011～2012 年山东省经济综合竞争力二级指标比较表

项目 年份	宏观经济 竞 争 力	产业经济 竞 争 力	可持续发 展竞争力	财政金融 竞 争 力	知识经济 竞 争 力	发展环境 竞 争 力	政府作用 竞 争 力	发展水平 竞 争 力	统筹协调 竞 争 力	综合 排位
2011	4	2	5	12	6	10	7	8	6	6
2012	3	2	7	9	6	10	5	7	8	6
升降	1	0	-2	3	0	0	2	1	-2	0
优劣度	强势	强势	优势	优势	优势	优势	优势	优势	优势	优势

（1）从综合排位的变化比较看，2012 年山东省经济综合竞争力综合排位在全国处于第 6 位，表明其在全国处于优势地位；与 2011 年相比，综合排位保持不变。

（2）从指标所处区位看，所有指标均处于上游区。其中，宏观经济竞争力和产业经济竞争力 2 个指标为山东省经济综合竞争力的强势指标。

（3）从指标变化趋势看，9 个二级指标中，有 4 个指标处于上升趋势，为宏观经济竞争力、财政金融竞争力、政府作用竞争力及发展水平竞争力，这些是山东省经济综合竞争力的上升动力所在；有 3 个指标排位没有发生变化，为产业经济竞争力、知识经济竞争力和发展环境竞争力；有 2 个指标处于下降趋势，为可持续发展竞争力和统筹协调竞争力，这些是山东省经济综合竞争力的下降拉力所在。

2. 山东省经济综合竞争力各级指标动态变化分析

表 15 - 2　2011～2012 年山东省经济综合竞争力各级指标排位变化态势比较表

二级指标	三级指标	四级 指标数	上升		保持		下降		变化 趋势
			指标 数	比重 （%）	指标 数	比重 （%）	指标 数	比重 （%）	
宏观经济 竞 争 力	经济实力竞争力	12	3	25.0	6	50.0	3	25.0	上升
	经济结构竞争力	6	2	33.3	2	33.3	2	33.3	下降
	经济外向度竞争力	9	0	0.0	6	66.7	3	33.3	上升
	小　　计	27	5	18.5	14	51.9	8	29.6	上升
产业经济 竞 争 力	农业竞争力	12	2	16.7	7	58.3	3	25.0	下降
	工业竞争力	10	6	60.0	4	40.0	0	0.0	上升
	服务业竞争力	9	2	22.2	4	44.4	3	33.3	下降
	企业竞争力	10	6	60.0	3	30.0	1	10.0	上升
	小　　计	41	16	39.0	18	43.9	7	17.1	保持
可持续发展 竞 争 力	资源竞争力	9	2	22.2	6	66.7	1	11.1	保持
	环境竞争力	8	3	37.5	3	37.5	2	25.0	下降
	人力资源竞争力	8	3	37.5	3	37.5	2	25.0	保持
	小　　计	25	8	32.0	12	48.0	5	20.0	下降
财政金融 竞 争 力	财政竞争力	12	4	33.3	5	41.7	3	25.0	上升
	金融竞争力	10	4	40.0	6	60.0	0	0.0	保持
	小　　计	22	8	36.4	11	50.0	3	13.6	上升

续表

二级指标	三级指标	四级指标数	上升		保持		下降		变化趋势
			指标数	比重（%）	指标数	比重（%）	指标数	比重（%）	
知识经济竞争力	科技竞争力	8	1	12.5	4	50.0	3	37.5	保持
	教育竞争力	10	4	40.0	4	40.0	2	20.0	保持
	文化竞争力	8	1	12.5	2	25.0	5	62.5	保持
	小　计	26	6	23.1	10	38.5	10	38.5	保持
发展环境竞争力	基础设施竞争力	9	1	11.1	2	22.2	6	66.7	保持
	软环境竞争力	9	2	22.2	4	44.4	3	33.3	上升
	小　计	18	3	16.7	6	33.3	9	50.0	保持
政府作用竞争力	政府发展经济竞争力	5	1	20.0	3	60.0	1	20.0	上升
	政府规调经济竞争力	5	3	60.0	2	40.0	0	0.0	上升
	政府保障经济竞争力	6	2	33.3	1	16.7	3	50.0	上升
	小　计	16	6	37.5	6	37.5	4	25.0	上升
发展水平竞争力	工业化进程竞争力	6	1	16.7	1	16.7	4	66.7	保持
	城市化进程竞争力	7	1	14.3	5	71.4	1	14.3	上升
	市场化进程竞争力	6	2	33.3	1	16.7	3	50.0	上升
	小　计	19	4	21.1	7	36.8	8	42.1	上升
统筹协调竞争力	统筹发展竞争力	8	2	25.0	5	62.5	1	12.5	上升
	协调发展竞争力	8	2	25.0	2	25.0	4	50.0	下降
	小　计	16	4	25.0	7	43.8	5	31.3	下降
	合　计	210	60	28.6	91	43.3	59	28.1	保持

从表 15－2 可以看出，210 个四级指标中，上升指标有 60 个，占指标总数的 28.6%；下降指标有 59 个，占指标总数的 28.1%；保持指标有 91 个，占指标总数的 43.3%。综上所述，上升的动力略大于下降的拉力，但受其他外部因素的综合影响，2011～2012 年山东省经济综合竞争力排位保持不变。

3. 山东省经济综合竞争力各级指标优劣势结构分析

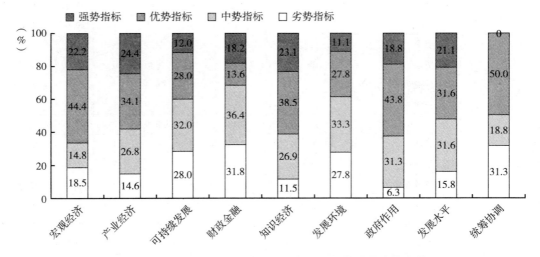

图 15－2　2012 年山东省经济综合竞争力各级指标优劣势比较图

表 15 - 3 2012 年山东省经济综合竞争力各级指标优劣势比较表

二级指标	三级指标	四级指标数	强势指标		优势指标		中势指标		劣势指标		优劣势
			个数	比重（%）	个数	比重（%）	个数	比重（%）	个数	比重（%）	
宏观经济竞争力	经济实力竞争力	12	4	33.3	4	33.3	0	0.0	4	33.3	强势
	经济结构竞争力	6	0	0.0	4	66.7	2	33.3	0	0.0	优势
	经济外向度竞争力	9	2	22.2	4	44.4	2	22.2	1	11.1	优势
	小　计	27	6	22.2	12	44.4	4	14.8	5	18.5	强势
产业经济竞争力	农业竞争力	12	2	16.7	4	33.3	5	41.7	1	8.3	优势
	工业竞争力	10	3	30.0	4	40.0	3	30.0	0	0.0	强势
	服务业竞争力	9	2	22.2	4	44.4	1	11.1	2	22.2	优势
	企业竞争力	10	3	30.0	2	20.0	2	20.0	3	30.0	强势
	小　计	41	10	24.4	14	34.1	11	26.8	6	14.6	强势
可持续发展竞争力	资源竞争力	9	1	11.1	3	33.3	1	11.1	4	44.4	优势
	环境竞争力	8	1	12.5	2	25.0	3	37.5	2	25.0	中势
	人力资源竞争力	8	1	12.5	2	25.0	4	50.0	1	12.5	优势
	小　计	25	3	12.0	7	28.0	8	32.0	7	28.0	优势
财政金融竞争力	财政竞争力	12	2	16.7	1	8.3	4	33.3	5	41.7	中势
	金融竞争力	10	2	20.0	2	20.0	4	40.0	2	20.0	优势
	小　计	22	4	18.2	3	13.6	8	36.4	7	31.8	优势
知识经济竞争力	科技竞争力	8	0	0.0	8	100.0	0	0.0	0	0.0	优势
	教育竞争力	10	4	40.0	0	0.0	4	40.0	2	20.0	优势
	文化竞争力	8	2	25.0	2	25.0	3	37.5	1	12.5	优势
	小　计	26	6	23.1	10	38.5	7	26.9	3	11.5	优势
发展环境竞争力	基础设施竞争力	9	2	22.2	2	22.2	4	44.4	1	11.1	优势
	软环境竞争力	9	0	0.0	3	33.3	2	22.2	4	44.4	劣势
	小　计	18	2	11.1	5	27.8	6	33.3	5	27.8	优势
政府作用竞争力	政府发展经济竞争力	5	1	20.0	2	40.0	1	20.0	1	20.0	优势
	政府规调经济竞争力	5	1	20.0	1	20.0	3	60.0	0	0.0	优势
	政府保障经济竞争力	6	1	16.7	4	66.7	1	16.7	0	0.0	优势
	小　计	16	3	18.8	7	43.8	5	31.3	1	6.3	优势
发展水平竞争力	工业化进程竞争力	6	0	0.0	2	33.3	3	50.0	1	16.7	中势
	城市化进程竞争力	7	3	42.9	1	14.3	2	28.6	1	14.3	优势
	市场化进程竞争力	6	1	16.7	3	50.0	1	16.7	1	16.7	优势
	小　计	19	4	21.1	6	31.6	6	31.6	3	15.8	优势
统筹协调竞争力	统筹发展竞争力	8	0	0.0	4	50.0	2	25.0	2	25.0	中势
	协调发展竞争力	8	0	0.0	4	50.0	1	12.5	3	37.5	优势
	小　计	16	0	0.0	8	50.0	3	18.8	5	31.3	优势
合　计		210	38	18.1	72	34.3	58	27.6	42	20.0	优势

基于图 15 - 2 和表 15 - 3，从四级指标来看，强势指标 38 个，占指标总数的 18.1%；优势指标 72 个，占指标总数的 34.3%；中势指标 58 个，占指标总数的 27.6%；劣势指

标 42 个，占指标总数的 20%。从三级指标来看，强势指标 3 个，占三级指标总数的 12%；优势指标 17 个，占三级指标总数的 68%；中势指标 4 个，占三级指标总数的 16%；劣势指标 1 个，占三级指标总数的 4%。反映到二级指标上来，强势指标 2 个，占二级指标总数的 22.2%；优势指标有 7 个，占二级指标总数的 77.8%。综合来看，由于强势指标和优势指标在指标体系中居于主导地位，2012 年山东省经济综合竞争力处于优势地位。

4. 山东省经济综合竞争力四级指标优劣势对比分析

表 15 – 4　2012 年山东省经济综合竞争力各级指标优劣势比较表

二级指标	优劣势	四级指标
宏观经济竞争力（27 个）	强势指标	地区生产总值、财政总收入、固定资产投资额、全社会消费品零售总额、对外经济合作完成营业额、对外直接投资（6 个）
	优势指标	人均地区生产总值、财政总收入增长率、人均固定资产投资额、人均全社会消费品零售总额、所有制经济结构优化度、就业结构优化度、资本形成结构优化度、贸易结构优化度、进出口总额、出口额、实际 FDI、外贸依存度（12 个）
	劣势指标	地区生产总值增长率、人均财政收入、固定资产投资额增长率、全社会消费品零售总额增长率、出口增长率（5 个）
产业经济竞争力（41 个）	强势指标	农业增加值、乡镇企业总产值、工业增加值、工业资产总额、规模以上工业利润总额、服务业增加值、服务业从业人员数、规模以上工业企业数、规模以上企业平均增加值、流动资金周转次数（10 个）
	优势指标	农民人均纯收入、农产品出口占农林牧渔总产值比重、人均主要农产品产量、农村人均用电量、人均工业增加值、工业资产总贡献率、工业全员劳动生产率、工业产品销售率、人均服务业增加值、限额以上批零企业利税率、旅游外汇收入、房地产经营总收入、工业企业 R&D 经费投入强度、中国驰名商标持有量（14 个）
	劣势指标	农民人均纯收入增长率、服务业从业人员数增长率、限额以上餐饮企业利税率、规模以上企业平均资产、规模以上企业平均所有者权益、优等品率（6 个）
可持续发展竞争力（25 个）	强势指标	耕地面积、一般工业固体废物综合利用率、人力资源利用率（3 个）
	优势指标	人均可使用海域和滩涂面积、主要能源矿产基础储量、人均主要能源矿产基础储量、人均治理工业污染投资额、生活垃圾无害化处理率、人口健康素质、职业学校毕业生数（7 个）
	劣势指标	人均国土面积、人均年水资源量、人均牧草地面积、人均森林储积量、森林覆盖率、自然灾害直接经济损失、文盲率（7 个）
财政金融竞争力（22 个）	强势指标	地方财政收入、地方财政支出、货币市场融资额、保险费净收入（4 个）
	优势指标	税收收入占财政总收入比重、存款余额、贷款余额（3 个）
	劣势指标	地方财政收入占 GDP 比重、地方财政支出占 GDP 比重、税收收入占 GDP 比重、人均地方财政支出、地方财政收入增速、中长期贷款占贷款余额比重、保险深度（7 个）

续表

二级指标	优劣势	四级指标
知识经济 竞争力 （26个）	强势 指标	教育经费、公共教育经费占财政支出比重、高等学校数、高校专任教师数、图书和期刊出版数、报纸出版数（6个）
	优势 指标	R&D人员、R&D经费、R&D经费投入强度、高技术产业规模以上企业产值、高技术产业规模以上企业产值占GDP比重、高技术产品出口额、发明专利申请授权量、技术市场成交合同金额、文化产业增加值、出版印刷工业销售产值（10个）
	劣势 指标	教育经费占GDP比重、万人中小学学校数、城镇居民人均文化娱乐支出占消费性支出比重（3个）
发展环境 竞争力 （18个）	强势 指标	公路网线密度、全社会货物周转量（2个）
	优势 指标	铁路网线密度、全社会旅客周转量、万人外资企业数、万人个体私营企业数、万人商标注册件数（5个）
	劣势 指标	人均内河航道里程、外资企业数增长率、个体私营企业数增长率、查处商标侵权假冒案件、食品安全事故数（5个）
政府作用 竞争力 （16个）	强势 指标	财政支出对GDP增长的拉动、物价调控、城市城镇社区服务设施数（3个）
	优势 指标	政府公务员对经济的贡献、财政投资对社会投资的拉动、调控城乡消费差距、医疗保险覆盖率、养老保险覆盖率、失业保险覆盖率、下岗职工再就业率（7个）
	劣势 指标	财政支出用于基本建设投资比重（1个）
发展水平 竞争力 （19个）	强势 指标	城市平均建成区面积、人均拥有道路面积、人均公共绿地面积、非国有单位从业人员占城镇从业人员比重（4个）
	优势 指标	工业从业人员比重、霍夫曼系数、城镇居民人均可支配收入、非公有制经济产值占全社会总产值的比重、社会投资占投资总资金的比重、亿元以上商品市场成交额（6个）
	劣势 指标	工业增加值增长率、人均日生活用水量、全社会消费品零售总额占工农总产值比重（3个）
统筹协调 竞争力 （16个）	强势 指标	（0个）
	优势 指标	非农用地产出率、生产税净额和营业盈余占GDP比重、固定资产投资额占GDP比重、固定资产交付使用率、环境竞争力与宏观经济竞争力比差、人力资源竞争力与宏观经济竞争力比差、环境竞争力与工业竞争力比差、城乡居民人均生活消费支出比差（8个）
	劣势 指标	社会劳动生产率增速、最终消费率、资源竞争力与宏观经济竞争力比差、资源竞争力与工业竞争力比差、全社会消费品零售总额与外贸出口总额比差（5个）

15.2　山东省经济综合竞争力各级指标具体分析

1. 山东省宏观经济竞争力指标排名变化情况

表 15 - 5　2011 ~ 2012 年山东省宏观经济竞争力指标组排位及变化趋势表

指　　标	2011 年	2012 年	排位升降	优劣势
1　宏观经济竞争力	4	3	1	强势
1.1　经济实力竞争力	4	2	2	强势
地区生产总值	3	3	0	强势
地区生产总值增长率	27	24	3	劣势
人均地区生产总值	10	10	0	优势
财政总收入	7	3	4	强势
财政总收入增长率	26	8	18	优势
人均财政收入	26	28	- 2	劣势
固定资产投资额	1	1	0	强势
固定资产投资额增长率	13	25	- 12	劣势
人均固定资产投资额	5	9	- 4	优势
全社会消费品零售总额	2	2	0	强势
全社会消费品零售总额增长率	26	26	0	劣势
人均全社会消费品零售总额	8	8	0	优势
1.2　经济结构竞争力	6	7	- 1	优势
产业结构优化度	14	14	0	中势
所有制经济结构优化度	6	5	1	优势
城乡经济结构优化度	12	13	- 1	中势
就业结构优化度	9	10	- 1	优势
资本形成结构优化度	13	9	4	优势
贸易结构优化度	4	4	0	优势
1.3　经济外向度竞争力	5	4	1	优势
进出口总额	6	6	0	优势
进出口增长率	20	20	0	中势
出口总额	5	5	0	优势
出口增长率	19	26	- 7	劣势
实际 FDI	7	7	0	优势
实际 FDI 增长率	11	20	- 9	中势
外贸依存度	8	9	- 1	优势
对外经济合作完成营业额	2	2	0	强势
对外直接投资	2	2	0	强势

2. 山东省产业经济竞争力指标排名变化情况

表 15 - 6　2011～2012 年山东省产业经济竞争力指标组排位及变化趋势表

指　　　标	2011 年	2012 年	排位升降	优劣势
2　产业经济竞争力	2	2	0	强势
2.1　农业竞争力	1	4	−3	优势
农业增加值	1	1	0	强势
农业增加值增长率	22	18	4	中势
人均农业增加值	11	11	0	中势
乡镇企业总产值	2	2	0	强势
农民人均纯收入	8	8	0	优势
农民人均纯收入增长率	14	25	−11	劣势
农产品出口占农林牧渔总产值比重	5	5	0	优势
人均主要农产品产量	8	9	−1	优势
农业劳动生产率	14	15	−1	中势
农村人均固定资产原值	11	11	0	中势
农村人均用电量	10	10	0	优势
财政支农资金比重	17	15	2	中势
2.2　工业竞争力	2	1	1	强势
工业增加值	3	3	0	强势
工业增加值增长率	29	14	15	中势
人均工业增加值	8	8	0	优势
工业资产总额	3	3	0	强势
工业资产总额增长率	22	14	8	中势
工业资产总贡献率	5	4	1	优势
规模以上工业利润总额	1	1	0	强势
工业全员劳动生产率	11	9	2	优势
工业成本费用利润率	16	14	2	中势
工业产品销售率	10	8	2	优势
2.3　服务业竞争力	4	5	−1	优势
服务业增加值	3	3	0	强势
服务业增加值增长率	13	20	−7	中势
人均服务业增加值	10	9	1	优势
服务业从业人员数	1	1	0	强势
服务业从业人员数增长率	6	23	−17	劣势
限额以上批零企业利税率	10	9	1	优势
限额以上餐饮企业利税率	26	27	−1	劣势
旅游外汇收入	8	8	0	优势
房地产经营总收入	5	5	0	优势

指　　标	2011 年	2012 年	排位升降	优劣势
2.4　企业竞争力	2	1	1	强势
规模以上工业企业数	3	3	0	强势
规模以上企业平均资产	25	23	2	劣势
规模以上企业平均增加值	2	2	0	强势
流动资金周转次数	4	3	1	强势
规模以上企业平均利润	17	13	4	中势
规模以上企业销售利税率	21	20	1	中势
规模以上企业平均所有者权益	23	21	2	劣势
优等品率	18	21	-3	劣势
工业企业 R&D 经费投入强度	9	8	1	优势
中国驰名商标持有量	4	4	0	优势

3. 山东省可持续发展竞争力指标排名变化情况

表 15 - 7　2011～2012 年山东省可持续发展竞争力指标组排位及变化趋势表

指　　标	2011 年	2012 年	排位升降	优劣势
3　可持续发展竞争力	5	7	-2	优势
3.1　资源竞争力	6	6	0	优势
人均国土面积	27	27	0	劣势
人均可使用海域和滩涂面积	4	4	0	优势
人均年水资源量	25	26	-1	劣势
耕地面积	3	3	0	强势
人均耕地面积	20	20	0	中势
人均牧草地面积	22	22	0	劣势
主要能源矿产基础储量	9	8	1	优势
人均主要能源矿产基础储量	16	7	9	优势
人均森林储积量	27	27	0	劣势
3.2　环境竞争力	15	20	-5	中势
森林覆盖率	22	22	0	劣势
人均废水排放量	20	20	0	中势
人均工业废气排放量	18	18	0	中势
人均工业固体废物排放量	20	17	3	中势
人均治理工业污染投资额	4	7	-3	优势
一般工业固体废物综合利用率	4	3	1	强势
生活垃圾无害化处理率	8	6	2	优势
自然灾害直接经济损失	24	28	-4	劣势

续表

指　标	2011 年	2012 年	排位升降	优劣势
3.3　人力资源竞争力	6	6	0	优势
人口自然增长率	16	17	-1	中势
15 - 64 岁人口比例	17	17	0	中势
文盲率	23	23	0	劣势
大专以上教育程度人口比例	18	16	2	中势
平均受教育程度	21	17	4	中势
人口健康素质	7	7	0	优势
人力资源利用率	4	3	1	强势
职业学校毕业生数	2	4	-2	优势

4. 山东省财政金融竞争力指标排名变化情况

表 15 - 8　2011 ~ 2012 年山东省财政金融竞争力指标组排位及变化趋势表

指　标	2011 年	2012 年	排位升降	优劣势
4　财政金融竞争力	12	9	3	优势
4.1　财政竞争力	19	12	7	中势
地方财政收入	3	3	0	强势
地方财政支出	3	3	0	强势
地方财政收入占 GDP 比重	29	28	1	劣势
地方财政支出占 GDP 比重	31	31	0	劣势
税收收入占 GDP 比重	25	26	-1	劣势
税收收入占财政总收入比重	3	5	-2	优势
人均地方财政收入	13	14	-1	中势
人均地方财政支出	29	29	0	劣势
人均税收收入	13	13	0	中势
地方财政收入增速	24	21	3	劣势
地方财政支出增速	27	12	15	中势
税收收入增速	27	18	9	中势
4.2　金融竞争力	9	9	0	优势
存款余额	6	6	0	优势
人均存款余额	16	15	1	中势
贷款余额	5	5	0	优势
人均贷款余额	13	13	0	中势
货币市场融资额	4	3	1	强势
中长期贷款占贷款余额比重	30	30	0	劣势
保险费净收入	4	3	1	强势
保险密度	12	12	0	中势
保险深度	24	24	0	劣势
人均证券市场筹资额	16	14	2	中势

5. 山东省知识经济竞争力指标排名变化情况

表 15-9　2011~2012 年山东省知识经济竞争力指标组排位及变化趋势表

指　　标	2011 年	2012 年	排位升降	优劣势
5　知识经济竞争力	6	6	0	优势
5.1　科技竞争力	5	5	0	优势
R&D 人员	4	4	0	优势
R&D 经费	4	4	0	优势
R&D 经费投入强度	7	7	0	优势
高技术产业规模以上企业产值	4	4	0	优势
高技术产业规模以上企业产值占 GDP 比重	7	8	-1	优势
高技术产品出口额	6	9	-3	优势
发明专利申请授权量	6	4	2	优势
技术市场成交合同金额	8	9	-1	优势
5.2　教育竞争力	5	5	0	优势
教育经费	4	3	1	强势
教育经费占 GDP 比重	31	31	0	劣势
人均教育经费	22	19	3	中势
公共教育经费占财政支出比重	3	2	1	强势
人均文化教育支出占个人消费支出比重	16	17	-1	中势
万人中小学学校数	25	24	1	劣势
万人中小学专任教师数	18	18	0	中势
高等学校数	2	3	-1	强势
高校专任教师数	2	2	0	强势
万人高等学校在校学生数	15	15	0	中势
5.3　文化竞争力	6	6	0	优势
文化产业增加值	8	9	-1	优势
图书和期刊出版数	4	3	1	强势
报纸出版数	3	3	0	强势
出版印刷工业销售产值	4	4	0	优势
城镇居民人均文化娱乐支出	12	13	-1	中势
农村居民人均文化娱乐支出	9	11	-2	中势
城镇居民人均文化娱乐支出占消费性支出比重	22	23	-1	劣势
农村居民人均文化娱乐支出占消费性支出比重	12	18	-6	中势

6. 山东省发展环境竞争力指标排名变化情况

表 15 - 10　2011 ~ 2012 年山东省发展环境竞争力指标组排位及变化趋势表

指　　标	2011 年	2012 年	排位升降	优劣势
6　发展环境竞争力	10	10	0	优势
6.1　基础设施竞争力	7	7	0	优势
铁路网线密度	6	7	- 1	优势
公路网线密度	2	1	1	强势
人均内河航道里程	25	25	0	劣势
全社会旅客周转量	3	4	- 1	优势
全社会货物周转量	2	3	- 1	强势
人均邮电业务总量	18	19	- 1	中势
万户移动电话数	19	20	- 1	中势
万户上网用户数	13	17	- 4	中势
人均耗电量	15	15	0	中势
6.2　软环境竞争力	29	25	4	劣势
外资企业数增长率	18	23	- 5	劣势
万人外资企业数	10	10	0	优势
个体私营企业数增长率	7	23	- 16	劣势
万人个体私营企业数	4	4	0	优势
万人商标注册件数	10	10	0	优势
查处商标侵权假冒案件	27	26	1	劣势
每十万人交通事故发生数	13	15	- 2	中势
罚没收入占财政收入比重	20	20	0	中势
食品安全事故数	31	29	2	劣势

7. 山东省政府作用竞争力指标排名变化情况

表 15 - 11　2011 ~ 2012 年山东省政府作用竞争力指标组排位及变化趋势表

指　　标	2011 年	2012 年	排位升降	优劣势
7　政府作用竞争力	7	5	2	优势
7.1　政府发展经济竞争力	7	6	1	优势
财政支出用于基本建设投资比重	22	25	- 3	劣势
财政支出对 GDP 增长的拉动	1	1	0	强势
政府公务员对经济的贡献	8	8	0	优势
政府消费对民间消费的拉动	15	15	0	中势
财政投资对社会投资的拉动	8	5	3	优势
7.2　政府规调经济竞争力	10	9	1	优势
物价调控	4	3	1	强势
调控城乡消费差距	9	8	1	优势
统筹经济社会发展	13	13	0	中势
规范税收	20	19	1	中势
人口控制	17	17	0	中势

指　　标	2011 年	2012 年	排位升降	优劣势
7.3　政府保障经济竞争力	8	7	1	优势
城市城镇社区服务设施数	1	3	-2	强势
医疗保险覆盖率	11	9	2	优势
养老保险覆盖率	8	8	0	优势
失业保险覆盖率	13	10	3	优势
下岗职工再就业率	7	8	-1	优势
城镇登记失业率	10	13	-3	中势

8. 山东省发展水平竞争力指标排名变化情况

表 15 - 12　2011～2012 年山东省发展水平竞争力指标组排位及变化趋势表

指　　标	2011 年	2012 年	排位升降	优劣势
8　发展水平竞争力	8	7	1	优势
8.1　工业化进程竞争力	12	12	0	中势
工业增加值占 GDP 比重	8	11	-3	中势
工业增加值增长率	29	23	6	劣势
高新技术产业占工业总产值比重	14	15	-1	中势
工业从业人员比重	8	8	0	优势
工业从业人员增长率	7	18	-11	中势
霍夫曼系数	5	9	-4	优势
8.2　城市化进程竞争力	7	6	1	优势
城镇化率	14	14	0	中势
城镇居民人均可支配收入	8	8	0	优势
城市平均建成区面积	2	2	0	强势
人均拥有道路面积	1	1	0	强势
人均日生活用水量	22	22	0	劣势
人均居住面积	11	13	-2	中势
人均公共绿地面积	3	2	1	强势
8.3　市场化进程竞争力	6	4	2	优势
非公有制经济产值占全社会总产值的比重	5	6	-1	优势
社会投资占投资总资金的比重	5	4	1	优势
非国有单位从业人员占城镇从业人员比重	28	3	25	强势
亿元以上商品市场成交额	3	4	-1	优势
亿元以上商品市场成交额占全社会消费品零售总额比重	11	11	0	中势
全社会消费品零售总额占工农总产值比重	29	30	-1	劣势

9. 山东省统筹协调竞争力指标排名变化情况

表 15－13　2011～2012 年山东省统筹协调竞争力指标组排位及变化趋势表

指　　标	2011 年	2012 年	排位升降	优劣势
9　统筹协调竞争力	6	8	－2	优势
9.1　统筹发展竞争力	12	11	1	中势
社会劳动生产率	11	11	0	中势
社会劳动生产率增速	30	29	1	劣势
万元 GDP 综合能耗	13	13	0	中势
非农用地产出率	7	7	0	优势
生产税净额和营业盈余占 GDP 比重	3	8	－5	优势
最终消费率	27	26	1	劣势
固定资产投资额占 GDP 比重	7	7	0	优势
固定资产交付使用率	10	10	0	优势
9.2　协调发展竞争力	6	8	－2	优势
环境竞争力与宏观经济竞争力比差	4	5	－1	优势
资源竞争力与宏观经济竞争力比差	24	25	－1	劣势
人力资源竞争力与宏观经济竞争力比差	7	7	0	优势
资源竞争力与工业竞争力比差	28	28	0	劣势
环境竞争力与工业竞争力比差	3	4	－1	优势
城乡居民家庭人均收入比差	12	13	－1	中势
城乡居民人均生活消费支出比差	9	8	1	优势
全社会消费品零售总额与外贸出口总额比差	23	21	2	劣势

河南省经济综合竞争力评价分析报告

河南省简称豫，位于中国中东部，黄河中下游，黄淮海平原西南部，大部分地区在黄河以南，北承河北省、山西省，东接山东省、安徽省，南连湖北省，西邻陕西省。全省面积16.7万平方公里，2012年总人口为9406万人，地区生产总值达29599亿元，同比增长10.1%，人均GDP达31499元。本部分通过分析"十二五"中期河南省经济综合竞争力以及各要素竞争力的排名变化，从中找出河南省经济综合竞争力的推动点及影响因素，为进一步提升河南省经济综合竞争力提供决策参考。

16.1 河南省经济综合竞争力总体分析

1. 河南省经济综合竞争力一级指标概要分析

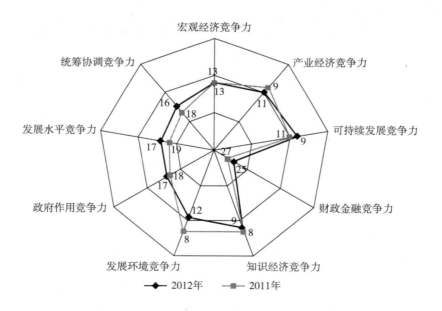

图 16 - 1 2011~2012 年河南省经济综合竞争力二级指标比较雷达图

表 16 - 1　2011～2012 年河南省经济综合竞争力二级指标比较表

项　目 年　份	宏观经济 竞 争 力	产业经济 竞 争 力	可持续发 展竞争力	财政金融 竞 争 力	知识经济 竞 争 力	发展环境 竞 争 力	政府作用 竞 争 力	发展水平 竞 争 力	统筹协调 竞 争 力	综合 排位
2011	13	9	11	27	8	8	18	19	18	10
2012	13	11	9	25	9	12	17	17	16	11
升降	0	-2	2	2	-1	-4	1	2	2	-1
优劣度	中势	中势	优势	劣势	优势	中势	中势	中势	中势	中势

（1）从综合排位的变化比较看，2012 年河南省经济综合竞争力综合排位在全国处于第 11 位，表明其在全国处于居中偏上地位；与 2011 年相比，综合排位下降了 1 位。

（2）从指标所处区位看，处于上游区的指标有 2 个，为可持续发展竞争力、知识经济竞争力，没有强势指标；处于中游区的指标有 6 个，为宏观经济竞争力、产业经济竞争力、发展环境竞争力、政府作用竞争力、发展水平竞争力、统筹协调竞争力；有 1 个指标处于下游区。

（3）从指标变化趋势看，9 个二级指标中，有 5 个指标处于上升趋势，为可持续发展竞争力、财政金融竞争力、政府作用竞争力、发展水平竞争力、统筹协调竞争力，这些是河南省经济综合竞争力的上升动力所在；有 1 个指标排位没有发生变化，为宏观经济竞争力；有 3 个指标处于下降趋势，为产业经济竞争力、知识经济竞争力和发展环境竞争力，这些是河南省经济综合竞争力的下降拉力所在。

2. 河南省经济综合竞争力各级指标动态变化分析

表 16 - 2　2011～2012 年河南省经济综合竞争力各级指标排位变化态势比较表

二级指标	三级指标	四级 指标数	上升		保持		下降		变化 趋势
			指标 数	比重 （%）	指标 数	比重 （%）	指标 数	比重 （%）	
宏观经济 竞 争 力	经济实力竞争力	12	4	33.3	5	41.7	3	25.0	上升
	经济结构竞争力	6	4	66.7	2	33.3	0	0.0	下降
	经济外向度竞争力	9	4	44.4	0	0.0	5	55.6	上升
	小　　计	27	12	44.4	7	25.9	8	29.6	保持
产业经济 竞 争 力	农业竞争力	12	2	16.7	4	33.3	6	50.0	下降
	工业竞争力	10	3	30.0	2	20.0	5	50.0	保持
	服务业竞争力	9	2	22.2	3	33.3	4	44.4	下降
	企业竞争力	10	3	30.0	4	40.0	3	30.0	上升
	小　　计	41	10	24.4	13	31.7	18	43.9	下降
可持续发展 竞 争 力	资源竞争力	9	0	0.0	7	77.8	2	22.2	下降
	环境竞争力	8	2	25.0	1	12.5	5	62.5	保持
	人力资源竞争力	8	2	25.0	4	50.0	2	25.0	上升
	小　　计	25	4	16.0	12	48.0	9	36.0	上升
财政金融 竞 争 力	财政竞争力	12	4	33.3	5	41.7	3	25.0	上升
	金融竞争力	10	1	10.0	4	40.0	5	50.0	保持
	小　　计	22	5	22.7	9	40.9	8	36.4	上升

续表

二级指标	三级指标	四级指标数	上升		保持		下降		变化趋势
			指标数	比重（%）	指标数	比重（%）	指标数	比重（%）	
知识经济竞争力	科技竞争力	8	4	50.0	2	25.0	2	25.0	下降
	教育竞争力	10	2	20.0	7	70.0	1	10.0	保持
	文化竞争力	8	5	62.5	2	25.0	1	12.5	保持
	小　计	26	11	42.3	11	42.3	4	15.4	下降
发展环境竞争力	基础设施竞争力	9	2	22.2	3	33.3	4	44.4	保持
	软环境竞争力	9	1	11.1	2	22.2	6	66.7	下降
	小　计	18	3	16.7	5	27.8	10	55.6	下降
政府作用竞争力	政府发展经济竞争力	5	2	40.0	1	20.0	2	40.0	上升
	政府规调经济竞争力	5	4	80.0	1	20.0	0	0.0	下降
	政府保障经济竞争力	6	2	33.3	1	16.7	3	50.0	上升
	小　计	16	8	50.0	3	18.8	5	31.3	上升
发展水平竞争力	工业化进程竞争力	6	6	100.0	0	0.0	0	0.0	上升
	城市化进程竞争力	7	1	14.3	5	71.4	1	14.3	保持
	市场化进程竞争力	6	3	50.0	2	33.3	1	16.7	上升
	小　计	19	10	52.6	7	36.8	2	10.5	上升
统筹协调竞争力	统筹发展竞争力	8	5	62.5	1	12.5	2	25.0	下降
	协调发展竞争力	8	5	62.5	1	12.5	2	25.0	保持
	小　计	16	10	62.5	2	12.5	4	25.0	上升
合　计		210	73	34.8	69	32.9	68	32.4	下降

从表16-2可以看出，210个四级指标中，上升指标有73个，占指标总数的34.8%；下降指标有68个，占指标总数的32.4%；保持指标有69个，占指标总数的32.9%。综上所述，上升的动力大于下降的拉力，但受其他外部因素的综合影响，2011~2012年河南省经济综合竞争力排位下降1位。

3. 河南省经济综合竞争力各级指标优劣势结构分析

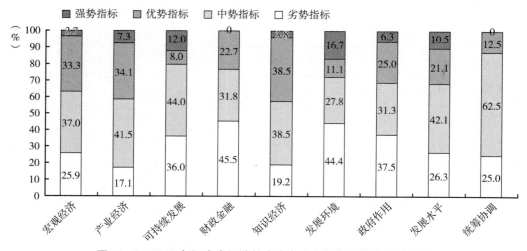

图16-2　2012年河南省经济综合竞争力各级指标优劣势比较图

表16-3 2012年河南省经济综合竞争力各级指标优劣势比较表

二级指标	三级指标	四级指标数	强势指标		优势指标		中势指标		劣势指标		优劣势
			个数	比重(%)	个数	比重(%)	个数	比重(%)	个数	比重(%)	
宏观经济竞争力	经济实力竞争力	12	0	0.0	5	41.7	4	33.3	3	25.0	中势
	经济结构竞争力	6	0	0.0	2	33.3	2	33.3	2	33.3	劣势
	经济外向度竞争力	9	1	11.1	2	22.2	4	44.4	2	22.2	优势
	小　计	27	1	3.7	9	33.3	10	37.0	7	25.9	中势
产业经济竞争力	农业竞争力	12	1	8.3	2	16.7	6	50.0	3	25.0	中势
	工业竞争力	10	1	10.0	7	70.0	2	20.0	0	0.0	优势
	服务业竞争力	9	1	11.1	1	11.1	4	44.4	3	33.3	中势
	企业竞争力	10	0	0.0	4	40.0	5	50.0	1	10.0	中势
	小　计	41	3	7.3	14	34.1	17	41.5	7	17.1	中势
可持续发展竞争力	资源竞争力	9	1	11.1	1	11.1	3	33.3	4	44.4	中势
	环境竞争力	8	0	0.0	1	12.5	6	75.0	1	12.5	中势
	人力资源竞争力	8	2	25.0	0	0.0	2	25.0	4	50.0	优势
	小　计	25	3	12.0	2	8.0	11	44.0	9	36.0	优势
财政金融竞争力	财政竞争力	12	0	0.0	2	16.7	4	33.3	6	50.0	劣势
	金融竞争力	10	0	0.0	3	30.0	3	30.0	4	40.0	中势
	小　计	22	0	0.0	5	22.7	7	31.8	10	45.5	劣势
知识经济竞争力	科技竞争力	8	0	0.0	3	37.5	5	62.5	0	0.0	中势
	教育竞争力	10	1	10.0	5	50.0	1	10.0	3	30.0	优势
	文化竞争力	8	0	0.0	2	25.0	4	50.0	2	25.0	中势
	小　计	26	1	3.8	10	38.5	10	38.5	5	19.2	优势
发展环境竞争力	基础设施竞争力	9	2	22.2	2	22.2	1	11.1	4	44.4	优势
	软环境竞争力	9	1	11.1	0	0.0	4	44.4	4	44.4	劣势
	小　计	18	3	16.7	2	11.1	5	27.8	8	44.4	中势
政府作用竞争力	政府发展经济竞争力	5	1	20.0	1	20.0	2	40.0	1	20.0	优势
	政府规调经济竞争力	5	0	0.0	2	40.0	2	40.0	1	20.0	中势
	政府保障经济竞争力	6	0	0.0	1	16.7	1	16.7	4	66.7	劣势
	小　计	16	1	6.3	4	25.0	5	31.3	6	37.5	中势
发展水平竞争力	工业化进程竞争力	6	1	16.7	1	16.7	4	66.7	0	0.0	中势
	城市化进程竞争力	7	0	0.0	2	28.6	1	14.3	4	57.1	劣势
	市场化进程竞争力	6	1	16.7	1	16.7	3	50.0	1	16.7	中势
	小　计	19	2	10.5	4	21.1	8	42.1	5	26.3	中势
统筹协调竞争力	统筹发展竞争力	8	0	0.0	1	12.5	5	62.5	2	25.0	中势
	协调发展竞争力	8	0	0.0	1	12.5	5	62.5	2	25.0	中势
	小　计	16	0	0.0	2	12.5	10	62.5	4	25.0	中势
合　计		210	14	6.7	52	24.8	83	39.5	61	29.0	中势

基于图16-2和表16-3，从四级指标来看，强势指标14个，占指标总数的6.7%；优势指标52个，占指标总数的24.8%；中势指标83个，占指标总数的39.5%；劣势指

标 61 个，占指标总数的 29%。从三级指标来看，没有强势指标；优势指标 6 个，占三级指标总数的 24%；中势指标 14 个，占三级指标总数的 56%；劣势指标 5 个，占三级指标总数的 20%。反映到二级指标上来，没有强势指标；优势指标有 2 个，占二级指标总数的 22.2%。综合来看，由于中势指标在指标体系中居于主导地位，2012 年河南省经济综合竞争力处于中势地位。

4. 河南省经济综合竞争力四级指标优劣势对比分析

表 16 - 4　2012 年河南省经济综合竞争力各级指标优劣势比较表

二级指标	优劣势	四级指标
宏观经济竞争力（27 个）	强势指标	进出口增长率（1 个）
	优势指标	地区生产总值、财政总收入、财政总收入增长率、固定资产投资额、全社会消费品零售总额、所有制经济结构优化度、资本形成结构优化度、出口增长率、实际 FDI（9 个）
	劣势指标	人均地区生产总值、人均财政收入、人均固定资产投资额、产业结构优化度、贸易结构优化度、外贸依存度、对外直接投资（7 个）
产业经济竞争力（41 个）	强势指标	农业增加值、工业资产总额增长率、服务业从业人员数（3 个）
	优势指标	乡镇企业总产值、人均主要农产品产量、工业增加值、工业增加值增长率、工业资产总额、工业资产贡献率、规模以上工业利润总额、工业成本费用利润率、工业产品销售率、服务业增加值、规模以上工业企业数、规模以上企业平均增加值、流动资金周转次数、优等品率（14 个）
	劣势指标	农业增加值增长率、农产品出口占农林牧渔总产值比重、农业劳动生产率、人均服务业增加值、限额以上餐饮企业利税率、旅游外汇收入、规模以上企业平均资产（7 个）
可持续发展竞争力（25 个）	强势指标	耕地面积、人力资源利用率、职业学校毕业生数（3 个）
	优势指标	主要能源矿产基础储量、自然灾害直接经济损失（2 个）
	劣势指标	人均国土面积、人均年水资源量、人均牧草地面积、人均森林储积量、人均治理工业污染投资额、15~64 岁人口比例、文盲率、大专以上教育程度人口比例、人口健康素质（9 个）
财政金融竞争力（22 个）	强势指标	（0 个）
	优势指标	地方财政收入、地方财政支出、存款余额、保险费净收入、保险深度（5 个）
	劣势指标	地方财政收入占 GDP 比重、地方财政支出占 GDP 比重、税收收入占 GDP 比重、人均地方财政收入、人均地方财政支出、人均税收收入、人均存款余额、人均贷款余额、中长期贷款占贷款余额比重、人均证券市场筹资额（10 个）

续表

二级指标	优劣势	四级指标
知识经济 竞争力 (26个)	强势 指标	万人中小学学校数(1个)
	优势 指标	R&D人员、高技术产业规模以上企业产值、高技术产品出口额、教育经费、公共教育经费占财政支出比重、万人中小学专任教师数、高等学校数、高校专任教师数、文化产业增加值、报纸出版数(10个)
	劣势 指标	人均教育经费、人均文化教育支出占个人消费支出比重、万人高等学校在校学生数、农村居民人均文化娱乐支出、农村居民人均文化娱乐支出占消费性支出比重(5个)
发展环境 竞争力 (18个)	强势 指标	公路网线密度、全社会旅客周转量、每十万人交通事故发生数(3个)
	优势 指标	铁路网线密度、全社会货物周转量(2个)
	劣势 指标	人均内河航道里程、人均邮电业务总量、万户移动电话数、万户上网用户数、个体私营企业数增长率、查处商标侵权假冒案件、罚没收入占财政收入比重、食品安全事故数(8个)
政府作用 竞争力 (16个)	强势 指标	财政投资对社会投资的拉动(1个)
	优势 指标	财政支出对GDP增长的拉动、物价调控、统筹经济社会发展、城镇登记失业率(4个)
	劣势 指标	财政支出用于基本建设投资比重、规范税收、医疗保险覆盖率、养老保险覆盖率、失业保险覆盖率、下岗职工再就业率(6个)
发展水平 竞争力 (19个)	强势 指标	工业增加值占GDP比重、社会投资占投资总资金的比重(2个)
	优势 指标	工业从业人员比重、城市平均建成区面积、人均居住面积、非公有制经济产值占全社会总产值的比重(4个)
	劣势 指标	城镇化率、人均拥有道路面积、人均日生活用水量、人均公共绿地面积、全社会消费品零售总额占工农总产值比重(5个)
统筹协调 竞争力 (16个)	强势 指标	(0个)
	优势 指标	非农用地产出率、环境竞争力与工业竞争力比差(2个)
	劣势 指标	社会劳动生产率、最终消费率、人力资源竞争力与宏观经济竞争力比差、资源竞争力与工业竞争力比差(4个)

16.2 河南省经济综合竞争力各级指标具体分析

1. 河南省宏观经济竞争力指标排名变化情况

表 16 – 5 2011~2012 年河南省宏观经济竞争力指标组排位及变化趋势表

指标	2011 年	2012 年	排位升降	优劣势
1 宏观经济竞争力	13	13	0	中势
1.1 经济实力竞争力	16	13	3	中势
地区生产总值	5	5	0	优势
地区生产总值增长率	24	20	4	中势
人均地区生产总值	23	23	0	劣势
财政总收入	10	7	3	优势
财政总收入增长率	23	10	13	优势
人均财政收入	29	31	−2	劣势
固定资产投资额	3	4	−1	优势
固定资产投资额增长率	27	20	7	中势
人均固定资产投资额	22	22	0	劣势
全社会消费品零售总额	5	5	0	优势
全社会消费品零售总额增长率	11	16	−5	中势
人均全社会消费品零售总额	19	19	0	中势
1.2 经济结构竞争力	20	22	−2	劣势
产业结构优化度	31	31	0	劣势
所有制经济结构优化度	7	6	1	优势
城乡经济结构优化度	13	12	1	中势
就业结构优化度	21	20	1	中势
资本形成结构优化度	7	5	2	优势
贸易结构优化度	31	31	0	劣势
1.3 经济外向度竞争力	9	8	1	优势
进出口总额	14	12	2	中势
进出口增长率	2	3	−1	强势
出口总额	15	12	3	中势
出口增长率	2	6	−4	优势
实际 FDI	10	8	2	优势
实际 FDI 增长率	4	11	−7	中势
外贸依存度	25	22	3	劣势
对外经济合作完成营业额	8	12	−4	中势
对外直接投资	21	25	−4	劣势

2. 河南省产业经济竞争力指标排名变化情况

表 16 - 6　2011～2012 年河南省产业经济竞争力指标组排位及变化趋势表

指　　　标	2011 年	2012 年	排位升降	优劣势
2　产业经济竞争力	9	11	-2	中势
2.1　农业竞争力	11	13	-2	中势
农业增加值	2	2	0	强势
农业增加值增长率	26	22	4	劣势
人均农业增加值	14	15	-1	中势
乡镇企业总产值	9	9	0	优势
农民人均纯收入	16	16	0	中势
农民人均纯收入增长率	10	15	-5	中势
农产品出口占农林牧渔总产值比重	25	27	-2	劣势
人均主要农产品产量	6	6	0	优势
农业劳动生产率	22	24	-2	劣势
农村人均固定资产原值	19	18	1	中势
农村人均用电量	14	15	-1	中势
财政支农资金比重	16	19	-3	中势
2.2　工业竞争力	6	6	0	优势
工业增加值	5	5	0	优势
工业增加值增长率	28	8	20	优势
人均工业增加值	20	16	4	中势
工业资产总额	8	5	3	优势
工业资产总额增长率	2	3	-1	强势
工业资产总贡献率	3	5	-2	优势
规模以上工业利润总额	4	4	0	优势
工业全员劳动生产率	13	15	-2	中势
工业成本费用利润率	9	10	-1	优势
工业产品销售率	8	10	-2	优势
2.3　服务业竞争力	14	19	-5	中势
服务业增加值	9	9	0	优势
服务业增加值增长率	4	17	-13	中势
人均服务业增加值	27	27	0	劣势
服务业从业人员数	4	3	1	强势
服务业从业人员数增长率	17	18	-1	中势
限额以上批零企业利税率	14	13	1	中势
限额以上餐饮企业利税率	29	31	-2	劣势
旅游外汇收入	21	21	0	劣势
房地产经营总收入	13	14	-1	中势

续表

指　　标	2011 年	2012 年	排位升降	优劣势
2.4　企业竞争力	17	15	2	中势
规模以上工业企业数	5	5	0	优势
规模以上企业平均资产	26	26	0	劣势
规模以上企业平均增加值	5	5	0	优势
流动资金周转次数	3	5	-2	优势
规模以上企业平均利润	16	14	2	中势
规模以上企业销售利税率	11	14	-3	中势
规模以上企业平均所有者权益	25	20	5	中势
优等品率	11	10	1	优势
工业企业 R&D 经费投入强度	19	19	0	中势
中国驰名商标持有量	12	13	-1	中势

3. 河南省可持续发展竞争力指标排名变化情况

表 16-7　2011~2012 年河南省可持续发展竞争力指标组排位及变化趋势表

指　　标	2011 年	2012 年	排位升降	优劣势
3　可持续发展竞争力	11	9	2	优势
3.1　资源竞争力	14	16	-2	中势
人均国土面积	25	25	0	劣势
人均可使用海域和滩涂面积	13	13	0	中势
人均年水资源量	23	27	-4	劣势
耕地面积	2	2	0	强势
人均耕地面积	17	17	0	中势
人均牧草地面积	24	24	0	劣势
主要能源矿产基础储量	6	6	0	优势
人均主要能源矿产基础储量	14	16	-2	中势
人均森林储积量	24	24	0	劣势
3.2　环境竞争力	14	14	0	中势
森林覆盖率	20	20	0	中势
人均废水排放量	12	15	-3	中势
人均工业废气排放量	15	16	-1	中势
人均工业固体废物排放量	13	12	1	中势
人均治理工业污染投资额	21	26	-5	劣势
一般工业固体废物综合利用率	10	11	-1	中势
生活垃圾无害化处理率	15	19	-4	中势
自然灾害直接经济损失	12	6	6	优势

续表

指　标	2011 年	2012 年	排位升降	优劣势
3.3　人力资源竞争力	8	7	1	优势
人口自然增长率	17	16	1	中势
15~64 岁人口比例	29	27	2	劣势
文盲率	20	21	−1	劣势
大专以上教育程度人口比例	26	27	−1	劣势
平均受教育程度	20	20	0	中势
人口健康素质	22	22	0	劣势
人力资源利用率	2	2	0	强势
职业学校毕业生数	1	1	0	强势

4. 河南省财政金融竞争力指标排名变化情况

表 16 - 8　2011~2012 年河南省财政金融竞争力指标组排位及变化趋势表

指　标	2011 年	2012 年	排位升降	优劣势
4　财政金融竞争力	27	25	2	劣势
4.1　财政竞争力	30	27	3	劣势
地方财政收入	10	10	0	优势
地方财政支出	5	5	0	优势
地方财政收入占 GDP 比重	31	31	0	劣势
地方财政支出占 GDP 比重	25	23	2	劣势
税收收入占 GDP 比重	30	31	−1	劣势
税收收入占财政总收入比重	16	17	−1	中势
人均地方财政收入	29	30	−1	劣势
人均地方财政支出	31	31	0	劣势
人均税收收入	30	30	0	劣势
地方财政收入增速	27	16	11	中势
地方财政支出增速	20	13	7	中势
税收收入增速	26	20	6	中势
4.2　金融竞争力	14	14	0	中势
存款余额	10	10	0	优势
人均存款余额	30	30	0	劣势
贷款余额	11	11	0	中势
人均贷款余额	30	31	−1	劣势
货币市场融资额	8	17	−9	中势
中长期贷款占贷款余额比重	29	29	0	劣势
保险费净收入	3	4	−1	优势
保险密度	15	19	−4	中势
保险深度	5	7	−2	优势
人均证券市场筹资额	26	23	3	劣势

5. 河南省知识经济竞争力指标排名变化情况

表 16 – 9　2011～2012 年河南省知识经济竞争力指标组排位及变化趋势表

指　　标	2011 年	2012 年	排位升降	优劣势
5　知识经济竞争力	8	9	−1	优势
5.1　科技竞争力	13	14	−1	中势
R&D 人员	9	8	1	优势
R&D 经费	11	11	0	中势
R&D 经费投入强度	18	19	−1	中势
高技术产业规模以上企业产值	12	10	2	优势
高技术产业规模以上企业产值占 GDP 比重	19	16	3	中势
高技术产品出口额	12	6	6	优势
发明专利申请授权量	13	13	0	中势
技术市场成交合同金额	16	20	−4	中势
5.2　教育竞争力	6	6	0	优势
教育经费	5	5	0	优势
教育经费占 GDP 比重	17	17	0	中势
人均教育经费	31	28	3	劣势
公共教育经费占财政支出比重	4	4	0	优势
人均文化教育支出占个人消费支出比重	19	24	−5	劣势
万人中小学学校数	5	3	2	强势
万人中小学专任教师数	8	8	0	优势
高等学校数	6	6	0	优势
高校专任教师数	4	4	0	优势
万人高等学校在校学生数	25	25	0	劣势
5.3　文化竞争力	13	13	0	中势
文化产业增加值	7	7	0	优势
图书和期刊出版数	12	11	1	中势
报纸出版数	5	5	0	优势
出版印刷工业销售产值	10	12	−2	中势
城镇居民人均文化娱乐支出	21	18	3	中势
农村居民人均文化娱乐支出	23	21	2	劣势
城镇居民人均文化娱乐支出占消费性支出比重	19	18	1	中势
农村居民人均文化娱乐支出占消费性支出比重	24	23	1	劣势

6. 河南省发展环境竞争力指标排名变化情况

表 16 – 10   2011～2012 年河南省发展环境竞争力指标组排位及变化趋势表

指　标		2011 年	2012 年	排位升降	优劣势
6	**发展环境竞争力**	8	12	-4	中势
6.1	基础设施竞争力	10	10	0	优势
	铁路网线密度	7	6	1	优势
	公路网线密度	1	3	-2	强势
	人均内河航道里程	23	23	0	劣势
	全社会旅客周转量	2	2	0	强势
	全社会货物周转量	7	7	0	优势
	人均邮电业务总量	28	29	-1	劣势
	万户移动电话数	24	22	2	劣势
	万户上网用户数	26	28	-2	劣势
	人均耗电量	17	18	-1	中势
6.2	软环境竞争力	11	26	-15	劣势
	外资企业数增长率	13	16	-3	中势
	万人外资企业数	20	19	1	中势
	个体私营企业数增长率	3	26	-23	劣势
	万人个体私营企业数	11	11	0	中势
	万人商标注册件数	19	20	-1	中势
	查处商标侵权假冒案件	25	28	-3	劣势
	每十万人交通事故发生数	3	3	0	强势
	罚没收入占财政收入比重	26	27	-1	劣势
	食品安全事故数	8	23	-15	劣势

7. 河南省政府作用竞争力指标排名变化情况

表 16 – 11   2011～2012 年河南省政府作用竞争力指标组排位及变化趋势表

指　标		2011 年	2012 年	排位升降	优劣势
7	**政府作用竞争力**	18	17	1	中势
7.1	政府发展经济竞争力	12	9	3	优势
	财政支出用于基本建设投资比重	26	28	-2	劣势
	财政支出对 GDP 增长的拉动	7	9	-2	优势
	政府公务员对经济的贡献	21	20	1	中势
	政府消费对民间消费的拉动	13	13	0	中势
	财政投资对社会投资的拉动	5	3	2	强势
7.2	政府规调经济竞争力	19	20	-1	中势
	物价调控	20	10	10	优势
	调控城乡消费差距	20	19	1	中势
	统筹经济社会发展	8	5	3	优势
	规范税收	25	25	0	劣势
	人口控制	18	16	2	中势

指　标	2011 年	2012 年	排位升降	优劣势
7.3　政府保障经济竞争力	25	24	1	劣势
城市城镇社区服务设施数	16	17	-1	中势
医疗保险覆盖率	29	27	2	劣势
养老保险覆盖率	24	24	0	劣势
失业保险覆盖率	20	21	-1	劣势
下岗职工再就业率	26	29	-3	劣势
城镇登记失业率	10	8	2	优势

8. 河南省发展水平竞争力指标排名变化情况

表 16 - 12　2011 ~ 2012 年河南省发展水平竞争力指标组排位及变化趋势表

指　标	2011 年	2012 年	排位升降	优劣势
8　发展水平竞争力	19	17	2	中势
8.1　工业化进程竞争力	15	11	4	中势
工业增加值占 GDP 比重	2	1	1	强势
工业增加值增长率	24	19	5	中势
高新技术产业占工业总产值比重	23	19	4	中势
工业从业人员比重	11	10	1	优势
工业从业人员增长率	19	15	4	中势
霍夫曼系数	12	11	1	中势
8.2　城市化进程竞争力	25	25	0	劣势
城镇化率	27	27	0	劣势
城镇居民人均可支配收入	20	20	0	中势
城市平均建成区面积	6	6	0	优势
人均拥有道路面积	27	27	0	劣势
人均日生活用水量	30	30	0	劣势
人均居住面积	9	7	2	优势
人均公共绿地面积	27	29	-2	劣势
8.3　市场化进程竞争力	13	11	2	中势
非公有制经济产值占全社会总产值的比重	7	7	0	优势
社会投资占投资总资金的比重	1	1	0	强势
非国有单位从业人员占城镇从业人员比重	18	19	-1	中势
亿元以上商品市场成交额	13	11	2	中势
亿元以上商品市场成交额占全社会消费品零售总额比重	20	18	2	中势
全社会消费品零售总额占工农总产值比重	25	24	1	劣势

9. 河南省统筹协调竞争力指标排名变化情况

表 16 - 13　2011 ~ 2012 年河南省统筹协调竞争力指标组排位及变化趋势表

指　　标	2011 年	2012 年	排位升降	优劣势
9　统筹协调竞争力	18	16	2	中势
9.1　统筹发展竞争力	17	20	- 3	中势
社会劳动生产率	25	26	- 1	劣势
社会劳动生产率增速	22	20	2	中势
万元 GDP 综合能耗	15	14	1	中势
非农用地产出率	10	10	0	优势
生产税净额和营业盈余占 GDP 比重	10	16	- 6	中势
最终消费率	22	21	1	劣势
固定资产投资额占 GDP 比重	14	13	1	中势
固定资产交付使用率	13	11	2	中势
9.2　协调发展竞争力	15	15	0	中势
环境竞争力与宏观经济竞争力比差	19	17	2	中势
资源竞争力与宏观经济竞争力比差	17	16	1	中势
人力资源竞争力与宏观经济竞争力比差	25	25	0	劣势
资源竞争力与工业竞争力比差	26	25	1	劣势
环境竞争力与工业竞争力比差	4	10	- 6	优势
城乡居民家庭人均收入比差	13	11	2	中势
城乡居民人均生活消费支出比差	20	19	1	中势
全社会消费品零售总额与外贸出口总额比差	9	11	- 2	中势

B.18

17

湖北省经济综合竞争力评价分析报告

　　湖北省简称鄂，位于长江中游，周边分别与河南省、安徽省、江西省、湖南省、重庆市、陕西省为邻。省域内多湖泊，有"千湖之省"之称。全省面积18万平方公里，2012年总人口为5779万人，地区生产总值达22250亿元，同比增长11.3%，人均GDP达38572元。本部分通过分析"十二五"中期湖北省经济综合竞争力以及各要素竞争力的排名变化，从中找出湖北省经济综合竞争力的推动点及影响因素，为进一步提升湖北省经济综合竞争力提供决策参考。

17.1　湖北省经济综合竞争力总体分析

1. 湖北省经济综合竞争力一级指标概要分析

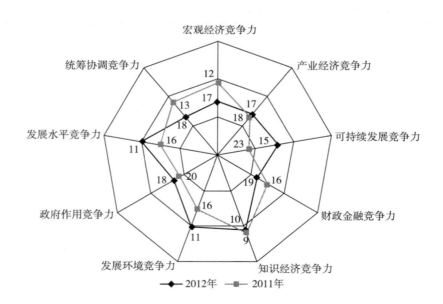

图17－1　2011～2012年湖北省经济综合竞争力二级指标比较雷达图

表 17 - 1　2011～2012 年湖北省经济综合竞争力二级指标比较表

项目 年份	宏观经济 竞 争 力	产业经济 竞 争 力	可持续发 展竞争力	财政金融 竞 争 力	知识经济 竞 争 力	发展环境 竞 争 力	政府作用 竞 争 力	发展水平 竞 争 力	统筹协调 竞 争 力	综合 排位
2011	12	18	23	16	9	16	20	16	13	13
2012	17	17	15	19	10	11	18	11	18	12
升降	- 5	1	8	- 3	- 1	5	2	5	- 5	1
优劣度	中势	中势	中势	中势	优势	中势	中势	中势	中势	中势

（1）从综合排位的变化比较看，2012 年湖北省经济综合竞争力综合排位在全国处于第 12 位，表明其在全国处于居中偏上地位；与 2011 年相比，综合排位上升了 1 位。

（2）从指标所处区位看，处于上游区的指标只有 1 个，为知识经济竞争力，没有强势指标；其余指标都处在中游区，没有劣势指标。

（3）从指标变化趋势看，9 个二级指标中，有 5 个指标处于上升趋势，为产业经济竞争力、可持续发展竞争力、发展环境竞争力、政府作用竞争力和发展水平竞争力，这些是湖北省经济综合竞争力的上升动力所在；有 4 个指标处于下降趋势，为宏观经济竞争力、财政金融竞争力、知识经济竞争力和统筹协调竞争力，这些是湖北省经济综合竞争力的下降拉力所在。

2. 湖北省经济综合竞争力各级指标动态变化分析

表 17 - 2　2011～2012 年湖北省经济综合竞争力各级指标排位变化态势比较表

二级指标	三级指标	四级 指标数	上升 指标数	上升 比重（%）	保持 指标数	保持 比重（%）	下降 指标数	下降 比重（%）	变化 趋势
宏观经济 竞 争 力	经济实力竞争力	12	2	16.7	6	50.0	4	33.3	上升
	经济结构竞争力	6	3	50.0	2	33.3	1	16.7	保持
	经济外向度竞争力	9	2	22.2	1	11.1	6	66.7	下降
	小　　计	27	7	25.9	9	33.3	11	40.7	下降
产业经济 竞 争 力	农业竞争力	12	3	25.0	4	33.3	5	41.7	保持
	工业竞争力	10	6	60.0	2	20.0	2	20.0	上升
	服务业竞争力	9	3	33.3	0	0.0	6	66.7	下降
	企业竞争力	10	3	30.0	3	30.0	4	40.0	下降
	小　　计	41	15	36.6	9	22.0	17	41.5	上升
可持续发展 竞 争 力	资源竞争力	9	1	11.1	7	77.8	1	11.1	保持
	环境竞争力	8	4	50.0	3	37.5	1	12.5	上升
	人力资源竞争力	8	3	37.5	3	37.5	2	25.0	保持
	小　　计	25	8	32.0	13	52.0	4	16.0	上升
财政金融 竞 争 力	财政竞争力	12	4	33.3	4	33.3	4	33.3	下降
	金融竞争力	10	2	20.0	6	60.0	2	20.0	保持
	小　　计	22	6	27.3	10	45.5	6	27.3	下降

续表

二级指标	三级指标	四级指标数	上升		保持		下降		变化趋势
			指标数	比重（%）	指标数	比重（%）	指标数	比重（%）	
知识经济竞争力	科技竞争力	8	2	25.0	4	50.0	2	25.0	上升
	教育竞争力	10	0	0.0	4	40.0	6	60.0	下降
	文化竞争力	8	4	50.0	2	25.0	2	25.0	保持
	小　计	26	6	23.1	10	38.5	10	38.5	下降
发展环境竞争力	基础设施竞争力	9	3	33.3	4	44.4	2	22.2	保持
	软环境竞争力	9	7	77.8	0	0.0	2	22.2	上升
	小　计	18	10	55.6	4	22.2	4	22.2	上升
政府作用竞争力	政府发展经济竞争力	5	3	60.0	1	20.0	1	20.0	下降
	政府规调经济竞争力	5	2	40.0	1	20.0	2	40.0	保持
	政府保障经济竞争力	6	4	66.7	0	0.0	2	33.3	上升
	小　计	16	9	56.3	2	12.5	5	31.3	上升
发展水平竞争力	工业化进程竞争力	6	4	66.7	0	0.0	2	33.3	上升
	城市化进程竞争力	7	2	28.6	3	42.9	2	28.6	上升
	市场化进程竞争力	6	4	66.7	0	0.0	2	33.3	上升
	小　计	19	10	52.6	3	15.8	6	31.6	上升
统筹协调竞争力	统筹发展竞争力	8	3	37.5	1	12.5	4	50.0	下降
	协调发展竞争力	8	3	37.5	0	0.0	5	62.5	下降
	小　计	16	6	37.5	1	6.3	9	56.3	下降
合　计		210	77	36.7	61	29.0	72	34.3	上升

从表 17 - 2 可以看出，210 个四级指标中，上升指标有 77 个，占指标总数的 36.7%；下降指标有 72 个，占指标总数的 34.3%；保持指标有 61 个，占指标总数的 29%。综上所述，上升的动力大于下降的拉力，使得 2011～2012 年湖北省经济综合竞争力排位上升 1 位。

3. 湖北省经济综合竞争力各级指标优劣势结构分析

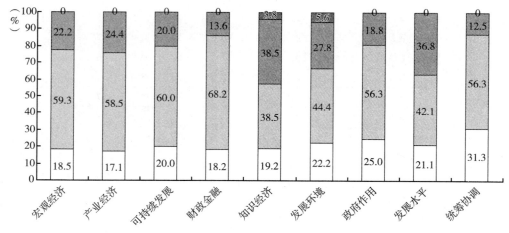

图 17 - 2　2012 年湖北省经济综合竞争力各级指标优劣势比较图

表 17 - 3   2012 年湖北省经济综合竞争力各级指标优劣势比较表

二级指标	三级指标	四级指标数	强势指标		优势指标		中势指标		劣势指标		优劣势
			个数	比重（%）	个数	比重（%）	个数	比重（%）	个数	比重（%）	
宏观经济竞争力	经济实力竞争力	12	0	0.0	3	25.0	8	66.7	1	8.3	优势
	经济结构竞争力	6	0	0.0	1	16.7	4	66.7	1	16.7	中势
	经济外向度竞争力	9	0	0.0	2	22.2	4	44.4	3	33.3	中势
	小　计	27	0	0.0	6	22.2	16	59.3	5	18.5	中势
产业经济竞争力	农业竞争力	12	0	0.0	4	33.3	7	58.3	1	8.3	优势
	工业竞争力	10	0	0.0	2	20.0	6	60.0	2	20.0	中势
	服务业竞争力	9	0	0.0	1	11.1	7	77.8	1	11.1	中势
	企业竞争力	10	0	0.0	3	30.0	4	40.0	3	30.0	劣势
	小　计	41	0	0.0	10	24.4	24	58.5	7	17.1	中势
可持续发展竞争力	资源竞争力	9	0	0.0	1	11.1	8	88.9	0	0.0	劣势
	环境竞争力	8	0	0.0	1	12.5	3	37.5	4	50.0	中势
	人力资源竞争力	8	0	0.0	3	37.5	4	50.0	1	12.5	优势
	小　计	25	0	0.0	5	20.0	15	60.0	5	20.0	中势
财政金融竞争力	财政竞争力	12	0	0.0	1	8.3	7	58.3	4	33.3	劣势
	金融竞争力	10	0	0.0	2	20.0	8	80.0	0	0.0	中势
	小　计	22	0	0.0	3	13.6	15	68.2	4	18.2	中势
知识经济竞争力	科技竞争力	8	0	0.0	4	50.0	4	50.0	0	0.0	优势
	教育竞争力	10	0	0.0	4	40.0	1	10.0	5	50.0	优势
	文化竞争力	8	1	12.5	2	25.0	5	62.5	0	0.0	优势
	小　计	26	1	3.8	10	38.5	10	38.5	5	19.2	优势
发展环境竞争力	基础设施竞争力	9	0	0.0	3	33.3	4	44.4	2	22.2	中势
	软环境竞争力	9	1	11.1	2	22.2	4	44.4	2	22.2	中势
	小　计	18	1	5.6	5	27.8	8	44.4	4	22.2	中势
政府作用竞争力	政府发展经济竞争力	5	0	0.0	2	40.0	3	60.0	0	0.0	中势
	政府规调经济竞争力	5	0	0.0	0	0.0	3	60.0	2	40.0	劣势
	政府保障经济竞争力	6	0	0.0	1	16.7	3	50.0	2	33.3	中势
	小　计	16	0	0.0	3	18.8	9	56.3	4	25.0	中势
发展水平竞争力	工业化进程竞争力	6	0	0.0	2	33.3	2	33.3	2	33.3	中势
	城市化进程竞争力	7	0	0.0	4	57.1	2	28.6	1	14.3	优势
	市场化进程竞争力	6	0	0.0	1	16.7	4	66.7	1	16.7	中势
	小　计	19	0	0.0	7	36.8	8	42.1	4	21.1	中势
统筹协调竞争力	统筹发展竞争力	8	0	0.0	1	12.5	4	50.0	3	37.5	劣势
	协调发展竞争力	8	0	0.0	1	12.5	5	62.5	2	25.0	中势
	小　计	16	0	0.0	2	12.5	9	56.3	5	31.3	中势
合　计		210	2	1.0	51	24.3	114	54.3	43	20.5	中势

　　基于图 17 - 2 和表 17 - 3，从四级指标来看，强势指标 2 个，占指标总数的 1.0%；优势指标 51 个，占指标总数的 24.3%；中势指标 114 个，占指标总数的 54.3%；劣势指

标 43 个，占指标总数的 20.5%。从三级指标来看，没有强势指标；优势指标 5 个，占三级指标总数的 20%；中势指标 15 个，占三级指标总数的 60%；劣势指标 5 个，占三级指标总数的 20%。反映到二级指标上来，没有强势指标；优势指标有 1 个，占二级指标总数的 11.1%。综合来看，由于中势指标在指标体系中居于主导地位，2011 年湖北省经济综合竞争力处于中势地位。

4. 湖北省经济综合竞争力四级指标优劣势对比分析

表 17 – 4　2012 年湖北省经济综合竞争力各级指标优劣势比较表

二级指标	优劣势	四级指标
宏观经济竞争力（27 个）	强势指标	（0 个）
	优势指标	地区生产总值、固定资产投资额、全社会消费品零售总额、贸易结构优化度、实际 FDI 增长率、对外经济合作完成营业额（6 个）
	劣势指标	人均财政收入、就业结构优化度、进出口增长率、出口增长率、外贸依存度（5 个）
产业经济竞争力（41 个）	强势指标	（0 个）
	优势指标	农业增加值、人均农业增加值、乡镇企业总产值、人均主要农产品产量、工业增加值、工业增加值增长率、服务业从业人员数、规模以上企业平均增加值、流动资金周转次数、工业企业 R&D 经费投入强度（10 个）
	劣势指标	农村人均固定资产原值、工业成本费用利润率、工业产品销售率、限额以上餐饮企业利税率、规模以上企业平均资产、规模以上企业平均利润、优等品率（7 个）
可持续发展竞争力（25 个）	强势指标	（0 个）
	优势指标	人均主要能源矿产基础储量、人均工业废气排放量、大专以上教育程度人口比例、人力资源利用率、职业学校毕业生数（5 个）
	劣势指标	人均废水排放量、人均治理工业污染投资额、生活垃圾无害化处理率、自然灾害直接经济损失、文盲率（5 个）
财政金融竞争力（22 个）	强势指标	（0 个）
	优势指标	税收收入增速、货币市场融资额、保险费净收入（3 个）
	劣势指标	地方财政收入占 GDP 比重、地方财政支出占 GDP 比重、税收收入占 GDP 比重、人均地方财政支出（4 个）

续表

二级指标	优劣势	四级指标
知识经济 竞 争 力 (26个)	强势 指标	图书和期刊出版数(1个)
	优势 指标	R&D人员、R&D经费、R&D经费投入强度、技术市场成交合同金额、人均文化教育支出占个人消费支出比重、高等学校数、高校专任教师数、万人高等学校在校学生数、报纸出版数、出版印刷工业销售产值(10个)
	劣势 指标	教育经费占GDP比重、人均教育经费、公共教育经费占财政支出比重、万人中小学学校数、万人中小学专任教师数(5个)
发展环境 竞 争 力 (18个)	强势 指标	外资企业数增长率(1个)
	优势 指标	公路网线密度、人均内河航道里程、全社会旅客周转量、个体私营企业数增长率、每十万人交通事故发生数(5个)
	劣势 指标	人均邮电业务总量、人均耗电量、查处商标侵权假冒案件、罚没收入占财政收入比重(4个)
政府作用 竞 争 力 (16个)	强势 指标	(0个)
	优势 指标	财政支出对GDP增长的拉动、财政投资对社会投资的拉动、城市城镇社区服务设施数(3个)
	劣势 指标	物价调控、规范税收、下岗职工再就业率、城镇登记失业率(4个)
发展水平 竞 争 力 (19个)	强势 指标	(0个)
	优势 指标	工业增加值增长率、霍夫曼系数、城市平均建成区面积、人均拥有道路面积、人均日生活用水量、人均居住面积、全社会消费品零售总额占工农总产值比重(7个)
	劣势 指标	工业从业人员比重、工业从业人员增长率、人均公共绿地面积、亿元以上商品市场成交额占全社会消费品零售总额比重(4个)
统筹协调 竞 争 力 (16个)	强势 指标	(0个)
	优势 指标	固定资产投资额占GDP比重、全社会消费品零售总额与外贸出口总额比差(2个)
	劣势 指标	社会劳动生产率增速、生产税净额和营业盈余占GDP比重、最终消费率、人力资源竞争力与宏观经济竞争力比差、资源竞争力与工业竞争力比差(5个)

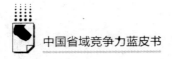
17.2　湖北省经济综合竞争力各级指标具体分析

1. 湖北省宏观经济竞争力指标排名变化情况

表 17 – 5　2011～2012 年湖北省宏观经济竞争力指标组排位及变化趋势表

指　标	2011 年	2012 年	排位升降	优劣势
1　宏观经济竞争力	12	17	− 5	中势
1.1　经济实力竞争力	11	10	1	优势
地区生产总值	10	9	1	优势
地区生产总值增长率	7	18	− 11	中势
人均地区生产总值	13	13	0	中势
财政总收入	11	11	0	中势
财政总收入增长率	21	11	10	中势
人均财政收入	19	22	− 3	劣势
固定资产投资额	9	9	0	优势
固定资产投资额增长率	7	15	− 8	中势
人均固定资产投资额	15	16	− 1	中势
全社会消费品零售总额	6	6	0	优势
全社会消费品零售总额增长率	14	14	0	中势
人均全社会消费品零售总额	12	12	0	中势
1.2　经济结构竞争力	16	16	**0**	中势
产业结构优化度	16	20	− 4	中势
所有制经济结构优化度	17	15	2	中势
城乡经济结构优化度	11	11	0	中势
就业结构优化度	22	21	1	劣势
资本形成结构优化度	18	17	1	中势
贸易结构优化度	8	8	0	优势
1.3　经济外向度竞争力	13	20	− 7	中势
进出口总额	13	17	− 4	中势
进出口增长率	14	29	− 15	劣势
出口总额	14	16	− 2	中势
出口增长率	11	28	− 17	劣势
实际 FDI	18	17	1	中势
实际 FDI 增长率	18	8	10	优势
外贸依存度	23	24	− 1	劣势
对外经济合作完成营业额	6	6	0	优势
对外直接投资	10	17	− 7	中势

2. 湖北省产业经济竞争力指标排名变化情况

表 17 - 6　2011～2012 年湖北省产业经济竞争力指标组排位及变化趋势表

指　　标	2011 年	2012 年	排位升降	优劣势
2　产业经济竞争力	18	17	1	中势
2.1　农业竞争力	16	16	0	中势
农业增加值	8	7	1	优势
农业增加值增长率	16	17	-1	中势
人均农业增加值	5	6	-1	优势
乡镇企业总产值	11	10	1	优势
农民人均纯收入	13	13	0	中势
农民人均纯收入增长率	20	18	2	中势
农产品出口占农林牧渔总产值比重	16	20	-4	中势
人均主要农产品产量	10	10	0	优势
农业劳动生产率	18	18	0	中势
农村人均固定资产原值	20	26	-6	劣势
农村人均用电量	17	17	0	中势
财政支农资金比重	11	18	-7	中势
2.2　工业竞争力	20	15	5	中势
工业增加值	9	9	0	优势
工业增加值增长率	14	4	10	优势
人均工业增加值	17	14	3	中势
工业资产总额	11	11	0	中势
工业资产总额增长率	25	17	8	中势
工业资产总贡献率	21	18	3	中势
规模以上工业利润总额	14	12	2	中势
工业全员劳动生产率	17	16	1	中势
工业成本费用利润率	20	21	-1	劣势
工业产品销售率	22	25	-3	劣势
2.3　服务业竞争力	11	12	-1	中势
服务业增加值	11	12	-1	中势
服务业增加值增长率	9	14	-5	中势
人均服务业增加值	14	16	-2	中势
服务业从业人员数	10	9	1	优势
服务业从业人员数增长率	23	19	4	中势
限额以上批零企业利税率	11	20	-9	中势
限额以上餐饮企业利税率	17	22	-5	劣势
旅游外汇收入	16	14	2	中势
房地产经营总收入	11	12	-1	中势

指　　标	2011 年	2012 年	排位升降	优劣势
2.4　企业竞争力	19	21	−2	劣势
规模以上工业企业数	12	11	1	中势
规模以上企业平均资产	18	21	−3	劣势
规模以上企业平均增加值	10	9	1	优势
流动资金周转次数	10	10	0	优势
规模以上企业平均利润	23	21	2	劣势
规模以上企业销售利税率	16	18	−2	中势
规模以上企业平均所有者权益	18	19	−1	中势
优等品率	17	24	−7	劣势
工业企业 R&D 经费投入强度	10	10	0	优势
中国驰名商标持有量	14	14	0	中势

3. 湖北省可持续发展竞争力指标排名变化情况

表 17 – 7　2011～2012 年湖北省可持续发展竞争力指标组排位及变化趋势表

指　　标	2011 年	2012 年	排位升降	优劣势
3　可持续发展竞争力	23	15	8	中势
3.1　资源竞争力	23	23	0	劣势
人均国土面积	19	19	0	中势
人均可使用海域和滩涂面积	13	13	0	中势
人均年水资源量	15	18	−3	中势
耕地面积	11	11	0	中势
人均耕地面积	19	19	0	中势
人均牧草地面积	20	20	0	中势
主要能源矿产基础储量	18	18	0	中势
人均主要能源矿产基础储量	19	10	9	优势
人均森林储积量	19	19	0	中势
3.2　环境竞争力	24	17	7	中势
森林覆盖率	17	17	0	中势
人均废水排放量	23	21	2	劣势
人均工业废气排放量	8	8	0	优势
人均工业固体废物排放量	11	11	0	中势
人均治理工业污染投资额	25	21	4	劣势
一般工业固体废物综合利用率	8	12	−4	中势
生活垃圾无害化处理率	27	26	1	劣势
自然灾害直接经济损失	28	21	7	劣势

指　　标	2011 年	2012 年	排位升降	优劣势
3.3　人力资源竞争力	9	9	0	优势
人口自然增长率	19	18	1	中势
15～64 岁人口比例	14	13	1	中势
文盲率	21	22	−1	劣势
大专以上教育程度人口比例	11	8	3	优势
平均受教育程度	12	12	0	中势
人口健康素质	18	18	0	中势
人力资源利用率	10	10	0	优势
职业学校毕业生数	6	7	−1	优势

4. 湖北省财政金融竞争力指标排名变化情况

表 17－8　2011～2012 年湖北省财政金融竞争力指标组排位及变化趋势表

指　　标	2011 年	2012 年	排位升降	优劣势
4　财政金融竞争力	16	19	−3	中势
4.1　财政竞争力	21	24	−3	劣势
地方财政收入	11	11	0	中势
地方财政支出	13	12	1	中势
地方财政收入占 GDP 比重	27	27	0	劣势
地方财政支出占 GDP 比重	23	24	−1	劣势
税收收入占 GDP 比重	29	27	2	劣势
税收收入占财政总收入比重	19	19	0	中势
人均地方财政收入	19	19	0	中势
人均地方财政支出	25	26	−1	劣势
人均税收收入	24	19	5	中势
地方财政收入增速	3	15	−12	中势
地方财政支出增速	13	17	−4	中势
税收收入增速	6	4	2	优势
4.2　金融竞争力	12	12	0	中势
存款余额	11	11	0	优势
人均存款余额	20	20	0	中势
贷款余额	12	12	0	中势
人均贷款余额	19	19	0	中势
货币市场融资额	7	6	1	优势
中长期贷款占贷款余额比重	12	11	1	中势
保险费净收入	10	10	0	优势
保险密度	16	16	0	中势
保险深度	13	15	−2	中势
人均证券市场筹资额	11	18	−7	中势

5. 湖北省知识经济竞争力指标排名变化情况

表 17 - 9   2011 ~ 2012 年湖北省知识经济竞争力指标组排位及变化趋势表

指　　标	2011 年	2012 年	排位升降	优劣势
5　知识经济竞争力	9	10	-1	优势
5.1　科技竞争力	10	9	1	优势
R&D 人员	7	7	0	优势
R&D 经费	8	8	0	优势
R&D 经费投入强度	9	9	0	优势
高技术产业规模以上企业产值	11	12	-1	中势
高技术产业规模以上企业产值占 GDP 比重	14	13	1	中势
高技术产品出口额	13	13	0	中势
发明专利申请授权量	9	12	-3	中势
技术市场成交合同金额	9	8	1	优势
5.2　教育竞争力	8	14	-6	中势
教育经费	12	13	-1	中势
教育经费占 GDP 比重	23	29	-6	劣势
人均教育经费	26	30	-4	劣势
公共教育经费占财政支出比重	26	27	-1	劣势
人均文化教育支出占个人消费支出比重	8	9	-1	优势
万人中小学学校数	22	23	-1	劣势
万人中小学专任教师数	25	25	0	劣势
高等学校数	4	4	0	优势
高校专任教师数	5	5	0	优势
万人高等学校在校学生数	5	5	0	优势
5.3　文化竞争力	7	7	0	优势
文化产业增加值	11	13	-2	中势
图书和期刊出版数	2	2	0	强势
报纸出版数	7	7	0	优势
出版印刷工业销售产值	9	10	-1	优势
城镇居民人均文化娱乐支出	15	14	1	中势
农村居民人均文化娱乐支出	17	16	1	中势
城镇居民人均文化娱乐支出占消费性支出比重	15	12	3	中势
农村居民人均文化娱乐支出占消费性支出比重	19	16	3	中势

6. 湖北省发展环境竞争力指标排名变化情况

表 17 – 10　2011 ~ 2012 年湖北省发展环境竞争力指标组排位及变化趋势表

指　　标	2011 年	2012 年	排位升降	优劣势
6　发展环境竞争力	16	11	5	中势
6.1　基础设施竞争力	12	12	0	中势
铁路网线密度	15	13	2	中势
公路网线密度	8	9	− 1	优势
人均内河航道里程	5	5	0	优势
全社会旅客周转量	9	8	1	优势
全社会货物周转量	12	12	0	中势
人均邮电业务总量	22	22	0	劣势
万户移动电话数	18	17	1	中势
万户上网用户数	14	16	− 2	中势
人均耗电量	21	21	0	劣势
6.2　软环境竞争力	27	13	14	中势
外资企业数增长率	16	2	14	强势
万人外资企业数	17	15	2	中势
个体私营企业数增长率	24	8	16	优势
万人个体私营企业数	15	14	1	中势
万人商标注册件数	15	17	− 2	中势
查处商标侵权假冒案件	26	23	3	劣势
每十万人交通事故发生数	9	10	− 1	优势
罚没收入占财政收入比重	25	22	3	劣势
食品安全事故数	23	20	3	中势

7. 湖北省政府作用竞争力指标排名变化情况

表 17 – 11　2011 ~ 2012 年湖北省政府作用竞争力指标组排位及变化趋势表

指　　标	2011 年	2012 年	排位升降	优劣势
7　政府作用竞争力	20	18	2	中势
7.1　政府发展经济竞争力	13	14	− 1	中势
财政支出用于基本建设投资比重	11	16	− 5	中势
财政支出对 GDP 增长的拉动	9	8	1	优势
政府公务员对经济的贡献	12	12	0	中势
政府消费对民间消费的拉动	18	16	2	中势
财政投资对社会投资的拉动	14	8	6	优势
7.2　政府规调经济竞争力	21	21	0	劣势
物价调控	24	23	1	劣势
调控城乡消费差距	14	15	− 1	中势
统筹经济社会发展	17	14	3	中势
规范税收	30	30	0	劣势
人口控制	13	14	− 1	中势

指　标	2011 年	2012 年	排位升降	优劣势
7.3　政府保障经济竞争力	19	16	3	中势
城市城镇社区服务设施数	6	8	−2	优势
医疗保险覆盖率	18	16	2	中势
养老保险覆盖率	13	12	1	中势
失业保险覆盖率	18	19	−1	中势
下岗职工再就业率	29	25	4	劣势
城镇登记失业率	27	26	1	劣势

8. 湖北省发展水平竞争力指标排名变化情况

表 17 – 12　2011 ~ 2012 年湖北省发展水平竞争力指标组排位及变化趋势表

指　标	2011 年	2012 年	排位升降	优劣势
8　发展水平竞争力	16	11	5	中势
8.1　工业化进程竞争力	18	15	3	中势
工业增加值占 GDP 比重	20	17	3	中势
工业增加值增长率	8	5	3	优势
高新技术产业占工业总产值比重	15	17	−2	中势
工业从业人员比重	20	21	−1	劣势
工业从业人员增长率	27	24	3	劣势
霍夫曼系数	8	6	2	优势
8.2　城市化进程竞争力	10	9	1	优势
城镇化率	13	13	0	中势
城镇居民人均可支配收入	16	17	−1	中势
城市平均建成区面积	7	8	−1	优势
人均拥有道路面积	10	10	0	优势
人均日生活用水量	5	4	1	优势
人均居住面积	6	6	0	优势
人均公共绿地面积	24	22	2	劣势
8.3　市场化进程竞争力	18	15	3	中势
非公有制经济产值占全社会总产值的比重	17	16	1	中势
社会投资占投资总资金的比重	16	15	1	中势
非国有单位从业人员占城镇从业人员比重	7	11	−4	中势
亿元以上商品市场成交额	15	14	1	中势
亿元以上商品市场成交额占全社会消费品零售总额比重	25	23	2	劣势
全社会消费品零售总额占工农总产值比重	8	10	−2	优势

9. 湖北省统筹协调竞争力指标排名变化情况

表 17 - 13　2011～2012 年湖北省统筹协调竞争力指标组排位及变化趋势表

指　标	2011 年	2012 年	排位升降	优劣势
9　统筹协调竞争力	13	18	- 5	中势
9.1　统筹发展竞争力	19	21	- 2	劣势
社会劳动生产率	21	20	1	中势
社会劳动生产率增速	29	25	4	劣势
万元 GDP 综合能耗	16	17	- 1	中势
非农用地产出率	15	15	0	中势
生产税净额和营业盈余占 GDP 比重	21	25	- 4	劣势
最终消费率	21	23	- 2	劣势
固定资产投资额占 GDP 比重	12	10	2	优势
固定资产交付使用率	8	18	- 10	中势
9.2　协调发展竞争力	12	13	- 1	中势
环境竞争力与宏观经济竞争力比差	11	15	- 4	中势
资源竞争力与宏观经济竞争力比差	22	19	3	中势
人力资源竞争力与宏观经济竞争力比差	22	24	- 2	劣势
资源竞争力与工业竞争力比差	17	21	- 4	劣势
环境竞争力与工业竞争力比差	16	15	1	中势
城乡居民家庭人均收入比差	11	12	- 1	中势
城乡居民人均生活消费支出比差	14	15	- 1	中势
全社会消费品零售总额与外贸出口总额比差	10	8	2	优势

B. 19

18

湖南省经济综合竞争力评价分析报告

　　湖南省简称湘，位于长江中下游南岸，东与江西为邻，北和湖北为界，西连重庆、贵州，南接广东、广西，是我国东南部地区腹地。全省面积 21 万平方公里，2012 年总人口为 6639 万人，地区生产总值达 22154 亿元，同比增长 11.3%，人均 GDP 达 33480 元。本部分通过分析"十二五"中期湖南省经济综合竞争力以及各要素竞争力的排名变化，从中找出湖南省经济综合竞争力的推动点及影响因素，为进一步提升湖南省经济综合竞争力提供决策参考。

18.1　湖南省经济综合竞争力总体分析

1. 湖南省经济综合竞争力一级指标概要分析

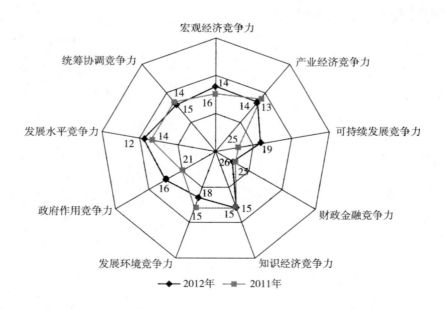

图 18 - 1　2011 ~ 2012 年湖南省经济综合竞争力二级指标比较雷达图

表 18 - 1　2011～2012 年湖南省经济综合竞争力二级指标比较表

年份 \ 项目	宏观经济竞争力	产业经济竞争力	可持续发展竞争力	财政金融竞争力	知识经济竞争力	发展环境竞争力	政府作用竞争力	发展水平竞争力	统筹协调竞争力	综合排位
2011	16	13	25	25	15	15	21	14	14	16
2012	14	14	19	26	15	18	16	12	15	14
升降	2	-1	6	-1	0	-3	5	2	-1	2
优劣度	中势	中势	中势	劣势	中势	中势	中势	中势	中势	中势

（1）从综合排位的变化比较看，2012 年湖南省经济综合竞争力综合排位在全国处于第 14 位，表明其在全国处于居中偏上地位；与 2011 年相比，综合排位上升了 2 位。

（2）从指标所处区位看，没有处于上游区的指标，只有财政金融竞争力 1 个指标处于下游区，其他指标都处于中游区。

（3）从指标变化趋势看，9 个二级指标中，有 4 个指标处于上升趋势，为宏观经济竞争力、可持续发展竞争力、政府作用竞争力和发展水平竞争力，这些是湖南省经济综合竞争力的上升动力所在；有 1 个指标排位没有发生变化，为知识经济竞争力；有 4 个指标处于下降趋势，为产业经济竞争力、财政金融竞争力、发展环境竞争力和统筹协调竞争力，这些是湖南省经济综合竞争力的下降拉力所在。

2. 湖南省经济综合竞争力各级指标动态变化分析

表 18 - 2　2011～2012 年湖南省经济综合竞争力各级指标排位变化态势比较表

二级指标	三级指标	四级指标数	上升		保持		下降		变化趋势
			指标数	比重（%）	指标数	比重（%）	指标数	比重（%）	
宏观经济竞争力	经济实力竞争力	12	4	33.3	3	25.0	5	41.7	上升
	经济结构竞争力	6	0	0.0	3	50.0	3	50.0	保持
	经济外向度竞争力	9	6	66.7	3	33.3	0	0.0	上升
	小　　计	27	10	37.0	9	33.3	8	29.6	上升
产业经济竞争力	农业竞争力	12	1	8.3	7	58.3	4	33.3	下降
	工业竞争力	10	2	20.0	3	30.0	5	50.0	下降
	服务业竞争力	9	4	44.4	3	33.3	2	22.2	上升
	企业竞争力	10	4	40.0	3	30.0	3	30.0	上升
	小　　计	41	11	26.8	16	39.0	14	34.1	下降
可持续发展竞争力	资源竞争力	9	1	11.1	7	77.8	1	11.1	保持
	环境竞争力	8	4	50.0	2	25.0	2	25.0	上升
	人力资源竞争力	8	2	25.0	1	12.5	5	62.5	下降
	小　　计	25	7	28.0	10	40.0	8	32.0	上升
财政金融竞争力	财政竞争力	12	4	33.3	2	16.7	6	50.0	下降
	金融竞争力	10	1	10.0	6	60.0	3	30.0	下降
	小　　计	22	5	22.7	8	36.4	9	40.9	下降

续表

二级指标	三级指标	四级指标数	上升		保持		下降		变化趋势
			指标数	比重（%）	指标数	比重（%）	指标数	比重（%）	
知识经济竞争力	科技竞争力	8	4	50.0	3	37.5	1	12.5	下降
	教育竞争力	10	2	20.0	4	40.0	4	40.0	保持
	文化竞争力	8	5	62.5	2	25.0	1	12.5	上升
	小　计	26	11	42.3	9	34.6	6	23.1	保持
发展环境竞争力	基础设施竞争力	9	2	22.2	5	55.6	2	22.2	下降
	软环境竞争力	9	4	44.4	1	11.1	4	44.4	下降
	小　计	18	6	33.3	6	33.3	6	33.3	下降
政府作用竞争力	政府发展经济竞争力	5	2	40.0	2	40.0	1	20.0	下降
	政府规调经济竞争力	5	3	60.0	1	20.0	1	20.0	上升
	政府保障经济竞争力	6	3	50.0	2	33.3	1	16.7	保持
	小　计	16	8	50.0	5	31.3	3	18.8	上升
发展水平竞争力	工业化进程竞争力	6	4	66.7	0	0.0	2	33.3	保持
	城市化进程竞争力	7	2	28.6	2	28.6	3	42.9	上升
	市场化进程竞争力	6	3	50.0	0	0.0	3	50.0	下降
	小　计	19	9	47.4	2	10.5	8	42.1	上升
统筹协调竞争力	统筹发展竞争力	8	2	25.0	5	62.5	1	12.5	上升
	协调发展竞争力	8	5	62.5	1	12.5	2	25.0	下降
	小　计	16	7	43.8	6	37.5	3	18.8	下降
合　计		210	74	35.2	71	33.8	65	31.0	上升

从表 18-2 可以看出，210 个四级指标中，上升指标有 74 个，占指标总数的 35.2%；下降指标有 65 个，占指标总数的 31%；保持指标有 71 个，占指标总数的 33.8%。综上所述，上升的动力大于下降的拉力，使得 2011~2012 年湖南省经济综合竞争力排位上升了两位，在全国排名第 14 位。

3. 湖南省经济综合竞争力各级指标优劣势结构分析

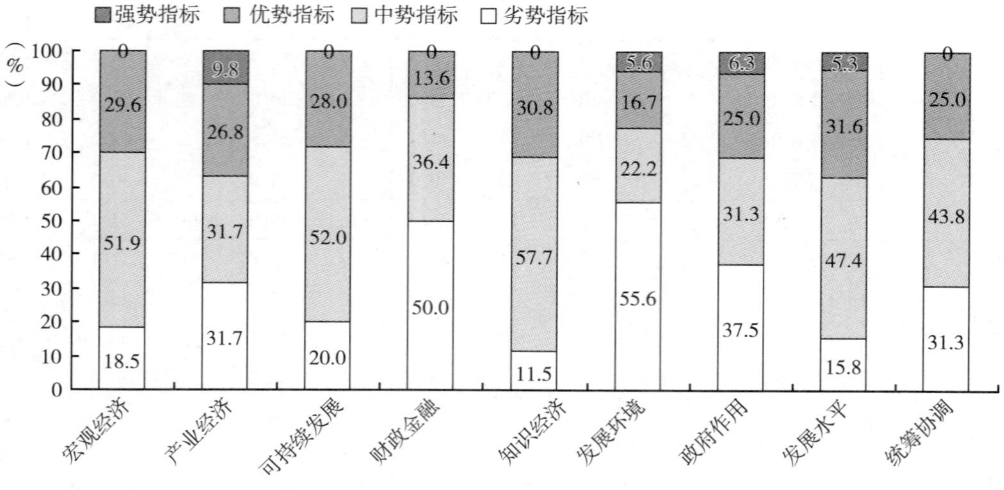

图 18-2　2012 年湖南省经济综合竞争力各级指标优劣势比较图

表 18-3　2012 年湖南省经济综合竞争力各级指标优劣势比较表

二级指标	三级指标	四级指标数	强势指标		优势指标		中势指标		劣势指标		优劣势
			个数	比重(%)	个数	比重(%)	个数	比重(%)	个数	比重(%)	
宏观经济竞争力	经济实力竞争力	12	0	0.0	4	33.3	5	41.7	3	25.0	中势
	经济结构竞争力	6	0	0.0	1	16.7	5	83.3	0	0.0	中势
	经济外向度竞争力	9	0	0.0	3	33.3	4	44.4	2	22.2	中势
	小　计	27	0	0.0	8	29.6	14	51.9	5	18.5	中势
产业经济竞争力	农业竞争力	12	0	0.0	2	16.7	4	33.3	6	50.0	劣势
	工业竞争力	10	1	10.0	3	30.0	4	40.0	2	20.0	中势
	服务业竞争力	9	1	11.1	3	33.3	3	33.3	2	22.2	优势
	企业竞争力	10	2	20.0	3	30.0	2	20.0	3	30.0	优势
	小　计	41	4	9.8	11	26.8	13	31.7	13	31.7	中势
可持续发展竞争力	资源竞争力	9	0	0.0	1	11.1	6	66.7	2	22.2	劣势
	环境竞争力	8	0	0.0	4	50.0	3	37.5	1	12.5	优势
	人力资源竞争力	8	0	0.0	2	25.0	4	50.0	2	25.0	中势
	小　计	25	0	0.0	7	28.0	13	52.0	5	20.0	中势
财政金融竞争力	财政竞争力	12	0	0.0	2	16.7	3	25.0	7	58.3	劣势
	金融竞争力	10	0	0.0	1	10.0	5	50.0	4	40.0	中势
	小　计	22	0	0.0	3	13.6	8	36.4	11	50.0	劣势
知识经济竞争力	科技竞争力	8	0	0.0	1	12.5	7	87.5	0	0.0	中势
	教育竞争力	10	0	0.0	4	40.0	3	30.0	3	30.0	中势
	文化竞争力	8	0	0.0	3	37.5	5	62.5	0	0.0	优势
	小　计	26	0	0.0	8	30.8	15	57.7	3	11.5	中势
发展环境竞争力	基础设施竞争力	9	1	11.1	2	22.2	2	22.2	4	44.4	中势
	软环境竞争力	9	0	0.0	1	11.1	2	22.2	6	66.7	劣势
	小　计	18	1	5.6	3	16.7	4	22.2	10	55.6	中势
政府作用竞争力	政府发展经济竞争力	5	0	0.0	2	40.0	3	60.0	0	0.0	中势
	政府规调经济竞争力	5	1	20.0	1	20.0	1	20.0	2	40.0	劣势
	政府保障经济竞争力	6	0	0.0	1	16.7	1	16.7	4	66.7	劣势
	小　计	16	1	6.3	4	25.0	5	31.3	6	37.5	中势
发展水平竞争力	工业化进程竞争力	6	0	0.0	2	33.3	3	50.0	1	16.7	中势
	城市化进程竞争力	7	1	14.3	1	14.3	3	42.9	2	28.6	中势
	市场化进程竞争力	6	0	0.0	3	50.0	3	50.0	0	0.0	中势
	小　计	19	1	5.3	6	31.6	9	47.4	3	15.8	中势
统筹协调竞争力	统筹发展竞争力	8	0	0.0	3	37.5	4	50.0	1	12.5	优势
	协调发展竞争力	8	0	0.0	1	12.5	3	37.5	4	50.0	中势
	小　计	16	0	0.0	4	25.0	7	43.8	5	31.3	中势
合　　计		210	7	3.3	54	25.7	88	41.9	61	29.0	中势

基于图 18-2 和表 18-3，从四级指标来看，强势指标 7 个，占指标总数的 3.3%；优势指标 54 个，占指标总数的 25.7%；中势指标 88 个，占指标总数的 41.9%；劣势指

标61个，占指标总数的29%。从三级指标来看，没有强势指标；优势指标5个，占三级指标总数的20%；中势指标15个，占三级指标总数的60%；劣势指标5个，占三级指标总数的20%。反映到二级指标上来，没有强势指标和优势指标。综合来看，由于中势指标在指标体系中居于主导地位，2012年湖南省经济综合竞争力处于中势地位。

4. 湖南省经济综合竞争力四级指标优劣势对比分析

表18－4　2012年湖南省经济综合竞争力各级指标优劣势比较表

二级指标	优劣势	四级指标
宏观经济竞争力（27个）	强势指标	（0个）
	优势指标	地区生产总值、财政总收入、财政总收入增长率、全社会消费品零售总额、所有制经济结构优化度、进出口增长率、出口增长率、对外直接投资（8个）
	劣势指标	人均财政收入、人均固定资产投资额、全社会消费品零售总额增长率、进出口总额、外贸依存度（5个）
产业经济竞争力（41个）	强势指标	工业资产总贡献率、限额以上批零企业利税率、流动资金周转次数、工业企业R&D经费投入强度（4个）
	优势指标	农业增加值、人均农业增加值、工业增加值、工业增加值增长率、工业产品销售率、服务业增加值、服务业增加值增长率、服务业从业人员数、规模以上工业企业数、优等品率、中国驰名商标持有量（11个）
	劣势指标	农业增加值增长率、农民人均纯收入增长率、农产品出口占农林牧渔总产值比重、农村人均固定资产原值、农村人均用电量、财政支农资金比重、工业资产总额增长率、工业全员劳动生产率、服务业从业人员数增长率、限额以上餐饮企业利税率、规模以上企业平均资产、规模以上企业平均利润、规模以上企业平均所有者权益（13个）
可持续发展竞争力（25个）	强势指标	（0个）
	优势指标	人均年水资源量、森林覆盖率、人均工业废气排放量、人均工业固体废物排放量、生活垃圾无害化处理率、人力资源利用率、职业学校毕业生数（7个）
	劣势指标	人均耕地面积、主要能源矿产基础储量、自然灾害直接经济损失、15～64岁人口比例、大专以上教育程度人口比例（5个）
财政金融竞争力（22个）	强势指标	（0个）
	优势指标	地方财政支出、税收收入增速、中长期贷款占贷款余额比重（3个）
	劣势指标	地方财政收入占GDP比重、地方财政支出占GDP比重、税收收入占GDP比重、税收收入占财政总收入比重、人均地方财政收入、人均地方财政支出、人均税收收入、人均存款余额、人均贷款余额、保险密度、人均证券市场筹资额（11个）

续表

二级指标	优劣势	四级指标
知识经济 竞争力 (26个)	强势 指标	(0个)
	优势 指标	发明专利申请授权量、教育经费、人均文化教育支出占个人消费支出比重、高等学校数、高校专任教师数、图书和期刊出版数、出版印刷工业销售产值、城镇居民人均文化娱乐支出占消费性支出比重(8个)
	劣势 指标	人均教育经费、公共教育经费占财政支出比重、万人中小学专任教师数(3个)
发展环境 竞争力 (18个)	强势 指标	人均内河航道里程(1个)
	优势 指标	公路网线密度、全社会旅客周转量、万人个体私营企业数(3个)
	劣势 指标	人均邮电业务总量、万户移动电话数、万户上网用户数、人均耗电量、外资企业数增长率、万人外资企业数、万人商标注册件数、查处商标侵权假冒案件、罚没收入占财政收入比重、食品安全事故数(10个)
政府作用 竞争力 (16个)	强势 指标	物价调控(1个)
	优势 指标	财政支出用于基本建设投资比重、政府消费对民间消费的拉动、统筹经济社会发展、城市城镇社区服务设施数(4个)
	劣势 指标	规范税收、人口控制、医疗保险覆盖率、失业保险覆盖率、下岗职工再就业率、城镇登记失业率(6个)
发展水平 竞争力 (19个)	强势 指标	人均居住面积(1个)
	优势 指标	工业增加值增长率、霍夫曼系数、人均日生活用水量、非公有制经济产值占全社会总产值的比重、非国有单位从业人员占城镇从业人员比重、亿元以上商品市场成交额(6个)
	劣势 指标	工业从业人员增长率、城镇化率、人均公共绿地面积(3个)
统筹协调 竞争力 (16个)	强势 指标	(0个)
	优势 指标	社会劳动生产率增速、固定资产投资额占GDP比重、固定资产交付使用率、全社会消费品零售总额与外贸出口总额比差(4个)
	劣势 指标	社会劳动生产率、环境竞争力与宏观经济竞争力比差、资源竞争力与宏观经济竞争力比差、资源竞争力与工业竞争力比差、环境竞争力与工业竞争力比差(5个)

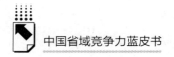

18.2 湖南省经济综合竞争力各级指标具体分析

1. 湖南省宏观经济竞争力指标排名变化情况

表 18 - 5 　 2011 ～ 2012 年湖南省宏观经济竞争力指标组排位及变化趋势表

指　　标	2011 年	2012 年	排位升降	优劣势
1　宏观经济竞争力	16	14	2	中势
1.1　经济实力竞争力	17	16	1	中势
地区生产总值	9	10	- 1	优势
地区生产总值增长率	13	17	- 4	中势
人均地区生产总值	20	20	0	中势
财政总收入	15	10	5	优势
财政总收入增长率	22	9	13	优势
人均财政收入	23	26	- 3	劣势
固定资产投资额	11	11	0	中势
固定资产投资额增长率	6	19	- 13	中势
人均固定资产投资额	24	23	1	劣势
全社会消费品零售总额	11	10	1	优势
全社会消费品零售总额增长率	16	21	- 5	劣势
人均全社会消费品零售总额	17	17	0	中势
1.2　经济结构竞争力	15	15	0	中势
产业结构优化度	14	17	- 3	中势
所有制经济结构优化度	8	9	- 1	优势
城乡经济结构优化度	17	17	0	中势
就业结构优化度	18	19	- 1	中势
资本形成结构优化度	19	19	0	中势
贸易结构优化度	14	14	0	中势
1.3　经济外向度竞争力	17	13	4	中势
进出口总额	21	21	0	劣势
进出口增长率	15	10	5	优势
出口总额	20	20	0	中势
出口增长率	18	9	9	优势
实际 FDI	14	12	2	中势
实际 FDI 增长率	16	12	4	中势
外贸依存度	28	27	1	劣势
对外经济合作完成营业额	15	15	0	中势
对外直接投资	8	7	1	优势

2. 湖南省产业经济竞争力指标排名变化情况

表 18 – 6　2011～2012 年湖南省产业经济竞争力指标组排位及变化趋势表

指　　标	2011 年	2012 年	排位升降	优劣势
2　产业经济竞争力	13	14	– 1	中势
2.1　农业竞争力	21	24	– 3	劣势
农业增加值	6	6	0	优势
农业增加值增长率	18	28	– 10	劣势
人均农业增加值	10	10	0	优势
乡镇企业总产值	12	12	0	中势
农民人均纯收入	17	17	0	中势
农民人均纯收入增长率	25	24	1	劣势
农产品出口占农林牧渔总产值比重	28	29	– 1	劣势
人均主要农产品产量	13	13	0	中势
农业劳动生产率	15	17	– 2	中势
农村人均固定资产原值	29	29	0	劣势
农村人均用电量	24	24	0	劣势
财政支农资金比重	18	21	– 3	劣势
2.2　工业竞争力	13	14	– 1	中势
工业增加值	10	10	0	优势
工业增加值增长率	10	6	4	优势
人均工业增加值	23	19	4	中势
工业资产总额	18	18	0	中势
工业资产总额增长率	8	22	– 14	劣势
工业资产总贡献率	1	1	0	强势
规模以上工业利润总额	15	16	– 1	中势
工业全员劳动生产率	19	23	– 4	劣势
工业成本费用利润率	13	17	– 4	中势
工业产品销售率	7	9	– 2	优势
2.3　服务业竞争力	13	10	3	优势
服务业增加值	10	10	0	优势
服务业增加值增长率	17	4	13	优势
人均服务业增加值	19	18	1	中势
服务业从业人员数	8	7	1	优势
服务业从业人员数增长率	11	28	– 17	劣势
限额以上批零企业利税率	4	3	1	强势
限额以上餐饮企业利税率	28	28	0	劣势
旅游外汇收入	14	16	– 2	中势
房地产经营总收入	15	15	0	中势

续表

指　标	2011 年	2012 年	排位升降	优劣势
2.4　企业竞争力	10	8	2	优势
规模以上工业企业数	8	9	−1	优势
规模以上企业平均资产	31	31	0	劣势
规模以上企业平均增加值	12	13	−1	中势
流动资金周转次数	1	2	−1	强势
规模以上企业平均利润	28	27	1	劣势
规模以上企业销售利税率	12	11	1	中势
规模以上企业平均所有者权益	31	30	1	劣势
优等品率	9	5	4	优势
工业企业 R&D 经费投入强度	2	2	0	强势
中国驰名商标持有量	10	10	0	优势

3. 湖南省可持续发展竞争力指标排名变化情况

表 18－7　2011～2012 年湖南省可持续发展竞争力指标组排位及变化趋势表

指　标	2011 年	2012 年	排位升降	优劣势
3　可持续发展竞争力	25	19	6	中势
3.1　资源竞争力	26	26	0	劣势
人均国土面积	20	20	0	中势
人均可使用海域和滩涂面积	13	13	0	中势
人均年水资源量	10	10	0	优势
耕地面积	19	19	0	中势
人均耕地面积	25	25	0	劣势
人均牧草地面积	19	19	0	中势
主要能源矿产基础储量	19	23	−4	劣势
人均主要能源矿产基础储量	20	16	4	中势
人均森林储积量	16	16	0	中势
3.2　环境竞争力	17	10	7	优势
森林覆盖率	8	8	0	优势
人均废水排放量	17	19	−2	中势
人均工业废气排放量	6	6	0	优势
人均工业固体废物排放量	9	8	1	优势
人均治理工业污染投资额	29	19	10	中势
一般工业固体废物综合利用率	13	18	−5	中势
生活垃圾无害化处理率	18	10	8	优势
自然灾害直接经济损失	30	23	7	劣势

续表

指　标	2011 年	2012 年	排位升降	优劣势
3.3　人力资源竞争力	14	15	-1	中势
人口自然增长率	8	11	-3	中势
15~64 岁人口比例	25	29	-4	劣势
文盲率	13	14	-1	中势
大专以上教育程度人口比例	24	25	-1	劣势
平均受教育程度	17	18	-1	中势
人口健康素质	20	20	0	中势
人力资源利用率	9	7	2	优势
职业学校毕业生数	9	8	1	优势

4. 湖南省财政金融竞争力指标排名变化情况

表 18 - 8　2011~2012 年湖南省财政金融竞争力指标组排位及变化趋势表

指　标	2011 年	2012 年	排位升降	优劣势
4　财政金融竞争力	25	26	-1	劣势
4.1　财政竞争力	25	28	-3	劣势
地方财政收入	12	13	-1	中势
地方财政支出	10	9	1	优势
地方财政收入占 GDP 比重	28	29	-1	劣势
地方财政支出占 GDP 比重	21	21	0	劣势
税收收入占 GDP 比重	31	30	1	劣势
税收收入占财政总收入比重	23	25	-2	劣势
人均地方财政收入	26	28	-2	劣势
人均地方财政支出	28	28	0	劣势
人均税收收入	29	28	1	劣势
地方财政收入增速	9	20	-11	中势
地方财政支出增速	10	16	-6	中势
税收收入增速	23	8	15	优势
4.2　金融竞争力	15	16	-1	中势
存款余额	15	15	0	中势
人均存款余额	28	28	0	劣势
贷款余额	15	15	0	中势
人均贷款余额	28	29	-1	劣势
货币市场融资额	11	18	-7	中势
中长期贷款占贷款余额比重	9	9	0	优势
保险费净收入	11	11	0	中势
保险密度	22	22	0	劣势
保险深度	19	20	-1	中势
人均证券市场筹资额	23	21	2	劣势

5. 湖南省知识经济竞争力指标排名变化情况

表 18 - 9　2011 ~ 2012 年湖南省知识经济竞争力指标组排位及变化趋势表

指　　标	2011 年	2012 年	排位升降	优劣势
5　知识经济竞争力	15	15	0	中势
5.1　科技竞争力	14	15	- 1	中势
R&D 人员	14	14	0	中势
R&D 经费	13	12	1	中势
R&D 经费投入强度	15	15	0	中势
高技术产业规模以上企业产值	14	13	1	中势
高技术产业规模以上企业产值占 GDP 比重	17	17	0	中势
高技术产品出口额	19	18	1	中势
发明专利申请授权量	11	8	3	优势
技术市场成交合同金额	17	19	- 2	中势
5.2　教育竞争力	16	16	0	中势
教育经费	8	9	- 1	优势
教育经费占 GDP 比重	18	18	0	中势
人均教育经费	30	29	1	劣势
公共教育经费占财政支出比重	18	21	- 3	劣势
人均文化教育支出占个人消费支出比重	13	7	6	优势
万人中小学学校数	17	17	0	中势
万人中小学专任教师数	23	24	- 1	劣势
高等学校数	5	5	0	优势
高校专任教师数	8	8	0	优势
万人高等学校在校学生数	17	20	- 3	中势
5.3　文化竞争力	10	9	1	优势
文化产业增加值	15	18	- 3	中势
图书和期刊出版数	5	5	0	优势
报纸出版数	13	12	1	中势
出版印刷工业销售产值	7	7	0	优势
城镇居民人均文化娱乐支出	13	12	1	中势
农村居民人均文化娱乐支出	16	15	1	中势
城镇居民人均文化娱乐支出占消费性支出比重	14	9	5	优势
农村居民人均文化娱乐支出占消费性支出比重	17	15	2	中势

6. 湖南省发展环境竞争力指标排名变化情况

表 18 – 10 2011 ~ 2012 年湖南省发展环境竞争力指标组排位及变化趋势表

指　　标	2011 年	2012 年	排位升降	优劣势
6　发展环境竞争力	15	18	− 3	中势
6.1　基础设施竞争力	14	15	− 1	中势
铁路网线密度	16	17	− 1	中势
公路网线密度	9	10	− 1	优势
人均内河航道里程	3	3	0	强势
全社会旅客周转量	6	6	0	优势
全社会货物周转量	15	14	1	中势
人均邮电业务总量	27	27	0	劣势
万户移动电话数	29	28	1	劣势
万户上网用户数	23	23	0	劣势
人均耗电量	29	29	0	劣势
6.2　软环境竞争力	17	24	− 7	劣势
外资企业数增长率	20	21	− 1	劣势
万人外资企业数	29	27	2	劣势
个体私营企业数增长率	2	20	− 18	中势
万人个体私营企业数	10	10	0	优势
万人商标注册件数	24	23	1	劣势
查处商标侵权假冒案件	23	21	2	劣势
每十万人交通事故发生数	11	13	− 2	中势
罚没收入占财政收入比重	29	25	4	劣势
食品安全事故数	20	25	− 5	劣势

7. 湖南省政府作用竞争力指标排名变化情况

表 18 – 11 2011 ~ 2012 年湖南省政府作用竞争力指标组排位及变化趋势表

指　　标	2011 年	2012 年	排位升降	优劣势
7　政府作用竞争力	21	16	5	中势
7.1　政府发展经济竞争力	11	13	− 2	中势
财政支出用于基本建设投资比重	12	10	2	优势
财政支出对 GDP 增长的拉动	11	11	0	中势
政府公务员对经济的贡献	19	19	0	中势
政府消费对民间消费的拉动	6	5	1	优势
财政投资对社会投资的拉动	17	20	− 3	中势
7.2　政府规调经济竞争力	23	13	10	中势
物价调控	17	1	16	强势
调控城乡消费差距	13	12	1	中势
统筹经济社会发展	16	10	6	优势
规范税收	29	29	0	劣势
人口控制	24	26	− 2	劣势

续表

指　　标	2011 年	2012 年	排位升降	优劣势
7.3　政府保障经济竞争力	23	23	0	劣势
城市城镇社区服务设施数	7	7	0	优势
医疗保险覆盖率	22	22	0	劣势
养老保险覆盖率	17	16	1	中势
失业保险覆盖率	25	23	2	劣势
下岗职工再就业率	25	28	-3	劣势
城镇登记失业率	31	30	1	劣势

8. 湖南省发展水平竞争力指标排名变化情况

表 18 - 12　2011~2012 年湖南省发展水平竞争力指标组排位及变化趋势表

指　　标	2011 年	2012 年	排位升降	优劣势
8　发展水平竞争力	14	12	2	中势
8.1　工业化进程竞争力	17	17	0	中势
工业增加值占 GDP 比重	23	20	3	中势
工业增加值增长率	3	9	-6	优势
高新技术产业占工业总产值比重	19	16	3	中势
工业从业人员比重	19	15	4	中势
工业从业人员增长率	10	21	-11	劣势
霍夫曼系数	13	7	6	优势
8.2　城市化进程竞争力	16	14	2	中势
城镇化率	22	22	0	劣势
城镇居民人均可支配收入	13	12	1	中势
城市平均建成区面积	12	12	0	中势
人均拥有道路面积	15	17	-2	中势
人均日生活用水量	7	6	1	优势
人均居住面积	1	3	-2	强势
人均公共绿地面积	28	30	-2	劣势
8.3　市场化进程竞争力	10	12	-2	中势
非公有制经济产值占全社会总产值的比重	9	10	-1	优势
社会投资占投资总资金的比重	14	16	-2	中势
非国有单位从业人员占城镇从业人员比重	4	8	-4	优势
亿元以上商品市场成交额	11	10	1	优势
亿元以上商品市场成交额占全社会消费品零售总额比重	14	13	1	中势
全社会消费品零售总额占工农总产值比重	14	11	3	中势

9. 湖南省统筹协调竞争力指标排名变化情况

表 18 – 13　2011～2012 年湖南省统筹协调竞争力指标组排位及变化趋势表

指　　标	2011 年	2012 年	排位升降	优劣势
9　统筹协调竞争力	14	15	−1	中势
9.1　统筹发展竞争力	14	10	4	优势
社会劳动生产率	22	22	0	劣势
社会劳动生产率增速	7	7	0	优势
万元 GDP 综合能耗	14	15	−1	中势
非农用地产出率	13	13	0	中势
生产税净额和营业盈余占 GDP 比重	22	12	10	中势
最终消费率	19	19	0	中势
固定资产投资额占 GDP 比重	9	9	0	优势
固定资产交付使用率	18	8	10	优势
9.2　协调发展竞争力	14	17	−3	中势
环境竞争力与宏观经济竞争力比差	14	24	−10	劣势
资源竞争力与宏观经济竞争力比差	23	21	2	劣势
人力资源竞争力与宏观经济竞争力比差	20	19	1	中势
资源竞争力与工业竞争力比差	24	22	2	劣势
环境竞争力与工业竞争力比差	11	21	−10	劣势
城乡居民家庭人均收入比差	17	14	3	中势
城乡居民人均生活消费支出比差	13	12	1	中势
全社会消费品零售总额与外贸出口总额比差	5	5	0	优势

B.20

19

广东省经济综合竞争力评价分析报告

　　广东省简称粤，北接湖南省、江西省，东连福建省，西邻广西壮族自治区，南与香港、澳门接壤，隔琼州海峡与海南省相望。全省土地总面积 17.8 万平方公里，2012 年总人口为 10594 万人，地区生产总值达 57068 亿元，同比增长 8.2%，人均 GDP 达 54095元。本部分通过分析"十二五"中期广东省经济综合竞争力以及各要素竞争力的排名变化，从中找出广东省经济综合竞争力的推动点及影响因素，为进一步提升广东省经济综合竞争力提供决策参考。

19.1　广东省经济综合竞争力总体分析

1. 广东省经济综合竞争力一级指标概要分析

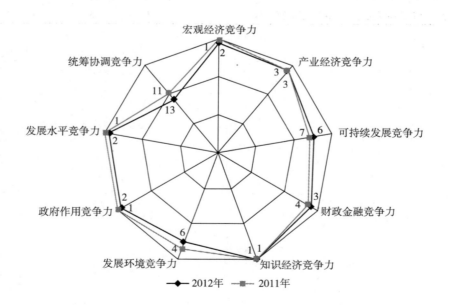

图 19 - 1　2011~2012 年广东省经济综合竞争力二级指标比较雷达图

表 19 – 1　2011～2012 年广东省经济综合竞争力二级指标比较表

年份 \ 项目	宏观经济竞争力	产业经济竞争力	可持续发展竞争力	财政金融竞争力	知识经济竞争力	发展环境竞争力	政府作用竞争力	发展水平竞争力	统筹协调竞争力	综合排位
2011	1	3	7	4	1	4	1	1	11	1
2012	2	3	6	3	1	6	2	2	13	2
升降	–1	0	1	1	0	–2	–1	–1	–2	–1
优劣度	强势	强势	优势	强势	强势	优势	强势	强势	中势	强势

（1）从综合排位的变化比较看，2012 年广东省经济综合竞争力综合排位在全国处于第 2 位，表明其在全国处于强势地位；与 2011 年相比，综合排位下降了 1 位。

（2）从指标所处区位看，处于上游区的指标有 8 个，为宏观经济竞争力、产业经济竞争力、可持续发展竞争力、财政金融竞争力、知识经济竞争力、发展环境竞争力、政府作用竞争力和发展水平竞争力。其中，宏观经济竞争力、产业经济竞争力、财政金融竞争力、知识经济竞争力、政府作用竞争力和发展水平竞争力 6 个指标为强势指标。

（3）从指标变化趋势看，9 个二级指标中，有 2 个指标处于上升趋势，为可持续发展竞争力和财政金融竞争力，这些是广东省经济综合竞争力的上升动力所在；有 2 个指标排位没有发生变化，为产业经济竞争力和知识经济竞争力；有 5 个指标处于下降趋势，为宏观经济竞争力、发展环境竞争力、政府作用竞争力、发展水平竞争力和统筹协调竞争力，这些是广东省经济综合竞争力的下降拉力所在。

2. 广东省经济综合竞争力各级指标动态变化分析

表 19 – 2　2011～2012 年广东省经济综合竞争力各级指标排位变化态势比较表

二级指标	三级指标	四级指标数	上升 指标数	上升 比重（%）	保持 指标数	保持 比重（%）	下降 指标数	下降 比重（%）	变化趋势
宏观经济竞争力	经济实力竞争力	12	0	0.0	6	50.0	6	50.0	下降
	经济结构竞争力	6	1	16.7	4	66.7	1	16.7	下降
	经济外向度竞争力	9	4	44.4	5	55.6	0	0.0	保持
	小计	27	5	18.5	15	55.6	7	25.9	下降
产业经济竞争力	农业竞争力	12	0	0.0	7	58.3	5	41.7	下降
	工业竞争力	10	3	30.0	5	50.0	2	20.0	上升
	服务业竞争力	9	1	11.1	6	66.7	2	22.2	保持
	企业竞争力	10	2	20.0	6	60.0	2	20.0	下降
	小计	41	6	14.6	24	58.5	11	26.8	保持
可持续发展竞争力	资源竞争力	9	2	22.2	7	77.8	0	0.0	保持
	环境竞争力	8	1	12.5	1	12.5	6	75.0	下降
	人力资源竞争力	8	3	37.5	2	25.0	3	37.5	下降
	小计	25	6	24.0	10	40.0	9	36.0	上升
财政金融竞争力	财政竞争力	12	4	33.3	5	41.7	3	25.0	上升
	金融竞争力	10	1	10.0	6	60.0	3	30.0	保持
	小计	22	5	22.7	11	50.0	6	27.3	上升

续表

二级指标	三级指标	四级指标数	上升		保持		下降		变化趋势
			指标数	比重(%)	指标数	比重(%)	指标数	比重(%)	
知识经济竞争力	科技竞争力	8	1	12.5	7	87.5	0	0.0	保持
	教育竞争力	10	4	40.0	5	50.0	1	10.0	保持
	文化竞争力	8	3	37.5	4	50.0	1	12.5	保持
	小　计	26	8	30.8	16	61.5	2	7.7	保持
发展环境竞争力	基础设施竞争力	9	1	11.1	7	77.8	1	11.1	保持
	软环境竞争力	9	0	0.0	3	33.3	6	66.7	下降
	小　计	18	1	5.6	10	55.6	7	38.9	下降
政府作用竞争力	政府发展经济竞争力	5	4	80.0	0	0.0	1	20.0	保持
	政府规调经济竞争力	5	1	20.0	1	20.0	3	60.0	下降
	政府保障经济竞争力	6	2	33.3	3	50.0	1	16.7	保持
	小　计	16	7	43.8	4	25.0	5	31.3	下降
发展水平竞争力	工业化进程竞争力	6	2	33.3	3	50.0	1	16.7	保持
	城市化进程竞争力	7	4	57.1	2	28.6	1	14.3	保持
	市场化进程竞争力	6	3	50.0	1	16.7	2	33.3	下降
	小　计	19	9	47.4	6	31.6	4	21.1	下降
统筹协调竞争力	统筹发展竞争力	8	3	37.5	3	37.5	2	25.0	保持
	协调发展竞争力	8	1	12.5	3	37.5	4	50.0	上升
	小　计	16	4	25.0	6	37.5	6	37.5	下降
合　　计		210	51	24.3	102	48.5	57	27.2	下降

　　从表 19-2 可以看出，210 个四级指标中，上升指标有 51 个，占指标总数的 24.3%；下降指标有 57 个，占指标总数的 27.2%；保持指标有 102 个，占指标总数的 48.5%。综上所述，下降的拉力大于上升的动力，使得 2011~2012 年广东省经济综合竞争力排位下降了 1 位。

3. 广东省经济综合竞争力各级指标优劣势结构分析

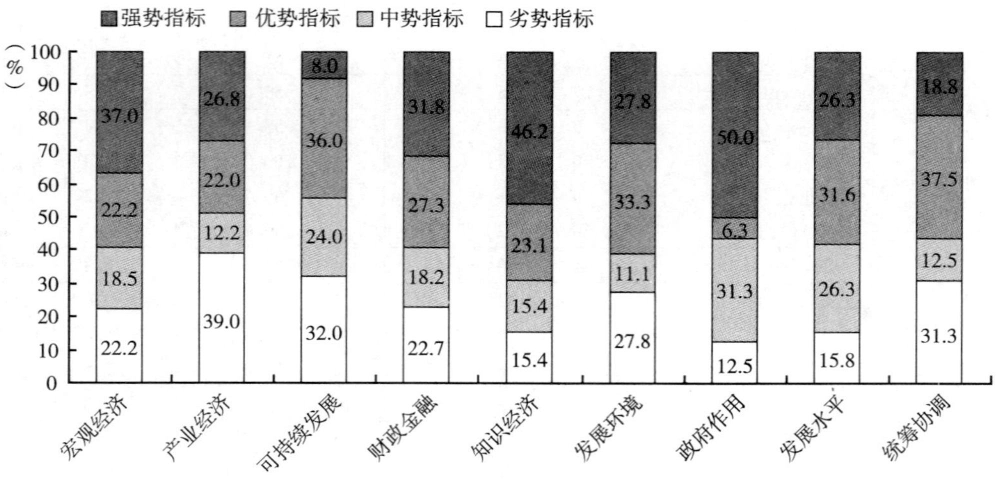

图 19-2　2012 年广东省经济综合竞争力各级指标优劣势比较图

表 19 - 3　2012 年广东省经济综合竞争力各级指标优劣势比较表

二级指标	三级指标	四级指标数	强势指标		优势指标		中势指标		劣势指标		优劣势
			个数	比重（%）	个数	比重（%）	个数	比重（%）	个数	比重（%）	
宏观经济竞争力	经济实力竞争力	12	3	25.0	3	25.0	1	8.3	5	41.7	优势
	经济结构竞争力	6	1	16.7	3	50.0	2	33.3	0	0.0	优势
	经济外向度竞争力	9	6	66.7	0	0.0	2	22.2	1	11.1	强势
	小　　计	27	10	37.0	6	22.2	5	18.5	6	22.2	强势
产业经济竞争力	农业竞争力	12	0	0.0	5	41.7	1	8.3	6	50.0	中势
	工业竞争力	10	3	30.0	2	20.0	1	10.0	4	40.0	强势
	服务业竞争力	9	4	44.4	2	22.2	1	11.1	2	22.2	强势
	企业竞争力	10	4	40.0	0	0.0	2	20.0	4	40.0	强势
	小　　计	41	11	26.8	9	22.0	5	12.2	16	39.0	强势
可持续发展竞争力	资源竞争力	9	0	0.0	1	11.1	3	33.3	5	55.6	劣势
	环境竞争力	8	1	12.5	3	37.5	2	25.0	2	25.0	优势
	人力资源竞争力	8	1	12.5	5	62.5	1	12.5	1	12.5	优势
	小　　计	25	2	8.0	9	36.0	6	24.0	8	32.0	优势
财政金融竞争力	财政竞争力	12	3	25.0	3	25.0	1	8.3	5	41.7	优势
	金融竞争力	10	4	40.0	3	30.0	3	30.0	0	0.0	强势
	小　　计	22	7	31.8	6	27.3	4	18.2	5	22.7	强势
知识经济竞争力	科技竞争力	8	6	75.0	2	25.0	0	0.0	0	0.0	强势
	教育竞争力	10	3	30.0	1	10.0	3	30.0	3	30.0	强势
	文化竞争力	8	3	37.5	3	37.5	1	12.5	1	12.5	强势
	小　　计	26	12	46.2	6	23.1	4	15.4	4	15.4	强势
发展环境竞争力	基础设施竞争力	9	4	44.4	3	33.3	1	11.1	1	11.1	强势
	软环境竞争力	9	1	11.1	3	33.3	1	11.1	4	44.4	劣势
	小　　计	18	5	27.8	6	33.3	2	11.1	5	27.8	优势
政府作用竞争力	政府发展经济竞争力	5	2	40.0	1	20.0	1	20.0	1	20.0	优势
	政府规调经济竞争力	5	1	20.0	0	0.0	3	60.0	1	20.0	中势
	政府保障经济竞争力	6	5	83.3	0	0.0	1	16.7	0	0.0	强势
	小　　计	16	8	50.0	1	6.3	5	31.3	2	12.5	强势
发展水平竞争力	工业化进程竞争力	6	2	33.3	1	16.7	1	16.7	2	33.3	强势
	城市化进程竞争力	7	3	42.9	2	28.6	2	28.6	0	0.0	强势
	市场化进程竞争力	6	0	0.0	3	50.0	2	33.3	1	16.7	优势
	小　　计	19	5	26.3	6	31.6	5	26.3	3	15.8	强势
统筹协调竞争力	统筹发展竞争力	8	2	25.0	4	50.0	1	12.5	1	12.5	强势
	协调发展竞争力	8	1	12.5	2	25.0	1	12.5	4	50.0	劣势
	小　　计	16	3	18.8	6	37.5	2	12.5	5	31.3	中势
合　　　计		210	63	30.0	55	26.2	38	18.1	54	25.7	强势

基于图 19 - 2 和表 19 - 3，从四级指标来看，强势指标 63 个，占指标总数的 30%；优势指标 55 个，占指标总数的 26.2%；中势指标 38 个，占指标总数的 18.1%；劣势指

标54个，占指标总数的25.7%。从三级指标来看，强势指标13个，占三级指标总数的52%；优势指标7个，占三级指标总数的28%；中势指标2个，占三级指标总数的8%；劣势指标3个，占三级指标总数的12%。反映到二级指标上来，强势指标有6个，占二级指标总数的66.7%；优势指标有2个，占二级指标总数的22.2%。综合来看，由于强势指标和优势指标在指标体系中居于主导地位，2012年广东省经济综合竞争力处于强势地位。

4. 广东省经济综合竞争力四级指标优劣势对比分析

表19-4 2012年广东省经济综合竞争力各级指标优劣势比较表

二级指标	优劣势	四级指标
宏观经济竞争力（27个）	强势指标	地区生产总值、财政总收入、全社会消费品零售总额、贸易结构优化度、进出口总额、出口总额、实际FDI、外贸依存度、对外经济合作完成营业额、对外直接投资（10个）
	优势指标	人均地区生产总值、固定资产投资额、人均全社会消费品零售总额、产业结构优化度、所有制经济结构优化度、就业结构优化度（6个）
	劣势指标	地区生产总值增长率、财政总收入增长率、固定资产投资额增长率、人均固定资产投资额、全社会消费品零售总额增长率、实际FDI增长率（6个）
产业经济竞争力（41个）	强势指标	工业增加值、工业资产总额、规模以上工业利润总额、服务业增加值、服务业从业人员数、旅游外汇收入、房地产经营总收入、规模以上工业企业数、规模以上企业平均增加值、工业企业R&D经费投入强度、中国驰名商标持有量（11个）
	优势指标	农业增加值、乡镇企业总产值、农民人均纯收入、农产品出口占农林牧渔总产值比重、农村人均用电量、工业增加值增长率、人均工业增加值、人均服务业增加值、限额以上餐饮企业利税率（9个）
	劣势指标	农业增加值增长率、人均农业增加值、农民人均纯收入增长率、人均主要农产品产量、农村人均固定资产原值、财政支农资金比重、工业资产总额增长率、工业资产总贡献率、工业全员劳动生产率、工业成本费用利润率、服务业增加值增长率、服务业从业人员数增长率、规模以上企业平均资产、规模以上企业平均利润、规模以上企业销售利税率、规模以上企业平均所有者权益（16个）
可持续发展竞争力（25个）	强势指标	人均工业固体废物排放量、职业学校毕业生数（2个）
	优势指标	人均可使用海域和滩涂面积、森林覆盖率、人均工业废气排放量、一般工业固体废物综合利用率、人口自然增长率、15~64岁人口比例、文盲率、平均受教育程度、人口健康素质（9个）
	劣势指标	人均国土面积、人均耕地面积、人均牧草地面积、主要能源矿产基础储量、人均森林储积量、人均废水排放量、生活垃圾无害化处理率、人力资源利用率（8个）
财政金融竞争力（22个）	强势指标	地方财政收入、地方财政支出、税收收入占财政总收入比重、存款余额、贷款余额、货币市场融资额、保险费净收入（7个）
	优势指标	税收收入占GDP比重、人均地方财政收入、人均税收收入、人均存款余额、人均贷款余额、保险密度（6个）
	劣势指标	地方财政支出占GDP比重、人均地方财政支出、地方财政收入增速、地方财政支出增速、税收收入增速（5个）

续表

二级指标	优劣势	四级指标
知识经济竞争力（26个）	强势指标	R&D人员、R&D经费、高技术产业规模以上企业产值、高技术产业规模以上企业产值占GDP比重、高技术产品出口额、发明专利申请授权量、教育经费、高等学校数、高校专任教师数、文化产业增加值、报纸出版数、出版印刷工业销售产值（12个）
	优势指标	R&D经费投入强度、技术市场成交合同金额、公共教育经费占财政支出比重、图书和期刊出版数、城镇居民人均文化娱乐支出、城镇居民人均文化娱乐支出占消费性支出比重（6个）
	劣势指标	教育经费占GDP比重、万人中小学学校数、万人高等学校在校学生数、农村居民人均文化娱乐支出占消费性支出比重（4个）
发展环境竞争力（18个）	强势指标	全社会旅客周转量、人均邮电业务总量、万户移动电话数、万户上网用户数、万人外资企业数（5个）
	优势指标	人均内河航道里程、全社会货物周转量、人均耗电量、外资企业数增长率、万人个体私营企业数、万人商标注册件数（6个）
	劣势指标	铁路网线密度、个体私营企业数增长率、查处商标侵权假冒案件、每十万人交通事故发生数、食品安全事故数（5个）
政府作用竞争力（16个）	强势指标	财政支出对GDP增长的拉动、政府消费对民间消费的拉动、统筹经济社会发展、城市城镇社区服务设施数、医疗保险覆盖率、养老保险覆盖率、失业保险覆盖率、城镇登记失业率（8个）
	优势指标	政府公务员对经济的贡献（1个）
	劣势指标	财政支出用于基本建设投资比重、调控城乡消费差距（2个）
发展水平竞争力（19个）	强势指标	高新技术产业占工业总产值比重、工业从业人员比重、城市平均建成区面积、人均日生活用水量、人均公共绿地面积（5个）
	优势指标	霍夫曼系数、城镇化率、城镇居民人均可支配收入、非公有制经济产值占全社会总产值的比重、社会投资占投资总资金的比重、亿元以上商品市场成交额（6个）
	劣势指标	工业增加值增长率、工业从业人员增长率、非国有单位从业人员占城镇从业人员比重（3个）
统筹协调竞争力（16个）	强势指标	万元GDP综合能耗、固定资产投资额占GDP比重、人力资源竞争力与宏观经济竞争力比差（3个）
	优势指标	社会劳动生产率、非农用地产出率、最终消费率、固定资产交付使用率、环境竞争力与宏观经济竞争力比差、环境竞争力与工业竞争力比差（6个）
	劣势指标	社会劳动生产率增速、资源竞争力与宏观经济竞争力比差、资源竞争力与工业竞争力比差、城乡居民人均生活消费支出比差、全社会消费品零售总额与外贸出口总额比差（5个）

19.2 广东省经济综合竞争力各级指标具体分析

1. 广东省宏观经济竞争力指标排名变化情况

表 19 – 5　2011 ~ 2012 年广东省宏观经济竞争力指标组排位及变化趋势表

指　　标	2011 年	2012 年	排位升降	优劣势
1　宏观经济竞争力	1	2	− 1	强势
1.1　经济实力竞争力	1	5	− 4	优势
地区生产总值	1	1	0	强势
地区生产总值增长率	28	28	0	劣势
人均地区生产总值	7	8	− 1	优势
财政总收入	1	1	0	强势
财政总收入增长率	1	31	− 30	劣势
人均财政收入	5	17	− 12	中势
固定资产投资额	5	6	− 1	优势
固定资产投资额增长率	23	29	− 6	劣势
人均固定资产投资额	28	29	− 1	劣势
全社会消费品零售总额	1	1	0	强势
全社会消费品零售总额增长率	29	29	0	劣势
人均全社会消费品零售总额	6	6	0	优势
1.2　经济结构竞争力	3	5	− 2	优势
产业结构优化度	7	7	0	优势
所有制经济结构优化度	3	4	− 1	优势
城乡经济结构优化度	18	18	0	中势
就业结构优化度	6	6	0	优势
资本形成结构优化度	28	16	12	中势
贸易结构优化度	1	1	0	强势
1.3　经济外向度竞争力	1	1	0	强势
进出口总额	1	1	0	强势
进出口增长率	30	17	13	中势
出口总额	1	1	0	强势
出口增长率	23	19	4	中势
实际 FDI	3	3	0	强势
实际 FDI 增长率	23	22	1	劣势
外贸依存度	3	3	0	强势
对外经济合作完成营业额	1	1	0	强势
对外直接投资	4	1	3	强势

2. 广东省产业经济竞争力指标排名变化情况

表 19 – 6　2011～2012 年广东省产业经济竞争力指标组排位及变化趋势表

指　　标	2011 年	2012 年	排位升降	优劣势
2　产业经济竞争力	3	3	0	强势
2.1　农业竞争力	14	15	−1	中势
农业增加值	7	8	−1	优势
农业增加值增长率	18	25	−7	劣势
人均农业增加值	25	25	0	劣势
乡镇企业总产值	4	6	−2	优势
农民人均纯收入	6	6	0	优势
农民人均纯收入增长率	17	28	−11	劣势
农产品出口占农林牧渔总产值比重	7	7	0	优势
人均主要农产品产量	28	28	0	劣势
农业劳动生产率	13	14	−1	中势
农村人均固定资产原值	30	30	0	劣势
农村人均用电量	4	4	0	优势
财政支农资金比重	28	28	0	劣势
2.2　工业竞争力	4	3	1	强势
工业增加值	1	1	0	强势
工业增加值增长率	30	7	23	优势
人均工业增加值	7	7	0	优势
工业资产总额	2	2	0	强势
工业资产总额增长率	29	30	−1	劣势
工业资产总贡献率	19	21	−2	劣势
规模以上工业利润总额	3	3	0	强势
工业全员劳动生产率	31	31	0	劣势
工业成本费用利润率	26	25	1	劣势
工业产品销售率	18	12	6	中势
2.3　服务业竞争力	1	1	0	强势
服务业增加值	1	1	0	强势
服务业增加值增长率	24	25	−1	劣势
人均服务业增加值	6	6	0	优势
服务业从业人员数	2	2	0	强势
服务业从业人员数增长率	25	25	0	劣势
限额以上批零企业利税率	20	17	3	中势
限额以上餐饮企业利税率	5	6	−1	优势
旅游外汇收入	1	1	0	强势
房地产经营总收入	2	2	0	强势

指　标	2011 年	2012 年	排位升降	优劣势
2.4　企业竞争力	1	3	-2	强势
规模以上工业企业数	2	2	0	强势
规模以上企业平均资产	23	24	-1	劣势
规模以上企业平均增加值	3	3	0	强势
流动资金周转次数	16	15	1	中势
规模以上企业平均利润	25	25	0	劣势
规模以上企业销售利税率	29	24	5	劣势
规模以上企业平均所有者权益	26	26	0	劣势
优等品率	8	19	-11	中势
工业企业 R&D 经费投入强度	3	3	0	强势
中国驰名商标持有量	2	2	0	强势

3. 广东省可持续发展竞争力指标排名变化情况

表 19 - 7　2011 ~ 2012 年广东省可持续发展竞争力指标组排位及变化趋势表

指　标	2011 年	2012 年	排位升降	优劣势
3　可持续发展竞争力	7	6	1	优势
3.1　资源竞争力	24	24	0	劣势
人均国土面积	26	26	0	劣势
人均可使用海域和滩涂面积	6	6	0	优势
人均年水资源量	16	15	1	中势
耕地面积	20	20	0	中势
人均耕地面积	29	29	0	劣势
人均牧草地面积	23	23	0	劣势
主要能源矿产基础储量	26	26	0	劣势
人均主要能源矿产基础储量	29	14	15	中势
人均森林储积量	21	21	0	劣势
3.2　环境竞争力	6	7	-1	优势
森林覆盖率	6	6	0	优势
人均废水排放量	27	30	-3	劣势
人均工业废气排放量	4	5	-1	优势
人均工业固体废物排放量	2	3	-1	强势
人均治理工业污染投资额	26	20	6	中势
一般工业固体废物综合利用率	6	7	-1	优势
生活垃圾无害化处理率	20	24	-4	劣势
自然灾害直接经济损失	11	15	-4	中势

续表

指　标	2011 年	2012 年	排位升降	优劣势
3.3　人力资源竞争力	3	4	-1	优势
人口自然增长率	14	9	5	优势
15~64 岁人口比例	11	10	1	优势
文盲率	8	8	0	优势
大专以上教育程度人口比例	12	17	-5	中势
平均受教育程度	5	6	-1	优势
人口健康素质	6	6	0	优势
人力资源利用率	17	21	-4	劣势
职业学校毕业生数	3	2	1	强势

4. 广东省财政金融竞争力指标排名变化情况

表 19 - 8　2011~2012 年广东省财政金融竞争力指标组排位及变化趋势表

指　标	2011 年	2012 年	排位升降	优劣势
4　财政金融竞争力	4	3	1	强势
4.1　财政竞争力	7	5	2	优势
地方财政收入	1	1	0	强势
地方财政支出	1	1	0	强势
地方财政收入占 GDP 比重	14	14	0	中势
地方财政支出占 GDP 比重	28	29	-1	劣势
税收收入占 GDP 比重	11	10	1	优势
税收收入占财政总收入比重	26	2	24	强势
人均地方财政收入	8	8	0	优势
人均地方财政支出	20	21	-1	劣势
人均税收收入	7	7	0	优势
地方财政收入增速	29	27	2	劣势
地方财政支出增速	22	29	-7	劣势
税收收入增速	30	26	4	劣势
4.2　金融竞争力	3	3	0	强势
存款余额	1	1	0	强势
人均存款余额	5	5	0	优势
贷款余额	1	1	0	强势
人均贷款余额	6	6	0	优势
货币市场融资额	27	2	25	强势
中长期贷款占贷款余额比重	11	12	-1	中势
保险费净收入	1	2	-1	强势
保险密度	7	7	0	优势
保险深度	17	17	0	中势
人均证券市场筹资额	6	12	-6	中势

5. 广东省知识经济竞争力指标排名变化情况

表 19-9　2011～2012 年广东省知识经济竞争力指标组排位及变化趋势表

指标	2011 年	2012 年	排位升降	优劣势
5　知识经济竞争力	1	1	0	强势
5.1　科技竞争力	1	1	0	强势
R&D 人员	1	1	0	强势
R&D 经费	2	2	0	强势
R&D 经费投入强度	6	5	1	优势
高技术产业规模以上企业产值	1	1	0	强势
高技术产业规模以上企业产值占 GDP 比重	1	1	0	强势
高技术产品出口额	1	1	0	强势
发明专利申请授权量	1	1	0	强势
技术市场成交合同金额	4	4	0	优势
5.2　教育竞争力	3	3	0	强势
教育经费	1	1	0	强势
教育经费占 GDP 比重	27	23	4	劣势
人均教育经费	12	14	-2	中势
公共教育经费占财政支出比重	8	5	3	优势
人均文化教育支出占个人消费支出比重	15	12	3	中势
万人中小学学校数	21	21	0	劣势
万人中小学专任教师数	16	16	0	中势
高等学校数	3	2	1	强势
高校专任教师数	3	3	0	强势
万人高等学校在校学生数	21	21	0	劣势
5.3　文化竞争力	3	3	0	强势
文化产业增加值	2	1	1	强势
图书和期刊出版数	3	6	-3	优势
报纸出版数	1	1	0	强势
出版印刷工业销售产值	1	1	0	强势
城镇居民人均文化娱乐支出	5	5	0	优势
农村居民人均文化娱乐支出	14	13	1	中势
城镇居民人均文化娱乐支出占消费性支出比重	6	6	0	优势
农村居民人均文化娱乐支出占消费性支出比重	27	26	1	劣势

6. 广东省发展环境竞争力指标排名变化情况

表 19 – 10　2011～2012 年广东省发展环境竞争力指标组排位及变化趋势表

指　标	2011 年	2012 年	排位升降	优劣势
6　发展环境竞争力	4	6	-2	优势
6.1　基础设施竞争力	2	2	0	强势
铁路网线密度	21	21	0	劣势
公路网线密度	11	11	0	中势
人均内河航道里程	10	10	0	优势
全社会旅客周转量	1	1	0	强势
全社会货物周转量	10	6	4	优势
人均邮电业务总量	3	3	0	强势
万户移动电话数	1	2	-1	强势
万户上网用户数	3	3	0	强势
人均耗电量	10	10	0	优势
6.2　软环境竞争力	16	31	-15	劣势
外资企业数增长率	7	10	-3	优势
万人外资企业数	3	3	0	强势
个体私营企业数增长率	18	27	-9	劣势
万人个体私营企业数	8	9	-1	优势
万人商标注册件数	4	4	0	优势
查处商标侵权假冒案件	28	31	-3	劣势
每十万人交通事故发生数	27	27	0	劣势
罚没收入占财政收入比重	10	13	-3	中势
食品安全事故数	30	31	-1	劣势

7. 广东省政府作用竞争力指标排名变化情况

表 19 – 11　2011～2012 年广东省政府作用竞争力指标组排位及变化趋势表

指　标	2011 年	2012 年	排位升降	优劣势
7　政府作用竞争力	1	2	-1	强势
7.1　政府发展经济竞争力	5	5	0	优势
财政支出用于基本建设投资比重	27	22	5	劣势
财政支出对 GDP 增长的拉动	4	3	1	强势
政府公务员对经济的贡献	6	5	1	优势
政府消费对民间消费的拉动	2	1	1	强势
财政投资对社会投资的拉动	6	16	-10	中势
7.2　政府规调经济竞争力	9	14	-5	中势
物价调控	13	20	-7	中势
调控城乡消费差距	23	25	-2	劣势
统筹经济社会发展	2	2	0	强势
规范税收	16	13	3	中势
人口控制	14	15	-1	中势

续表

指　标	2011 年	2012 年	排位升降	优劣势
7.3　政府保障经济竞争力	1	1	0	强势
城市城镇社区服务设施数	2	1	1	强势
医疗保险覆盖率	1	1	0	强势
养老保险覆盖率	1	1	0	强势
失业保险覆盖率	2	3	−1	强势
下岗职工再就业率	21	15	6	中势
城镇登记失业率	3	3	0	强势

8. 广东省发展水平竞争力指标排名变化情况

表 19 – 12　2011～2012 年广东省发展水平竞争力指标组排位及变化趋势表

指　标	2011 年	2012 年	排位升降	优劣势
8　发展水平竞争力	1	2	−1	强势
8.1　工业化进程竞争力	1	1	0	强势
工业增加值占 GDP 比重	12	12	0	中势
工业增加值增长率	28	27	1	劣势
高新技术产业占工业总产值比重	1	1	0	强势
工业从业人员比重	5	2	3	强势
工业从业人员增长率	5	22	−17	劣势
霍夫曼系数	4	4	0	优势
8.2　城市化进程竞争力	1	1	0	强势
城镇化率	4	4	0	优势
城镇居民人均可支配收入	5	4	1	优势
城市平均建成区面积	1	1	0	强势
人均拥有道路面积	19	18	1	中势
人均日生活用水量	3	2	1	强势
人均居住面积	8	12	−4	中势
人均公共绿地面积	5	3	2	强势
8.3　市场化进程竞争力	7	8	−1	优势
非公有制经济产值占全社会总产值的比重	4	5	−1	优势
社会投资占投资总资金的比重	11	8	3	优势
非国有单位从业人员占城镇从业人员比重	23	27	−4	劣势
亿元以上商品市场成交额	5	5	0	优势
亿元以上商品市场成交额占全社会消费品零售总额比重	17	16	1	中势
全社会消费品零售总额占工农总产值比重	18	16	2	中势

9. 广东省统筹协调竞争力指标排名变化情况

表 19－13　2011～2012 年广东省统筹协调竞争力指标组排位及变化趋势表

指　标	2011 年	2012 年	排位升降	优劣势
9　统筹协调竞争力	11	13	-2	中势
9.1　统筹发展竞争力	3	3	0	强势
社会劳动生产率	7	7	0	优势
社会劳动生产率增速	25	23	2	劣势
万元 GDP 综合能耗	2	2	0	强势
非农用地产出率	4	5	-1	优势
生产税净额和营业盈余占 GDP 比重	9	15	-6	中势
最终消费率	12	10	2	优势
固定资产投资额占 GDP 比重	2	2	0	强势
固定资产交付使用率	14	9	5	优势
9.2　协调发展竞争力	30	29	1	劣势
环境竞争力与宏观经济竞争力比差	2	4	-2	优势
资源竞争力与宏观经济竞争力比差	31	31	0	劣势
人力资源竞争力与宏观经济竞争力比差	6	1	5	强势
资源竞争力与工业竞争力比差	29	29	0	劣势
环境竞争力与工业竞争力比差	6	8	-2	优势
城乡居民家庭人均收入比差	18	19	-1	中势
城乡居民人均生活消费支出比差	23	25	-2	劣势
全社会消费品零售总额与外贸出口总额比差	30	30	0	劣势

20

广西壮族自治区经济综合竞争力评价分析报告

广西壮族自治区简称桂，地处华南地区西部，北靠贵州省、湖南省，东接广东省，西连云南省并与越南交界，南濒南海。全区土地面积23.67万平方公里，北部湾海域面积12.93万平方公里，2012年总人口为4682万人，地区生产总值达13035亿元，同比增长11.3%，人均GDP达27952元。本部分通过分析"十二五"中期广西壮族自治区经济综合竞争力以及各要素竞争力的排名变化，从中找出广西壮族自治区经济综合竞争力的推动点及影响因素，为进一步提升广西壮族自治区经济综合竞争力提供决策参考。

20.1 广西壮族自治区经济综合竞争力总体分析

1. 广西壮族自治区经济综合竞争力一级指标概要分析

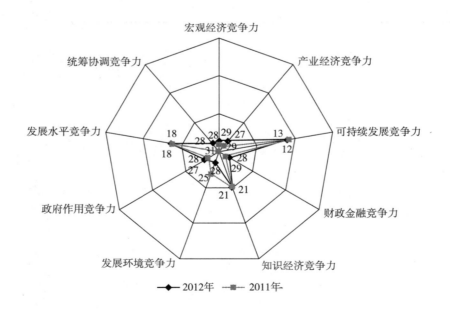

图20-1 2011~2012年广西壮族自治区经济综合竞争力
二级指标比较雷达图

表 20 – 1 2011～2012 年广西壮族自治区经济综合竞争力二级指标比较表

项目 年份	宏观经济 竞争力	产业经济 竞争力	可持续发 展竞争力	财政金融 竞争力	知识经济 竞争力	发展环境 竞争力	政府作用 竞争力	发展水平 竞争力	统筹协调 竞争力	综合 排位
2011	29	29	12	29	21	25	28	18	31	25
2012	28	27	13	28	21	28	27	18	28	25
升降	1	2	– 1	1	0	– 3	1	0	3	0
优劣度	劣势	劣势	中势	劣势	劣势	劣势	劣势	中势	劣势	劣势

（1）从综合排位的变化比较看，2012 年广西壮族自治区经济综合竞争力综合排位在全国处于第 25 位，表明其在全国处于劣势地位；与 2011 年相比，综合排位保持不变。

（2）从指标所处区位看，没有处于上游区的指标，只有可持续发展竞争力和发展水平竞争力 2 个二级指标处于中游区，其他 7 个二级指标都处于下游区。

（3）从指标变化趋势看，9 个二级指标中，有 5 个指标处于上升趋势，为宏观经济竞争力、产业经济竞争力、财政金融竞争力、政府作用竞争力和统筹协调竞争力，这些是广西壮族自治区经济综合竞争力的上升动力所在；有 2 个指标排位没有发生变化，为知识经济竞争力和发展水平竞争力；有 2 个指标处于下降趋势，为可持续发展竞争力和发展环境竞争力，这些是广西壮族自治区经济综合竞争力的下降拉力所在。

2. 广西壮族自治区经济综合竞争力各级指标动态变化分析

表 20 – 2 2011～2012 年广西壮族自治区经济综合竞争力各级指标排位变化态势比较表

二级指标	三级指标	四级 指标数	上升 指标数	上升 比重（%）	保持 指标数	保持 比重（%）	下降 指标数	下降 比重（%）	变化 趋势
宏观经济 竞争力	经济实力竞争力	12	5	41.7	5	41.7	2	16.7	上升
	经济结构竞争力	6	3	50.0	1	16.7	2	33.3	上升
	经济外向度竞争力	9	4	44.4	3	33.3	2	22.2	保持
	小　计	27	12	44.4	9	33.3	6	22.2	上升
产业经济 竞争力	农业竞争力	12	4	33.3	5	41.7	3	25.0	上升
	工业竞争力	10	3	30.0	3	30.0	4	40.0	保持
	服务业竞争力	9	1	11.1	3	33.3	5	55.6	下降
	企业竞争力	10	4	40.0	2	20.0	4	40.0	上升
	小　计	41	12	29.3	13	31.7	16	39.0	上升
可持续发展 竞争力	资源竞争力	9	3	33.3	6	66.7	0	0	上升
	环境竞争力	8	4	50.0	2	25.0	2	25.0	保持
	人力资源竞争力	8	2	25.0	3	37.5	3	37.5	下降
	小　计	25	9	36.0	11	44.0	5	20.0	下降
财政金融 竞争力	财政竞争力	12	4	33.3	2	16.7	6	50.0	上升
	金融竞争力	10	1	10.0	5	50.0	4	40.0	下降
	小　计	22	5	22.7	7	31.8	10	45.5	上升

续表

二级指标	三级指标	四级指标数	上升		保持		下降		变化趋势
			指标数	比重（%）	指标数	比重（%）	指标数	比重（%）	
知识经济竞争力	科技竞争力	8	3	37.5	3	37.5	2	25.0	保持
	教育竞争力	10	2	20.0	3	30.0	5	50.0	下降
	文化竞争力	8	3	37.5	3	37.5	2	25.0	上升
	小　计	26	8	30.8	9	34.6	9	34.6	保持
发展环境竞争力	基础设施竞争力	9	3	33.3	6	66.7	0	0.0	保持
	软环境竞争力	9	1	11.1	0	0.0	8	88.9	下降
	小　计	18	4	22.2	6	33.3	8	44.4	下降
政府作用竞争力	政府发展经济竞争力	5	2	40.0	3	60.0	0	0.0	上升
	政府规调经济竞争力	5	2	40.0	2	40.0	1	20.0	保持
	政府保障经济竞争力	6	2	33.3	1	16.7	3	50.0	下降
	小　计	16	6	37.5	6	37.5	4	25.0	上升
发展水平竞争力	工业化进程竞争力	6	3	50.0	1	16.7	2	33.3	保持
	城市化进程竞争力	7	4	57.1	2	28.6	1	14.3	上升
	市场化进程竞争力	6	1	16.7	2	33.3	3	50.0	上升
	小　计	19	8	42.1	5	26.3	6	31.6	保持
统筹协调竞争力	统筹发展竞争力	8	6	75.0	0	0.0	2	25.0	下降
	协调发展竞争力	8	3	37.5	2	25.0	3	37.5	保持
	小　计	16	9	56.3	2	12.5	5	31.3	上升
合　计		210	73	34.8	68	32.4	69	32.9	保持

　　从表 20 - 2 可以看出，210 个四级指标中，上升指标有 73 个，占指标总数的 34.8%；下降指标有 69 个，占指标总数的 32.9%；保持指标有 68 个，占指标总数的 32.4%。综上所述，上升的动力大于下降的拉力，但受其他外部因素的综合影响，2011～2012 年广西壮族自治区经济综合竞争力排位保持不变。

　　3. 广西壮族自治区经济综合竞争力各级指标优劣势结构分析

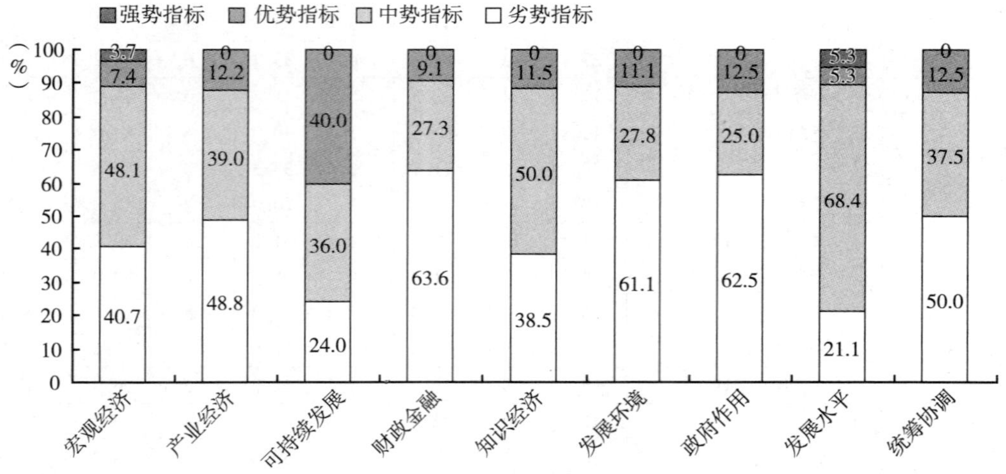

图 20 - 2　2012 年广西壮族自治区经济综合竞争力各级指标优劣势比较图

表 20 - 3　2012 年广西壮族自治区经济综合竞争力各级指标优劣势比较表

二级指标	三级指标	四级指标数	强势指标		优势指标		中势指标		劣势指标		优劣势
			个数	比重(%)	个数	比重(%)	个数	比重(%)	个数	比重(%)	
宏观经济竞争力	经济实力竞争力	12	1	8.3	0	0.0	7	58.3	4	33.3	中势
	经济结构竞争力	6	0	0.0	0	0.0	2	33.3	4	66.7	劣势
	经济外向度竞争力	9	0	0.0	2	22.2	4	44.4	3	33.3	劣势
	小　计	27	1	3.7	2	7.4	13	48.1	11	40.7	劣势
产业经济竞争力	农业竞争力	12	0	0.0	3	25.0	3	25.0	6	50.0	中势
	工业竞争力	10	0	0.0	1	10.0	4	40.0	5	50.0	劣势
	服务业竞争力	9	0	0.0	0	0.0	5	55.6	4	44.4	劣势
	企业竞争力	10	0	0.0	1	10.0	4	40.0	5	50.0	劣势
	小　计	41	0	0.0	5	12.2	16	39.0	20	48.8	劣势
可持续发展竞争力	资源竞争力	9	0	0.0	3	33.3	5	55.6	1	11.1	劣势
	环境竞争力	8	0	0.0	4	50.0	2	25.0	2	25.0	强势
	人力资源竞争力	8	0	0.0	3	37.5	2	25.0	3	37.5	中势
	小　计	25	0	0.0	10	40.0	9	36.0	6	24.0	中势
财政金融竞争力	财政竞争力	12	0	0.0	1	8.3	5	41.7	6	50.0	劣势
	金融竞争力	10	0	0.0	1	10.0	1	10.0	8	80.0	劣势
	小　计	22	0	0.0	2	9.1	6	27.3	14	63.6	劣势
知识经济竞争力	科技竞争力	8	0	0.0	0	0.0	5	62.5	3	37.5	劣势
	教育竞争力	10	0	0.0	2	20.0	5	50.0	3	30.0	劣势
	文化竞争力	8	0	0.0	1	12.5	3	37.5	4	50.0	中势
	小　计	26	0	0.0	3	11.5	13	50.0	10	38.5	劣势
发展环境竞争力	基础设施竞争力	9	0	0.0	1	11.1	2	22.2	6	66.7	劣势
	软环境竞争力	9	0	0.0	1	11.1	3	33.3	5	55.6	劣势
	小　计	18	0	0.0	2	11.1	5	27.8	11	61.1	劣势
政府作用竞争力	政府发展经济竞争力	5	0	0.0	2	40.0	3	60.0	0	0.0	中势
	政府规调经济竞争力	5	0	0.0	0	0.0	0	0.0	5	100.0	劣势
	政府保障经济竞争力	6	0	0.0	0	0.0	1	16.7	5	83.3	劣势
	小　计	16	0	0.0	2	12.5	4	25.0	10	62.5	劣势
发展水平竞争力	工业化进程竞争力	6	0	0.0	0	0.0	3	50.0	3	50.0	劣势
	城市化进程竞争力	7	1	14.3	0	0.0	5	71.4	1	14.3	中势
	市场化进程竞争力	6	0	0.0	1	16.7	5	83.3	0	0.0	中势
	小　计	19	1	5.3	1	5.3	13	68.4	4	21.1	中势
统筹协调竞争力	统筹发展竞争力	8	0	0.0	2	25.0	3	37.5	3	37.5	中势
	协调发展竞争力	8	0	0.0	0	0.0	3	37.5	5	62.5	劣势
	小　计	16	0	0.0	2	12.5	6	37.5	8	50.0	劣势
合　计		210	2	1.0	29	13.8	85	40.5	94	44.8	劣势

　　基于图 20 - 2 和表 20 - 3，从四级指标来看，强势指标 2 个，占指标总数的 1%；优势指标 29 个，占指标总数的 13.8%；中势指标 85 个，占指标总数的 40.5%；劣势指标

94 个，占指标总数的 44.8%。从三级指标来看，强势指标 1 个，占三级指标总数的 4%；优势指标 0 个；中势指标 8 个，占三级指标总数的 32%；劣势指标 16 个，占三级指标总数的 64%。反映到二级指标上来，没有强势指标和优势指标。综合来看，由于劣势指标在指标体系中居于主导地位，2012 年广西壮族自治区经济综合竞争力处于劣势地位。

4. 广西壮族自治区经济综合竞争力四级指标优劣势对比分析

表 20 – 4　2012 年广西壮族自治区经济综合竞争力各级指标优劣势比较表

二级指标	优劣势	四级指标
宏观经济 竞争力 (27 个)	强势 指标	财政总收入增长率(1 个)
	优势 指标	进出口增长率、出口增长率(2 个)
	劣势 指标	人均地区生产总值、人均财政收入、人均固定资产投资额、人均全社会消费品零售总额、产业结构优化度、城乡经济结构优化度、就业结构优化度、贸易结构优化度、实际 FDI、实际 FDI 增长率、对外直接投资(11 个)
产业经济 竞争力 (41 个)	强势 指标	(0 个)
	优势 指标	农业增加值、人均农业增加值、农民人均纯收入增长率、工业资产总贡献率、流动资金周转次数(5 个)
	劣势 指标	乡镇企业总产值、农民人均纯收入、人均主要农产品产量、农业劳动生产率、农村人均固定资产原值、农村人均用电量、人均工业增加值、工业资产总额、规模以上工业利润总额、工业全员劳动生产率、工业产品销售率、服务业增加值增长率、人均服务业增加值、服务业从业人员数增长率、房地产经营总收入、规模以上企业平均增加值、规模以上企业平均所有者权益、优等品率、工业企业 R&D 经费投入强度、中国驰名商标持有量(20 个)
可持续发展 竞争力 (25 个)	强势 指标	(0 个)
	优势 指标	人均可使用海域和滩涂面积、人均年水资源量、人均森林储积量、森林覆盖率、人均工业废气排放量、生活垃圾无害化处理率、自然灾害直接经济损失、人口自然增长率、人力资源利用率、职业学校毕业生数(10 个)
	劣势 指标	主要能源矿产基础储量、人均废水排放量、人均治理工业污染投资额、15~64 岁人口比例、大专以上教育程度人口比例、平均受教育程度(6 个)
财政金融 竞争力 (22 个)	强势 指标	(0 个)
	优势 指标	地方财政收入增速、中长期贷款占贷款余额比(2 个)
	劣势 指标	地方财政收入、地方财政收入占 GDP 比重、税收收入占 GDP 比重、人均地方财政收入、人均地方财政支出、人均税收收入、存款余额、人均存款余额、人均贷款余额、货币市场融资额、保险费净收入、保险密度、保险深度、人均证券市场筹资额(14 个)

续表

二级指标	优劣势	四级指标
知识经济 竞争力 (26个)	强势 指标	(0个)
	优势 指标	公共教育经费占财政支出比重、万人中小学学校数、图书和期刊出版数(3个)
	劣势 指标	R&D经费、R&D经费投入强度、技术市场成交合同金额、人均教育经费、高校专任教师数、万人高等学校在校学生数、文化产业增加值、报纸出版数、农村居民人均文化娱乐支出、农村居民人均文化娱乐支出占消费性支出比重(10个)
发展环境 竞争力 (18个)	强势 指标	(0个)
	优势 指标	人均内河航道里程、每十万人交通事故发生数(2个)
	劣势 指标	铁路网线密度、公路网线密度、人均邮电业务总量、万户移动电话数、万户上网用户数、人均耗电量、外资企业数增长率、万人外资企业数、万人个体私营企业数、万人商标注册件数、罚没收入占财政收入比重(11个)
政府作用 竞争力 (16个)	强势 指标	(0个)
	优势 指标	政府消费对民间消费的拉动、财政投资对社会投资的拉动(2个)
	劣势 指标	物价调控、调控城乡消费差距、统筹经济社会发展、规范税收、人口控制、城市城镇社区服务设施数、医疗保险覆盖率、养老保险覆盖率、失业保险覆盖率、下岗职工再就业率(10个)
发展水平 竞争力 (19个)	强势 指标	人均日生活用水量(1个)
	优势 指标	非国有单位从业人员占城镇从业人员比重(1个)
	劣势 指标	工业增加值占GDP比重、工业从业人员比重、工业从业人员增长率、城镇化率(4个)
统筹协调 竞争力 (16个)	强势 指标	(0个)
	优势 指标	社会劳动生产率增速、万元GDP综合能耗(2个)
	劣势 指标	社会劳动生产率、非农用地产出率、生产税净额和营业盈余占GDP比重、环境竞争力与宏观经济竞争力比差、人力资源竞争力与宏观经济竞争力比差、环境竞争力与工业竞争力比差、城乡居民家庭人均收入比差、城乡居民人均生活消费支出比差(8个)

20.2　广西壮族自治区经济综合竞争力各级指标具体分析

1. 广西壮族自治区宏观经济竞争力指标排名变化情况

表 20 – 5　2011～2012 年广西壮族自治区宏观经济竞争力指标组排位及变化趋势表

指　标	2011 年	2012 年	排位升降	优劣势
1　宏观经济竞争力	29	28	1	劣势
1.1　经济实力竞争力	29	20	9	中势
地区生产总值	18	18	0	中势
地区生产总值增长率	17	16	1	中势
人均地区生产总值	27	27	0	劣势
财政总收入	26	20	6	中势
财政总收入增长率	29	2	27	强势
人均财政收入	31	27	4	劣势
固定资产投资额	16	16	0	中势
固定资产投资额增长率	16	18	− 2	中势
人均固定资产投资额	26	27	− 1	劣势
全社会消费品零售总额	18	18	0	中势
全社会消费品零售总额增长率	13	12	1	中势
人均全社会消费品零售总额	22	22	0	劣势
1.2　经济结构竞争力	28	27	1	劣势
产业结构优化度	25	23	2	劣势
所有制经济结构优化度	16	17	− 1	中势
城乡经济结构优化度	27	27	0	劣势
就业结构优化度	28	27	1	劣势
资本形成结构优化度	10	20	− 10	中势
贸易结构优化度	30	29	1	劣势
1.3　经济外向度竞争力	26	26	0	劣势
进出口总额	18	18	0	中势
进出口增长率	12	6	6	优势
出口总额	19	18	1	中势
出口增长率	15	10	5	优势
实际 FDI	25	26	− 1	劣势
实际 FDI 增长率	20	29	− 9	劣势
外贸依存度	20	18	2	中势
对外经济合作完成营业额	20	20	0	中势
对外直接投资	26	26	0	劣势

2. 广西壮族自治区产业经济竞争力指标排名变化情况

表 20 - 6   2011 ~ 2012 年广西壮族自治区产业经济竞争力指标组排位及变化趋势表

指　标	2011 年	2012 年	排位升降	优劣势
2　产业经济竞争力	29	27	2	劣势
2.1　农业竞争力	26	20	6	中势
农业增加值	9	10	-1	优势
农业增加值增长率	13	11	2	中势
人均农业增加值	7	9	-2	优势
乡镇企业总产值	23	23	0	劣势
农民人均纯收入	25	25	0	劣势
农民人均纯收入增长率	28	7	21	优势
农产品出口占农林牧渔总产值比重	15	13	2	中势
人均主要农产品产量	21	21	0	劣势
农业劳动生产率	23	23	0	劣势
农村人均固定资产原值	24	23	1	劣势
农村人均用电量	28	28	0	劣势
财政支农资金比重	10	11	-1	中势
2.2　工业竞争力	25	25	0	劣势
工业增加值	20	20	0	中势
工业增加值增长率	13	17	-4	中势
人均工业增加值	26	26	0	劣势
工业资产总额	23	23	0	劣势
工业资产总额增长率	12	19	-7	中势
工业资产总贡献率	14	10	4	优势
规模以上工业利润总额	23	22	1	劣势
工业全员劳动生产率	21	22	-1	劣势
工业成本费用利润率	15	19	-4	中势
工业产品销售率	29	27	2	劣势
2.3　服务业竞争力	23	28	-5	劣势
服务业增加值	19	20	-1	中势
服务业增加值增长率	22	21	1	劣势
人均服务业增加值	26	26	0	劣势
服务业从业人员数	15	16	-1	中势
服务业从业人员数增长率	14	29	-15	劣势
限额以上批零企业利税率	19	19	0	中势
限额以上餐饮企业利税率	12	18	-6	中势
旅游外汇收入	13	13	0	中势
房地产经营总收入	21	22	-1	劣势

指　　　标	2011 年	2012 年	排位升降	优劣势
2.4　企业竞争力	30	28	2	劣势
规模以上工业企业数	16	17	−1	中势
规模以上企业平均资产	20	19	1	中势
规模以上企业平均增加值	21	21	0	劣势
流动资金周转次数	10	9	1	优势
规模以上企业平均利润	22	20	2	中势
规模以上企业销售利税率	13	17	−4	中势
规模以上企业平均所有者权益	22	23	−1	劣势
优等品率	26	25	1	劣势
工业企业 R&D 经费投入强度	17	22	−5	劣势
中国驰名商标持有量	23	23	0	劣势

3. 广西壮族自治区可持续发展竞争力指标排名变化情况

表 20 – 7　2011～2012 年广西壮族自治区可持续发展竞争力指标组排位及变化趋势表

指　　　标	2011 年	2012 年	排位升降	优劣势
3　可持续发展竞争力	12	13	−1	中势
3.1　资源竞争力	22	21	1	劣势
人均国土面积	12	12	0	中势
人均可使用海域和滩涂面积	10	10	0	优势
人均年水资源量	8	4	4	优势
耕地面积	14	14	0	中势
人均耕地面积	15	15	0	中势
人均牧草地面积	14	14	0	中势
主要能源矿产基础储量	22	21	1	劣势
人均主要能源矿产基础储量	26	16	10	中势
人均森林储积量	9	9	0	优势
3.2　环境竞争力	3	3	0	强势
森林覆盖率	4	4	0	优势
人均废水排放量	21	22	−1	劣势
人均工业废气排放量	7	7	0	优势
人均工业固体废物排放量	16	15	1	中势
人均治理工业污染投资额	23	24	−1	劣势
一般工业固体废物综合利用率	19	17	2	中势
生活垃圾无害化处理率	9	7	2	优势
自然灾害直接经济损失	16	8	8	优势

续表

指　　　标	2011 年	2012 年	排位升降	优劣势
3.3　人力资源竞争力	13	18	−5	中势
人口自然增长率	6	6	0	优势
15~64 岁人口比例	30	30	0	劣势
文盲率	12	11	1	中势
大专以上教育程度人口比例	20	29	−9	劣势
平均受教育程度	23	25	−2	劣势
人口健康素质	14	14	0	中势
人力资源利用率	3	6	−3	优势
职业学校毕业生数	14	10	4	优势

4. 广西壮族自治区财政金融竞争力指标排名变化情况

表 20 - 8　2011~2012 年广西壮族自治区财政金融竞争力指标组排位及变化趋势表

指　　　标	2011 年	2012 年	排位升降	优劣势
4　财政金融竞争力	29	28	1	劣势
4.1　财政竞争力	29	26	3	劣势
地方财政收入	23	22	1	劣势
地方财政支出	19	20	−1	中势
地方财政收入占 GDP 比重	24	24	0	劣势
地方财政支出占 GDP 比重	13	14	−1	中势
税收收入占 GDP 比重	27	29	−2	劣势
税收收入占财政总收入比重	7	20	−13	中势
人均地方财政收入	28	29	−1	劣势
人均地方财政支出	27	27	0	劣势
人均税收收入	28	29	−1	劣势
地方财政收入增速	28	6	22	优势
地方财政支出增速	16	14	2	中势
税收收入增速	28	14	14	中势
4.2　金融竞争力	21	24	−3	劣势
存款余额	22	22	0	劣势
人均存款余额	29	29	0	劣势
贷款余额	20	20	0	中势
人均贷款余额	24	26	−2	劣势
货币市场融资额	8	30	−22	劣势
中长期贷款占贷款余额比重	4	6	−2	优势
保险费净收入	23	21	2	劣势
保险密度	29	29	0	劣势
保险深度	26	26	0	劣势
人均证券市场筹资额	24	27	−3	劣势

5. 广西壮族自治区知识经济竞争力指标排名变化情况

表 20 – 9　2011~2012 年广西壮族自治区知识经济竞争力指标组排位及变化趋势表

指　　标	2011 年	2012 年	排位升降	优劣势
5　知识经济竞争力	21	21	0	劣势
5.1　科技竞争力	22	22	0	劣势
R&D 人员	21	20	1	中势
R&D 经费	23	23	0	劣势
R&D 经费投入强度	25	24	1	劣势
高技术产业规模以上企业产值	20	20	0	中势
高技术产业规模以上企业产值占 GDP 比重	20	20	0	中势
高技术产品出口额	18	19	− 1	中势
发明专利申请授权量	23	20	3	中势
技术市场成交合同金额	27	29	− 2	劣势
5.2　教育竞争力	21	22	− 1	劣势
教育经费	17	18	− 1	中势
教育经费占 GDP 比重	10	12	− 2	中势
人均教育经费	23	26	− 3	劣势
公共教育经费占财政支出比重	7	10	− 3	优势
人均文化教育支出占个人消费支出比重	21	13	8	中势
万人中小学学校数	6	6	0	优势
万人中小学专任教师数	15	14	1	中势
高等学校数	18	18	0	中势
高校专任教师数	20	21	− 1	劣势
万人高等学校在校学生数	26	26	0	劣势
5.3　文化竞争力	21	20	1	中势
文化产业增加值	21	21	0	劣势
图书和期刊出版数	9	9	0	优势
报纸出版数	20	21	− 1	劣势
出版印刷工业销售产值	22	19	3	中势
城镇居民人均文化娱乐支出	14	16	− 2	中势
农村居民人均文化娱乐支出	29	27	2	劣势
城镇居民人均文化娱乐支出占消费性支出比重	11	11	0	中势
农村居民人均文化娱乐支出占消费性支出比重	28	27	1	劣势

6. 广西壮族自治区发展环境竞争力指标排名变化情况

表 20－10　2011～2012 年广西壮族自治区发展环境竞争力指标组排位及变化趋势表

指　　标	2011 年	2012 年	排位升降	优劣势
6　发展环境竞争力	25	28	－3	劣势
6.1　基础设施竞争力	24	24	0	劣势
铁路网线密度	22	22	0	劣势
公路网线密度	25	25	0	劣势
人均内河航道里程	9	9	0	优势
全社会旅客周转量	11	11	0	中势
全社会货物周转量	13	13	0	中势
人均邮电业务总量	24	24	0	劣势
万户移动电话数	30	25	5	劣势
万户上网用户数	24	22	2	劣势
人均耗电量	23	22	1	劣势
6.2　软环境竞争力	25	28	－3	劣势
外资企业数增长率	27	29	－2	劣势
万人外资企业数	22	24	－2	劣势
个体私营企业数增长率	15	18	－3	中势
万人个体私营企业数	20	21	－1	劣势
万人商标注册件数	28	29	－1	劣势
查处商标侵权假冒案件	11	12	－1	中势
每十万人交通事故发生数	7	6	1	优势
罚没收入占财政收入比重	22	23	－1	劣势
食品安全事故数	15	16	－1	中势

7. 广西壮族自治区政府作用竞争力指标排名变化情况

表 20－11　2011～2012 年广西壮族自治区政府作用竞争力指标组排位及变化趋势表

指　　标	2011 年	2012 年	排位升降	优劣势
7　政府作用竞争力	28	27	1	劣势
7.1　政府发展经济竞争力	16	15	1	中势
财政支出用于基本建设投资比重	23	19	4	中势
财政支出对 GDP 增长的拉动	19	18	1	中势
政府公务员对经济的贡献	17	17	0	中势
政府消费对民间消费的拉动	10	10	0	优势
财政投资对社会投资的拉动	10	10	0	优势
7.2　政府规调经济竞争力	30	30	0	劣势
物价调控	27	28	－1	劣势
调控城乡消费差距	25	23	2	劣势
统筹经济社会发展	24	21	3	劣势
规范税收	26	26	0	劣势
人口控制	27	27	0	劣势

续表

指　　标	2011 年	2012 年	排位升降	优劣势
7.3　政府保障经济竞争力	28	29	−1	劣势
城市城镇社区服务设施数	25	27	−2	劣势
医疗保险覆盖率	28	26	2	劣势
养老保险覆盖率	25	26	−1	劣势
失业保险覆盖率	27	27	0	劣势
下岗职工再就业率	28	24	4	劣势
城镇登记失业率	12	16	−4	中势

8. 广西壮族自治区发展水平竞争力指标排名变化情况

表 20 - 12　2011～2012 年广西壮族自治区发展水平竞争力指标组排位及变化趋势表

指　　标	2011 年	2012 年	排位升降	优劣势
8　发展水平竞争力	18	18	0	中势
8.1　工业化进程竞争力	23	23	0	劣势
工业增加值占 GDP 比重	22	21	1	劣势
工业增加值增长率	12	15	−3	中势
高新技术产业占工业总产值比重	20	20	0	中势
工业从业人员比重	23	22	1	劣势
工业从业人员增长率	25	30	−5	劣势
霍夫曼系数	16	13	3	中势
8.2　城市化进程竞争力	19	17	2	中势
城镇化率	26	25	1	劣势
城镇居民人均可支配收入	12	13	−1	中势
城市平均建成区面积	19	17	2	中势
人均拥有道路面积	12	12	0	中势
人均日生活用水量	2	1	1	强势
人均居住面积	22	14	8	中势
人均公共绿地面积	16	16	0	中势
8.3　市场化进程竞争力	16	14	2	中势
非公有制经济产值占全社会总产值的比重	15	17	−2	中势
社会投资占投资总资金的比重	13	12	1	中势
非国有单位从业人员占城镇从业人员比重	6	9	−3	优势
亿元以上商品市场成交额	18	18	0	中势
亿元以上商品市场成交额占全社会消费品零售总额比重	15	15	0	中势
全社会消费品零售总额占工农总产值比重	9	12	−3	中势

9. 广西壮族自治区统筹协调竞争力指标排名变化情况

表 20 - 13　2011～2012 年广西壮族自治区统筹协调竞争力指标组排位及变化趋势表

指　　标	2011 年	2012 年	排位升降	优劣势
9　统筹协调竞争力	31	28	3	劣势
9.1　统筹发展竞争力	16	18	-2	中势
社会劳动生产率	26	25	1	劣势
社会劳动生产率增速	6	4	2	优势
万元 GDP 综合能耗	11	10	1	优势
非农用地产出率	23	22	1	劣势
生产税净额和营业盈余占 GDP 比重	26	29	-3	劣势
最终消费率	15	12	3	中势
固定资产投资额占 GDP 比重	17	18	-1	中势
固定资产交付使用率	23	19	4	中势
9.2　协调发展竞争力	31	31	0	劣势
环境竞争力与宏观经济竞争力比差	31	30	1	劣势
资源竞争力与宏观经济竞争力比差	9	11	-2	中势
人力资源竞争力与宏观经济竞争力比差	31	30	1	劣势
资源竞争力与工业竞争力比差	9	11	-2	中势
环境竞争力与工业竞争力比差	30	30	0	劣势
城乡居民家庭人均收入比差	27	27	0	劣势
城乡居民人均生活消费支出比差	25	23	2	劣势
全社会消费品零售总额与外贸出口总额比差	12	15	-3	中势

海南省经济综合竞争力评价分析报告

海南省简称琼，位于我国南部海域，北隔琼州海峡与广东省相望，东濒南海，与台湾省对望。全省陆地（主要包括海南岛和西沙群岛、中沙群岛、南沙群岛和南海诸岛）总面积3.5万平方公里，海域面积约200万平方公里，2012年总人口为887万人，全省地区生产总值达2856亿元，同比增长9.1%，人均GDP达32377元。本部分通过分析"十二五"中期海南省经济综合竞争力以及各要素竞争力的排名变化，从中找出海南省经济综合竞争力的推动点及影响因素，为进一步提升海南省经济综合竞争力提供决策参考。

21.1 海南省经济综合竞争力总体分析

1. 海南省经济综合竞争力一级指标概要分析

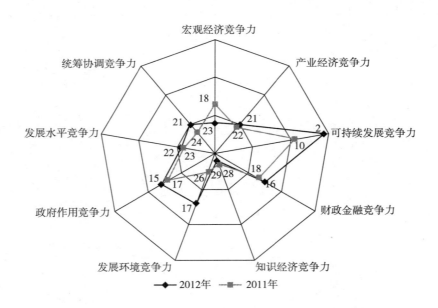

图 21 - 1　2011～2012 年海南省经济综合竞争力二级指标比较雷达图

表 21 - 1   2011~2012 年海南省经济综合竞争力二级指标比较表

项目 \ 年份	宏观经济竞争力	产业经济竞争力	可持续发展竞争力	财政金融竞争力	知识经济竞争力	发展环境竞争力	政府作用竞争力	发展水平竞争力	统筹协调竞争力	综合排位
2011	18	22	10	18	28	26	17	23	24	23
2012	23	21	2	16	29	17	15	22	21	22
升降	-5	1	8	2	-1	9	2	1	3	1
优劣度	劣势	劣势	强势	中势	劣势	中势	中势	劣势	劣势	劣势

（1）从综合排位的变化比较看，2012 年海南省经济综合竞争力综合排位在全国处于第 22 位，表明其在全国处于劣势地位；与 2011 年相比，综合排位上升了 1 位。

（2）从指标所处区位看，处于上游区的指标有 1 个，为可持续发展竞争力，且属于强势指标；处于中游区的指标有 3 个，为财政金融竞争力、发展环境竞争力、政府作用竞争力；其余 5 个指标处于下游区。

（3）从指标变化趋势看，9 个二级指标中，有 7 个指标处于上升趋势，为产业经济竞争力、可持续发展竞争力、财政金融竞争力、发展环境竞争力、政府作用竞争力、发展水平竞争力和统筹协调竞争力，这些是海南省经济综合竞争力的上升动力所在；有 2 个指标处于下降趋势，为宏观经济竞争力和知识经济竞争力，这些是海南省经济综合竞争力的下降拉力所在。

2. 海南省经济综合竞争力各级指标动态变化分析

表 21 - 2   2011~2012 年海南省经济综合竞争力各级指标排位变化态势比较表

二级指标	三级指标	四级指标数	上升		保持		下降		变化趋势
			指标数	比重（%）	指标数	比重（%）	指标数	比重（%）	
宏观经济竞争力	经济实力竞争力	12	3	25.0	6	50.0	3	25.0	下降
	经济结构竞争力	6	1	16.7	2	33.3	3	50.0	下降
	经济外向度竞争力	9	4	44.4	2	22.2	3	33.3	下降
	小　计	27	8	29.6	10	37.0	9	33.3	下降
产业经济竞争力	农业竞争力	12	3	25.0	7	58.3	2	16.7	上升
	工业竞争力	10	4	40.0	2	20.0	4	40.0	上升
	服务业竞争力	9	1	11.1	5	55.6	3	33.3	下降
	企业竞争力	10	2	20.0	4	40.0	4	40.0	保持
	小　计	41	10	24.4	18	43.9	13	31.7	上升
可持续发展竞争力	资源竞争力	9	1	11.1	7	77.8	1	11.1	下降
	环境竞争力	8	5	62.5	2	25.0	1	12.5	上升
	人力资源竞争力	8	6	75.0	1	12.5	1	12.5	上升
	小　计	25	12	48.0	10	40.0	3	12.0	上升

续表

二级指标	三级指标	四级指标数	上升		保持		下降		变化趋势
			指标数	比重（%）	指标数	比重（%）	指标数	比重（%）	
财政金融竞争力	财政竞争力	12	5	41.7	5	41.7	2	16.7	保持
	金融竞争力	10	2	20.0	6	60.0	2	20.0	上升
	小　计	22	7	31.8	11	50.0	4	18.2	上升
知识经济竞争力	科技竞争力	8	2	25.0	4	50.0	2	25.0	保持
	教育竞争力	10	0	0.0	6	60.0	4	40.0	下降
	文化竞争力	8	2	25.0	5	62.5	1	12.5	保持
	小　计	26	4	15.4	15	57.7	7	26.9	下降
发展环境竞争力	基础设施竞争力	9	4	44.4	3	33.3	2	22.2	保持
	软环境竞争力	9	4	44.4	3	33.3	2	22.2	上升
	小　计	18	8	44.4	6	33.3	4	22.2	上升
政府作用竞争力	政府发展经济竞争力	5	2	40.0	1	20.0	2	40.0	上升
	政府规调经济竞争力	5	2	40.0	1	20.0	2	40.0	保持
	政府保障经济竞争力	6	4	66.7	2	33.3	0	0.0	上升
	小　计	16	8	50.0	4	25.0	4	25.0	上升
发展水平竞争力	工业化进程竞争力	6	3	50.0	2	33.3	1	16.7	上升
	城市化进程竞争力	7	1	14.3	3	42.9	3	42.9	下降
	市场化进程竞争力	6	3	50.0	2	33.3	1	16.7	上升
	小　计	19	7	36.8	7	36.8	5	26.3	上升
统筹协调竞争力	统筹发展竞争力	8	2	25.0	2	25.0	4	50.0	上升
	协调发展竞争力	8	1	12.5	2	25.0	5	62.5	下降
	小　计	16	3	18.8	4	25.0	9	56.3	上升
	合　计	210	67	31.9	85	40.5	58	27.6	上升

　　从表 21 -2 可以看出，210 个四级指标中，上升指标有 67 个，占指标总数的 31.9%；下降指标有 58 个，占指标总数的 27.6%；保持指标有 85 个，占指标总数的 40.5%。综上所述，上升的动力大于下降的拉力，使得 2011～2012 年海南省经济综合竞争力排位上升了 1 位。

3. 海南省经济综合竞争力各级指标优劣势结构分析

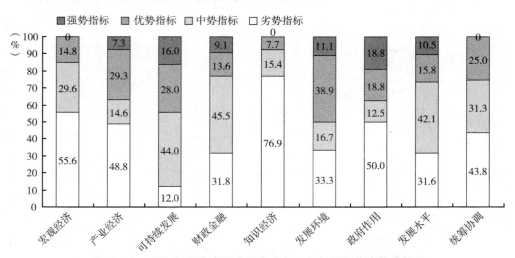

图 21 -2　2012 年海南省经济综合竞争力各级指标优劣势比较图

表 21 – 3　2012 年海南省经济综合竞争力各级指标优劣势比较表

二级指标	三级指标	四级指标数	强势指标		优势指标		中势指标		劣势指标		优劣势
			个数	比重（%）	个数	比重（%）	个数	比重（%）	个数	比重（%）	
宏观经济竞争力	经济实力竞争力	12	0	0.0	1	8.3	3	25.0	8	66.7	劣势
	经济结构竞争力	6	0	0.0	2	33.3	3	50.0	1	16.7	中势
	经济外向度竞争力	9	0	0.0	1	11.1	2	22.2	6	66.7	劣势
	小　计	27	0	0.0	4	14.8	8	29.6	15	55.6	劣势
产业经济竞争力	农业竞争力	12	1	8.3	5	41.7	2	16.7	4	33.3	优势
	工业竞争力	10	1	10.0	2	20.0	2	20.0	5	50.0	劣势
	服务业竞争力	9	0	0.0	1	11.1	1	11.1	7	77.8	劣势
	企业竞争力	10	1	10.0	4	40.0	1	10.0	4	40.0	中势
	小　计	41	3	7.3	12	29.3	6	14.6	20	48.8	劣势
可持续发展竞争力	资源竞争力	9	1	11.1	1	11.1	5	55.6	2	22.2	优势
	环境竞争力	8	3	37.5	4	50.0	1	12.5	0	0.0	强势
	人力资源竞争力	8	0	0.0	2	25.0	5	62.5	1	12.5	中势
	小　计	25	4	16.0	7	28.0	11	44.0	3	12.0	强势
财政金融竞争力	财政竞争力	12	1	8.3	3	25.0	6	50.0	2	16.7	中势
	金融竞争力	10	1	10.0	0	0.0	4	40.0	5	50.0	中势
	小　计	22	2	9.1	3	13.6	10	45.5	7	31.8	中势
知识经济竞争力	科技竞争力	8	0	0.0	0	0.0	0	0.0	8	100.0	劣势
	教育竞争力	10	0	0.0	2	20.0	4	40.0	4	40.0	劣势
	文化竞争力	8	0	0.0	0	0.0	0	0.0	8	100.0	劣势
	小　计	26	0	0.0	2	7.7	4	15.4	20	76.9	劣势
发展环境竞争力	基础设施竞争力	9	1	11.1	2	22.2	3	33.3	3	33.3	劣势
	软环境竞争力	9	1	11.1	5	55.6	0	0.0	3	33.3	中势
	小　计	18	2	11.1	7	38.9	3	16.7	6	33.3	中势
政府作用竞争力	政府发展经济竞争力	5	0	0.0	0	0.0	1	20.0	4	80.0	劣势
	政府规调经济竞争力	5	0	0.0	1	20.0	1	20.0	3	60.0	劣势
	政府保障经济竞争力	6	3	50.0	2	33.3	0	0.0	1	16.7	强势
	小　计	16	3	18.8	3	18.8	2	12.5	8	50.0	中势
发展水平竞争力	工业化进程竞争力	6	0	0.0	1	16.7	3	50.0	2	33.3	劣势
	城市化进程竞争力	7	2	28.6	0	0.0	3	42.9	2	28.6	中势
	市场化进程竞争力	6	0	0.0	2	33.3	2	33.3	2	33.3	中势
	小　计	19	2	10.5	3	15.8	8	42.1	6	31.6	劣势
统筹协调竞争力	统筹发展竞争力	8	0	0.0	2	25.0	3	37.5	3	37.5	优势
	协调发展竞争力	8	0	0.0	2	25.0	2	25.0	4	50.0	劣势
	小　计	16	0	0.0	4	25.0	5	31.3	7	43.8	劣势
合　计		210	16	7.6	45	21.4	57	27.1	92	43.8	劣势

　　基于图 21 – 2 和表 21 – 3，从四级指标来看，强势指标 16 个，占指标总数的 7.6%；优势指标 45 个，占指标总数的 21.4%；中势指标 57 个，占指标总数的 27.1%；劣势指

标 92 个，占指标总数的 43.8%。从三级指标来看，强势指标 2 个，占三级指标总数的 8%；优势指标 3 个，占三级指标总数的 12%；中势指标 8 个，占三级指标总数的 32%；劣势指标 12 个，占三级指标总数的 48%。反映到二级指标上来，强势指标 1 个，占二级指标总数的 11.1%；没有优势指标，劣势指标 5 个，占二级指标总数的 55.6%。综合来看，由于劣势指标在指标体系中居于主导地位，2012 年海南省经济综合竞争力处于劣势地位。

4. 海南省经济综合竞争力四级指标优劣势对比分析

表 21 - 4　2012 年海南省经济综合竞争力各级指标优劣势比较表

二级指标	优劣势	四级指标
宏观经济竞争力（27 个）	强势指标	（0 个）
	优势指标	固定资产投资额增长率、产业结构优化度、所有制经济结构优化度、外贸依存度（4 个）
	劣势指标	地区生产总值、地区生产总值增长率、人均地区生产总值、财政总收入、固定资产投资额、全社会消费品零售总额、全社会消费品零售总额增长率、人均全社会消费品零售总额、就业结构优化度、进出口总额、出口总额、实际 FDI、实际 FDI 增长率、对外经济合作完成营业额、对外直接投资（15 个）
产业经济竞争力（41 个）	强势指标	人均农业增加值、工业产品销售率、优等品率（3 个）
	优势指标	农业增加值增长率、农民人均纯收入增长率、农产品出口占农林牧渔总产值比重、农业劳动生产率、财政支农资金比重、工业全员劳动生产率、工业成本费用利润率、服务业从业人员数增长率、规模以上企业平均资产、规模以上企业平均利润、规模以上企业销售利税率、规模以上企业平均所有者权益（12 个）
	劣势指标	农业增加值、乡镇企业总产值、农村人均固定资产原值、农村人均用电量、工业增加值、工业增加值增长率、人均工业增加值、工业资产总额、规模以上工业利润总额、服务业增加值、服务业增加值增长率、服务业从业人员数、限额以上批零企业利税率、限额以上餐饮企业利税率、旅游外汇收入、房地产经营总收入、规模以上工业企业数、规模以上企业平均增加值、工业企业 R&D 经费投入强度、中国驰名商标持有量（20 个）
可持续发展竞争力（25 个）	强势指标	人均可使用海域和滩涂面积、人均工业废气排放量、人均工业固体废物排放量、生活垃圾无害化处理率（4 个）
	优势指标	人均年水资源量、森林覆盖率、人均废水排放量、人均治理工业污染投资额、自然灾害直接经济损失、人口自然增长率、人口健康素质（7 个）
	劣势指标	耕地面积、主要能源矿产基础储量、职业学校毕业生数（3 个）
财政金融竞争力（22 个）	强势指标	税收收入占 GDP 比重、中长期贷款占贷款余额比重（2 个）
	优势指标	地方财政收入占 GDP 比重、地方财政支出占 GDP 比重、人均税收收入（3 个）
	劣势指标	地方财政收入、地方财政支出、存款余额、贷款余额、货币市场融资额、保险费净收入、保险密度（7 个）

续表

二级指标	优劣势	四级指标
知识经济 竞 争 力 （26个）	强势 指标	（0个）
	优势 指标	教育经费占 GDP 比重、万人中小学专任教师数（2个）
	劣势 指标	R&D 人员、R&D 经费、R&D 经费投入强度、高技术产业规模以上企业产值、高技术产业规模以上企业产值占 GDP 比重、高技术产品出口额、发明专利申请授权量、技术市场成交合同金额、教育经费、人均文化教育支出占个人消费支出比重、高等学校数、高校专任教师数、文化产业增加值、图书和期刊出版数、报纸出版数、出版印刷工业销售产值、城镇居民人均文化娱乐支出、农村居民人均文化娱乐支出、城镇居民人均文化娱乐支出占消费性支出比重、农村居民人均文化娱乐支出占消费性支出比重（20个）
发展环境 竞 争 力 （18个）	强势 指标	万户移动电话数、食品安全事故数（2个）
	优势 指标	人均邮电业务总量、万户上网用户数、外资企业数增长率、万人外资企业数、万人商标注册件数、查处商标侵权假冒案件、罚没收入占财政收入比重（7个）
	劣势 指标	全社会旅客周转量、全社会货物周转量、人均耗电量、个体私营企业数增长率、万人个体私营企业数、每十万人交通事故发生数（6个）
政府作用 竞 争 力 （16个）	强势 指标	失业保险覆盖率、下岗职工再就业率、城镇登记失业率（3个）
	优势 指标	规范税收、医疗保险覆盖率、养老保险覆盖率（3个）
	劣势 指标	财政支出用于基本建设投资比重、财政支出对 GDP 增长的拉动、政府公务员对经济的贡献、政府消费对民间消费的拉动、物价调控、调控城乡消费差距、人口控制、城市城镇社区服务设施数（8个）
发展水平 竞 争 力 （19个）	强势 指标	人均拥有道路面积、人均日生活用水量（2个）
	优势 指标	工业从业人员增长率、非公有制经济产值占全社会总产值的比重、全社会消费品零售总额占工农总产值比重（3个）
	劣势 指标	工业增加值占 GDP 比重、工业从业人员比重、城市平均建成区面积、人均居住面积、亿元以上商品市场成交额、亿元以上商品市场成交额占全社会消费品零售总额比重（6个）
统筹协调 竞 争 力 （16个）	强势 指标	（0个）
	优势 指标	万元 GDP 综合能耗、生产税净额和营业盈余占 GDP 比重、资源竞争力与宏观经济竞争力比差、资源竞争力与工业竞争力比差（4个）
	劣势 指标	社会劳动生产率、非农用地产出率、固定资产交付使用率、环境竞争力与宏观经济竞争力比差、人力资源竞争力与宏观经济竞争力比差、环境竞争力与工业竞争力比差、城乡居民人均生活消费支出比差（7个）

21.2 海南省经济综合竞争力各级指标具体分析

1. 海南省宏观经济竞争力指标排名变化情况

表 21-5　2011~2012 年海南省宏观经济竞争力指标组排位及变化趋势表

指　标	2011 年	2012 年	排位升降	优劣势
1　宏观经济竞争力	18	23	-5	劣势
1.1　经济实力竞争力	27	31	-4	劣势
地区生产总值	28	28	0	劣势
地区生产总值增长率	22	27	-5	劣势
人均地区生产总值	22	22	0	劣势
财政总收入	30	30	0	劣势
财政总收入增长率	17	15	2	中势
人均财政收入	13	11	2	中势
固定资产投资额	28	28	0	劣势
固定资产投资额增长率	4	7	-3	优势
人均固定资产投资额	23	20	3	中势
全社会消费品零售总额	28	28	0	劣势
全社会消费品零售总额增长率	2	25	-23	劣势
人均全社会消费品零售总额	21	21	0	劣势
1.2　经济结构竞争力	9	12	-3	中势
产业结构优化度	6	6	0	优势
所有制经济结构优化度	5	7	-2	优势
城乡经济结构优化度	15	16	-1	中势
就业结构优化度	26	24	2	劣势
资本形成结构优化度	11	11	0	中势
贸易结构优化度	12	15	-3	中势
1.3　经济外向度竞争力	16	23	-7	劣势
进出口总额	25	25	0	劣势
进出口增长率	6	11	-5	中势
出口总额	27	29	-2	劣势
出口增长率	29	11	18	中势
实际 FDI	24	23	1	劣势
实际 FDI 增长率	26	23	3	劣势
外贸依存度	9	8	1	优势
对外经济合作完成营业额	29	29	0	劣势
对外直接投资	6	22	-16	劣势

2. 海南省产业经济竞争力指标排名变化情况

表 21－6　2011～2012 年海南省产业经济竞争力指标组排位及变化趋势表

指　　标	2011 年	2012 年	排位升降	优劣势
2　产业经济竞争力	22	21	1	劣势
2.1　农业竞争力	15	10	5	优势
农业增加值	24	24	0	劣势
农业增加值增长率	3	7	−4	优势
人均农业增加值	1	1	0	强势
乡镇企业总产值	28	28	0	劣势
农民人均纯收入	19	18	1	中势
农民人均纯收入增长率	5	5	0	优势
农产品出口占农林牧渔总产值比重	10	10	0	优势
人均主要农产品产量	19	18	1	中势
农业劳动生产率	4	4	0	优势
农村人均固定资产原值	26	25	1	劣势
农村人均用电量	29	29	0	劣势
财政支农资金比重	4	6	−2	优势
2.2　工业竞争力	29	24	5	劣势
工业增加值	30	30	0	劣势
工业增加值增长率	2	30	−28	劣势
人均工业增加值	29	30	−1	劣势
工业资产总额	30	30	0	劣势
工业资产总额增长率	28	18	10	中势
工业资产总贡献率	6	11	−5	中势
规模以上工业利润总额	30	29	1	劣势
工业全员劳动生产率	3	5	−2	优势
工业成本费用利润率	31	9	22	优势
工业产品销售率	9	1	8	强势
2.3　服务业竞争力	26	31	−5	劣势
服务业增加值	28	28	0	劣势
服务业增加值增长率	5	27	−22	劣势
人均服务业增加值	13	13	0	中势
服务业从业人员数	28	28	0	劣势
服务业从业人员数增长率	20	4	16	优势
限额以上批零企业利税率	22	25	−3	劣势
限额以上餐饮企业利税率	13	21	−8	劣势
旅游外汇收入	26	26	0	劣势
房地产经营总收入	26	26	0	劣势

指　　标	2011 年	2012 年	排位升降	优劣势
2.4　企业竞争力	12	12	0	中势
规模以上工业企业数	30	30	0	劣势
规模以上企业平均资产	8	7	1	优势
规模以上企业平均增加值	30	30	0	劣势
流动资金周转次数	17	20	-3	中势
规模以上企业平均利润	5	6	-1	优势
规模以上企业销售利税率	6	7	-1	优势
规模以上企业平均所有者权益	5	4	1	优势
优等品率	3	3	0	强势
工业企业 R&D 经费投入强度	28	28	0	劣势
中国驰名商标持有量	24	25	-1	劣势

3. 海南省可持续发展竞争力指标排名变化情况

表 21 - 7　2011 ~ 2012 年海南省可持续发展竞争力指标组排位及变化趋势表

指　　标	2011 年	2012 年	排位升降	优劣势
3　可持续发展竞争力	10	2	8	强势
3.1　资源竞争力	9	10	-1	优势
人均国土面积	15	15	0	中势
人均可使用海域和滩涂面积	1	1	0	强势
人均年水资源量	3	5	-2	优势
耕地面积	26	26	0	劣势
人均耕地面积	18	18	0	中势
人均牧草地面积	18	18	0	中势
主要能源矿产基础储量	28	28	0	劣势
人均主要能源矿产基础储量	22	11	11	中势
人均森林储积量	12	12	0	中势
3.2　环境竞争力	4	1	3	强势
森林覆盖率	5	5	0	优势
人均废水排放量	14	10	4	优势
人均工业废气排放量	1	2	-1	强势
人均工业固体废物排放量	1	1	0	强势
人均治理工业污染投资额	15	9	6	优势
一般工业固体废物综合利用率	27	20	7	中势
生活垃圾无害化处理率	24	1	23	强势
自然灾害直接经济损失	18	5	13	优势

续表

指　　标	2011 年	2012 年	排位升降	优劣势
3.3　人力资源竞争力	17	14	3	中势
人口自然增长率	3	4	-1	优势
15~64 岁人口比例	21	16	5	中势
文盲率	16	15	1	中势
大专以上教育程度人口比例	25	12	13	中势
平均受教育程度	14	13	1	中势
人口健康素质	9	9	0	优势
人力资源利用率	22	19	3	中势
职业学校毕业生数	28	27	1	劣势

4. 海南省财政金融竞争力指标排名变化情况

表 21 - 8　2011~2012 年海南省财政金融竞争力指标组排位及变化趋势表

指　　标	2011 年	2012 年	排位升降	优劣势
4　财政金融竞争力	18	16	2	中势
4.1　财政竞争力	14	14	0	中势
地方财政收入	28	28	0	劣势
地方财政支出	29	29	0	劣势
地方财政收入占 GDP 比重	5	5	0	优势
地方财政支出占 GDP 比重	8	8	0	优势
税收收入占 GDP 比重	3	3	0	强势
税收收入占财政总收入比重	13	12	1	中势
人均地方财政收入	12	11	1	中势
人均地方财政支出	10	11	-1	中势
人均税收收入	10	9	1	优势
地方财政收入增速	25	12	13	中势
地方财政支出增速	5	15	-10	中势
税收收入增速	24	13	11	中势
4.2　金融竞争力	20	19	1	中势
存款余额	28	28	0	劣势
人均存款余额	13	14	-1	中势
贷款余额	28	28	0	劣势
人均贷款余额	14	14	0	中势
货币市场融资额	26	25	1	劣势
中长期贷款占贷款余额比重	1	1	0	强势
保险费净收入	29	29	0	劣势
保险密度	23	23	0	劣势
保险深度	21	19	2	中势
人均证券市场筹资额	10	11	-1	中势

5. 海南省知识经济竞争力指标排名变化情况

表 21 – 9   2011~2012 年海南省知识经济竞争力指标组排位及变化趋势表

指　　标	2011 年	2012 年	排位升降	优劣势
5　知识经济竞争力	28	29	– 1	劣势
5.1　科技竞争力	30	30	0	劣势
R&D 人员	30	30	0	劣势
R&D 经费	30	29	1	劣势
R&D 经费投入强度	30	30	0	劣势
高技术产业规模以上企业产值	26	26	0	劣势
高技术产业规模以上企业产值占 GDP 比重	21	22	– 1	劣势
高技术产品出口额	22	21	1	劣势
发明专利申请授权量	28	29	– 1	劣势
技术市场成交合同金额	30	30	0	劣势
5.2　教育竞争力	26	28	– 2	劣势
教育经费	28	28	0	劣势
教育经费占 GDP 比重	6	7	– 1	优势
人均教育经费	10	11	– 1	中势
公共教育经费占财政支出比重	14	18	– 4	中势
人均文化教育支出占个人消费支出比重	18	26	– 8	劣势
万人中小学学校数	11	11	0	中势
万人中小学专任教师数	6	6	0	优势
高等学校数	28	28	0	劣势
高校专任教师数	28	28	0	劣势
万人高等学校在校学生数	16	16	0	中势
5.3　文化竞争力	29	29	0	劣势
文化产业增加值	28	28	0	劣势
图书和期刊出版数	27	27	0	劣势
报纸出版数	28	28	0	劣势
出版印刷工业销售产值	30	30	0	劣势
城镇居民人均文化娱乐支出	28	26	2	劣势
农村居民人均文化娱乐支出	28	29	– 1	劣势
城镇居民人均文化娱乐支出占消费性支出比重	29	28	1	劣势
农村居民人均文化娱乐支出占消费性支出比重	29	29	0	劣势

6. 海南省发展环境竞争力指标排名变化情况

表 21 – 10　2011~2012 年海南省发展环境竞争力指标组排位及变化趋势表

指　　　　标	2011 年	2012 年	排位升降	优劣势
6　发展环境竞争力	26	17	9	中势
6.1　基础设施竞争力	21	21	0	劣势
铁路网线密度	14	15	−1	中势
公路网线密度	20	20	0	中势
人均内河航道里程	19	19	0	中势
全社会旅客周转量	27	28	−1	劣势
全社会货物周转量	25	25	0	劣势
人均邮电业务总量	9	8	1	优势
万户移动电话数	8	3	5	强势
万户上网用户数	11	10	1	优势
人均耗电量	26	24	2	劣势
6.2　软环境竞争力	31	14	17	中势
外资企业数增长率	31	5	26	优势
万人外资企业数	9	9	0	优势
个体私营企业数增长率	27	30	−3	劣势
万人个体私营企业数	30	30	0	劣势
万人商标注册件数	12	9	3	优势
查处商标侵权假冒案件	8	9	−1	优势
每十万人交通事故发生数	23	23	0	劣势
罚没收入占财政收入比重	11	9	2	优势
食品安全事故数	15	1	14	强势

7. 海南省政府作用竞争力指标排名变化情况

表 21 – 11　2011~2012 年海南省政府作用竞争力指标组排位及变化趋势表

指　　　　标	2011 年	2012 年	排位升降	优劣势
7　政府作用竞争力	17	15	2	中势
7.1　政府发展经济竞争力	28	27	1	劣势
财政支出用于基本建设投资比重	19	24	−5	劣势
财政支出对 GDP 增长的拉动	24	24	0	劣势
政府公务员对经济的贡献	24	23	1	劣势
政府消费对民间消费的拉动	19	22	−3	劣势
财政投资对社会投资的拉动	20	14	6	中势
7.2　政府规调经济竞争力	27	27	0	劣势
物价调控	29	27	2	劣势
调控城乡消费差距	24	26	−2	劣势
统筹经济社会发展	15	20	−5	中势
规范税收	5	4	1	优势
人口控制	29	29	0	劣势

续表

指　　标	2011 年	2012 年	排位升降	优劣势
7.3　政府保障经济竞争力	4	3	1	强势
城市城镇社区服务设施数	30	30	0	劣势
医疗保险覆盖率	5	4	1	优势
养老保险覆盖率	5	4	1	优势
失业保险覆盖率	3	2	1	强势
下岗职工再就业率	27	3	24	强势
城镇登记失业率	2	2	0	强势

8. 海南省发展水平竞争力指标排名变化情况

表 21 - 12　2011～2012 年海南省发展水平竞争力指标组排位及变化趋势表

指　　标	2011 年	2012 年	排位升降	优劣势
8　发展水平竞争力	23	22	1	劣势
8.1　工业化进程竞争力	31	30	1	劣势
工业增加值占 GDP 比重	30	30	0	劣势
工业增加值增长率	15	13	2	中势
高新技术产业占工业总产值比重	13	14	-1	中势
工业从业人员比重	31	29	2	劣势
工业从业人员增长率	11	7	4	优势
霍夫曼系数	19	19	0	中势
8.2　城市化进程竞争力	11	15	-4	中势
城镇化率	15	15	0	中势
城镇居民人均可支配收入	17	16	1	中势
城市平均建成区面积	29	29	0	劣势
人均拥有道路面积	3	3	0	强势
人均日生活用水量	1	3	-2	强势
人均居住面积	19	24	-5	劣势
人均公共绿地面积	9	11	-2	中势
8.3　市场化进程竞争力	22	17	5	中势
非公有制经济产值占全社会总产值的比重	6	9	-3	优势
社会投资占投资总资金的比重	12	11	1	中势
非国有单位从业人员占城镇从业人员比重	30	20	10	中势
亿元以上商品市场成交额	30	30	0	劣势
亿元以上商品市场成交额占全社会消费品零售总额比重	31	31	0	劣势
全社会消费品零售总额占工农总产值比重	5	4	1	优势

9. 海南省统筹协调竞争力指标排名变化情况

表 21 - 13　2011～2012 年海南省统筹协调竞争力指标组排位及变化趋势表

指　标	2011 年	2012 年	排位升降	优劣势
9　统筹协调竞争力	24	21	3	劣势
9.1　统筹发展竞争力	21	9	12	优势
社会劳动生产率	19	21	-2	劣势
社会劳动生产率增速	11	14	-3	中势
万元 GDP 综合能耗	8	8	0	优势
非农用地产出率	22	23	-1	劣势
生产税净额和营业盈余占 GDP 比重	31	4	27	优势
最终消费率	16	16	0	中势
固定资产投资额占 GDP 比重	13	17	-4	中势
固定资产交付使用率	31	23	8	劣势
9.2　协调发展竞争力	21	27	-6	劣势
环境竞争力与宏观经济竞争力比差	29	31	-2	劣势
资源竞争力与宏观经济竞争力比差	13	7	6	优势
人力资源竞争力与宏观经济竞争力比差	19	29	-10	劣势
资源竞争力与工业竞争力比差	4	8	-4	优势
环境竞争力与工业竞争力比差	31	31	0	劣势
城乡居民家庭人均收入比差	15	15	0	中势
城乡居民人均生活消费支出比差	24	26	-2	劣势
全社会消费品零售总额与外贸出口总额比差	14	16	-2	中势

重庆市经济综合竞争力评价分析报告

重庆市简称渝，位于青藏高原与长江中下游平原的过渡地带，北与四川省、陕西省相连，东与湖北省、湖南省相接，南与贵州省相邻。全市面积 8.5 万平方公里，2012 年总人口为 2945 万人，地区生产总值达 11410 亿元，同比增长 13.6%，人均 GDP 达 38914 元。本部分通过分析"十二五"中期重庆市经济综合竞争力以及各要素竞争力的排名变化，从中找出重庆市经济综合竞争力的推动点及影响因素，为进一步提升重庆市经济综合竞争力提供决策参考。

22.1 重庆市经济综合竞争力总体分析

1. 重庆市经济综合竞争力一级指标概要分析

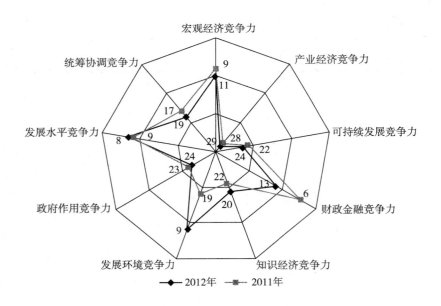

图 22 - 1 2011~2012 年重庆市经济综合竞争力二级指标比较雷达图

表 22 - 1　2011~2012 年重庆市经济综合竞争力二级指标比较表

项目 年份	宏观经济竞争力	产业经济竞争力	可持续发展竞争力	财政金融竞争力	知识经济竞争力	发展环境竞争力	政府作用竞争力	发展水平竞争力	统筹协调竞争力	综合排位
2011	9	28	22	6	22	19	23	9	17	15
2012	11	29	24	13	20	9	24	8	19	18
升降	-2	-1	-2	-7	2	10	-1	1	-2	-3
优劣度	中势	劣势	劣势	中势	中势	优势	劣势	优势	中势	中势

（1）从综合排位的变化比较看，2012 年重庆市经济综合竞争力综合排位在全国处于第 18 位，表明其在全国处于居中偏下地位；与 2011 年相比，综合排位下降了 3 位。

（2）从指标所处区位看，没有强势指标，处于上游区的指标有 2 个，为发展环境竞争力、发展水平竞争力；中势指标 4 个，为宏观经济竞争力、财政金融竞争力、知识经济竞争力、统筹协调竞争力；劣势指标 3 个，为产业经济竞争力、可持续发展竞争力、政府作用竞争力。

（3）从指标变化趋势看，9 个二级指标中，有 3 个指标处于上升趋势，为知识经济竞争力、发展环境竞争力、发展水平竞争力，这些是重庆市经济综合竞争力的上升动力所在；其余指标均处于下降趋势，为宏观经济竞争力、产业经济竞争力、可持续发展竞争力、财政金融竞争力、政府作用竞争力、统筹协调竞争力，这些是重庆市经济综合竞争力的下降拉力所在。

2. 重庆市经济综合竞争力各级指标动态变化分析

表 22 - 2　2011~2012 年重庆市经济综合竞争力各级指标排位变化态势比较表

二级指标	三级指标	四级指标数	上升		保持		下降		变化趋势
			指标数	比重（%）	指标数	比重（%）	指标数	比重（%）	
宏观经济竞争力	经济实力竞争力	12	0	0.0	4	33.3	8	66.7	下降
	经济结构竞争力	6	3	50.0	3	50.0	0	0.0	保持
	经济外向度竞争力	9	5	55.6	1	11.1	3	33.3	下降
	小　　计	27	8	29.6	8	29.6	11	40.7	下降
产业经济竞争力	农业竞争力	12	2	16.7	5	41.7	5	41.7	下降
	工业竞争力	10	3	30.0	3	30.0	4	40.0	下降
	服务业竞争力	9	4	44.4	3	33.3	2	22.2	上升
	企业竞争力	10	3	30.0	6	60.0	1	10.0	下降
	小　　计	41	12	29.3	17	41.5	12	29.3	下降
可持续发展竞争力	资源竞争力	9	1	11.1	8	88.9	0	0.0	下降
	环境竞争力	8	3	37.5	3	37.5	2	25.0	上升
	人力资源竞争力	8	2	25.0	2	25.0	4	50.0	下降
	小　　计	25	6	24.0	13	52.0	6	24.0	下降

续表

二级指标	三级指标	四级指标数	上升 指标数	上升 比重（%）	保持 指标数	保持 比重（%）	下降 指标数	下降 比重（%）	变化趋势
财政金融竞争力	财政竞争力	12	1	8.3	6	50.0	5	41.7	下降
	金融竞争力	10	1	10.0	6	60.0	3	30.0	保持
	小　计	22	2	9.1	12	54.5	8	36.4	下降
知识经济竞争力	科技竞争力	8	5	62.5	1	12.5	2	25.0	上升
	教育竞争力	10	1	10.0	7	70.0	2	20.0	上升
	文化竞争力	8	2	25.0	2	25.0	4	50.0	下降
	小　计	26	8	30.8	10	38.5	8	30.8	上升
发展环境竞争力	基础设施竞争力	9	4	44.4	3	33.3	2	22.2	保持
	软环境竞争力	9	5	55.6	3	33.3	1	11.1	上升
	小　计	18	9	50.0	6	33.3	3	16.7	上升
政府作用竞争力	政府发展经济竞争力	5	3	60.0	1	20.0	1	20.0	下降
	政府规调经济竞争力	5	1	20.0	3	60.0	1	20.0	上升
	政府保障经济竞争力	6	5	83.3	0	0.0	1	16.7	上升
	小　计	16	9	56.3	4	25.0	3	18.8	下降
发展水平竞争力	工业化进程竞争力	6	3	50.0	0	0.0	3	50.0	上升
	城市化进程竞争力	7	3	42.9	3	42.9	1	14.3	上升
	市场化进程竞争力	6	1	16.7	3	50.0	2	33.3	下降
	小　计	19	7	36.8	6	31.6	6	31.6	上升
统筹协调竞争力	统筹发展竞争力	8	4	50.0	4	50.0	0	0.0	上升
	协调发展竞争力	8	2	25.0	2	25.0	4	50.0	下降
	小　计	16	6	37.5	6	37.5	4	25.0	下降
合　计		210	67	31.9	82	39.0	61	29.0	下降

从表22-2可以看出，210个四级指标中，上升指标有67个，占指标总数的31.9%；下降指标有61个，占指标总数的29%；保持指标有82个，占指标总数的39%。综上所述，上升的动力小于下降的拉力，2012年重庆市经济综合竞争力排位下降了3位。

3. 重庆市经济综合竞争力各级指标优劣势结构分析

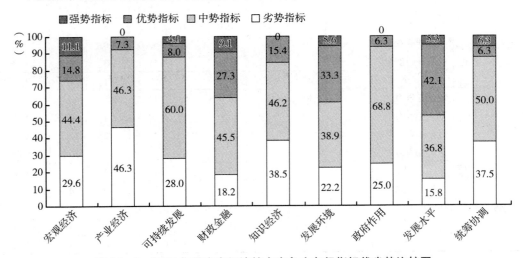

图22-2　2012年重庆市经济综合竞争力各级指标优劣势比较图

表22－3　2012年重庆市经济综合竞争力各级指标优劣势比较表

二级指标	三级指标	四级指标数	强势指标		优势指标		中势指标		劣势指标		优劣势
			个数	比重(%)	个数	比重(%)	个数	比重(%)	个数	比重(%)	
宏观经济竞争力	经济实力竞争力	12	1	8.3	2	16.7	5	41.7	4	33.3	中势
	经济结构竞争力	6	0	0.0	0	0.0	4	66.7	2	33.3	中势
	经济外向度竞争力	9	2	22.2	2	22.2	3	33.3	2	22.2	优势
	小　计	27	3	11.1	4	14.8	12	44.4	8	29.6	中势
产业经济竞争力	农业竞争力	12	0	0.0	0	0.0	8	66.7	4	33.3	劣势
	工业竞争力	10	0	0.0	1	10.0	2	20.0	7	70.0	劣势
	服务业竞争力	9	0	0.0	2	22.2	4	44.4	3	33.3	劣势
	企业竞争力	10	0	0.0	0	0.0	5	50.0	5	50.0	劣势
	小　计	41	0	0.0	3	7.3	19	46.3	19	46.3	劣势
可持续发展竞争力	资源竞争力	9	0	0.0	0	0.0	6	66.7	3	33.3	劣势
	环境竞争力	8	1	12.5	2	25.0	4	50.0	1	12.5	优势
	人力资源竞争力	8	0	0.0	0	0.0	5	62.5	3	37.5	劣势
	小　计	25	1	4.0	2	8.0	15	60.0	7	28.0	劣势
财政金融竞争力	财政竞争力	12	1	8.3	3	25.0	5	41.7	3	25.0	中势
	金融竞争力	10	1	10.0	3	30.0	5	50.0	1	10.0	优势
	小　计	22	2	9.1	6	27.3	10	45.5	4	18.2	中势
知识经济竞争力	科技竞争力	8	0	0.0	2	25.0	5	62.5	1	12.5	中势
	教育竞争力	10	0	0.0	1	10.0	4	40.0	5	50.0	劣势
	文化竞争力	8	0	0.0	1	12.5	3	37.5	4	50.0	劣势
	小　计	26	0	0.0	4	15.4	12	46.2	10	38.5	中势
发展环境竞争力	基础设施竞争力	9	0	0.0	2	22.2	5	55.6	2	22.2	中势
	软环境竞争力	9	1	11.1	4	44.4	2	22.2	2	22.2	优势
	小　计	18	1	5.6	6	33.3	7	38.9	4	22.2	优势
政府作用竞争力	政府发展经济竞争力	5	0	0.0	1	20.0	2	40.0	2	40.0	中势
	政府规调经济竞争力	5	0	0.0	0	0.0	3	60.0	2	40.0	劣势
	政府保障经济竞争力	6	0	0.0	0	0.0	6	100.0	0	0.0	中势
	小　计	16	0	0.0	1	6.3	11	68.8	4	25.0	劣势
发展水平竞争力	工业化进程竞争力	6	0	0.0	2	33.3	3	50.0	1	16.7	中势
	城市化进程竞争力	7	1	14.3	2	28.6	3	42.9	1	14.3	优势
	市场化进程竞争力	6	0	0.0	4	66.7	1	16.7	1	16.7	优势
	小　计	19	1	5.3	8	42.1	7	36.8	3	15.8	优势
统筹协调竞争力	统筹发展竞争力	8	1	12.5	0	0.0	6	75.0	1	12.5	优势
	协调发展竞争力	8	0	0.0	1	12.5	2	25.0	5	62.5	劣势
	小　计	16	1	6.3	1	6.3	8	50.0	6	37.5	中势
合　计		210	9	4.3	35	16.7	101	48.1	65	31.0	中势

　　基于图22－2和表22－3，从四级指标来看，强势指标9个，占指标总数的4.3%；优势指标35个，占指标总数的16.7%；中势指标101个，占指标总数的48.1%；劣势指

标 65 个，占指标总数的 31%。从三级指标来看，没有强势指标；优势指标 7 个，占三级指标总数的 28%；中势指标 8 个，占三级指标总数的 32%；劣势指标 10 个，占三级指标总数的 40%。反映到二级指标上来，优势指标 2 个，占二级指标总数的 22.2%；中势指标 4 个，占二级指标总数的 44.4%；劣势指标 3 个，占二级指标总数的 33.3%。综合来看，由于中势指标在指标体系中居于主导地位，2012 年重庆市经济综合竞争力处于中势地位。

4. 重庆市经济综合竞争力四级指标优劣势对比分析

表 22-4　2012 年重庆市经济综合竞争力各级指标优劣势比较表

二级指标	优劣势	四级指标
宏观经济 竞 争 力 (27 个)	强势 指标	地区生产总值增长率、进出口增长率、出口增长率(3 个)
	优势 指标	人均财政收入、全社会消费品零售总额增长率、出口总额、实际 FDI(4 个)
	劣势 指标	地区生产总值、财政总收入增长率、固定资产投资额增长率、全社会消费品零售总额、城乡经济结构优化度、资本形成结构优化度、实际 FDI 增长率、对外经济合作完成营业额(8 个)
产业经济 竞 争 力 (41 个)	强势 指标	(0 个)
	优势 指标	工业资产总额增长率、服务业增加值增长率、房地产经营总收入(3 个)
	劣势 指标	农业增加值、农产品出口占农林牧渔总产值比重、农业劳动生产率、财政支农资金比重、工业增加值、工业增加值增长率、工业资产总额、工业资产总贡献率、规模以上工业利润总额、工业全员劳动生产率、工业成本费用利润率、服务业增加值、服务业从业人员数、限额以上餐饮企业利税率、规模以上企业平均增加值、规模以上企业平均利润、规模以上企业销售利税率、规模以上企业平均所有者权益、优等品率(19 个)
可持续发展 竞 争 力 (25 个)	强势 指标	生活垃圾无害化处理率(1 个)
	优势 指标	人均工业固体废物排放量、一般工业固体废物综合利用率(2 个)
	劣势 指标	人均国土面积、耕地面积、人均耕地面积、人均治理工业污染投资额、人口自然增长率、15~64 岁人口比例、平均受教育程度(7 个)
财政金融 竞 争 力 (22 个)	强势 指标	地方财政收入占 GDP 比重、中长期贷款占贷款余额比重(2 个)
	优势 指标	地方财政支出占 GDP 比重、人均地方财政收入、人均地方财政支出、人均贷款余额、保险密度、保险深度(6 个)
	劣势 指标	税收收入占财政总收入比重、地方财政收入增速、税收收入增速、货币市场融资额(4 个)

续表

二级指标	优劣势	四级指标
知识经济 竞 争 力 （26 个）	强势 指标	（0 个）
	优势 指标	高技术产业规模以上企业产值占 GDP 比重、高技术产品出口额、万人高等学校在校学生数、农村居民人均文化娱乐支出占消费性支出比重（4 个）
	劣势 指标	R&D 人员、教育经费、公共教育经费占财政支出比重、人均文化教育支出占个人消费支出比重、万人中小学专任教师数、高等学校数、文化产业增加值、报纸出版数、城镇居民人均文化娱乐支出、城镇居民人均文化娱乐支出占消费性支出比重（10 个）
发展环境 竞 争 力 （18 个）	强势 指标	外资企业数增长率（1 个）
	优势 指标	公路网线密度、人均内河航道里程、万人商标注册件数、查处商标侵权假冒案件、罚没收入占财政收入比重、食品安全事故数（6 个）
	劣势 指标	万户移动电话数、人均耗电量、个体私营企业数增长率、每十万人交通事故发生数（4 个）
政府作用 竞 争 力 （16 个）	强势 指标	（0 个）
	优势 指标	政府公务员对经济的贡献（1 个）
	劣势 指标	财政支出用于基本建设投资比重、财政支出对 GDP 增长的拉动、调控城乡消费差距、规范税收（4 个）
发展水平 竞 争 力 （19 个）	强势 指标	人均公共绿地面积（1 个）
	优势 指标	高新技术产业占工业总产值比重、工业从业人员增长率、城镇化率、人均居住面积、非国有单位从业人员占城镇从业人员比重、亿元以上商品市场成交额、亿元以上商品市场成交额占全社会消费品零售总额比重、全社会消费品零售总额占工农总产值比重（8 个）
	劣势 指标	工业增加值增长率、人均拥有道路面积、社会投资占投资总资金的比重（3 个）
统筹协调 竞 争 力 （16 个）	强势 指标	社会劳动生产率增速（1 个）
	优势 指标	人力资源竞争力与宏观经济竞争力比差（1 个）
	劣势 指标	生产税净额和营业盈余占 GDP 比重、资源竞争力与宏观经济竞争力比差、环境竞争力与工业竞争力比差、城乡居民家庭人均收入比差、城乡居民人均生活消费支出比差、全社会消费品零售总额与外贸出口总额比差（6 个）

22.2 重庆市经济综合竞争力各级指标具体分析

1. 重庆市宏观经济竞争力指标排名变化情况

表 22 - 5 2011～2012 年重庆市宏观经济竞争力指标组排位及变化趋势表

指　　标	2011 年	2012 年	排位升降	优劣势
1 宏观经济竞争力	9	11	-2	中势
1.1 经济实力竞争力	9	18	-9	中势
地区生产总值	23	23	0	劣势
地区生产总值增长率	1	3	-2	强势
人均地区生产总值	12	12	0	中势
财政总收入	6	17	-11	中势
财政总收入增长率	2	29	-27	劣势
人均财政收入	6	9	-3	优势
固定资产投资额	18	20	-2	中势
固定资产投资额增长率	19	24	-5	劣势
人均固定资产投资额	11	12	-1	中势
全社会消费品零售总额	21	21	0	劣势
全社会消费品零售总额增长率	3	9	-6	优势
人均全社会消费品零售总额	14	14	0	中势
1.2 经济结构竞争力	19	19	0	中势
产业结构优化度	18	15	3	中势
所有制经济结构优化度	14	13	1	中势
城乡经济结构优化度	22	22	0	劣势
就业结构优化度	13	13	0	中势
资本形成结构优化度	21	21	0	劣势
贸易结构优化度	15	12	3	中势
1.3 经济外向度竞争力	6	7	-1	优势
进出口总额	17	11	6	中势
进出口增长率	1	2	-1	强势
出口总额	13	10	3	优势
出口增长率	1	2	-1	强势
实际 FDI	9	9	0	优势
实际 FDI 增长率	3	26	-23	劣势
外贸依存度	13	11	2	中势
对外经济合作完成营业额	23	22	1	劣势
对外直接投资	17	13	4	中势

2. 重庆市产业经济竞争力指标排名变化情况

表 22 - 6　2011 ~ 2012 年重庆市产业经济竞争力指标组排位及变化趋势表

指　标	2011 年	2012 年	排位升降	优劣势
2　产业经济竞争力	28	29	- 1	劣势
2.1　农业竞争力	23	30	- 7	劣势
农业增加值	21	21	0	劣势
农业增加值增长率	10	13	- 3	中势
人均农业增加值	21	20	1	中势
乡镇企业总产值	16	17	- 1	中势
农民人均纯收入	18	19	- 1	中势
农民人均纯收入增长率	1	16	- 15	中势
农产品出口占农林牧渔总产值比重	24	24	0	劣势
人均主要农产品产量	17	20	- 3	中势
农业劳动生产率	21	21	0	劣势
农村人均固定资产原值	21	20	1	中势
农村人均用电量	13	13	0	中势
财政支农资金比重	27	27	0	劣势
2.2　工业竞争力	24	26	- 2	劣势
工业增加值	22	22	0	劣势
工业增加值增长率	7	23	- 16	劣势
人均工业增加值	11	13	- 2	中势
工业资产总额	24	25	- 1	劣势
工业资产总额增长率	19	8	11	优势
工业资产总贡献率	23	24	- 1	劣势
规模以上工业利润总额	24	24	0	劣势
工业全员劳动生产率	29	28	1	劣势
工业成本费用利润率	29	29	0	劣势
工业产品销售率	21	13	8	中势
2.3　服务业竞争力	25	22	3	劣势
服务业增加值	24	21	3	劣势
服务业增加值增长率	20	7	13	优势
人均服务业增加值	15	11	4	中势
服务业从业人员数	20	21	- 1	劣势
服务业从业人员增长率	28	14	14	中势
限额以上批零企业利税率	5	12	- 7	中势
限额以上餐饮企业利税率	30	30	0	劣势
旅游外汇收入	15	15	0	中势
房地产经营总收入	9	9	0	优势

指　　标	2011 年	2012 年	排位升降	优劣势
2.4　企业竞争力	28	29	－1	劣势
规模以上工业企业数	18	18	0	中势
规模以上企业平均资产	21	20	1	中势
规模以上企业平均增加值	23	22	1	劣势
流动资金周转次数	14	13	1	中势
规模以上企业平均利润	29	29	0	劣势
规模以上企业销售利税率	31	31	0	劣势
规模以上企业平均所有者权益	21	24	－3	劣势
优等品率	30	30	0	劣势
工业企业 R&D 经费投入强度	11	11	0	中势
中国驰名商标持有量	18	18	0	中势

3. 重庆市可持续发展竞争力指标排名变化情况

表 22 – 7　2011～2012 年重庆市可持续发展竞争力指标组排位及变化趋势表

指　　标	2011 年	2012 年	排位升降	优劣势
3　可持续发展竞争力	22	24	－2	劣势
3.1　资源竞争力	27	28	－1	劣势
人均国土面积	21	21	0	劣势
人均可使用海域和滩涂面积	13	13	0	中势
人均年水资源量	17	17	0	中势
耕地面积	22	22	0	劣势
人均耕地面积	21	21	0	劣势
人均牧草地面积	16	16	0	中势
主要能源矿产基础储量	16	16	0	中势
人均主要能源矿产基础储量	17	16	1	中势
人均森林储积量	18	18	0	中势
3.2　环境竞争力	8	6	2	优势
森林覆盖率	13	13	0	中势
人均废水排放量	19	18	1	中势
人均工业废气排放量	17	17	0	中势
人均工业固体废物排放量	7	6	1	优势
人均治理工业污染投资额	24	28	－4	劣势
一般工业固体废物综合利用率	9	9	0	优势
生活垃圾无害化处理率	2	3	－1	强势
自然灾害直接经济损失	14	11	3	中势

续表

指　　标	2011 年	2012 年	排位升降	优劣势
3.3　人力资源竞争力	24	25	−1	劣势
人口自然增长率	24	23	1	劣势
15~64 岁人口比例	26	26	0	劣势
文盲率	18	20	−2	中势
大专以上教育程度人口比例	10	14	−4	中势
平均受教育程度	18	21	−3	劣势
人口健康素质	13	13	0	中势
人力资源利用率	16	14	2	中势
职业学校毕业生数	19	20	−1	中势

4. 重庆市财政金融竞争力指标排名变化情况

表 22 – 8　2011~2012 年重庆市财政金融竞争力指标组排位及变化趋势表

指　　标	2011 年	2012 年	排位升降	优劣势
4　财政金融竞争力	6	13	−7	中势
4.1　财政竞争力	4	15	−11	中势
地方财政收入	15	16	−1	中势
地方财政支出	18	18	0	中势
地方财政收入占 GDP 比重	3	3	0	强势
地方财政支出占 GDP 比重	9	9	0	优势
税收收入占 GDP 比重	10	15	−5	中势
税收收入占财政总收入比重	29	29	0	劣势
人均地方财政收入	9	9	0	优势
人均地方财政支出	11	10	1	优势
人均税收收入	11	11	0	中势
地方财政收入增速	2	24	−22	劣势
地方财政支出增速	1	11	−10	中势
税收收入增速	4	27	−23	劣势
4.2　金融竞争力	10	10	0	优势
存款余额	18	18	0	中势
人均存款余额	10	11	−1	中势
贷款余额	16	16	0	中势
人均贷款余额	10	9	1	优势
货币市场融资额	15	21	−6	劣势
中长期贷款占贷款余额比重	3	3	0	强势
保险费净收入	17	18	−1	中势
保险密度	8	8	0	优势
保险深度	6	6	0	优势
人均证券市场筹资额	13	13	0	中势

5. 重庆市知识经济竞争力指标排名变化情况

表22-9 2011～2012年重庆市知识经济竞争力指标组排位及变化趋势表

指 标	2011年	2012年	排位升降	优劣势
5 知识经济竞争力	22	20	2	中势
5.1 科技竞争力	17	16	1	中势
R&D人员	20	21	-1	劣势
R&D经费	18	17	1	中势
R&D经费投入强度	13	13	0	中势
高技术产业规模以上企业产值	19	15	4	中势
高技术产业规模以上企业产值占GDP比重	16	10	6	优势
高技术产品出口额	10	8	2	优势
发明专利申请授权量	17	15	2	中势
技术市场成交合同金额	11	16	-5	中势
5.2 教育竞争力	27	24	3	劣势
教育经费	21	21	0	劣势
教育经费占GDP比重	12	14	-2	中势
人均教育经费	15	15	0	中势
公共教育经费占财政支出比重	29	29	0	劣势
人均文化教育支出占个人消费支出比重	29	30	-1	劣势
万人中小学学校数	18	18	0	中势
万人中小学专任教师数	21	21	0	劣势
高等学校数	21	21	0	劣势
高校专任教师数	21	20	1	中势
万人高等学校在校学生数	9	9	0	优势
5.3 文化竞争力	22	24	-2	劣势
文化产业增加值	19	22	-3	劣势
图书和期刊出版数	17	18	-1	中势
报纸出版数	22	22	0	劣势
出版印刷工业销售产值	17	17	0	中势
城镇居民人均文化娱乐支出	16	22	-6	劣势
农村居民人均文化娱乐支出	18	17	1	中势
城镇居民人均文化娱乐支出占消费性支出比重	27	30	-3	劣势
农村居民人均文化娱乐支出占消费性支出比重	10	9	1	优势

6. 重庆市发展环境竞争力指标排名变化情况

表 22 – 10　2011~2012 年重庆市发展环境竞争力指标组排位及变化趋势表

指标	2011 年	2012 年	排位升降	优劣势
6　发展环境竞争力	19	9	10	优势
6.1　基础设施竞争力	16	16	0	中势
铁路网线密度	20	18	2	中势
公路网线密度	4	4	0	优势
人均内河航道里程	4	4	0	优势
全社会旅客周转量	18	17	1	中势
全社会货物周转量	19	19	0	中势
人均邮电业务总量	19	17	2	中势
万户移动电话数	28	30	–2	劣势
万户上网用户数	16	15	1	中势
人均耗电量	22	23	–1	劣势
6.2　软环境竞争力	26	4	22	优势
外资企业数增长率	29	1	28	强势
万人外资企业数	16	14	2	中势
个体私营企业数增长率	23	21	2	劣势
万人个体私营企业数	12	12	0	中势
万人商标注册件数	8	7	1	优势
查处商标侵权假冒案件	4	5	–1	优势
每十万人交通事故发生数	22	22	0	劣势
罚没收入占财政收入比重	5	5	0	优势
食品安全事故数	28	5	23	优势

7. 重庆市政府作用竞争力指标排名变化情况

表 22 – 11　2011~2012 年重庆市政府作用竞争力指标组排位及变化趋势表

指标	2011 年	2012 年	排位升降	优劣势
7　政府作用竞争力	23	24	–1	劣势
7.1　政府发展经济竞争力	17	19	–2	中势
财政支出用于基本建设投资比重	10	21	–11	劣势
财政支出对 GDP 增长的拉动	23	23	0	劣势
政府公务员对经济的贡献	11	10	1	优势
政府消费对民间消费的拉动	12	11	1	中势
财政投资对社会投资的拉动	23	12	11	中势
7.2　政府规调经济竞争力	29	28	1	劣势
物价调控	12	12	0	中势
调控城乡消费差距	30	30	0	劣势
统筹经济社会发展	14	11	3	中势
规范税收	31	31	0	劣势
人口控制	12	13	–1	中势

指　　标	2011 年	2012 年	排位升降	优劣势
7.3　政府保障经济竞争力	21	13	8	中势
城市城镇社区服务设施数	11	14	－3	中势
医疗保险覆盖率	23	20	3	中势
养老保险覆盖率	18	14	4	中势
失业保险覆盖率	22	14	8	中势
下岗职工再就业率	20	11	9	中势
城镇登记失业率	14	13	1	中势

8. 重庆市发展水平竞争力指标排名变化情况

表 22 - 12　2011～2012 年重庆市发展水平竞争力指标组排位及变化趋势表

指　　标	2011 年	2012 年	排位升降	优劣势
8　发展水平竞争力	9	8	1	优势
8.1　工业化进程竞争力	14	13	1	中势
工业增加值占 GDP 比重	9	18	－9	中势
工业增加值增长率	9	25	－16	劣势
高新技术产业占工业总产值比重	16	8	8	优势
工业从业人员比重	17	19	－2	中势
工业从业人员增长率	30	6	24	优势
霍夫曼系数	17	15	2	中势
8.2　城市化进程竞争力	9	8	1	优势
城镇化率	11	10	1	优势
城镇居民人均可支配收入	11	11	0	中势
城市平均建成区面积	17	19	－2	中势
人均拥有道路面积	28	28	0	劣势
人均日生活用水量	20	18	2	中势
人均居住面积	16	8	8	优势
人均公共绿地面积	1	1	0	强势
8.3　市场化进程竞争力	3	9	－6	优势
非公有制经济产值占全社会总产值的比重	14	14	0	中势
社会投资占投资总资金的比重	22	23	－1	劣势
非国有单位从业人员占城镇从业人员比重	3	5	－2	优势
亿元以上商品市场成交额	10	8	2	优势
亿元以上商品市场成交额占全社会消费品零售总额比重	4	4	0	优势
全社会消费品零售总额占工农总产值比重	6	6	0	优势

9. 重庆市统筹协调竞争力指标排名变化情况

表 22 - 13　2011~2012 年重庆市统筹协调竞争力指标组排位及变化趋势表

指　　标	2011 年	2012 年	排位升降	优劣势
9　统筹协调竞争力	17	19	-2	中势
9.1　统筹发展竞争力	8	7	1	优势
社会劳动生产率	15	14	1	中势
社会劳动生产率增速	2	2	0	强势
万元 GDP 综合能耗	18	18	0	中势
非农用地产出率	12	12	0	中势
生产税净额和营业盈余占 GDP 比重	25	22	3	劣势
最终消费率	18	18	0	中势
固定资产投资额占 GDP 比重	23	20	3	中势
固定资产交付使用率	15	12	3	中势
9.2　协调发展竞争力	24	26	-2	劣势
环境竞争力与宏观经济竞争力比差	15	20	-5	中势
资源竞争力与宏观经济竞争力比差	25	24	1	劣势
人力资源竞争力与宏观经济竞争力比差	2	6	-4	优势
资源竞争力与工业竞争力比差	13	14	-1	中势
环境竞争力与工业竞争力比差	29	28	1	劣势
城乡居民家庭人均收入比差	22	22	0	劣势
城乡居民人均生活消费支出比差	30	30	0	劣势
全社会消费品零售总额与外贸出口总额比差	20	23	-3	劣势

四川省经济综合竞争力评价分析报告

四川省简称川或蜀，地处长江上游，北与青海省、甘肃省、陕西省相接，东与重庆市相连，南与贵州省、云南省为邻，西与西藏自治区交界。全省面积为48.5万平方公里，物产丰富，素有"天府之国"美称。2012年全省总人口为8076万人，地区生产总值达23873亿元，同比增长12.6%，人均GDP达29608元。本部分通过分析"十二五"中期四川省经济综合竞争力以及各要素竞争力的排名变化，从中找出四川省经济综合竞争力的推动点及影响因素，为进一步提升四川省经济综合竞争力提供决策参考。

23.1 四川省经济综合竞争力总体分析

1. 四川省经济综合竞争力一级指标概要分析

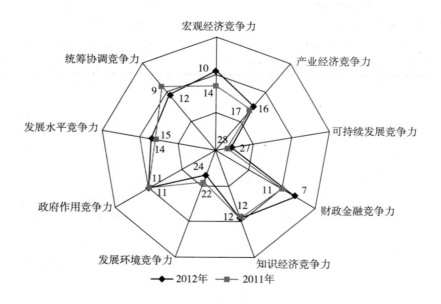

图23-1 2011~2012年四川省经济综合竞争力二级指标比较雷达图

表23-1　2011~2012年四川省经济综合竞争力二级指标比较表

年份\项目	宏观经济竞争力	产业经济竞争力	可持续发展竞争力	财政金融竞争力	知识经济竞争力	发展环境竞争力	政府作用竞争力	发展水平竞争力	统筹协调竞争力	综合排位
2011	14	17	28	11	12	22	11	15	9	11
2012	10	16	27	7	12	24	11	14	12	10
升降	4	1	1	4	0	-2	0	1	-3	1
优劣度	优势	中势	劣势	优势	中势	劣势	中势	中势	中势	优势

（1）从综合排位的变化比较看，2012年四川省经济综合竞争力综合排位在全国处于第10位，表明其在全国处于优势地位；与2011年相比，综合排位上升了1位。

（2）从指标所处区位看，处于上游区的指标有2个，为宏观经济竞争力、财政金融竞争力，均是优势指标；处于中游的指标有5个，为产业经济竞争力、知识经济竞争力、政府作用竞争力、发展水平竞争力、统筹协调竞争力；劣势指标2个，为可持续发展竞争力、发展环境竞争力。

（3）从指标变化趋势看，9个二级指标中，有5个指标处于上升趋势，为宏观经济竞争力、产业经济竞争力、可持续发展竞争力、财政金融竞争力和发展水平竞争力，这些是四川省经济综合竞争力的上升动力所在；有2个指标排位没有发生变化，为知识经济竞争力、政府作用竞争力；有2个指标出现了下降，为发展环境竞争力和统筹协调竞争力，这是四川省经济综合竞争力的下降拉力所在。

2. 四川省经济综合竞争力各级指标动态变化分析

表23-2　2011~2012年四川省经济综合竞争力各级指标排位变化态势比较表

二级指标	三级指标	四级指标数	上升		保持		下降		变化趋势
			指标数	比重（%）	指标数	比重（%）	指标数	比重（%）	
宏观经济竞争力	经济实力竞争力	12	5	41.7	3	25.0	4	33.3	上升
	经济结构竞争力	6	2	33.3	3	50.0	1	16.7	下降
	经济外向度竞争力	9	2	22.2	1	11.1	6	66.7	下降
	小　计	27	9	33.3	7	25.9	11	40.7	上升
产业经济竞争力	农业竞争力	12	2	16.7	6	50.0	4	33.3	下降
	工业竞争力	10	4	40.0	5	50.0	1	10.0	上升
	服务业竞争力	9	8	88.9	0	0.0	1	11.1	上升
	企业竞争力	10	6	60.0	1	10.0	3	30.0	上升
	小　计	41	20	48.8	12	29.3	9	22.0	上升
可持续发展竞争力	资源竞争力	9	1	11.1	8	88.9	0	0.0	上升
	环境竞争力	8	4	50.0	2	25.0	2	25.0	上升
	人力资源竞争力	8	2	25.0	5	62.5	1	12.5	上升
	小　计	25	7	28.0	15	60.0	3	12.0	上升

续表

二级指标	三级指标	四级指标数	上升		保持		下降		变化趋势
			指标数	比重（%）	指标数	比重（%）	指标数	比重（%）	
财政金融竞争力	财政竞争力	12	2	16.7	4	33.3	6	50.0	上升
	金融竞争力	10	2	20.0	6	60.0	2	20.0	保持
	小　计	22	4	18.2	10	45.5	8	36.4	上升
知识经济竞争力	科技竞争力	8	4	50.0	1	12.5	3	37.5	上升
	教育竞争力	10	4	40.0	3	30.0	3	30.0	下降
	文化竞争力	8	5	62.5	2	25.0	1	12.5	上升
	小　计	26	13	50.0	6	23.1	7	26.9	保持
发展环境竞争力	基础设施竞争力	9	1	11.1	6	66.7	2	22.2	保持
	软环境竞争力	9	4	44.4	2	22.2	3	33.3	下降
	小　计	18	5	27.8	8	44.4	5	27.8	下降
政府作用竞争力	政府发展经济竞争力	5	2	40.0	1	20.0	2	40.0	上升
	政府规调经济竞争力	5	4	80.0	1	20.0	0	0.0	下降
	政府保障经济竞争力	6	4	66.7	1	16.7	1	16.7	保持
	小　计	16	10	62.5	3	18.8	3	18.8	保持
发展水平竞争力	工业化进程竞争力	6	3	50.0	0	0.0	3	50.0	上升
	城市化进程竞争力	7	4	57.1	2	28.6	1	14.3	保持
	市场化进程竞争力	6	2	33.3	0	0.0	4	66.7	下降
	小　计	19	9	47.4	2	10.5	8	42.1	上升
统筹协调竞争力	统筹发展竞争力	8	2	25.0	3	37.5	3	37.5	下降
	协调发展竞争力	8	2	25.0	4	50.0	2	25.0	上升
	小　计	16	4	25.0	7	43.8	5	31.3	下降
合　计		210	81	38.6	70	33.3	59	28.1	上升

从表 23－2 可以看出，210 个四级指标中，上升指标有 81 个，占指标总数的 38.6%；下降指标有 59 个，占指标总数的 28.1%；保持指标有 70 个，占指标总数的 33.3%。综上所述，上升的动力大于下降的拉力，使得 2012 年四川省经济综合竞争力排位上升了 1 位。

3. 四川省经济综合竞争力各级指标优劣势结构分析

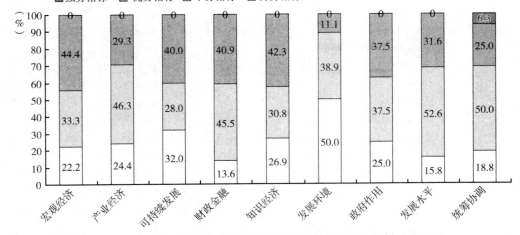

图 23－2　2012 年四川省经济综合竞争力各级指标优劣势比较图

表 23 - 3　2012 年四川省经济综合竞争力各级指标优劣势比较表

二级指标	三级指标	四级指标数	强势指标		优势指标		中势指标		劣势指标		优劣势
			个数	比重(%)	个数	比重(%)	个数	比重(%)	个数	比重(%)	
宏观经济竞争力	经济实力竞争力	12	0	0.0	6	50.0	2	16.7	4	33.3	优势
	经济结构竞争力	6	0	0.0	0	0.0	5	83.3	1	16.7	中势
	经济外向度竞争力	9	0	0.0	6	66.7	2	22.2	1	11.1	中势
	小　计	27	0	0.0	12	44.4	9	33.3	6	22.2	优势
产业经济竞争力	农业竞争力	12	0	0.0	2	16.7	6	50.0	4	33.3	中势
	工业竞争力	10	0	0.0	3	30.0	4	40.0	3	30.0	中势
	服务业竞争力	9	0	0.0	4	44.4	3	33.3	2	22.2	优势
	企业竞争力	10	0	0.0	3	30.0	6	60.0	1	10.0	劣势
	小　计	41	0	0.0	12	29.3	19	46.3	10	24.4	中势
可持续发展竞争力	资源竞争力	9	0	0.0	7	77.8	1	11.1	1	11.1	中势
	环境竞争力	8	0	0.0	2	25.0	3	37.5	3	37.5	劣势
	人力资源竞争力	8	0	0.0	1	12.5	3	37.5	4	50.0	劣势
	小　计	25	0	0.0	10	40.0	7	28.0	8	32.0	劣势
财政金融竞争力	财政竞争力	12	0	0.0	3	25.0	6	50.0	3	25.0	中势
	金融竞争力	10	0	0.0	6	60.0	4	40.0	0	0.0	优势
	小　计	22	0	0.0	9	40.9	10	45.5	3	13.6	优势
知识经济竞争力	科技竞争力	8	0	0.0	6	75.0	2	25.0	0	0.0	优势
	教育竞争力	10	0	0.0	2	20.0	4	40.0	4	40.0	中势
	文化竞争力	8	0	0.0	3	37.5	2	25.0	3	37.5	中势
	小　计	26	0	0.0	11	42.3	8	30.8	7	26.9	中势
发展环境竞争力	基础设施竞争力	9	0	0.0	2	22.2	0	0.0	7	77.8	劣势
	软环境竞争力	9	0	0.0	0	0.0	7	77.8	2	22.2	中势
	小　计	18	0	0.0	2	11.1	7	38.9	9	50.0	劣势
政府作用竞争力	政府发展经济竞争力	5	0	0.0	2	40.0	2	40.0	1	20.0	中势
	政府规调经济竞争力	5	0	0.0	2	40.0	1	20.0	2	40.0	中势
	政府保障经济竞争力	6	0	0.0	2	33.3	3	50.0	1	16.7	优势
	小　计	16	0	0.0	6	37.5	6	37.5	4	25.0	中势
发展水平竞争力	工业化进程竞争力	6	0	0.0	2	33.3	4	66.7	0	0.0	优势
	城市化进程竞争力	7	0	0.0	3	42.9	2	28.6	2	28.6	中势
	市场化进程竞争力	6	0	0.0	1	16.7	4	66.7	1	16.7	中势
	小　计	19	0	0.0	6	31.6	10	52.6	3	15.8	中势
统筹协调竞争力	统筹发展竞争力	8	1	12.5	1	12.5	4	50.0	2	25.0	中势
	协调发展竞争力	8	0	0.0	3	37.5	4	50.0	1	12.5	优势
	小　计	16	1	6.3	4	25.0	8	50.0	3	18.8	中势
合　计		210	1	0.5	72	34.3	84	40.0	53	25.2	优势

　　基于图 23 - 2 和表 23 - 3，从四级指标来看，强势指标 1 个，占指标总数的 0.5%；优势指标 72 个，占指标总数的 34.3%；中势指标 84 个，占指标总数的 40%；劣势指标

53 个，占指标总数的 25.2%。从三级指标来看，没有强势指标；优势指标 7 个，占三级指标总数的 28%；中势指标 15 个，占三级指标总数的 60%；劣势指标 3 个，占三级指标总数的 12%。反映到二级指标上来，优势指标 2 个，占二级指标总数的 22.2%；中势指标 5 个，占二级指标总数的 55.6%；劣势指标 2 个，占二级指标总数的 22.2%。综合来看，由于中势指标为主体，且三级指标中优势指标明显多于劣势指标，2012 年四川省经济综合竞争力处于优势地位。

4. 四川省经济综合竞争力四级指标优劣势对比分析

表 23 – 4　2012 年四川省经济综合竞争力各级指标优劣势比较表

二级指标	优劣势	四级指标
宏观经济竞争力（27 个）	强势指标	（0 个）
	优势指标	地区生产总值、地区生产总值增长率、财政总收入、财政总收入增长率、固定资产投资额、全社会消费品零售总额、进出口总额、进出口增长率、出口增长率、实际 FDI、对外经济合作完成营业额、对外直接投资（12 个）
	劣势指标	人均地区生产总值、人均财政收入、固定资产投资额增长率、人均固定资产投资额、产业结构优化度、实际 FDI 增长率（6 个）
产业经济竞争力（41 个）	强势指标	（0 个）
	优势指标	农业增加值、乡镇企业总产值、工业增加值、工业资产总额、规模以上工业利润总额、服务业增加值增长率、服务业从业人员数、限额以上批零企业利税率、房地产经营总收入、规模以上工业企业数、规模以上企业平均增加值、中国驰名商标持有量（12 个）
	劣势指标	农业增加值增长率、农民人均纯收入、农产品出口占农林牧渔总产值比重、农村人均用电量、人均工业增加值、工业全员劳动生产率、工业产品销售率、人均服务业增加值、服务业从业人员数增长率、工业企业 R&D 经费投入强度（10 个）
可持续发展竞争力（25 个）	强势指标	（0 个）
	优势指标	人均国土面积、人均年水资源量、耕地面积、人均牧草地面积、主要能源矿产基础储量、人均主要能源矿产基础储量、人均森林储积量、人均废水排放量、人均工业废气排放量、职业学校毕业生数（10 个）
	劣势指标	人均耕地面积、人均治理工业污染投资额、一般工业固体废物综合利用率、自然灾害直接经济损失、人口自然增长率、15 ~ 64 岁人口比例、文盲率、平均受教育程度（8 个）
财政金融竞争力（22 个）	强势指标	（0 个）
	优势指标	地方财政收入、地方财政支出、税收收入占财政总收入比重、存款余额、贷款余额、货币市场融资额、中长期贷款占贷款余额比重、保险费净收入、保险深度（9 个）
	劣势指标	人均地方财政收入、人均地方财政支出、人均税收收入（3 个）

续表

二级指标	优劣势	四级指标
知识经济 竞争力 (26个)	强势 指标	(0个)
	优势 指标	R&D经费、高技术产业规模以上企业产值、高技术产业规模以上企业产值占GDP比重、高技术产品出口额、发明专利申请授权量、技术市场成交合同金额、教育经费、高校专任教师数、文化产业增加值、图书和期刊出版数、报纸出版数(11个)
	劣势 指标	人均教育经费、万人中小学学校数、万人中小学专任教师数、万人高等学校在校学生数、农村居民人均文化娱乐支出、城镇居民人均文化娱乐支出占消费性支出比重、农村居民人均文化娱乐支出占消费性支出比重(7个)
发展环境 竞争力 (18个)	强势 指标	(0个)
	优势 指标	人均内河航道里程、全社会旅客周转量(2个)
	劣势 指标	铁路网线密度、公路网线密度、全社会货物周转量、人均邮电业务总量、万户移动电话数、万户上网用户数、人均耗电量、外资企业数增长率、个体私营企业数增长率(9个)
政府作用 竞争力 (16个)	强势 指标	(0个)
	优势 指标	财政支出用于基本建设投资比重、政府消费对民间消费的拉动、物价调控、人口控制、医疗保险覆盖率、养老保险覆盖率(6个)
	劣势 指标	财政投资对社会投资的拉动、调控城乡消费差距、统筹经济社会发展、城镇登记失业率(4个)
发展水平 竞争力 (19个)	强势 指标	(0个)
	优势 指标	高新技术产业占工业总产值比重、霍夫曼系数、城市平均建成区面积、人均日生活用水量、人均居住面积、全社会消费品零售总额占工农总产值比重(6个)
	劣势 指标	城镇化率、城镇居民人均可支配收入、亿元以上商品市场成交额占全社会消费品零售总额比重(3个)
统筹协调 竞争力 (16个)	强势 指标	固定资产交付使用率(1个)
	优势 指标	社会劳动生产率增速、环境竞争力与宏观经济竞争力比差、人力资源竞争力与宏观经济竞争力比差、环境竞争力与工业竞争力比差(4个)
	劣势 指标	社会劳动生产率、万元GDP综合能耗、城乡居民人均生活消费支出比差(3个)

23.2 四川省经济综合竞争力各级指标具体分析

1. 四川省宏观经济竞争力指标排名变化情况

表 23－5 2011～2012 年四川省宏观经济竞争力指标组排位及变化趋势表

指 标	2011 年	2012 年	排位升降	优劣势
1 宏观经济竞争力	14	10	4	优势
1.1 经济实力竞争力	19	7	12	优势
地区生产总值	8	8	0	优势
地区生产总值增长率	3	7	－4	优势
人均地区生产总值	25	24	1	劣势
财政总收入	20	4	16	优势
财政总收入增长率	30	4	26	优势
人均财政收入	30	24	6	劣势
固定资产投资额	7	8	－1	优势
固定资产投资额增长率	25	22	3	劣势
人均固定资产投资额	25	26	－1	劣势
全社会消费品零售总额	8	8	0	优势
全社会消费品零售总额增长率	10	19	－9	中势
人均全社会消费品零售总额	20	20	0	中势
1.2 经济结构竞争力	17	18	－1	中势
产业结构优化度	28	28	0	劣势
所有制经济结构优化度	9	12	－3	中势
城乡经济结构优化度	19	19	0	中势
就业结构优化度	19	18	1	中势
资本形成结构优化度	16	13	3	中势
贸易结构优化度	16	16	0	中势
1.3 经济外向度竞争力	10	12	－2	中势
进出口总额	11	10	1	优势
进出口增长率	7	9	－2	优势
出口总额	10	11	－1	中势
出口增长率	5	7	－2	优势
实际 FDI	8	10	－2	优势
实际 FDI 增长率	5	27	－22	劣势
外贸依存度	15	16	－1	中势
对外经济合作完成营业额	5	5	0	优势
对外直接投资	14	10	4	优势

2. 四川省产业经济竞争力指标排名变化情况

表 23 - 6　2011～2012 年四川省产业经济竞争力指标组排位及变化趋势表

指　　标	2011 年	2012 年	排位升降	优劣势
2　产业经济竞争力	17	16	1	中势
2.1　农业竞争力	13	14	-1	中势
农业增加值	4	4	0	优势
农业增加值增长率	15	21	-6	劣势
人均农业增加值	15	14	1	中势
乡镇企业总产值	10	8	2	优势
农民人均纯收入	21	21	0	劣势
农民人均纯收入增长率	6	13	-7	中势
农产品出口占农林牧渔总产值比重	26	28	-2	劣势
人均主要农产品产量	15	15	0	中势
农业劳动生产率	20	20	0	中势
农村人均固定资产原值	17	17	0	中势
农村人均用电量	22	23	-1	劣势
财政支农资金比重	12	12	0	中势
2.2　工业竞争力	16	13	3	中势
工业增加值	8	8	0	优势
工业增加值增长率	11	11	0	中势
人均工业增加值	25	23	2	劣势
工业资产总额	9	9	0	优势
工业资产总额增长率	16	16	0	中势
工业资产总贡献率	15	15	0	中势
规模以上工业利润总额	10	8	2	优势
工业全员劳动生产率	25	24	1	劣势
工业成本费用利润率	14	11	3	中势
工业产品销售率	17	22	-5	劣势
2.3　服务业竞争力	9	8	1	优势
服务业增加值	12	11	1	中势
服务业增加值增长率	14	8	6	优势
人均服务业增加值	25	24	1	劣势
服务业从业人员数	6	5	1	优势
服务业从业人员数增长率	24	21	3	劣势
限额以上批零企业利税率	9	8	1	优势
限额以上餐饮企业利税率	10	11	-1	中势
旅游外汇收入	19	18	1	中势
房地产经营总收入	8	7	1	优势

续表

指　　标	2011 年	2012 年	排位升降	优劣势
2.4　企业竞争力	25	23	2	劣势
规模以上工业企业数	10	10	0	优势
规模以上企业平均资产	19	18	1	中势
规模以上企业平均增加值	9	10	−1	优势
流动资金周转次数	10	14	−4	中势
规模以上企业平均利润	21	18	3	中势
规模以上企业销售利税率	15	12	3	中势
规模以上企业平均所有者权益	19	18	1	中势
优等品率	13	20	−7	中势
工业企业 R&D 经费投入强度	25	21	4	劣势
中国驰名商标持有量	9	8	1	优势

3. 四川省可持续发展竞争力指标排名变化情况

表 23 – 7　2011 ~ 2012 年四川省可持续发展竞争力指标组排位及变化趋势表

指　　标	2011 年	2012 年	排位升降	优劣势
3　可持续发展竞争力	28	27	1	劣势
3.1　资源竞争力	21	18	3	中势
人均国土面积	10	10	0	优势
人均可使用海域和滩涂面积	13	13	0	中势
人均年水资源量	9	9	0	优势
耕地面积	7	7	0	优势
人均耕地面积	22	22	0	劣势
人均牧草地面积	7	7	0	优势
主要能源矿产基础储量	7	7	0	优势
人均主要能源矿产基础储量	12	6	6	优势
人均森林储积量	6	6	0	优势
3.2　环境竞争力	28	27	1	劣势
森林覆盖率	14	14	0	中势
人均废水排放量	7	6	1	优势
人均工业废气排放量	5	4	1	优势
人均工业固体废物排放量	15	13	2	中势
人均治理工业污染投资额	22	27	−5	劣势
一般工业固体废物综合利用率	28	27	1	劣势
生活垃圾无害化处理率	12	17	−5	中势
自然灾害直接经济损失	31	31	0	劣势

续表

指　标	2011 年	2012 年	排位升降	优劣势
3.3　人力资源竞争力	23	17	6	中势
人口自然增长率	25	26	−1	劣势
15~64 岁人口比例	24	24	0	劣势
文盲率	24	24	0	劣势
大专以上教育程度人口比例	21	15	6	中势
平均受教育程度	26	24	2	劣势
人口健康素质	19	19	0	中势
人力资源利用率	11	11	0	中势
职业学校毕业生数	5	5	0	优势

4. 四川省财政金融竞争力指标排名变化情况

表 23-8　2011~2012 年四川省财政金融竞争力指标组排位及变化趋势表

指　标	2011 年	2012 年	排位升降	优劣势
4　财政金融竞争力	11	7	4	优势
4.1　财政竞争力	17	13	4	中势
地方财政收入	8	8	0	优势
地方财政支出	4	4	0	优势
地方财政收入占 GDP 比重	16	18	−2	中势
地方财政支出占 GDP 比重	11	15	−4	中势
税收收入占 GDP 比重	17	18	−1	中势
税收收入占财政总收入比重	4	4	0	优势
人均地方财政收入	21	22	−1	劣势
人均地方财政支出	23	23	0	劣势
人均税收收入	20	22	−2	劣势
地方财政收入增速	15	17	−2	中势
地方财政支出增速	31	20	11	中势
税收收入增速	13	12	1	中势
4.2　金融竞争力	7	7	0	优势
存款余额	7	7	0	优势
人均存款余额	19	19	0	中势
贷款余额	8	8	0	优势
人均贷款余额	20	20	0	中势
货币市场融资额	29	7	22	优势
中长期贷款占贷款余额比重	7	10	−3	优势
保险费净收入	6	6	0	优势
保险密度	9	11	−2	中势
保险深度	4	4	0	优势
人均证券市场筹资额	22	19	3	中势

5. 四川省知识经济竞争力指标排名变化情况

表 23 – 9　2011～2012 年四川省知识经济竞争力指标组排位及变化趋势表

指　　　标	2011 年	2012 年	排位升降	优劣势
5　知识经济竞争力	12	12	0	中势
5.1　科技竞争力	9	8	1	优势
R&D 人员	10	11	− 1	中势
R&D 经费	10	10	0	优势
R&D 经费投入强度	11	12	− 1	中势
高技术产业规模以上企业产值	9	6	3	优势
高技术产业规模以上企业产值占 GDP 比重	8	7	1	优势
高技术产品出口额	9	5	4	优势
发明专利申请授权量	7	10	− 3	优势
技术市场成交合同金额	12	10	2	优势
5.2　教育竞争力	10	13	− 3	中势
教育经费	6	6	0	优势
教育经费占 GDP 比重	9	15	− 6	中势
人均教育经费	21	25	− 4	劣势
公共教育经费占财政支出比重	13	19	− 6	中势
人均文化教育支出占个人消费支出比重	26	20	6	中势
万人中小学学校数	23	22	1	劣势
万人中小学专任教师数	24	23	1	劣势
高等学校数	12	11	1	中势
高校专任教师数	6	6	0	优势
万人高等学校在校学生数	24	24	0	劣势
5.3　文化竞争力	15	14	1	中势
文化产业增加值	5	4	1	优势
图书和期刊出版数	8	10	− 2	优势
报纸出版数	8	8	0	优势
出版印刷工业销售产值	16	15	1	中势
城镇居民人均文化娱乐支出	22	17	5	中势
农村居民人均文化娱乐支出	24	23	1	劣势
城镇居民人均文化娱乐支出占消费性支出比重	25	22	3	劣势
农村居民人均文化娱乐支出占消费性支出比重	22	22	0	劣势

6. 四川省发展环境竞争力指标排名变化情况

表 23 - 10　2011 ~ 2012 年四川省发展环境竞争力指标组排位及变化趋势表

指　　标	2011 年	2012 年	排位升降	优劣势
6　发展环境竞争力	22	24	−2	劣势
6.1　基础设施竞争力	23	23	0	劣势
铁路网线密度	26	26	0	劣势
公路网线密度	21	21	0	劣势
人均内河航道里程	6	7	−1	优势
全社会旅客周转量	10	10	0	优势
全社会货物周转量	21	21	0	劣势
人均邮电业务总量	21	21	0	劣势
万户移动电话数	27	26	1	劣势
万户上网用户数	25	25	0	劣势
人均耗电量	25	27	−2	劣势
6.2　软环境竞争力	14	17	−3	中势
外资企业数增长率	28	22	6	劣势
万人外资企业数	18	18	0	中势
个体私营企业数增长率	4	28	−24	劣势
万人个体私营企业数	16	16	0	中势
万人商标注册件数	13	12	1	中势
查处商标侵权假冒案件	16	20	−4	中势
每十万人交通事故发生数	15	12	3	中势
罚没收入占财政收入比重	13	12	1	中势
食品安全事故数	15	16	−1	中势

7. 四川省政府作用竞争力指标排名变化情况

表 23 - 11　2011 ~ 2012 年四川省政府作用竞争力指标组排位及变化趋势表

指　　标	2011 年	2012 年	排位升降	优劣势
7　政府作用竞争力	11	11	0	中势
7.1　政府发展经济竞争力	14	11	3	中势
财政支出用于基本建设投资比重	8	5	3	优势
财政支出对 GDP 增长的拉动	21	17	4	中势
政府公务员对经济的贡献	18	18	0	中势
政府消费对民间消费的拉动	5	6	−1	优势
财政投资对社会投资的拉动	22	27	−5	劣势
7.2　政府规调经济竞争力	15	16	−1	中势
物价调控	15	9	6	优势
调控城乡消费差距	22	22	0	劣势
统筹经济社会发展	26	25	1	劣势
规范税收	18	16	2	中势
人口控制	11	9	2	优势

续表

指 标	2011 年	2012 年	排位升降	优劣势
7.3 政府保障经济竞争力	10	10	0	优势
城市城镇社区服务设施数	12	11	1	中势
医疗保险覆盖率	8	7	1	优势
养老保险覆盖率	7	7	0	优势
失业保险覆盖率	17	15	2	中势
下岗职工再就业率	9	14	−5	中势
城镇登记失业率	29	27	2	劣势

8. 四川省发展水平竞争力指标排名变化情况

表 23－12　2011～2012 年四川省发展水平竞争力指标组排位及变化趋势表

指 标	2011 年	2012 年	排位升降	优劣势
8 发展水平竞争力	15	14	1	中势
8.1 工业化进程竞争力	10	8	2	优势
工业增加值占 GDP 比重	17	16	1	中势
工业增加值增长率	6	11	−5	中势
高新技术产业占工业总产值比重	8	6	2	优势
工业从业人员比重	15	14	1	中势
工业从业人员增长率	12	17	−5	中势
霍夫曼系数	7	10	−3	优势
8.2 城市化进程竞争力	20	20	0	中势
城镇化率	25	25	0	劣势
城镇居民人均可支配收入	22	22	0	劣势
城市平均建成区面积	8	7	1	优势
人均拥有道路面积	20	19	1	中势
人均日生活用水量	10	8	2	优势
人均居住面积	14	9	5	优势
人均公共绿地面积	17	20	−3	中势
8.3 市场化进程竞争力	17	18	−1	中势
非公有制经济产值占全社会总产值的比重	10	12	−2	中势
社会投资占投资总资金的比重	17	18	−1	中势
非国有单位从业人员占城镇从业人员比重	10	14	−4	中势
亿元以上商品市场成交额	17	15	2	中势
亿元以上商品市场成交额占全社会消费品零售总额比重	23	24	−1	劣势
全社会消费品零售总额占工农总产值比重	11	7	4	优势

9. 四川省统筹协调竞争力指标排名变化情况

表 23 - 13　2011 ~ 2012 年四川省统筹协调竞争力指标组排位及变化趋势表

指　　标	2011 年	2012 年	排位升降	优劣势
9　统筹协调竞争力	9	12	-3	中势
9.1　统筹发展竞争力	11	15	-4	中势
社会劳动生产率	24	24	0	劣势
社会劳动生产率增速	4	5	-1	优势
万元 GDP 综合能耗	19	21	-2	劣势
非农用地产出率	19	19	0	中势
生产税净额和营业盈余占 GDP 比重	18	18	0	中势
最终消费率	11	13	-2	中势
固定资产投资额占 GDP 比重	16	12	4	中势
固定资产交付使用率	11	3	8	强势
9.2　协调发展竞争力	10	9	1	优势
环境竞争力与宏观经济竞争力比差	6	6	0	优势
资源竞争力与宏观经济竞争力比差	18	20	-2	中势
人力资源竞争力与宏观经济竞争力比差	10	10	0	优势
资源竞争力与工业竞争力比差	18	19	-1	中势
环境竞争力与工业竞争力比差	8	7	1	优势
城乡居民家庭人均收入比差	19	18	1	中势
城乡居民人均生活消费支出比差	22	22	0	劣势
全社会消费品零售总额与外贸出口总额比差	17	17	0	中势

贵州省经济综合竞争力评价分析报告

贵州省简称黔，地处我国西南地区云贵高原，东靠湖南，南邻广西，西毗云南，北连四川和重庆市。全省土地总面积 17.6 万平方公里，山地面积占 80% 以上。2012 年全省总人口为 3484 万人，地区生产总值达 6852 亿元，同比增长 13.6%，人均 GDP 达 19710 元。本部分通过分析"十二五"中期贵州省经济综合竞争力以及各要素竞争力的排名变化，从中找出贵州省经济综合竞争力的推动点及影响因素，为进一步提升贵州省经济综合竞争力提供决策参考。

24.1 贵州省经济综合竞争力总体分析

1. 贵州省经济综合竞争力一级指标概要分析

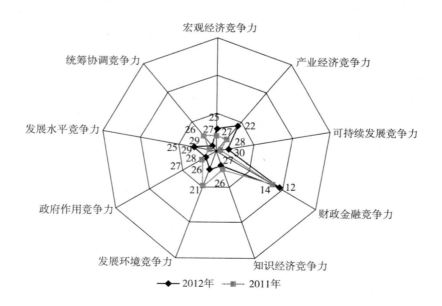

图 24 – 1　2011~2012 年贵州省经济综合竞争力二级指标比较雷达图

表24-1 2011～2012年贵州省经济综合竞争力二级指标比较表

项目 年份	宏观经济竞争力	产业经济竞争力	可持续发展竞争力	财政金融竞争力	知识经济竞争力	发展环境竞争力	政府作用竞争力	发展水平竞争力	统筹协调竞争力	综合排位
2011	27	27	30	14	26	21	27	29	26	27
2012	25	22	28	12	27	26	28	25	29	26
升降	2	5	2	2	-1	-5	-1	4	-3	1
优劣度	劣势	劣势	劣势	中势	劣势	劣势	劣势	劣势	劣势	劣势

（1）从综合排位的变化比较看，2012年贵州省经济综合竞争力综合排位在全国处于第26位，表明其在全国处于劣势地位；与2011年相比，综合排位上升了1位。

（2）从指标所处区位看，没有优势指标，仅有财政金融竞争力1个中势指标，其余8个二级指标均为劣势指标。

（3）从指标变化趋势看，9个二级指标中，有5个指标处于上升趋势，为宏观经济竞争力、产业经济竞争力、可持续发展竞争力、财政金融竞争力和发展水平竞争力，这些是贵州省经济综合竞争力的上升动力所在；4个指标排位出现下降，为知识经济竞争力、发展环境竞争力、政府作用竞争力和统筹协调竞争力，这些是贵州省经济综合竞争力的下降拉力所在。

2. 贵州省经济综合竞争力各级指标动态变化分析

表24-2 2011～2012年贵州省经济综合竞争力各级指标排位变化态势比较表

二级指标	三级指标	四级指标数	上升		保持		下降		变化趋势
			指标数	比重（%）	指标数	比重（%）	指标数	比重（%）	
宏观经济竞争力	经济实力竞争力	12	7	58.3	5	41.7	0	0.0	保持
	经济结构竞争力	6	3	50.0	3	50.0	0	0.0	上升
	经济外向度竞争力	9	5	55.6	2	22.2	2	22.2	上升
	小　计	27	15	55.6	10	37.0	2	7.4	上升
产业经济竞争力	农业竞争力	12	4	33.3	8	66.7	0	0.0	上升
	工业竞争力	10	9	90.0	1	10.0	0	0.0	上升
	服务业竞争力	9	4	44.4	2	22.2	3	33.3	上升
	企业竞争力	10	2	20.0	4	40.0	4	40.0	上升
	小　计	41	19	46.3	15	36.6	7	17.1	上升
可持续发展竞争力	资源竞争力	9	2	22.2	6	66.7	1	11.1	下降
	环境竞争力	8	2	25.0	3	37.5	3	37.5	上升
	人力资源竞争力	8	3	37.5	2	25.0	3	37.5	保持
	小　计	25	7	28.0	11	44.0	7	28.0	上升

续表

二级指标	三级指标	四级指标数	上升		保持		下降		变化趋势
			指标数	比重（%）	指标数	比重（%）	指标数	比重（%）	
财政金融竞争力	财政竞争力	12	6	50.0	6	50.0	0	0.0	上升
	金融竞争力	10	2	20.0	6	60.0	2	20.0	保持
	小 计	22	8	36.4	12	54.5	2	9.1	上升
知识经济竞争力	科技竞争力	8	2	25.0	3	37.5	3	37.5	下降
	教育竞争力	10	1	10.0	5	50.0	4	40.0	下降
	文化竞争力	8	2	25.0	3	37.5	3	37.5	保持
	小 计	26	5	19.2	11	42.3	10	38.5	下降
发展环境竞争力	基础设施竞争力	9	3	33.3	5	55.6	1	11.1	保持
	软环境竞争力	9	3	33.3	2	22.2	4	44.4	下降
	小 计	18	6	33.3	7	38.9	5	27.8	下降
政府作用竞争力	政府发展经济竞争力	5	3	60.0	1	20.0	1	20.0	下降
	政府规调经济竞争力	5	1	20.0	1	20.0	3	60.0	下降
	政府保障经济竞争力	6	3	50.0	2	33.3	1	16.7	保持
	小 计	16	7	43.8	4	25.0	5	31.3	下降
发展水平竞争力	工业化进程竞争力	6	4	66.7	1	16.7	1	16.7	上升
	城市化进程竞争力	7	3	42.9	3	42.9	1	14.3	上升
	市场化进程竞争力	6	4	66.7	1	16.7	1	16.7	下降
	小 计	19	11	57.9	5	26.3	3	15.8	上升
统筹协调竞争力	统筹发展竞争力	8	3	37.5	2	25.0	3	37.5	下降
	协调发展竞争力	8	3	37.5	1	12.5	4	50.0	下降
	小 计	16	6	37.5	3	18.8	7	43.8	下降
合 计		210	84	40.0	78	37.1	48	22.9	上升

从表24－2可以看出，210个四级指标中，上升指标有84个，占指标总数的40%；下降指标有48个，占指标总数的22.9%；保持指标有78个，占指标总数的37.1%。综上所述，上升的动力大于下降的拉力，使得2012年贵州省经济综合竞争力排位上升了1位。

3. 贵州省经济综合竞争力各级指标优劣势结构分析

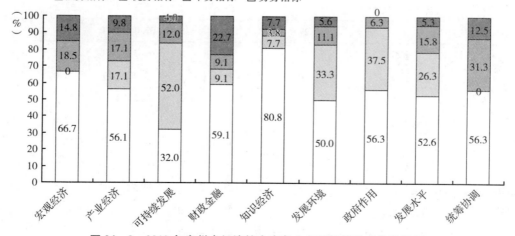

图24－2　2012年贵州省经济综合竞争力各级指标优劣势比较图

表 24 - 3 2012 年贵州省经济综合竞争力各级指标优劣势比较表

二级指标	三级指标	四级指标数	强势指标		优势指标		中势指标		劣势指标		优劣势
			个数	比重(%)	个数	比重(%)	个数	比重(%)	个数	比重(%)	
宏观经济竞争力	经济实力竞争力	12	2	16.7	2	16.7	0	0.0	8	66.7	劣势
	经济结构竞争力	6	0	0.0	2	33.3	0	0.0	4	66.7	劣势
	经济外向度竞争力	9	2	22.2	1	11.1	0	0.0	6	66.7	中势
	小　计	27	4	14.8	5	18.5	0	0.0	18	66.7	劣势
产业经济竞争力	农业竞争力	12	1	8.3	2	16.7	0	0.0	9	75.0	劣势
	工业竞争力	10	1	10.0	2	20.0	2	20.0	5	50.0	劣势
	服务业竞争力	9	1	11.1	2	22.2	1	11.1	5	55.6	中势
	企业竞争力	10	1	10.0	1	10.0	4	40.0	4	40.0	中势
	小　计	41	4	9.8	7	17.1	7	17.1	23	56.1	劣势
可持续发展竞争力	资源竞争力	9	0	0.0	3	33.3	6	66.7	0	0.0	中势
	环境竞争力	8	1	12.5	0	0.0	5	62.5	2	25.0	优势
	人力资源竞争力	8	0	0.0	0	0.0	2	25.0	6	75.0	劣势
	小　计	25	1	4.0	3	12.0	13	52.0	8	32.0	劣势
财政金融竞争力	财政竞争力	12	4	33.3	2	16.7	1	8.3	5	41.7	优势
	金融竞争力	10	1	10.0	0	0.0	1	10.0	8	80.0	劣势
	小　计	22	5	22.7	2	9.1	2	9.1	13	59.1	中势
知识经济竞争力	科技竞争力	8	0	0.0	0	0.0	1	12.5	7	87.5	劣势
	教育竞争力	10	2	20.0	1	10.0	0	0.0	7	70.0	劣势
	文化竞争力	8	0	0.0	0	0.0	1	12.5	7	87.5	劣势
	小　计	26	2	7.7	1	3.8	2	7.7	21	80.8	劣势
发展环境竞争力	基础设施竞争力	9	0	0.0	0	0.0	4	44.4	5	55.6	劣势
	软环境竞争力	9	1	11.1	2	22.2	2	22.2	4	44.4	中势
	小　计	18	1	5.6	2	11.1	6	33.3	9	50.0	劣势
政府作用竞争力	政府发展经济竞争力	5	0	0.0	0	0.0	2	40.0	3	60.0	劣势
	政府规调经济竞争力	5	0	0.0	0	0.0	2	40.0	3	60.0	劣势
	政府保障经济竞争力	6	0	0.0	1	16.7	2	33.3	3	50.0	劣势
	小　计	16	0	0.0	1	6.3	6	37.5	9	56.3	劣势
发展水平竞争力	工业化进程竞争力	6	1	16.7	2	33.3	1	16.7	2	33.3	中势
	城市化进程竞争力	7	0	0.0	0	0.0	2	28.6	5	71.4	劣势
	市场化进程竞争力	6	0	0.0	1	16.7	2	33.3	3	50.0	劣势
	小　计	19	1	5.3	3	15.8	5	26.3	10	52.6	劣势
统筹协调竞争力	统筹发展竞争力	8	1	12.5	2	25.0	0	0.0	5	62.5	劣势
	协调发展竞争力	8	1	12.5	3	37.5	0	0.0	4	50.0	劣势
	小　计	16	2	12.5	5	31.3	0	0.0	9	56.3	劣势
合　计		210	20	9.5	29	13.8	41	19.5	120	57.1	劣势

基于图 24 - 2 和表 24 - 3，从四级指标来看，强势指标 20 个，占指标总数的 9.5%；优势指标 29 个，占指标总数的 13.8%；中势指标 41 个，占指标总数的 19.5%；劣势指

标 120 个，占指标总数的 57.1%。从三级指标来看，没有强势指标；优势指标 2 个，占三级指标总数的 8%；中势指标 6 个，占三级指标总数的 24%；劣势指标 17 个，占三级指标总数的 68%。反映到二级指标上来，没有强势指标和优势指标；中势指标有 1 个，占二级指标总数的 11.1%；劣势指标有 8 个，占二级指标总数的 88.9%。综合来看，由于劣势指标在指标体系中居于主导地位，2012 年贵州省经济综合竞争力处于劣势地位。

4. 贵州省经济综合竞争力四级指标优劣势对比分析

表 24-4　2012 年贵州省经济综合竞争力各级指标优劣势比较表

二级指标	优劣势	四级指标
宏观经济竞争力（27 个）	强势指标	地区生产总值增长率、固定资产投资额增长率、出口增长率、实际 FDI 增长率（4 个）
	优势指标	财政总收入增长率、全社会消费品零售总额增长率、产业结构优化度、资本形成结构优化度、进出口增长率（5 个）
	劣势指标	地区生产总值、人均地区生产总值、财政总收入、人均财政收入、固定资产投资额、人均固定资产投资额、全社会消费品零售总额、人均全社会消费品零售总额、所有制经济结构优化度、城乡经济结构优化度、就业结构优化度、贸易结构优化度、进出口总额、出口总额、实际 FDI、外贸依存度、对外经济合作完成营业额、对外直接投资（18 个）
产业经济竞争力（41 个）	强势指标	农业增加值增长率、工业增加值增长率、限额以上批零企业利税率、优等品率（4 个）
	优势指标	农民人均纯收入增长率、财政支农资金比重、工业资产总额增长率、工业成本费用利润率、服务业增加值增长率、限额以上餐饮企业利税率、规模以上企业销售利税率（7 个）
	劣势指标	农业增加值、人均农业增加值、乡镇企业总产值、农民人均纯收入、农产品出口占农林牧渔总产值比重、人均主要农产品产量、农业劳动生产率、农村人均固定资产原值、农村人均用电量、工业增加值、人均工业增加值、工业资产总额、规模以上工业利润总额、工业产品销售率、服务业增加值、人均服务业增加值、服务业从业人员数、旅游外汇收入、房地产经营总收入、规模以上工业企业数、规模以上企业平均增加值、流动资金周转次数、中国驰名商标持有量（23 个）
可持续发展竞争力（25 个）	强势指标	人均废水排放量（1 个）
	优势指标	人均耕地面积、人均牧草地面积、主要能源矿产基础储量（3 个）
	劣势指标	人均工业废气排放量、人均工业固体废物排放量、15~64 岁人口比例、文盲率、大专以上教育程度人口比例、平均受教育程度、人口健康素质、职业学校毕业生数（8 个）
财政金融竞争力（22 个）	强势指标	地方财政支出占 GDP 比重、地方财政收入增速、地方财政支出增速、税收收入增速、中长期贷款占贷款余额比重（5 个）
	优势指标	地方财政收入占 GDP 比重、税收收入占 GDP 比重（2 个）
	劣势指标	地方财政收入、地方财政支出、税收收入占财政总收入比重、人均地方财政收入、人均税收收入、存款余额、人均存款余额、贷款余额、人均贷款余额、货币市场融资额、保险费净收入、保险密度、人均证券市场筹资额（13 个）

二级指标	优劣势	四级指标
知识经济 竞争力 （26个）	强势 指标	教育经费占 GDP 比重、万人中小学学校数（2个）
	优势 指标	万人中小学专任教师数（1个）
	劣势 指标	R&D 人员、R&D 经费、R&D 经费投入强度、高技术产业规模以上企业产值、高技术产品出口额、发明专利申请授权量、技术市场成交合同金额、教育经费、人均教育经费、公共教育经费占财政支出比重、人均文化教育支出占个人消费支出比重、高等学校数、高校专任教师数、万人高等学校在校学生数、文化产业增加值、图书和期刊出版数、报纸出版数、出版印刷工业销售产值、城镇居民人均文化娱乐支出、农村居民人均文化娱乐支出、农村居民人均文化娱乐支出占消费性支出比重（21个）
发展环境 竞争力 （18个）	强势 指标	每十万人交通事故发生数（1个）
	优势 指标	查处商标侵权假冒案件、食品安全事故数（2个）
	劣势 指标	铁路网线密度、全社会货物周转量、人均邮电业务总量、万户移动电话数、万户上网用户数、外资企业数增长率、万人外资企业数、万人个体私营企业数、万人商标注册件数（9个）
政府作用 竞争力 （16个）	强势 指标	（0个）
	优势 指标	城市城镇社区服务设施数（1个）
	劣势 指标	财政支出对 GDP 增长的拉动、政府公务员对经济的贡献、财政投资对社会投资的拉动、调控城乡消费差距、统筹经济社会发展、人口控制、医疗保险覆盖率、养老保险覆盖率、失业保险覆盖率（9个）
发展水平 竞争力 （19个）	强势 指标	工业增加值增长率（1个）
	优势 指标	工业从业人员增长率、霍夫曼系数、全社会消费品零售总额占工农总产值比重（3个）
	劣势 指标	工业增加值占 GDP 比重、工业从业人员比重、城镇化率、城镇居民人均可支配收入、城市平均建成区面积、人均拥有道路面积、人均公共绿地面积、非公有制经济产值占全社会总产值的比重、社会投资占投资总资金的比重、亿元以上商品市场成交额（10个）
统筹协调 竞争力 （16个）	强势 指标	社会劳动生产率增速、人力资源竞争力与宏观经济竞争力比差（2个）
	优势 指标	生产税净额和营业盈余占 GDP 比重、最终消费率、资源竞争力与宏观经济竞争力比差、资源竞争力与工业竞争力比差、全社会消费品零售总额与外贸出口总额比差（5个）
	劣势 指标	社会劳动生产率、万元 GDP 综合能耗、非农用地产出率、固定资产投资额占 GDP 比重、固定资产交付使用率、环境竞争力与宏观经济竞争力比差、环境竞争力与工业竞争力比差、城乡居民家庭人均收入比差、城乡居民人均生活消费支出比差（9个）

24.2 贵州省经济综合竞争力各级指标具体分析

1. 贵州省宏观经济竞争力指标排名变化情况

表 24－5 2011～2012 年贵州省宏观经济竞争力指标组排位及变化趋势表

指　　标	2011 年	2012 年	排位升降	优劣势
1　宏观经济竞争力	27	25	2	劣势
1.1　经济实力竞争力	25	25	0	劣势
地区生产总值	26	26	0	劣势
地区生产总值增长率	3	2	1	强势
人均地区生产总值	31	31	0	劣势
财政总收入	24	23	1	劣势
财政总收入增长率	24	6	18	优势
人均财政收入	22	21	1	劣势
固定资产投资额	26	25	1	劣势
固定资产投资额增长率	2	1	1	强势
人均固定资产投资额	31	31	0	劣势
全社会消费品零售总额	25	25	0	劣势
全社会消费品零售总额增长率	9	6	3	优势
人均全社会消费品零售总额	31	31	0	劣势
1.2　经济结构竞争力	29	28	1	劣势
产业结构优化度	4	4	0	优势
所有制经济结构优化度	26	24	2	劣势
城乡经济结构优化度	31	31	0	劣势
就业结构优化度	31	31	0	劣势
资本形成结构优化度	12	8	4	优势
贸易结构优化度	23	21	2	劣势
1.3　经济外向度竞争力	28	14	14	中势
进出口总额	28	28	0	劣势
进出口增长率	4	4	0	优势
出口总额	26	25	1	劣势
出口增长率	4	3	1	强势
实际 FDI	26	25	1	劣势
实际 FDI 增长率	29	2	27	强势
外贸依存度	29	28	1	劣势
对外经济合作完成营业额	24	25	－1	劣势
对外直接投资	28	29	－1	劣势

2. 贵州省产业经济竞争力指标排名变化情况

表 24 - 6　2011 ~ 2012 年贵州省产业经济竞争力指标组排位及变化趋势表

指　　标	2011 年	2012 年	排位升降	优劣势
2　产业经济竞争力	27	22	5	劣势
2.1　农业竞争力	31	29	2	劣势
农业增加值	22	22	0	劣势
农业增加值增长率	29	1	28	强势
人均农业增加值	27	27	0	劣势
乡镇企业总产值	30	30	0	劣势
农民人均纯收入	30	30	0	劣势
农民人均纯收入增长率	13	9	4	优势
农产品出口占农林牧渔总产值比重	23	23	0	劣势
人均主要农产品产量	26	25	1	劣势
农业劳动生产率	31	31	0	劣势
农村人均固定资产原值	25	22	3	劣势
农村人均用电量	27	27	0	劣势
财政支农资金比重	9	9	0	优势
2.2　工业竞争力	30	22	8	劣势
工业增加值	27	26	1	劣势
工业增加值增长率	16	2	14	强势
人均工业增加值	31	29	2	劣势
工业资产总额	27	27	0	劣势
工业资产总额增长率	14	10	4	优势
工业资产总贡献率	22	12	10	中势
规模以上工业利润总额	26	25	1	劣势
工业全员劳动生产率	26	14	12	中势
工业成本费用利润率	7	6	1	优势
工业产品销售率	30	29	1	劣势
2.3　服务业竞争力	15	13	2	中势
服务业增加值	25	25	0	劣势
服务业增加值增长率	1	5	-4	优势
人均服务业增加值	29	28	1	劣势
服务业从业人员数	24	25	-1	劣势
服务业从业人员数增长率	31	17	14	中势
限额以上批零企业利税率	1	2	-1	强势
限额以上餐饮企业利税率	15	10	5	优势
旅游外汇收入	27	27	0	劣势
房地产经营总收入	25	24	1	劣势

续表

指　　标	2011 年	2012 年	排位升降	优劣势
2.4　企业竞争力	20	19	1	中势
规模以上工业企业数	25	25	0	劣势
规模以上企业平均资产	14	15	−1	中势
规模以上企业平均增加值	27	27	0	劣势
流动资金周转次数	23	24	−1	劣势
规模以上企业平均利润	18	11	7	中势
规模以上企业销售利税率	9	6	3	优势
规模以上企业平均所有者权益	15	17	−2	中势
优等品率	1	1	0	强势
工业企业 R&D 经费投入强度	16	17	−1	中势
中国驰名商标持有量	26	26	0	劣势

3. 贵州省可持续发展竞争力指标排名变化情况

表 24 – 7　2011 ~ 2012 年贵州省可持续发展竞争力指标组排位及变化趋势表

指　　标	2011 年	2012 年	排位升降	优劣势
3　可持续发展竞争力	30	28	2	劣势
3.1　资源竞争力	17	19	−2	中势
人均国土面积	13	13	0	中势
人均可使用海域和滩涂面积	13	13	0	中势
人均年水资源量	11	11	0	中势
耕地面积	13	13	0	中势
人均耕地面积	8	8	0	优势
人均牧草地面积	10	10	0	优势
主要能源矿产基础储量	13	10	3	优势
人均主要能源矿产基础储量	8	16	−8	中势
人均森林储积量	15	14	1	中势
3.2　环境竞争力	21	9	12	优势
森林覆盖率	16	16	0	中势
人均废水排放量	2	3	−1	强势
人均工业废气排放量	23	23	0	劣势
人均工业固体废物排放量	21	21	0	劣势
人均治理工业污染投资额	12	15	−3	中势
一般工业固体废物综合利用率	24	19	5	中势
生活垃圾无害化处理率	10	11	−1	中势
自然灾害直接经济损失	29	13	16	中势

续表

指　　　标	2011 年	2012 年	排位升降	优劣势
3.3　人力资源竞争力	30	30	0	劣势
人口自然增长率	10	13	-3	中势
15~64 岁人口比例	31	31	0	劣势
文盲率	30	29	1	劣势
大专以上教育程度人口比例	22	28	-6	劣势
平均受教育程度	30	29	1	劣势
人口健康素质	28	28	0	劣势
人力资源利用率	15	16	-1	中势
职业学校毕业生数	23	22	1	劣势

4. 贵州省财政金融竞争力指标排名变化情况

表 24-8　2011~2012 年贵州省财政金融竞争力指标组排位及变化趋势表

指　　　标	2011 年	2012 年	排位升降	优劣势
4　财政金融竞争力	14	12	2	中势
4.1　财政竞争力	12	6	6	优势
地方财政收入	25	25	0	劣势
地方财政支出	23	22	1	劣势
地方财政收入占 GDP 比重	4	4	0	优势
地方财政支出占 GDP 比重	3	3	0	强势
税收收入占 GDP 比重	6	6	0	优势
税收收入占财政总收入比重	21	21	0	劣势
人均地方财政收入	27	24	3	劣势
人均地方财政支出	19	17	2	中势
人均税收收入	27	27	0	劣势
地方财政收入增速	5	2	3	强势
地方财政支出增速	2	1	1	强势
税收收入增速	11	2	9	强势
4.2　金融竞争力	22	22	0	劣势
存款余额	26	26	0	劣势
人均存款余额	31	31	0	劣势
贷款余额	25	26	-1	劣势
人均贷款余额	29	28	1	劣势
货币市场融资额	23	23	0	劣势
中长期贷款占贷款余额比重	2	2	0	强势
保险费净收入	27	27	0	劣势
保险密度	30	30	0	劣势
保险深度	16	18	-2	中势
人均证券市场筹资额	31	22	9	劣势

5. 贵州省知识经济竞争力指标排名变化情况

表 24 - 9   2011～2012 年贵州省知识经济竞争力指标组排位及变化趋势表

指　　标	2011 年	2012 年	排位升降	优劣势
5　知识经济竞争力	26	27	-1	劣势
5.1　科技竞争力	24	25	-1	劣势
R&D 人员	27	27	0	劣势
R&D 经费	26	26	0	劣势
R&D 经费投入强度	26	28	-2	劣势
高技术产业规模以上企业产值	22	22	0	劣势
高技术产业规模以上企业产值占 GDP 比重	15	19	-4	中势
高技术产品出口额	29	28	1	劣势
发明专利申请授权量	24	22	2	劣势
技术市场成交合同金额	25	26	-1	劣势
5.2　教育竞争力	24	25	-1	劣势
教育经费	23	24	-1	劣势
教育经费占 GDP 比重	2	3	-1	强势
人均教育经费	24	24	0	劣势
公共教育经费占财政支出比重	16	22	-6	劣势
人均文化教育支出占个人消费支出比重	23	25	-2	劣势
万人中小学学校数	2	2	0	强势
万人中小学专任教师数	5	4	1	优势
高等学校数	24	24	0	劣势
高校专任教师数	26	26	0	劣势
万人高等学校在校学生数	30	30	0	劣势
5.3　文化竞争力	26	26	0	劣势
文化产业增加值	27	24	3	劣势
图书和期刊出版数	25	26	-1	劣势
报纸出版数	26	26	0	劣势
出版印刷工业销售产值	24	25	-1	劣势
城镇居民人均文化娱乐支出	24	24	0	劣势
农村居民人均文化娱乐支出	30	30	0	劣势
城镇居民人均文化娱乐支出占消费性支出比重	10	19	-9	中势
农村居民人均文化娱乐支出占消费性支出比重	25	24	1	劣势

6. 贵州省发展环境竞争力指标排名变化情况

表 24－10　2011～2012 年贵州省发展环境竞争力指标组排位及变化趋势表

指　标	2011 年	2012 年	排位升降	优劣势
6　发展环境竞争力	21	26	－5	劣势
6.1　基础设施竞争力	26	26	0	劣势
铁路网线密度	24	24	0	劣势
公路网线密度	13	13	0	中势
人均内河航道里程	11	11	0	中势
全社会旅客周转量	16	16	0	中势
全社会货物周转量	26	26	0	劣势
人均邮电业务总量	29	26	3	劣势
万户移动电话数	22	23	－1	劣势
万户上网用户数	31	29	2	劣势
人均耗电量	18	17	1	中势
6.2　软环境竞争力	9	18	－9	中势
外资企业数增长率	6	26	－20	劣势
万人外资企业数	30	31	－1	劣势
个体私营企业数增长率	8	16	－8	中势
万人个体私营企业数	24	24	0	劣势
万人商标注册件数	29	27	2	劣势
查处商标侵权假冒案件	7	10	－3	优势
每十万人交通事故发生数	1	1	0	强势
罚没收入占财政收入比重	21	17	4	中势
食品安全事故数	8	7	1	优势

7. 贵州省政府作用竞争力指标排名变化情况

表 24－11　2011～2012 年贵州省政府作用竞争力指标组排位及变化趋势表

指　标	2011 年	2012 年	排位升降	优劣势
7　政府作用竞争力	27	28	－1	劣势
7.1　政府发展经济竞争力	25	26	－1·	劣势
财政支出用于基本建设投资比重	16	15	1	中势
财政支出对 GDP 增长的拉动	29	29	0	劣势
政府公务员对经济的贡献	30	29	1	劣势
政府消费对民间消费的拉动	11	12	－1	中势
财政投资对社会投资的拉动	27	23	4	劣势
7.2　政府规调经济竞争力	22	26	－4	劣势
物价调控	5	15	－10	中势
调控城乡消费差距	29	29	0	劣势
统筹经济社会发展	29	27	2	劣势
规范税收	11	15	－4	中势
人口控制	23	24	－1	劣势

指　　标	2011 年	2012 年	排位升降	优劣势
7.3　政府保障经济竞争力	26	26	0	劣势
城市城镇社区服务设施数	8	5	3	优势
医疗保险覆盖率	26	28	-2	劣势
养老保险覆盖率	29	29	0	劣势
失业保险覆盖率	28	28	0	劣势
下岗职工再就业率	19	18	1	中势
城镇登记失业率	18	12	6	中势

8. 贵州省发展水平竞争力指标排名变化情况

表 24 - 12　2011 ~ 2012 年贵州省发展水平竞争力指标组排位及变化趋势表

指　　标	2011 年	2012 年	排位升降	优劣势
8　发展水平竞争力	29	25	4	劣势
8.1　工业化进程竞争力	25	18	7	中势
工业增加值占 GDP 比重	29	29	0	劣势
工业增加值增长率	21	1	20	强势
高新技术产业占工业总产值比重	11	13	-2	中势
工业从业人员比重	30	28	2	劣势
工业从业人员增长率	29	4	25	优势
霍夫曼系数	6	5	1	优势
8.2　城市化进程竞争力	31	29	2	劣势
城镇化率	30	30	0	劣势
城镇居民人均可支配收入	26	26	0	劣势
城市平均建成区面积	27	27	0	劣势
人均拥有道路面积	29	30	-1	劣势
人均日生活用水量	21	19	2	中势
人均居住面积	26	19	7	中势
人均公共绿地面积	30	28	2	劣势
8.3　市场化进程竞争力	24	25	-1	劣势
非公有制经济产值占全社会总产值的比重	23	22	1	劣势
社会投资占投资总资金的比重	26	25	1	劣势
非国有单位从业人员占城镇从业人员比重	17	16	1	中势
亿元以上商品市场成交额	26	26	0	劣势
亿元以上商品市场成交额占全社会消费品零售总额比重	21	20	1	中势
全社会消费品零售总额占工农总产值比重	7	8	-1	优势

9. 贵州省统筹协调竞争力指标排名变化情况

表 24 – 13　2011~2012 年贵州省统筹协调竞争力指标组排位及变化趋势表

指　　标	2011 年	2012 年	排位升降	优劣势
9　统筹协调竞争力	26	29	-3	劣势
9.1　统筹发展竞争力	23	25	-2	劣势
社会劳动生产率	30	29	1	劣势
社会劳动生产率增速	1	1	0	强势
万元 GDP 综合能耗	27	26	1	劣势
非农用地产出率	21	21	0	劣势
生产税净额和营业盈余占 GDP 比重	27	5	22	优势
最终消费率	2	5	-3	优势
固定资产投资额占 GDP 比重	22	25	-3	劣势
固定资产交付使用率	29	30	-1	劣势
9.2　协调发展竞争力	22	23	-1	劣势
环境竞争力与宏观经济竞争力比差	24	26	-2	劣势
资源竞争力与宏观经济竞争力比差	8	10	-2	优势
人力资源竞争力与宏观经济竞争力比差	8	3	5	强势
资源竞争力与工业竞争力比差	3	10	-7	优势
环境竞争力与工业竞争力比差	27	25	2	劣势
城乡居民家庭人均收入比差	31	30	1	劣势
城乡居民人均生活消费支出比差	29	29	0	劣势
全社会消费品零售总额与外贸出口总额比差	7	9	-2	优势

B. 26

25

云南省经济综合竞争力评价分析报告

云南省简称滇或云，位于中国西南地区云贵高原，东部与广西、贵州相连，北部与四川为邻，西北紧靠西藏，西部与缅甸接壤，南与老挝、越南毗邻，是中国通往东南亚、南亚的门户。全省面积 39.4 万平方公里，国境线长 4060 公里。2012 年全省总人口为 4659 万人，地区生产总值达 10309 亿元，同比增长 13.0%，人均 GDP 达 22195 元。本部分通过分析"十二五"中期云南省经济综合竞争力以及各要素竞争力的排名变化，从中找出云南省经济综合竞争力的推动点及影响因素，为进一步提升云南省经济综合竞争力提供决策参考。

25.1 云南省经济综合竞争力总体分析

1. 云南省经济综合竞争力一级指标概要分析

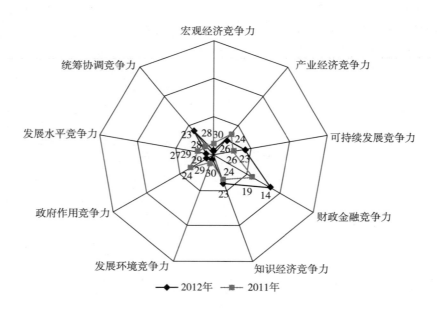

图 25 - 1 2011~2012 年云南省经济综合竞争力二级指标比较雷达图

表 25 - 1 2011 ~ 2012 年云南省经济综合竞争力二级指标比较表

项 目 年 份	宏观经济 竞 争 力	产业经济 竞 争 力	可持续发 展竞争力	财政金融 竞 争 力	知识经济 竞 争 力	发展环境 竞 争 力	政府作用 竞 争 力	发展水平 竞 争 力	统筹协调 竞 争 力	综合 排位
2011	28	24	26	19	24	29	24	27	28	26
2012	30	26	23	14	23	30	29	29	23	29
升降	-2	-2	3	5	1	-1	-5	-2	5	-3
优劣度	劣势	劣势	劣势	中势	劣势	劣势	劣势	劣势	劣势	劣势

（1）从综合排位的变化比较看，2012 年云南省经济综合竞争力综合排位在全国处于第 29 位，表明其在全国处于劣势地位；与 2011 年相比，综合排位下降了 3 位。

（2）从指标所处区位看，没有指标处于上游区；处于中游区的指标有 1 个，为财政金融竞争力；处于下游区的指标有 8 个，为宏观经济竞争力、产业经济竞争力、可持续发展竞争力、知识经济竞争力、发展环境竞争力、政府作用竞争力、发展水平竞争力和统筹协调竞争力。

（3）从指标变化趋势看，9 个二级指标中，有 4 个指标处于上升趋势，为可持续发展竞争力、财政金融竞争力、知识经济竞争力和统筹协调竞争力，这些是云南省经济综合竞争力的上升动力所在；有 5 个指标处于下降趋势，为宏观经济竞争力、产业经济竞争力、发展环境竞争力、政府作用竞争力和发展水平竞争力，这些是云南省经济综合竞争力的下降拉力所在。

2. 云南省经济综合竞争力各级指标动态变化分析

表 25 - 2 2011 ~ 2012 年云南省经济综合竞争力各级指标排位变化态势比较表

二级指标	三级指标	四级 指标数	上升		保持		下降		变化 趋势
			指标 数	比重 （%）	指标 数	比重 （%）	指标 数	比重 （%）	
宏观经济 竞 争 力	经济实力竞争力	12	4	33.3	7	58.3	1	8.3	下降
	经济结构竞争力	6	0	0.0	2	33.3	4	66.7	下降
	经济外向度竞争力	9	5	55.6	3	33.3	1	11.1	上升
	小 计	27	9	33.3	12	44.4	6	22.2	下降
产业经济 竞 争 力	农业竞争力	12	5	41.7	6	50.0	1	8.3	下降
	工业竞争力	10	1	10.0	3	30.0	6	60.0	下降
	服务业竞争力	9	3	33.3	2	22.2	4	44.4	下降
	企业竞争力	10	1	10.0	5	50.0	4	40.0	下降
	小 计	41	10	24.4	16	39.0	15	36.6	下降
可持续发展 竞 争 力	资源竞争力	9	1	11.1	6	66.7	2	22.2	保持
	环境竞争力	8	3	37.5	3	37.5	2	25.0	保持
	人力资源竞争力	8	4	50.0	2	25.0	2	25.0	保持
	小 计	25	8	32.0	11	44.0	6	24.0	上升

二级指标	三级指标	四级指标数	上升		保持		下降		变化趋势
			指标数	比重（%）	指标数	比重（%）	指标数	比重（%）	
财政金融竞争力	财政竞争力	12	6	50.0	3	25.0	3	25.0	上升
	金融竞争力	10	1	10.0	5	50.0	4	40.0	下降
	小　计	22	7	31.8	8	36.4	7	31.8	上升
知识经济竞争力	科技竞争力	8	3	37.5	3	37.5	2	25.0	保持
	教育竞争力	10	1	10.0	8	80.0	1	10.0	下降
	文化竞争力	8	5	62.5	2	25.0	1	12.5	上升
	小　计	26	9	34.6	13	50.0	4	15.4	上升
发展环境竞争力	基础设施竞争力	9	1	11.1	6	66.7	2	22.2	保持
	软环境竞争力	9	5	55.6	0	0	4	44.4	上升
	小　计	18	6	33.3	6	33.3	6	33.3	下降
政府作用竞争力	政府发展经济竞争力	5	2	40.0	2	40.0	1	20.0	上升
	政府规调经济竞争力	5	2	40.0	1	20.0	2	40.0	下降
	政府保障经济竞争力	6	1	16.7	1	16.7	4	66.7	下降
	小　计	16	5	31.3	4	25.0	7	43.8	下降
发展水平竞争力	工业化进程竞争力	6	2	33.3	2	33.3	2	33.3	上升
	城市化进程竞争力	7	2	28.6	1	14.3	4	57.1	下降
	市场化进程竞争力	6	0	0.0	2	33.3	4	66.7	下降
	小　计	19	4	21.1	5	26.3	10	52.6	下降
统筹协调竞争力	统筹发展竞争力	8	4	50.0	0	0.0	4	50.0	上升
	协调发展竞争力	8	3	37.5	2	25.0	3	37.5	上升
	小　计	16	7	43.8	2	12.5	7	43.8	上升
合　计		210	65	30.9	77	36.7	68	32.4	下降

从表 25 - 2 可以看出，210 个四级指标中，上升指标有 65 个，占指标总数的 30.9%；下降指标有 68 个，占指标总数的 32.4%；保持指标有 77 个，占指标总数的 36.7%。综上所述，上升指标和保持指标的比重大于下降指标的比重，但下降的拉力较大，使得 2011~2012 年云南省经济综合竞争力排位下降 3 位。

3. 云南省经济综合竞争力各级指标优劣势结构分析

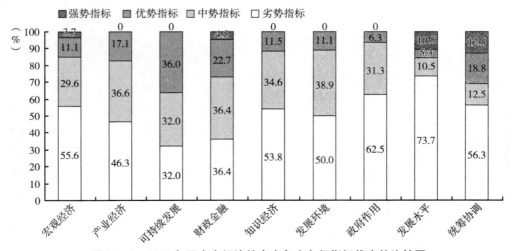

图 25 - 2　2012 年云南省经济综合竞争力各级指标优劣势比较图

表 25 - 3 2012 年云南省省经济综合竞争力各级指标优劣势比较表

二级指标	三级指标	四级指标数	强势指标		优势指标		中势指标		劣势指标		优劣势
			个数	比重（%）	个数	比重（%）	个数	比重（%）	个数	比重（%）	
宏观经济竞争力	经济实力竞争力	12	1	8.3	1	8.3	3	25.0	7	58.3	劣势
	经济结构竞争力	6	0	0.0	0	0.0	1	16.7	5	83.3	劣势
	经济外向度竞争力	9	0	0.0	2	22.2	4	44.4	3	33.3	中势
	小　计	27	1	3.7	3	11.1	8	29.6	15	55.6	劣势
产业经济竞争力	农业竞争力	12	0	0.0	4	33.3	5	41.7	3	25.0	中势
	工业竞争力	10	0	0.0	0	0.0	4	40.0	6	60.0	劣势
	服务业竞争力	9	0	0.0	2	22.2	3	33.3	4	44.4	劣势
	企业竞争力	10	0	0.0	1	10.0	3	30.0	6	60.0	劣势
	小　计	41	0	0.0	7	17.1	15	36.6	19	46.3	劣势
可持续发展竞争力	资源竞争力	9	0	0.0	6	66.7	3	33.3	0	0.0	中势
	环境竞争力	8	0	0.0	2	25.0	2	25.0	4	50.0	中势
	人力资源竞争力	8	0	0.0	1	12.5	3	37.5	4	50.0	劣势
	小　计	25	0	0.0	9	36.0	8	32.0	8	32.0	劣势
财政金融竞争力	财政竞争力	12	1	8.3	4	33.3	4	33.3	3	25.0	优势
	金融竞争力	10	0	0.0	1	10.0	4	40.0	5	50.0	中势
	小　计	22	1	4.5	5	22.7	8	36.4	8	36.4	中势
知识经济竞争力	科技竞争力	8	0	0.0	0	0.0	1	12.5	7	87.5	劣势
	教育竞争力	10	0	0.0	3	30.0	4	40.0	3	30.0	劣势
	文化竞争力	8	0	0.0	0	0.0	4	50.0	4	50.0	劣势
	小　计	26	0	0.0	3	11.5	9	34.6	14	53.8	劣势
发展环境竞争力	基础设施竞争力	9	0	0.0	0	0.0	3	33.3	6	66.7	劣势
	软环境竞争力	9	0	0.0	2	22.2	4	44.4	3	33.3	中势
	小　计	18	0	0.0	2	11.1	7	38.9	9	50.0	劣势
政府作用竞争力	政府发展经济竞争力	5	0	0.0	0	0.0	2	40.0	3	60.0	劣势
	政府规调经济竞争力	5	0	0.0	1	20.0	2	40.0	2	40.0	劣势
	政府保障经济竞争力	6	0	0.0	0	0.0	1	16.7	5	83.3	劣势
	小　计	16	0	0.0	1	6.3	5	31.3	10	62.5	劣势
发展水平竞争力	工业化进程竞争力	6	2	33.3	0	0.0	1	16.7	3	50.0	劣势
	城市化进程竞争力	7	0	0.0	0	0.0	1	14.3	6	85.7	劣势
	市场化进程竞争力	6	0	0.0	1	16.7	0	0.0	5	83.3	劣势
	小　计	19	2	10.5	1	5.3	2	10.5	14	73.7	劣势
统筹协调竞争力	统筹发展竞争力	8	2	25.0	1	12.5	1	12.5	4	50.0	中势
	协调发展竞争力	8	0	0.0	2	25.0	1	12.5	5	62.5	劣势
	小　计	16	2	12.5	3	18.8	2	12.5	9	56.3	劣势
合　计		210	6	2.9	34	16.2	64	30.5	106	50.5	劣势

　　基于图 25 - 2 和表 25 - 3，从四级指标来看，强势指标 6 个，占指标总数的 2.9%；优势指标 34 个，占指标总数的 16.2%；中势指标 64 个，占指标总数的 30.5%；劣势指

标 106 个，占指标总数的 50.5%。从三级指标来看，没有强势指标；优势指标有 1 个，占三级指标总数的 4.0%；中势指标有 8 个，占三级指标总数的 32.0%；劣势指标有 16 个，占三级指标总数的 64.0%。反映到二级指标上，没有强势指标和优势指标；中势指标有 1 个，占三级指标总数的 11.1%；劣势指标有 8 个，占三级指标总数的 88.9%。综合来看，由于劣势指标居于主导地位，2012 年云南省经济综合竞争力处于劣势地位。

4. 云南省经济综合竞争力四级指标优劣势对比分析

表 25－4　2012 年云南省经济综合竞争力各级指标优劣势比较表

二级指标	优劣势	四级指标
宏观经济竞争力（27 个）	强势指标	全社会消费品零售总额增长率（1 个）
	优势指标	地区生产总值增长率、进出口增长率、实际 FDI 增长率（3 个）
	劣势指标	地区生产总值、人均地区生产总值、人均财政收入、固定资产投资额、人均固定资产投资额、全社会消费品零售总额、人均全社会消费品零售总额、所有制经济结构优化度、城乡经济结构优化度、就业结构优化度、资本形成结构优化度、贸易结构优化度、进出口总额、出口总额、实际 FDI（15 个）
产业经济竞争力（41 个）	强势指标	（0 个）
	优势指标	农业增加值增长率、农民人均纯收入增长率、农产品出口占农林牧渔总产值比重、财政支农资金比重、限额以上批零企业利税率、旅游外汇收入、规模以上企业销售利税率（7 个）
	劣势指标	农民人均纯收入、农业劳动生产率、农村人均用电量、工业增加值、人均工业增加值、工业资产总额、规模以上工业利润总额、工业全员劳动生产率、工业产品销售率、服务业增加值、人均服务业增加值、限额以上餐饮企业利税率、房地产经营总收入、规模以上工业企业数、规模以上企业平均增加值、流动资金周转次数、优等品率、工业企业 R&D 经费投入强度、中国驰名商标持有量（19 个）
可持续发展竞争力（25 个）	强势指标	（0 个）
	优势指标	人均国土面积、人均年水资源量、耕地面积、人均耕地面积、人均主要能源矿产基础储量、人均森林储积量、森林覆盖率、人均废水排放量、人力资源利用率（9 个）
	劣势指标	人均工业固体废物排放量、一般工业固体废物综合利用率、生活垃圾无害化处理率、自然灾害直接经济损失、文盲率、大专以上教育程度人口比例、平均受教育程度、人口健康素质（8 个）
财政金融竞争力（22 个）	强势指标	地方财政支出增速（1 个）
	优势指标	地方财政收入占 GDP 比重、地方财政支出占 GDP 比重、税收收入占 GDP 比重、税收收入增速、中长期贷款占贷款余额比重（5 个）
	劣势指标	地方财政收入、税收收入占财政总收入比重、人均地方财政收入、人均存款余额、人均贷款余额、货币市场融资额、保险密度、人均证券市场筹资额（8 个）

续表

二级指标	优劣势	四级指标
知识经济竞争力(26个)	强势指标	(0个)
	优势指标	教育经费占GDP比重、万人中小学学校数、万人中小学专任教师数(3个)
	劣势指标	R&D人员、R&D经费、R&D经费投入强度、高技术产业规模以上企业产值、高技术产业规模以上企业产值占GDP比重、高技术产品出口额、发明专利申请授权量、人均文化教育支出占个人消费支出比重、高校专任教师数、万人高等学校在校学生数、报纸出版数、城镇居民人均文化娱乐支出、农村居民人均文化娱乐支出、城镇居民人均文化娱乐支出占消费性支出比重(14个)
发展环境竞争力(18个)	强势指标	(0个)
	优势指标	个体私营企业数增长率、每十万人交通事故发生数(2个)
	劣势指标	铁路网线密度、公路网线密度、全社会货物周转量、人均邮电业务总量、万户移动电话数、万户上网用户数、万人外资企业数、万人个体私营企业数、罚没收入占财政收入比重(9个)
政府作用竞争力(16个)	强势指标	(0个)
	优势指标	规范税收(1个)
	劣势指标	财政支出对GDP增长的拉动、政府公务员对经济的贡献、财政投资对社会投资的拉动、调控城乡消费差距、统筹经济社会发展、城市城镇社区服务设施数、医疗保险覆盖率、养老保险覆盖率、失业保险覆盖率、城镇登记失业率(10个)
发展水平竞争力(19个)	强势指标	工业增加值增长率、霍夫曼系数(2个)
	优势指标	全社会消费品零售总额占工农总产值比重(1个)
	劣势指标	工业增加值占GDP比重、高新技术产业占工业总产值比重、工业从业人员比重、城镇化率、城市平均建成区面积、人均拥有道路面积、人均日生活用水量、人均居住面积、人均公共绿地面积、非公有制经济产值占全社会总产值的比重、社会投资占投资总资金的比重、非国有单位从业人员占城镇从业人员比重、亿元以上商品市场成交额、亿元以上商品市场成交额占全社会消费品零售总额比重(14个)
统筹协调竞争力(16个)	强势指标	生产税净额和营业盈余占GDP比重、最终消费率(2个)
	优势指标	社会劳动生产率增速、资源竞争力与宏观经济竞争力比差、资源竞争力与工业竞争力比差(3个)
	劣势指标	社会劳动生产率、万元GDP综合能耗、非农用地产出率、固定资产交付使用率、环境竞争力与宏观经济竞争力比差、人力资源竞争力与宏观经济竞争力比差、环境竞争力与工业竞争力比差、城乡居民家庭人均收入比差、城乡居民人均生活消费支出比差(9个)

25.2 云南省经济综合竞争力各级指标具体分析

1. 云南省宏观经济竞争力指标排名变化情况

表25-5 2011~2012年云南省宏观经济竞争力指标组排位及变化趋势表

指　　标	2011年	2012年	排位升降	优劣势
1　宏观经济竞争力	28	30	-2	劣势
1.1　经济实力竞争力	24	26	-2	劣势
地区生产总值	24	24	0	劣势
地区生产总值增长率	9	4	5	优势
人均地区生产总值	30	29	1	劣势
财政总收入	19	18	1	中势
财政总收入增长率	16	16	0	中势
人均财政收入	18	25	-7	劣势
固定资产投资额	22	22	0	劣势
固定资产投资额增长率	18	11	7	中势
人均固定资产投资额	30	30	0	劣势
全社会消费品零售总额	24	24	0	劣势
全社会消费品零售总额增长率	1	1	0	强势
人均全社会消费品零售总额	29	29	0	劣势
1.2　经济结构竞争力	30	31	-1	劣势
产业结构优化度	10	11	-1	中势
所有制经济结构优化度	24	25	-1	劣势
城乡经济结构优化度	30	30	0	劣势
就业结构优化度	29	29	0	劣势
资本形成结构优化度	26	29	-3	劣势
贸易结构优化度	29	30	-1	劣势
1.3　经济外向度竞争力	20	17	3	中势
进出口总额	22	22	0	劣势
进出口增长率	23	5	18	优势
出口总额	21	21	0	劣势
出口增长率	17	20	-3	中势
实际FDI	23	22	1	劣势
实际FDI增长率	8	4	4	优势
外贸依存度	21	20	1	中势
对外经济合作完成营业额	17	17	0	中势
对外直接投资	13	11	2	中势

2. 云南省产业经济竞争力指标排名变化情况

表 25－6　2011～2012 年云南省产业经济竞争力指标组排位及变化趋势表

指　标	2011 年	2012 年	排位升降	优劣势
2　产业经济竞争力	24	26	－2	劣势
2.1　农业竞争力	18	19	－1	中势
农业增加值	15	15	0	中势
农业增加值增长率	6	4	2	优势
人均农业增加值	19	18	1	中势
乡镇企业总产值	19	19	0	中势
农民人均纯收入	28	28	0	劣势
农民人均纯收入增长率	12	8	4	优势
农产品出口占农林牧渔总产值比重	9	9	0	优势
人均主要农产品产量	20	19	1	中势
农业劳动生产率	29	28	1	劣势
农村人均固定资产原值	12	12	0	中势
农村人均用电量	26	26	0	劣势
财政支农资金比重	3	4	－1	优势
2.2　工业竞争力	26	27	－1	劣势
工业增加值	23	23	0	劣势
工业增加值增长率	15	20	－5	中势
人均工业增加值	28	28	0	劣势
工业资产总额	21	21	0	劣势
工业资产总额增长率	20	11	9	中势
工业资产总贡献率	13	16	－3	中势
规模以上工业利润总额	25	26	－1	劣势
工业全员劳动生产率	15	21	－6	劣势
工业成本费用利润率	10	16	－6	中势
工业产品销售率	24	28	－4	劣势
2.3　服务业竞争力	20	23	－3	劣势
服务业增加值	22	23	－1	劣势
服务业增加值增长率	9	13	－4	中势
人均服务业增加值	30	30	0	劣势
服务业从业人员数	17	15	2	中势
服务业从业人员数增长率	21	20	1	中势
限额以上批零企业利税率	6	10	－4	优势
限额以上餐饮企业利税率	21	25	－4	劣势
旅游外汇收入	10	10	0	优势
房地产经营总收入	22	21	1	劣势

指　　标	2011 年	2012 年	排位升降	优劣势
2.4　企业竞争力	26	27	-1	劣势
规模以上工业企业数	24	24	0	劣势
规模以上企业平均资产	11	11	0	中势
规模以上企业平均增加值	24	24	0	劣势
流动资金周转次数	26	25	1	劣势
规模以上企业平均利润	10	19	-9	中势
规模以上企业销售利税率	5	5	0	优势
规模以上企业平均所有者权益	11	12	-1	中势
优等品率	25	26	-1	劣势
工业企业 R&D 经费投入强度	26	27	-1	劣势
中国驰名商标持有量	24	24	0	劣势

3. 云南省可持续发展竞争力指标排名变化情况

表 25-7　2011~2012 年云南省可持续发展竞争力指标组排位及变化趋势表

指　　标	2011 年	2012 年	排位升降	优劣势
3　可持续发展竞争力	26	23	3	劣势
3.1　资源竞争力	11	11	0	中势
人均国土面积	7	7	0	优势
人均可使用海域和滩涂面积	13	13	0	中势
人均年水资源量	7	8	-1	优势
耕地面积	6	6	0	优势
人均耕地面积	7	7	0	优势
人均牧草地面积	13	13	0	中势
主要能源矿产基础储量	10	11	-1	中势
人均主要能源矿产基础储量	10	5	5	优势
人均森林储积量	4	4	0	优势
3.2　环境竞争力	11	11	0	中势
森林覆盖率	7	7	0	优势
人均废水排放量	4	4	0	优势
人均工业废气排放量	13	14	-1	中势
人均工业固体废物排放量	25	24	1	劣势
人均治理工业污染投资额	16	13	3	中势
一般工业固体废物综合利用率	26	26	0	劣势
生活垃圾无害化处理率	11	21	-10	劣势
自然灾害直接经济损失	27	25	2	劣势

指　标	2011 年	2012 年	排位升降	优劣势
3.3　人力资源竞争力	28	28	0	劣势
人口自然增长率	11	14	−3	中势
15~64 岁人口比例	22	20	2	中势
文盲率	27	27	0	劣势
大专以上教育程度人口比例	28	26	2	劣势
平均受教育程度	29	28	1	劣势
人口健康素质	30	30	0	劣势
人力资源利用率	8	9	−1	优势
职业学校毕业生数	17	16	1	中势

4. 云南省财政金融竞争力指标排名变化情况

表 25 - 8　2011~2012 年云南省财政金融竞争力指标组排位及变化趋势表

指　标	2011 年	2012 年	排位升降	优劣势
4　财政金融竞争力	19	14	5	中势
4.1　财政竞争力	18	10	8	优势
地方财政收入	20	21	−1	劣势
地方财政支出	16	14	2	中势
地方财政收入占 GDP 比重	7	7	0	优势
地方财政支出占 GDP 比重	7	7	0	优势
税收收入占 GDP 比重	4	4	0	优势
税收收入占财政总收入比重	20	22	−2	劣势
人均地方财政收入	24	25	−1	劣势
人均地方财政支出	21	18	3	中势
人均税收收入	21	20	1	中势
地方财政收入增速	19	11	8	中势
地方财政支出增速	14	3	11	强势
税收收入增速	21	10	11	优势
4.2　金融竞争力	16	18	−2	中势
存款余额	19	19	0	中势
人均存款余额	24	25	−1	劣势
贷款余额	17	17	0	中势
人均贷款余额	21	21	0	劣势
货币市场融资额	19	28	−9	劣势
中长期贷款占贷款余额比重	6	7	−1	优势
保险费净收入	21	20	1	中势
保险密度	26	26	0	劣势
保险深度	11	11	0	中势
人均证券市场筹资额	25	28	−3	劣势

5. 云南省知识经济竞争力指标排名变化情况

表 25 － 9　2011 ～ 2012 年云南省知识经济竞争力指标组排位及变化趋势表

指　　标	2011 年	2012 年	排位升降	优劣势
5　知识经济竞争力	24	23	1	劣势
5.1　科技竞争力	26	26	0	劣势
R&D 人员	25	24	1	劣势
R&D 经费	24	24	0	劣势
R&D 经费投入强度	27	26	1	劣势
高技术产业规模以上企业产值	25	25	0	劣势
高技术产业规模以上企业产值占 GDP 比重	25	26	－ 1	劣势
高技术产品出口额	24	24	0	劣势
发明专利申请授权量	21	23	－ 2	劣势
技术市场成交合同金额	26	18	8	中势
5.2　教育竞争力	20	21	－ 1	劣势
教育经费	15	15	0	中势
教育经费占 GDP 比重	5	5	0	优势
人均教育经费	20	20	0	中势
公共教育经费占财政支出比重	9	13	－ 4	中势
人均文化教育支出占个人消费支出比重	28	28	0	劣势
万人中小学学校数	8	7	1	优势
万人中小学专任教师数	10	10	0	优势
高等学校数	20	20	0	中势
高校专任教师数	22	22	0	劣势
万人高等学校在校学生数	28	28	0	劣势
5.3　文化竞争力	24	22	2	劣势
文化产业增加值	18	14	4	中势
图书和期刊出版数	18	17	1	中势
报纸出版数	23	23	0	劣势
出版印刷工业销售产值	21	20	1	中势
城镇居民人均文化娱乐支出	23	23	0	劣势
农村居民人均文化娱乐支出	26	25	1	劣势
城镇居民人均文化娱乐支出占消费性支出比重	20	24	－ 4	劣势
农村居民人均文化娱乐支出占消费性支出比重	21	17	4	中势

6. 云南省发展环境竞争力指标排名变化情况

表 25 – 10　2011～2012 年云南省发展环境竞争力指标组排位及变化趋势表

指　　标	2011 年	2012 年	排位升降	优劣势
6　发展环境竞争力	29	30	-1	劣势
6.1　基础设施竞争力	30	30	0	劣势
铁路网线密度	27	27	0	劣势
公路网线密度	22	22	0	劣势
人均内河航道里程	17	17	0	中势
全社会旅客周转量	20	18	2	中势
全社会货物周转量	27	27	0	劣势
人均邮电业务总量	25	25	0	劣势
万户移动电话数	23	24	-1	劣势
万户上网用户数	29	30	-1	劣势
人均耗电量	20	20	0	中势
6.2　软环境竞争力	21	16	5	中势
外资企业数增长率	11	12	-1	中势
万人外资企业数	27	23	4	劣势
个体私营企业数增长率	17	10	7	优势
万人个体私营企业数	27	28	-1	劣势
万人商标注册件数	20	14	6	中势
查处商标侵权假冒案件	18	17	1	中势
每十万人交通事故发生数	8	5	3	优势
罚没收入占财政收入比重	23	24	-1	劣势
食品安全事故数	8	13	-5	中势

7. 云南省政府作用竞争力指标排名变化情况

表 25 – 11　2011～2012 年云南省政府作用竞争力指标组排位及变化趋势表

指　　标	2011 年	2012 年	排位升降	优劣势
7　政府作用竞争力	24	29	-5	劣势
7.1　政府发展经济竞争力	26	25	1	劣势
财政支出用于基本建设投资比重	20	13	7	中势
财政支出对 GDP 增长的拉动	25	25	0	劣势
政府公务员对经济的贡献	26	25	1	劣势
政府消费对民间消费的拉动	14	14	0	中势
财政投资对社会投资的拉动	21	25	-4	劣势
7.2　政府规调经济竞争力	13	22	-9	劣势
物价调控	2	17	-15	中势
调控城乡消费差距	27	27	0	劣势
统筹经济社会发展	22	24	-2	劣势
规范税收	9	8	1	优势
人口控制	21	19	2	中势

指　　标	2011 年	2012 年	排位升降	优劣势
7.3　政府保障经济竞争力	30	31	-1	劣势
城市城镇社区服务设施数	27	26	1	劣势
医疗保险覆盖率	27	30	-3	劣势
养老保险覆盖率	30	30	0	劣势
失业保险覆盖率	29	30	-1	劣势
下岗职工再就业率	10	13	-3	中势
城镇登记失业率	26	28	-2	劣势

8. 云南省发展水平竞争力指标排名变化情况

表 25 - 12　2011 ~ 2012 年云南省发展水平竞争力指标组排位及变化趋势表

指　　标	2011 年	2012 年	排位升降	优劣势
8　发展水平竞争力	27	29	-2	劣势
8.1　工业化进程竞争力	26	22	4	劣势
工业增加值占 GDP 比重	28	28	0	劣势
工业增加值增长率	27	3	24	强势
高新技术产业占工业总产值比重	24	25	-1	劣势
工业从业人员比重	28	30	-2	劣势
工业从业人员增长率	22	19	3	中势
霍夫曼系数	2	2	0	强势
8.2　城市化进程竞争力	26	31	-5	劣势
城镇化率	29	28	1	劣势
城镇居民人均可支配收入	15	14	1	中势
城市平均建成区面积	24	24	0	劣势
人均拥有道路面积	21	22	-1	劣势
人均日生活用水量	26	27	-1	劣势
人均居住面积	10	30	-20	劣势
人均公共绿地面积	22	23	-1	劣势
8.3　市场化进程竞争力	27	28	-1	劣势
非公有制经济产值占全社会总产值的比重	26	26	0	劣势
社会投资占投资总资金的比重	24	24	0	劣势
非国有单位从业人员占城镇从业人员比重	29	30	-1	劣势
亿元以上商品市场成交额	22	23	-1	劣势
亿元以上商品市场成交额占全社会消费品零售总额比重	19	21	-2	劣势
全社会消费品零售总额占工农总产值比重	4	5	-1	优势

9. 云南省统筹协调竞争力指标排名变化情况

表 25 – 13　2011～2012 年云南省统筹协调竞争力指标组排位及变化趋势表

指　标	2011 年	2012 年	排位升降	优劣势
9　统筹协调竞争力	28	23	5	劣势
9.1　统筹发展竞争力	20	16	4	中势
社会劳动生产率	31	30	1	劣势
社会劳动生产率增速	8	6	2	优势
万元 GDP 综合能耗	22	25	-3	劣势
非农用地产出率	25	26	-1	劣势
生产税净额和营业盈余占 GDP 比重	28	1	27	强势
最终消费率	3	2	1	强势
固定资产投资额占 GDP 比重	18	19	-1	中势
固定资产交付使用率	25	28	-3	劣势
9.2　协调发展竞争力	27	25	2	劣势
环境竞争力与宏观经济竞争力比差	30	28	2	劣势
资源竞争力与宏观经济竞争力比差	7	4	3	优势
人力资源竞争力与宏观经济竞争力比差	16	21	-5	劣势
资源竞争力与工业竞争力比差	7	7	0	优势
环境竞争力与工业竞争力比差	28	27	1	劣势
城乡居民家庭人均收入比差	30	31	-1	劣势
城乡居民人均生活消费支出比差	27	27	0	劣势
全社会消费品零售总额与外贸出口总额比差	11	12	-1	中势

西藏自治区经济综合竞争力评价分析报告

西藏自治区简称藏，位于我国西南边疆，东靠四川省，北连新疆维吾尔自治区、青海省，东南与云南省相连；南部和西部与缅甸、印度、不丹、尼泊尔等国接壤。西藏自治区地处青藏高原，素有"世界屋脊"之称。全区土地面积为 122 万多平方公里，是中国五大牧区之一。2012 年全区总人口为 308 万人，地区生产总值达 701 亿元，同比增长11.8%，人均 GDP 达 22936 元。本部分通过分析"十二五"中期西藏自治区经济综合竞争力以及各要素竞争力的排名变化，从中找出西藏自治区经济综合竞争力的推动点及影响因素，为进一步提升西藏自治区经济综合竞争力提供决策参考。

26.1 西藏自治区经济综合竞争力总体分析

1. 西藏自治区经济综合竞争力一级指标概要分析

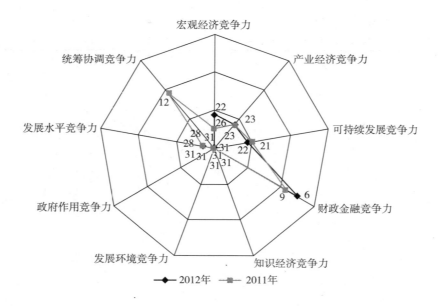

图 26 - 1　2011 ~ 2012 年西藏自治区经济综合竞争力
二级指标比较雷达图

表 26 - 1　2011～2012 年西藏自治区经济综合竞争力二级指标比较表

项目 年份	宏观经济 竞争力	产业经济 竞争力	可持续发 展竞争力	财政金融 竞争力	知识经济 竞争力	发展环境 竞争力	政府作用 竞争力	发展水平 竞争力	统筹协调 竞争力	综合 排位
2011	26	23	21	9	31	31	31	28	12	31
2012	22	23	22	6	31	31	31	28	31	31
升降	4	0	- 1	3	0	0	0	0	- 19	0
优劣度	劣势	劣势	劣势	优势	劣势	劣势	劣势	劣势	劣势	劣势

（1）从综合排位的变化比较看，2012 年西藏自治区经济综合竞争力综合排位在全国处于第 31 位，表明其在全国处于劣势地位；与 2011 年相比，综合排位保持不变。

（2）从指标所处区位看，处于上游区的指标有 1 个，为财政金融竞争力；处于下游区的指标有 8 个，为宏观经济竞争力、产业经济竞争力、可持续发展竞争力、知识经济竞争力、发展环境竞争力、政府作用竞争力、发展水平竞争力、统筹协调竞争力。

（3）从指标变化趋势看，9 个二级指标中，有 2 个指标处于上升趋势，为宏观经济竞争力、财政金融竞争力，这些是西藏自治区经济综合竞争力的上升动力所在；有 5 个指标排位没有发生变化，为产业经济竞争力、知识经济竞争力、发展环境竞争力、政府作用竞争力、发展水平竞争力；有 2 个指标处于下降趋势，为可持续发展竞争力、统筹协调竞争力，这些是西藏自治区经济综合竞争力的下降拉力所在。

2. 西藏自治区经济综合竞争力各级指标动态变化分析

表 26 - 2　2011～2012 年西藏自治区经济综合竞争力各级指标排位变化态势比较表

二级指标	三级指标	四级 指标数	上升		保持		下降		变化 趋势
			指标 数	比重 （%）	指标 数	比重 （%）	指标 数	比重 （%）	
宏观经济 竞争力	经济实力竞争力	12	2	16.7	7	58.3	3	25.0	下降
	经济结构竞争力	6	1	16.7	3	50.0	2	33.3	上升
	经济外向度竞争力	9	2	22.2	5	55.6	2	22.2	上升
	小　　计	27	5	18.5	15	55.6	7	25.9	上升
产业经济 竞争力	农业竞争力	12	2	16.7	7	58.3	3	25.0	上升
	工业竞争力	10	1	10.0	5	50.0	4	40.0	下降
	服务业竞争力	9	4	44.4	5	55.6	0	0.0	上升
	企业竞争力	10	3	30.0	4	40.0	3	30.0	上升
	小　　计	41	10	24.4	21	51.2	10	24.4	保持
可持续发展 竞争力	资源竞争力	9	1	11.1	8	88.9	0	0.0	保持
	环境竞争力	8	1	12.5	6	75.0	1	12.5	上升
	人力资源竞争力	8	2	25.0	6	75.0	0	0.0	保持
	小　　计	25	4	16.0	20	80.0	1	4.0	下降

续表

二级指标	三级指标	四级指标数	上升		保持		下降		变化趋势
			指标数	比重（%）	指标数	比重（%）	指标数	比重（%）	
财政金融竞争力	财政竞争力	12	5	41.7	6	50.0	1	8.3	保持
	金融竞争力	10	3	30.0	5	50.0	2	20.0	保持
	小　计	22	8	36.4	11	50.0	3	13.6	上升
知识经济竞争力	科技竞争力	8	0	0.0	8	100.0	0	0.0	保持
	教育竞争力	10	1	10.0	7	70.0	2	20.0	保持
	文化竞争力	8	0	0.0	7	87.5	1	12.5	保持
	小　计	26	1	3.8	22	84.6	3	11.5	保持
发展环境竞争力	基础设施竞争力	9	1	11.1	7	77.8	1	11.1	保持
	软环境竞争力	9	3	33.3	3	33.3	3	33.3	上升
	小　计	18	4	22.2	10	55.6	4	22.2	保持
政府作用竞争力	政府发展经济竞争力	5	0	0.0	4	80.0	1	20.0	保持
	政府规调经济竞争力	5	0	0.0	4	80.0	1	20.0	下降
	政府保障经济竞争力	6	2	33.3	3	50.0	1	16.7	上升
	小　计	16	2	12.5	11	68.8	3	18.8	保持
发展水平竞争力	工业化进程竞争力	6	3	50.0	1	16.7	2	33.3	上升
	城市化进程竞争力	7	1	14.3	3	42.9	3	42.9	下降
	市场化进程竞争力	6	2	33.3	4	66.7	0	0.0	上升
	小　计	19	6	31.6	8	42.1	5	26.3	保持
统筹协调竞争力	统筹发展竞争力	8	0	0.0	4	50.0	4	50.0	下降
	协调发展竞争力	8	4	50.0	1	12.5	3	37.5	下降
	小　计	16	4	25.0	5	31.3	7	43.8	下降
合　计		210	44	20.9	123	58.6	43	20.5	保持

从表26-2可以看出，210个四级指标中，上升指标有44个，占指标总数的20.9%；下降指标有43个，占指标总数的20.5%；保持指标有123个，占指标总数的58.6%。综上所述，保持指标在指标体系中占据主导地位，使得2011～2012年西藏自治区经济综合竞争力排位保持不变。

3. 西藏自治区经济综合竞争力各级指标优劣势结构分析

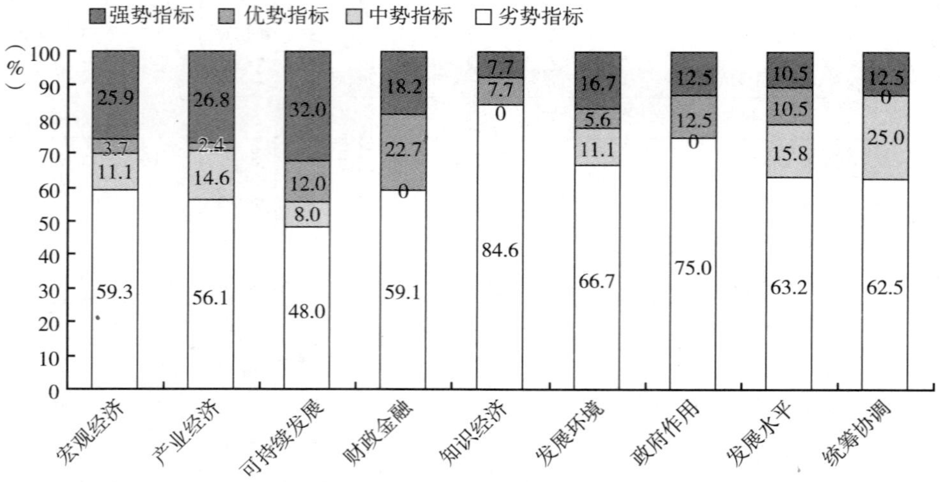

图26-2　2012年西藏自治区经济综合竞争力各级指标优劣势比较图

表 26 - 3　2012 年西藏自治区经济综合竞争力各级指标优劣势比较表

二级指标	三级指标	四级指标数	强势指标		优势指标		中势指标		劣势指标		优劣势
			个数	比重（%）	个数	比重（%）	个数	比重（%）	个数	比重（%）	
宏观经济竞争力	经济实力竞争力	12	3	25.0	0	0.0	2	16.7	7	58.3	劣势
	经济结构竞争力	6	1	16.7	0	0.0	0	0.0	5	83.3	中势
	经济外向度竞争力	9	3	33.3	1	11.1	1	11.1	4	44.4	劣势
	小　计	27	7	25.9	1	3.7	3	11.1	16	59.3	劣势
产业经济竞争力	农业竞争力	12	3	25.0	0	0.0	2	16.7	7	58.3	中势
	工业竞争力	10	3	30.0	0	0.0	1	10.0	6	60.0	劣势
	服务业竞争力	9	2	22.2	1	11.1	0	0.0	6	66.7	劣势
	企业竞争力	10	3	30.0	0	0.0	3	30.0	4	40.0	优势
	小　计	41	11	26.8	1	2.4	6	14.6	23	56.1	劣势
可持续发展竞争力	资源竞争力	9	4	44.4	1	11.1	2	22.2	2	22.2	强势
	环境竞争力	8	3	37.5	1	12.5	0	0.0	4	50.0	劣势
	人力资源竞争力	8	1	12.5	1	12.5	0	0.0	6	75.0	劣势
	小　计	25	8	32.0	3	12.0	2	8.0	12	48.0	劣势
财政金融竞争力	财政竞争力	12	4	33.3	3	25.0	0	0.0	5	41.7	强势
	金融竞争力	10	0	0.0	2	20.0	0	0.0	8	80.0	劣势
	小　计	22	4	18.2	5	22.7	0	0.0	13	59.1	优势
知识经济竞争力	科技竞争力	8	0	0.0	0	0.0	0	0.0	8	100.0	劣势
	教育竞争力	10	2	20.0	2	20.0	0	0.0	6	60.0	劣势
	文化竞争力	8	0	0.0	0	0.0	0	0.0	8	100.0	劣势
	小　计	26	2	7.7	2	7.7	0	0.0	22	84.6	劣势
发展环境竞争力	基础设施竞争力	9	0	0.0	1	11.1	1	11.1	7	77.8	劣势
	软环境竞争力	9	3	33.3	0	0.0	1	11.1	5	55.6	中势
	小　计	18	3	16.7	1	5.6	2	11.1	12	66.7	劣势
政府作用竞争力	政府发展经济竞争力	5	1	20.0	0	0.0	0	0.0	4	80.0	劣势
	政府规调经济竞争力	5	1	20.0	0	0.0	0	0.0	4	80.0	劣势
	政府保障经济竞争力	6	0	0.0	2	33.3	0	0.0	4	66.7	劣势
	小　计	16	2	12.5	2	12.5	0	0.0	12	75.0	劣势
发展水平竞争力	工业化进程竞争力	6	1	16.7	2	33.3	1	16.7	2	33.3	劣势
	城市化进程竞争力	7	0	0.0	0	0.0	2	28.6	5	71.4	劣势
	市场化进程竞争力	6	1	16.7	0	0.0	0	0.0	5	83.3	劣势
	小　计	19	2	10.5	2	10.5	3	15.8	12	63.2	劣势
统筹协调竞争力	统筹发展竞争力	8	1	12.5	0	0.0	0	0.0	7	87.5	劣势
	协调发展竞争力	8	1	12.5	0	0.0	4	50.0	3	37.5	劣势
	小　计	16	2	12.5	0	0.0	4	25.0	10	62.5	劣势
合　计		210	41	19.5	17	8.1	20	9.5	132	62.9	劣势

　　基于图 26 - 2 和表 26 - 3，从四级指标来看，强势指标有 41 个，占指标总数的 19.5%；优势指标有 17 个，占指标总数的 8.1%；中势指标有 20 个，占指标总数的

9.5%；劣势指标有 132 个，占指标总数的 62.9%。从三级指标来看，强势指标有 2 个，占三级指标总数的 8%；优势指标有 1 个，占三级指标总数的 4.0%；中势指标有 3 个，占三级指标总数的 12.0%；劣势指标有 19 个，占三级指标总数的 76.0%。反映到二级指标上来，没有强势指标和中势指标；优势指标有 1 个，占二级指标总数的 11.1%；劣势指标有 8 个，占三级指标总数的 88.9%。综合来看，由于劣势指标居于主导地位，2012年西藏自治区经济综合竞争力处于劣势地位。

4. 西藏自治区经济综合竞争力四级指标优劣势对比分析

表 26 - 4 2012 年西藏自治区经济综合竞争力各级指标优劣势比较表

二级指标	优劣势	四级指标
宏观经济竞争力（27 个）	强势指标	人均财政收入、全社会消费品零售总额增长率、人均全社会消费品零售总额、资本形成结构优化度、进出口增长率、出口总额、对外直接投资(7 个)
	优势指标	实际 FDI 增长率(1 个)
	劣势指标	地区生产总值、地区生产总值增长率、人均地区生产总值、财政总收入、财政总收入增长率、人均固定资产投资额、全社会消费品零售总额增长率、产业结构优化度、所有制经济结构优化度、城乡经济结构优化度、就业结构优化度、贸易结构优化度、出口增长率、实际 FDI、外贸依存度、对外经济合作完成营业额(16 个)
产业经济竞争力（41 个）	强势指标	农民人均纯收入增长率、农村人均固定资产原值、财政支农资金比重、工业资产总额增长率、工业成本费用利润率、工业产品销售率、服务业从业人员数增长率、限额以上批零企业利税率、规模以上企业平均资产、规模以上企业销售利税率、规模以上企业平均所有者权益(11 个)
	优势指标	服务业增加值增长率(1 个)
	劣势指标	农业增加值、农业增加值增长率、人均农业增加值、乡镇企业总产值、农民人均纯收入、农业劳动生产率、农村人均用电量、工业增加值、工业增加值增长率、人均工业增加值、工业资产总额、工业资产总贡献率、规模以上工业利润总额、服务业增加值、人均服务业增加值、服务业从业人员数、限额以上餐饮企业利税率、旅游外汇收入、房地产经营总收入、规模以上工业企业数、规模以上企业平均增加值、流动资金周转次数、中国驰名商标持有量(23 个)
可持续发展竞争力（25 个）	强势指标	人均国土面积、人均年水资源量、人均牧草地面积、人均森林储量、人均废水排放量、人均工业废气排放量、自然灾害直接经济损失、人口自然增长率(8 个)
	优势指标	人均耕地面积、人均工业固体废物排放量、人力资源利用率(3 个)
	劣势指标	耕地面积、主要能源矿产基础储量、森林覆盖率、人均治理工业污染投资额、一般工业固体废物综合利用率、生活垃圾无害化处理率、15～64 岁人口比例、文盲率、大专以上教育程度人口比例、平均受教育程度、人口健康素质、职业学校毕业生数(12 个)
财政金融竞争力（22 个）	强势指标	地方财政支出占 GDP 比重、人均地方财政支出、地方财政收入增速、税收收入增速(4 个)
	优势指标	地方财政收入占 GDP 比重、税收收入占 GDP 比重、地方财政支出增速、人均存款余额、中长期贷款占贷款余额比重(5 个)
	劣势指标	地方财政收入、地方财政支出、税收收入占财政总收入比重、人均地方财政收入、人均税收收入、存款余额、贷款余额、人均贷款余额、货币市场融资额、保险费净收入、保险密度、保险深度、人均证券市场筹资额(13 个)

续表

二级指标	优劣势	四级指标
知识经济竞争力(26个)	强势指标	教育经费占GDP比重、万人中小学专任教师数(2个)
	优势指标	人均教育经费、万人中小学学校数(2个)
	劣势指标	R&D人员、R&D经费、R&D经费投入强度、高技术产业规模以上企业产值、高技术产业规模以上企业产值占GDP比重、高技术产品出口额、发明专利申请授权量、技术市场成交合同金额、教育经费、公共教育经费占财政支出比重、人均文化教育支出占个人消费支出比重、高等学校数、高校专任教师数、万人高等学校在校学生数、文化产业增加值、图书和期刊出版数、报纸出版数、出版印刷工业销售产值、城镇居民人均文化娱乐支出、农村居民人均文化娱乐支出、城镇居民人均文化娱乐支出占消费性支出比重、农村居民人均文化娱乐支出占消费性支出比重(22个)
发展环境竞争力(18个)	强势指标	个体私营企业数增长率、查处商标侵权假冒案件、食品安全事故数(3个)
	优势指标	万户移动电话数(1个)
	劣势指标	铁路网线密度、公路网线密度、人均内河航道里程、全社会旅客周转量、全社会货物周转量、万户上网用户数、人均耗电量、外资企业数增长率、万人外资企业数、万人个体私营企业数、万人商标注册件数、每十万人交通事故发生数(12个)
政府作用竞争力(16个)	强势指标	财政支出用于基本建设投资比重、规范税收(2个)
	优势指标	下岗职工再就业率、城镇登记失业率(2个)
	劣势指标	财政支出对GDP增长的拉动、政府公务员对经济的贡献、政府消费对民间消费的拉动、财政投资对社会投资的拉动、物价调控、调控城乡消费差距、统筹经济社会发展、人口控制、城市城镇社区服务设施数、医疗保险覆盖率、养老保险覆盖率、失业保险覆盖率(12个)
发展水平竞争力(19个)	强势指标	工业从业人员增长率、全社会消费品零售总额占工农总产值比重(2个)
	优势指标	工业增加值增长率、高新技术产业占工业总产值比重(2个)
	劣势指标	工业增加值占GDP比重、工业从业人员比重、城镇化率、城镇居民人均可支配收入、城市平均建成区面积、人均日生活用水量、人均公共绿地面积、非公有制经济产值占全社会总产值的比重、社会投资占投资总资金的比重、非国有单位从业人员占城镇从业人员比重、亿元以上商品市场成交额、亿元以上商品市场成交额占全社会消费品零售总额比重(12个)
统筹协调竞争力(16个)	强势指标	最终消费率、人力资源竞争力与宏观经济竞争力比差(2个)
	优势指标	(0个)
	劣势指标	社会劳动生产率、社会劳动生产率增速、万元GDP综合能耗、非农用地产出率、生产税净额和营业盈余占GDP比重、固定资产投资额占GDP比重、固定资产交付使用率、城乡居民家庭人均收入比差、城乡居民人均生活消费支出比差、全社会消费品零售总额与外贸出口总额比差(10个)

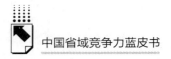

26.2 西藏自治区经济综合竞争力各级指标具体分析

1. 西藏自治区宏观经济竞争力指标排名变化情况

表 26 - 5　2011～2012 年西藏自治区宏观经济竞争力指标组排位及变化趋势表

指　　标		2011 年	2012 年	排位升降	优劣势
1　宏观经济竞争力		26	22	4	劣势
1.1	经济实力竞争力	23	28	− 5	劣势
	地区生产总值	31	31	0	劣势
	地区生产总值增长率	28	26	2	劣势
	人均地区生产总值	26	26	0	劣势
	财政总收入	30	30	0	劣势
	财政总收入增长率	27	27	0	劣势
	人均财政收入	19	2	17	强势
	固定资产投资额	14	15	− 1	中势
	固定资产投资额增长率	16	17	− 1	中势
	人均固定资产投资额	30	30	0	劣势
	全社会消费品零售总额	1	1	0	强势
	全社会消费品零售总额增长率	31	31	0	劣势
	人均全社会消费品零售总额	1	2	− 1	强势
1.2	经济结构竞争力	22	20	2	中势
	产业结构优化度	31	31	0	劣势
	所有制经济结构优化度	1	31	− 30	劣势
	城乡经济结构优化度	30	31	− 1	劣势
	就业结构优化度	31	31	0	劣势
	资本形成结构优化度	26	1	25	强势
	贸易结构优化度	31	31	0	劣势
1.3	经济外向度竞争力	31	29	2	劣势
	进出口总额	12	12	0	中势
	进出口增长率	1	2	− 1	强势
	出口总额	1	2	− 1	强势
	出口增长率	28	28	0	劣势
	实际 FDI	31	31	0	劣势
	实际 FDI 增长率	11	6	5	优势
	外贸依存度	21	21	0	劣势
	对外经济合作完成营业额	31	31	0	劣势
	对外直接投资	10	3	7	强势

2. 西藏自治区产业经济竞争力指标排名变化情况

表26－6　2011～2012年西藏自治区产业经济竞争力指标组排位及变化趋势表

指　标	2011年	2012年	排位升降	优劣势
2　产业经济竞争力	23	23	0	劣势
2.1　农业竞争力	19	18	1	中势
农业增加值	31	31	0	劣势
农业增加值增长率	28	26	2	劣势
人均农业增加值	26	26	0	劣势
乡镇企业总产值	30	30	0	劣势
农民人均纯收入	27	27	0	劣势
农民人均纯收入增长率	19	2	17	强势
农产品出口占农林牧渔总产值比重	14	15	－1	中势
人均主要农产品产量	16	17	－1	中势
农业劳动生产率	30	30	0	劣势
农村人均固定资产原值	1	1	0	强势
农村人均用电量	31	31	0	劣势
财政支农资金比重	1	2	－1	强势
2.2　工业竞争力	22	29	－7	劣势
工业增加值	31	31	0	劣势
工业增加值增长率	1	31	－30	劣势
人均工业增加值	30	31	－1	劣势
工业资产总额	31	31	0	劣势
工业资产总额增长率	26	1	25	强势
工业资产总贡献率	31	31	0	劣势
规模以上工业利润总额	31	31	0	劣势
工业全员劳动生产率	12	12	0	中势
工业成本费用利润率	1	2	－1	强势
工业产品销售率	1	2	－1	强势
2.3　服务业竞争力	28	24	4	劣势
服务业增加值	31	31	0	劣势
服务业增加值增长率	11	6	5	优势
人均服务业增加值	21	21	0	劣势
服务业从业人员数	31	31	0	劣势
服务业从业人员数增长率	10	3	7	强势
限额以上批零企业利税率	2	1	1	强势
限额以上餐饮企业利税率	31	29	2	劣势
旅游外汇收入	28	28	0	劣势
房地产经营总收入	31	31	0	劣势

指　标	2011 年	2012 年	排位升降	优劣势
2.4　企业竞争力	18	9	9	优势
规模以上工业企业数	31	31	0	劣势
规模以上企业平均资产	3	2	1	强势
规模以上企业平均增加值	31	31	0	劣势
流动资金周转次数	31	31	0	劣势
规模以上企业平均利润	12	17	− 5	中势
规模以上企业销售利税率	1	3	− 2	强势
规模以上企业平均所有者权益	1	1	0	强势
优等品率	14	11	3	中势
工业企业 R&D 经费投入强度	31	15	16	中势
中国驰名商标持有量	30	31	− 1	劣势

3. 西藏自治区可持续发展竞争力指标排名变化情况

表 26 - 7　2011 ~ 2012 年西藏自治区可持续发展竞争力指标组排位及变化趋势表

指　标	2011 年	2012 年	排位升降	优劣势
3　可持续发展竞争力	21	22	− 1	劣势
3.1　资源竞争力	1	1	0	强势
人均国土面积	1	1	0	强势
人均可使用海域和滩涂面积	13	13	0	中势
人均年水资源量	1	1	0	强势
耕地面积	29	29	0	劣势
人均耕地面积	9	9	0	优势
人均牧草地面积	1	1	0	强势
主要能源矿产基础储量	30	30	0	劣势
人均主要能源矿产基础储量	28	16	12	中势
人均森林储积量	1	1	0	强势
3.2　环境竞争力	29	26	3	劣势
森林覆盖率	24	24	0	劣势
人均废水排放量	1	1	0	强势
人均工业废气排放量	3	3	0	强势
人均工业固体废物排放量	5	7	− 2	优势
人均治理工业污染投资额	31	31	0	劣势
一般工业固体废物综合利用率	31	31	0	劣势
生活垃圾无害化处理率	31	31	0	劣势
自然灾害直接经济损失	5	1	4	强势

续表

指　　标	2011 年	2012 年	排位升降	优劣势
3.3　人力资源竞争力	31	31	0	劣势
人口自然增长率	2	2	0	强势
15 ~ 64 岁人口比例	23	21	2	劣势
文盲率	31	31	0	劣势
大专以上教育程度人口比例	31	31	0	劣势
平均受教育程度	31	31	0	劣势
人口健康素质	31	31	0	劣势
人力资源利用率	7	5	2	优势
职业学校毕业生数	31	31	0	劣势

4. 西藏自治区财政金融竞争力指标排名变化情况

表 26 - 8　2011 ~ 2012 年西藏自治区财政金融竞争力指标组排位及变化趋势表

指　　标	2011 年	2012 年	排位升降	优劣势
4　财政金融竞争力	9	6	3	优势
4.1　财政竞争力	3	3	0	强势
地方财政收入	31	31	0	劣势
地方财政支出	30	30	0	劣势
地方财政收入占 GDP 比重	20	10	10	优势
地方财政支出占 GDP 比重	1	1	0	强势
税收收入占 GDP 比重	15	5	10	优势
税收收入占财政总收入比重	31	31	0	劣势
人均地方财政收入	30	27	3	劣势
人均地方财政支出	1	1	0	强势
人均税收收入	26	21	5	劣势
地方财政收入增速	4	1	3	强势
地方财政支出增速	3	6	- 3	优势
税收收入增速	1	1	0	强势
4.2　金融竞争力	31	31	0	劣势
存款余额	31	31	0	劣势
人均存款余额	11	10	1	优势
贷款余额	31	31	0	劣势
人均贷款余额	31	30	1	劣势
货币市场融资额	24	25	- 1	劣势
中长期贷款占贷款余额比重	10	4	6	优势
保险费净收入	31	31	0	劣势
保险密度	31	31	0	劣势
保险深度	31	31	0	劣势
人均证券市场筹资额	18	31	- 13	劣势

5. 西藏自治区知识经济竞争力指标排名变化情况

表 26 - 9　2011 ~ 2012 年西藏自治区知识经济竞争力指标组排位及变化趋势表

指　　标	2011 年	2012 年	排位升降	优劣势
5　知识经济竞争力	31	31	0	劣势
5.1　科技竞争力	31	31	0	劣势
R&D 人员	31	31	0	劣势
R&D 经费	31	31	0	劣势
R&D 经费投入强度	31	31	0	劣势
高技术产业规模以上企业产值	31	31	0	劣势
高技术产业规模以上企业产值占 GDP 比重	30	30	0	劣势
高技术产品出口额	30	30	0	劣势
发明专利申请授权量	31	31	0	劣势
技术市场成交合同金额	31	31	0	劣势
5.2　教育竞争力	29	29	0	劣势
教育经费	31	31	0	劣势
教育经费占 GDP 比重	1	1	0	强势
人均教育经费	3	5	- 2	优势
公共教育经费占财政支出比重	31	31	0	劣势
人均文化教育支出占个人消费支出比重	31	31	0	劣势
万人中小学学校数	9	8	1	优势
万人中小学专任教师数	2	3	- 1	强势
高等学校数	31	31	0	劣势
高校专任教师数	31	31	0	劣势
万人高等学校在校学生数	29	29	0	劣势
5.3　文化竞争力	31	31	0	劣势
文化产业增加值	30	31	- 1	劣势
图书和期刊出版数	30	30	0	劣势
报纸出版数	31	31	0	劣势
出版印刷工业销售产值	31	31	0	劣势
城镇居民人均文化娱乐支出	31	31	0	劣势
农村居民人均文化娱乐支出	31	31	0	劣势
城镇居民人均文化娱乐支出占消费性支出比重	31	31	0	劣势
农村居民人均文化娱乐支出占消费性支出比重	31	31	0	劣势

6. 西藏自治区发展环境竞争力指标排名变化情况

表26－10　2011～2012 年西藏自治区发展环境竞争力指标组排位及变化趋势表

指　标	2011 年	2012 年	排位升降	优劣势
6　发展环境竞争力	31	31	0	劣势
6.1　基础设施竞争力	31	31	0	劣势
铁路网线密度	31	31	0	劣势
公路网线密度	31	31	0	劣势
人均内河航道里程	28	28	0	劣势
全社会旅客周转量	31	31	0	劣势
全社会货物周转量	31	31	0	劣势
人均邮电业务总量	17	11	6	中势
万户移动电话数	6	6	0	优势
万户上网用户数	22	24	－2	劣势
人均耗电量	31	31	0	劣势
6.2　软环境竞争力	20	19	1	中势
外资企业数增长率	1	31	－30	劣势
万人外资企业数	23	28	－5	劣势
个体私营企业数增长率	31	2	29	强势
万人个体私营企业数	31	31	0	劣势
万人商标注册件数	30	28	2	劣势
查处商标侵权假冒案件	1	1	0	强势
每十万人交通事故发生数	30	26	4	劣势
罚没收入占财政收入比重	3	11	－8	中势
食品安全事故数	1	1	0	强势

7. 西藏自治区政府作用竞争力指标排名变化情况

表26－11　2011～2012 年西藏自治区政府作用竞争力指标组排位及变化趋势表

指　标	2011 年	2012 年	排位升降	优劣势
7　政府作用竞争力	31	31	0	劣势
7.1　政府发展经济竞争力	31	31	0	劣势
财政支出用于基本建设投资比重	1	2	－1	强势
财政支出对 GDP 增长的拉动	31	31	0	劣势
政府公务员对经济的贡献	31	31	0	劣势
政府消费对民间消费的拉动	31	31	0	劣势
财政投资对社会投资的拉动	31	31	0	劣势
7.2　政府规调经济竞争力	28	31	－3	劣势
物价调控	3	30	－27	劣势
调控城乡消费差距	31	31	0	劣势
统筹经济社会发展	31	31	0	劣势
规范税收	3	3	0	强势
人口控制	31	31	0	劣势

续表

指　　标	2011 年	2012 年	排位升降	优劣势
7.3　政府保障经济竞争力	31	30	1	劣势
城市城镇社区服务设施数	31	31	0	劣势
医疗保险覆盖率	30	31	−1	劣势
养老保险覆盖率	31	31	0	劣势
失业保险覆盖率	31	31	0	劣势
下岗职工再就业率	31	7	24	优势
城镇登记失业率	7	4	3	优势

8. 西藏自治区发展水平竞争力指标排名变化情况

表 26 – 12　2011～2012 年西藏自治区发展水平竞争力指标组排位及变化趋势表

指　　标	2011 年	2012 年	排位升降	优劣势
8　发展水平竞争力	28	28	0	劣势
8.1　工业化进程竞争力	30	29	1	劣势
工业增加值占 GDP 比重	31	31	0	劣势
工业增加值增长率	20	4	16	优势
高新技术产业占工业总产值比重	7	9	−2	优势
工业从业人员比重	29	27	2	劣势
工业从业人员增长率	9	3	6	强势
霍夫曼系数	10	17	−7	中势
8.2　城市化进程竞争力	27	30	−3	劣势
城镇化率	31	31	0	劣势
城镇居民人均可支配收入	27	27	0	劣势
城市平均建成区面积	31	31	0	劣势
人均拥有道路面积	16	14	2	中势
人均日生活用水量	4	24	−20	劣势
人均居住面积	5	17	−12	中势
人均公共绿地面积	17	27	−10	劣势
8.3　市场化进程竞争力	25	24	1	劣势
非公有制经济产值占全社会总产值的比重	29	27	2	劣势
社会投资占投资总资金的比重	31	31	0	劣势
非国有单位从业人员占城镇从业人员比重	26	25	1	劣势
亿元以上商品市场成交额	31	31	0	劣势
亿元以上商品市场成交额占全社会消费品零售总额比重	30	30	0	劣势
全社会消费品零售总额占工农总产值比重	1	1	0	强势

9. 西藏自治区统筹协调竞争力指标排名变化情况

表 26 – 13　2011 ~ 2012 年西藏自治区统筹协调竞争力指标组排位及变化趋势表

指　　标	2011 年	2012 年	排位升降	优劣势
9　统筹协调竞争力	12	31	− 19	劣势
9.1　统筹发展竞争力	6	30	− 24	劣势
社会劳动生产率	29	31	− 2	劣势
社会劳动生产率增速	24	24	0	劣势
万元 GDP 综合能耗	28	29	− 1	劣势
非农用地产出率	31	31	0	劣势
生产税净额和营业盈余占 GDP 比重	1	31	− 30	劣势
最终消费率	1	1	0	强势
固定资产投资额占 GDP 比重	30	30	0	劣势
固定资产交付使用率	2	24	− 22	劣势
9.2　协调发展竞争力	17	22	− 5	劣势
环境竞争力与宏观经济竞争力比差	13	12	1	中势
资源竞争力与宏观经济竞争力比差	14	13	1	中势
人力资源竞争力与宏观经济竞争力比差	1	2	− 1	强势
资源竞争力与工业竞争力比差	14	12	2	中势
环境竞争力与工业竞争力比差	13	19	− 6	中势
城乡居民家庭人均收入比差	25	24	1	劣势
城乡居民人均生活消费支出比差	31	31	0	劣势
全社会消费品零售总额与外贸出口总额比差	19	26	− 7	劣势

27

陕西省经济综合竞争力评价分析报告

陕西省简称陕，东隔黄河与山西相望，西连甘肃省、宁夏回族自治区，北邻内蒙古自治区，南连四川、重庆，东南与河南、湖北接壤。全省土地面积为 20.6 万平方公里，2012 年总人口为 3753 万人，地区生产总值达 14454 亿元，同比增长 12.9%，人均 GDP 达 38564 元。本部分通过分析"十二五"中期陕西省经济综合竞争力以及各要素竞争力的排名变化，从中找出陕西省经济综合竞争力的推动点及影响因素，为进一步提升陕西省经济综合竞争力提供决策参考。

27.1 陕西省经济综合竞争力总体分析

1. 陕西省经济综合竞争力一级指标概要分析

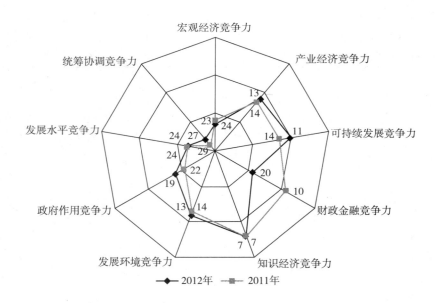

图 27 - 1 2011 ~ 2012 年陕西省经济综合竞争力二级指标比较雷达图

表 27 - 1　2011~2012 年陕西省经济综合竞争力二级指标比较表

项目 年份	宏观经济 竞争力	产业经济 竞争力	可持续发 展竞争力	财政金融 竞争力	知识经济 竞争力	发展环境 竞争力	政府作用 竞争力	发展水平 竞争力	统筹协调 竞争力	综合 排位
2011	23	14	14	10	7	14	22	24	29	19
2012	24	13	11	20	7	13	19	24	27	19
升降	-1	1	3	-10	0	1	3	0	2	0
优劣度	劣势	中势	中势	中势	优势	中势	中势	劣势	劣势	中势

（1）从综合排位的变化比较看，2012 年陕西省经济综合竞争力综合排位在全国处于第 19 位，表明其在全国处于居中偏下地位，与 2011 年相比，综合排位保持不变。

（2）从指标所处区位看，处于上游区的指标有 1 个，为知识经济竞争力；处于中游区的指标有 5 个，为产业经济竞争力、可持续发展竞争力、财政金融竞争力、发展环境竞争力、政府作用竞争力；处于下游区的指标有 3 个，为宏观经济竞争力、发展水平竞争力、统筹协调竞争力。

（3）从指标变化趋势看，9 个二级指标中，有 5 个指标处于上升趋势，为产业经济竞争力、可持续发展竞争力、发展环境竞争力、政府作用竞争力、统筹协调竞争力，这些是陕西省经济综合竞争力的上升动力所在；有 2 个指标排位没有发生变化，为知识经济竞争力、发展水平竞争力；有 2 个指标处于下降趋势，为宏观经济竞争力、财政金融竞争力，这些是陕西省经济综合竞争力的下降拉力所在。

2. 陕西省经济综合竞争力各级指标动态变化分析

表 27 - 2　2011~2012 年陕西省经济综合竞争力各级指标排位变化态势比较表

二级指标	三级指标	四级 指标数	上升		保持		下降		变化 趋势
			指标 数	比重 （%）	指标 数	比重 （%）	指标 数	比重 （%）	
宏观经济 竞争力	经济实力竞争力	12	6	50.0	4	33.3	2	16.7	下降
	经济结构竞争力	6	1	16.7	2	33.3	3	50.0	下降
	经济外向度竞争力	9	4	44.4	4	44.4	1	11.1	上升
	小　　计	27	11	40.7	10	37.0	6	22.2	下降
产业经济 竞争力	农业竞争力	12	3	25.0	6	50.0	3	25.0	下降
	工业竞争力	10	8	80.0	2	20.0	0	0.0	上升
	服务业竞争力	9	1	11.1	3	33.3	5	55.6	保持
	企业竞争力	10	3	30.0	5	50.0	2	20.0	上升
	小　　计	41	15	36.6	16	39.0	10	24.4	上升
可持续发展 竞争力	资源竞争力	9	1	11.1	8	88.9	0	0.0	上升
	环境竞争力	8	3	37.5	2	25.0	3	37.5	上升
	人力资源竞争力	8	3	37.5	1	12.5	4	50.0	保持
	小　　计	25	7	28.0	11	44.0	7	28.0	上升

续表

二级指标	三级指标	四级指标数	上升		保持		下降		变化趋势
			指标数	比重（%）	指标数	比重（%）	指标数	比重（%）	
财政金融竞争力	财政竞争力	12	2	16.7	3	25.0	7	58.3	下降
	金融竞争力	10	1	10.0	5	50.0	4	40.0	保持
	小　计	22	3	13.6	8	36.4	11	50.0	下降
知识经济竞争力	科技竞争力	8	0	0.0	3	37.5	5	62.5	下降
	教育竞争力	10	5	50.0	4	40.0	1	10.0	保持
	文化竞争力	8	4	50.0	2	25.0	2	25.0	保持
	小　计	26	9	34.6	9	34.6	8	30.8	保持
发展环境竞争力	基础设施竞争力	9	1	11.1	4	44.4	4	44.4	保持
	软环境竞争力	9	3	33.3	1	11.1	5	55.6	下降
	小　计	18	4	22.2	5	27.8	9	50.0	上升
政府作用竞争力	政府发展经济竞争力	5	4	80.0	0	0.0	1	20.0	上升
	政府规调经济竞争力	5	3	60.0	1	20.0	1	20.0	下降
	政府保障经济竞争力	6	2	33.3	1	16.7	3	50.0	上升
	小　计	16	9	56.3	2	12.5	5	31.3	上升
发展水平竞争力	工业化进程竞争力	6	2	33.3	0	0.0	4	66.7	下降
	城市化进程竞争力	7	4	57.1	2	28.6	1	14.3	上升
	市场化进程竞争力	6	1	16.7	2	33.3	3	50.0	保持
	小　计	19	7	36.8	4	21.1	8	42.1	保持
统筹协调竞争力	统筹发展竞争力	8	5	62.5	2	25.0	1	12.5	上升
	协调发展竞争力	8	4	50.0	1	12.5	3	37.5	下降
	小　计	16	9	56.3	3	18.8	4	25.0	上升
合　计		210	74	35.2	68	32.4	68	32.4	保持

从表27-2可以看出，210个四级指标中，上升指标有74个，占指标总数的35.2%；下降指标有68个，占指标总数的32.4%；保持指标有68个，占指标总数的32.4%。综上所述，上升的动力大于下降的拉力，但受其他外部因素的综合影响，使得2011~2012年陕西省经济综合竞争力排位保持不变。

3. 陕西省经济综合竞争力各级指标优劣势结构分析

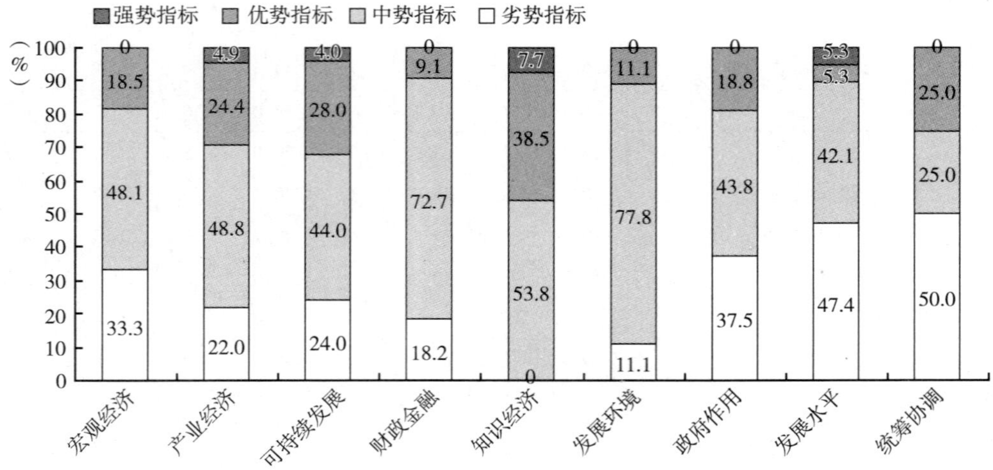

图27-2　2012年陕西省经济综合竞争力各级指标优劣势比较图

表 27 - 3　2012 年陕西省经济综合竞争力各级指标优劣势比较表

二级指标	三级指标	四级指标数	强势指标		优势指标		中势指标		劣势指标		优劣势
			个数	比重（%）	个数	比重（%）	个数	比重（%）	个数	比重（%）	
宏观经济竞争力	经济实力竞争力	12	0	0.0	3	25.0	9	75.0	0	0.0	中势
	经济结构竞争力	6	0	0.0	1	16.7	0	0.0	5	83.3	劣势
	经济外向度竞争力	9	0	0.0	1	11.1	4	44.4	4	44.4	中势
	小　计	27	0	0.0	5	18.5	13	48.1	9	33.3	劣势
产业经济竞争力	农业竞争力	12	0	0.0	2	16.7	7	58.3	3	25.0	劣势
	工业竞争力	10	1	10.0	4	40.0	4	40.0	1	10.0	优势
	服务业竞争力	9	0	0.0	1	11.1	6	66.7	2	22.2	中势
	企业竞争力	10	1	10.0	3	30.0	3	30.0	3	30.0	中势
	小　计	41	2	4.9	10	24.4	20	48.8	9	22.0	中势
可持续发展竞争力	资源竞争力	9	1	11.1	3	33.3	4	44.4	1	11.1	中势
	环境竞争力	8	0	0.0	2	25.0	4	50.0	2	25.0	优势
	人力资源竞争力	8	0	0.0	2	25.0	3	37.5	3	37.5	中势
	小　计	25	1	4.0	7	28.0	11	44.0	6	24.0	中势
财政金融竞争力	财政竞争力	12	0	0.0	1	8.3	8	66.7	3	25.0	劣势
	金融竞争力	10	0	0.0	1	10.0	8	80.0	1	10.0	中势
	小　计	22	0	0.0	2	9.1	16	72.7	4	18.2	中势
知识经济竞争力	科技竞争力	8	0	0.0	3	37.5	5	62.5	0	0.0	中势
	教育竞争力	10	2	20.0	2	20.0	6	60.0	0	0.0	优势
	文化竞争力	8	0	0.0	5	62.5	3	37.5	0	0.0	优势
	小　计	26	2	7.7	10	38.5	14	53.8	0	0.0	优势
发展环境竞争力	基础设施竞争力	9	0	0.0	0	0.0	8	88.9	1	11.1	中势
	软环境竞争力	9	0	0.0	2	22.2	6	66.7	1	11.1	中势
	小　计	18	0	0.0	2	11.1	14	77.8	2	11.1	中势
政府作用竞争力	政府发展经济竞争力	5	0	0.0	1	20.0	2	40.0	2	40.0	中势
	政府规调经济竞争力	5	0	0.0	2	40.0	2	40.0	1	20.0	中势
	政府保障经济竞争力	6	0	0.0	0	0.0	3	50.0	3	50.0	劣势
	小　计	16	0	0.0	3	18.8	7	43.8	6	37.5	中势
发展水平竞争力	工业化进程竞争力	6	1	16.7	1	16.7	1	16.7	3	50.0	中势
	城市化进程竞争力	7	0	0.0	0	0.0	6	85.7	1	14.3	劣势
	市场化进程竞争力	6	0	0.0	0	0.0	1	16.7	5	83.3	劣势
	小　计	19	1	5.3	1	5.3	8	42.1	9	47.4	劣势
统筹协调竞争力	统筹发展竞争力	8	0	0.0	2	25.0	3	37.5	3	37.5	中势
	协调发展竞争力	8	0	0.0	2	25.0	1	12.5	5	62.5	劣势
	小　计	16	0	0.0	4	25.0	4	25.0	8	50.0	劣势
合　计		210	6	2.9	44	21.0	107	51.0	53	25.2	中势

　　基于图 27 - 2 和表 27 - 3，从四级指标来看，强势指标有 6 个，占指标总数的 2.9%；优势指标有 44 个，占指标总数的 21.0%；中势指标有 107 个，占指标总数的 51.0%；劣

势指标有 53 个，占指标总数的 25.2% 。从三级指标来看，没有强势指标；优势指标有 4 个，占三级指标总数的 16.0% ；中势指标有 14 个，占三级指标总数的 56.0% ；劣势指标有 7 个，占三级指标总数的 28.0% 。反映到二级指标上来，没有强势指标；优势指标有 1 个，占二级指标总数的 11.1% ；中势指标有 5 个，占三级指标总数的 55.6% ；劣势指标有 3 个，占三级指标总数的 33.3% 。综合来看，由于中势指标在指标体系中居于主导地位，2012 年陕西省经济综合竞争力处于中势地位。

4. 陕西省经济综合竞争力四级指标优劣势对比分析

表 27 - 4　2012 年陕西省经济综合竞争力各级指标优劣势比较表

二级指标	优劣势	四级指标
宏观经济竞争力(27个)	强势指标	(0 个)
	优势指标	地区生产总值增长率、固定资产投资额增长率、全社会消费品零售总额增长率、资本形成结构优化度、实际 FDI 增长率(5 个)
	劣势指标	产业结构优化度、所有制经济结构优化度、城乡经济结构优化度、就业结构优化度、贸易结构优化度、进出口总额、进出口增长率、出口总额、外贸依存度(9 个)
产业经济竞争力(41个)	强势指标	工业成本费用利润率、规模以上企业平均利润(2 个)
	优势指标	农业增加值增长率、农民人均纯收入增长率、工业增加值增长率、工业资产总额增长率、工业资产总贡献率、工业全员劳动生产率、服务业增加值增长率、规模以上企业平均资产、规模以上企业销售利税率、规模以上企业平均所有者权益(10 个)
	劣势指标	农民人均纯收入、人均主要农产品产量、农村人均固定资产原值、工业产品销售率、服务业从业人员数、服务业从业人员数增长率、流动资金周转次数、优等品率、中国驰名商标持有量(9 个)
可持续发展竞争力(25个)	强势指标	人均主要能源矿产基础储量(1 个)
	优势指标	人均牧草地面积、主要能源矿产基础储量、人均森林储积量、人均废水排放量、人均治理工业污染投资额、15 ~ 64 岁人口比例、大专以上教育程度人口比例(7 个)
	劣势指标	人均年水资源量、人均工业废气排放量、一般工业固体废物综合利用率、人口自然增长率、人口健康素质、人力资源利用率(6 个)
财政金融竞争力(22个)	强势指标	(0 个)
	优势指标	税收收入增速、中长期贷款占贷款余额比重(2 个)
	劣势指标	税收收入占财政总收入比重、地方财政收入增速、地方财政支出增速、货币市场融资额(4 个)

续表

二级指标	优劣势	四级指标
知识经济 竞 争 力 (26 个)	强势 指标	人均文化教育支出占个人消费支出比重、万人高等学校在校学生数(2 个)
	优势 指标	R&D 人员、R&D 经费投入强度、技术市场成交合同金额、万人中小学专任教师数、高校专任教师数、文化产业增加值、出版印刷工业销售产值、城镇居民人均文化娱乐支出、城镇居民人均文化娱乐支出占消费性支出比重、农村居民人均文化娱乐支出占消费性支出比重(10 个)
	劣势 指标	(0 个)
发展环境 竞 争 力 (18 个)	强势 指标	(0 个)
	优势 指标	外资企业数增长率、罚没收入占财政收入比重(2 个)
	劣势 指标	人均内河航道里程、万人个体私营企业数(2 个)
政府作用 竞 争 力 (16 个)	强势 指标	(0 个)
	优势 指标	财政支出用于基本建设投资比重、规范税收、人口控制(3 个)
	劣势 指标	政府公务员对经济的贡献、财政投资对社会投资的拉动、调控城乡消费差距、医疗保险覆盖率、养老保险覆盖率、下岗职工再就业率(6 个)
发展水平 竞 争 力 (19 个)	强势 指标	工业增加值增长率(1 个)
	优势 指标	工业增加值占 GDP 比重(1 个)
	劣势 指标	工业从业人员比重、工业从业人员增长率、霍夫曼系数、城市平均建成区面积、非公有制经济产值占全社会总产值的比重、社会投资占投资总资金的比重、非国有单位从业人员占城镇从业人员比重、亿元以上商品市场成交额、亿元以上商品市场成交额占全社会消费品零售总额比重(9 个)
统筹协调 竞 争 力 (16 个)	强势 指标	(0 个)
	优势 指标	社会劳动生产率增速、生产税净额和营业盈余占 GDP 比重、资源竞争力与宏观经济竞争力比差、全社会消费品零售总额与外贸出口总额比差(4 个)
	劣势 指标	最终消费率、固定资产投资额占 GDP 比重、固定资产交付使用率、环境竞争力与宏观经济竞争力比差、人力资源竞争力与宏观经济竞争力比差、资源竞争力与工业竞争力比差、城乡居民家庭人均收入比差、城乡居民人均生活消费支出比差(8 个)

27.2 陕西省经济综合竞争力各级指标具体分析

1. 陕西省宏观经济竞争力指标排名变化情况

表 27 - 5 2011~2012 年陕西省宏观经济竞争力指标组排位及变化趋势表

指　　标	2011 年	2012 年	排位升降	优劣势
1　宏观经济竞争力	23	24	−1	劣势
1.1　经济实力竞争力	13	14	−1	中势
地区生产总值	17	16	1	中势
地区生产总值增长率	6	5	1	优势
人均地区生产总值	15	14	1	中势
财政总收入	14	14	0	中势
财政总收入增长率	8	19	−11	中势
人均财政收入	15	14	1	中势
固定资产投资额	14	13	1	中势
固定资产投资额增长率	9	9	0	优势
人均固定资产投资额	13	11	2	中势
全社会消费品零售总额	20	20	0	中势
全社会消费品零售总额增长率	4	8	−4	优势
人均全社会消费品零售总额	18	18	0	中势
1.2　经济结构竞争力	27	29	−2	劣势
产业结构优化度	22	26	−4	劣势
所有制经济结构优化度	27	29	−2	劣势
城乡经济结构优化度	28	28	0	劣势
就业结构优化度	17	30	−13	劣势
资本形成结构优化度	17	7	10	优势
贸易结构优化度	26	26	0	劣势
1.3　经济外向度竞争力	23	19	4	中势
进出口总额	24	24	0	劣势
进出口增长率	22	24	−2	劣势
出口总额	22	22	0	劣势
出口增长率	27	12	15	中势
实际 FDI	21	20	1	中势
实际 FDI 增长率	9	5	4	优势
外贸依存度	26	26	0	劣势
对外经济合作完成营业额	16	16	0	中势
对外直接投资	16	14	2	中势

2. 陕西省产业经济竞争力指标排名变化情况

表 27－6　2011～2012 年陕西省产业经济竞争力指标组排位及变化趋势表

指　　标	2011 年	2012 年	排位升降	优劣势
2　产业经济竞争力	14	13	1	中势
2.1　农业竞争力	20	26	－ 6	劣势
农业增加值	19	19	0	中势
农业增加值增长率	7	8	－ 1	优势
人均农业增加值	17	16	1	中势
乡镇企业总产值	18	18	0	中势
农民人均纯收入	26	26	0	劣势
农民人均纯收入增长率	2	10	－ 8	优势
农产品出口占农林牧渔总产值比重	17	16	1	中势
人均主要农产品产量	22	22	0	劣势
农业劳动生产率	19	19	0	中势
农村人均固定资产原值	23	21	2	劣势
农村人均用电量	11	11	0	中势
财政支农资金比重	14	16	－ 2	中势
2.2　工业竞争力	9	7	2	优势
工业增加值	15	15	0	中势
工业增加值增长率	6	5	1	优势
人均工业增加值	13	11	2	中势
工业资产总额	17	16	1	中势
工业资产总额增长率	13	5	8	优势
工业资产总贡献率	7	6	1	优势
规模以上工业利润总额	12	11	1	中势
工业全员劳动生产率	5	4	1	优势
工业成本费用利润率	2	1	1	强势
工业产品销售率	26	26	0	劣势
2.3　服务业竞争力	18	18	0	中势
服务业增加值	18	18	0	中势
服务业增加值增长率	7	9	－ 2	优势
人均服务业增加值	18	17	1	中势
服务业从业人员数	18	24	－ 6	劣势
服务业从业人员数增长率	16	30	－ 14	劣势
限额以上批零企业利税率	8	11	－ 3	中势
限额以上餐饮企业利税率	11	12	－ 1	中势
旅游外汇收入	11	11	0	中势
房地产经营总收入	16	16	0	中势

指　标	2011 年	2012 年	排位升降	优劣势
2.4　企业竞争力	14	13	1	中势
规模以上工业企业数	21	19	2	中势
规模以上企业平均资产	9	10	−1	优势
规模以上企业平均增加值	20	20	0	中势
流动资金周转次数	25	23	2	劣势
规模以上企业平均利润	3	1	2	强势
规模以上企业销售利税率	4	4	0	优势
规模以上企业平均所有者权益	6	6	0	优势
优等品率	31	31	0	劣势
工业企业 R&D 经费投入强度	15	16	−1	中势
中国驰名商标持有量	22	22	0	劣势

3. 陕西省可持续发展竞争力指标排名变化情况

表 27 – 7　2011 ~ 2012 年陕西省可持续发展竞争力指标组排位及变化趋势表

指　标	2011 年	2012 年	排位升降	优劣势
3　可持续发展竞争力	14	11	3	中势
3.1　资源竞争力	19	15	4	中势
人均国土面积	11	11	0	中势
人均可使用海域和滩涂面积	13	13	0	中势
人均年水资源量	21	21	0	劣势
耕地面积	18	18	0	中势
人均耕地面积	11	11	0	中势
人均牧草地面积	8	8	0	优势
主要能源矿产基础储量	4	4	0	优势
人均主要能源矿产基础储量	6	3	3	强势
人均森林储积量	10	10	0	优势
3.2　环境竞争力	10	4	6	优势
森林覆盖率	11	11	0	中势
人均废水排放量	6	5	1	优势
人均工业废气排放量	24	24	0	劣势
人均工业固体废物排放量	17	18	−1	中势
人均治理工业污染投资额	5	6	−1	优势
一般工业固体废物综合利用率	16	21	−5	劣势
生活垃圾无害化处理率	17	16	1	中势
自然灾害直接经济损失	25	16	9	中势

续表

指　标	2011 年	2012 年	排位升降	优劣势
3.3　人力资源竞争力	16	16	0	中势
人口自然增长率	22	24	－2	劣势
15 ~ 64 岁人口比例	10	9	1	优势
文盲率	19	16	3	中势
大专以上教育程度人口比例	13	10	3	优势
平均受教育程度	13	14	－1	中势
人口健康素质	21	21	0	劣势
人力资源利用率	21	23	－2	劣势
职业学校毕业生数	10	12	－2	中势

4. 陕西省财政金融竞争力指标排名变化情况

表 27 - 8　2011 ~ 2012 年陕西省财政金融竞争力指标组排位及变化趋势表

指　标	2011 年	2012 年	排位升降	优劣势
4　财政金融竞争力	10	20	－10	中势
4.1　财政竞争力	8	23	－15	劣势
地方财政收入	14	17	－3	中势
地方财政支出	15	16	－1	中势
地方财政收入占 GDP 比重	8	13	－5	中势
地方财政支出占 GDP 比重	10	13	－3	中势
税收入占 GDP 比重	16	16	0	中势
税收收入占财政总收入比重	24	23	1	劣势
人均地方财政收入	11	12	－1	中势
人均地方财政支出	14	14	0	中势
人均税收收入	15	15	0	中势
地方财政收入增速	1	31	－30	劣势
地方财政支出增速	6	26	－20	劣势
税收收入增速	10	9	1	优势
4.2　金融竞争力	13	13	0	中势
存款余额	16	16	0	中势
人均存款余额	12	13	－1	中势
贷款余额	18	18	0	中势
人均贷款余额	15	15	0	中势
货币市场融资额	19	24	－5	劣势
中长期贷款占贷款余额比重	8	8	0	优势
保险费净收入	14	16	－2	中势
保险密度	14	14	0	中势
保险深度	10	12	－2	中势
人均证券市场筹资额	20	15	5	中势

5. 陕西省知识经济竞争力指标排名变化情况

表 27－9　2011～2012 年陕西省知识经济竞争力指标组排位及变化趋势表

指　　标	2011 年	2012 年	排位升降	优劣势
5　知识经济竞争力	7	7	0	优势
5.1　科技竞争力	11	12	−1	中势
R&D 人员	10	10	0	优势
R&D 经费	12	13	−1	中势
R&D 经费投入强度	5	8	−3	优势
高技术产业规模以上企业产值	15	17	−2	中势
高技术产业规模以上企业产值占 GDP 比重	12	15	−3	中势
高技术产品出口额	16	16	0	中势
发明专利申请授权量	10	17	−7	中势
技术市场成交合同金额	5	5	0	优势
5.2　教育竞争力	7	7	0	优势
教育经费	16	14	2	中势
教育经费占 GDP 比重	11	11	0	中势
人均教育经费	16	12	4	中势
公共教育经费占财政支出比重	19	15	4	中势
人均文化教育支出占个人消费支出比重	3	3	0	强势
万人中小学学校数	12	12	0	中势
万人中小学专任教师数	9	9	0	优势
高等学校数	11	12	−1	中势
高校专任教师数	10	9	1	优势
万人高等学校在校学生数	4	3	1	强势
5.3　文化竞争力	8	8	0	优势
文化产业增加值	9	8	1	优势
图书和期刊出版数	15	13	2	中势
报纸出版数	21	20	1	中势
出版印刷工业销售产值	12	9	3	优势
城镇居民人均文化娱乐支出	8	8	0	优势
农村居民人均文化娱乐支出	13	14	−1	中势
城镇居民人均文化娱乐支出占消费性支出比重	5	5	0	优势
农村居民人均文化娱乐支出占消费性支出比重	5	8	−3	优势

6. 陕西省发展环境竞争力指标排名变化情况

表 27 - 10　2011~2012 年陕西省发展环境竞争力指标组排位及变化趋势表

指　标	2011 年	2012 年	排位升降	优劣势
6　发展环境竞争力	14	13	1	中势
6.1　基础设施竞争力	18	18	0	中势
铁路网线密度	13	14	-1	中势
公路网线密度	18	17	1	中势
人均内河航道里程	21	21	0	劣势
全社会旅客周转量	14	14	0	劣势
全社会货物周转量	18	18	0	中势
人均邮电业务总量	12	13	-1	中势
万户移动电话数	13	14	-1	中势
万户上网用户数	12	13	-1	中势
人均耗电量	19	19	0	中势
6.2　软环境竞争力	10	11	-1	中势
外资企业数增长率	3	8	-5	优势
万人外资企业数	13	12	1	中势
个体私营企业数增长率	16	14	2	中势
万人个体私营企业数	25	25	0	劣势
万人商标注册件数	9	11	-2	中势
查处商标侵权假冒案件	12	18	-6	中势
每十万人交通事故发生数	16	19	-3	中势
罚没收入占财政收入比重	6	7	-1	优势
食品安全事故数	20	16	4	中势

7. 陕西省政府作用竞争力指标排名变化情况

表 27 - 11　2011~2012 年陕西省政府作用竞争力指标组排位及变化趋势表

指　标	2011 年	2012 年	排位升降	优劣势
7　政府作用竞争力	22	19	3	中势
7.1　政府发展经济竞争力	19	17	2	中势
财政支出用于基本建设投资比重	5	7	-2	优势
财政支出对 GDP 增长的拉动	22	19	3	中势
政府公务员对经济的贡献	23	22	1	劣势
政府消费对民间消费的拉动	21	19	2	中势
财政投资对社会投资的拉动	26	22	4	劣势
7.2　政府规调经济竞争力	18	19	-1	中势
物价调控	23	19	4	中势
调控城乡消费差距	28	24	4	劣势
统筹经济社会发展	21	15	6	中势
规范税收	8	10	-2	优势
人口控制	10	10	0	优势

续表

指　　标	2011 年	2012 年	排位升降	优劣势
7.3　政府保障经济竞争力	24	22	2	劣势
城市城镇社区服务设施数	17	18	-1	中势
医疗保险覆盖率	25	25	0	劣势
养老保险覆盖率	22	21	1	劣势
失业保险覆盖率	19	20	-1	中势
下岗职工再就业率	22	27	-5	劣势
城镇登记失业率	16	11	5	中势

8. 陕西省发展水平竞争力指标排名变化情况

表 27 - 12　2011~2012 年陕西省发展水平竞争力指标组排位及变化趋势表

指　　标	2011 年	2012 年	排位升降	优劣势
8　发展水平竞争力	24	24	0	劣势
8.1　工业化进程竞争力	11	19	-8	中势
工业增加值占 GDP 比重	10	5	5	优势
工业增加值增长率	4	2	2	强势
高新技术产业占工业总产值比重	10	12	-2	中势
工业从业人员比重	12	31	-19	劣势
工业从业人员增长率	3	31	-28	劣势
霍夫曼系数	26	27	-1	劣势
8.2　城市化进程竞争力	24	21	3	劣势
城镇化率	18	18	0	中势
城镇居民人均可支配收入	19	18	1	中势
城市平均建成区面积	23	23	0	劣势
人均拥有道路面积	14	13	1	中势
人均日生活用水量	16	13	3	中势
人均居住面积	30	18	12	中势
人均公共绿地面积	14	15	-1	中势
8.3　市场化进程竞争力	29	29	0	劣势
非公有制经济产值占全社会总产值的比重	28	29	-1	劣势
社会投资占投资总资金的比重	28	28	0	劣势
非国有单位从业人员占城镇从业人员比重	25	28	-3	劣势
亿元以上商品市场成交额	28	27	1	劣势
亿元以上商品市场成交额占全社会消费品零售总额比重	29	29	0	劣势
全社会消费品零售总额占工农总产值比重	10	14	-4	中势

9. 陕西省统筹协调竞争力指标排名变化情况

表 27 – 13　2011~2012 年陕西省统筹协调竞争力指标组排位及变化趋势表

指　标	2011 年	2012 年	排位升降	优劣势
9　统筹协调竞争力	29	27	2	劣势
9.1　统筹发展竞争力	24	17	7	中势
社会劳动生产率	18	13	5	中势
社会劳动生产率增速	14	8	6	优势
万元 GDP 综合能耗	12	12	0	中势
非农用地产出率	18	17	1	中势
生产税净额和营业盈余占 GDP 比重	24	6	18	优势
最终消费率	20	22	-2	劣势
固定资产投资额占 GDP 比重	24	24	0	劣势
固定资产交付使用率	27	22	5	劣势
9.2　协调发展竞争力	29	30	-1	劣势
环境竞争力与宏观经济竞争力比差	25	29	-4	劣势
资源竞争力与宏观经济竞争力比差	12	8	4	优势
人力资源竞争力与宏观经济竞争力比差	27	28	-1	劣势
资源竞争力与工业竞争力比差	23	24	-1	劣势
环境竞争力与工业竞争力比差	15	14	1	中势
城乡居民家庭人均收入比差	28	28	0	劣势
城乡居民人均生活消费支出比差	28	24	4	劣势
全社会消费品零售总额与外贸出口总额比差	8	7	1	优势

28

甘肃省经济综合竞争力评价分析报告

甘肃省简称甘，地处黄河上游的青藏高原、蒙新高原、黄土高原交汇地带，位于我国地理中心。甘肃省东接陕西省，东北与宁夏回族自治区相邻，南靠四川省，西连青海省、新疆维吾尔自治区，北与内蒙古自治区交界，并与蒙古人民共和国接壤，总面积45.4万平方公里。2012年全省总人口为2578万人，地区生产总值达5650亿元，同比增长12.6%，人均GDP达21978元。本部分通过分析"十二五"中期甘肃省经济综合竞争力以及各要素竞争力的排名变化，从中找出甘肃省经济综合竞争力的推动点及影响因素，为进一步提升甘肃省经济综合竞争力提供决策参考。

28.1 甘肃省经济综合竞争力总体分析

1. 甘肃省经济综合竞争力一级指标概要分析

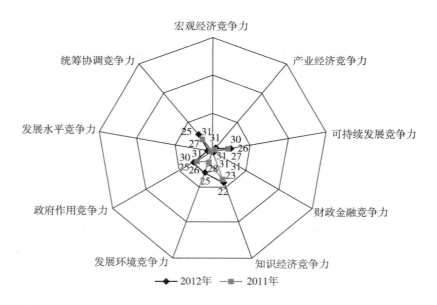

图 28 - 1 2011 ~ 2012 年甘肃省经济综合竞争力二级指标比较雷达图

表 28 – 1 2011～2012 年甘肃省经济综合竞争力二级指标比较表

项目 年份	宏观经济 竞争力	产业经济 竞争力	可持续发展竞争力	财政金融 竞争力	知识经济 竞争力	发展环境 竞争力	政府作用 竞争力	发展水平 竞争力	统筹协调 竞争力	综合 排位
2011	31	31	27	31	23	28	26	31	27	30
2012	31	30	26	31	22	25	25	30	25	30
升降	0	1	1	0	1	3	1	1	2	0
优劣度	劣势	劣势	劣势	劣势	劣势	劣势	劣势	劣势	劣势	劣势

（1）从综合排位的变化比较看，2012 年甘肃省经济综合竞争力综合排位在全国处于第 30 位，表明其在全国处于劣势地位；与 2011 年相比，综合排位保持不变。

（2）从指标所处区位看，没有指标处于上游区，9 个二级指标均处于下游区。

（3）从指标变化趋势看，9 个二级指标中，有 7 个指标处于上升趋势，为产业经济竞争力、可持续发展竞争力、知识经济竞争力、发展环境竞争力、政府作用竞争力、发展水平竞争力和统筹协调竞争力，这些是甘肃省经济综合竞争力的上升动力所在；有 2 个指标排位没有发生变化，为宏观经济竞争力和财政金融竞争力；没有指标处于下降趋势。

2. 甘肃省经济综合竞争力各级指标动态变化分析

表 28 – 2 2011～2012 年甘肃省经济综合竞争力各级指标排位变化态势比较表

二级指标	三级指标	四级 指标数	上升		保持		下降		变化 趋势
			指标数	比重（%）	指标数	比重（%）	指标数	比重（%）	
宏观经济 竞争力	经济实力竞争力	12	6	50.0	5	41.7	1	8.3	保持
	经济结构竞争力	6	2	33.3	4	66.7	0	0.0	上升
	经济外向度竞争力	9	4	44.4	2	22.2	3	33.3	上升
	小　计	27	12	44.4	11	40.7	4	14.8	保持
产业经济 竞争力	农业竞争力	12	5	41.7	6	50.0	1	8.3	上升
	工业竞争力	10	3	30.0	3	30.0	4	40.0	保持
	服务业竞争力	9	5	55.6	4	44.4	0	0.0	上升
	企业竞争力	10	3	30.0	4	40.0	3	30.0	保持
	小　计	41	16	39.0	17	41.5	8	19.5	上升
可持续发展 竞争力	资源竞争力	9	1	11.1	7	77.8	1	11.1	下降
	环境竞争力	8	4	50.0	3	37.5	1	12.5	上升
	人力资源竞争力	8	1	12.5	4	50.0	3	37.5	保持
	小　计	25	6	24.0	14	56.0	5	20.0	上升

续表

二级指标	三级指标	四级指标数	上升		保持		下降		变化趋势
			指标数	比重（%）	指标数	比重（%）	指标数	比重（%）	
财政金融竞争力	财政竞争力	12	5	41.7	5	41.7	2	16.7	保持
	金融竞争力	10	6	60.0	3	30.0	1	10.0	上升
	小　　计	22	11	50.0	8	36.4	3	13.6	保持
知识经济竞争力	科技竞争力	8	2	25.0	4	50.0	2	25.0	下降
	教育竞争力	10	3	30.0	4	40.0	3	30.0	下降
	文化竞争力	8	4	50.0	1	12.5	3	37.5	上升
	小　　计	26	9	34.6	9	34.6	8	30.8	上升
发展环境竞争力	基础设施竞争力	9	0	0.0	8	88.9	1	11.1	保持
	软环境竞争力	9	5	55.6	2	22.2	2	22.2	上升
	小　　计	18	5	27.8	10	55.6	3	16.7	上升
政府作用竞争力	政府发展经济竞争力	5	3	60.0	0	0.0	2	40.0	下降
	政府规调经济竞争力	5	2	40.0	0	0.0	3	60.0	上升
	政府保障经济竞争力	6	1	16.7	3	50.0	2	33.3	保持
	小　　计	16	6	37.5	3	18.8	7	43.8	上升
发展水平竞争力	工业化进程竞争力	6	4	66.7	1	16.7	1	16.7	上升
	城市化进程竞争力	7	1	14.3	2	28.6	4	57.1	上升
	市场化进程竞争力	6	1	16.7	2	33.3	3	50.0	保持
	小　　计	19	6	31.6	5	26.3	8	42.1	上升
统筹协调竞争力	统筹发展竞争力	8	2	25.0	4	50.0	2	25.0	下降
	协调发展竞争力	8	2	25.0	3	37.5	3	37.5	上升
	小　　计	16	4	25.0	7	43.8	5	31.3	上升
合　　计		210	75	35.7	84	40.0	51	24.3	保持

从表28-2可以看出，210个四级指标中，上升指标有75个，占指标总数的35.7%；下降指标有51个，占指标总数的24.3%；保持指标有84个，占指标总数的40.0%。综上所述，虽然上升的动力大于下降的拉力，但由于保持指标所占比重较大，2011~2012年甘肃省经济综合竞争力排位保持不变。

3. 甘肃省经济综合竞争力各级指标优劣势结构分析

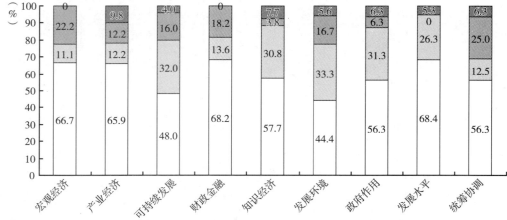

图28-2　2012年甘肃省经济综合竞争力各级指标优劣势比较图

表28-3　2012年甘肃省经济综合竞争力各级指标优劣势比较表

二级指标	三级指标	四级指标数	强势指标		优势指标		中势指标		劣势指标		优劣势
			个数	比重(%)	个数	比重(%)	个数	比重(%)	个数	比重(%)	
宏观经济竞争力	经济实力竞争力	12	0	0.0	4	33.3	1	8.3	7	58.3	劣势
	经济结构竞争力	6	0	0.0	0	0.0	2	33.3	4	66.7	劣势
	经济外向度竞争力	9	0	0.0	2	22.2	0	0.0	7	77.8	中势
	小计	27	0	0.0	6	22.2	3	11.1	18	66.7	劣势
产业经济竞争力	农业竞争力	12	2	16.7	2	16.7	2	16.7	6	50.0	劣势
	工业竞争力	10	0	0.0	1	10.0	0	0.0	9	90.0	劣势
	服务业竞争力	9	2	22.2	0	0.0	2	22.2	5	55.6	中势
	企业竞争力	10	0	0.0	2	20.0	1	10.0	7	70.0	劣势
	小计	41	4	9.8	5	12.2	5	12.2	27	65.9	劣势
可持续发展竞争力	资源竞争力	9	0	0.0	3	33.3	5	55.6	1	11.1	中势
	环境竞争力	8	1	12.5	1	12.5	0	0.0	6	75.0	劣势
	人力资源竞争力	8	0	0.0	0	0.0	3	37.5	5	62.5	劣势
	小计	25	1	4.0	4	16.0	8	32.0	12	48.0	劣势
财政金融竞争力	财政竞争力	12	0	0.0	2	16.7	1	8.3	9	75.0	劣势
	金融竞争力	10	0	0.0	2	20.0	2	20.0	6	60.0	劣势
	小计	22	0	0.0	4	18.2	3	13.6	15	68.2	劣势
知识经济竞争力	科技竞争力	8	0	0.0	0	0.0	2	25.0	6	75.0	劣势
	教育竞争力	10	2	20.0	1	10.0	2	20.0	5	50.0	劣势
	文化竞争力	8	0	0.0	0	0.0	4	50.0	4	50.0	劣势
	小计	26	2	7.7	1	3.8	8	30.8	15	57.7	劣势
发展环境竞争力	基础设施竞争力	9	0	0.0	0	0.0	4	44.4	5	55.6	劣势
	软环境竞争力	9	1	11.1	3	33.3	2	22.2	3	33.3	优势
	小计	18	1	5.6	3	16.7	6	33.3	8	44.4	劣势
政府作用竞争力	政府发展经济竞争力	5	1	20.0	0	0.0	0	0.0	4	80.0	劣势
	政府规调经济竞争力	5	0	0.0	0	0.0	3	60.0	2	40.0	劣势
	政府保障经济竞争力	6	0	0.0	1	16.7	2	33.3	3	50.0	中势
	小计	16	1	6.3	1	6.3	5	31.3	9	56.3	劣势
发展水平竞争力	工业化进程竞争力	6	1	16.7	0	0.0	2	33.3	3	50.0	劣势
	城市化进程竞争力	7	0	0.0	0	0.0	1	14.3	6	85.7	劣势
	市场化进程竞争力	6	0	0.0	0	0.0	2	33.3	4	66.7	劣势
	小计	19	1	5.3	0	0.0	5	26.3	13	68.4	劣势
统筹协调竞争力	统筹发展竞争力	8	0	0.0	2	25.0	2	25.0	4	50.0	劣势
	协调发展竞争力	8	1	12.5	2	25.0	0	0.0	5	62.5	劣势
	小计	16	1	6.3	4	25.0	2	12.5	9	56.3	劣势
合计		210	11	5.2	28	13.3	45	21.4	126	60.0	劣势

基于图28-2和表28-3，从四级指标来看，强势指标有11个，占指标总数的5.2%；优势指标有28个，占指标总数的13.3%；中势指标有45个，占指标总数的

21.4%；劣势指标有 126 个，占指标总数的 60%。从三级指标来看，没有强势指标；优势指标有 1 个，占三级指标总数的 4%；中势指标有 3 个，占三级指标总数的 12%；劣势指标有 21 个，占三级指标总数的 84%。反映到二级指标上来，没有强势指标和优势指标。综合来看，由于劣势指标在指标体系中居于主导地位，2012 年甘肃省经济综合竞争力处于劣势地位。

4. 甘肃省经济综合竞争力四级指标优劣势对比分析

表 28 - 4　2012 年甘肃省经济综合竞争力各级指标优劣势比较表

二级指标	优劣势	四级指标
宏观经济竞争力（27 个）	强势指标	0 个
	优势指标	地区生产总值增长率、财政总收入增长率、固定资产投资额增长率、全社会消费品零售总额增长率、出口增长率、对外直接投资（6 个）
	劣势指标	地区生产总值、人均地区生产总值、财政总收入、固定资产投资额、人均固定资产投资、全社会消费品零售总额、人均全社会消费品零售总额、所有制经济结构优化度、城乡经济结构优化度、就业结构优化度、资本形成结构优化度、进出口总额、进出口增长率、出口总额、实际 FDI、实际 FDI 增长率、外贸依存度、对外经济合作完成营业额（18 个）
产业经济竞争力（41 个）	强势指标	农业增加值增长率、财政支农资金比重、服务业增加值增长率、服务业从业人员数增长率（4 个）
	优势指标	农民人均纯收入增长率、农村人均固定资产原值、工业资产总额增长率、规模以上企业平均资产、规模以上企业平均所有者权益（5 个）
	劣势指标	农业增加值、人均农业增加值、乡镇企业总产值、农民人均纯收入、农业劳动生产率、农村人均用电量、工业增加值、工业增加值增长率、人均工业增加值、工业资产总额、工业资产总贡献率、规模以上工业利润总额、工业全员劳动生产率、工业成本费用利润率、工业产品销售率、服务业增加值、人均服务业增加值、限额以上批零企业利税率、旅游外汇收入、房地产经营总收入、规模以上工业企业数、规模以上企业平均增加值、规模以上企业平均利润、规模以上企业销售利税率、优等品率、工业企业 R&D 经费投入强度、中国驰名商标持有量（27 个）
可持续发展竞争力（25 个）	强势指标	人均废水排放量（1 个）
	优势指标	人均国土面积、人均耕地面积、人均牧草地面积、人均治理工业污染投资额（4 个）
	劣势指标	人均年水资源量、森林覆盖率、人均工业废气排放量、人均工业固体废物排放量、一般工业固体废物综合利用率、生活垃圾无害化处理率、自然灾害直接经济损失、文盲率、大专以上教育程度人口比例、平均受教育程度、人口健康素质、职业学校毕业生数（12 个）
财政金融竞争力（22 个）	强势指标	0 个
	优势指标	地方财政支出占 GDP 比重、税收收入增速、货币市场融资额、保险深度（4 个）
	劣势指标	地方财政收入、地方财政支出、地方财政收入占 GDP 比重、税收收入占 GDP 比重、税收收入占财政总收入比重、人均地方财政收入、人均税收收入、地方财政收入增速、地方财政支出增速、存款余额、人均存款余额、贷款余额、人均贷款余额、保险费净收入、保险密度（15 个）

续表

二级指标	优劣势	四级指标
知识经济 竞争力 （26个）	强势 指标	万人中小学学校数、万人中小学专任教师数（2个）
	优势 指标	教育经费占 GDP 比重（1个）
	劣势 指标	R&D 人员、R&D 经费、高技术产业规模以上企业产值、高技术产业规模以上企业产值占 GDP 比重、高技术产品出口额、发明专利申请授权量、教育经费、人均教育经费、人均文化教育支出占个人消费支出比重、高等学校数、高校专任教师数、报纸出版数、出版印刷工业销售产值、城镇居民人均文化娱乐支出、农村居民人均文化娱乐支出（15个）
发展环境 竞争力 （18个）	强势 指标	个体私营企业数增长率（1个）
	优势 指标	外资企业数增长率、查处商标侵权假冒案件、食品安全事故数（3个）
	劣势 指标	铁路网线密度、公路网线密度、人均邮电业务总量、万户移动电话数、万户上网用户数、万人外资企业数、万人个体私营企业数、万人商标注册件数（8个）
政府作用 竞争力 （16个）	强势 指标	财政支出用于基本建设投资比重（1个）
	优势 指标	城镇登记失业率（1个）
	劣势 指标	财政支出对 GDP 增长的拉动、政府公务员对经济的贡献、政府消费对民间消费的拉动、财政投资对社会投资的拉动、调控城乡消费差距、规范税收、医疗保险覆盖率、养老保险覆盖率、失业保险覆盖率（9个）
发展水平 竞争力 （19个）	强势 指标	工业从业人员增长率（1个）
	优势 指标	0个
	劣势 指标	工业增加值占 GDP 比重、高新技术产业占工业总产值比重、霍夫曼系数、城镇化率、城镇居民人均可支配收入、城市平均建成区面积、人均拥有道路面积、人均居住面积、人均公共绿地面积、非公有制经济产值占全社会总产值的比重、社会投资占投资总资金的比重、非国有单位从业人员占城镇从业人员比重、亿元以上商品市场成交额（13个）
统筹协调 竞争力 （16个）	强势 指标	资源竞争力与工业竞争力比差（1个）
	优势 指标	生产税净额和营业盈余占 GDP 比重、最终消费率、资源竞争力与宏观经济竞争力比差、全社会消费品零售总额与外贸出口总额比差（4个）
	劣势 指标	社会劳动生产率、万元 GDP 综合能耗、非农用地产出率、固定资产投资额占 GDP 比重、环境竞争力与宏观经济竞争力比差、人力资源竞争力与宏观经济竞争力比差、环境竞争力与工业竞争力比差、城乡居民家庭人均收入比差、城乡居民人均生活消费支出比差（9个）

28.2　甘肃省经济综合竞争力各级指标具体分析

1. 甘肃省宏观经济竞争力指标排名变化情况

表 28-5　2011~2012 年甘肃省宏观经济竞争力指标组排位及变化趋势表

指　　标	2011 年	2012 年	排位升降	优劣势
1　宏观经济竞争力	31	31	0	劣势
1.1　经济实力竞争力	30	30	0	劣势
地区生产总值	27	27	0	劣势
地区生产总值增长率	15	6	9	优势
人均地区生产总值	29	30	−1	劣势
财政总收入	27	27	0	劣势
财政总收入增长率	27	5	22	优势
人均财政收入	25	20	5	中势
固定资产投资额	27	26	1	劣势
固定资产投资额增长率	5	5	0	优势
人均固定资产投资额	29	28	1	劣势
全社会消费品零售总额	26	26	0	劣势
全社会消费品零售总额增长率	8	7	1	优势
人均全社会消费品零售总额	30	30	0	劣势
1.2　经济结构竞争力	31	30	1	劣势
产业结构优化度	13	13	0	中势
所有制经济结构优化度	31	31	0	劣势
城乡经济结构优化度	29	29	0	劣势
就业结构优化度	30	28	2	劣势
资本形成结构优化度	27	23	4	劣势
贸易结构优化度	20	20	0	中势
1.3　经济外向度竞争力	27	16	11	中势
进出口总额	27	27	0	劣势
进出口增长率	26	22	4	劣势
出口总额	28	27	1	劣势
出口增长率	12	4	8	优势
实际 FDI	30	31	−1	劣势
实际 FDI 增长率	28	28	0	劣势
外贸依存度	22	23	−1	劣势
对外经济合作完成营业额	25	26	−1	劣势
对外直接投资	11	8	3	优势

2. 甘肃省产业经济竞争力指标排名变化情况

表 28 - 6　2011～2012 年甘肃省产业经济竞争力指标组排位及变化趋势表

指　标	2011 年	2012 年	排位升降	优劣势
2　产业经济竞争力	31	30	1	劣势
2.1　农业竞争力	28	27	1	劣势
农业增加值	23	23	0	劣势
农业增加值增长率	7	3	4	强势
人均农业增加值	24	24	0	劣势
乡镇企业总产值	25	25	0	劣势
农民人均纯收入	31	31	0	劣势
农民人均纯收入增长率	30	4	26	优势
农产品出口占农林牧渔总产值比重	19	17	2	中势
人均主要农产品产量	18	16	2	中势
农业劳动生产率	28	29	-1	劣势
农村人均固定资产原值	10	10	0	优势
农村人均用电量	25	25	0	劣势
财政支农资金比重	5	3	2	强势
2.2　工业竞争力	31	31	0	劣势
工业增加值	26	27	-1	劣势
工业增加值增长率	12	27	-15	劣势
人均工业增加值	27	27	0	劣势
工业资产总额	26	26	0	劣势
工业资产总额增长率	10	7	3	优势
工业资产总贡献率	28	26	2	劣势
规模以上工业利润总额	27	27	0	劣势
工业全员劳动生产率	30	26	4	劣势
工业成本费用利润率	30	31	-1	劣势
工业产品销售率	28	30	-2	劣势
2.3　服务业竞争力	31	15	16	中势
服务业增加值	27	27	0	劣势
服务业增加值增长率	11	2	9	强势
人均服务业增加值	31	31	0	劣势
服务业从业人员数	26	18	8	中势
服务业从业人员数增长率	30	1	29	强势
限额以上批零企业利税率	27	23	4	劣势
限额以上餐饮企业利税率	19	19	0	中势
旅游外汇收入	30	30	0	劣势
房地产经营总收入	29	28	1	劣势

指　　标	2011 年	2012 年	排位升降	优劣势
2.4　企业竞争力	31	31	0	劣势
规模以上工业企业数	27	27	0	劣势
规模以上企业平均资产	5	8	−3	优势
规模以上企业平均增加值	26	25	1	劣势
流动资金周转次数	21	19	2	中势
规模以上企业平均利润	19	22	−3	劣势
规模以上企业销售利税率	24	23	1	劣势
规模以上企业平均所有者权益	7	7	0	优势
优等品率	29	29	0	劣势
工业企业 R&D 经费投入强度	29	30	−1	劣势
中国驰名商标持有量	29	29	0	劣势

3. 甘肃省可持续发展竞争力指标排名变化情况

表 28 – 7　2011～2012 年甘肃省可持续发展竞争力指标组排位及变化趋势表

指　　标	2011 年	2012 年	排位升降	优劣势
3　可持续发展竞争力	27	26	1	劣势
3.1　资源竞争力	10	13	−3	中势
人均国土面积	5	5	0	优势
人均可使用海域和滩涂面积	13	13	0	中势
人均年水资源量	22	22	0	劣势
耕地面积	12	12	0	中势
人均耕地面积	5	5	0	优势
人均牧草地面积	5	5	0	优势
主要能源矿产基础储量	15	14	1	中势
人均主要能源矿产基础储量	13	16	−3	中势
人均森林储积量	13	13	0	中势
3.2　环境竞争力	26	23	3	劣势
森林覆盖率	26	26	0	劣势
人均废水排放量	3	2	1	强势
人均工业废气排放量	21	21	0	劣势
人均工业固体废物排放量	24	23	1	劣势
人均治理工业污染投资额	9	4	5	优势
一般工业固体废物综合利用率	25	24	1	劣势
生活垃圾无害化处理率	30	30	0	劣势
自然灾害直接经济损失	17	22	−5	劣势

续表

指　标	2011 年	2012 年	排位升降	优劣势
3.3　人力资源竞争力	27	27	0	劣势
人口自然增长率	15	15	0	中势
15～64 岁人口比例	16	15	1	中势
文盲率	28	28	0	劣势
大专以上教育程度人口比例	19	22	-3	劣势
平均受教育程度	27	27	0	劣势
人口健康素质	27	27	0	劣势
人力资源利用率	14	15	-1	中势
职业学校毕业生数	20	21	-1	劣势

4. 甘肃省财政金融竞争力指标排名变化情况

表 28-8　2011～2012 年甘肃省财政金融竞争力指标组排位及变化趋势表

指　标	2011 年	2012 年	排位升降	优劣势
4　财政金融竞争力	31	31	0	劣势
4.1　财政竞争力	31	31	0	劣势
地方财政收入	27	27	0	劣势
地方财政支出	27	27	0	劣势
地方财政收入占 GDP 比重	22	22	0	劣势
地方财政支出占 GDP 比重	4	5	-1	优势
税收收入占 GDP 比重	26	24	2	劣势
税收收入占财政总收入比重	28	27	1	劣势
人均地方财政收入	31	31	0	劣势
人均地方财政支出	17	16	1	中势
人均税收收入	31	31	0	劣势
地方财政收入增速	21	23	-2	劣势
地方财政支出增速	26	22	4	劣势
税收收入增速	17	5	12	优势
4.2　金融竞争力	30	29	1	劣势
存款余额	27	27	0	劣势
人均存款余额	25	24	1	劣势
贷款余额	27	27	0	劣势
人均贷款余额	26	24	2	劣势
货币市场融资额	11	10	1	优势
中长期贷款占贷款余额比重	18	16	2	中势
保险费净收入	26	26	0	劣势
保险密度	25	24	1	劣势
保险深度	9	8	1	优势
人均证券市场筹资额	15	20	-5	中势

5. 甘肃省知识经济竞争力指标排名变化情况

表 28 – 9　2011 ~ 2012 年甘肃省知识经济竞争力指标组排位及变化趋势表

指　　标	2011 年	2012 年	排位升降	优劣势
5　知识经济竞争力	23	22	1	劣势
5.1　科技竞争力	23	24	−1	劣势
R&D 人员	24	25	−1	劣势
R&D 经费	25	25	0	劣势
R&D 经费投入强度	19	17	2	中势
高技术产业规模以上企业产值	27	27	0	劣势
高技术产业规模以上企业产值占 GDP 比重	28	28	0	劣势
高技术产品出口额	27	26	1	劣势
发明专利申请授权量	25	26	−1	劣势
技术市场成交合同金额	15	15	0	中势
5.2　教育竞争力	19	23	−4	劣势
教育经费	26	27	−1	劣势
教育经费占 GDP 比重	4	4	0	优势
人均教育经费	19	22	−3	劣势
公共教育经费占财政支出比重	12	17	−5	中势
人均文化教育支出占个人消费支出比重	25	23	2	劣势
万人中小学学校数	1	1	0	强势
万人中小学专任教师数	3	2	1	强势
高等学校数	26	26	0	劣势
高校专任教师数	25	25	0	劣势
万人高等学校在校学生数	18	17	1	中势
5.3　文化竞争力	25	23	2	劣势
文化产业增加值	24	20	4	中势
图书和期刊出版数	19	20	−1	中势
报纸出版数	25	25	0	劣势
出版印刷工业销售产值	25	24	1	劣势
城镇居民人均文化娱乐支出	27	25	2	劣势
农村居民人均文化娱乐支出	22	24	−2	劣势
城镇居民人均文化娱乐支出占消费性支出比重	24	20	4	中势
农村居民人均文化娱乐支出占消费性支出比重	7	11	−4	中势

6. 甘肃省发展环境竞争力指标排名变化情况

表 28 – 10　2011～2012 年甘肃省发展环境竞争力指标组排位及变化趋势表

指　标	2011 年	2012 年	排位升降	优劣势
6　发展环境竞争力	28	25	3	劣势
6.1　基础设施竞争力	29	29	0	劣势
铁路网线密度	28	28	0	劣势
公路网线密度	27	27	0	劣势
人均内河航道里程	20	20	0	中势
全社会旅客周转量	15	15	0	中势
全社会货物周转量	20	20	0	中势
人均邮电业务总量	26	28	−2	劣势
万户移动电话数	21	21	0	劣势
万户上网用户数	27	27	0	劣势
人均耗电量	16	16	0	中势
6.2　软环境竞争力	19	9	10	优势
外资企业数增长率	9	7	2	优势
万人外资企业数	26	22	4	劣势
个体私营企业数增长率	26	3	23	强势
万人个体私营企业数	29	29	0	劣势
万人商标注册件数	31	31	0	劣势
查处商标侵权假冒案件	9 ·	8	1	优势
每十万人交通事故发生数	10	11	−1	中势
罚没收入占财政收入比重	15	14	1	中势
食品安全事故数	8	9	−1	优势

7. 甘肃省政府作用竞争力指标排名变化情况

表 28 – 11　2011～2012 年甘肃省政府作用竞争力指标组排位及变化趋势表

指　标	2011 年	2012 年	排位升降	优劣势
7　政府作用竞争力	26	25	1	劣势
7.1　政府发展经济竞争力	23	24	−1	劣势
财政支出用于基本建设投资比重	2	3	−1	强势
财政支出对 GDP 增长的拉动	28	27	1	劣势
政府公务员对经济的贡献	29	30	−1	劣势
政府消费对民间消费的拉动	24	23	1	劣势
财政投资对社会投资的拉动	29	28	1	劣势
7.2　政府规调经济竞争力	26	24	2	劣势
物价调控	26	14	12	中势
调控城乡消费差距	26	28	−2	劣势
统筹经济社会发展	18	19	−1	中势
规范税收	21	23	−2	劣势
人口控制	19	18	1	中势

指　　标	2011 年	2012 年	排位升降	优劣势
7.3　政府保障经济竞争力	18	18	0	中势
城市城镇社区服务设施数	18	13	5	中势
医疗保险覆盖率	21	21	0	劣势
养老保险覆盖率	28	28	0	劣势
失业保险覆盖率	21	24	−3	劣势
下岗职工再就业率	6	12	−6	中势
城镇登记失业率	5	5	0	优势

8. 甘肃省发展水平竞争力指标排名变化情况

表 28 – 12　2011～2012 年甘肃省发展水平竞争力指标组排位及变化趋势表

指　　标	2011 年	2012 年	排位升降	优劣势
8　发展水平竞争力	31	30	1	劣势
8.1　工业化进程竞争力	29	27	2	劣势
工业增加值占 GDP 比重	26	26	0	劣势
工业增加值增长率	22	20	2	中势
高新技术产业占工业总产值比重	29	30	−1	劣势
工业从业人员比重	27	18	9	中势
工业从业人员增长率	18	2	16	强势
霍夫曼系数	27	26	1	劣势
8.2　城市化进程竞争力	30	28	2	劣势
城镇化率	28	29	−1	劣势
城镇居民人均可支配收入	31	31	0	劣势
城市平均建成区面积	26	26	0	劣势
人均拥有道路面积	18	21	−3	劣势
人均日生活用水量	19	20	−1	中势
人均居住面积	25	28	−3	劣势
人均公共绿地面积	29	26	3	劣势
8.3　市场化进程竞争力	30	30	0	劣势
非公有制经济产值占全社会总产值的比重	31	31	0	劣势
社会投资占投资总资金的比重	30	29	1	劣势
非国有单位从业人员占城镇从业人员比重	20	23	−3	劣势
亿元以上商品市场成交额	25	25	0	劣势
亿元以上商品市场成交额占全社会消费品零售总额比重	16	17	−1	中势
全社会消费品零售总额占工农总产值比重	13	15	−2	中势

9. 甘肃省统筹协调竞争力指标排名变化情况

表 28 – 13   2011 ~ 2012 年甘肃省统筹协调竞争力指标组排位及变化趋势表

指　　标	2011 年	2012 年	排位升降	优劣势
9　统筹协调竞争力	27	25	2	劣势
9.1　统筹发展竞争力	22	24	-2	劣势
社会劳动生产率	28	28	0	劣势
社会劳动生产率增速	17	11	6	中势
万元 GDP 综合能耗	24	24	0	劣势
非农用地产出率	28	28	0	劣势
生产税净额和营业盈余占 GDP 比重	14	7	7	优势
最终消费率	4	4	0	优势
固定资产投资额占 GDP 比重	27	29	-2	劣势
固定资产交付使用率	5	17	-12	中势
9.2　协调发展竞争力	25	21	4	劣势
环境竞争力与宏观经济竞争力比差	28	23	5	劣势
资源竞争力与宏观经济竞争力比差	1	5	-4	优势
人力资源竞争力与宏观经济竞争力比差	28	23	5	劣势
资源竞争力与工业竞争力比差	1	1	0	强势
环境竞争力与工业竞争力比差	26	26	0	劣势
城乡居民家庭人均收入比差	29	29	0	劣势
城乡居民人均生活消费支出比差	26	28	-2	劣势
全社会消费品零售总额与外贸出口总额比差	3	6	-3	优势

29

青海省经济综合竞争力评价分析报告

青海省简称青，位于青藏高原东北部，分别与甘肃省、四川省、西藏自治区、新疆维吾尔自治区相连。其境内的青海湖是中国最大的内陆高原咸水湖。青海省也是长江、黄河源头所在。全省土地面积72万平方公里，2012年总人口为573万人，地区生产总值达1894亿元，同比增长12.3%，人均GDP达33181元。本部分通过分析"十二五"中期青海省经济综合竞争力以及各要素竞争力的排名变化，从中找出青海省经济综合竞争力的推动点及影响因素，为进一步提升青海省经济综合竞争力提供决策参考。

29.1 青海省经济综合竞争力总体分析

1. 青海省经济综合竞争力一级指标概要分析

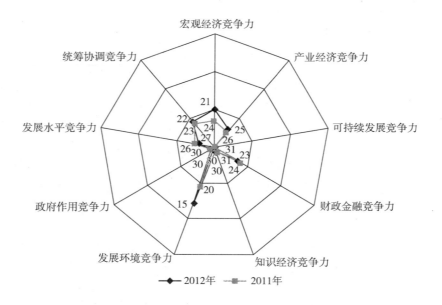

图 29-1 2011~2012 年青海省经济综合竞争力二级指标比较雷达图

表 29 - 1　2011～2012 年青海省经济综合竞争力二级指标比较表

年份 \ 项目	宏观经济竞争力	产业经济竞争力	可持续发展竞争力	财政金融竞争力	知识经济竞争力	发展环境竞争力	政府作用竞争力	发展水平竞争力	统筹协调竞争力	综合排位
2011	24	26	31	23	30	20	30	26	23	29
2012	21	25	31	24	30	15	30	27	22	28
升降	3	1	0	-1	0	5	0	-1	1	1
优劣度	劣势	劣势	劣势	劣势	劣势	中势	劣势	劣势	劣势	劣势

（1）从综合排位的变化比较看，2012 年青海省经济综合竞争力综合排位在全国处于第 28 位，表明其在全国处于劣势地位；与 2011 年相比，综合排位上升了 1 位。

（2）从指标所处区位看，没有指标处于上游区，有 1 个指标处于中游区，为发展环境竞争力。

（3）从指标变化趋势看，9 个二级指标中，有 4 个指标处于上升趋势，为宏观经济竞争力、产业经济竞争力、发展环境竞争力和统筹协调竞争力，这些是青海省经济综合竞争力的上升动力所在；有 3 个指标排位没有发生变化，为可持续发展竞争力、知识经济竞争力和政府作用竞争力；有 2 个指标处于下降趋势，为财政金融竞争力和发展水平竞争力，这些是青海省经济综合竞争力的下降拉力所在。

2. 青海省经济综合竞争力各级指标动态变化分析

表 29 - 2　2011～2012 年青海省经济综合竞争力各级指标排位变化态势比较表

二级指标	三级指标	四级指标数	上升 指标数	上升 比重（%）	保持 指标数	保持 比重（%）	下降 指标数	下降 比重（%）	变化趋势
宏观经济竞争力	经济实力竞争力	12	3	25.0	6	50.0	3	25.0	下降
	经济结构竞争力	6	2	33.3	4	66.7	0	0.0	上升
	经济外向度竞争力	9	2	22.2	6	66.7	1	11.1	上升
	小　计	27	7	25.9	16	59.3	4	14.8	上升
产业经济竞争力	农业竞争力	12	5	41.7	4	33.3	3	25.0	上升
	工业竞争力	10	2	20.0	2	20.0	6	60.0	下降
	服务业竞争力	9	3	33.3	5	55.6	1	11.1	上升
	企业竞争力	10	2	20.0	5	50.0	3	30.0	下降
	小　计	41	12	29.3	16	39.0	13	31.7	上升
可持续发展竞争力	资源竞争力	9	1	11.1	6	66.7	2	22.2	上升
	环境竞争力	8	2	25.0	4	50.0	2	25.0	上升
	人力资源竞争力	8	0	0.0	4	50.0	4	50.0	保持
	小　计	25	3	12.0	14	56.0	8	32.0	保持

续表

二级指标	三级指标	四级指标数	上升		保持		下降		变化趋势
			指标数	比重（%）	指标数	比重（%）	指标数	比重（%）	
财政金融竞争力	财政竞争力	12	4	33.3	7	58.3	1	8.3	上升
	金融竞争力	10	6	60.0	4	40.0	0	0.0	保持
	小　计	22	10	45.5	11	50.0	1	4.5	下降
知识经济竞争力	科技竞争力	8	1	12.5	4	50.0	3	37.5	保持
	教育竞争力	10	4	40.0	5	50.0	1	10.0	上升
	文化竞争力	8	3	37.5	3	37.5	2	25.0	保持
	小　计	26	8	30.8	12	46.2	6	23.1	保持
发展环境竞争力	基础设施竞争力	9	2	22.2	6	66.7	1	11.1	保持
	软环境竞争力	9	4	44.4	3	33.3	2	22.2	上升
	小　计	18	6	33.3	9	50.0	3	16.7	上升
政府作用竞争力	政府发展经济竞争力	5	2	40.0	3	60.0	0	0.0	保持
	政府规调经济竞争力	5	1	20.0	3	60.0	1	20.0	上升
	政府保障经济竞争力	6	4	66.7	2	33.3	0	0.0	上升
	小　计	16	7	43.8	8	50.0	1	6.3	保持
发展水平竞争力	工业化进程竞争力	6	3	50.0	0	0.0	3	50.0	下降
	城市化进程竞争力	7	1	14.3	2	28.6	4	57.1	上升
	市场化进程竞争力	6	2	33.3	2	33.3	2	33.3	上升
	小　计	19	6	31.6	4	21.1	9	47.4	下降
统筹协调竞争力	统筹发展竞争力	8	2	25.0	4	50.0	2	25.0	保持
	协调发展竞争力	8	5	62.5	1	12.5	2	25.0	保持
	小　计	16	7	43.8	5	31.3	4	25.0	上升
合　计		210	66	31.4	95	45.2	49	23.3	上升

从表29－2可以看出，210个四级指标中，上升指标有66个，占指标总数的31.4%；下降指标有49个，占指标总数的23.3%；保持指标有95个，占指标总数的45.2%。综上所述，上升的动力大于下降的拉力，使得2011~2012年青海省经济综合竞争力排位上升了1位。

3. 青海省经济综合竞争力各级指标优劣势结构分析

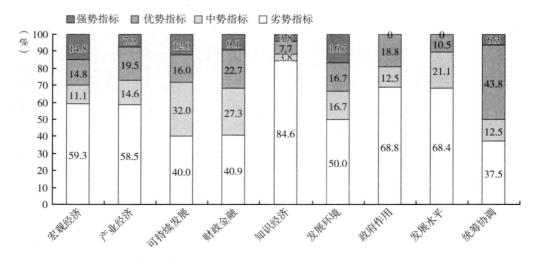

图29－2　2012年青海省经济综合竞争力各级指标优劣势比较图

表 29 – 3　2012 年青海省经济综合竞争力各级指标优劣势比较表

二级指标	三级指标	四级指标数	强势指标		优势指标		中势指标		劣势指标		优劣势
			个数	比重（%）	个数	比重（%）	个数	比重（%）	个数	比重（%）	
宏观经济竞争力	经济实力竞争力	12	3	25.0	2	16.7	0	0.0	7	58.3	劣势
	经济结构竞争力	6	1	16.7	0	0.0	2	33.3	3	50.0	劣势
	经济外向度竞争力	9	0	0.0	2	22.2	1	11.1	6	66.7	劣势
	小　计	27	4	14.8	4	14.8	3	11.1	16	59.3	劣势
产业经济竞争力	农业竞争力	12	1	8.3	1	8.3	2	16.7	8	66.7	劣势
	工业竞争力	10	0	0.0	3	30.0	2	20.0	5	50.0	劣势
	服务业竞争力	9	0	0.0	2	22.2	2	22.2	5	55.6	劣势
	企业竞争力	10	2	20.0	2	20.0	0	0.0	6	60.0	中势
	小　计	41	3	7.3	8	19.5	6	14.6	24	58.5	劣势
可持续发展竞争力	资源竞争力	9	3	33.3	1	11.1	4	44.4	1	11.1	优势
	环境竞争力	8	0	0.0	2	25.0	2	25.0	4	50.0	劣势
	人力资源竞争力	8	0	0.0	1	12.5	2	25.0	5	62.5	劣势
	小　计	25	3	12.0	4	16.0	8	32.0	10	40.0	劣势
财政金融竞争力	财政竞争力	12	2	16.7	3	25.0	4	33.3	3	25.0	中势
	金融竞争力	10	0	0.0	2	20.0	2	20.0	6	60.0	劣势
	小　计	22	2	9.1	5	22.7	6	27.3	9	40.9	劣势
知识经济竞争力	科技竞争力	8	0	0.0	0	0.0	0	0.0	8	100.0	劣势
	教育竞争力	10	1	10.0	2	20.0	1	10.0	6	60.0	劣势
	文化竞争力	8	0	0.0	0	0.0	0	0.0	8	100.0	劣势
	小　计	26	1	3.8	2	7.7	1	3.8	22	84.6	劣势
发展环境竞争力	基础设施竞争力	9	1	11.1	1	11.1	3	33.3	4	44.4	中势
	软环境竞争力	9	2	22.2	2	22.2	0	0.0	5	55.6	优势
	小　计	18	3	16.7	3	16.7	3	16.7	9	50.0	中势
政府作用竞争力	政府发展经济竞争力	5	0	0.0	1	20.0	0	0.0	4	80.0	劣势
	政府规调经济竞争力	5	0	0.0	2	40.0	0	0.0	3	60.0	劣势
	政府保障经济竞争力	6	0	0.0	0	0.0	2	33.3	4	66.7	劣势
	小　计	16	0	0.0	3	18.8	2	12.5	11	68.8	劣势
发展水平竞争力	工业化进程竞争力	6	0	0.0	1	16.7	2	33.3	3	50.0	劣势
	城市化进程竞争力	7	0	0.0	1	14.3	2	28.6	4	57.1	劣势
	市场化进程竞争力	6	0	0.0	0	0.0	0	0.0	6	100.0	劣势
	小　计	19	0	0.0	2	10.5	4	21.1	13	68.4	劣势
统筹协调竞争力	统筹发展竞争力	8	0	0.0	2	25.0	1	12.5	5	62.5	劣势
	协调发展竞争力	8	1	12.5	5	62.5	1	12.5	1	12.5	优势
	小　计	16	1	6.3	7	43.8	2	12.5	6	37.5	劣势
合　计		210	17	8.1	38	18.1	35	16.7	120	57.1	劣势

　　基于图 29 – 2 和表 29 – 3，从四级指标来看，强势指标有 17 个，占指标总数的 8.1%；优势指标有 38 个，占指标总数的 18.1%；中势指标有 35 个，占指标总数的

16.7%；劣势指标有 120 个，占指标总数的 57.1%。从三级指标来看，没有强势指标；优势指标有 3 个，占三级指标总数的 12%；中势指标有 3 个，占三级指标总数的 12%；劣势指标有 19 个，占三级指标总数的 76%。反映到二级指标上来，没有强势指标和优势指标。综合来看，由于劣势指标在指标体系中居于主导地位，2012 年青海省经济综合竞争力处于劣势地位。

4. 青海省经济综合竞争力四级指标优劣势对比分析

表 29 - 4　2012 年青海省经济综合竞争力各级指标优劣势比较表

二级指标	优劣势	四级指标
宏观经济竞争力（27 个）	强势指标	人均财政收入、固定资产投资额增长率、全社会消费品零售总额增长率、资本形成结构优化度（4 个）
	优势指标	地区生产总值增长率、人均固定资产投资额、进出口增长率、实际 FDI 增长率（4 个）
	劣势指标	地区生产总值、人均地区生产总值、财政总收入、财政总收入增长率、固定资产投资额、全社会消费品零售总额、人均全社会消费品零售总额、产业结构优化度、所有制经济结构优化度、城乡经济结构优化度、进出口总额、出口总额、实际 FDI、外贸依存度、对外经济合作完成营业额、对外直接投资（16 个）
产业经济竞争力（41 个）	强势指标	农民人均纯收入增长率、规模以上企业平均资产、规模以上企业平均所有者权益（3 个）
	优势指标	农村人均固定资产原值、工业资产总额增长率、工业全员劳动生产率、工业成本费用利润率、服务业从业人员数增长率、限额以上餐饮企业利税率、规模以上企业平均利润、规模以上企业销售利税率（8 个）
	劣势指标	农业增加值、人均农业增加值、乡镇企业总产值、农民人均纯收入、农产品出口占农林牧渔总产值比重、人均主要农产品产量、农业劳动生产率、农村人均用电量、工业增加值、工业资产总额、工业资产总贡献率、规模以上工业利润总额、工业产品销售率、服务业增加值、人均服务业增加值、服务业从业人员数、旅游外汇收入、房地产经营总收入、规模以上工业企业数、规模以上企业平均增加值、流动资金周转次数、优等品率、工业企业 R&D 经费投入强度、中国驰名商标持有量（24 个）
可持续发展竞争力（25 个）	强势指标	人均国土面积、人均年水资源量、人均牧草地面积（3 个）
	优势指标	人均主要能源矿产基础储量、人均废水排放量、自然灾害直接经济损失、人口自然增长率（4 个）
	劣势指标	耕地面积、森林覆盖率、人均工业废气排放量、人均工业固体废物排放量、一般工业固体废物综合利用率、15～64 岁人口比例、文盲率、平均受教育程度、人口健康素质、职业学校毕业生数（10 个）
财政金融竞争力（22 个）	强势指标	地方财政支出占 GDP 比重、人均地方财政支出（2 个）
	优势指标	地方财政收入增速、地方财政支出增速、税收收入增速、中长期贷款占贷款余额比重、人均证券市场筹资额（5 个）
	劣势指标	地方财政收入、地方财政支出、税收收入占财政总收入比重、存款余额、贷款余额、货币市场融资额、保险费净收入、保险密度、保险深度（9 个）

续表

二级指标	优劣势	四级指标
知识经济 竞争力 （26个）	强势 指标	教育经费占GDP比重（1个）
	优势 指标	人均教育经费、万人中小学学校数（2个）
	劣势 指标	R&D人员、R&D经费、R&D经费投入强度、高技术产业规模以上企业产值、高技术产业规模以上企业产值占GDP比重、高技术产品出口额、发明专利申请授权量、技术市场成交合同金额、教育经费、公共教育经费占财政支出比重、人均文化教育支出占个人消费支出比重、高等学校数、高校专任教师数、万人高等学校在校学生数、文化产业增加值、图书和期刊出版数、报纸出版数、出版印刷工业销售产值、城镇居民人均文化娱乐支出、农村居民人均文化娱乐支出、城镇居民人均文化娱乐支出占消费性支出比重、农村居民人均文化娱乐支出占消费性支出比重（22个）
发展环境 竞争力 （18个）	强势 指标	人均耗电量、个体私营企业数增长率、食品安全事故数（3个）
	优势 指标	万户移动电话数、查处商标侵权假冒案件、罚没收入占财政收入比重（3个）
	劣势 指标	铁路网线密度、公路网线密度、全社会旅客周转量、全社会货物周转量、外资企业数增长率、万人外资企业数、万人个体私营企业数、万人商标注册件数、每十万人交通事故发生数（9个）
政府作用 竞争力 （16个）	强势 指标	0个
	优势 指标	财政支出用于基本建设投资比重、调控城乡消费差距、规范税收（3个）
	劣势 指标	财政支出对GDP增长的拉动、政府公务员对经济的贡献、政府消费对民间消费的拉动、财政投资对社会投资的拉动、物价调控、统筹经济社会发展、人口控制、城市城镇社区服务设施数、医疗保险覆盖率、养老保险覆盖率、失业保险覆盖率（11个）
发展水平 竞争力 （19个）	强势 指标	（0个）
	优势 指标	工业增加值占GDP比重、人均日生活用水量（2个）
	劣势 指标	高新技术产业占工业总产值比重、工业从业人员增长率、霍夫曼系数、城镇居民人均可支配收入、城市平均建成区面积、人均拥有道路面积、人均公共绿地面积、非公有制经济产值占全社会总产值的比重、社会投资占投资总资金的比重、非国有单位从业人员占城镇从业人员比重、亿元以上商品市场成交额、亿元以上商品市场成交额占全社会消费品零售总额比重、全社会消费品零售总额占工农总产值比重（13个）
统筹协调 竞争力 （16个）	强势 指标	全社会消费品零售总额与外贸出口总额比差（1个）
	优势 指标	社会劳动生产率增速、最终消费率、环境竞争力与宏观经济竞争力比差、资源竞争力与宏观经济竞争力比差、人力资源竞争力与宏观经济竞争力比差、资源竞争力与工业竞争力比差、城乡居民人均生活消费支出比差（7个）
	劣势 指标	万元GDP综合能耗、非农用地产出率、生产税净额和营业盈余占GDP比重、固定资产投资额占GDP比重、固定资产交付使用率、城乡居民家庭人均收入比差（6个）

29.2 青海省经济综合竞争力各级指标具体分析

1. 青海省宏观经济竞争力指标排名变化情况

表 29-5 2011~2012 年青海省宏观经济竞争力指标组排位及变化趋势表

指　　标	2011 年	2012 年	排位升降	优劣势
1　宏观经济竞争力	24	21	3	劣势
1.1　经济实力竞争力	12	24	-12	劣势
地区生产总值	30	30	0	劣势
地区生产总值增长率	10	8	2	优势
人均地区生产总值	21	21	0	劣势
财政总收入	25	28	-3	劣势
财政总收入增长率	4	27	-23	劣势
人均财政收入	3	3	0	强势
固定资产投资额	30	30	0	劣势
固定资产投资额增长率	1	3	-2	强势
人均固定资产投资额	12	7	5	优势
全社会消费品零售总额	30	30	0	劣势
全社会消费品零售总额增长率	27	3	24	强势
人均全社会消费品零售总额	27	27	0	劣势
1.2　经济结构竞争力	24	21	3	劣势
产业结构优化度	30	29	1	劣势
所有制经济结构优化度	23	23	0	劣势
城乡经济结构优化度	26	26	0	劣势
就业结构优化度	15	15	0	中势
资本形成结构优化度	9	1	8	强势
贸易结构优化度	18	18	0	中势
1.3　经济外向度竞争力	30	27	3	劣势
进出口总额	31	31	0	劣势
进出口增长率	28	8	20	优势
出口总额	31	31	0	劣势
出口增长率	7	17	-10	中势
实际 FDI	29	29	0	劣势
实际 FDI 增长率	27	6	21	优势
外贸依存度	31	31	0	劣势
对外经济合作完成营业额	27	27	0	劣势
对外直接投资	31	31	0	劣势

2. 青海省产业经济竞争力指标排名变化情况

表 29 – 6   2011～2012 年青海省产业经济竞争力指标组排位及变化趋势表

指　　标	2011 年	2012 年	排位升降	优劣势
2　产业经济竞争力	26	25	1	劣势
2.1　农业竞争力	29	28	1	劣势
农业增加值	28	27	1	劣势
农业增加值增长率	13	15	− 2	中势
人均农业增加值	23	21	2	劣势
乡镇企业总产值	29	29	0	劣势
农民人均纯收入	29	29	0	劣势
农民人均纯收入增长率	15	3	12	强势
农产品出口占农林牧渔总产值比重	27	30	− 3	劣势
人均主要农产品产量	25	26	− 1	劣势
农业劳动生产率	24	22	2	劣势
农村人均固定资产原值	9	9	0	优势
农村人均用电量	30	30	0	劣势
财政支农资金比重	19	14	5	中势
2.2　工业竞争力	27	28	− 1	劣势
工业增加值	29	28	1	劣势
工业增加值增长率	4	19	− 15	中势
人均工业增加值	16	18	− 2	中势
工业资产总额	29	29	0	劣势
工业资产总额增长率	24	6	18	优势
工业资产总贡献率	27	28	− 1	劣势
规模以上工业利润总额	28	28	0	劣势
工业全员劳动生产率	6	8	− 2	优势
工业成本费用利润率	6	7	− 1	优势
工业产品销售率	30	31	− 1	劣势
2.3　服务业竞争力	29	27	2	劣势
服务业增加值	30	30	0	劣势
服务业增加值增长率	25	11	14	中势
人均服务业增加值	23	23	0	劣势
服务业从业人员数	30	29	1	劣势
服务业从业人员数增长率	12	5	7	优势
限额以上批零企业利税率	16	16	0	中势
限额以上餐饮企业利税率	4	5	− 1	优势
旅游外汇收入	29	29	0	劣势
房地产经营总收入	30	30	0	劣势

指　标	2011 年	2012 年	排位升降	优劣势
2.4　企业竞争力	9	16	−7	中势
规模以上工业企业数	29	29	0	劣势
规模以上企业平均资产	1	1	0	强势
规模以上企业平均增加值	29	29	0	劣势
流动资金周转次数	30	29	1	劣势
规模以上企业平均利润	1	4	−3	优势
规模以上企业销售利税率	7	9	−2	优势
规模以上企业平均所有者权益	3	3	0	强势
优等品率	28	27	1	劣势
工业企业 R&D 经费投入强度	23	26	−3	劣势
中国驰名商标持有量	28	28	0	劣势

3. 青海省可持续发展竞争力指标排名变化情况

表 29 – 7　2011～2012 年青海省可持续发展竞争力指标组排位及变化趋势表

指　标	2011 年	2012 年	排位升降	优劣势
3　可持续发展竞争力	31	31	0	劣势
3.1　资源竞争力	12	9	3	优势
人均国土面积	2	2	0	强势
人均可使用海域和滩涂面积	13	13	0	中势
人均年水资源量	2	2	0	强势
耕地面积	27	27	0	劣势
人均耕地面积	12	13	−1	中势
人均牧草地面积	2	2	0	强势
主要能源矿产基础储量	17	17	0	中势
人均主要能源矿产基础储量	5	4	1	优势
人均森林储积量	14	15	−1	中势
3.2　环境竞争力	31	30	1	劣势
森林覆盖率	30	30	0	劣势
人均废水排放量	8	8	0	优势
人均工业废气排放量	27	27	0	劣势
人均工业固体废物排放量	31	31	0	劣势
人均治理工业污染投资额	7	14	−7	中势
一般工业固体废物综合利用率	21	22	−1	劣势
生活垃圾无害化处理率	25	14	11	中势
自然灾害直接经济损失	7	4	3	优势

续表

指标	2011 年	2012 年	排位升降	优劣势
3.3　人力资源竞争力	29	29	0	劣势
人口自然增长率	5	5	0	优势
15～64 岁人口比例	19	22	-3	劣势
文盲率	29	30	-1	劣势
大专以上教育程度人口比例	15	18	-3	中势
平均受教育程度	28	30	-2	劣势
人口健康素质	29	29	0	劣势
人力资源利用率	18	18	0	中势
职业学校毕业生数	30	30	0	劣势

4. 青海省财政金融竞争力指标排名变化情况

表 29 – 8　2011～2012 年青海省财政金融竞争力指标组排位及变化趋势表

指标	2011 年	2012 年	排位升降	优劣势
4　财政金融竞争力	23	24	-1	劣势
4.1　财政竞争力	20	18	2	中势
地方财政收入	30	30	0	劣势
地方财政支出	28	28	0	劣势
地方财政收入占 GDP 比重	19	20	-1	中势
地方财政支出占 GDP 比重	2	2	0	强势
税收收入占 GDP 比重	19	17	2	中势
税收收入占财政总收入比重	30	30	0	劣势
人均地方财政收入	18	18	0	中势
人均地方财政支出	2	2	0	强势
人均税收收入	18	18	0	中势
地方财政收入增速	10	7	3	优势
地方财政支出增速	11	5	6	优势
税收收入增速	7	6	1	优势
4.2　金融竞争力	27	27	0	劣势
存款余额	30	29	1	劣势
人均存款余额	14	12	2	中势
贷款余额	30	30	0	劣势
人均贷款余额	12	11	1	中势
货币市场融资额	25	25	0	劣势
中长期贷款占贷款余额比重	5	5	0	优势
保险费净收入	30	30	0	劣势
保险密度	28	27	1	劣势
保险深度	28	27	1	劣势
人均证券市场筹资额	8	4	4	优势

5. 青海省知识经济竞争力指标排名变化情况

表 29 - 9   2011 ~ 2012 年青海省知识经济竞争力指标组排位及变化趋势表

指　标	2011 年	2012 年	排位升降	优劣势
5　知识经济竞争力	30	30	0	劣势
5.1　科技竞争力	29	29	0	劣势
R&D 人员	29	28	1	劣势
R&D 经费	29	30	-1	劣势
R&D 经费投入强度	23	25	-2	劣势
高技术产业规模以上企业产值	30	30	0	劣势
高技术产业规模以上企业产值占 GDP 比重	29	29	0	劣势
高技术产品出口额	31	31	0	劣势
发明专利申请授权量	30	30	0	劣势
技术市场成交合同金额	24	25	-1	劣势
5.2　教育竞争力	31	30	1	劣势
教育经费	29	29	0	劣势
教育经费占 GDP 比重	3	2	1	强势
人均教育经费	6	4	2	优势
公共教育经费占财政支出比重	30	28	2	劣势
人均文化教育支出占个人消费支出比重	30	29	1	劣势
万人中小学学校数	7	9	-2	优势
万人中小学专任教师数	11	11	0	中势
高等学校数	30	30	0	劣势
高校专任教师数	30	30	0	劣势
万人高等学校在校学生数	31	31	0	劣势
5.3　文化竞争力	30	30	0	劣势
文化产业增加值	29	29	0	劣势
图书和期刊出版数	31	31	0	劣势
报纸出版数	30	29	1	劣势
出版印刷工业销售产值	29	28	1	劣势
城镇居民人均文化娱乐支出	30	30	0	劣势
农村居民人均文化娱乐支出	25	26	-1	劣势
城镇居民人均文化娱乐支出占消费性支出比重	30	29	1	劣势
农村居民人均文化娱乐支出占消费性支出比重	26	28	-2	劣势

6. 青海省发展环境竞争力指标排名变化情况

表 29 – 10 2011～2012 年青海省发展环境竞争力指标组排位及变化趋势表

指　　标		2011 年	2012 年	排位升降	优劣势
6	**发展环境竞争力**	20	15	5	中势
6.1	基础设施竞争力	20	20	0	中势
	铁路网线密度	30	30	0	劣势
	公路网线密度	30	30	0	劣势
	人均内河航道里程	16	16	0	中势
	全社会旅客周转量	30	30	0	劣势
	全社会货物周转量	30	30	0	劣势
	人均邮电业务总量	16	15	1	中势
	万户移动电话数	3	5	−2	优势
	万户上网用户数	15	12	3	中势
	人均耗电量	2	2	0	强势
6.2	软环境竞争力	18	8	10	优势
	外资企业数增长率	22	30	−8	劣势
	万人外资企业数	28	29	−1	劣势
	个体私营企业数增长率	21	1	20	强势
	万人个体私营企业数	28	26	2	劣势
	万人商标注册件数	25	25	0	劣势
	查处商标侵权假冒案件	6	6	0	优势
	每十万人交通事故发生数	24	21	3	劣势
	罚没收入占财政收入比重	8	6	2	优势
	食品安全事故数	1	1	0	强势

7. 青海省政府作用竞争力指标排名变化情况

表 29 – 11 2011～2012 年青海省政府作用竞争力指标组排位及变化趋势表

指　　标		2011 年	2012 年	排位升降	优劣势
7	**政府作用竞争力**	30	30	0	劣势
7.1	政府发展经济竞争力	30	30	0	劣势
	财政支出用于基本建设投资比重	4	4	0	优势
	财政支出对 GDP 增长的拉动	30	30	0	劣势
	政府公务员对经济的贡献	27	26	1	劣势
	政府消费对民间消费的拉动	29	28	1	劣势
	财政投资对社会投资的拉动	30	30	0	劣势
7.2	政府规调经济竞争力	25	23	2	劣势
	物价调控	30	24	6	劣势
	调控城乡消费差距	6	7	−1	优势
	统筹经济社会发展	30	30	0	劣势
	规范税收	6	6	0	优势
	人口控制	28	28	0	劣势

续表

指　　标	2011 年	2012 年	排位升降	优劣势
7.3　政府保障经济竞争力	29	27	2	劣势
城市城镇社区服务设施数	29	29	0	劣势
医疗保险覆盖率	24	23	1	劣势
养老保险覆盖率	27	27	0	劣势
失业保险覆盖率	30	29	1	劣势
下岗职工再就业率	17	16	1	中势
城镇登记失业率	24	16	8	中势

8. 青海省发展水平竞争力指标排名变化情况

表 29 - 12　2011～2012 年青海省发展水平竞争力指标组排位及变化趋势表

指　　标	2011 年	2012 年	排位升降	优劣势
8　发展水平竞争力	26	27	- 1	劣势
8.1　工业化进程竞争力	22	25	- 3	劣势
工业增加值占 GDP 比重	4	6	- 2	优势
工业增加值增长率	1	12	- 11	中势
高新技术产业占工业总产值比重	30	29	1	劣势
工业从业人员比重	18	16	2	中势
工业从业人员增长率	14	25	- 11	劣势
霍夫曼系数	30	29	1	劣势
8.2　城市化进程竞争力	29	27	2	劣势
城镇化率	19	20	- 1	中势
城镇居民人均可支配收入	29	30	- 1	劣势
城市平均建成区面积	30	30	0	劣势
人均拥有道路面积	24	26	- 2	劣势
人均日生活用水量	8	9	- 1	优势
人均居住面积	29	20	9	中势
人均公共绿地面积	25	25	0	劣势
8.3　市场化进程竞争力	28	27	1	劣势
非公有制经济产值占全社会总产值的比重	27	21	6	劣势
社会投资占投资总资金的比重	29	30	- 1	劣势
非国有单位从业人员占城镇从业人员比重	19	26	- 7	劣势
亿元以上商品市场成交额	29	29	0	劣势
亿元以上商品市场成交额占全社会消费品零售总额比重	28	27	1	劣势
全社会消费品零售总额占工农总产值比重	21	21	0	劣势

9. 青海省统筹协调竞争力指标排名变化情况

表 29 – 13　2011～2012 年青海省统筹协调竞争力指标组排位及变化趋势表

指　　标	2011 年	2012 年	排位升降	优劣势
9　统筹协调竞争力	23	22	1	劣势
9.1　统筹发展竞争力	31	31	0	劣势
社会劳动生产率	20	19	1	中势
社会劳动生产率增速	13	10	3	优势
万元 GDP 综合能耗	30	30	0	劣势
非农用地产出率	29	29	0	劣势
生产税净额和营业盈余占 GDP 比重	2	21	– 19	劣势
最终消费率	9	9	0	优势
固定资产投资额占 GDP 比重	31	31	0	劣势
固定资产交付使用率	26	27	– 1	劣势
9.2　协调发展竞争力	4	4	0	优势
环境竞争力与宏观经济竞争力比差	8	10	– 2	优势
资源竞争力与宏观经济竞争力比差	11	9	2	优势
人力资源竞争力与宏观经济竞争力比差	9	5	4	优势
资源竞争力与工业竞争力比差	6	5	1	优势
环境竞争力与工业竞争力比差	14	13	1	中势
城乡居民家庭人均收入比差	26	26	0	劣势
城乡居民人均生活消费支出比差	6	7	– 1	优势
全社会消费品零售总额与外贸出口总额比差	6	3	3	强势

宁夏回族自治区经济综合竞争力评价分析报告

宁夏回族自治区简称宁，位于我国西北地区，处在黄河中上游地区及沙漠与黄土高原的交接地带，与内蒙古自治区、甘肃省、陕西省等省区为邻。全区面积6.6万平方公里，2012年总人口为647万人，地区生产总值达2341亿元，同比增长11.5%，人均GDP达36394元。本部分通过分析"十二五"中期宁夏回族自治区经济综合竞争力以及各要素竞争力的排名变化，从中找出宁夏经济综合竞争力的推动点及影响因素，为进一步提升宁夏经济综合竞争力提供决策参考。

30.1 宁夏回族自治区经济综合竞争力总体分析

1. 宁夏回族自治区经济综合竞争力一级指标概要分析

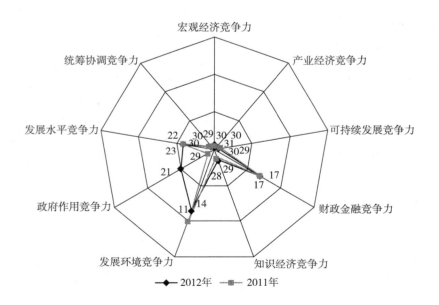

图30-1 2011~2012年宁夏回族自治区经济综合竞争力
二级指标比较雷达图

表 30 - 1 2011~2012 年宁夏回族自治区经济综合竞争力二级指标比较表

项目 年份	宏观经济 竞争力	产业经济 竞争力	可持续发 展竞争力	财政金融 竞争力	知识经济 竞争力	发展环境 竞争力	政府作用 竞争力	发展水平 竞争力	统筹协调 竞争力	综合 排位
2011	30	30	29	17	29	11	29	22	30	28
2012	29	31	30	17	28	14	21	23	30	27
升降	1	-1	-1	0	1	-3	8	-1	0	1
优劣度	劣势	劣势	劣势	中势	劣势	中势	劣势	劣势	劣势	劣势

（1）从综合排位的变化比较看，2012 年宁夏回族自治区经济综合竞争力综合排位在全国处于第 27 位，表明其在全国处于劣势地位；与 2011 年相比，综合排位上升了 1 位。

（2）从指标所处区位看，没有指标处于上游区，有 2 个指标处于中游区，为财政金融竞争力和发展环境竞争力。

（3）从指标变化趋势看，9 个二级指标中，有 3 个指标处于上升趋势，为宏观经济竞争力、知识经济竞争力和政府作用竞争力，这些是宁夏回族自治区经济综合竞争力的上升动力所在；有 2 个指标排位没有发生变化，为财政金融竞争力和统筹协调竞争力；有 4 个指标处于下降趋势，为产业经济竞争力、可持续发展竞争力、发展环境竞争力和发展水平竞争力，这些是宁夏回族自治区经济综合竞争力的下降拉力所在。

2. 宁夏回族自治区经济综合竞争力各级指标动态变化分析

表 30 - 2 2011~2012 年宁夏回族自治区经济综合竞争力各级指标排位变化态势比较表

二级指标	三级指标	四级 指标数	上升		保持		下降		变化 趋势
			指标 数	比重 （%）	指标 数	比重 （%）	指标 数	比重 （%）	
宏观经济 竞争力	经济实力竞争力	12	5	41.7	6	50.0	1	8.3	上升
	经济结构竞争力	6	2	33.3	3	50.0	1	16.7	上升
	经济外向度竞争力	9	2	22.2	2	22.2	5	55.6	保持
	小　　计	27	9	33.3	11	40.7	7	25.9	上升
产业经济 竞争力	农业竞争力	12	4	33.3	7	58.3	1	8.3	上升
	工业竞争力	10	1	10.0	2	20.0	7	70.0	下降
	服务业竞争力	9	1	11.1	2	22.2	6	66.7	保持
	企业竞争力	10	3	30.0	3	30.0	4	40.0	下降
	小　　计	41	9	22.0	14	34.1	18	43.9	下降
可持续发展 竞争力	资源竞争力	9	0	0.0	6	66.7	3	33.3	下降
	环境竞争力	8	2	25.0	5	62.5	1	12.5	上升
	人力资源竞争力	8	0	0.0	5	62.5	3	37.5	保持
	小　　计	25	2	8.0	16	64.0	7	28.0	下降

续表

二级指标	三级指标	四级指标数	上升		保持		下降		变化趋势
			指标数	比重（%）	指标数	比重（%）	指标数	比重（%）	
财政金融竞争力	财政竞争力	12	3	25.0	5	41.7	4	33.3	保持
	金融竞争力	10	3	30.0	3	30.0	4	40.0	保持
	小　计	22	6	27.3	8	36.4	8	36.4	保持
知识经济竞争力	科技竞争力	8	3	37.5	3	37.5	2	25.0	上升
	教育竞争力	10	2	20.0	6	60.0	2	20.0	下降
	文化竞争力	8	1	12.5	3	37.5	4	50.0	保持
	小　计	26	6	23.1	12	46.2	8	30.8	上升
发展环境竞争力	基础设施竞争力	9	3	33.3	4	44.4	2	22.2	上升
	软环境竞争力	9	3	33.3	2	22.2	4	44.4	下降
	小　计	18	6	33.3	6	33.3	6	33.3	下降
政府作用竞争力	政府发展经济竞争力	5	2	40.0	0	0.0	3	60.0	下降
	政府规调经济竞争力	5	3	60.0	1	20.0	1	20.0	上升
	政府保障经济竞争力	6	3	50.0	2	33.3	1	16.7	上升
	小　计	16	8	50.0	3	18.8	5	31.3	上升
发展水平竞争力	工业化进程竞争力	6	1	16.7	3	50.0	2	33.3	下降
	城市化进程竞争力	7	0	0.0	2	28.6	5	71.4	下降
	市场化进程竞争力	6	1	16.7	0	0.0	5	83.3	下降
	小　计	19	2	10.5	5	26.3	12	63.2	下降
统筹协调竞争力	统筹发展竞争力	8	3	37.5	1	12.5	4	50.0	上升
	协调发展竞争力	8	3	37.5	2	25.0	3	37.5	上升
	小　计	16	6	37.5	3	18.8	7	43.8	保持
	合　计	210	54	25.7	78	37.1	78	37.1	上升

　　从表 30 - 2 可以看出，210 个四级指标中，上升指标有 54 个，占指标总数的 25.7%；下降指标有 78 个，占指标总数的 37.1%；保持指标有 78 个，占指标总数的 37.1%。综上所述，上升的动力小于下降的拉力，但受其他外部因素的综合影响，2011 ~ 2012 年宁夏回族自治区经济综合竞争力排位上升 1 位。

3. 宁夏回族自治区经济综合竞争力各级指标优劣势结构分析

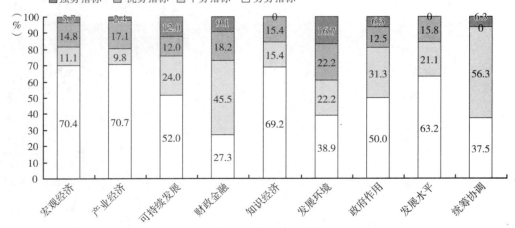

图 30 - 2　2012 年宁夏回族自治区经济综合竞争力各级指标优劣势比较图

表 30 - 3　2012 年宁夏回族自治区经济综合竞争力各级指标优劣势比较表

二级指标	三级指标	四级指标数	强势指标		优势指标		中势指标		劣势指标		优劣势
			个数	比重（%）	个数	比重（%）	个数	比重（%）	个数	比重（%）	
宏观经济竞争力	经济实力竞争力	12	1	8.3	3	25.0	2	16.7	6	50.0	中势
	经济结构竞争力	6	0	0.0	1	16.7	1	16.7	4	66.7	劣势
	经济外向度竞争力	9	0	0.0	0	0.0	0	0.0	9	100.0	劣势
	小　计	27	1	3.7	4	14.8	3	11.1	19	70.4	劣势
产业经济竞争力	农业竞争力	12	1	8.3	3	25.0	2	16.7	6	50.0	劣势
	工业竞争力	10	0	0.0	1	10.0	1	10.0	8	80.0	劣势
	服务业竞争力	9	0	0.0	1	11.1	1	11.1	7	77.8	劣势
	企业竞争力	10	0	0.0	2	20.0	0	0.0	8	80.0	劣势
	小　计	41	1	2.4	7	17.1	4	9.8	29	70.7	劣势
可持续发展竞争力	资源竞争力	9	0	0.0	3	33.3	3	33.3	3	33.3	劣势
	环境竞争力	8	2	25.0	0	0.0	1	12.5	5	62.5	劣势
	人力资源竞争力	8	1	12.5	0	0.0	2	25.0	5	62.5	劣势
	小　计	25	3	12.0	3	12.0	6	24.0	13	52.0	劣势
财政金融竞争力	财政竞争力	12	2	16.7	2	16.7	6	50.0	2	16.7	中势
	金融竞争力	10	0	0.0	2	20.0	4	40.0	4	40.0	劣势
	小　计	22	2	9.1	4	18.2	10	45.5	6	27.3	中势
知识经济竞争力	科技竞争力	8	0	0.0	0	0.0	0	0.0	8	100.0	劣势
	教育竞争力	10	0	0.0	4	40.0	1	10.0	5	50.0	劣势
	文化竞争力	8	0	0.0	0	0.0	3	37.5	5	62.5	劣势
	小　计	26	0	0.0	4	15.4	4	15.4	18	69.2	劣势
发展环境竞争力	基础设施竞争力	9	1	11.1	2	22.2	2	22.2	4	44.4	中势
	软环境竞争力	9	2	22.2	2	22.2	2	22.2	3	33.3	中势
	小　计	18	3	16.7	4	22.2	4	22.2	7	38.9	中势
政府作用竞争力	政府发展经济竞争力	5	0	0.0	0	0.0	1	20.0	4	80.0	劣势
	政府规调经济竞争力	5	1	20.0	0	0.0	2	40.0	2	40.0	中势
	政府保障经济竞争力	6	0	0.0	2	33.3	2	33.3	2	33.3	中势
	小　计	16	1	6.3	2	12.5	5	31.3	8	50.0	劣势
发展水平竞争力	工业化进程竞争力	6	0	0.0	0	0.0	1	16.7	5	83.3	劣势
	城市化进程竞争力	7	0	0.0	2	28.6	2	28.6	3	42.9	中势
	市场化进程竞争力	6	0	0.0	1	16.7	1	16.7	4	66.7	劣势
	小　计	19	0	0.0	3	15.8	4	21.1	12	63.2	劣势
统筹协调竞争力	统筹发展竞争力	8	0	0.0	0	0.0	4	50.0	4	50.0	劣势
	协调发展竞争力	8	1	12.5	0	0.0	5	62.5	2	25.0	中势
	小　计	16	1	6.3	0	0.0	9	56.3	6	37.5	劣势
合　计		210	12	5.7	31	14.8	49	23.3	118	56.2	劣势

　　基于图 30 - 2 和表 30 - 3，从四级指标来看，强势指标有 12 个，占指标总数的 5.7%；优势指标有 31 个，占指标总数的 14.8%；中势指标有 49 个，占指标总数的

23.3%；劣势指标有 118 个，占指标总数的 56.2%。从三级指标来看，没有强势指标和优势指标；中势指标有 8 个，占三级指标总数的 32%；劣势指标有 17 个，占三级指标总数的 68%。反映到二级指标上来，没有强势指标和优势指标。综合来看，由于劣势指标在指标体系中居于主导地位，2012 年宁夏回族自治区经济综合竞争力处于劣势地位。

4. 宁夏回族自治区经济综合竞争力四级指标优劣势对比分析

表 30 – 4 2012 年宁夏回族自治区经济综合竞争力各级指标优劣势比较表

二级指标	优劣势	四级指标
宏观经济竞争力（27 个）	强势指标	财政总收入增长率（1 个）
	优势指标	人均财政收入、固定资产投资额增长率、人均固定资产投资额、产业结构优化度（4 个）
	劣势指标	地区生产总值、财政总收入、固定资产投资额、全社会消费品零售总额、全社会消费品零售总额增长率、人均全社会消费品零售总额、所有制经济结构优化度、城乡经济结构优化度、就业结构优化度、资本形成结构优化度、进出口总额、进出口增长率、出口总额、出口增长率、实际 FDI、实际 FDI 增长率、外贸依存度、对外经济合作完成营业额、对外直接投资（19 个）
产业经济竞争力（41 个）	强势指标	财政支农资金比重（1 个）
	优势指标	农业增加值增长率、人均主要农产品产量、农村人均固定资产原值、工业资产总额增长率、限额以上餐饮企业利税率、规模以上企业平均资产、规模以上企业平均所有者权益（7 个）
	劣势指标	农业增加值、人均农业增加值、乡镇企业总产值、农民人均纯收入、农产品出口占农林牧渔总产值比重、农业劳动生产率、工业增加值、工业增加值增长率、人均工业增加值、工业资产总额、工业资产总贡献率、规模以上工业利润总额、工业全员劳动生产率、工业成本费用利润率、服务业增加值、服务业增加值增长率、服务业从业人员数、服务业从业人员数增长率、限额以上批零企业利税率、旅游外汇收入、房地产经营总收入、规模以上工业企业数、规模以上企业平均增加值、流动资金周转次数、规模以上企业平均利润、规模以上企业销售利税率、优等品率、工业企业 R&D 经费投入强度、中国驰名商标持有量（29 个）
可持续发展竞争力（25 个）	强势指标	人均治理工业污染投资额、自然灾害直接经济损失、人口自然增长率（3 个）
	优势指标	人均国土面积、人均耕地面积、人均牧草地面积（3 个）
	劣势指标	人均年水资源量、耕地面积、人均森林储积量、森林覆盖率、人均废水排放量、人均工业废气排放量、人均工业固体废物排放量、生活垃圾无害化处理率、15～64 岁人口比例、文盲率、平均受教育程度、人口健康素质、职业学校毕业生数（13 个）
财政金融竞争力（22 个）	强势指标	税收收入占财政总收入比重、地方财政支出增速（2 个）
	优势指标	地方财政支出占 GDP 比重、人均地方财政支出、人均贷款余额、保险深度（4 个）
	劣势指标	地方财政收入、地方财政支出、存款余额、贷款余额、保险费净收入、人均证券市场筹资额（6 个）

续表

二级指标	优劣势	四级指标
知识经济竞争力（26个）	强势指标	0个
	优势指标	教育经费占GDP比重、人均教育经费、万人中小学学校数、万人中小学专任教师数（4个）
	劣势指标	R&D人员、R&D经费、R&D经费投入强度、高技术产业规模以上企业产值、高技术产业规模以上企业产值占GDP比重、高技术产品出口额、发明专利申请授权量、技术市场成交合同金额、教育经费、公共教育经费占财政支出比重、人均文化教育支出占个人消费支出比重、高等学校数、高校专任教师数、文化产业增加值、图书和期刊出版数、报纸出版数、出版印刷工业销售产值、城镇居民人均文化娱乐支出占消费性支出比重（18个）
发展环境竞争力（18个）	强势指标	人均耗电量、查处商标侵权假冒案件、食品安全事故数（3个）
	优势指标	铁路网线密度、万户移动电话数、个体私营企业数增长率、罚没收入占财政收入比重（4个）
	劣势指标	公路网线密度、人均内河航道里程、全社会旅客周转量、全社会货物周转量、外资企业数增长率、万人外资企业数、每十万人交通事故发生数（7个）
政府作用竞争力（16个）	强势指标	物价调控（1个）
	优势指标	失业保险覆盖率、下岗职工再就业率（2个）
	劣势指标	财政支出对GDP增长的拉动、政府公务员对经济的贡献、政府消费对民间消费的拉动、财政投资对社会投资的拉动、统筹经济社会发展、人口控制、城市城镇社区服务设施数、城镇登记失业率（8个）
发展水平竞争力（19个）	强势指标	0个
	优势指标	人均拥有道路面积、人均公共绿地面积、亿元以上商品市场成交额占全社会消费品零售总额比重（3个）
	劣势指标	工业增加值占GDP比重、工业增加值增长率、高新技术产业占工业总产值比重、工业从业人员比重、霍夫曼系数、城镇居民人均可支配收入、城市平均建成区面积、人均居住面积、非公有制经济产值占全社会总产值的比重、非国有单位从业人员占城镇从业人员比重、亿元以上商品市场成交额、全社会消费品零售总额占工农总产值比重（12个）
统筹协调竞争力（16个）	强势指标	资源竞争力与工业竞争力比差（1个）
	优势指标	0个
	劣势指标	万元GDP综合能耗、非农用地产出率、生产税净额和营业盈余占GDP比重、固定资产投资额占GDP比重、环境竞争力与工业竞争力比差、城乡居民家庭人均收入比差（6个）

30.2 宁夏回族自治区经济综合竞争力各级指标具体分析

1. 宁夏回族自治区宏观经济竞争力指标排名变化情况

表30-5 2011～2012年宁夏回族自治区宏观经济竞争力指标组排位及变化趋势表

指　标	2011年	2012年	排位升降	优劣势
1 宏观经济竞争力	30	29	1	劣势
1.1 经济实力竞争力	31	19	12	中势
地区生产总值	29	29	0	劣势
地区生产总值增长率	21	13	8	中势
人均地区生产总值	16	16	0	中势
财政总收入	31	31	0	劣势
财政总收入增长率	31	1	30	强势
人均财政收入	27	7	20	优势
固定资产投资额	29	29	0	劣势
固定资产投资额增长率	15	10	5	优势
人均固定资产投资额	10	8	2	优势
全社会消费品零售总额	29	29	0	劣势
全社会消费品零售总额增长率	5	23	−18	劣势
人均全社会消费品零售总额	25	25	0	劣势
1.2 经济结构竞争力	25	24	1	劣势
产业结构优化度	11	10	1	优势
所有制经济结构优化度	22	21	1	劣势
城乡经济结构优化度	24	24	0	劣势
就业结构优化度	25	25	0	劣势
资本形成结构优化度	23	27	−4	劣势
贸易结构优化度	19	19	0	中势
1.3 经济外向度竞争力	31	31	0	劣势
进出口总额	29	30	−1	劣势
进出口增长率	29	28	1	劣势
出口总额	29	30	−1	劣势
出口增长率	10	25	−15	劣势
实际FDI	27	28	−1	劣势
实际FDI增长率	30	30	0	劣势
外贸依存度	27	29	−2	劣势
对外经济合作完成营业额	28	28	0	劣势
对外直接投资	29	28	1	劣势

2. 宁夏回族自治区产业经济竞争力指标排名变化情况

表30 – 6   2011～2012年宁夏回族自治区产业经济竞争力指标组排位及变化趋势表

指　　标	2011年	2012年	排位升降	优劣势
2　产业经济竞争力	30	31	– 1	劣势
2.1　农业竞争力	25	23	2	劣势
农业增加值	26	26	0	劣势
农业增加值增长率	10	9	1	优势
人均农业增加值	22	22	0	劣势
乡镇企业总产值	27	27	0	劣势
农民人均纯收入	24	24	0	劣势
农民人均纯收入增长率	26	14	12	中势
农产品出口占农林牧渔总产值比重	22	21	1	劣势
人均主要农产品产量	5	5	0	优势
农业劳动生产率	26	26	0	劣势
农村人均固定资产原值	7	7	0	优势
农村人均用电量	18	19	– 1	中势
财政支农资金比重	2	1	1	强势
2.2　工业竞争力	28	30	– 2	劣势
工业增加值	28	29	– 1	劣势
工业增加值增长率	3	28	– 25	劣势
人均工业增加值	18	21	– 3	劣势
工业资产总额	28	28	0	劣势
工业资产总额增长率	3	4	– 1	优势
工业资产总贡献率	29	29	0	劣势
规模以上工业利润总额	29	30	– 1	劣势
工业全员劳动生产率	24	29	– 5	劣势
工业成本费用利润率	17	30	– 13	劣势
工业产品销售率	27	17	10	中势
2.3　服务业竞争力	30	30	0	劣势
服务业增加值	29	29	0	劣势
服务业增加值增长率	31	22	9	劣势
人均服务业增加值	11	12	– 1	中势
服务业从业人员数	29	30	– 1	劣势
服务业从业人员数增长率	19	24	– 5	劣势
限额以上批零企业利税率	18	26	– 8	劣势
限额以上餐饮企业利税率	1	7	– 6	优势
旅游外汇收入	31	31	0	劣势
房地产经营总收入	28	29	– 1	劣势

指　　标	2011 年	2012 年	排位升降	优劣势
2.4　企业竞争力	29	30	-1	劣势
规模以上工业企业数	28	28	0	劣势
规模以上企业平均资产	7	6	1	优势
规模以上企业平均增加值	28	28	0	劣势
流动资金周转次数	28	27	1	劣势
规模以上企业平均利润	11	24	-13	劣势
规模以上企业销售利税率	22	28	-6	劣势
规模以上企业平均所有者权益	9	10	-1	优势
优等品率	24	23	1	劣势
工业企业 R&D 经费投入强度	22	25	-3	劣势
中国驰名商标持有量	30	30	0	劣势

3. 宁夏回族自治区可持续发展竞争力指标排名变化情况

表 30 - 7　2011 ~ 2012 年宁夏回族自治区可持续发展竞争力指标组排位及变化趋势表

指　　标	2011 年	2012 年	排位升降	优劣势
3　可持续发展竞争力	29	30	-1	劣势
3.1　资源竞争力	18	22	-4	劣势
人均国土面积	8	8	0	优势
人均可使用海域和滩涂面积	13	13	0	中势
人均年水资源量	29	30	-1	劣势
耕地面积	25	25	0	劣势
人均耕地面积	6	6	0	优势
人均牧草地面积	6	6	0	优势
主要能源矿产基础储量	14	15	-1	中势
人均主要能源矿产基础储量	4	16	-12	中势
人均森林储积量	26	26	0	劣势
3.2　环境竞争力	30	24	6	劣势
森林覆盖率	27	27	0	劣势
人均废水排放量	25	25	0	劣势
人均工业废气排放量	31	31	0	劣势
人均工业固体废物排放量	26	26	0	劣势
人均治理工业污染投资额	6	1	5	强势
一般工业固体废物综合利用率	15	15	0	中势
生活垃圾无害化处理率	6	27	-21	劣势
自然灾害直接经济损失	6	3	3	强势

续表

指　　标	2011 年	2012 年	排位升降	优劣势
3.3　人力资源竞争力	26	26	0	劣势
人口自然增长率	3	3	0	强势
15～64 岁人口比例	18	23	− 5	劣势
文盲率	25	25	0	劣势
大专以上教育程度人口比例	17	20	− 3	中势
平均受教育程度	24	26	− 2	劣势
人口健康素质	25	25	0	劣势
人力资源利用率	20	20	0	中势
职业学校毕业生数	29	29	0	劣势

4. 宁夏回族自治区财政金融竞争力指标排名变化情况

表 30－8　2011～2012 年宁夏回族自治区财政金融竞争力指标组排位及变化趋势表

指　　标	2011 年	2012 年	排位升降	优劣势
4　财政金融竞争力	17	17	0	中势
4.1　财政竞争力	11	11	0	中势
地方财政收入	29	29	0	劣势
地方财政支出	31	31	0	劣势
地方财政收入占 GDP 比重	13	12	1	中势
地方财政支出占 GDP 比重	6	4	2	优势
税收收入占 GDP 比重	12	12	0	中势
税收收入占财政总收入比重	2	3	− 1	强势
人均地方财政收入	14	15	− 1	中势
人均地方财政支出	7	7	0	优势
人均税收收入	12	12	0	中势
地方财政收入增速	7	13	− 6	中势
地方财政支出增速	17	2	15	强势
税收收入增速	5	19	− 14	中势
4.2　金融竞争力	28	28	0	劣势
存款余额	29	30	− 1	劣势
人均存款余额	18	18	0	中势
贷款余额	29	29	0	劣势
人均贷款余额	9	10	− 1	优势
货币市场融资额	19	18	1	中势
中长期贷款占贷款余额比重	13	19	− 6	中势
保险费净收入	28	28	0	劣势
保险密度	17	15	2	中势
保险深度	12	9	3	优势
人均证券市场筹资额	19	30	− 11	劣势

5. 宁夏回族自治区知识经济竞争力指标排名变化情况

表 30 – 9   2011 ~ 2012 年宁夏回族自治区知识经济竞争力指标组排位及变化趋势表

指　　　标	2011 年	2012 年	排位升降	优劣势
5　知识经济竞争力	29	28	1	劣势
5.1　科技竞争力	28	27	1	劣势
R&D 人员	28	28	0	劣势
R&D 经费	28	28	0	劣势
R&D 经费投入强度	24	23	1	劣势
高技术产业规模以上企业产值	28	28	0	劣势
高技术产业规模以上企业产值占 GDP 比重	26	27	−1	劣势
高技术产品出口额	28	29	−1	劣势
发明专利申请授权量	29	28	1	劣势
技术市场成交合同金额	29	28	1	劣势
5.2　教育竞争力	30	31	−1	劣势
教育经费	30	30	0	劣势
教育经费占 GDP 比重	8	8	0	优势
人均教育经费	11	8	3	优势
公共教育经费占财政支出比重	25	25	0	劣势
人均文化教育支出占个人消费支出比重	20	21	−1	劣势
万人中小学学校数	4	5	−1	优势
万人中小学专任教师数	7	7	0	优势
高等学校数	29	29	0	劣势
高校专任教师数	29	29	0	劣势
万人高等学校在校学生数	23	18	5	中势
5.3　文化竞争力	27	27	0	劣势
文化产业增加值	31	30	1	劣势
图书和期刊出版数	29	29	0	劣势
报纸出版数	29	30	−1	劣势
出版印刷工业销售产值	28	29	−1	劣势
城镇居民人均文化娱乐支出	18	19	−1	中势
农村居民人均文化娱乐支出	19	19	0	中势
城镇居民人均文化娱乐支出占消费性支出比重	18	21	−3	劣势
农村居民人均文化娱乐支出占消费性支出比重	20	20	0	中势

6. 宁夏回族自治区发展环境竞争力指标排名变化情况

表 30 – 10　2011～2012 年宁夏回族自治区发展环境竞争力指标组排位及变化趋势表

指　　标	2011 年	2012 年	排位升降	优劣势
6　发展环境竞争力	11	14	－ 3	中势
6.1　基础设施竞争力	15	14	1	中势
铁路网线密度	8	8	0	优势
公路网线密度	24	23	1	劣势
人均内河航道里程	22	22	0	劣势
全社会旅客周转量	29	29	0	劣势
全社会货物周转量	29	28	1	劣势
人均邮电业务总量	13	14	－ 1	中势
万户移动电话数	7	8	－ 1	优势
万户上网用户数	20	18	2	中势
人均耗电量	1	1	0	强势
6.2　软环境竞争力	8	20	－ 12	中势
外资企业数增长率	2	28	－ 26	劣势
万人外资企业数	25	26	－ 1	劣势
个体私营企业数增长率	9	5	4	优势
万人个体私营企业数	19	17	2	中势
万人商标注册件数	16	18	－ 2	中势
查处商标侵权假冒案件	2	2	0	强势
每十万人交通事故发生数	28	29	－ 1	劣势
罚没收入占财政收入比重	16	10	6	优势
食品安全事故数	1	1	0	强势

7. 宁夏回族自治区政府作用竞争力指标排名变化情况

表 30 – 11　2011～2012 年宁夏回族自治区政府作用竞争力指标组排位及变化趋势表

指　　标	2011 年	2012 年	排位升降	优劣势
7　政府作用竞争力	29	21	8	劣势
7.1　政府发展经济竞争力	27	28	－ 1	劣势
财政支出用于基本建设投资比重	13	12	1	中势
财政支出对 GDP 增长的拉动	26	28	－ 2	劣势
政府公务员对经济的贡献	22	24	－ 2	劣势
政府消费对民间消费的拉动	20	24	－ 4	劣势
财政投资对社会投资的拉动	25	24	1	劣势
7.2　政府规调经济竞争力	31	15	16	中势
物价调控	31	2	29	强势
调控城乡消费差距	17	17	0	中势
统筹经济社会发展	28	29	－ 1	劣势
规范税收	19	17	2	中势
人口控制	26	23	3	劣势

续表

指　　　标	2011 年	2012 年	排位升降	优劣势
7.3　政府保障经济竞争力	16	12	4	中势
城市城镇社区服务设施数	26	25	1	劣势
医疗保险覆盖率	12	14	−2	中势
养老保险覆盖率	11	11	0	中势
失业保险覆盖率	8	7	1	优势
下岗职工再就业率	15	5	10	优势
城镇登记失业率	30	30	0	劣势

8. 宁夏回族自治区发展水平竞争力指标排名变化情况

表 30 – 12　2011～2012 年宁夏回族自治区发展水平竞争力指标组排位及变化趋势表

指　　　标	2011 年	2012 年	排位升降	优劣势
8　发展水平竞争力	22	23	−1	劣势
8.1　工业化进程竞争力	27	28	−1	劣势
工业增加值占 GDP 比重	25	25	0	劣势
工业增加值增长率	7	21	−14	劣势
高新技术产业占工业总产值比重	27	28	−1	劣势
工业从业人员比重	25	25	0	劣势
工业从业人员增长率	31	12	19	中势
霍夫曼系数	28	28	0	劣势
8.2　城市化进程竞争力	14	19	−5	中势
城镇化率	16	17	−1	中势
城镇居民人均可支配收入	24	25	−1	劣势
城市平均建成区面积	28	28	0	劣势
人均拥有道路面积	5	9	−4	优势
人均日生活用水量	17	17	0	中势
人均居住面积	17	21	−4	劣势
人均公共绿地面积	2	4	−2	优势
8.3　市场化进程竞争力	21	22	−1	劣势
非公有制经济产值占全社会总产值的比重	21	24	−3	劣势
社会投资占投资总资金的比重	20	14	6	中势
非国有单位从业人员占城镇从业人员比重	14	21	−7	劣势
亿元以上商品市场成交额	27	28	−1	劣势
亿元以上商品市场成交额占全社会消费品零售总额比重	8	10	−2	优势
全社会消费品零售总额占工农总产值比重	28	29	−1	劣势

9. 宁夏回族自治区统筹协调竞争力指标排名变化情况

表 30 - 13　2011～2012 年宁夏回族自治区统筹协调竞争力指标组排位及变化趋势表

指　　标	2011 年	2012 年	排位升降	优劣势
9　统筹协调竞争力	30	30	0	劣势
9.1　统筹发展竞争力	30	29	1	劣势
社会劳动生产率	16	15	1	中势
社会劳动生产率增速	9	12	-3	中势
万元 GDP 综合能耗	31	31	0	劣势
非农用地产出率	26	25	1	劣势
生产税净额和营业盈余占 GDP 比重	23	26	-3	劣势
最终消费率	13	11	2	中势
固定资产投资额占 GDP 比重	26	27	-1	劣势
固定资产交付使用率	1	14	-13	中势
9.2　协调发展竞争力	16	12	4	中势
环境竞争力与宏观经济竞争力比差	21	18	3	中势
资源竞争力与宏观经济竞争力比差	6	12	-6	中势
人力资源竞争力与宏观经济竞争力比差	29	20	9	中势
资源竞争力与工业竞争力比差	8	3	5	强势
环境竞争力与工业竞争力比差	21	24	-3	劣势
城乡居民家庭人均收入比差	24	25	-1	劣势
城乡居民人均生活消费支出比差	17	17	0	中势
全社会消费品零售总额与外贸出口总额比差	13	13	0	中势

31

新疆维吾尔自治区经济综合
竞争力评价分析报告

新疆维吾尔自治区简称新，地处我国西北边疆，东部与甘肃、青海相连，南部与西藏相邻，西部和北部分别与巴基斯坦、印度、阿富汗、塔吉克斯坦、吉尔吉斯斯坦、哈萨克斯坦、俄罗斯、蒙古等国接壤，是国境线最长、交界邻国最多的省份。新疆维吾尔自治区总面积为 166 万多平方公里，是全国土地面积最大的省份。2012 年总人口为 2233 万人，全区地区生产总值达 7505 亿元，同比增长 12%，人均 GDP 达 33796 元。本部分通过分析"十二五"中期新疆维吾尔自治区经济综合竞争力以及各要素竞争力的排名变化，从中找出新疆维吾尔自治区经济综合竞争力的推动点及影响因素，为进一步提升新疆维吾尔自治区经济综合竞争力提供决策参考。

31.1 新疆维吾尔自治区经济综合竞争力总体分析

1. 新疆维吾尔自治区经济综合竞争力一级指标概要分析

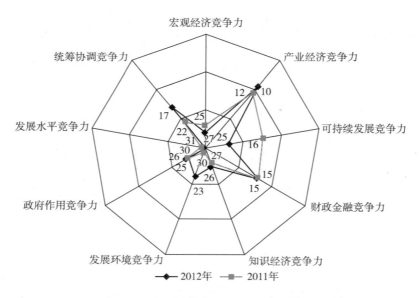

图 31 – 1　2011 ~ 2012 年新疆维吾尔自治区经济综合竞争力
二级指标比较雷达图

表 31 - 1   2011～2012 年新疆维吾尔自治区经济综合竞争力二级指标比较表

项目 年份	宏观经济 竞争力	产业经济 竞争力	可持续发 展竞争力	财政金融 竞争力	知识经济 竞争力	发展环境 竞争力	政府作用 竞争力	发展水平 竞争力	统筹协调 竞争力	综合 排位
2011	25	12	16	15	27	30	25	30	22	24
2012	27	10	25	15	26	23	26	31	17	24
升降	-2	2	-9	0	1	7	-1	-1	5	0
优劣度	劣势	优势	劣势	中势	劣势	劣势	劣势	劣势	中势	劣势

（1）从综合排位的变化比较看，2012 年新疆维吾尔自治区经济综合竞争力综合排位在全国处于第 24 位，表明其在全国处于劣势地位；与 2011 年相比，综合排位保持不变。

（2）从指标所处区位看，处于上游区的指标有 1 个，为产业经济竞争力；处于中游区的指标有 2 个，分别为财政金融竞争力和统筹协调竞争力；其余 6 个二级指标均处于下游区。

（3）从指标变化趋势看，9 个二级指标中，有 4 个指标处于上升趋势，为产业经济竞争力、知识经济竞争力、发展环境竞争力和统筹协调竞争力，这些是新疆维吾尔自治区经济综合竞争力的上升动力所在；有 1 个指标排位没有发生变化，为财政金融竞争力；有 4 个指标处于下降趋势，为宏观经济竞争力、可持续发展竞争力、政府作用竞争力和发展水平竞争力，这些是新疆维吾尔自治区经济综合竞争力的下降拉力所在。

2. 新疆维吾尔自治区经济综合竞争力各级指标动态变化分析

表 31 - 2   2011～2012 年新疆维吾尔自治区经济综合竞争力各级指标排位变化态势比较表

二级指标	三级指标	四级 指标数	上升 指标数	上升 比重（%）	保持 指标数	保持 比重（%）	下降 指标数	下降 比重（%）	变化 趋势
宏观经济 竞争力	经济实力竞争力	12	7	58.3	4	33.3	1	8.3	下降
	经济结构竞争力	6	2	33.3	0	0.0	4	66.7	保持
	经济外向度竞争力	9	3	33.3	2	22.2	4	44.4	下降
	小　计	27	12	44.4	6	22.2	9	33.3	下降
产业经济 竞争力	农业竞争力	12	3	25.0	6	50.0	3	25.0	上升
	工业竞争力	10	2	20.0	3	30.0	5	50.0	保持
	服务业竞争力	9	2	22.2	5	55.6	2	22.2	上升
	企业竞争力	10	1	10.0	3	30.0	6	60.0	下降
	小　计	41	8	19.5	17	41.5	16	39.0	上升
可持续发展 竞争力	资源竞争力	9	1	11.1	7	77.8	1	11.1	上升
	环境竞争力	8	0	0.0	1	12.5	7	87.5	下降
	人力资源竞争力	8	2	25.0	4	50.0	2	25.0	下降
	小　计	25	3	12.0	12	48.0	10	40.0	下降

续表

二级指标	三级指标	四级指标数	上升		保持		下降		变化趋势
			指标数	比重(%)	指标数	比重(%)	指标数	比重(%)	
财政金融竞争力	财政竞争力	12	2	16.7	4	33.3	6	50.0	上升
	金融竞争力	10	6	60.0	2	20.0	2	20.0	上升
	小　计	22	8	36.4	6	27.3	8	36.4	保持
知识经济竞争力	科技竞争力	8	2	25.0	5	62.5	1	12.5	下降
	教育竞争力	10	4	40.0	5	50.0	1	10.0	上升
	文化竞争力	8	5	62.5	2	25.0	1	12.5	保持
	小　计	26	11	42.3	12	46.2	3	11.5	上升
发展环境竞争力	基础设施竞争力	9	3	33.3	5	55.6	1	11.1	上升
	软环境竞争力	9	6	66.7	1	11.1	2	22.2	上升
	小　计	18	9	50.0	6	33.3	3	16.7	上升
政府作用竞争力	政府发展经济竞争力	5	1	20.0	3	60.0	1	20.0	保持
	政府规调经济竞争力	5	1	20.0	2	40.0	2	40.0	下降
	政府保障经济竞争力	6	3	50.0	1	16.7	2	33.3	保持
	小　计	16	5	31.3	6	37.5	5	31.3	下降
发展水平竞争力	工业化进程竞争力	6	0	0.0	3	50.0	3	50.0	下降
	城市化进程竞争力	7	4	57.1	2	28.6	1	14.3	上升
	市场化进程竞争力	6	0	0.0	4	66.7	2	33.3	保持
	小　计	19	4	21.1	9	47.4	6	31.6	下降
统筹协调竞争力	统筹发展竞争力	8	2	25.0	3	37.5	3	37.5	上升
	协调发展竞争力	8	6	75.0	1	12.5	1	12.5	上升
	小　计	16	8	50.0	4	25.0	4	25.0	上升
合　计		210	68	32.4	78	37.1	64	30.5	保持

从表31-2可以看出，210个四级指标中，上升指标有68个，占指标总数的32.4%；下降指标有64个，占指标总数的30.5%；保持指标有78个，占指标总数的37.1%。综上所述，虽然上升的动力稍大于下降的拉力，但由于保持指标所占比重较大，综合各因素的影响，使得2011~2012年新疆维吾尔自治区经济综合竞争力排位保持不变。

3. 新疆维吾尔自治区经济综合竞争力各级指标优劣势结构分析

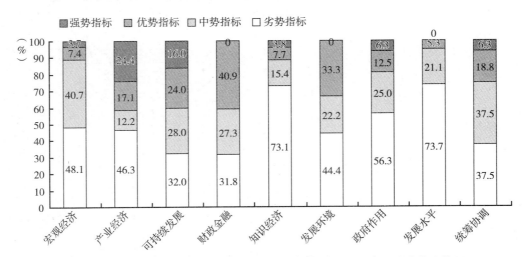

图31-2　2012年新疆维吾尔自治区经济综合竞争力各级指标优劣势比较图

表 31－3　2012 年新疆维吾尔自治区经济综合竞争力各级指标优劣势比较表

二级指标	三级指标	四级指标数	强势指标		优势指标		中势指标		劣势指标		优劣势
			个数	比重（%）	个数	比重（%）	个数	比重（%）	个数	比重（%）	
宏观经济竞争力	经济实力竞争力	12	1	8.3	1	8.3	4	33.3	6	50.0	劣势
	经济结构竞争力	6	0	0.0	0	0.0	1	16.7	5	83.3	劣势
	经济外向度竞争力	9	0	0.0	1	11.1	6	66.7	2	22.2	劣势
	小　计	27	1	3.7	2	7.4	11	40.7	13	48.1	劣势
产业经济竞争力	农业竞争力	12	4	33.3	3	25.0	3	25.0	2	16.7	强势
	工业竞争力	10	3	30.0	0	0.0	2	20.0	5	50.0	中势
	服务业竞争力	9	1	11.1	2	22.2	0	0.0	6	66.7	中势
	企业竞争力	10	2	20.0	2	20.0	0	0.0	6	60.0	中势
	小　计	41	10	24.4	7	17.1	5	12.2	19	46.3	优势
可持续发展竞争力	资源竞争力	9	3	33.3	4	44.4	2	22.2	0	0.0	优势
	环境竞争力	8	0	0.0	0	0.0	3	37.5	5	62.5	劣势
	人力资源竞争力	8	1	12.5	2	25.0	2	25.0	3	37.5	劣势
	小　计	25	4	16.0	6	24.0	7	28.0	8	32.0	劣势
财政金融竞争力	财政竞争力	12	0	0.0	6	50.0	4	33.3	2	16.7	优势
	金融竞争力	10	0	0.0	3	30.0	2	20.0	5	50.0	劣势
	小　计	22	0	0.0	9	40.9	6	27.3	7	31.8	中势
知识经济竞争力	科技竞争力	8	0	0.0	0	0.0	0	0.0	8	100.0	劣势
	教育竞争力	10	1	10.0	2	20.0	3	30.0	4	40.0	中势
	文化竞争力	8	0	0.0	0	0.0	1	12.5	7	87.5	劣势
	小　计	26	1	3.8	2	7.7	4	15.4	19	73.1	劣势
发展环境竞争力	基础设施竞争力	9	0	0.0	2	22.2	2	22.2	5	55.6	劣势
	软环境竞争力	9	0	0.0	4	44.4	2	22.2	3	33.3	中势
	小　计	18	0	0.0	6	33.3	4	22.2	8	44.4	劣势
政府作用竞争力	政府发展经济竞争力	5	0	0.0	1	20.0	0	0.0	4	80.0	劣势
	政府规调经济竞争力	5	0	0.0	1	20.0	1	20.0	3	60.0	劣势
	政府保障经济竞争力	6	1	16.7	0	0.0	3	50.0	2	33.3	优势
	小　计	16	1	6.3	2	12.5	4	25.0	9	56.3	劣势
发展水平竞争力	工业化进程竞争力	6	0	0.0	0	0.0	1	16.7	5	83.3	劣势
	城市化进程竞争力	7	0	0.0	0	0.0	2	28.6	5	71.4	劣势
	市场化进程竞争力	6	0	0.0	1	16.7	1	16.7	4	66.7	劣势
	小　计	19	0	0.0	1	5.3	4	21.1	14	73.7	劣势
统筹协调竞争力	统筹发展竞争力	8	0	0.0	1	12.5	3	37.5	4	50.0	劣势
	协调发展竞争力	8	1	12.5	2	25.0	3	37.5	2	25.0	优势
	小　计	16	1	6.3	3	18.8	6	37.5	6	37.5	中势
合　计		210	18	8.6	38	18.1	51	24.3	103	49.0	劣势

　　基于图 31－2 和表 31－3，从四级指标来看，强势指标有 18 个，占指标总数的 8.6%；优势指标有 38 个，占指标总数的 18.1%；中势指标有 51 个，占指标总数的

24.3%；劣势指标有 103 个，占指标总数的 49%。从三级指标来看，强势指标有 1 个，占三级指标总数的 4%；优势指标有 4 个，占三级指标总数的 16%；中势指标有 4 个，占三级指标总数的 16%；劣势指标有 16 个，占三级指标总数的 64%。反映到二级指标上来，没有强势指标；优势指标有 1 个，占二级指标总数的 11.1%。综合来看，由于劣势指标在指标体系中居于主导地位，2012 年新疆维吾尔自治区经济综合竞争力处于劣势地位。

4. 新疆维吾尔自治区经济综合竞争力四级指标优劣势对比分析

表 31－4　2012 年新疆维吾尔自治区经济综合竞争力各级指标优劣势比较表

二级指标	优劣势	四级指标
宏观经济竞争力（27 个）	强势指标	固定资产投资额增长率（1 个）
	优势指标	人均财政收入、实际 FDI 增长率（2 个）
	劣势指标	地区生产总值、财政总收入、固定资产投资额、全社会消费品零售总额、全社会消费品零售总额增长率、人均全社会消费品零售总额、产业结构优化度、所有制经济结构优化度、就业结构优化度、资本形成结构优化度、贸易结构优化度、实际 FDI、对外直接投资（13 个）
产业经济竞争力（41 个）	强势指标	农业增加值增长率、人均农业增加值、农民人均纯收入增长率、农村人均固定资产原值、工业资产总额增长率、工业全员劳动生产率、工业成本费用利润率、服务业增加值增长率、规模以上企业平均利润、规模以上企业销售利税率（10 个）
	优势指标	人均主要农产品产量、农业劳动生产率、财政支农资金比重、服务业从业人员数增长率、限额以上餐饮企业利税率、规模以上企业平均资产、规模以上企业平均所有者权益（7 个）
	劣势指标	乡镇企业总产值、农民人均纯收入、工业增加值、工业增加值增长率、人均工业增加值、工业资产总额、规模以上工业利润总额、服务业增加值、人均服务业增加值、服务业从业人员数、限额以上批零企业利税率、旅游外汇收入、房地产经营总收入、规模以上工业企业数、规模以上企业平均增加值、流动资金周转次数、优等品率、工业企业 R&D 经费投入强度、中国驰名商标持有量（19 个）
可持续发展竞争力（25 个）	强势指标	人均国土面积、主要能源矿产基础储量、人均主要能源矿产基础储量、人口自然增长率（4 个）
	优势指标	人均年水资源量、人均耕地面积、人均牧草地面积、人均森林储积量、文盲率、大专以上教育程度人口比例（6 个）
	劣势指标	森林覆盖率、人均工业废气排放量、人均工业固体废物排放量、一般工业固体废物综合利用率、生活垃圾无害化处理率、人口健康素质、人力资源利用率、职业学校毕业生数（8 个）
财政金融竞争力（22 个）	强势指标	（0 个）
	优势指标	地方财政支出占 GDP 比重、税收收入占 GDP 比重、税收收入占财政总收入比重、人均地方财政支出、地方财政收入增速、地方财政支出增速、保险密度、保险深度、人均证券市场筹资额（9 个）
	劣势指标	地方财政收入、地方财政支出、存款余额、贷款余额、货币市场融资额、中长期贷款占贷款余额比重、保险费净收入（7 个）

续表

二级指标	优劣势	四级指标
知识经济竞争力（26个）	强势指标	万人中小学专任教师数（1个）
	优势指标	教育经费占 GDP 比重、人均教育经费（2个）
	劣势指标	R&D 人员、R&D 经费、R&D 经费投入强度、高技术产业规模以上企业产值、高技术产业规模以上企业产值占 GDP 比重、高技术产品出口额、发明专利申请授权量、技术市场成交合同金额、教育经费、高等学校数、高校专任教师数、万人高等学校在校学生数、图书和期刊出版数、报纸出版数、出版印刷工业销售产值、城镇居民人均文化娱乐支出、农村居民人均文化娱乐支出、城镇居民人均文化娱乐支出占消费性支出比重、农村居民人均文化娱乐支出占消费性支出比重（19个）
发展环境竞争力（18个）	强势指标	0个
	优势指标	人均邮电业务总量、人均耗电量、外资企业数增长率、个体私营企业数增长率、罚没收入占财政收入比重、食品安全事故数（6个）
	劣势指标	铁路网线密度、公路网线密度、人均内河航道里程、全社会旅客周转量、全社会货物周转量、万人外资企业数、万人个体私营企业数、每十万人交通事故发生数（8个）
政府作用竞争力（16个）	强势指标	下岗职工再就业率（1个）
	优势指标	财政支出用于基本建设投资比重、规范税收（2个）
	劣势指标	财政支出对 GDP 增长的拉动、政府公务员对经济的贡献、政府消费对民间消费的拉动、财政投资对社会投资的拉动、物价调控、统筹经济社会发展、人口控制、城市城镇社区服务设施数、养老保险覆盖率（9个）
发展水平竞争力（19个）	强势指标	0个
	优势指标	亿元以上商品市场成交额占全社会消费品零售总额比重（1个）
	劣势指标	工业增加值占 GDP 比重、工业增加值增长率、高新技术产业占工业总产值比重、工业从业人员比重、霍夫曼系数、城镇化率、城镇居民人均可支配收入、城市平均建成区面积、人均居住面积、人均公共绿地面积、非公有制经济产值占全社会总产值的比重、社会投资占投资总资金的比重、非国有单位从业人员占城镇从业人员比重、全社会消费品零售总额占工农总产值比重（14个）
统筹协调竞争力（16个）	强势指标	资源竞争力与宏观经济竞争力比差（1个）
	优势指标	最终消费率、资源竞争力与工业竞争力比差、环境竞争力与工业竞争力比差（3个）
	劣势指标	社会劳动生产率增速、万元 GDP 综合能耗、非农用地产出率、固定资产投资额占 GDP 比重、人力资源竞争力与宏观经济竞争力比差、全社会消费品零售总额与外贸出口总额比差（6个）

31.2　新疆维吾尔自治区经济综合竞争力各级指标具体分析

1. 新疆维吾尔自治区宏观经济竞争力指标排名变化情况

表 31 - 5　2011～2012 年新疆维吾尔自治区宏观经济竞争力指标组排位及变化趋势表

指　　标	2011 年	2012 年	排位升降	优劣势
1　宏观经济竞争力	25	27	-2	劣势
1.1　经济实力竞争力	22	23	-1	劣势
地区生产总值	25	25	0	劣势
地区生产总值增长率	22	11	11	中势
人均地区生产总值	19	18	1	中势
财政总收入	21	24	-3	劣势
财政总收入增长率	19	13	6	中势
人均财政收入	12	8	4	优势
固定资产投资额	25	23	2	劣势
固定资产投资额增长率	3	2	1	强势
人均固定资产投资额	17	14	3	中势
全社会消费品零售总额	27	27	0	劣势
全社会消费品零售总额增长率	22	22	0	劣势
人均全社会消费品零售总额	26	26	0	劣势
1.2　经济结构竞争力	26	26	0	劣势
产业结构优化度	26	21	5	劣势
所有制经济结构优化度	29	30	-1	劣势
城乡经济结构优化度	16	14	2	中势
就业结构优化度	24	26	-2	劣势
资本形成结构优化度	22	25	-3	劣势
贸易结构优化度	24	27	-3	劣势
1.3　经济外向度竞争力	19	24	-5	劣势
进出口总额	19	19	0	中势
进出口增长率	10	14	-4	中势
出口总额	18	17	1	中势
出口增长率	14	14	0	中势
实际 FDI	28	27	1	劣势
实际 FDI 增长率	6	7	-1	优势
外贸依存度	11	13	-2	中势
对外经济合作完成营业额	21	18	3	中势
对外直接投资	20	27	-7	劣势

2. 新疆维吾尔自治区产业经济竞争力指标排名变化情况

表 31 – 6　2011～2012 年新疆维吾尔自治区产业经济竞争力指标组排位及变化趋势表

指　　标	2011 年	2012 年	排位升降	优劣势
2　产业经济竞争力	12	10	2	优势
2.1　农业竞争力	10	3	7	强势
农业增加值	20	20	0	中势
农业增加值增长率	1	2	– 1	强势
人均农业增加值	3	2	1	强势
乡镇企业总产值	26	26	0	劣势
农民人均纯收入	23	22	1	劣势
农民人均纯收入增长率	24	1	23	强势
农产品出口占农林牧渔总产值比重	13	14	– 1	中势
人均主要农产品产量	4	4	0	优势
农业劳动生产率	7	8	– 1	优势
农村人均固定资产原值	2	2	0	强势
农村人均用电量	12	12	0	中势
财政支农资金比重	7	7	0	优势
2.2　工业竞争力	11	11	0	中势
工业增加值	25	25	0	劣势
工业增加值增长率	8	25	– 17	劣势
人均工业增加值	21	25	– 4	劣势
工业资产总额	25	24	1	劣势
工业资产总额增长率	11	2	9	强势
工业资产总贡献率	9	20	– 11	中势
规模以上工业利润总额	22	23	– 1	劣势
工业全员劳动生产率	2	2	0	强势
工业成本费用利润率	3	3	0	强势
工业产品销售率	14	19	– 5	中势
2.3　服务业竞争力	24	17	7	中势
服务业增加值	26	26	0	劣势
服务业增加值增长率	2	3	– 1	强势
人均服务业增加值	22	22	0	劣势
服务业从业人员数	27	27	0	劣势
服务业从业人员增长率	7	7	0	优势
限额以上批零企业利税率	31	29	2	劣势
限额以上餐饮企业利税率	9	4	5	优势
旅游外汇收入	22	22	0	劣势
房地产经营总收入	24	25	– 1	劣势

续表

指 标	2011 年	2012 年	排位升降	优劣势
2.4 企业竞争力	6	14	-8	中势
规模以上工业企业数	26	26	0	劣势
规模以上企业平均资产	6	5	1	优势
规模以上企业平均增加值	25	26	-1	劣势
流动资金周转次数	18	21	-3	劣势
规模以上企业平均利润	2	3	-1	强势
规模以上企业销售利税率	2	2	0	强势
规模以上企业平均所有者权益	4	5	-1	优势
优等品率	4	22	-18	劣势
工业企业 R&D 经费投入强度	30	31	-1	劣势
中国驰名商标持有量	27	27	0	劣势

3. 新疆维吾尔自治区可持续发展竞争力指标排名变化情况

表 31 -7　2011～2012 年新疆维吾尔自治区可持续发展竞争力指标组排位及变化趋势表

指 标	2011 年	2012 年	排位升降	优劣势
3　可持续发展竞争力	16	25	-9	劣势
3.1 资源竞争力	5	4	1	优势
人均国土面积	3	3	0	强势
人均可使用海域和滩涂面积	13	13	0	中势
人均年水资源量	4	6	-2	优势
耕地面积	15	15	0	中势
人均耕地面积	4	4	0	优势
人均牧草地面积	4	4	0	优势
主要能源矿产基础储量	3	3	0	强势
人均主要能源矿产基础储量	3	2	1	强势
人均森林储积量	7	7	0	优势
3.2 环境竞争力	27	29	-2	劣势
森林覆盖率	31	31	0	劣势
人均废水排放量	9	12	-3	中势
人均工业废气排放量	28	29	-1	劣势
人均工业固体废物排放量	22	25	-3	劣势
人均治理工业污染投资额	8	16	-8	中势
一般工业固体废物综合利用率	23	25	-2	劣势
生活垃圾无害化处理率	22	25	-3	劣势
自然灾害直接经济损失	8	18	-10	中势

续表

指　　标	2011 年	2012 年	排位升降	优劣势
3.3　人力资源竞争力	20	23	− 3	劣势
人口自然增长率	1	1	0	强势
15～64 岁人口比例	20	19	1	中势
文盲率	9	9	0	优势
大专以上教育程度人口比例	4	7	− 3	优势
平均受教育程度	7	15	− 8	中势
人口健康素质	26	26	0	劣势
人力资源利用率	30	29	1	劣势
职业学校毕业生数	24	24	0	劣势

4. 新疆维吾尔自治区财政金融竞争力指标排名变化情况

表 31 – 8　2011～2012 年新疆维吾尔自治区财政金融竞争力指标组排位及变化趋势表

指　　标	2011 年	2012 年	排位升降	优劣势
4　财政金融竞争力	15	15	0	中势
4.1　财政竞争力	10	9	1	优势
地方财政收入	26	26	0	劣势
地方财政支出	22	23	− 1	劣势
地方财政收入占 GDP 比重	10	11	− 1	中势
地方财政支出占 GDP 比重	5	6	− 1	优势
税收收入占 GDP 比重	7	8	− 1	优势
税收收入占财政总收入比重	25	9	16	优势
人均地方财政收入	16	16	0	中势
人均地方财政支出	8	8	0	优势
人均税收收入	14	14	0	中势
地方财政收入增速	6	4	2	优势
地方财政支出增速	4	9	− 5	优势
税收收入增速	2	15	− 13	中势
4.2　金融竞争力	25	21	4	劣势
存款余额	25	25	0	劣势
人均存款余额	17	16	1	中势
贷款余额	26	25	1	劣势
人均贷款余额	18	16	2	中势
货币市场融资额	27	29	− 2	劣势
中长期贷款占贷款余额比重	22	22	0	劣势
保险费净收入	24	25	− 1	劣势
保险密度	13	9	4	优势
保险深度	7	5	2	优势
人均证券市场筹资额	12	8	4	优势

5. 新疆维吾尔自治区知识经济竞争力指标排名变化情况

表 31 - 9　2011~2012 年新疆维吾尔自治区知识经济竞争力指标组排位及变化趋势表

指　　　标	2011 年	2012 年	排位升降	优劣势
5　知识经济竞争力	27	26	1	劣势
5.1　科技竞争力	27	28	-1	劣势
R&D 人员	26	26	0	劣势
R&D 经费	27	27	0	劣势
R&D 经费投入强度	29	29	0	劣势
高技术产业规模以上企业产值	29	29	0	劣势
高技术产业规模以上企业产值占 GDP 比重	31	31	0	劣势
高技术产品出口额	26	27	-1	劣势
发明专利申请授权量	27	25	2	劣势
技术市场成交合同金额	28	27	1	劣势
5.2　教育竞争力	22	20	2	中势
教育经费	24	23	1	劣势
教育经费占 GDP 比重	7	6	1	优势
人均教育经费	9	7	2	优势
公共教育经费占财政支出比重	15	16	-1	中势
人均文化教育支出占个人消费支出比重	22	18	4	中势
万人中小学学校数	15	15	0	中势
万人中小学专任教师数	1	1	0	强势
高等学校数	27	27	0	劣势
高校专任教师数	27	27	0	劣势
万人高等学校在校学生数	27	27	0	劣势
5.3　文化竞争力	28	28	0	劣势
文化产业增加值	20	16	4	中势
图书和期刊出版数	24	22	2	劣势
报纸出版数	24	24	0	劣势
出版印刷工业销售产值	27	26	1	劣势
城镇居民人均文化娱乐支出	29	27	2	劣势
农村居民人均文化娱乐支出	27	28	-1	劣势
城镇居民人均文化娱乐支出占消费性支出比重	28	27	1	劣势
农村居民人均文化娱乐支出占消费性支出比重	30	30	0	劣势

6. 新疆维吾尔自治区发展环境竞争力指标排名变化情况

表 31 - 10　2011～2012 年新疆维吾尔自治区发展环境竞争力指标组排位及变化趋势表

指　　标	2011 年	2012 年	排位升降	优劣势
6　发展环境竞争力	30	23	7	劣势
6.1　基础设施竞争力	28	27	1	劣势
铁路网线密度	29	29	0	劣势
公路网线密度	29	29	0	劣势
人均内河航道里程	28	28	0	劣势
全社会旅客周转量	22	22	0	劣势
全社会货物周转量	23	23	0	劣势
人均邮电业务总量	10	9	1	优势
万户移动电话数	14	12	2	中势
万户上网用户数	9	11	-2	中势
人均耗电量	14	9	5	优势
6.2　软环境竞争力	30	12	18	中势
外资企业数增长率	30	4	26	优势
万人外资企业数	31	30	1	劣势
个体私营企业数增长率	22	6	16	优势
万人个体私营企业数	26	27	-1	劣势
万人商标注册件数	17	16	1	中势
查处商标侵权假冒案件	17	13	4	中势
每十万人交通事故发生数	25	25	0	劣势
罚没收入占财政收入比重	9	8	1	优势
食品安全事故数	1	5	-4	优势

7. 新疆维吾尔自治区政府作用竞争力指标排名变化情况

表 31 - 11　2011～2012 年新疆维吾尔自治区政府作用竞争力指标组排位及变化趋势表

指　　标	2011 年	2012 年	排位升降	优劣势
7　政府作用竞争力	25	26	-1	劣势
7.1　政府发展经济竞争力	29	29	0	劣势
财政支出用于基本建设投资比重	6	6	0	优势
财政支出对 GDP 增长的拉动	27	26	1	劣势
政府公务员对经济的贡献	28	28	0	劣势
政府消费对民间消费的拉动	30	30	0	劣势
财政投资对社会投资的拉动	28	29	-1	劣势
7.2　政府规调经济竞争力	24	29	-5	劣势
物价调控	28	31	-3	劣势
调控城乡消费差距	16	16	0	中势
统筹经济社会发展	19	22	-3	劣势
规范税收	10	7	3	优势
人口控制	30	30	0	劣势

指　标	2011 年	2012 年	排位升降	优劣势
7.3　政府保障经济竞争力	9	9	0	优势
城市城镇社区服务设施数	20	21	−1	劣势
医疗保险覆盖率	16	13	3	中势
养老保险覆盖率	23	22	1	劣势
失业保险覆盖率	12	11	1	中势
下岗职工再就业率	1	1	0	强势
城镇登记失业率	8	16	−8	中势

8. 新疆维吾尔自治区发展水平竞争力指标排名变化情况

表 31 – 12　2011 ~ 2012 年新疆维吾尔自治区发展水平竞争力指标组排位及变化趋势表

指　标	2011 年	2012 年	排位升降	优劣势
8　发展水平竞争力	30	31	−1	劣势
8.1　工业化进程竞争力	28	31	−3	劣势
工业增加值占 GDP 比重	24	24	0	劣势
工业增加值增长率	14	26	−12	劣势
高新技术产业占工业总产值比重	31	31	0	劣势
工业从业人员比重	26	26	0	劣势
工业从业人员增长率	6	16	−10	中势
霍夫曼系数	29	30	−1	劣势
8.2　城市化进程竞争力	28	26	2	劣势
城镇化率	24	24	0	劣势
城镇居民人均可支配收入	30	28	2	劣势
城市平均建成区面积	22	22	0	劣势
人均拥有道路面积	13	15	−2	中势
人均日生活用水量	18	15	3	中势
人均居住面积	24	23	1	劣势
人均公共绿地面积	26	24	2	劣势
8.3　市场化进程竞争力	31	31	0	劣势
非公有制经济产值占全社会总产值的比重	30	30	0	劣势
社会投资占投资总资金的比重	21	26	−5	劣势
非国有单位从业人员占城镇从业人员比重	31	31	0	劣势
亿元以上商品市场成交额	20	20	0	中势
亿元以上商品市场成交额占全社会消费品零售总额比重	7	7	0	优势
全社会消费品零售总额占工农总产值比重	22	23	−1	劣势

9. 新疆维吾尔自治区统筹协调竞争力指标排名变化情况

表 31 – 13　2011～2012 年新疆维吾尔自治区统筹协调竞争力指标组排位及变化趋势表

指　　标	2011 年	2012 年	排位升降	优劣势
9　统筹协调竞争力	22	17	5	中势
9.1　统筹发展竞争力	28	27	1	劣势
社会劳动生产率	12	12	0	中势
社会劳动生产率增速	27	26	1	劣势
万元 GDP 综合能耗	26	28	– 2	劣势
非农用地产出率	30	30	0	劣势
生产税净额和营业盈余占 GDP 比重	5	20	– 15	中势
最终消费率	7	7	0	优势
固定资产投资额占 GDP 比重	19	22	– 3	劣势
固定资产交付使用率	21	13	8	中势
9.2　协调发展竞争力	11	7	4	优势
环境竞争力与宏观经济竞争力比差	18	14	4	中势
资源竞争力与宏观经济竞争力比差	5	1	4	强势
人力资源竞争力与宏观经济竞争力比差	26	22	4	劣势
资源竞争力与工业竞争力比差	10	9	1	优势
环境竞争力与工业竞争力比差	7	5	2	优势
城乡居民家庭人均收入比差	16	17	– 1	中势
城乡居民人均生活消费支出比差	16	16	0	中势
全社会消费品零售总额与外贸出口总额比差	25	24	1	劣势

B.33

专题报告一

"十二五"中期全国各省、市、区经济发展状况评价

"十二五"规划实施以来，持续的国际金融危机和欧债危机产生深刻影响，世界经济环境保持复杂多变的局面。我国政府正确认识国内外宏观经济发展形势，坚持深化改革扩大开放，按照"十二五"规划纲要的目标和任务，采取审慎灵活的调控政策，力促转变经济发展方式，保持了国民经济快速增长，经济社会发展取得显著的成就。各省、市、区认真贯彻中央"十二五"规划纲要精神，紧密围绕中央的战略部署，积极实施本地"十二五"规划纲要的建设任务，各地区经济在竞争与合作中相互促进、共同发展，较好地完成了规划目标的时序进度要求，展现了区域经济发展亮点和区域经济增长多极化格局，共同促进全国经济的高速持续增长，打开了建成全面小康社会的良好开端。

一 "十二五"规划实施以来国内外宏观经济发展形势分析

2008年在美国爆发并逐步蔓延到全球的金融危机，以及随后发生的欧债危机，对欧美发达国家的经济发展产生巨大冲击，失业率大幅上升，政府债务负担过重，国际贸易下挫，经济增长缓慢甚至下滑。由于世界经济一体化的加深，各国之间的联系日益紧密，世界经济发展受到较大影响。如何摆脱金融危机的影响，刺激经济快速复苏，成为世界各国的首要任务。在各国积极实施财政政策和货币政策的刺激作用下，世界经济开始缓慢复

苏，但经济复苏的过程中仍然存在诸多不确定性，经济下行的风险依然存在，区域差别比较明显。

表1-1 全球金融危机以来主要国家经济增速对比

单位：%

	2008 年	2009 年	2010 年	2011 年	2012 年	2013 年
世　界	1.4	-2.1	4.0	2.8	2.2	2.9
先进经济体				1.7	1.2	1.2
美　国	-0.4	-3.1	2.4	1.8	2.2	1.7
欧元区	0.4	-4.4	2.0	1.5	-0.6	-0.6
日　本	-1.0	-5.5	4.7	-0.6	1.9	2.0
英　国	-1.0	-4.0	1.8	1.0	0.3	0.9
加拿大	0.7	-2.8	3.2	2.5	1.7	1.9
新兴和发展中经济体				6.2	4.9	5.0
中　国	9.6	9.2	10.4	9.3	7.7	7.8
俄罗斯	5.2	-7.8	4.5	4.3	3.4	2.8
印　度	3.9	8.5	10.5	6.3	3.2	5.6
南　非	3.6	-1.5	3.1	3.5	2.5	2.0
巴　西	5.2	-0.3	7.5	2.7	0.9	2.5
墨西哥	1.2	-6.0	5.3	3.9	3.9	2.9

数据来源：世界银行，http：//data.worldbank.org；2013年增长率为IMF预测值，《世界经济展望》，2013（7）。

在发达国家中，美、欧、日等受到金融危机的较大影响，2008~2009年经济呈现负增长态势，但随着各国实施积极的货币政策和财政政策，对经济的刺激开始发挥作用，从2010年开始普遍转为增长态势，并且达到较高的增长率。作为金融危机的发源国，美国受金融危机的影响比较大，经济增长速度放缓，但随着美国政府连续推出四轮量化宽松的货币政策，凭借美元的国际货币地位，向市场注入了大量的流动性，成功地把危机的影响转移到世界上其他国家。2011~2012年美国经济增速分别为1.8%和2.2%，比金融危机爆发时有了较大的提高，但后续增长状况仍不容乐观。虽然金融危机不是从欧元区开始爆发，但欧元区很多国家面临严重的债务危机。在金融危机和债务危机的双重压力下，欧元区各国自2009年开始陷入衰退。在采取严厉的财政紧缩政策摆脱债务危机的情况下，不但"欧猪五国"增长疲软，德国、荷兰、比利时和奥地利同样出现经济萎缩，部分国家的经济呈现负增长，同时面临着历史性的高失业率，在2012年出现第二次衰退。在其他发达经济大国中，日本同样面临着高额负债的压力，去杠杆化进程缓慢，受国际经济环境影响，成为经济下行幅度大、复苏缓慢的国家。英国和加拿大的经济同样在2010年开始复苏，但随着经济刺激政策的退出，经济增速开始明显放缓。

在金融危机爆发以前，新兴市场经济体的经济发展较快，逐渐成为世界经济发展的重要引擎，但随着金融危机的爆发和世界经济增长放缓，新兴市场经济体同样受到较大冲击，在经济复苏过程中，新兴市场经济体和发展中经济体内部出现较大分化，传统的"金砖国家"增速同步放缓，而一些小型新兴经济体增长较快。之前得益于石油价格的飙升，拥有丰富油气资源的俄罗斯凭借能源出口，经济发展较快，受到全球经济不景气的影响，能源需求的减少对俄罗斯经济增长产生较大影响，特别是 2009 年经济下降幅度达7.8%，成为主要经济体中经济下滑幅度最大的国家。但随着全球经济复苏，能源需求稳步增长，俄罗斯经济复苏的步伐较大，近两年经济增速都超过 4%。同样作为人口大国的发展中国家，印度在金融危机之前也长期保持高速经济增长，并且是在金融危机中保持经济高增长的为数不多的大国之一。但从 2011 年开始，印度国际收支状况不断恶化，贸易赤字持续扩大，经济增速呈现快速下降趋势。南非经济同样受到金融危机的影响，但在投资和消费刺激政策作用下，南非经济很快平稳复苏，两年经济增长表现比较平稳。虽然巴西 2009 年经济只下降了 0.3%，并在 2010 年快速恢复到 7.5% 的高位，但是在通胀率偏高和对外贸易顺差迅速下降的背景下，巴西经济增速迅速下降，2012 年只实现了 0.9% 的经济增速，成为新兴经济体中增速最低的国家之一。

为了应对金融危机和国际经济环境的变化，世界各国大多采取了积极的财政政策和货币政策，出台增支减税、刺激投资和消费、加强社会保障等综合性政策措施，加大政府公共投资力度，鼓励居民消费，通过扩大货币发行量，降低利率和汇率，促进企业投资和出口。在一系列的政策举措下，各国经济普遍开始复苏，出口开始回升，失业率逐步下降，经济增速有所上升。但这些刺激经济的政策也带来一些负面影响：一是积极财政政策导致政府负债不断增长，很多国家的政府负债占 GDP 比重偏高，债务风险加大；二是货币发行的过快增长导致物价快速上升，通货膨胀的风险如影随形；三是投资过快增长，存在重复建设和效率低下问题，部分行业产能过剩；四是贸易保护主义盛行，大宗商品价格呈戏剧性波动，国际贸易增长动力不足。

从目前的国际经济形势来看，随着各国经济刺激政策的逐步退出，世界经济正在进入一个长期而复杂的调整与转型期，在调整中艰难复苏，在转型中呈现弱增长，经济复苏过程中存在较多的不确定性，经济增长下行的风险依然存在。

美国经济在美元的强势推动下呈现较强的复苏势头，失业率逐步下降，资本迅速流入，但财政紧缩政策和量化宽松政策的退出对其经济产生较大影响。美国的财政悬崖问题仍然没有得到有效解决，每一次提高债务上限只是暂时延迟了债务危机的爆发，但同时也在不断累积债务风险。美国退出量化宽松政策，对世界资本市场带来巨大的冲击，说明当前世界经济复苏不稳固，市场信心不足。欧债危机已经爆发和持续了 4 年多，但欧元区国家仍未完全化解这一债务难题，这些国家普遍面临较高的失业率、较高的财政赤字和债务率问题，部分国家为了解决债务风险实施财政紧缩政策，使未来经济发展形势不容乐观，如果欧洲央行和 IMF 等机构不能持续给予援助，欧元区国家的债务危机还有可能卷土重来，这都给世界经济带来不稳定风险。根据 IMF 预测，2013 年发达国家和新兴经济体的经济增长速度都要低于前两年，其中美国经济增速会下降 0.5 个百分点，只有 1.7%，而欧元区经济将继续下滑，保持 2012 年 -0.6% 的增长。[1]

新兴经济体在金融危机中表现比较主动，采取了稳定经济增长的综合政策，在经历了

---

[1] IMF，*World Economic Outlook Reports*，2013（7）.

2009 年经济短暂下滑以后，2010 年都迅速恢复了之前较高的增速，但随后经济增长步伐持续放缓，包括中国和印度在内的经济体的经济增速都低于金融危机爆发前。造成这一现象的主要原因为内部结构调整和外部环境的双重影响。一是经济刺激政策的逐步退出，面临调整经济结构、提升经济增长内生动力的压力，国内投资和消费增长乏力，对经济增长的拉动作用开始下降。二是发达国家经济增长放缓，市场需求下降，贸易保护主义升级，导致对外需比较依赖的国家经济增长放缓。据 IMF 预测分析，2011 年和 2012 年世界贸易总量分别增长了 6% 和 2.5%，处于下降趋势。进口方面，发达国家的增速由 4.7% 下降到 1.4%，而新兴经济体则由 8.7% 下降到 5%。出口方面，发达国家的增速由 5.6% 下降到 2%，新兴经济体则由 6.4% 下降到 3.6%。根据预测，虽然 2013 年的世界贸易总量有所回升，将实现 3.1% 的增速，进出口规模的增长也都有一定程度的回升，但仍然难以恢复到 2011 年水平。贸易保护主义升级，势必影响世界贸易和全球经济稳健增长，同时引发更多的国际冲突，导致个体化差异明显，加大世界经济复苏的不确定性风险。

二 "十二五"中期全国各省、市、区主要经济指标完成情况分析

1. 经济增长迅速，中期目标基本完成

在"十二五"规划纲要中，所有省份都制定了地区生产总值（GDP）的发展目标，有 20 个省份明确规定了 2015 年的地区生产总值目标值，最高的是广东，为 66800 亿元（以 2010 年不变价计算）；其次是江苏，为 65800 亿元；最低的是西藏，只有 900 亿元。另外有 10 个省份没有明确 2015 年地区生产总值的目标值，但所有省份都制定了经济增长的速度目标，有 24 个省份规划"十二五"期间年均增速高于或等于 10%，其中山西和海南两省甚至把增速定在 13%，只有北京、河北、上海、山东、河南、浙江、广东 7 个省份的未来 5 年经济增速目标低于 10%，但都超过或等于 8%。"十二五"规划前两年，所有省份经济保持高速增长的态势，基本达到了经济增长规划目标的时序进度要求，具体情况如表 1－2 所示。

表 1－2　全国 31 个省、市、区"十二五"规划地区生产总值目标及中期完成情况

序　号	地　区	"十二五"期末目标值		2010 年	2011 年		2012 年		前两年情况	
		规模（亿元）	年均增速(%)	规模（亿元）	规模（亿元）	增速（%）	规模（亿元）	增速（%）	平均增速(%)	完成率（%）
1	北　京	—	8.0	14114	16252	8.1	17879	7.7	7.9	99.8
2	天　津	—	12.0	9224	11307	16.4	12894	13.8	15.1	105.6
3	河　北	30000	8.5	20394	24516	11.3	26575	9.6	10.5	103.6
4	山　西	17000	13.0	9201	11238	13.0	12113	10.1	11.6	97.5
5	内蒙古	20540	12.0	11672	14360	14.3	15881	11.5	12.9	101.6

序 号	地 区	"十二五"期末目标值		2010 年	2011 年		2012 年		前两年情况	
		规模（亿元）	年均增速（%）	规模（亿元）	规模（亿元）	增速（%）	规模（亿元）	增速（%）	平均增速（%）	完成率（%）
6	辽 宁	30500	11.0	18457	22227	12.2	24846	9.5	10.9	99.8
7	吉 林	15000	12.0	8668	10569	13.8	11939	12.0	12.9	101.6
8	黑龙江	—	12.0	10369	12582	12.3	13692	10.0	11.2	98.5
9	上 海	—	8.0	17166	19196	8.2	20182	7.5	7.8	99.7
10	江 苏	65800	10.0	41425	49110	11.0	54058	10.1	10.6	101.0
11	浙 江	40000	8.0	27722	32319	9.0	34665	8.0	8.5	100.9
12	安 徽	24000	10.0	12359	15301	13.5	17212	12.1	12.8	105.2
13	福 建	25000	10.0	14737	17560	12.3	19702	11.4	11.9	103.4
14	江 西	18000	11.0	9451	11703	12.5	12949	11.0	11.7	101.3
15	山 东		9.0	39170	45362	10.9	50013	9.8	10.3	102.5
16	河 南		9.0	23092	26931	11.9	29599	10.1	11.0	103.7
17	湖 北		10.0	15968	19632	13.8	22250	11.3	12.5	104.6
18	湖 南	25000	10.0	16038	19670	12.8	22154	11.3	12.0	103.7
19	广 东	66800	8.0	46013	53210	10.0	57068	8.2	9.1	102.0
20	广 西	15500	10.0	9570	11721	12.3	13035	11.3	11.8	103.3
21	海 南	3780	13.0	2065	2523	12.0	2856	9.1	10.6	95.7
22	重 庆	15000	12.5	7926	10011	16.4	11410	13.6	15.0	104.4
23	四 川	30000	12.0	17185	21027	15.0	23873	12.6	13.8	103.2
24	贵 州	8000	12.0	4602	5702	15.0	6852	13.6	14.3	104.1
25	云 南	—	10.0	7224	8893	13.7	10309	13.0	13.3	106.1
26	西 藏	900	12.0	507	606	12.7	701	11.8	12.2	100.4
27	陕 西	—	12.0	10123	12512	13.9	14454	12.9	13.4	102.5
28	甘 肃	7500	12.0	4121	5020	12.52	5650	12.6	12.5	101.0
29	青 海	—	12.0	1350	1670	13.5	1894	12.3	12.9	101.6
30	宁 夏	2900	12.0	1690	2102	12.1	2341	11.5	11.8	99.6
31	新 疆	8800	10.0	5437	6610	12.0	7505	12.0	12.0	103.6

注：2010 年、2011 年、2012 年规模值为当年价核算，"十二五"期末目标值按 2010 年不变价计算，各年增速为实际增长速度，剔除物价变化影响。

数据来源："十二五"期末目标值摘自各省份"十二五"规划纲要，具体见参考文献，2010 年、2011 年、2012 年数据摘自历年《中国统计年鉴》。

从 2012 年名义 GDP 来看，有 24 个省份的 GDP 超过 1 万亿元，广东、江苏、山东三省超过 5 万亿元。从增长速度来看，连续两年增速都超过 10% 的有 23 个省份，只有北京、上海、浙江三个省份连续两年增速低于 10%。从两年增速变化来看，2012 年经济增速普遍低于 2011 年增速，只有新疆保持两年增速不变，其他 30 个省份的经济增速都有不同程度的下降，其中降幅最大的是海南、山西、重庆、内蒙古、辽宁、天津、湖北、四川和黑龙江9个省份，增速下降幅度超过2个百分点。广东等13个省份经济增速下降幅度超过1个百分点，另外西藏等8个省份经济增速有小幅度下降。

从两年平均增速来看，重庆和天津两个直辖市的经济增速最高，都达到或超过15%，贵州超过14%，四川、陕西和云南都超过13%，另外，吉林等9个省份平均增速达到或超过12%。在这15个经济增长较高的省份中，有10个西部省份，占比最高，另外3个中部省份，以及天津和吉林分别属于东部和东北地区。另外两个西部省份广西和宁夏的平均增速也达到了11.8%，而平均增速低于10%的分别是北京、上海、广东和浙江四个较发达省份，其他东部地区省份的增速也相对较低，说明近两年来中西部地区省份的经济增速普遍高于东部省份，区域差距呈现缩小的趋势。

从规划目标的中期完成情况来看，有24个省份的经济增速达到了"十二五"规划目标的时序进度要求，其中云南、安徽、湖北和河南等省份由于目标制定相对较低，完成率比较高，天津、重庆和贵州等省份尽管目标制定得很高，但经济增速比较高，仍然具有较高的完成率。在7个没有达到时序进度要求的省份中，海南、山西、黑龙江和宁夏由于制定的目标较高，导致完成率偏低。

在"十二五"规划中，大多数省份制定了人均地区生产总值的发展目标，其中有15个省份明确了人均地区生产总值规模的发展目标，贵州制定的目标是3000美元，有9个省份明确了人均地区生产总值的增速目标，其他省份的规划纲要中虽然没有明确人均地区生产总值的规模和增速目标，但也都有其他的表述，比如陕西的目标是"十二五"期末人均地区生产总值达到全国平均水平，河北的目标是2015年人均地区生产总值比2000年翻两番。从明确制定了发展目标的15个省份来看，人均地区生产总值保持较高增长速度，基本达到了规划目标的时序进度要求，具体如表1-3所示。

表1-3 部分省、市、区"十二五"规划人均地区生产总值目标及中期完成情况

序 号	地 区	"十二五"期末目标值		2010年	2011年		2012年		前两年情况	
		规模（元）	平均增速（%）	规模（元）	规模（元）	增速（%）	规模（元）	增速（%）	平均增速（%）	完成率（%）
1	江苏	80000	10.0	52840	62290	10.3	68347	9.7	10.0	100.0
2	浙江	72000	6.8	51711	59249	7.2	63374	7.7	7.4	101.2
3	福建	66000	—	40025	47377	11.6	52763	10.5	11.0	101.0
4	江西	36000	10.5	21253	26150	11.8	28800	10.4	11.1	101.1
5	河南	38000	—	24446	28661	12.5	31499	10.1	11.3	104.0
6	湖北	36000	10.0	27906	34197	13.5	38572	10.7	12.1	103.9
7	广东	66000	7.0	44736	50807	8.0	54095	7.4	7.7	101.3
8	广西	30390	9.0	20219	25326	12.0	27952	10.4	11.2	104.1
9	重庆	50000	—	27596	34500	15.1	38914	12.4	13.7	102.2
10	四川	35000	—	21182	26133	15.9	29608	12.3	14.1	106.6

序　号	地　区	"十二五"期末目标值		2010 年	2011 年		2012 年		前两年情况	
		规模（元）	平均增速（%）	规模（元）	规模（元）	增速（%）	规模（元）	增速（%）	平均增速（%）	完成率（%）
11	贵州	3000（美元）	—	13119	16413	16.1	19710	13.5	14.8	—
12	云南	—	10.0	15752	19265	12.9	22195	12.3	12.6	104.8
13	西藏	28600	11.0	17319	20077	11.3	22936	10.4	10.8	99.7
14	甘肃	27300	12.0	16113	19595	12.3	21978	12.2	12.2	100.4
15	宁夏	43000	—	26860	33043	10.8	36394	10.3	10.5	101.0

注：2010 年、2011 年、2012 年规模值为当年价核算，"十二五"期末目标值按 2010 年不变价计算，各年增速为实际增长速度，剔除物价变化影响。

数据来源："十二五"期末目标值摘自各省份"十二五"规划纲要，具体见参考文献，2010 年、2011 年、2012 年数据摘自历年《中国统计年鉴》。

　　从人均地区生产总值增长速度来看，15 个省份当中，连续两年增速都超过 10% 的有 12 个省份，只有广东和浙江两个省份连续两年增速低于 10%。从两年增速变化来看，2012 年增速普遍低于 2011 年增速，除了浙江以外，其他 14 个省份的增速都有不同程度的下降，其中四川的下降幅度最大，为 3.6 个百分点，其次是湖北、重庆、贵州、河南 4 个省份，增速下降幅度超过 2 个百分点。从人均地区生产总值两年平均增速来看，这 15 个省份中最高的是贵州和四川，都超过了 14%，重庆超过 13%，云南、甘肃和湖北都超过 12%，这些省份大多处于西部地区，广东和浙江最低，都不足 8%。从规划目标的中期完成情况来看，明确制定人均地区生产总值发展目标的 15 个省份中，有 13 个省份的规划目标达到了时序进度要求，其中四川、云南、广西等省份完成率比较高。

2. 财政收入迅速增长，财政实力显著增强

　　在"十二五"规划纲要中，有 26 个省份制定了财政预算收入的增长目标，有 15 个省份明确规定了"十二五"期末的财政预算收入的目标值，有 24 个省份明确规定了"十二五"规划期间财政预算收入的年均增速，其中最高的是海南和新疆，目标年均增速都达到 20%，其他省份的增速目标定位多高于 15%，只有北京和上海把增速分别定为 9% 和 8%。"十二五"规划前两年，制定财政收入增长目标的省份全部实现财政收入高速增长，超额完成财政收入规划目标的时序进度要求，具体情况如表 1 - 4 所示。

　　从 2012 年财政预算收入的规模来看，有 10 个省份的地方财政预算收入超过 2000 亿元，其中广东超过 6000 亿元，江苏为 5861 亿元，山东为 4059 亿元，是最高的三个省份，只有新疆等 6 个省份的地方财政预算收入不足 1000 亿元。从财政收入增长速度来看，2011 ~ 2012 年各地财政收入增速都很高，连续两年增速都超过 20% 的有 12 个省份，其中，西藏最高，两年都超过 40%。从两年增速变化来看，2011 年只有上海的增速为 19.4%，其他省份都超过 20%，2012 年的增速普遍低于 2011 年的增速。2012 年只有 13 个

表 1 - 4　全国 31 个省、市、区"十二五"规划财政预算收入目标及中期完成情况

序　号	地区	"十二五"期末目标值		2010 年	2011 年		2012 年		前两年情况	
		规模（亿元）	年均增速（%）	规模（亿元）	规模（亿元）	增速（%）	规模（亿元）	增速（%）	平均增速（%）	完成率（%）
1	北　京	—	9.0	2354	3006	27.7	3315	10.3	18.7	118.5
2	天　津	—	15.0	1069	1455	36.1	1760	21.0	28.3	124.5
3	河　北	—	11.0	1332	1738	30.5	2084	19.9	25.1	127.0
4	山　西	3640	15.0	970	1213	25.1	1516	25.0	25.1	118.2
5	内蒙古	3500	15.0	1070	1357	26.8	1553	14.5	20.5	109.7
6	辽　宁	—	15.0	2005	2643	31.8	3105	17.5	24.5	117.1
7	吉　林	1350	17.0	602	850	41.1	1041	22.5	31.5	126.3
8	黑龙江	—	15.0	756	998	32.0	1163	16.6	24.1	116.4
9	上　海	—	8.0	2874	3430	19.4	3744	9.2	14.1	111.7
10	江　苏	—	—	4080	5149	26.2	5861	13.8	19.9	—
11	浙　江	—	—	2608	3151	20.8	3441	9.2	14.9	—
12	安　徽	4130	15.0	1149	1464	27.3	1793	22.5	24.9	117.9
13	福　建	2029	—	1151	1502	30.4	1776	18.3	24.2	123.0
14	江　西	2600	16.0	778	1053	35.4	1372	30.2	32.8	131.0
15	山　东	—	14.0	2749	3456	25.7	4059	17.5	21.5	113.6
16	河　南	3700	10.0	1381	1722	24.6	2040	18.5	21.5	122.1
17	湖　北	—	14.6	1011	1527	51.0	1823	19.4	34.3	137.3
18	湖　南	3000	—	1082	1517	40.2	1782	17.5	28.4	109.6
19	广　东	—	—	4517	5515	22.1	6229	13.0	17.4	—
20	广　西	2460	15.0	772	948	22.8	1166	23.0	22.9	114.2
21	海　南	670	20.0	271	340	25.5	409	20.4	22.9	104.9
22	重　庆	—	—	952	1488	56.3	1703	14.5	33.8	—
23	四　川	—	—	1562	2045	30.9	2421	18.4	24.5	—
24	贵　州	1000	15.0	534	773	44.8	1014	31.2	37.8	143.7
25	云　南	—	13.0	871	1111	27.5	1338	20.4	23.9	120.3
26	西　藏	73.7	15.0	37	55	49.4	87	58.1	53.7	178.6
27	陕　西	—	17.0	958	1500	56.6	1601	6.7	29.2	122.0
28	甘　肃	710	15.0	354	450	27.3	520	15.6	21.3	111.3
29	青　海	—	15.0	110	152	37.7	186	22.8	30.1	127.9
30	宁　夏	310	15.0	154	220	43.3	264	20.0	31.1	130.0
31	新　疆	1250	20.0	501	720	43.9	909	26.2	34.8	126.1

注：2010 年、2011 年、2012 年规模值为当年价核算，"十二五"期末目标值按 2010 年不变价计算，各年增速为名义增长速度，没有剔除物价变化影响。

数据来源："十二五"期末目标值摘自各省"十二五"规划纲要，具体见参考文献，2010 年、2011 年、2012 年数据摘自历年《中国统计年鉴》。

省份财政收入增速超过 20%，另外上海、浙江和陕西三个省份的增速低于 10%。西藏的增速提高了 8.7 个百分点，广西的增速提高了 0.2 个百分点，其他 29 个省份的增速

都有较大幅度的下降，下降幅度最大的是陕西，下降了41.8个百分点，其次是重庆，下降了41.8个百分点，另外，湖北、宁夏、湖南和吉林等省份的增速的下降幅度也很大。

从财政收入两年增长来看，西藏的平均增速最高，达到53.7%，另外，贵州、新疆、湖北、重庆、江西、吉林和青海等省份的平均增速也都超过30%，其他大多数省份的平均增速在20%~30%，只有江苏、北京、广东、浙江和上海5个发达省份的平均增速低于20%，但仍然都高于14%，远远高于各自经济总量的增长速度。从区域比较来看，西部地区省份的增速明显高于东部地区省份，区域差距呈现缩小的趋势，这有利于改善西部省份财政实力偏小、经济建设和社会保障力不从心的局面。

从规划目标的中期完成情况来看，26个省份的财政收入全部达到了"十二五"规划目标的时序进度要求，其中西藏、贵州、湖北、江西、宁夏等省份财政收入增长目标比较适中，实际增速比较高，中期完成率非常高，西藏的财政收入超过中期预定目标的78%，其他省份也都有比较高的完成率。

3. 投资规模迅速扩大，增速区域差距明显

为了应对金融危机和国外市场萎缩造成的出口下滑风险，各地都把扩大内需作为保持经济稳定增长的基本手段，其中加大投资力度，通过投资拉动经济增长成为重要而有效的手段。在"十二五"规划纲要中，有23个省份制定了固定资产投资的增长目标，其中有10个省份明确规定了"十二五"规划期间固定资产投资规模的目标值，有21个省份明确规定了"十二五"规划期间固定资产投资的年均增速，最高的是贵州，目标年均增速达到30%，其次是黑龙江和新疆，都达到25%，还有海南等8个省份的年均增速目标为20%~23%，其他省份的增速目标定位在15%~18%。"十二五"规划前两年，大多数省份的固定资产投资规模都实现了高速增长，在制定固定资产投资增长目标的省份中，有近一半的省份完成投资计划，部分省份与规划目标的时序进度要求差距较大，具体情况如表1-5所示。

表1-5　全国31个省、市、区"十二五"规划固定资产投资目标及中期完成情况

序 号	地 区	"十二五"期末目标值		2010年	2011年		2012年		前两年情况	
		规模(亿元)	年均增速(%)	规模(亿元)	规模(亿元)	增速(%)	规模(亿元)	增速(%)	平均增速(%)	完成率(%)
1	北 京	—	—	5403	5579	3.3	6112	9.6	6.4	—
2	天 津	—	15.0	6278	7068	12.6	7935	12.3	12.4	95.6
3	河 北	30000	15.0	15083	16389	8.7	19661	20.0	14.2	98.6
4	山 西	50000	20.0	6063	7073	16.7	8863	25.3	20.9	101.5
5	内蒙古	—	15.0	8927	10365	16.1	11876	14.6	15.3	100.6
6	辽 宁	—	15.0	16043	17726	10.5	21836	23.2	16.7	102.9
7	吉 林	—	20.0	7870	7442	-5.4	9512	27.8	9.9	83.9
8	黑龙江	—	25.0	6813	7475	9.7	9695	29.7	19.3	91.1
9	上 海	—	—	5109	4962	-2.9	5118	3.1	0.1	—

续表

序 号	地 区	"十二五"期末目标值		2010 年	2011 年		2012 年		前两年情况	
		规模（亿元）	年均增速（%）	规模（亿元）	规模（亿元）	增速（%）	规模（亿元）	增速（%）	平均增速（%）	完成率（%）
10	江 苏	—	—	23184	26693	15.1	30854	15.6	15.4	—
11	浙 江	—	—	12376	14185	14.6	17649	24.4	19.4	—
12	安 徽	23700	15.0	11543	12456	7.9	15426	23.8	15.6	101.1
13	福 建	—	18.0	8199	9911	20.9	12440	25.5	23.2	109.0
14	江 西	21000	20.0	8772	9088	3.6	10774	18.6	10.8	85.3
15	山 东	—	15.0	23281	26750	14.9	31256	16.8	15.9	101.5
16	河 南	—	15.0	16586	17769	7.1	21450	20.7	13.7	97.8
17	湖 北	—	15.0	10263	12557	22.4	15578	24.1	23.2	114.8
18	湖 南	—	20.0	9664	11881	22.9	14523	22.2	22.6	104.4
19	广 东	—	—	15624	17069	9.3	18751	9.9	9.6	—
20	广 西	19000	20.0	7058	7991	13.2	9809	22.8	17.9	96.5
21	海 南	3750	23.0	1317	1657	25.8	2145	29.5	27.6	107.7
22	重 庆	45000	—	6689	7473	11.7	8736	16.9	14.3	—
23	四 川	—	—	13117	14222	8.4	17040	19.8	14.0	—
24	贵 州	—	30.0	3105	4236	36.4	5718	35.0	35.7	109.0
25	云 南	—	15.0	5529	6191	12.0	7831	26.5	19.0	107.1
26	西 藏	—	—	463	516	11.6	671	29.9	20.4	—
27	陕 西	—	20.0	7964	9431	18.4	12045	27.7	23.0	105.0
28	甘 肃	8400	20.0	3158	3966	25.6	5145	29.7	27.6	113.1
29	青 海	9000	—	1017	1436	41.2	1883	31.2	36.1	77.5
30	宁 夏	—	—	1444	1645	13.9	2097	27.5	20.5	—
31	新 疆	11000	25.0	3423	4632	35.3	6159	33.0	34.1	115.1

注：2010 年、2011 年、2012 年规模值为当年价核算，各年增速为名义增长速度，没有剔除物价变化影响。

数据来源："十二五"期末目标值摘自各省份"十二五"规划纲要，具体见参考文献，2010 年、2011 年、2012 年数据摘自历年《中国统计年鉴》。

从 2012 年各省份固定资产投资的规模来看，有 15 个省份的固定资产投资超过 1 万亿元，其中山东和江苏超过 3 万亿元，辽宁和河南超过 2 万亿元，只有西藏的固定资产投资不足 1000 亿元。从固定资产投资增长速度来看，2011～2012 年大部分省份的增速都比较高，连续两年增速超过 20% 的有 8 个省份，其中贵州、新疆和青海 3 个省份的固定资产投资增速两年都超过 30%。从两年增速变化来看，2011 年只有上海和吉林是负增长，增速超过 20% 的省份只有 8 个，但到了 2012 年，固定资产投资增速普遍高于 2011 年增速，增速超过 20% 的省份增加到 21 个，只有北京、上海和广东 3 个省份的增速低于 10%。25 个省份的固定资产投资增速有所提高，其中吉林、黑龙江等省份的上升幅度比较大。但是，也有天津、湖南、贵州、内蒙古、新疆和青海 6 个省份的固定资产投资增速下滑，下滑幅度最大的是青海，达到 10 个百分点，说明这些省份的固定资产投资缺乏较好的稳健性和持续性，容易增加经济增长的波动性风险。

从固定资产投资两年增长来看，青海的平均增速最高，达到 36.1%，另外，贵州、新疆的平均增速也超过 30%，甘肃、海南、湖北、福建、陕西、湖南、山西、宁夏和西藏等省份的平均增速都超过了 20%，只有北京、吉林、上海和广东 4 个省份的平均增速低于 10%。从区域比较来看，西部地区省份的固定资产投资增速普遍比较高，大多高于东部地区省份，这为西部省份的后续经济增长打下良好基础，有助于缩小区域经济发展差距。

从规划目标的中期完成情况来看，有明确的固定资产投资增速目标的 21 个省份中，只有 14 个省份达到了"十二五"规划目标的时序进度要求，其中湖北、甘肃和新疆都比规划目标的进度要求超过 10%。河北、河南、广西、天津、黑龙江、江西和吉林 7 个省份都没有达到进度目标的要求，其中江西和吉林设定的增速目标都超过 20%，但实际平均增速只在 10% 左右，完成率比较低。

4. 产业经济增长稳定，结构调整难度加大

在稳增长、扩内需的经济政策实行之际，各省份纷纷加大固定资产投资，特别是基础设施和工业领域的投资力度比较大，使得工业经济增长迅速，第三产业也获得快速发展的机会，产业经济稳步增长。在"十二五"规划纲要中，13 个省份制定了工业增加值的增长目标，其中有 8 个省份明确规定了"十二五"规划期末工业增加值的目标值，有 11 个省份明确规定了"十二五"规划期间工业增加值的年均增速，最高的是内蒙古，目标年均增速达到 17%，其他多数省份的增速目标定位也高于 10%，只有上海的年均增速目标为 6% ~7%，北京的年均增速目标为 8%。"十二五"规划前两年，大多数省份的工业增加值规模实现了高速增长，但制定了工业增加值增长目标的省份，除天津、吉林外，普遍没有完成规划目标的时序进度要求，具体情况如表 1-6 所示。

表 1-6 全国 31 个省、市、区"十二五"规划工业增加值目标及中期完成情况

序 号	地 区	"十二五"期末目标值		2010 年	2011 年		2012 年		前两年情况	
		规模（亿元）	年均增速（%）	规模（亿元）	规模（亿元）	增速（%）	规模（亿元）	增速（%）	平均增速（%）	完成率（%）
1	北 京	—	8.0	2764	3049	6.7	3294	7.5	7.1	98.3
2	天 津	9000	15.0	4411	5431	18.3	6123	15.2	16.7	103.1
3	河 北	15000	13.0	9554	11770	13.4	12512	11.5	12.5	99.0
4	山 西	—	15.0	4658	5960	16.5	6024	10.8	13.6	97.6
5	内蒙古	11600	17.0	5618	7102	17.1	7736	13.3	15.2	96.9
6	辽 宁	20300	15.0	8789	10697	14.1	11605	9.8	11.9	94.8
7	吉 林	7300	14.0	3929	4918	17.7	5582	14.0	15.8	103.3
8	黑龙江	—	15.0	4608	5603	13.2	5241	10.3	11.7	94.4
9	上 海	—	6.0 ~7.0	6536	7209	6.3	7098	3.1	4.7	97.6
10	江 苏	—	12.0	19278	22281	11.7	23908	11.1	11.4	98.9
11	浙 江	—	—	12658	14683	9.2	15338	7.3	8.3	—

续表

序　号	地　区	"十二五"期末目标值		2010 年	2011 年		2012 年		前两年情况	
		规模（亿元）	年均增速（%）	规模（亿元）	规模（亿元）	增速（%）	规模（亿元）	增速（%）	平均增速（%）	完成率（%）
12	安　徽	—	—	5407	7062	18.0	8026	14.4	16.2	—
13	福　建	—	—	6398	7675	16.2	8542	14.3	15.3	—
14	江　西	—	—	4287	5412	15.2	5828	13.1	14.2	—
15	山　东	—	—	18861	21276	11.7	22798	10.5	11.1	—
16	河　南	20000	—	11951	13949	13.2	15018	11.4	12.3	—
17	湖　北	—	—	6727	8538	17.9	9735	13.2	15.5	—
18	湖　南	11000	—	6305	8123	17.0	9139	12.8	14.9	—
19	广　东	—	—	21463	24650	10.5	25810	7.3	8.9	—
20	广　西	—	—	3860	4851	16.4	5279	14.2	15.3	—
21	海　南			385	475	15.3	521	11.0	13.1	
22	重　庆			3698	4690	21.8	4981	15.6	18.7	
23	四　川	—	—	7431	9491	20.6	10551	15.2	17.8	—
24	贵　州			1517	1829	17.9	2217	16.8	17.3	
25	云　南			2604	2994	17.9	3451	16.7	17.3	
26	西　藏	—	—	40	48	18.3	55	14.4	16.4	—
27	陕　西	—	—	4559	5858	16.4	6847	14.8	15.6	—
28	甘　肃	3300	16.0	1603	1924	15.2	2070	14.2	14.7	97.8
29	青　海	—	—	614	812	17.4	896	14.1	15.7	—
30	宁　夏	—	—	643	817	17.6	879	13.8	15.7	—
31	新　疆	—	—	2161	2700	12.0	2850	13.7	12.8	—

　　注：2010 年、2011 年、2012 年规模值为当年价核算，"十二五"期末目标值按 2010 年不变价计算，各年增速为实际增长速度，剔除物价变化影响。

　　数据来源："十二五"期末目标值摘自各省份"十二五"规划纲要，具体见参考文献，2010 年、2011 年、2012 年数据摘自历年《中国统计年鉴》。

　　从 2012 年各省份工业增加值的规模来看，有 8 个省份超过 1 万亿元，其中广东、江苏和山东都超过 2 万亿元，浙江、河南、河北、辽宁和四川都超过 1 万亿元，青海、宁夏、海南、西藏的工业增加值规模不足 1000 亿元。从工业增加值的增长速度来看，2011～2012 年大部分省份的增速比较高，其中 2011 年增速超过 20% 的有重庆和四川，大部分省份工业增加值实际增速超过 10%，只有北京、上海和浙江的增速低于 10%。从两年增速变化来看，2012 年工业增加值增速普遍下降，没有 1 个省份的增速超过 20%，低于 10% 的省份个数增加到 5 个。只有北京和新疆 2 个省份工业增加值的增速有所提高，其他 29 个省份的工业增加值增速下滑，下滑幅度最大的是重庆，达到 6.2 个百分点，山西、四川、湖北、辽宁、海南和湖南省份的工业增加值增速下滑幅度都超过 4 个百分点。

　　从工业增加值两年增长来看，重庆的平均实际增速最高，达到 18.7%，另外，云南、贵州、四川的平均增速也都超过 17%，但北京、上海、浙江和广东 4 个省份的平均增速低于 10%。从区域比较来看，西部地区省份的工业增加值增速普遍比较高，中部省份次之，东部省份最低，中西部工业发展迅速，对东部发达省份形成追赶态势。

从规划目标的中期完成情况来看，有明确的工业增加值增速目标的 11 个省份中，只有天津和吉林 2 个省份达到了"十二五"规划目标的时序进度要求，其他 9 个省份都没有达到进度目标的要求，但完成率都超过 90%。

在"十二五"规划纲要中，26 个省份制定了服务业增加值的增长目标，其中有 25 个省份明确规定了"十二五"规划期末服务业增加值的目标值，有 25 个省份明确规定了"十二五"规划期间服务业增加值的年均增速，最高的是黑龙江，目标年均增速达到 16%，其他省份大多把增速目标定位在高于 10%，也有些省份的年均增速目标比较低，比如西藏的服务业增速目标只有 5.5%。"十二五"规划前两年，大多数省份的服务业增加值的增速比较高，但在制定服务业增加值增长目标的省份中，大多数没有完成规划目标的时序进度要求，具体情况如表 1-7 所示。

表 1-7　全国 31 个省、市、区"十二五"规划服务业增加值目标及中期完成情况

| 序　号 | 地　区 | "十二五"期末目标值 | | 2010 年 | 2011 年 | | 2012 年 | | 前两年情况 | |
		规模（亿元）	年均增速（%）	规模（亿元）	规模（亿元）	增速（%）	规模（亿元）	增速（%）	平均增速（%）	完成率（%）
1	北　京	15791	8.3	10601	12363	8.7	13670	7.9	8.3	100.0
2	天　津	8026	14.0	4239	5219	14.7	6058	12.6	13.6	99.4
3	河　北	10000	10.0	7124	8483	10.5	9385	8.6	9.6	99.2
4	山　西	6800	15.0	3412	3961	8.7	4683	9.7	9.2	90.1
5	内蒙古	8400	14.0	4209	5016	12.4	5631	10.0	11.2	95.2
6	辽　宁	12810	14.0	6849	8159	11.0	9460	10.1	10.6	94.1
7	吉　林	6000	—	3111	3680	11.0	4150	11.3	11.1	123.5
8	黑龙江	8188	16.0	3862	4550	13.2	5540	10.8	12.0	93.2
9	上　海	15837	10.0	9834	11143	9.6	12199	10.6	10.1	100.2
10	江　苏	31584	14.0	17131	20842	11.1	23518	9.7	10.4	93.8
11	浙　江	19200	9.7	12064	14180	9.5	15681	9.4	9.4	99.5
12	安　徽	9120	12.0	4194	4976	10.6	5628	11.0	10.8	97.8
13	福　建	10500	12.4	5851	6879	9.0	7737	9.1	9.1	94.2
14	江　西	—	—	3121	3921	11.1	4486	9.5	10.3	—
15	山　东	27000	13.5	14343	17371	11.3	19996	9.8	10.6	94.9
16	河　南	11550	11.8	6608	7992	13.4	9158	10.2	11.8	99.9
17	湖　北	10000	10.6	6053	7247	12.0	8209	10.8	11.4	101.5
18	湖　南	10000	9.4	6369	7540	11.0	8644	12.2	11.6	104.0
19	广　东	32064	9.1	20712	24098	10.0	26520	9.5	9.8	101.2
20	广　西	5735	11.1	3383	3998	10.5	4615	9.8	10.2	98.3
21	海　南	1920	15.0	954	1149	13.3	1340	9.5	11.4	93.8

续表

序 号	地区	"十二五"期末目标值		2010 年	2011 年		2012 年		前两年情况	
		规模（亿元）	年均增速（%）	规模（亿元）	规模（亿元）	增速（%）	规模（亿元）	增速（%）	平均增速（%）	完成率（%）
22	重 庆	—	—	2881	3624	10.8	4494	12.0	11.4	—
23	四 川	11700	14.2	6030	7014	11.2	8242	11.6	11.4	95.2
24	贵 州	3632	10.8	2177	2781	16.5	3283	12.1	14.3	106.4
25	云 南	—	—	2892	3702	12.0	4236	10.9	11.4	—
26	西 藏	360	5.5	275	323	11.6	378	12.0	11.8	112.2
27	陕 西	—	15.0	3689	4356	12.5	5010	11.6	12.0	94.9
28	甘 肃	3000	14.3	1537	1964	11.6	2270	12.5	12.0	96.0
29	青 海	—	—	471	540	9.7	624	11.1	10.4	—
30	宁 夏	1189	11.1	702	862	7.2	983	9.7	8.5	95.3
31	新 疆	—	—	1767	2245	15.2	2703	12.3	13.8	—

注：2010 年、2011 年、2012 年规模值为当年价核算，"十二五"期末目标值按 2010 年不变价计算，各年增速为实际增长速度，剔除物价变化影响。

数据来源："十二五"期末目标值摘自各省份"十二五"规划纲要，部分省份的目标值和增速是根据地区生产总值和三次产业结构的目标值推算，具体见参考文献，2010 年、2011 年、2012 年数据摘自历年《中国统计年鉴》。

从 2012 年各省份服务业增加值的规模来看，有 6 个省份超过 1 万亿元，其中广东和江苏超过 2 万亿元，山东、浙江、北京和上海超过 1 万亿元，西部省份的规模相对较小。从服务业增加值的增长速度来看，2011 年大部分省份保持了比较高的增速，大部分省份服务业增加值实际增速超过 10%，实际增速不足 10% 的有 7 个省份，分别是青海、上海、浙江、福建、山西、北京和宁夏。有 18 个省份保持两年的增速高于 10%，但从两年增速变化来看，2012 年服务业增加值增速普遍下降，增速低于 10% 的省份个数扩大到 12 个。有 12 个省份服务业增加值的增速有所提高，其他 19 个省份的服务业增加值增速下滑，下滑幅度最大的是贵州，达到 4.4 个百分点，海南和河南两个省份的服务业增加值增速下滑幅度都超过 3 个百分点。

从服务业增加值两年增长来看，贵州的平均实际增速最高，达到 14.3%，另外，新疆和天津的平均增速也都超过 13%，但北京和广东等 7 个省份的平均增速低于 10%。从区域比较来看，中西部地区省份的服务业增加值增速普遍比较高，东部发达省份的增速相对比较低，中西部服务业发展更加迅速，具有一定的后发优势。

从规划目标的中期完成情况来看，有明确的服务业增加值增速目标的 25 个省份中，有 7 个省份达到了"十二五"规划目标的时序进度要求，其他 18 个省份没有达到进度目标的要求，但完成率都超过 90%。尽管黑龙江、海南、陕西等省份实际增速比较高，但由于规划纲要中的增速目标制定得比较高，导致期中水平离规划目标的要求差距较大。

从工业增加值和服务业增加值的增速比较来看，大部分省份的工业增加值增速高于服务业增速，2011 年只有上海、北京、新疆、浙江和河南 5 个省份的服务业增加值增速稍高于工业增加值的增速，黑龙江省两者基本相同，其他 25 个省份工业增加值增速高于服务业增加值增速，其中重庆工业增加值增速比服务业增加值增速高出 11 个百分点，宁夏也高出 10.4 个百分点，还有四川和山西等 11 个省份都高出 5 个百分点以上。2012 年，只有上海、广东、北京等 6 个省份的服务业增加值增速高于工业增加值增速，其他 25 个省份的工业增加值增速高于服务业增加值增速，但两者的差距不如 2011 年显著。从两年的平均增速来看，上海的服务业增速高出工业增速 5.4 个百分点，浙江和北京高出 1.1 ~ 1.2 个百分点，广东和新疆高出 0.9 ~ 1 个百分点，黑龙江高出 0.3 个百分点，其他省份的工业增加值增速都要高于服务业增加值增速，西部地区省份尤为明显。工业增加值增速高于服务业增加值增速，主要原因是工业领域投资规模偏大，结果是三次产业结构中，第二产业增加值比重迅速上升，第三产业增加值比重上升缓慢，产业结构升级的进度放缓，产业结构调整难度加大。

5. 城乡居民收入稳定增长，消费能力迅速增强

伴随着经济高速增长，居民的薪金和其他各种收入普遍得到提高，城乡居民收入增长比较明显，带动居民消费水平提高，使全社会消费品零售总额迅速增长，成为经济增长的重要动力。在"十二五"规划纲要中，有 28 个省份制定了城镇居民人均可支配收入和农村居民人均纯收入的增长目标，其中有 16 个省份明确规定了"十二五"规划期末城镇居民人均可支配收入和农村居民人均纯收入的目标值，有 25 个省份明确规定了"十二五"规划期间城镇居民人均可支配收入和农村居民人均纯收入的年均增速，最高的是山西和海南，目标年均增速均为 13%，大多数省份把增速目标定位在高于 10%。"十二五"规划前两年，大多数省份的城乡居民收入实现了高速增长，但低于地区生产总值的增长速度。在制定城乡居民收入增长目标的省份中，大多数省份的城镇居民人均可支配收入增长没有完成规划目标的时序进度要求，但是农村居民人均纯收入增长没有完成规划目标时序进度要求的省份比较少，具体情况如表 1 - 8 和表 1 - 9 所示。

表 1 - 8 全国 31 个省、市、区"十二五"规划城镇居民人均可支配收入目标及中期完成情况

序 号	地 区	"十二五"期末目标值		2010 年	2011 年		2012 年		前两年情况	
		规模（元）	年均增速（%）	规模（元）	规模（元）	增速（%）	规模（元）	增速（%）	平均增速（%）	完成率（%）
1	北 京	—	8.0	29073	32903	7.1	36469	7.3	7.2	98.6
2	天 津	—	10.0	24293	26921	5.7	29626	7.1	6.4	93.6
3	河 北	24300	8.5	16263	18292	6.4	20543	9.5	7.9	98.9
4	山 西	30000	13.0	15648	18124	10.1	20412	9.9	10.0	94.7
5	内蒙古	31200	12.0	17698	20408	9.2	23150	10.0	9.6	95.8
6	辽 宁	29800	11.0	17713	20467	9.9	23223	10.3	10.1	98.4
7	吉 林	27160	12.0	15411	17797	9.7	20208	10.8	10.3	96.9
8	黑龙江	—	12.0	13857	15696	7.0	17760	9.7	8.3	93.6
9	上 海	—	8.0	31838	36230	8.2	40188	7.9	8.0	100.1
10	江 苏	—	10.0	22944	26341	9.0	29677	9.4	9.4	98.9
11	浙 江	—	8.5	27359	30971	7.4	34550	9.2	8.3	99.6

续表

序 号	地 区	"十二五"期末目标值		2010 年	2011 年		2012 年		前两年情况	
		规模（元）	年均增速（%）	规模（元）	规模（元）	增速（%）	规模（元）	增速（%）	平均增速（%）	完成率（%）
12	安 徽	31576	10.0	15788	18606	11.6	21024	10.5	11.1	101.9
13	福 建	—	11.0	21781	24907	8.6	28055	10.0	9.3	97.0
14	江 西	2600	11.0	15481	17495	7.4	19860	10.5	8.9	96.3
15	山 东	—	10.0	19946	22792	8.8	25755	10.7	9.7	99.5
16	河 南	24460	9.0	15930	18195	8.1	20443	9.6	8.8	99.7
17	湖 北	—	10.0	16058	18374	8.2	20840	10.2	9.2	98.5
18	湖 南	—	10.0	16566	18844	7.8	21319	10.9	9.3	98.8
19	广 东	35100	8.0	23898	26897	6.9	30227	9.3	8.1	100.1
20	广 西	27480	10.0	17064	18854	4.3	21243	9.1	6.7	94.1
21	海 南	28700	13.0	15581	18369	11.2	20918	10.3	10.7	96.0
22	重 庆	31000	—	17532	20250	9.7	22968	10.6	10.1	96.7
23	四 川	27300	—	15461	17899	9.9	20307	10.6	10.3	96.9
24	贵 州	—	10.0	14143	16495	10.9	18701	10.4	10.6	101.2
25	云 南	—	10.0	16065	18576	10.3	21075	10.4	10.4	100.6
26	西 藏	21500	7.5	14980	16196	3.0	18028	7.5	5.2	95.8
27	陕 西	30000	—	15695	18245	10.0	20734	10.6	10.3	93.6
28	甘 肃	23100	12.0	13189	14989	7.4	17157	11.5	9.4	95.4
29	青 海	—		13855	15603	6.1	17566	9.2	7.7	—
30	宁 夏	—		15344	17579	7.7	19831	10.6	9.1	—
31	新 疆	—		13644	15514	7.3	17921	11.3	9.3	—

注：2010 年、2011 年、2012 年规模值为当年价核算，"十二五"期末目标值按 2010 年不变价计算，各年增速为实际增长速度，剔除物价变化影响。

数据来源："十二五"期末目标值摘自各省份"十二五"规划纲要，具体见参考文献，2010 年、2011 年、2012 年数据摘自历年《中国统计年鉴》。

表 1-9　全国 31 个省、市、区"十二五"规划农村居民人均纯收入目标及中期完成情况

序号	地区单位	"十二五"期末目标值		2010 年	2011 年		2012 年		前两年情况	
		规模（元）	年均增速（%）	规模（元）	规模（元）	增速（%）	规模（元）	增速（%）	平均增速（%）	完成率（%）
1	北 京	—	8.0	13262	14736	5.2	16476	8.3	6.7	97.6
2	天 津	—	10.0	10075	12321	16.6	14026	10.8	13.7	106.8
3	河 北	8200	8.5	5958	7120	13.1	8081	10.6	11.8	106.3
4	山 西	9000	13.0	4736	5601	12.4	6357	10.7	11.6	97.5
5	内蒙古	9800	12.0	5530	6642	13.8	7611	11.2	12.4	100.8
6	辽 宁	11100	10.0	6908	8297	14.2	9384	10.0	12.1	103.8
7	吉 林	10992	12.0	6237	7510	14.4	8598	11.7	13.0	101.9
8	黑龙江	—	12.0	6211	7591	15.5	8604	9.9	12.6	101.1

序号	地区单位	"十二五"期末目标值		2010 年	2011 年		2012 年		前两年情况	
		规模（元）	年均增速（%）	规模（元）	规模（元）	增速（%）	规模（元）	增速（%）	平均增速（%）	完成率（%）
9	上 海	—	8.0	13978	16054	9.2	17804	7.8	8.5	101.0
10	江 苏	—	10.0	9118	10805	12.5	12202	10.1	11.3	102.4
11	浙 江	17400	9.0	11303	13071	9.7	14552	9.0	9.3	100.6
12	安 徽	10570	10.0	5285	6232	11.7	7160	12.4	12.0	103.7
13	福 建	—	11.0	7427	8779	12.3	9967	10.8	11.6	101.0
14	江 西	10000	11.0	5789	6892	13.1	7829	10.6	11.8	101.5
15	山 东	—	10.0	6990	8342	13.6	9447	10.9	12.3	104.2
16	河 南	8460	9.0	5524	6604	13.2	7525	11.1	12.1	105.9
17	湖 北	—	10.0	5832	6898	11.8	7852	10.6	11.2	102.2
18	湖 南	—	10.0	5622	6567	10.7	7440	11.1	10.9	101.6
19	广 东	11600	8.0	7890	9372	12.8	10543	9.4	11.1	105.8
20	广 西	7655	11.0	4543	5231	8.7	6008	11.2	10.0	98.2
21	海 南	9720	13.0	5275	6446	15.2	7408	11.4	13.3	100.5
22	重 庆	12000	—	5277	6480	16.6	7383	11.1	13.8	93.0
23	四 川	9000	—	5087	6129	14.4	7001	11.4	12.9	101.6
24	贵 州	—	10.0	3472	4145	13.6	4753	11.6	12.6	104.8
25	云 南	—	10.0	3952	4722	14.0	5417	11.7	12.8	105.2
26	西 藏	7625	13.0	4139	4904	12.9	5719	12.7	12.8	99.6
27	陕 西	8000	—	4105	5028	15.9	5763	11.5	13.7	99.4
28	甘 肃	5830	12.0	3425	3909	7.8	4507	12.3	10.0	96.5
29	青 海	—	—	3863	4608	12.4	5364	12.9	12.7	—
30	宁 夏	—	—	4675	5410	8.8	6180	12.0	10.4	—
31	新 疆	—	—	4643	5442	10.6	6394	13.2	11.9	—

注：2010 年、2011 年、2012 年规模值为当年价核算，"十二五"期末目标值按 2010 年不变价计算，各年增速为实际增长速度，剔除物价变化影响。

数据来源："十二五"期末目标值摘自各省份"十二五"规划纲要，具体见参考文献，2010 年、2011 年、2012 年数据摘自历年《中国统计年鉴》。

从 2012 年各省份城镇居民人均可支配收入的规模来看，上海最高，超过 4 万元，其次是北京、浙江和广东，都超过 3 万元，不足 2 万元的有黑龙江、江西和其他 6 个西部省份。从增长速度来看，2011～2012 年大部分省份城镇居民人均可支配收入保持了比较高的增速，有 5 个省份两年增速都超过 10%，2012 年有 18 个省份的增速超过 10%。从两年增速变化来看，2012 年增速普遍有所提高，26 个省份的城镇居民人均可支配收入增速高于 2011 年，广西、西藏和甘肃等省份的提升幅度比较大。从城镇居民人均可支配收入两年增长来看，安徽的平均实际增速最高，达到 11.1%，另外 9 个省份的平均增速超过10%，但西藏、广西和天津 3 个省份的平均增速低于 7%，与地区生产总值增速相比，差距非常大。从区域比较来看，中西部地区省份的城镇居民人均可支配收入增速普遍比较高，东部发达省份的增速相对比较低，居民收入分配的区域差距有相对缩小的迹象。

从2012年各省份农村居民人均纯收入的规模来看，有6个省份超过1万元。从增长速度来看，2011~2012年大部分省份农村居民人均纯收入保持了比较高的增速，2011年有25个省份的增速超过10%，2012年有26个省份增速超过10%。但从两年增速变化来看，2012年增速普遍有所下降，23个省份的农村居民人均纯收入增速低于2011年，其中天津、黑龙江和重庆等省份的下降幅度比较大。从农村居民人均纯收入两年增长来看，重庆、天津、陕西、海南和吉林的平均实际增速最高，超过13%，另外11个省份的平均增速超过12%，北京、上海和浙江3个省份的平均增速低于10%。

从规划目标的中期完成情况来看，有明确城乡居民收入增速目标的28个省份中，只有5个省份的城镇居民人均可支配收入达到了"十二五"规划目标的时序进度要求，其他23个省份都没有达到进度目标的要求，但完成率都超过90%。有21个省份的农村居民人均纯收入达到了"十二五"规划目标的时序进度要求，没有达到目标的7个省份大多数是西部省份，但完成率都超过90%。

在"十二五"规划纲要中，有18个省份制定了全社会消费品零售总额的增长目标，其中有12个省份明确规定了"十二五"规划期末的目标值，有16个省份明确规定了"十二五"规划期间的年均增速，最高的是河北、内蒙古、山西和安徽，目标年均增速都为18%，其他省份也都把增速目标定位在高于10%。"十二五"规划前两年，大多数省份的全社会消费品零售总额实现了高速增长，在制定全社会消费品零售总额增长目标的省份中，多数省份基本完成了规划目标的时序进度要求，具体情况如表1-10所示。

表1-10 全国31个省、市、区"十二五"规划全社会消费品零售总额目标及中期完成情况

序　号	地　区	"十二五"期末目标值		2010年	2011年		2012年		前两年情况	
		规模（亿元）	年均增速（%）	规模（亿元）	规模（亿元）	增速（%）	规模（亿元）	增速（%）	平均增速（%）	完成率（%）
1	北　京	10000	10.0	6229	6900	10.8	7703	11.6	11.2	102.2
2	天　津	—	—	2903	3395	17.0	3921	15.5	16.2	—
3	河　北	15400	18.0	6822	8036	17.8	9254	15.2	16.5	97.4
4	山　西	—	18.0	3318	3903	17.6	4507	15.5	16.5	97.5
5	内蒙古	7630	18.0	3384	3992	18.0	4573	14.6	16.2	97.0
6	辽　宁	—	—	6888	8095	17.5	9347	15.5	16.5	—
7	吉　林	7403	15.0	3505	4120	17.5	4773	15.9	16.7	103.0
8	黑龙江	—	15.0	4039	4750	17.6	5491	15.6	16.6	102.8
9	上　海	10000	15.0	6071	6815	12.3	7412	8.8	10.5	92.3
10	江　苏	28000	16.0	13607	15988	17.5	18331	14.7	16.1	100.1
11	浙　江	—	—	10245	12028	17.4	13588	13.0	15.2	—
12	安　徽	9500	18.0	4198	4955	18.0	5737	15.8	16.9	98.1

续表

序 号	地 区	"十二五"期末目标值		2010 年	2011 年		2012 年		前两年情况	
		规模（亿元）	年均增速（%）	规模（亿元）	规模（亿元）	增速（%）	规模（亿元）	增速（%）	平均增速（%）	完成率（%）
13	福 建	—	14.0	5310	6276	18.2	7257	15.6	16.9	105.2
14	江 西	6200	16.0	2956	3485	17.9	4027	15.6	16.7	101.2
15	山 东	—	15.0	14620	17155	17.3	19652	14.6	15.9	101.6
16	河 南	—	—	8004	9454	18.1	10916	15.5	16.8	—
17	湖 北			7014	8275	18.0	9563	15.6	16.8	
18	湖 南			5840	6885	17.9	7922	15.1	16.5	
19	广 东	35000		17458	20298	16.3	22677	11.7	14.0	98.2
20	广 西	6580	15.0	3312	3908	18.0	4517	15.6	16.8	103.1
21	海 南	—	—	639	760	18.8	871	14.7	16.7	—
22	重 庆	6000		2939	3488	18.7	4034	15.7	17.2	103.8
23	四 川	—		6810	8045	18.1	9269	15.2	16.7	
24	贵 州		17.0	1483	1752	18.1	2028	15.8	16.9	99.9
25	云 南	—	16.0	2500	3000	20.0	3512	17.1	18.5	104.4
26	西 藏			185	219	18.2	255	16.3	17.2	
27	陕 西	—		3196	3790	18.6	4384	15.7	17.1	
28	甘 肃	3100	17.5	1395	1648	18.2	1907	15.7	16.9	99.0
29	青 海	—	—	351	410	17.0	476	16.0	16.5	—
30	宁 夏			404	478	18.3	549	14.9	16.6	
31	新 疆			1375	1616	17.5	1859	15.0	16.3	

注：2010 年、2011 年、2012 年规模值为当年价核算，各年增速为名义增长速度，没有剔除物价变化影响。

数据来源："十二五"期末目标值摘自各省份"十二五"规划纲要，具体见参考文献，2010 年、2011 年、2012 年数据摘自历年《中国统计年鉴》。

从 2012 年各省份全社会消费品零售总额的规模来看，只有广东超过 2 万亿元，另外山东、江苏、浙江和河南四个省份超过 1 万亿元。从全社会消费品零售总额的增长速度来看，2011～2012 年大部分省份保持了比较高的增速，所有省份的名义增速都超过 10%，但超过 20% 的省份比较少。从两年增速变化来看，2012 年全社会消费品零售总额增速普遍下降，只有北京的增速提高了 0.8 个百分点，其他 30 个省份的增速都有较大幅度的下降，下降幅度最大的是浙江、广东和海南，超过 4 个百分点。从全社会消费品零售总额两年增长来看，云南的平均增速最高，达到 18.5%，北京和上海较低，分别只有 11.2% 和 10.5%。

从规划目标的中期完成情况来看，有明确的全社会消费品零售总额增速目标的 18 个省份中，有 10 个省份达到了"十二五"规划目标的时序进度要求，其他 8 个省份未达到进度目标的要求，但完成率都超过 90%。

三 "十二五"中期全国各省、市、区经济增长的特点及趋势

1. 经济高速增长的态势继续保持

尽管受到国际金融危机和欧债危机的影响，但各地经济在"保增长"的政策组合刺激下，依然保持了高速增长的态势，整体经济向好，为企业发展打造了良好的发展环境，也为稳定就业、提高居民收入、改善民生保障奠定了良好的基础。表1-11反映了"十一五"和"十二五"期间各省、市、区经济增速的比较情况。

表1-11 "十一五"和"十二五"中期各省、市、区经济增速比较

单位：%

地 区	2006年	2007年	2008年	2009年	2010年	"十一五"平均增速	2011年	2012年	2011~2012年平均增速
北 京	13.0	14.5	9.1	10.2	10.3	11.4	8.1	7.7	7.9
天 津	14.7	15.5	16.5	16.5	17.4	16.1	16.4	13.8	15.1
河 北	13.4	12.8	10.1	10.0	12.2	11.7	11.3	9.6	10.5
山 西	12.8	15.9	8.5	5.4	13.9	11.2	13.0	10.1	11.6
内蒙古	19.1	19.2	17.8	16.9	15.0	17.6	14.3	11.5	12.9
辽 宁	14.2	15.0	13.4	13.1	14.2	14.0	12.2	9.5	10.9
吉 林	15.0	16.1	16.0	13.6	13.8	14.9	13.8	12.0	12.9
黑龙江	12.1	12.0	11.8	11.4	12.7	12.0	12.3	10.0	11.2
上 海	12.7	15.2	9.7	8.2	10.3	11.2	8.2	7.5	7.8
江 苏	14.9	14.9	12.7	12.4	12.7	13.5	11.0	10.1	10.6
浙 江	13.9	14.7	10.1	8.9	11.9	11.9	9.0	8.0	8.5
安 徽	12.5	14.2	12.7	12.9	14.6	13.4	13.5	12.1	12.8
福 建	14.8	15.2	13.0	12.3	13.9	13.8	12.3	11.4	11.9
江 西	12.3	13.2	13.2	13.1	14.0	13.2	12.5	11.0	11.7
山 东	14.7	14.2	12.0	12.2	12.3	13.1	10.9	9.8	10.3
河 南	14.4	14.6	12.1	10.9	12.5	12.9	11.9	10.1	11.0
湖 北	13.2	14.6	13.4	13.5	14.8	13.9	13.8	11.3	12.5
湖 南	12.8	15.0	13.9	13.7	14.6	14.0	12.8	11.3	12.0
广 东	14.8	14.9	10.4	9.7	12.4	12.4	10.0	8.2	9.1
广 西	13.6	15.1	12.8	13.9	14.2	13.9	12.3	11.3	11.8
海 南	13.2	15.8	10.3	11.7	16.0	13.4	12.0	9.1	10.6
重 庆	12.4	15.9	14.5	14.9	17.1	14.9	16.4	13.6	15.0
四 川	13.5	14.5	11.0	14.5	15.1	13.7	15.0	12.6	13.8
贵 州	12.8	14.8	11.3	11.4	12.8	12.6	15.0	13.6	14.3
云 南	11.6	12.2	10.6	12.1	12.3	11.8	13.7	13.0	13.3
西 藏	13.3	14.0	10.1	12.4	12.3	12.4	12.7	11.8	12.2

地 区	2006 年	2007 年	2008 年	2009 年	2010 年	"十一五"平均增速	2011 年	2012 年	2011～2012年平均增速
陕　西	13.9	15.8	16.4	13.6	14.6	14.9	13.9	12.9	13.4
甘　肃	11.5	12.3	10.1	10.3	11.8	11.2	12.5	12.6	12.5
青　海	13.3	13.5	13.5	10.1	15.3	13.1	13.5	12.3	12.9
宁　夏	12.7	12.7	12.6	11.9	13.5	12.7	12.1	11.5	11.8
新　疆	11.0	12.2	11.0	8.1	10.6	10.6	12.0	12.0	12.0

注：各年增速为实际增长速度，剔除物价变化影响。
数据来源：历年《中国统计年鉴》。

从各省份经济增速来看，总体上延续了"十一五"期间高速增长的态势。"十一五"期间，全国31个省份经济年均增速都超过10%，最高的是内蒙古，其次是天津，分别达到了17.6%和16.1%的年均增速。"十二五"期间，各地经济仍然保持较高的增长速度，但相比而言，总体有所下降，天津和重庆成为增速最高的两个省份，都超过了15%，其他省份中，除了北京、上海、浙江和广东较为发达的省份，其他省份的经济增速也都超过10%。2010～2012年，受到国际经济环境变化的影响，适应国内经济结构调整的内在要求，我国经济发展所面临的形势发生了较大的变化，经济增长速度有所下降，将告别过去较长一段时期以来的高速增长，进入一个经济增长调整时期，开始中高速度的增长时期。但从各省份经济增长的表现来看，虽然受到了一定的影响，但仍然处于重要的战略机遇期，各地经济仍然有机会保持较高速度增长的态势。

东部地区由于开放比较早，具有较多的政策优势，打下较好的发展基础，整体发展水平高于中西部。近年来，随着中西部地区全面开放，开发政策普及，加上资源和人力优势，中西部地区经济增速普遍高于东部地区，成为地区经济增长的重要特征。中西部地区保持更高的增长速度，一方面是由于前期基础薄弱，固定资产投资增速更高，投资对经济增长的促进作用更明显；另一方面是由于大范围的产业转移，东部地区普遍面临"用工荒"，劳动力和资源成本快速上涨，导致大量资源密集型和劳动密集型企业向中西部地区迁移。目前东西部地区经济还存在较大差距，这个差距缩小的过程，就是中西部地区经济持续高速增长的潜力所在。

当前，我国正处在工业化和城市化进程加快推进的关键时期，部分省份开始进入后工业化时期，但仍然有很多地区的工业化过程还未结束，各地的产业升级大有可为，战略型新兴产业和高新技术产业方兴未艾，推进新型工业化、信息化还有巨大的发展空间，全面建成小康社会的任务还比较艰巨。另外，我国的城镇化还不彻底，虽然2012年我国城镇化率达到52.57%，每年提升的幅度较大，但仍然有很大的提升空间。而且现有的城镇化率是根据常住人口计算，大量进城务工的农民工并没有真正融入城市，特别是他们的住房和社会保障没有得到有效解决，各地城市的基础设施建设和社会事业发展都还跟不上城镇化进程要求，许多公共品或准公共品的供给还处于严重短缺状态。城镇化已经成为我国的重要发展战略，有序推进农业转移人口市民化，走集约化、信息化、低碳化的新型城镇化道路,是我国经济发展的巨大潜力所在。

2. 以投资驱动为主的格局依旧

国家"十二五"规划纲要提出,要"调整优化投资结构。发挥投资对扩大内需的重要作用,保持投资合理增长,完善投资体制机制,明确界定政府投资范围,规范国有企业投资行为,鼓励扩大民间投资,有效遏制盲目扩张和重复建设,促进投资消费良性互动,把扩大投资和增加就业、改善民生有机结合起来,创造最终需求"。各地"十二五"规划纲要也都提到了扩大投资,通过安排重大项目、扩大投资来促进经济增长。在国际市场疲软、外部需求不足的背景下,各地为了保持经济的高速增长,纷纷启用扩大内需的积极政策,在消费需求增长不太明显的情况下,借助投资拉动经济成为各地促进经济发展的首选。表1-12反映了各省份"十一五"和"十二五"期间的消费率和投资率比较情况。

表1-12 "十一五"和"十二五"中期各省、市、区消费率和投资率比较

地　区	最终消费率(%)				资本形成率(%)				投资率(%)		
	2006年	2010年	2011年	2012年	2006年	2010年	2011年	2012年	2010年	2011年	2012年
北　京	53.4	56.0	58.4	59.6	50.5	43.2	41.1	41.4	38.3	34.3	34.2
天　津	40.4	38.3	37.9	37.8	54.2	75.1	76.0	76.4	68.1	62.5	61.5
河　北	42.8	40.8	39.3	41.7	47.2	54.1	56.7	57.4	74.0	66.9	74.0
山　西	47.1	43.8	43.3	45.5	54.2	68.9	64.5	67.9	65.9	62.9	73.2
内　蒙　古	43.7	39.5	38.5	39.3	72.3	77.3	76.7	84.6	76.5	72.2	74.8
辽　宁	44.6	40.5	39.9	40.5	54.1	62.0	62.7	62.4	86.9	79.8	87.9
吉　林	43.1	41.1	39.6	38.9	57.9	78.8	73.5	72.0	90.8	70.4	79.7
黑　龙　江	47.8	53.1	52.4	53.0	37.7	54.3	54.7	59.5	65.7	59.4	70.8
上　海	49.0	54.9	56.4	57.1	45.9	43.2	40.3	38.0	29.8	25.8	25.4
江　苏	41.6	41.6	42.0	42.0	49.3	51.1	51.0	50.4	56.0	54.4	57.1
浙　江	47.2	45.7	46.5	47.6	46.4	46.7	45.6	44.6	44.6	43.9	50.9
安　徽	55.1	50.3	49.7	49.0	45.3	49.9	50.5	51.5	93.4	81.4	89.6
福　建	48.6	42.2	40.7	40.0	46.9	54.2	56.2	57.4	55.6	56.4	63.1
江　西	50.8	47.5	47.8	48.8	50.4	51.4	51.2	50.3	92.8	77.7	83.2
山　东	43.1	39.1	39.9	41.1	49.1	54.9	55.0	55.1	59.4	59.0	62.5
河　南	49.7	44.2	43.8	45.1	50.8	69.2	71.2	74.5	71.8	66.0	72.5
湖　北	56.7	45.7	44.4	44.1	47.4	52.6	54.7	55.4	64.3	64.0	70.0
湖　南	60.9	47.4	46.2	45.9	42.5	54.7	55.5	56.4	60.3	60.4	65.6
广　东	49.2	46.7	49.0	51.3	36.7	39.2	39.5	40.1	34.0	32.1	32.9
广　西	58.1	50.7	47.8	50.0	46.8	82.4	85.2	84.9	73.7	68.2	75.2
海　南	52.0	46.2	46.8	48.5	47.2	57.4	59.3	70.4	63.8	65.7	75.1
重　庆	57.4	48.1	46.4	47.3	61.9	57.7	57.5	55.6	84.4	74.6	76.6
四　川	55.9	50.1	49.6	50.0	48.1	53.6	52.6	52.3	76.3	67.6	71.4
贵　州	80.0	62.7	60.3	57.7	51.5	56.0	56.6	60.8	67.0	74.3	83.4
云　南	65.3	59.4	59.3	61.2	59.0	77.2	80.3	83.2	76.5	69.6	76.0
西　藏	51.5	64.3	61.6	64.6	82.9	111.4	89.6	101.1	91.2	85.2	95.6

续表

地　区	最终消费率（%）				资本形成率（%）				投资率（%）		
	2006 年	2010 年	2011 年	2012 年	2006 年	2010 年	2011 年	2012 年	2010 年	2011 年	2012 年
陕　西	41.4	45.3	44.5	44.2	61.9	67.5	67.8	68.6	78.7	75.4	83.3
甘　肃	61.0	59.1	59.1	58.9	47.9	56.9	57.2	58.4	76.6	79.0	91.1
青　海	66.0	53.0	51.5	52.7	66.7	80.5	83.8	90.8	75.3	85.9	99.5
宁　夏	64.0	48.8	48.5	50.6	74.4	92.5	83.5	89.1	85.5	78.2	89.6
新　疆	52.0	52.7	53.2	56.8	63.5	62.0	63.0	77.2	63.0	70.1	82.1

数据来源：最终消费率和资本形成率摘自历年《中国统计年鉴》，投资率由固定资产投资除以地区生产总值得到。

从最终消费率来看，2012 年最高的是西藏和云南，都超过了 60%，北京等 11 个省份的消费率为 50%～59%，其他 18 个省份都没有超过 50%。与 2010 年相比，广东等 16 个省份的消费率有所提高，而贵州等 15 个省份的消费率有不同程度的下降。与 2006 年相比，消费率提高的只有 9 个省份，下降的则有 22 个之多，特别是重庆、湖北、青海、宁夏、湖南和贵州 6 个省份的消费率下降幅度都超过 10 个百分点，消费对经济增长的拉动作用进一步减弱。从资本形成率来看，2012 年有 15 个省份超过 60%，低于 50% 的只有北京、上海、浙江和广东。与 2010 年相比，新疆等 20 个省份的资本形成率有所提高，而且提升幅度比较大，西藏等 11 个省份的投资率有不同程度的下降。与 2006 年相比，资本形成率提高的有 26 个省份，大多数省份的提升幅度比较大，只有北京、上海、浙江、江西和重庆 5 个省份有所下降，下降的幅度比较小。从投资率来看，中西部省份固定资产投资占 GDP 比重都很高，有 22 个省份的投资率超过 70%，其中西藏、青海和甘肃超过 90%。东部较发达省份的投资率比较低，北京、上海和广东的投资率都不足 40%。

总体来看，"十一五"和"十二五"期间大部分省份的消费率处于下降趋势，而投资率处于上升趋势，特别是西部省份的变化明显，这说明当前经济增长的动力当中，消费拉动的作用逐渐减弱，投资驱动的作用越来越明显。这些投资又有相当一部分是政府性投资，主要由财政或政府融资平台借贷投资，投资领域又以公共基础设施为主，短期对经济增长的刺激作用比较明显，从长期来看，容易造成地方债务压力过大和金融体系不稳定，一些行业的过度投资造成产业过剩，降低了资本利用效率，也不利于形成消费、投资和出口协调拉动经济增长的良好机制，不利于经济发展方式的转型。

3. 产业结构调整的难度依然较大

国家"十二五"规划纲要提出，要"坚持把经济结构战略性调整作为加快转变经济发展方式的主攻方向。构建扩大内需长效机制，促进经济增长向依靠消费、投资、出口协调拉动转变。加强农业基础地位，提升制造业核心竞争力，发展战略性新兴产业，加快发展服务业，促进经济增长向依靠第一、第二、第三产业协同带动转变"。转变发展方式和调整经济结构是"十二五"时期的主要目标，各地"十二五"规划纲要也都提出要加大调整产业结构力度，促进产业加快升级，提升高技术产业和服务业在国民经济中的比重。但在当前投资驱动为主的背景下，大量投资又集中在工业和交通等基础设施，三次产业增加值比重的变化与"十二五"规划纲要的目标还存在一定的差距，各省份第二产业和第三产业增加值比重的变化如表1-13所示。

表1-13　"十一五"和"十二五"中期各省、市、区产业结构比较

地　区	第二产业增加值比重（%）				第三产业增加值比重（%）			
	2006 年	2010 年	2011 年	2012 年	2006 年	2010 年	2011 年	2012 年
北　京	27.8	24.0	23.1	22.7	70.9	75.1	76.1	76.5
天　津	57.1	52.5	52.4	51.7	40.2	46.0	46.2	47.0
河　北	52.4	52.5	53.5	52.7	33.8	34.9	34.6	35.3
山　西	57.8	56.9	59.0	55.6	36.4	37.1	35.5	38.7
内蒙古	48.6	54.6	56.0	55.4	37.8	36.1	34.9	35.5
辽　宁	51.1	54.1	54.7	53.2	38.3	37.1	36.7	38.1
吉　林	44.8	52.0	53.1	53.4	39.5	35.9	34.8	34.8
黑龙江	54.4	50.2	50.3	44.1	33.7	37.2	36.2	40.5
上　海	48.5	42.1	41.3	38.9	50.6	57.3	58.0	60.4
江　苏	56.6	52.5	51.3	50.2	36.3	41.4	42.4	43.5
浙　江	54.0	51.6	51.2	50.0	40.1	43.5	43.9	45.2
安　徽	43.1	52.1	54.3	54.6	40.2	33.9	32.5	32.7
福　建	49.1	51.0	51.6	51.7	39.1	39.7	39.2	39.3
江　西	49.7	54.2	54.6	53.6	33.5	33.0	33.5	34.6
山　东	57.7	54.2	52.9	51.5	32.6	36.6	38.3	40.0
河　南	53.8	57.3	57.3	56.3	29.8	28.6	29.7	30.9
湖　北	44.4	48.6	50.0	50.3	40.6	37.9	36.9	36.9
湖　南	41.6	45.8	47.6	47.4	40.8	39.7	38.3	39.0
广　东	51.3	50.0	49.7	48.5	42.7	45.0	45.3	46.5
广　西	38.9	47.1	48.4	47.9	39.7	35.4	34.1	35.4
海　南	27.4	27.7	28.3	28.2	39.9	46.2	45.5	46.9
重　庆	43.0	55.0	55.5	52.4	44.8	36.4	36.2	39.4
四　川	43.7	50.5	52.5	51.7	37.8	35.1	33.4	34.5
贵　州	43.0	39.1	38.5	39.1	39.8	47.3	48.8	47.9
云　南	42.8	44.6	42.5	42.9	38.5	40.0	41.6	41.1
西　藏	27.5	32.3	34.5	34.6	55.0	54.2	53.2	53.9
陕　西	53.9	53.8	55.4	55.9	35.3	36.4	34.8	34.7
甘　肃	45.8	48.2	47.4	46.0	39.5	37.3	39.1	40.2
青　海	51.6	55.1	58.4	57.7	37.5	34.9	32.3	33.0
宁　夏	49.2	49.0	50.2	49.5	39.6	41.6	41.0	42.0
新　疆	48.0	47.7	48.8	46.4	34.7	32.5	34.0	36.0

数据来源：历年《中国统计年鉴》。

从产业结构及其变化来看，2012年有18个省份的第二产业增加值比重超过50%，只有北京、上海、海南、贵州和西藏5个省份的比重低于40%，与2010年相比，有14个省份的比重增加，其中青海、安徽、西藏和陕西的增幅都超过2个百分点，增加的大多数是

中西部省份；有16个省份的比重下降，其中甘肃、江苏、重庆、山东、上海和黑龙江6个省份的比重下降幅度都超过2个百分点。与2006年相比，有20个省份的第二产业增加值增加，其中安徽的增幅超过11个百分点，重庆和广西的比重增幅超过9个百分点。

2012年第三产业增加值比重超过50%的只有北京、上海和西藏，40%~49%的有11个省份，与2010年相比，有21个省份的比重上升，其中新疆、山东、黑龙江、上海、重庆的上升幅度超过3个百分点；有10个省份的第三产业增加值比重下降，其中下降幅度比较大的是青海、陕西和安徽。与2006年相比，有19个省份的比重上升，主要是东部较发达的省份，也有12个省份的比重下降，主要是中西部省份。

北京和上海等经济较为发达的东部省份，经济发展水平较高，大多已经完成了工业化过程，第二产业在经济中的比重开始下降，第三产业比重逐步提升。而大部分中部和西部省份的工业化进程正处在加快推进阶段，很多省份正处在工业化过程中，大量的投资进入工业领域，第二产业比重还将保持上升的趋势，短时间内难以改变这种变化趋势。这些省份第三产业比重的变化因各省份情况不同而有所不同，第三产业比重能够增加的原因主要是压缩第一产业的比重。产业结构调整难度较大，第一、第二、第三产业协同带动经济还未有效实现。

4. 城乡收入差距缩小，劳动报酬比重提高

国家"十二五"规划纲要提出，要"加快城乡居民收入增长。健全初次分配和再分配调节体系，合理调整国家、企业、个人分配关系，努力实现居民收入增长和经济发展同步、劳动报酬增长和劳动生产率提高同步，明显增加低收入者收入，持续扩大中等收入群体，努力扭转城乡、区域、行业和社会成员之间收入差距扩大趋势"，并且要"统筹城乡发展，积极稳妥推进城镇化，加快推进社会主义新农村建设，促进区域良性互动、协调发展"。各地"十二五"规划纲要也都提出要统筹城乡协调发展，提高居民收入，推进收入分配改革，缩小收入差距，加强社会民生保障，把提高居民幸福指数作为建成全面小康社会的重要内容。随着一系列惠民政策的出台和实施，各地城乡居民收入都有较大幅度的提高，城乡居民收入差距扩大的趋势得到遏制。表1-14反映了"十一五"和"十二五"期间各省、市、区城乡居民收入比和劳动报酬在国民收入中比重的变化。

表1-14 "十一五"和"十二五"中期各省、市、区城乡居民收入比较

地 区	城乡居民收入比				劳动者报酬在国民收入中比重（%）			
	2006年	2010年	2011年	2012年	2006年	2010年	2011年	2012年
北 京	2.41	2.19	2.23	2.21	44.43	49.03	49.18	50.91
天 津	2.29	2.41	2.18	2.11	31.73	38.55	38.72	39.09
河 北	2.71	2.73	2.57	2.54	38.68	55.31	50.98	51.39
山 西	3.15	3.30	3.24	3.21	36.12	39.54	41.61	43.91
内蒙古	3.10	3.20	3.07	3.04	40.74	43.58	43.46	43.83
辽 宁	2.54	2.56	2.47	2.47	42.49	48.66	46.20	46.52
吉 林	2.68	2.47	2.37	2.35	43.26	38.89	38.66	38.44
黑龙江	2.58	2.23	2.07	2.06	35.72	36.87	36.68	39.57

续表

地　区	城乡居民收入比				劳动者报酬在国民收入中比重（%）			
	2006 年	2010 年	2011 年	2012 年	2006 年	2010 年	2011 年	2012 年
上　海	2.26	2.28	2.26	2.26	36.24	39.28	40.16	41.57
江　苏	2.42	2.52	2.44	2.43	40.68	41.38	41.79	42.30
浙　江	2.49	2.42	2.37	2.37	40.31	38.92	40.80	42.07
安　徽	3.29	2.99	2.99	2.94	44.82	49.02	48.59	49.07
福　建	2.84	2.93	2.84	2.81	43.91	50.21	49.78	50.65
江　西	2.76	2.67	2.54	2.54	44.95	45.06	43.96	42.70
山　东	2.79	2.85	2.73	2.73	34.42	39.46	38.45	38.46
河　南	3.01	2.88	2.76	2.72	41.84	49.81	49.90	50.12
湖　北	2.87	2.75	2.66	2.65	41.46	42.76	48.05	48.60
湖　南	3.10	2.95	2.87	2.87	46.69	50.13	49.83	49.60
广　东	3.15	3.03	2.87	2.87	38.69	44.45	45.64	47.73
广　西	3.57	3.76	3.60	3.54	45.62	59.38	58.07	55.11
海　南	2.89	2.95	2.85	2.82	47.74	50.36	50.48	50.69
重　庆	4.03	3.32	3.12	3.11	46.94	49.23	49.25	49.78
四　川	3.11	3.04	2.92	2.90	45.45	47.07	44.62	44.14
贵　州	4.59	4.07	3.98	3.93	44.69	53.11	52.31	53.28
云　南	4.47	4.06	3.93	3.89	44.38	46.29	48.03	50.57
西　藏	3.67	3.62	3.30	3.15	52.82	64.12	63.46	64.27
陕　西	4.10	3.82	3.63	3.60	38.74	39.79	39.25	38.51
甘　肃	4.18	3.85	3.83	3.81	46.35	52.08	45.95	46.53
青　海	3.82	3.59	3.39	3.27	46.21	47.05	45.26	43.49
宁　夏	3.32	3.28	3.25	3.21	47.71	54.53	50.50	49.15
新　疆	3.24	2.94	2.85	2.80	44.61	52.03	50.61	53.02

数据来源：根据历年《中国统计年鉴》数据测算。

从城乡居民收入比值来看，2012 年有 11 个省份超过 3，以西部省份为主，最高的是贵州，达到 3.93。其他 20 个省份也都超过 2，其中北京、上海、天津和黑龙江比较低。与 2010 年相比，只有北京的城乡居民收入差距有所扩大，其他 30 个省份都有不同程度的下降，其中西藏、青海、天津三地差距缩小幅度比较明显，陕西、广西和重庆三地的差距缩小幅度也比较大，而东部经济发达地区，由于本身差距比较小，差距缩小的幅度也比较小。

从劳动者报酬占国民收入的比重来看，2012 年有 10 个省份的比重超过 50%，其中西藏最高，达到 64.27%，其他省份中，既有北京、河北和福建东部省份，也有广西、贵州和新疆等西部省份。另外 21 个比重不足 50% 的省份中，黑龙江、天津、陕西、山东和吉林的比重最低，都不足 40%。与 2010 年相比，有 19 个省份的比重上升，其中湖北、山西、云南、广东、浙江、黑龙江、上海和北京上升幅度比较大，另外 12 个省份的比重下降，大多数是中西部省份，其中江西、四川、青海、河北、广西、宁夏和甘肃等省份的比

重下降幅度比较大。

"十二五"规划期间，劳动者报酬在国民收入中比重有所提升，城乡居民收入得到较快提高，各地缩小城乡居民收入差距的成绩比较明显，但也有不少省份是相反的变化趋势。与表1－13对比来看，第二产业增加值比重比较高的省份，劳动者报酬占国民收入的比重都比较低；第二产业增加值比重提升比较明显的省份，劳动者报酬占国民收入的比重下降也比较快。因此，工业投资快速增长，第二产业在国民经济中的比重过快提升，不利于改善居民收入分配和缩小收入差距。只有加快转变经济发展方式，调整经济结构，切实提高劳动者收入，缩小收入差距，才能真正扩大消费需求，促进经济增长向内需拉动转型。

专题报告二
"十二五"中期全国各省、市、区
产业结构升级状况

产业结构作为国民经济结构中的核心内容与关键问题，体现了一国的比较优势和产业竞争力，直接影响着需求结构、经济产出、收入分配、就业和环境等方面，决定着一国的经济增长模式。① 随着当前国际竞争日趋激烈，以及国内资源环境对经济增长的约束日趋严峻，加快产业结构的调整与优化，切实转变经济发展方式，提升产业整体素质，成为新时期我国各省、市、区经济保持健康发展的必然选择。

在综合考虑国内外发展背景的情况下，2011年3月通过的中华人民共和国"十二五"规划纲要提出："坚持把经济结构战略性调整作为加快转变经济发展方式的主攻方向。……加强农业基础地位，提升制造业核心竞争力，发展战略性新兴产业，加快发展服务业，促进经济增长向依靠第一、第二、第三产业协同带动转变。"并明确提出了结构调整的目标："农业基础进一步巩固，工业结构继续优化，战略性新兴产业发展取得突破，服务业增加值占国内生产总值比重提高4个百分点。"全国各省、市、区综合考虑自身发展状况以及区域特点，提出了各自的"十二五"规划纲要，纷纷提出加快发展服务业、通过创新驱动发展战略新兴产业等一系列涉及产业结构调整的规划方案。本节通过对"十二五"中期以来我国以及各省、市、区产业结构调整优化的状况进行全面评估分析，客观认识我国经济发展方式转变过程中存的问题和困难，并适应形势的变化继续加快调整优化。

一 "十二五"中期全国各省、市、区产业结构调整面临的形势分析

"十二五"时期，国内外经济形势发生重大变化，全国各省、市、区不断调整、转换和升级产业结构，充分利用自身优势，促使生产要素实现最佳组合，以适应经济发展新形势对产业结构调整所提出的新要求，推动经济结构优化升级。

1. 经济全球化与新一轮技术革命推动全球产业结构的深刻调整

进入21世纪以来，随着生产全球化和投资自由化进程的逐步深入，资源配置以及产品生产和交换的全球化速度日益加快，使得一国的产业结构变动与全球产业发展和产业结

---

① 徐永利：《"金砖四国"产业结构比较研究》，河北大学博士学位论文，2010年12月，第36页。

构调整的相关性进一步加强，国际产业转移和区域间经济合作不断深化。发达国家依靠其具有新产品和高新技术的创新优势，在国际产业分工中占据了最有利的地位，主要从事高附加值和高科技含量产品的开发与生产，而将劳动密集型、能源消耗型、环境污染型的产品生产过程转移到发展中国家，从而出现了发达国家工业所占比重下降、发展中国家工业所占比重上升的情况，全球的工业化重心出现了向新型工业化国家转移的现象。[①] 这种产业转移尽管快速提升了发展中国家第二产业的比重，但使其在全球产业分工中处于不利地位。

　　近年来，由于知识经济的迅速崛起和以信息技术为代表的第三次产业革命的兴起，国际产业转移和国际产业分工进一步深化，全球的生产过程被进一步专业化，细分为研发、生产、设计、供应和营销，国际分工也由产业内分工逐渐发展到全球范围内的产品内分工。[②] 需要看到的是，发达国家不仅继续向发展中国家转移劳动密集型和一些资本、技术密集产业，甚至开始向一些发展中国家转移高新技术的研发和高技术产品的生产工序。换言之，当前的国际产业转移已进入了劳动密集型、技术密集型和资本密集型产业转移并存的阶段。高级化和多元化的产业转移共同构成了国际产业转移的新格局。[③] 因此，我们应把握这一机遇，积极参与国际经济合作，积极调整产业结构，承接产品研发设计等高端产业链，从而提升我国的产业竞争力，在更高层次上参与全球分工。

2. 国际金融危机促使科技创新与新兴产业的加快发展

　　国际金融危机爆发以来，鉴于世界政治经济格局出现的新变化，世界主要发达国家都把科技创新作为重塑竞争优势和摆脱经济危机的重要手段。后危机时期，发达国家逐步加大了对科技的创新投入，推动了科技创新步伐的加快。同时，为将科技创新优势迅速转化为经济竞争优势，主要发达国家都把突破核心关键技术、推动战略性新兴产业发展，作为培育新的经济增长点、加快转变经济发展方式、抢占世界经济战略制高点的重大战略部署，都将产业政策重点聚焦于推动新一代信息技术、新能源、生物、新材料、航空航天、海洋、节能环保等新兴产业的发展[④]；并进一步加快了对新兴技术和产业发展的布局，大力发展新技术和培育新产业，试图以此创造新的经济增长点，走出危机。

　　历史经验表明，每一次重大的技术变革和产业调整都为后发国家成功实现赶超提供了机遇。此次发达国家的创新推动了一系列新兴产业的发展，也为我国发展这些产业创造了更广阔的机会，为此，我国应充分利用现有的制造业基础优势，加大科技投入，坚持自主创新，促进第二产业实现技术升级，以重大技术突破和重大发展需求为基础，促进新兴科技与新兴产业深度融合，率先在某些产业领域迎头赶上发达国家。同时，在继续做大做强

① 郭连成、杨宏、王鑫：《全球产业结构变动与俄罗斯产业结构调整和产业发展》，《俄罗斯中亚东欧研究》2012年第6期，第36～43页。

② 郭连成、徐雅雯、王鑫：《国际产业转移与美国和欧盟产业结构调整》，《财经问题研究》2012年第10期，第97～103页。

③ 郭连成、徐雅雯、王鑫：《国际产业转移与美国和欧盟产业结构调整》，《财经问题研究》2012年第10期，第97～103页。

④ 吕铁：《第三次工业革命对我国制造业提出巨大挑战》，《求是》2013年第6期。

高技术产业基础上，把战略性新兴产业培育发展成为先导性、支柱性产业，推进产业结构优化升级。

3. 经济发展方式加快转变要求国内产业结构的调整与转型

多年来产业部门之间的不协调，使得我国产业结构矛盾突出。一方面，严重依赖重化工业快速扩张来带动经济的增长方式使得资源、环境难以承载；另一方面，过度依靠外贸拉动经济增长，并且过度集中于一般加工制造环节的出口生产模式，使得我国处于全球产业链的低端，不仅造成了资源浪费、环境污染，而且由于国内加工制造环节的过度竞争而形成了产能过剩。再加上，第三产业发展滞后导致剩余劳动力没有得到充分吸收与转移。这一系列产业结构问题导致我国的经济发展方式呈现出粗放、不可持续发展的特点。此次，国际金融危机对我国经济形成了巨大冲击，尤其是实体部门与外贸部门。为应对危机，我国采取的是以强化投资带动重化工业为主的产业结构调整思路，这一调整方式促进了短期的经济增长，但造成了产能过剩与经济增长的资源环境约束进一步强化。这就意味着过去以消耗资源、破坏环境为代价，过分依赖投资、依靠外需来带动经济粗放式增长的发展方式已不可再持续。转变经济发展方式、调整经济结构刻不容缓。

调整产业结构是转变发展方式的核心与关键。多数学者的研究结果表明，第二产业（主要是工业）相对于第一、第三产业而言，对资源和能源的依赖性较强，对环境的污染较为严重，而当前我国正处于工业化快速发展阶段。为此，应当将资源环境压力转化为科技创新的动力，以高新技术来加快改造提升传统产业，快速推动战略性新兴产业的发展，提高服务业产值和就业比重，培育壮大现代产业体系。同时强化技术改造，淘汰落后产能，加快发展绿色经济、循环经济和节能环保产业，推广应用低碳技术，积极应对气候变化，在不断提升我国产品国际竞争力的同时，转变发展方式。

4. 国内外经济下行压力促使产业结构转型升级

当前国际金融危机影响渐深，全球经济复苏艰难，再加上我国经济正进入调整期，受此国内外整体经济下行态势的影响，我国经济运行下行压力日渐加大。由于一国产业结构对该国的经济增长具有举足轻重的作用，尤其是结构主义认为产业结构的变动是推动经济增长的核心因素，投入要素从效率较低的部门向效率较高的部门转移获得"结构红利"能够保证经济可持续增长[①]，因此考虑到我国正处于转变经济发展方式的关键时期，要维持经济的平稳增长，推进产业结构转型升级势在必行。

然而理论研究和世界各国的经济实践都充分证明，当前仍然是第二产业对经济增长起着决定性作用的历史阶段，仍然处于工业社会之中。[②] 因此，我国的产业结构转型升级的必然途径是：通过鼓励企业创新，结合技术创新改造和提升传统制造业，使传统制造业焕发出新活力，从而在推动第二产业快速发展的同时，向更高层次转型升级。此外

---

① 周明生、梅如笛：《中国产业结构变迁与经济增长的关联性分析》，《经济与管理研究》2013 年第 6 期，第 14～20 页。

② 赵儒煜：《长期经济增长过程中产业结构演进与经济增长的内在关系》，《经济研究参考》2013 年第 36 期，第 22 页。

还需通过政策引导，将经济下行压力转化为调结构的动力，促使产业向科技高端升级，通过技术创新培育出新兴制造行业，开拓新兴产业领域，以实现整体产业结构的优化升级。

二 "十二五"中期全国各省、市、区产业结构调整的成效

（一）全国总体产业结构调整状况

1. 三次产业增加值占国内生产总值的比重变化趋稳

相比较于 2010 年，两年来第一产业增加值所占 GDP 的比重呈现出下降而后上升的微弱变化，从 2010 年的 10.1% 下降到 2011 年的 10%，进而又恢复到 2012 年的 10.1%，表明第一产业处于相对稳定的发展态势。第二产业增加值所占 GDP 的比重呈现出逐年下降的趋势，从 2010 年的 46.7% 下降到 2011 年的 46.6%，又进一步降低到 2012 年的 45.3%。其中工业增加值占 GDP 的比重也呈现出与第二产业比重同样的变化轨迹，从 2010 年的 40% 下降到 2011 年的 39.8%，又降低到 2012 年的 38.5%。但需要指出的是，第二产业与工业所占比重 2011～2012 年下降的幅度都明显大于 2010～2011 年的下降幅度，表明"十二五"规划纲要实施以来，其中所提出的转变增长方式、优化工业结构的要求，对第二产业以及工业生产产生了较大的影响。第三产业增加值所占比重呈现出明显的上升趋势，2011 年所占比重比 2010 年的 43.2% 上升了 0.2 个百分点，2012 年又比 2011 上升了 1.2 个百分点，表明第三产业自"十二五"规划纲要实施以来实现了快速发展。"十二五"规划纲要中明确提出服务业增加值占国内生产总值比重提高 4 个百分点，到 2015 年达到 47%，尽管两年来第三产业增加值比重比 2010 年提升了 1.4 个百分点，但要实现规划目标，还需进一步推进第三产业的快速发展。

表 2-1　产业增加值占 GDP 的比重

单位：%

年份	第一产业	第二产业	工　业	第三产业
2010	10.1	46.7	40.0	43.2
2011	10.0	46.6	39.8	43.4
2012	10.1	45.3	38.5	44.6

数据来源：《中国统计年鉴》（2013）。

2. 三次产业就业人员比重调整效果显现

第一产业就业人员所占比重下降明显，从 2010 年的 36.7% 下降到 2012 年的 33.6%，下降了 3.1 个百分点。第二产业就业人员所占比重呈现出稳步上升趋势，从 2010 年的 28.7% 上升到 2012 年的 30.3%，上升了 1.6 个百分点。第三产业就业人员比重快速上升，

从 2010 年的 34.6% 上升到 2012 年的 36.1%，上升了 1.5 个百分点。需要指出的是，自 2011 年开始，第三产业就业人员比重首次超过第一产业，成为吸纳劳动力就业最多的产业。这是近年来第三产业快速发展的结果，也是产业结构优化升级的必然趋势。

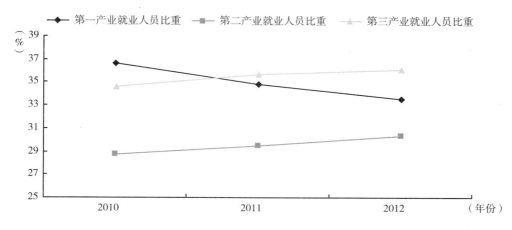

图 2 - 1　三次产业就业人员比重

3. 三次产业的经济增长贡献率趋于合理

自 2010 年以来，第一产业对经济增长的贡献率呈现出上升趋势，由 2010 年的 3.8% 提高到了 2011 年的 4.6%，又进一步提升至 2012 年的 5.7%，总体上升了 1.9 个百分点。第二产业对经济增长的贡献率逐年下降，由 2010 年的 56.8% 下降到 2011 年的 51.6%，又进一步下降至 2012 年的 48.7%，总体下降了 8.1 个百分点。其中工业也呈现出相同的下降轨迹，由 2010 年的 48.5% 逐步下降到 2012 年的 40.6%，下降了 7.9 个百分点。第三产业对经济增长的贡献率逐年上升，从 2010 年的 39.3% 上升到 2011 年的 43.8%，进而提高到 2012 年的 45.6%，并在 2012 年超过工业的贡献率。第一、第三产业对经济增长贡献率的提升以及第二产业，尤其是工业对经济增长贡献率的下降，表明"十二五"以来，经济增长由主要依靠工业带动逐步向三次产业协同带动的转变初步实现。

表 2 - 2　产业对经济增长的贡献率

单位：%

年份	第一产业	第二产业	工　业	第三产业
2010	3.8	56.8	48.5	39.3
2011	4.6	51.6	44.7	43.8
2012	5.7	48.7	40.6	45.6

数据来源：《中国统计年鉴》（2013）。

4. 科技创新带动产业升级并助推高新技术产业的迅速发展

科技创新是实现产业结构优化升级的不竭动力，而增加研究与试验发展经费投入，激励科研是实现科技创新的基础与前提。为此"十二五"规划纲要中明确提出，到2015年"研究与试验发展经费支出占国内生产总值比重达到2.2%"。2012年，我国用于研究与试验发展的经费支出达10298.4亿元，比2010年增加了3235.8亿元，占当年GDP的1.98%，比2010年提升了0.22个百分点，按照这一增长速度，能够顺利实现规划的预期目标。创新投入的不断增加，推动了科技创新的蓬勃发展。2012年我国发明专利数达到652777件，比2010年增加了261600件。创新成果的普及与应用有效地推动了我国产业升级，提升了我国产品的国际竞争力。2012年我国高技术产品出口额6012亿元，比2010年提升了1088亿元。

孕育新兴产业的高新技术产业两年来也实现了快速提升。高新技术产业R&D经费投入从2010年的967.8亿元增加到2012年的1491.5亿元；新产品开发经费从2010年的1006.9亿元提升到2012年的1827.5亿元；R&D人员全时当量从2010年的39.9万人年增加到2012年的52.6万人年；R&D机构数也从2010年的3184个增加到2012年的5158个。不断增加的研发机构以及研发投入，有效地推动了科技创新活动，专利申请数从2010年的59683件迅速上升为2012年的97200件；有效发明专利数从2010年的50166件大幅度提升为2012年的97878件。不断涌现的科技创新成果推动了高新技术产业的快速发展，尽管2012年的高新技术企业数比2010年减少了3553个，但主营业务收入却增加了27801.2亿元，表明科技创新正在逐步成为推动我国高新技术产业发展的核心动力。

表2-3 高新技术产业发展状况

年份	R&D机构数(个)	R&D人员全时当量(万人年)	R&D经费(亿元)	新产品开发经费(亿元)	专利申请数(件)	有效发明专利数(件)	企业数(个)	主营业务收入(亿元)
2010	3184	39.9	967.8	1006.9	59683	50166	28189	74482.8
2011	3254	42.7	1237.8	1528	77725	67428	21682	87527.2
2012	5158	52.6	1491.5	1827.5	97200	97878	24636	102284

注：其中生产经营情况的数据口径为规模以上工业企业，科技活动及相关情况的数据口径为大中型企业。

数据来源：《中国统计年鉴》（2013）。

（二）各省、市、区产业结构调整状况

为切实转变经济发展方式，稳定经济增长，各省、市、区以各自的"十二五"规划为指导，纷纷推进产业结构调整与产业升级，并取得了相应的成效。

1. 三次产业结构调整逐步优化

（1）第一产业增加值占地区生产总值比重普遍下降。

2012年第一产业增加值占地区生产总值比重较大的省份为海南、新疆、广西、云南和黑龙江，均超过了15%。第一产业比重较小的省份为上海、北京和天津，均在2%以下，分别为0.6%、0.8%和1.3%。2012年相比较于2010年，除黑龙江、云南、江苏以及广东外，其他省、市、区第一产业增加值占地区生产总值的比重呈现出不同程度的下

降。其中，新疆与西藏的第一产业比重下降幅度最大，均超过 2 个百分点，分别下降了 2.2 个百分点和 2 个百分点。而河南、安徽、海南以及江西第一产业比重分别下降了 1.4 个百分点、1.3 个百分点、1.2 个百分点和 1.1 个百分点，均超过了 1 个百分点。下降幅度较大的省份都是第一产业增加值占地区生产总值较多的省份，均在 10 个百分点以上，第一产业比重快速下降，表明这几个省份的产业结构正在趋于优化与合理。黑龙江、云南与江苏的第一产业增加值占地区生产总值的比重出现了不同程度的上升，分别增长了 2.8 个百分点、0.7 个百分点和 0.2 个百分点，而广东第一产业比重没有发生变动。黑龙江在其"十二五"规划中提出要运用高新技术和先进适用技术改造提升传统产业，增强技术创新、产品开发和精深加工能力，实现传统优势产业提档升级，尤其是要实施产业集群发展、大企业带动和品牌战略，大力发展农产品精深加工，实现由粮食大省向粮食精深加工和绿色食品强省跨越，从而使其第一产业迅速发展。而江苏与广东 2012 年的第一产业比重分别仅为 6.3% 与 5%，表明这两个省份的第一产业发展已趋于稳定。

（2）第二产业比重调整呈现出区域化特征。

2012 年第二产业增加值占地区生产总值比重较大的省份为青海、河南、陕西、山西和内蒙古，均为中西部省份，所占比重均超过了 55%。第二产业比重较小的省份为贵州、上海、西藏、海南和北京，均在 40% 以下，而海南和北京第二产业的比重仅为 28.2% 和 22.7%。与 2010 年相比，2012 年有 14 个省份的第二产业增加值占地区生产总值的比重有所上升，16 个省份的第二产业比重有所下降，贵州的第二产业比重没有发生变化。在第二产业比重上升的 14 个省份中，除福建与河北外，皆为中西部省份，反映出这些区域正处于工业化的快速发展时期，其中青海、安徽、西藏与陕西的第二产业比重增长最快，均超过了 2 个百分点。而在 16 个第二产业比重下降的省份中有 8 个为东部沿海省份，表明东部省份正逐步向工业化后期转变，其中黑龙江与上海下降幅度最大，分别为 6.1 个百分点和 3.2 个百分点。

（3）第三产业增加值占地区生产总值比重上升幅度明显。

2012 年第三产业增加值占地区生产总值比重较大的省份为北京、上海和西藏，均超过了 50%，分别为 76.5%、60.4% 以及 53.9%，反映出北京与上海已经进入第三产业为主导产业的阶段，而西藏第三产业比重较为稳定，是其大力实施"一产上水平、二产抓重点、三产大发展"经济发展战略的结果。第三产业比重较小的省份为吉林、陕西、江西、四川、青海、安徽和河南，多为中西部省份，占比均在 35% 以下，反映出这些地区第三产业依然薄弱。相比较于 2010 年，2012 年第三产业占比有 20 个省份实现了提升，10 个省份出现了下降，其中广西第三产业占比没有变动。在第三产业增加值占地区生产总值比重上升的省份中，增长最快的省份为新疆、山东、黑龙江、上海和重庆，增幅均在 3 个百分点以上，有 3 个省份增幅在 2~3 个百分点，有 8 个省份增幅在 1~2 个百分点，总体而言，第三产业增加值占 GDP 的比重上升幅度较大，反映出第三产业发展迅速。在第三产业占比下降的省份中除福建外，皆为中西部省份，反映出中西部地区正处在工业化快速发展时期，第二产业带动经济增长的动力仍然较大，第三产业发展仍有较大空间。其中下降幅度较大的省份为湖北、吉林、安徽、陕西和青海，下降幅度超过 1 个百分点。

表 2 - 4　各省、市、区三次产业比重

单位：%

地　区	第一产业			第二产业			第三产业		
	2010 年	2011 年	2012 年	2010 年	2011 年	2012 年	2010 年	2011 年	2012 年
北　京	0.9	0.8	0.8	24.0	23.1	22.7	75.1	76.1	76.5
天　津	1.6	1.4	1.3	52.5	52.4	51.7	46.0	46.2	47.0
河　北	12.6	11.9	12.0	52.5	53.5	52.7	34.9	34.6	35.3
山　西	6.0	5.7	5.8	56.9	59.0	55.6	37.1	35.2	38.7
内蒙古	9.4	9.1	9.1	54.6	56.0	55.4	36.1	34.9	35.5
辽　宁	8.8	8.6	8.7	54.1	54.7	53.2	37.1	36.7	38.1
吉　林	12.1	12.1	11.8	52.0	53.1	53.4	35.9	34.8	34.8
黑龙江	12.6	13.5	15.4	50.2	50.3	44.1	37.2	36.2	40.5
上　海	0.7	0.7	0.6	42.1	41.3	38.9	57.3	58.0	60.4
江　苏	6.1	6.2	6.3	52.5	51.3	50.2	41.4	42.4	43.5
浙　江	4.9	4.9	4.8	51.6	51.2	50.0	43.5	43.9	45.2
安　徽	14.0	13.2	12.7	52.1	54.3	54.6	33.9	32.5	32.7
福　建	9.3	9.2	9.0	51.0	51.6	51.7	39.7	39.2	39.3
江　西	12.8	11.9	11.7	54.2	54.6	53.6	33.0	33.5	34.6
山　东	9.2	8.8	8.6	54.2	52.9	51.5	36.6	38.3	40.0
河　南	14.1	13.0	12.7	57.3	57.3	56.3	28.6	29.7	30.9
湖　北	13.4	13.1	12.8	48.6	50.0	50.3	37.9	36.9	36.9
湖　南	14.5	14.1	13.6	45.8	47.6	47.4	39.7	38.3	39.0
广　东	5.0	5.0	5.0	50.0	49.7	48.5	45.0	45.3	46.5
广　西	17.5	17.5	16.7	47.1	48.4	47.9	35.4	34.1	35.4
海　南	26.1	26.1	24.9	27.7	28.3	28.2	46.2	45.5	46.9
重　庆	8.6	8.4	8.2	55.0	55.4	52.4	36.4	36.2	39.4
四　川	14.4	14.2	13.8	50.5	52.5	51.7	35.1	33.4	34.5
贵　州	13.6	12.7	13.0	39.1	38.5	39.1	47.3	48.8	47.9
云　南	15.3	15.9	16.0	44.6	42.5	42.9	40.0	41.6	41.1
西　藏	13.5	12.3	11.5	32.3	34.5	34.6	54.2	53.2	53.9
陕　西	9.8	9.8	9.5	53.8	55.4	55.9	36.4	34.8	34.7
甘　肃	14.5	13.5	13.8	48.2	47.4	46.0	37.3	39.1	40.2
青　海	10.0	9.3	9.3	55.1	58.4	57.7	34.9	32.3	33.0
宁　夏	9.4	8.8	8.5	49.0	50.2	49.5	41.6	41.0	42.0
新　疆	19.8	17.2	17.6	47.7	48.8	46.4	32.5	34.0	36.0

数据来源：《中国统计年鉴》（2011、2012、2013）。

2. 科技创新推动产业升级效果明显

"十二五"规划纲要中明确提出，要"依靠科技创新推动产业升级。……发挥科技创新对产业结构优化升级的驱动作用，加快国家创新体系建设，强化企业在技术创新中的主体地位，引导资金、人才、技术等创新资源向企业聚集，推进产学研战略联盟，提升产业核心竞争力，推动三次产业在更高水平上协同发展"。为此，各省、市、区逐步强化企业

在科技创新中的主体地位，加大研发投入，推动科技创新，取得了积极成效。

首先，企业研究与试验发展（R&D）投入大幅度增加（见表2-5）。"十二五"以来各省、市、区都强化了对研发的投入，对于作为创新研发主体的规模以上工业企业而言，2012年全国R&D人员投入的全时当量比2010年增长了0.6倍。各省、市、区中R&D人员全时当量投入增长最快的是西藏、海南、天津、安徽和福建，增长幅度均在1倍以上，其中西藏增长了3.1倍，海南增长了2.2倍。2012年全国规模以上工业企业R&D经费投入比2010年增长了0.8倍。各省、市、区中R&D经费投入增长最快的是西藏、海南、浙江、云南、福建、湖南和安徽，增长幅度均在1倍以上，其中西藏和海南分别增长了3.6倍和3.3倍。在增加人员、经费投入的同时，鼓励企业进行科技创新的研发立项，2012年全国规模以上工业企业R&D项目数比2010年增加了近1倍。除青海外，其他省、市、区都实现了较大幅度的增长，其中增长幅度最大的是浙江、福建、宁夏、安徽、西藏和江苏，增幅均在1.5倍以上，其中浙江增长了2.2倍。

表2-5　各省、市、区规模以上工业企业研究与试验发展（R&D）投入情况

地　区	2010 年			2011 年			2012 年		
	项目数（项）	R&D 人员全时当量（人年）	R&D 经费（万元）	项目数（项）	R&D 人员全时当量（人年）	R&D 经费（万元）	项目数（项）	R&D 人员全时当量（人年）	R&D 经费（万元）
全　国	**145589**	**1369908**	**40153965**	**232158**	**1939075**	**59938055**	**287524**	**2246179**	**72006450**
北　京	4194	29225	1061357	7048	49829	1648538	8226	53510	1973442
天　津	5665	28164	1392212	10515	47828	2107772	12062	60681	2558685
河　北	4346	37814	1078941	6055	51498	1586189	7574	55979	1980850
山　西	2194	29998	675657	2348	32476	895891	2795	31542	1069590
内蒙古	1030	14363	474299	1320	17645	701635	1857	21509	858477
辽　宁	6063	44424	1913437	6799	47513	2747063	7710	52064	2894569
吉　林	1621	19411	355405	1885	17884	488723	1990	24365	604326
黑龙江	4113	32467	728451	4343	39661	838042	4231	36256	906170
上　海	6397	57346	2377472	12378	79147	3437627	12833	82355	3715075
江　苏	17826	201161	5513458	31933	287447	8998944	44570	342262	10803107
浙　江	11046	116965	2723447	28672	203904	4799069	35582	228618	5886071
安　徽	4446	34167	1040238	8426	56275	1628304	11882	73356	2089814
福　建	3309	44062	1161171	6441	75503	1943993	9080	90280	2381656
江　西	1917	18561	589366	2608	23969	769834	2930	23877	925985
山　东	17192	119921	5269241	25193	180832	7431254	30119	204398	9056007
河　南	6082	67982	1485875	8415	93833	2137236	9349	102846	2489651
湖　北	4602	47806	1429050	7077	71281	2107553	8062	77087	2633099
湖　南	3982	35206	1137692	6928	57478	1817773	7563	69784	2290877
广　东	22117	258943	6268811	29243	346260	8994412	37460	424563	10778634
广　西	1747	11895	358915	2890	20155	586791	3526	20845	702225
海　南	197	862	18334	299	1587	57760	478	2767	78093
重　庆	3230	21662	672418	4524	27652	943975	5113	31577	1171045

地 区	2010 年			2011 年			2012 年		
	项目数（项）	R&D 人员全时当量（人年）	R&D 经费（万元）	项目数（项）	R&D 人员全时当量（人年）	R&D 经费（万元）	项目数（项）	R&D 人员全时当量（人年）	R&D 经费（万元）
四 川	4392	34600	809767	6712	36839	1044666	9868	50533	1422310
贵 州	1018	8633	217791	1345	9564	275217	1649	12135	315079
云 南	1082	7589	180687	1514	10335	299279	1665	12321	384430
西 藏	9	19	1162	16	22	1637	24	78	5312
陕 西	3419	27812	710176	4210	30829	966768	5164	36728	1192770
甘 肃	1090	8673	208652	1280	9307	257916	1912	11445	337785
青 海	151	1842	60210	131	1833	81965	147	2020	84197
宁 夏	433	2363	73020	853	3967	118879	1170	4196	143696
新 疆	679	5970	167254	757	6723	223352	933	6202	273425

数据来源：《中国统计年鉴》（2011、2012、2013）。

表 2 - 6 各省、市、区规模以上工业企业新产品开发及生产情况

地 区	2010 年			2011 年			2012 年		
	新产品项目数（项）	新产品产值（万元）	新产品出口产值（万元）	新产品项目数（项）	新产品产值（万元）	新产品出口产值（万元）	新产品项目数（项）	新产品产值（万元）	新产品出口产值（万元）
全 国	**159637**	**736062822**	**147736449**	**266232**	**1008904581**	**202230938**	**323448**	**1105297711**	**218941519**
北 京	4848	25389060	6742263	9238	35483108	6470514	11024	33176311	5572510
天 津	6181	32244555	8405067	14658	37965079	7490317	12219	44601011	9317561
河 北	4048	12864549	1428054	6292	19899159	2288188	7541	24576633	2926320
山 西	1927	6759309	421378	2171	8907109	1522788	2726	9283912	1527286
内蒙古	936	6068070	397155	1314	5424867	342358	1567	5814946	390862
辽 宁	5997	21229829	2674060	7416	28466489	4150239	8641	31936021	2257009
吉 林	895	15260102	628756	2631	22882999	746941	2683	21577965	645790
黑龙江	3280	5952697	284742	4148	5719207	318892	3384	5655068	541409
上 海	8573	55043843	10231116	15726	71420544	10326436	17042	73999056	10544016
江 苏	20817	96085211	21965465	38009	137552098	43928942	53973	178454188	52727755
浙 江	13842	65844633	17759661	34186	107495792	25355077	41874	112839734	26744960
安 徽	5919	19837705	1406091	11174	33593180	2344049	15137	37318538	3137902
福 建	3708	21587590	6471831	6721	31947073	7957495	9123	32911524	10694396
江 西	2084	7834975	1002028	2870	9526524	1301037	3241	12871344	1748554
山 东	17019	87972651	13077008	23040	109198091	17688021	28171	129131803	18640354
河 南	5762	17092736	1179452	7880	26064850	2176170	9106	25762027	2113763
湖 北	5856	24227652	1504542	8633	32337155	1614369	9629	36984125	2368469
湖 南	4145	24252900	1158965	7525	38733739	1814498	8418	47689791	1626895
广 东	24443	114983738	46562045	32879	146943021	56849072	43314	154028478	59795805
广 西	2150	9860600	405002	3468	12187918	641547	3320	12369278	450139
海 南	228	983000	12432	426	1410460	185490	594	1344677	193498

续表

地 区	2010 年			2011 年			2012 年		
	新产品项目数（项）	新产品产值（万元）	新产品出口产值（万元）	新产品项目数（项）	新产品产值（万元）	新产品出口产值（万元）	新产品项目数（项）	新产品产值（万元）	新产品出口产值（万元）
重 庆	3264	26420397	1208114	4612	31697481	3928448	5693	24299198	1561072
四 川	5718	15629200	1345647	10035	20640382	1233514	11656	20959773	1504602
贵 州	1344	3300410	217857	1749	9503771	308647	1978	3832764	354056
云 南	806	2408279	179415	1485	3568221	257761	1512	4468160	262095
西 藏				7	16973	119	11	21004	260
陕 西	3809	9419636	579827	5035	10916566	408447	6052	8715851	396375
甘 肃	1014	3641918	250955	1192	5100638	300885	1759	5954233	414223
青 海	83	165564	559	94	85004	296	103	103773	33
宁 夏	567	1020787	226609	887	1531043	196998	1131	1856287	406269
新 疆	374	2681227	10355	731	2686043	83385	826	2760241	77284

数据来源：《中国统计年鉴》（2011、2012、2013）。

其次，科技创新成果推动了产业升级与产品竞争力的提升。研发投入的持续增加推动了科技创新成果的涌现，2012 年全国规模以上工业企业新产品项目数比 2010 年增长了 1 倍多。各省、市、区中新产品项目数增长最多的是浙江、吉林、海南、江苏与安徽，增长幅度均在 1.5 倍以上，其中浙江增长了 2 倍以上。[①] 新产品数量的增加有效地提升了产业效益，带动了经济增长，2012 年全国规模以上工业企业新产品产值比 2010 年增长了 0.5 倍。除内蒙古、黑龙江、陕西、重庆和青海外，其他省、市、区新产品产值都实现了增长，增长最快的是湖南、河北、安徽、江苏、云南和宁夏，增长幅度均在 0.8 倍以上，其中湖南增长了近 1 倍。同时创新成果也提升了我国产品的国际竞争力，2012 年我国规模以上工业企业新产品出口产值比 2010 年增长了近 0.5 倍。除内蒙古、辽宁、北京、陕西和青海外，各省、市、区的新产品出口产值均实现了增长，增长最快的是海南、新疆、山西、江苏、安徽、西藏和河北，增长幅度均在 1 倍以上，其中海南增长了近 14.6 倍，新疆增长了近 6.5 倍，可见创新成果有效地提升了我国产品的国际竞争力。

3. 各省、市、区产业结构调整规划目标完成情况的简要评述

首先，三次产业占比不断向规划目标进行合理调整。各省、市、区的"十二五"规划纲要中，均提出坚持以经济结构战略性调整为主要手段，坚持以科技进步和创新为重要支撑，加快转变经济发展方式。对于三次产业，提出在稳定农业基础地位的同时，大力发展现代产业体系，推动服务业跨越发展，促进经济增长向依靠第一、第二、第三产业协同带动转变。为此，部分省份提出了三次产业增加值占地区生产总值比重的具体规划目标（见表 2 - 7），在规划目标中均提出了要进一步降低第一产业占比。从这些省份三次产业

---

① 由于西藏 2010 年规模以上工业企业新产品开发及生产情况的数据缺乏，因此涉及该地区的增长数据用 2011 年数据替代。

占比变动情况以及 2012 年的状况可见，海南、湖南和云南要实现规划的目标需加大努力发展非农产业；中西部省份提出的规划目标都是进一步提升第二产业占比，表明这些地区仍处在进一步推进工业化阶段，综合对比分析可见，贵州、甘肃、宁夏与云南要想实现第二产业比重的规划目标，还需要进一步加快当地的工业化步伐，推进第二产业的快速发展；而对于第三产业，除贵州和宁夏外，其他省份规划目标都提出了要快速提升第三产业占比，截至 2012 年，这几个省份中贵州、宁夏与甘肃提前完成其预定的第三产业增加值占地区生产总值比重的目标，其他几个省份仍有一定差距，差距较大的省份为湖北、安徽和吉林，要实现预定目标就需加快推进这些地区的第三产业的发展。

表 2 - 7　三次产业占比规划目标与当前状况

单位：%

地区	第一产业			第二产业			第三产业		
	2010 年	2012 年	2015 年	2010 年	2012 年	2015 年	2010 年	2012 年	2015 年
吉林	12.1	11.8	10.0	52.0	53.4	50.0	35.9	34.8	40.0
上海	0.7	0.6	—	42.1	38.9	—	57.3	60.4	65.0
安徽	14.0	12.7	9.0	52.1	54.6	53.0	33.9	32.7	38.0
福建	9.3	9.0	7.0	51.0	51.7	51.0	39.7	39.3	42.0
山东	9.2	8.6	7.0	54.2	51.5	48.0	36.6	40.0	45.0
湖北	13.4	12.8	10.0	48.6	50.3	47.0	37.9	36.9	43.0
湖南	14.5	13.6	9.5	45.8	47.4	48.5	39.7	39.0	42.0
海南	26.1	24.9	20.0	27.7	28.2	30.0	46.2	46.9	50.0
四川	14.4	13.8	10.2	50.5	51.7	50.8	35.1	34.5	39.0
贵州	13.6	13.0	9.6	39.1	39.1	45.0	47.3	47.9	45.4
云南	15.3	16.0	12.0	44.6	42.9	46.0	40.0	41.1	42.0
甘肃	14.5	13.8	10.0	48.2	46	50.0	37.3	40.2	40.0
宁夏	9.4	8.5	6.0	49.0	49.5	53.0	41.6	42.0	41.0

数据来源：《中国统计年鉴》（2013）；各省、市、区"十二五"规划纲要相关数据汇总获得。

其次，非农产业发展迅速，推进产业升级步伐加快。[①] 一些中西部地区的省份在"十二五"规划纲要中明确提出了非农产业尤其是工业的发展规划目标，表明这些地区正在通过规划积极引导产业的协调发展，加快工业化进程，推动产业升级。广西提出在"十二五"期间，要使"工业增加值占地区生产总值比重提高 5 个百分点"，由 2010 年的40.6% 提高到 2015 年的 45.6%。2012 年广西全部工业增加值 5364.92 亿元，比上年增长14.0%，占当年地区生产总值比重的 41.2%，表明仍需进一步推进工业化与信息化融合发展，加快发展竞争力强的产业和新兴产业，尽快做大、做强、做优工业产业。重庆"十二五"规划中提出非农产业增加值比重要由 2010 年的 91.3% 提升到 2015 年的 95%。2012 年该市地区生产总值 11459 亿元，其中农林牧渔业增加值 940.01 亿元，非农产业增加值比重为 91.8%，尽管比 2010 年提升了 0.5 个百分点，但要完成预期目标仍需大力发

———————

① 本段落相关数据来源于涉及省份的"十二五"规划纲要以及各省份的 2012 年统计公报。

展非农产业。西藏提出工业增加值占地区生产总值的比重要由 2010 年的 7.8% 提升到 2015 年的 15% 以上，2012 年该区地区生产总值 701.03 亿元，全部工业实现增加值 55.11 亿元，占地区生产总值的 7.9%，考虑到当前第二产业增加值占地区生产总值的 34.6%，反映出该地区应推动工业发展上规模、上水平，切实提高工业在第二产业中的比重，并促进第二产业向由工业和建筑业协同发展转变。陕西提出"十二五"期间实现工业增加值占生产总值的比重达到 43% 以上，2012 年地区生产总值 14451.18 亿元，实现工业增加值 6847.41 亿元，占地区生产总值的 47.4%，表明该省近年来工业发展迅速，已完成相关预定目标。青海提出"十二五"期间，要全面促进工业结构优化升级，全省工业增加值年均增长 15%。2012 年全省规模以上工业增加值 897.16 亿元，比上年增长 15%，基本完成预期规划目标。新疆在"十二五"规划纲要中提出，工业增加值要由 1950 亿元增长到 2015 年的 4280 亿元，年增长速度为 17% 以上，2012 年全部工业增加值 2929.90 亿元，比上年增长 12.7%，表明要实现预期规划目标必须促进特色优势产业集群化、战略性新兴产业高端化，从而加速推进该区的新型工业化步伐。

再次，规划引导创新研发投入不断增加，创新推动高新技术产业发展的效应进一步显现。各省、市、区的"十二五"规划纲要大都提出了研究与试验发展经费支出占地区生产总值比重的预期目标（见表 2-8）。相比较于 2010 年，都是大幅度提升了规划目标值，这就意味着要完成预期目标，各省、市、区都要加大研发投入。从 2012 年的完成情况可见，除北京已超额完成预期目标外，其他省份都还存在一定的差距。其中内蒙古、黑龙江以及福建要完成预期目标，需要进一步加大 R&D 经费投入。快速增长的研究与试验发展经费支出，推动了各省份的科技创新，并带动了高新技术产业的发展。例如，北京 2012 年全年文化创意产业实现增加值 2189.2 亿元，比上年增长 10%；高新技术产业实现增加值 1139.2 亿元，增长 9.2%，占地区生产总值的比重为 6.4%。2012 年辽宁高新技术产品增加值按现价计算比上年增长 20.6%，其中装备制造业高新技术产品增加值增长 23.2%。2012 年江苏全省国家级和省级高新技术产业开发区实现技工贸总收入 38500 亿元，比上年增长了 10.5%。江西 2012 年的高新技术产业增加值 1163.0 亿元，增长 17%，占地区生产总值的 9%。2012 年广东高新技术企业 6699 家，高新技术产品产值 4 万亿元，增长了 12.4%。重庆 2012 年电子信息产品制造业总产值 2193.74 亿元，增长 60.4%，占工业总产值的 16.7%。这些省份高新技术产业的蓬勃发展表明技术创新带动产业发展的效应正在逐步增强。

表 2-8　全国各省、市、区 R&D 经费支出占 GDP 比重情况

单位：%

地　区	2010 年	2012 年	2015 年
北　京	—	5.79	5.5
天　津	—	2.7	3
河　北	—	0.87	—
山　西	1.1	—	2.2
内蒙古	—	—	1.5

续表

地　区	2010 年	2012 年	2015 年
辽　宁	1.5	1.8 *	2.2
吉　林	—	—	—
黑龙江	—	1	2
上　海	2.81	3.16	3.3
江　苏	—	2.3	2.5
浙　江	—	2.04	2.5
安　徽	—	1.6	2
福　建	—	1.3	2.2
江　西	1	0.8 *	1.5
山　东	—	—	—
河　南	0.95	1	1.6
湖　北	—	1.7	2
湖　南	—	—	2
广　东	1.8	2.1	2.3
广　西	0.9	—	2.2
海　南	—	—	1.5
重　庆	1.3	1.4	2
四　川	1.5	—	2
贵　州	—	—	1.2
云　南	—	0.64	1.5
西　藏	—	—	—
陕　西	—	—	2.6
甘　肃	1.1	—	1.5
青　海	—	—	1.5
宁　夏	—	—	1.2
新　疆	0.61	—	1.8

注：标"＊"为根据 2012 年该省份的统计公报数据计算得到。

数据来源：各省、市、区"十二五"规划纲要与该省份 2012 统计公报。

三　"十二五"中期全国各省、市、区
产业结构调整存在的问题

（一）第一产业就业人员比重过高

"十二五"规划实施以来，我国以及各省、市、区产业结构在规划纲要的引领下向更加合理的方向进行调整，并实现了产业结构的优化与升级，表现为第一产业比重不断降低，三次产业比重结构趋于合理。2012 年除海南外，其他省、市、区的第一产业比重都下降到了 20% 以下，有 18 个省份第二产业比重达到或超过 50%，第三产业比重均在 30%以上，超过 60% 的有 2 个，表明我国大部分省份依然处于工业化中期，少数省份已经进入后工业化时期。

然而，与三次产业增加值比重趋向合理形成强烈对比的是，三次产业的就业人员比重明显不协调。2012年第一产业就业人员比重尽管比2010年降低了3.1个百分点，但仍高达33.6%，与其增加值占GDP比重的10.1%形成了强烈反差，表明仍存在大量劳动力滞留于第一产业的情况。面对当前紧迫的国内外经济形势，通过科技创新推动产业升级的压力不断增大。为此通过科技创新带动传统产业转型升级，推进产业结构向更高层次演变，成为必然要求，这一过程加快了产业结构调整的步伐。产业转型升级，尤其是向资本、技术密集型产业的优化升级，使得第二产业尤其是传统制造业不会像以往的发展历程那样来吸纳大量劳动力。此外，相对于产业调整升级不断加快的步伐而言，劳动力素质提升相对缓慢，当前多数劳动力难以适应新兴产业或产业升级后的需要。上述原因使得产业间的劳动力转移滞后于产业调整步伐，造成了三次产业就业人员比重与产出比重严重不符的情形。

（二）三次产业构成与经济发展阶段不协调

世界经济发展历程与理论研究表明，随着经济社会的发展，三次产业结构应当不断调整变化来适应经济发展的需要。美国经济学家钱纳里在1975年出版的《发展的型式1950～1970》中，根据101个国家的统计资料，对经济增长和产业结构变动之间的关系进行了研究，并建立了"标准产业结构"模型，指出人均GDP超过2000美元时，三次产业比重应为15.4:43.4:41.2[1]，并随着人均GDP的增加，第三产业比重将继续不断上升。根据上述研究结果对比我国各省份三次产业结构发现，多数省份的第三产业发展缓慢。尽管2012年我国各省份的人均GDP均已远超过2000美元（见表2-9），但第三产业比重小于41.2%的省份有21个，表明大部分地区第三产业发展相对缓慢。因此，众多省份的"十二五"规划纲要都提出要加快发展服务业。

表2-9　三次产业占比与人均GDP情况

地　区	2012年三次产业增加值占GDP的比重			2012年人均GDP（单位：元）	2012年人均GDP（单位：美元）*
	第一产业	第二产业	第三产业		
北　京	0.8	22.7	76.5	87475	14316.7
天　津	1.3	51.7	47.0	93173	15249.3
河　北	12.0	52.7	35.3	36584	5987.6
山　西	5.8	55.6	38.7	33628	5503.8
内蒙古	9.1	55.4	35.5	63886	10456.0
辽　宁	8.7	53.2	38.1	56649	9271.5
吉　林	11.8	53.4	34.8	43415	7105.6
黑龙江	15.4	44.1	40.5	35711	5844.7
上　海	0.6	38.9	60.4	85373	13972.7

---

[1] 徐永利：《"金砖四国"产业结构比较研究》，河北大学博士学位论文，2010年，第24页。

地　区	2012 年三次增加值占 GDP 的比重			2012 年人均 GDP（单位：元）	2012 年人均 GDP（单位：美元）*
	第一产业	第二产业	第三产业		
江　苏	6.3	50.2	43.5	68347	11186.1
浙　江	4.8	50.0	45.2	63374	10372.2
安　徽	12.7	54.6	32.7	28792	4712.3
福　建	9.0	51.7	39.3	52763	8635.5
江　西	11.7	53.6	34.6	28800	4713.6
山　东	8.6	51.5	40.0	51768	8472.7
河　南	12.7	56.3	30.9	31499	5155.3
湖　北	12.8	50.3	36.9	38572	6312.9
湖　南	13.6	47.4	39.0	33480	5479.5
广　东	5.0	48.5	46.5	54095	8853.5
广　西	16.7	47.9	35.4	27952	4574.8
海　南	24.9	28.2	46.9	32377	5299.0
重　庆	8.2	52.4	39.4	38914	6368.9
四　川	13.8	51.7	34.5	29608	4845.8
贵　州	13.0	39.1	47.9	19710	3225.9
云　南	16.0	42.9	41.1	22195	3632.6
西　藏	11.5	34.6	53.9	22936	3753.8
陕　西	9.5	55.9	34.7	38564	6311.6
甘　肃	13.8	46.0	40.2	21978	3597.1
青　海	9.3	57.7	33.0	33181	5430.6
宁　夏	8.5	49.5	42.0	36394	5956.5
新　疆	17.6	46.4	36.0	33796	5531.3

＊美元兑人民币汇率按 6.11 测算。

数据来源：《中国统计年鉴》（2013）。

第三产业尤其是服务业发展缓慢，主要原因是生产与消费基本同步是该产业的重要特征。不同于物质部门生产，第三产业提供的是服务产品，它不以实物形式存在，而服务的提供过程同时就是购买者对服务产品的消费过程，因此，第三产业的生产与消费需要保持时空上的一致性。[1] 为此，要提升服务业的发展速度，必须提升人民群众的消费欲望与消费能力，通过完善社会保障体系来推动生活服务消费，通过建立更加完善的流通渠道来增加生产服务消费。

（三）区域间产业发展差距较大

通过对比各省份 2012 年第二产业增加值占地区总产值的比重的情况发现，小于 50% 的 13 个省份中，除北京、上海和广东 3 个进入后工业化阶段的经济发达省份外，其他 10

---

① 林民书、韩润娥：《我国第三产业发展滞后的原因及结构调整》，《厦门大学学报》（哲学社会科学版）2005 年第 1 期，第 111~118 页。

个都是中西部地区的省份，表明这些区域仍处在工业化阶段。进一步推进工业，尤其是通过科技创新提升传统制造业是这些地区今后发展的关键所在。对比各省份 2012 年第三产业增加值占地区总产值的比重的情况发现，第三产业比重超过 45% 的 8 个省份中，除西藏、贵州和海南 3 个工业化尚未充分发展的省份外，都是东部沿海省份。而在第三产业比重小于 40% 的 17 个省份中，除河北、辽宁和福建外，都是中西部省份。可见，东部与中西部在发展阶段与产业结构上存在着较大差距。

尽管东部与中西部存在较大的产业结构差距，但各区域间的经济产业结构相似度却很高，以工业产业结构相似度为例，2003 年以来各地工业产业结构平均相似度高于 0.7[1]，2012 年东、中、西部工业结构相似率为 93.5%，中西部结构相似率为 97.9%。[2] 反映出区域间缺乏合理的产业分工，没有实现区域间的优势互补。这种区域间产业结构趋同的现象必将阻碍地区优势的发挥，不利于区域间的产业转移，进而影响我国整体产业的优化升级。

（四）科技创新投入与产出效益有待进一步提高

当前，推进科技创新，大力发展高新技术产业，促进产业结构优化升级，是新形势下顺应世界经济发展的必然要求，是抢占新一轮经济发展制高点的必经之路。要实现科技创新，不仅需要政策法规的合力支持，更离不开科技投入的雄厚资金奠基。为此，"十二五"规划纲要也明确提出要不断增加研发经费，使研究与试验发展经费支出占国内生产总值比重达到 2.2%。但分析当前各省、市、区的发展规划可见（见表 2－8），各地的规划预期目标超过国家规划目标 2.2% 的，除陕西外，仅有东部沿海 6 个发达省份，而且 2012 年研究与试验发展经费支出占国内生产总值比重超过国家平均水平（1.98%）的也仅有这 6 个发达省份。这一方面表明大多数省份科技创新研发投入不足，另一方面也反映出科技创新经费投入地区分布严重不平衡。因此，在多数欠发达地区，缺乏创新研发投入与科技创新成果的支持，不仅会影响该地区高新技术产业和新兴产业的发展，而且也会影响东部发达省份的产业转移，影响我国整体产业结构的提升。

同时，需要强调指出的是，科技创新投入不是目的，提高投入产出的绩效，让科技进步和技术创新在产业发展中发挥明显带动作用，才是关键。但我国科技创新所带来的产出效益并不高，以我国高新技术产业为例，2012 年 R&D 经费和新产品开发经费分别比 2010 年增长了 0.5 倍和 0.8 倍，专利申请数和有效发明专利数分别增长了 0.6 倍和近 1 倍，但主营业务收入仅增长了 0.37 倍。而各省、市、区规模以上工业企业的高新技术产业状况也类似，2012 年与 2010 年相比，除西藏外，海南是 R&D 人员与经费投入增长最多的，分别增长了 2.2 倍和 3.3 倍，但新产品产值仅增长了 0.4 倍；其次是天津，R&D 人员与经费投入分别增长了 1.2 倍和 0.8 倍，但新产品产值和新产品出口产值仅增长了 0.4 倍和

---

① 中国人民大学宏观经济分析与预测课题组：《寻求产业结构调整的新路径》，《宏观经济管理》2013 年第 10 期，第 15～17 页。

② 白瑞雪、翟珊珊：《基于产业链视角的"十二五"时期产业结构优化升级研究》，《中国特色社会主义研究》2012 年第 4 期。

0.1倍。表明我国高新技术产品的附加值偏低，大而不强的局面尚未得到根本性改变，将高新技术有效转化为产出效益的能力还有待进一步提升。

四 未来全国各省、市、区产业结构调整的趋势展望

（一）三次产业将在更高水平上协调发展

以往不合理的就业结构，造成了当前较大的劳动力转移压力，而在新科技带动下的新型工业化，难以像传统工业化那样来大量吸纳劳动力。而服务业的快速发展成为吸纳劳动力就业的主要领域，自2012年起，这一趋势更加明显。因此，大力发展第三产业，尤其是服务业，不仅是经济社会发展到一定阶段的必然趋势，也是缓解当前劳动力转移压力的必然要求。为此，在我国的"十二五"规划纲要中，明确提出了要将服务业增加值占国内生产总值比重提高4个百分点，同时多数省份也都明确提出服务业占比的预期目标。如北京明确提出"十二五"期间要将服务业占比提高到78%，江苏与广东提出服务业增加值比重达到48%左右，黑龙江提出服务业增加值比重和就业比重均达到40%。可以预见在"十二五"规划纲要的引领下，各地服务业将快速发展。

"十二五"期间三次产业结构的调整，是为提升资源配置效率而进行的调整，是推动三次产业结构合理升级的调整，是在宏观政策引领下，大力发展新兴产业来适应经济发展形势的需要，同时也是通过科技创新提升基础产业与传统产业的竞争力，推动三次产业在更高水平上协同发展的调整。

（二）传统产业的转型升级将进一步加快

当前我国多数省份仍处于工业化发展阶段，而工业化依然是带动经济增长的主要动力。因此，考虑到当前经济下行压力以及就业的压力，促进第二产业结构技术升级与稳定劳动密集型制造业并重，推进传统产业转型升级，加快发展新型工业化成为必然选择。因为，在当前世界各国大力推进技术变革之际，我们更应看清第二产业对经济增长的根本性决定作用，加速推进产业技术变革，迎接新一轮产业革命对第二产业快速增长作用周期的到来。[1] 为此，需要重塑在国际产业链中的地位与分工，通过逐步发挥科技创新对产业结构优化升级的驱动作用，引导资金、人才、技术等创新资源向传统产业倾斜，通过优化结构、改善品种质量、淘汰落后产能，发展先进装备制造业，调整优化原材料工业，改造提升消费品工业，促进制造业由大变强，并不断提升我国工业产品的竞争力，使我国从制造业大国向制造业强国转变。

（三）科技创新带动作用进一步增强

国际上通常以研究与试验发展活动的规模和强度指标反映一国的科技实力和核心竞争

---

① 赵儒煜：《长期经济增长过程中产业结构演进与经济增长的内在关系》，《经济研究参考》2013年第36期，第22页。

力。"十二五"期间我国将研究与试验发展活动支出占 GDP 的比重提高到 2.2%，基本与当前一些发达国家的标准持平。同时，各省份也都强调在"十二五"期间不断加大科技创新经费投入。这意味着我国对科技创新的重视达到了一个新的高度，未来我国的技术创新步伐将显著加快，一批关键领域的核心技术有望得以攻克，这一举措对我国的经济转型和产业升级也将起到至关重要的作用。① 同时，通过完善科技创新体制机制，加强科学研究与高等教育的有机结合，加快建立以企业为主体、市场为导向、产学研相结合的技术创新体系，促进科技成果更好地转化为生产力和竞争力，从而不断提升科技创新对产业升级的带动作用。

科技创新同时也为新兴产业的快速发展提供了技术支撑，而新兴产业必将在战胜重大经济危机的过程中孕育和成长，并以其特有生命力成为新的经济增长点，成为摆脱经济危机的根本力量。纵观当前，以电子、信息、生物、新材料、新能源、海洋、空间等新技术的发展而产生和发展起来的产业部门，成为世界主要国家抢占产业竞争制高点的重要方向，也是新兴大国应对危机，从根本上转变本国经济增长方式的突破点。② 为此，我国"十二五"规划纲要提出要培育发展战略性新兴产业，同时，在 2012 年 5 月通过了"'十二五'国家战略性新兴产业发展规划"，提出了节能环保产业、新一代信息技术产业、生物产业、高端装备制造产业、新能源产业、新材料产业以及新能源汽车产业七大战略性新兴产业的重点发展方向和主要任务，以应对当今世界新技术、新产业的发展趋势。可以预见，这些战略性新兴产业必将发展成为今后经济发展中的先导性和支柱性产业。

（四）低碳产业发展将显示出勃勃生机

近年来，随着我国经济的快速发展，资源环境约束压力日渐显现。而我国又正处于工业化、城市化、现代化快速发展阶段，重化工业发展迅速，大规模基础设施建设不可能停止，能源需求的快速增长也一时难以改变。因此，调整能源结构，推进技术革新，发展低碳产业成为必然选择。放眼全球，随着全球生态环境压力日渐加大，提倡节能减排已成为整个国际社会的发展趋势。为此，抓住此次机会，参与全球清洁生产和循环经济的新型产业链分工，发展低碳经济、占据低碳产业链的制高点，是今后调整产业结构、提高资源能源利用率、转变经济发展方式的重要方向。为此，"十二五"规划纲要提出必须增强危机意识，树立绿色、低碳发展理念，以节能减排为重点，健全激励与约束机制，加快构建资源节约、环境友好的生产方式和消费模式。因此，今后必将进一步加大政策扶持力度，继续加快淘汰落后产能，遏制高耗能、高排放行业过快增长，加快激励低碳产业的科技创新，推广应用低碳技术，加快发展绿色经济、循环经济和节能环保产业，开辟绿色增长路径，大力发展新型清洁能源产业。

---

① 杜善义：《加大科技投入推动科技创新》，2011 年 3 月 6 日，光明网，http：//news. hexun. com/2011 - 03 - 08/ 127794231. html。
② 李珮璘：《危机后新兴大国产业结构调整的战略与政策研究》，《商业经济与管理》2012 年第 11 期，第 33 ~ 40 页。

B.35

专题报告三
"十二五"中期全国各省、市、区
财政金融发展状况

"十二五"时期是我国全面建设小康社会的关键时期,是深化改革、加快转变经济发展方式的攻坚时期。2011~2012年,中国财政收入稳定增长,财政支出结构优化,公共财政体系不断健全,财政管理水平显著提高,金融宏观调控体系和金融市场体系日益完善,金融体制改革进一步深化,金融服务能力逐步提升,金融业综合竞争力不断增强,有力地支持和促进了经济结构调整和发展方式转变。因此,全面分析"十二五"中期全国各省、市、区财政金融发展的背景,认真总结这一期间财政金融取得的成就和经验,客观认识财政金融改革发展中尚存的问题,积极探索财政金融未来进一步发展的路径,是一项具有重要理论意义和现实指导意义的研究课题。

一 "十二五"中期全国各省、市、区财政金融发展的形势分析

"十二五"时期,全球经济正处于后金融危机时代。作为一个正在崛起的大国,中国的发展与国际经济形势密切相关。特别是在经历此次全球金融危机后,中国的经济地位显著提高。因此,为了分析"十二五"时期全国各省、市、区财政金融的发展背景,必须对国际经济形势变化以及其对中国发展环境的影响做出判断。另外,从国内看,我国正处于工业化中后期发展阶段。原来相对充裕的投入要素,比如人力、资源、土地等,目前都趋于紧张,物价上涨压力较大,内需与外需、投资与消费的结构性失衡问题较为突出,制约财政金融发展的体制机制障碍依旧存在。

(一)财政金融发展的国际经济背景

1. 全球经济缓慢复苏,主要国家经济增速回落

2010年以来,世界经济呈现缓慢复苏的状态,但复苏的进程比较严峻、曲折。美国、欧盟、日本等都采取了相关的刺激政策,向市场注入大量流动性,但经济复苏的基础仍不牢固,导致经济增速出现回落。就美国而言,美国经济始终受困于高失业率和通货紧缩风险,究其原因,主要是经济增长动力不足。具体来看,表现在两点:一是原有的经济增长动力(金融业和房地产)短期内难以恢复;二是新的经济增长点(低碳经济和新能源)短期内难以支撑经济复苏。为此,美国试图采用量化宽松货币政策刺激经济。2010年11月,美联储宣布将新增购买6000亿美元的美国国债,然而,目前美国已有陷入"流动性陷阱"的迹象,继续实施量化宽松货币政策对经济复苏收效甚微。但是,这一政策的实

施却给全球经济复苏带来了系统性风险。量化宽松不仅会导致美元加速贬值，抑制其他国家的出口，还会造成全球流动性泛滥，这主要是因为美国是全球最主要的储备货币发行国，全球流动性状况直接受它的货币政策的影响。发达国家实施新一轮量化宽松政策，全球流动性泛滥，最终给新兴经济体的长期发展带来挑战。目前新兴经济体普遍面临通胀压力持续升温和经济增长放缓的双重压力。

2. 国际金融环境加剧动荡，欧美债务危机继续扩散

受 2008 年国际金融危机的影响，欧美主权国家债务危机问题逐步凸现，它成为后金融危机时代欧美发达国家经济复苏的主要制约因素。2011 年，欧元区法国财政赤字占 GDP 比重从 2010 年的 7.1% 降至 5.2%，但是公共债务占 GDP 比重从 2010 年的 82.3% 增至 85.8%[①]；美国财政赤字占 GDP 比重降至 8.27%，但主权债务上限又再次突破；日本财政赤字占 GDP 比重增至 10.1%，总负债率增至 233%[②]。尽管主权债务危机发生在欧元区及美国等几个国家，但随着债务和赤字水平的不断攀高，势必影响其他发达国家经济体，导致其主权违约风险的可能性加大，从而加大世界经济发展的不稳定性。目前，欧美债务危机已由最初的流动性危机演变为当前的债务可持续性问题，危机迅速向其他国家蔓延。虽然欧洲债务危机的发生是国际金融危机的延续，但欧盟内在的结构性问题才是欧洲债务危机发生的根本原因。欧元区国家实行统一的货币政策，在面临经济问题时，只能采用财政政策，最终导致财政赤字居高不下，引发债务危机。欧元区国家的高福利体系也是引发债务危机的社会原因。欧美债务问题短期内难以得到有效解决，必将在长期内反复冲击金融市场。

（二）财政金融发展的国内经济背景

1. 国内经济平稳运行，发展潜力突出

2012 年，面对复杂严峻的国际经济形势，我国 GDP 同比增长 7.8%，扣除价格因素，社会消费品零售总额增长 12.1%，固定资产投资增长 19.0%，进出口总额增长 6.2%，贸易顺差有所增加。[③] 可见，我国经济运行总体平稳。"十二五"期间，城镇化对拉动我国经济发展具有非常重要的作用。在外需增长空间不大的情况下，内需成为我国经济增长的主要动力。通过大力发展城镇化，一方面可以加强基础设施建设，扩大国内投资需求；另一方面通过人群集聚，提高服务需求和消费倾向。这两方面都可以有效拉动内需。[④] 城镇化水平的持续上升，给财政工作带来了一系列挑战。城市基础设施的建设、保障性住房市场的建设、城市基本公共服务的均等化等都需要较大的财力支持。

2. 结构性和体制性矛盾依旧存在

长期以来，我国经济发展模式属于劳动密集型和资源密集型，现阶段面临的问题是：劳动力供给趋于紧张，人口红利正在消失，环境和资源压力也越来越大。加快转变经济发

---

① http：//world. xinhua08. com/a/20120331/932246. shtml.

② http：//economy. caijing. com. cn/2012 - 04 - 02/111797263. html.

③ 2012 年全国统计公报，http：//www. stats. gov. cn/tjgb/ndtjgb/qgndtjgb/t20130221_ 402874525. htm。

④ 中国社会科学院财政与贸易经济研究所课题组：《"十二五"时期的宏观经济社会环境》，《经济研究参考》2011 年第 3 期。

展方式刻不容缓。目前我国通胀压力明显加大。一方面全球经济增长放缓，发达国家形势恶化，发达国家实施量化宽松货币政策，导致国际流动性泛滥，输入性通胀压力持续存在；另一方面，在外汇占款和银行信贷规模不断扩张的双重推动下，国内流动性充裕，在较长的一段时期内，我国可能面临持续较大的通胀压力。2010年底召开的中央经济工作会议将"稳增长""调结构""抑通胀"定为2011年全国经济工作的主要任务，事实上，这三大任务也将是"十二五"期间财政金融工作的首要任务。

综合判断国际国内形势，"十二五"时期，我国财政金融发展仍处于重要的战略机遇期。从国际看，金融危机促使全球金融监管规则不断改进，加强金融宏观审慎管理、防范系统性金融风险已成为国际社会共识，对资本、流动性、系统重要性金融机构和"影子银行"的监管将得到加强，这就为我国借鉴国际标准、推进财政金融改革提供了新动力。从国内看，"十一五"时期财政金融发展和改革取得的巨大成就，为"十二五"时期的发展创造了有利条件。我国工业化、信息化、城镇化、市场化、国际化深入发展，国民收入稳步增加，经济结构转型加快，为财政金融发展提供了坚实基础。因此，要抓住当前的重要战略机遇期，努力开创"十二五"时期财政金融发展的新局面。

二 "十二五"中期全国各省、市、区财政金融发展取得的成就

（一） 财政收入规模不断扩大，综合经济实力进一步增强

"十二五"规划实施以来，地方财政收入占GDP比重稳步提高，人均地方财政收入实现较快增长，财政收入的持续快速增长为改善民生、促进经济发展和社会进步、实现科学发展和经济发展方式转变提供了坚实的财力保障。"十二五"中期全国各省、市、区财政收入变化情况如表3-1所示。此外，"十二五"中期，财政收入结构逐渐调整优化，税收收入占地方财政收入比重逐年减少，逐步形成了"以税收收入为主、非税收入为辅"的财政收入格局，有效发挥了税收组织财政收入和调节经济运行的作用，进一步健全了财政收入规范稳定的增长机制。

表3-1 "十二五"中期各省、市、区财政收入情况

指标 地区	2012年				与2010年相比年均变化幅度（%）			
	地方财政收入（亿元）	地方财政收入占GDP比重（%）	人均地方财政收入（元）	税收收入占财政收入比重（%）	地方财政收入	地方财政收入占GDP比重	人均地方财政收入	税收收入占财政收入比重
全 国	61078.29	11.77	4510.82	77.47	22.63	7.87	22.04	-1.91
东 部	32679.08	11.04	6350.27	83.06	19.18	5.54	18.26	-1.62
中 部	10326.63	8.85	2874.36	70.04	27.31	9.37	26.90	-2.24
西 部	12762.78	11.20	3503.61	70.73	27.32	7.64	26.69	-1.80
东 北	5309.80	10.37	4838.79	73.74	25.66	7.50	25.55	-0.66

续表

指标 地区	2012 年				与2010年相比年均变化幅度（%）			
	地方财政收入（亿元）	地方财政收入占GDP比重（%）	人均地方财政收入（元）	税收收入占财政收入比重（%）	地方财政收入	地方财政收入占GDP比重	人均地方财政收入	税收收入占财政收入比重
北 京	3314.93	18.54	16019.59	94.26	18.67	5.43	15.55	-0.73
天 津	1760.02	13.65	12454.59	62.82	28.32	8.54	23.05	-7.02
河 北	2084.28	7.84	2860.07	74.87	25.10	9.59	24.29	-3.64
山 西	1516.38	12.52	4199.53	68.93	25.05	8.99	24.42	-1.77
内蒙古	1552.75	9.78	6236.30	72.12	20.47	3.28	20.04	1.25
辽 宁	3105.38	12.50	7075.37	74.62	24.46	7.27	24.26	-0.68
吉 林	1041.25	8.21	3785.82	73.04	31.47	8.66	31.38	0.08
黑龙江	1163.17	8.50	3033.83	72.03	24.07	7.97	24.06	-1.15
上 海	3743.71	18.55	15727.01	91.53	14.14	5.27	12.26	-1.44
江 苏	5860.69	10.84	7399.88	81.60	19.85	4.92	19.47	0.25
浙 江	3441.23	9.93	6283.05	93.80	14.86	2.71	14.54	-0.37
安 徽	1792.72	10.42	2993.85	72.80	24.89	5.83	24.56	-1.73
福 建	1776.17	9.02	4738.99	81.09	24.20	7.42	23.28	-1.69
江 西	1371.99	10.60	3046.21	71.29	32.79	13.45	32.17	-2.63
山 东	4059.43	8.12	4191.47	75.14	21.51	7.53	20.90	-1.97
河 南	2040.33	6.89	2169.18	72.03	21.54	7.35	21.53	-1.07
湖 北	1823.05	8.05	3154.62	72.65	34.27	12.71	33.67	-2.82
湖 南	1782.16	8.04	2684.40	62.33	28.36	9.21	27.69	-3.95
广 东	6229.18	10.92	5879.91	81.45	17.43	5.45	16.58	-1.65
广 西	1166.06	8.95	2490.52	65.39	22.90	5.31	21.95	-2.76
海 南	409.44	14.34	4618.32	85.68	22.92	4.52	21.66	-1.04
重 庆	1703.49	14.93	5784.34	56.95	33.76	11.48	32.38	-6.60
四 川	2421.27	10.14	2998.03	75.46	24.52	5.65	24.28	-0.09
贵 州	1014.05	14.80	2910.55	67.22	37.84	12.96	37.74	-4.76
云 南	1338.15	12.98	2872.18	79.50	23.94	3.75	23.17	-0.68
西 藏	86.58	12.35	2814.60	80.92	53.71	30.78	51.85	8.32
陕 西	1600.69	11.07	4264.98	70.69	29.25	8.17	28.94	-2.36
甘 肃	520.40	9.21	2018.97	66.83	21.32	3.60	20.90	3.57
青 海	186.42	9.84	3252.38	78.69	30.05	9.83	28.95	-1.25
宁 夏	263.96	11.27	4078.51	78.43	31.11	11.38	29.66	-2.54
新 疆	908.97	12.11	4071.00	76.89	34.75	14.70	33.31	-3.84

注：此表的全国财政数据是地方财政的合计，不包括中央财政。

从全国来看，2012 年，国家财政收入为 117253.52 亿元，与 2010 年相比，年均增长18.78%。其中，中央财政收入为 56175.23 亿元，地方财政收入为 61078.29 亿元，与2010 年相比，年均增长分别达到 14.98% 和 22.63%。地方财政收入占 GDP 比重由 2010年的 10.12% 增加到 2012 年的 11.77%，年均增长 7.87%。人均地方财政收入由 2010 年的 3028.77 元增加到 2012 年的 4510.82 元，年均增长 22.04%。与其他指标不同的是，"十二五"规划实施以来，税收收入占地方财政收入比重由 2010 年的 80.52% 减少到 2012 年的 77.47%，年均下降 1.91%。

从区域来看，2012 年，东部、中部、西部和东北地区的地方财政收入分别为 32679.08 亿元、10326.63 亿元、12762.78 亿元和 5309.8 亿元，2010~2012 年四大区域的地方财政收入年均增长率分别为 19.18%、27.31%、27.32% 和 25.66%，增长幅度都在两位数以上。2012 年四大区域的人均地方财政收入分别为 6350.27 元、2874.36 元、3503.61 元和 4838.79 元，增长幅度也较高，2010~2012 年均增长率分别为 18.26%、26.9%、26.69% 和 25.55%。地方财政收入占 GDP 比重也都在逐年提高，四大区域的地方财政收入占 GDP 比重分别从 2010 年的 9.91%、7.4%、9.67% 和 8.97% 提高到 2012 年的 11.04%、8.85%、11.2% 和 10.37%，年均增长率分别为 5.54%、9.37%、7.64% 和 7.5%。与其他指标不同的是，"十二五"中期，四大区域的税收收入占地方财政收入比重逐年下降，分别由 2010 年的 85.82%、73.29%、73.34% 和 74.73% 下降到 2012 年的 83.06%、70.04%、70.73% 和 73.74%，年均下降幅度分别为 1.62%、2.24%、1.8% 和 0.66%。

从各省、市、区来看，各省、市、区的地方财政收入 2010~2012 年增长都比较快，增速靠前的西藏自治区、贵州省的地方财政收入由 2010 年的 36.65 亿元、533.73 亿元增加到 2012 年的 86.58 亿元、1014.05 亿元，年均增长率达 35% 以上，分别为 53.71% 和 37.84%；增速最低的上海市也达到了 14.14%；其余大部分省、市、区的增速在 15%~35%。地方财政收入占 GDP 比重增长幅度位居前三位的分别是西藏自治区、新疆维吾尔自治区和江西省，2010~2012 年均增长率分别为 30.78%、14.7% 和 13.45%；增长幅度最低的是浙江省，年均增长率为 2.71%。2012 年人均地方财政收入最高的是北京市，达 16019.59 元，2010~2012 年均增长率为 15.55%；2012 年人均地方财政收入最低的是甘肃省，为 2018.97 元，年均增长率为 20.9%；人均地方财政收入增长幅度位居前三位的分别是西藏自治区、贵州省和湖北省，2010~2012 年均增长率分别为 51.85%、37.74% 和 33.67%；上海市的人均财政收入基数较大，年均增长率最低，为 12.26%。2012 年税收收入占地方财政收入比重最高的分别为北京市、浙江省、上海市，分别为 94.26%、93.8%、91.53%，2010~2012 年均增长率分别为 -0.73%、-0.37%、-1.44%；2012 年税收收入占地方财政收入比重最低的是重庆市，仅为 56.95%，年均增长率为 -6.6%。

综上可知，一方面，各省、市、区财政收入的不断壮大为实现全面建成小康社会目标提供了有力的物质基础和财力保障；另一方面，由于非税收收入，特别是土地财政收入的迅猛增长，导致税收收入占地方财政收入比重呈现下降趋势。这也要求我们在保证财政收入不断增长的同时，要关注财政收入结构的可持续性问题。

（二）财政支出结构不断优化，公共财政的民生保障力度进一步加强

自 2011 年开始，财政民生支出被纳入地方政府工作目标任务考核范围。党中央明确

提出围绕推进基本公共服务均等化和主体功能区建设，完善公共财政体系，把更多财政资金投向公共服务领域，以发展社会事业和解决民生问题为重点，不断优化财政支出结构，稳步提升财政用于教育、科技文化、社会保障与就业、医疗卫生、住房保障等公共服务领域的比重，努力实现人民"学有所教、劳有所得、病有所医、老有所养、住有所居"，进一步推进财政体系从经济建设型向公共服务型转变。"十二五"中期全国各省、市、区财政支出变化情况如表3-2所示。

表3-2 "十二五"中期各省、市、区财政支出情况

指标 地区	2012年				与2010年相比年均变化幅度（%）			
	地方财政支出（亿元）	地方财政支出占GDP比重（%）	人均地方财政支出（元）	民生支出占财政支出比重（%）	地方财政支出	地方财政支出占GDP比重	人均地方财政支出	民生支出占财政支出比重
全 国	107188.34	20.66	7916.19	76.42	20.45	5.95	19.86	2.82
东 部	42093.07	14.23	8179.62	74.19	18.09	4.58	17.18	2.72
中 部	22624.88	19.39	6297.51	77.66	22.56	5.28	22.17	2.13
西 部	32269.09	28.33	8858.44	77.95	22.79	3.80	22.18	3.74
东 北	10201.30	19.91	9296.39	78.02	18.73	1.58	18.63	1.62
北 京	3685.31	20.61	17809.44	75.05	16.46	3.47	13.39	2.84
天 津	2143.21	16.62	15166.21	78.34	24.76	5.53	19.63	1.14
河 北	4079.44	15.35	5597.85	77.98	20.27	5.36	19.49	1.98
山 西	2759.46	22.78	7642.17	81.65	19.53	4.18	18.92	2.45
内蒙古	3425.99	21.57	13759.82	80.53	22.76	5.24	22.32	0.97
辽 宁	4558.59	18.35	10386.39	75.68	19.43	2.94	19.24	1.75
吉 林	2471.20	19.48	8984.86	78.30	17.59	-2.81	17.51	1.13
黑龙江	3171.52	23.16	8272.10	81.15	18.64	3.24	18.63	1.85
上 海	4184.02	20.73	17576.73	67.50	12.55	3.80	10.70	3.55
江 苏	7027.67	13.00	8873.34	75.62	19.59	4.69	19.20	3.21
浙 江	4161.88	12.01	7598.83	73.55	13.90	1.86	13.59	2.13
安 徽	3961.01	23.01	6614.91	80.12	23.72	4.84	23.40	2.74
福 建	2607.50	13.23	6957.05	74.39	24.03	7.27	23.11	2.69
江 西	3019.22	23.32	6703.53	75.51	25.29	7.04	24.71	2.12
山 东	5904.52	11.81	6096.58	76.72	19.35	5.62	18.75	2.52
河 南	5006.40	16.91	5322.56	76.70	21.06	6.93	21.05	1.43
湖 北	3759.79	16.59	6505.96	75.36	22.60	2.92	22.06	2.22
湖 南	4119.00	18.59	6204.32	77.46	23.46	5.04	22.82	2.18
广 东	7387.86	12.95	6973.62	70.96	16.73	4.82	15.89	2.82
广 西	2985.23	22.90	6375.96	76.14	21.94	4.48	21.00	2.15
海 南	911.67	31.93	10283.38	75.90	25.23	6.48	23.95	0.83
重 庆	3046.36	26.70	10344.18	81.34	33.51	11.27	32.13	2.31
四 川	5450.99	22.83	6749.45	77.40	13.15	-4.00	12.93	13.68

续表

指　标　　地　区	2012 年				与 2010 年相比年均变化幅度（%）			
	地方财政支出（亿元）	地方财政支出占GDP比重（%）	人均地方财政支出（元）	民生支出占财政支出比重（%）	地方财政支出	地方财政支出占GDP比重	人均地方财政支出	民生支出占财政支出比重
贵　州	2755.68	40.22	7909.38	73.29	29.96	6.51	29.87	-0.35
云　南	3572.66	34.65	7668.29	80.81	25.02	4.65	24.25	2.86
西　藏	905.34	129.14	29430.41	63.51	28.18	9.06	26.63	-0.07
陕　西	3323.80	23.00	8856.17	78.64	22.39	2.43	22.10	1.89
甘　肃	2059.56	36.45	7990.39	79.28	18.42	1.13	18.02	3.13
青　海	1159.05	61.21	20221.75	81.74	24.86	5.45	23.80	0.20
宁　夏	864.36	36.92	13355.61	79.20	24.51	5.78	23.14	1.43
新　疆	2720.07	36.24	12182.42	75.87	26.53	7.70	25.18	1.39

注：财政部将教育、科技、文化体育与传媒、社会保障和就业、医疗卫生、节能环保、城乡社区事务、农林水事务、交通运输、商业服务业等事务、国土资源气象等事务、住房保障支出、粮油物资储备管理事务等 13 个方面确定为财政民生支出统计范围。

从全国来看，2012 年，国家财政支出为 125952.97 亿元，与 2010 年相比，年均增长 18.38%。其中，中央财政支出为 18764.63 亿元，地方财政支出为 107188.34 亿元，与 2010 年相比，年均增长分别为 8.33% 和 20.45%。2012 年地方财政支出占 GDP 的比重为 20.66%，人均地方财政支出为 7916.19 元，民生财政支出占地方财政支出的比重为 76.42%，与 2010 年相比，年均增长率分别达到 5.95%、19.86% 和 2.82%。

从区域来看，2012 年东部、中部、西部和东北地区的地方财政支出分别为 42093.07 亿元、22624.88 亿元、32269.09 亿元和 10201.3 亿元，与 2010 年相比，年均增长率分别达到 18.09%、22.56%、22.79% 和 18.73%，增长幅度都在 18% 以上。"十二五"中期，四大区域的人均地方财政支出呈现上升趋势，2010～2012 年均增长率分别达到 17.18%、22.17%、22.18% 和 18.63%。2012 年四大区域的地方财政支出占 GDP 比重分别为 14.23%、19.39%、28.33% 和 19.91%，年均增长率分别为 4.58%、5.28%、3.8% 和 1.58%。四大区域的民生支出占地方财政支出比重分别由 2010 年的 70.31%、74.46%、72.43% 和 75.55% 增加到 2012 年的 74.19%、77.66%、77.95% 和 78.02%，年均增长率分别为 2.72%、2.13%、3.74% 和 1.62%。

从各省、市、区来看，地方财政支出都有较大幅度的增长。2012 年，地方财政支出规模最大的是广东省，为 7387.86 亿元，与 2010 年相比，年均增长率达到 16.73%，地方财政支出规模达到 5000 亿以上的还有江苏省、山东省、四川省和河南省，分别为 7027.67 亿元、5904.52 亿元、5450.99 亿元和 5006.4 亿元，与 2010 年相比，年均增长率分别为 19.59%、19.35%、13.15% 和 21.06%；重庆市 2010～2012 年地方财政支出增长幅度最大，达到 33.51%，其次是贵州省和西藏自治区，年均增长率也分别达到了 29.96% 和 28.18%。2012 年西藏自治区的地方财政支出占 GDP 比重最大，达到

129.14%，这主要是因为中央对西藏自治区的税收返还和转移支付比重很大。此外，青海省、贵州省、宁夏回族自治区、甘肃省、新疆维吾尔自治区等西部省份的地方财政支出占GDP比重都较大；重庆市2010~2012年地方财政支出占GDP比重增长幅度最大，达到11.27%，西藏自治区和新疆维吾尔自治区的年均增长率紧随其后，分别为9.06%和7.7%。2012年西藏自治区的人均地方财政支出最大，为29430.41元，与2010年相比，年均增长率为26.63%，人均地方财政支出超过万元的省、市、区还有青海省、北京市、上海市、天津市、内蒙古自治区、宁夏回族自治区、新疆维吾尔自治区、辽宁省、重庆市、海南省等；重庆市在"十二五"中期的人均地方财政支出增长幅度最大，达到32.13%，增长幅度较大的还有贵州省、西藏自治区、新疆维吾尔自治区等3个省份，都在25%以上。2012年各省、市、区的民生支出占地方财政支出比重都在60%以上，青海省的81.74%为最高；四川省2010~2012年民生支出占地方财政支出比重增长幅度最大，达到13.68%，上海市次之，为3.55%。在财政持续有力的支持下，各个地区的城乡免费义务教育得以全面实现，社会保障体系不断健全，覆盖城乡居民的基本医疗保障制度体系更加健全，文化事业发展进一步加快，城乡社区公共服务得到明显改善，各项社会事业都取得了显著的发展成就。

（三）财政支出效益不断提高，财政绩效管理进一步增强

"十二五"中期，随着财政支出的规模和范围的迅速扩大，对财政管理科学化、精细化的要求越来越高，党中央强调把提高财政支出效益摆在地方财政管理的首位，因此，积极探索财政绩效管理模式的创新和改革就成为必然。2012年财政部发布了《预算绩效管理工作规划（2012~2015年）》，要求推进重大民生支出项目和企业使用财政性资金绩效评价，全面加强绩效管理。综合来看，"十二五"规划实施以来，我国财政支出效益表现较好，服务经济社会发展的作用不断增强，各级财政认真贯彻落实"工业反哺农业、城市支持农村"和"多予、少取、放活"的方针政策，不断加大财政对"三农"的投入力度，取得了显著的成效。"十二五"中期全国各省、市、区财政支出效益情况如表3-3所示。

表3-3 "十二五"中期各省、市、区财政支出效益情况

指标 地区	2012年			与2010年相比年均变化幅度（%）		
	投入产出弹性（GDP增速/财政支出增速）	城镇居民收入弹性（城镇居民人均可支配收入增速/财政支出增速）	农村居民收入弹性（农民人均纯收入增速/财政支出增速）	投入产出弹性	城镇居民收入弹性	农村居民收入弹性
全　国	0.62	0.81	0.86	-14.02	23.01	10.56
东　部	0.70	0.91	0.97	-9.95	30.85	22.74
中　部	0.65	0.73	0.77	-21.57	16.45	4.26
西　部	0.77	0.75	0.85	-12.04	23.17	7.55
东　北	0.88	0.92	0.93	-7.93	28.74	1.94

续表

指 标 地 区	2012 年			与 2010 年相比年均变化幅度（%）		
	投入产出弹性（GDP 增速/财政支出增速）	城镇居民收入弹性（城镇居民人均可支配收入增速/财政支出增速）	农村居民收入弹性（农民人均纯收入增速/财政支出增速）	投入产出弹性	城镇居民收入弹性	农村居民收入弹性
北 京	0.74	0.80	0.87	−11.38	25.32	4.59
天 津	0.73	0.52	0.72	−15.08	−6.96	0.38
河 北	0.55	0.80	0.88	−22.40	24.11	6.33
山 西	0.47	0.75	0.81	−33.67	23.02	28.24
内 蒙 古	0.72	0.92	1.00	−18.92	19.10	22.48
辽 宁	0.71	0.81	0.78	−20.45	11.61	−2.98
吉 林	1.64	1.11	1.18	33.73	51.60	15.60
黑 龙 江	0.65	0.97	0.99	−20.67	37.67	1.23
上 海	0.75	1.59	1.59	−25.45	26.50	17.77
江 苏	0.78	0.98	1.00	−7.35	36.92	26.47
浙 江	0.87	1.39	1.36	−5.81	61.35	48.40
安 徽	0.63	0.65	0.75	−24.39	5.98	−5.27
福 建	0.65	0.68	0.73	−19.81	9.97	14.25
江 西	0.56	0.71	0.71	−25.96	25.27	8.13
山 东	0.57	0.72	0.73	−0.96	27.06	17.61
河 南	0.56	0.69	0.78	−27.45	5.93	−4.02
湖 北	0.91	0.79	0.82	−12.27	14.90	0.57
湖 南	0.74	0.77	0.78	−14.82	32.35	9.51
广 东	0.72	1.23	1.24	4.52	69.27	47.91
广 西	0.65	0.73	0.86	−18.69	29.26	20.15
海 南	0.77	0.81	0.87	−21.82	9.44	23.77
重 庆	0.75	0.72	0.75	6.69	43.69	16.68
四 川	0.82	0.81	0.86	−15.94	13.36	6.70
贵 州	0.90	0.59	0.65	−1.98	6.18	−10.98
云 南	0.73	0.61	0.67	−14.86	−4.08	−18.66
西 藏	0.81	0.58	0.86	−3.58	−2.75	−7.43
陕 西	1.16	1.02	1.09	−0.45	37.08	7.21
甘 肃	0.84	0.97	1.02	−16.92	27.77	10.43
青 海	0.67	0.64	0.83	19.53	91.19	68.21
宁 夏	0.51	0.57	0.63	−23.18	32.52	8.93
新 疆	0.71	0.81	0.92	−17.28	37.13	10.69

注：此表计算的"GDP 增速"为名义增速。

从全国来看，财政支出的投入产出弹性由 2010 年的 0.85 下降到 2012 年的 0.62，年均下降 14.02%。财政支出对城镇居民人均可支配收入的拉动作用呈现上升趋势，城镇居民收入弹性由 2010 年的 0.54 上升到 2012 年的 0.81，年均增长 23.01%。财政支出对农民人均纯收入的拉动作用不断增强，农村居民收入弹性由 2010 年的 0.71 上升至 2012 年的 0.86，年均增长 10.56%。

从区域来看，2012 年，东部、中部、西部和东北地区的财政投入产出弹性分别为 0.70、0.65、0.77 和 0.88，与 2010 年相比，全国 31 个省、市、区的财政投入产出弹性都趋于下降。2012 年四大区域的城镇居民收入弹性分别为 0.91、0.73、0.75 和 0.92，与 2010 年相比，所有地区的城镇居民收入弹性都表现出上升趋势。2012 年四大区域的农村居民收入弹性分别为 0.97、0.77、0.85 和 0.93，与 2010 年相比，年均增长率分别达到 22.74%、4.26%、7.55% 和 1.94%。

从各省、市、区来看，财政支出效益的差异较大。2012 年，吉林省的投入产出弹性最大，为 1.64，与 2010 年相比，年均增长 33.73%；上海市的城镇居民收入弹性和农村居民收入弹性都是最大的，分别为 1.589 和 1.586，与 2010 年相比，年均增长率分别达到 26.5% 和 17.77%。2012 年投入产出弹性最小的是山西省，为 0.47，2010～2012 年均增长率为负数，即 -33.67%；2012 年只有吉林省、青海省、重庆市、广东省的投入产出弹性相比 2010 年是处于上升趋势，其他 27 个省、市、区的投入产出弹性都趋于下降。2012 年城镇居民收入弹性最小的是天津市，为 0.52，2010～2012 年均增长率为 -6.96%；2012 年只有西藏自治区、云南省、天津市的城镇居民收入弹性相比 2010 年处于下降趋势，其他 28 个省、市、区的城镇居民收入弹性都处于上升趋势。2012 年农村居民收入弹性最小的是宁夏回族自治区，为 0.63，但 2010～2012 年均增长率也达到 8.93%；2012 年，除了辽宁省、河南省、安徽省、西藏自治区、贵州省和云南省外，其他 25 个省、市、区的农村居民收入弹性相比 2010 年都处于上升趋势。

（四）银行业运行总体稳健，货币信贷适度增长

2012 年，各地区金融运行稳定，金融机构改革稳步推进，地区间金融机构发展更协调，金融生态环境进一步改善。各地区银行业金融机构个数、从业人员稳步增加，资产规模增长较快。个人消费贷款有了较快增长，尤其是中西部及东北地区个人消费贷款增长相对较快，2012 年末，东部、中部、西部和东北地区人民币个人消费贷款余额增速分别为 11.0%、20.5%、17.8% 和 17.1%，分别比本外币中长期贷款余额增速高出 4.5 个、7.6 个、6.0 个和 5.0 个百分点。[①] 各地区贷款投放总体较为均衡，中西部本外币贷款余额增速高于东部，贷款重点投向先进制造业、战略性新兴产业、经济薄弱环节和民生工程等领域。农村金融产品和服务方式创新步伐加快，各地区通过积极推广多样化的小额信贷产品、创新贷款担保方式、积极支持农村产权要素流转等方式有效满足"三农"领域多样化金融需求。"十二五"中期全国各省、市、区银行业金融机构发展情况如表 3 - 4 所示。

---

① 数据来源于中国人民银行《中国区域金融运行报告》（2012）。

表 3 - 4　"十二五"中期各省、市、区银行业金融机构发展情况

指标 地区	2012 年				与2010 年相比年均变化幅度（%）			
	银行业金融机构资产总额（亿元）	人均存款余额（元）	人均贷款余额（元）	中长期贷款占贷款余额比重（%）	银行业金融机构资产总额	人均存款余额	人均贷款余额	中长期贷款占贷款余额比重
全　国	**1215283.20**	**68295.66**	**47553.91**	**55.45**	**16.96**	**14.25**	**13.68**	**- 4.49**
东　部	740575.70	104620.27	73326.15	51.12	17.44	11.91	12.36	- 6.22
中　部	155533.40	41179.13	26740.31	57.05	8.74	16.30	15.56	- 1.40
西　部	230287.60	47701.85	34218.64	66.42	21.74	16.87	18.10	- 3.91
东　北	**88886.50**	**58920.94**	**41770.92**	**57.96**	**17.42**	**12.85**	**15.52**	**- 1.08**
北　京	131436.00	409980.67	208715.51	60.97	18.80	9.91	5.95	- 7.83
天　津	35114.80	143606.84	130182.92	58.16	33.38	6.34	10.81	- 7.01
河　北	41430.70	47008.10	29252.79	53.73	16.29	13.46	14.87	- 2.96
山　西	28915.60	67898.52	36587.99	54.28	14.19	14.10	15.94	- 1.50
内蒙古	18813.00	54914.95	45755.77	59.76	19.73	14.67	18.96	- 3.76
辽　宁	46887.00	80436.32	59937.34	58.61	15.75	11.99	15.60	- 1.70
吉　林	18497.60	46582.68	33706.01	60.94	18.69	14.83	12.77	1.44
黑龙江	23501.90	43142.15	26760.30	53.59	19.90	13.12	17.81	- 1.70
上　海	90304.00	266990.84	172164.27	57.58	14.92	8.53	7.74	- 4.79
江　苏	96582.50	98622.72	72794.12	47.69	16.18	13.18	13.87	- 5.33
浙　江	84969.00	121743.84	108652.91	34.90	14.90	10.32	12.28	- 6.66
安　徽	29796.70	38763.36	28048.10	57.12	21.20	18.38	19.31	- 3.34
福　建	41277.90	66856.46	59838.58	50.94	20.06	14.74	17.81	- 3.10
江　西	21523.80	37387.33	24600.95	55.76	20.55	18.37	18.31	- 4.09
山　东	69434.50	57187.99	44295.34	39.64	18.08	14.73	14.25	- 10.03
河　南	9608.40	33989.37	21583.78	47.33	- 41.72	17.27	12.62	- 1.67
湖　北	35776.00	48897.56	32933.38	61.56	18.30	13.43	13.48	- 0.77
湖　南	29912.90	34865.86	23570.97	67.35	21.06	17.32	15.94	1.14
广　东	142743.40	99206.72	63316.12	61.10	16.44	12.38	12.97	- 6.02
广　西	21544.20	34102.09	26389.36	69.10	20.87	15.36	16.39	- 6.23
海　南	7282.90	57635.78	43873.44	80.65	15.38	8.95	23.22	- 0.94
重　庆	28081.90	65955.52	52951.44	70.39	24.61	18.22	17.84	- 5.87
四　川	52603.50	51480.65	32395.56	67.05	21.00	16.52	15.65	- 3.54
贵　州	13563.00	30331.77	23966.80	76.72	23.77	19.51	20.19	- 1.73
云　南	23054.70	38766.90	30412.11	68.07	18.84	15.05	14.35	- 3.16
西　藏	2170.30	66777.19	21585.07	69.98	34.65	24.34	46.53	- 0.56
陕　西	29958.40	60865.58	37670.83	67.47	20.28	17.06	17.32	- 2.62
甘　肃	13646.00	39299.72	27920.31	58.65	26.10	18.65	24.97	- 0.82
青　海	4839.00	61733.87	50044.49	69.52	20.69	22.26	24.04	- 2.78
宁　夏	4991.20	54191.20	52103.71	58.15	21.84	15.15	16.74	- 6.57
新　疆	17022.40	55641.40	37558.56	55.98	23.50	16.89	25.49	- 3.49

数据来源：《中国区域金融运行报告》2010、2011、2012。

从全国来看，全国银行业金融机构资产总额由 2010 年的 88.84 万亿元增加到 2012 年的 121.53 万亿元，年均增长率达到 16.96%。2012 年人均存款余额和人均贷款余额分别为 68295.66 元和 47553.91 元，与 2010 年相比，年均增长率分别达到 14.25% 和 13.68%。2012 年中长期贷款占贷款余额比重为 55.45%，与 2010 年相比，年均增长率为 -4.49%。

从区域来看，2012 年东部、中部、西部和东北地区的银行业金融机构资产总额分别达到 74.06 万亿元、15.55 万亿元、23.03 万亿元和 8.89 万亿元，与 2010 年相比，年均增长率分别达到 17.44%、8.74%、21.74% 和 17.42%，增长幅度都较大。四大区域的人均存款余额分别达到 104620.27 元、41179.13 元、47701.85 元和 58920.94 元，人均贷款余额分别达到 73326.15 元、26740.31 元、34218.64 元和 41770.92 元，可以看出东部地区的银行业发展程度远远领先于其他区域。但西部地区的人均存款余额和人均贷款余额在 2010～2012 年的年均增长率最高，分别达到 16.87% 和 18.10%，发展潜力较大。四大区域的中长期贷款占贷款余额比重分别为 51.12%、57.05%、66.42% 和 57.96%，与 2010 年相比，下降幅度最小的为东北地区，中长期贷款占比减少了 1.08%。

从各省、市、区来看，广东省、北京市、上海市、江苏省、浙江省等东部沿海省市的银行业总体发展良好，2012 年银行业金融机构资产总额最大的省份为广东省，达到 142743.4 亿元，与 2010 年相比，年均增长率达到 16.44%；年均增长率最大的为西藏自治区，达到 34.65%。2012 年人均存款余额和人均贷款余额最大的是北京市，分别达到 409980.67 元和 208715.51 元，与 2010 年相比，年均增长率分别为 9.91% 和 5.95%；贵州省的人均存款余额最低，为 30331.77 元，年均增长率达到 19.51%；河南省的人均贷款余额最低，为 21583.78 元，年均增长率为 12.62%。海南省的中长期贷款占贷款余额比重最高，达到 80.65%，年均增长率为 -0.94%；浙江省的中长期贷款占贷款余额比重最低，仅为 34.9%，年均增长率为 -6.66%。

（五）证券市场平稳发展，总体规模不断扩大

"十二五"期间，全国各地区的证券业全面贯彻科学发展观，认真落实中央关于证券业发展和改革的方针及战略部署，着力推进资本市场基础性制度建设，充分发挥证券业在全面建设小康社会中的重要作用，促进经济社会全面协调可持续发展。2012 年，证券市场平稳发展，上市公司数量持续增加，债券筹资额增加。境内上市公司总数（A、B 股）为 2499 家，其中创业板上市公司 355 家，中小板上市公司 701 家；沪、深交易所全年债券累计筹资 2722.8 亿元，其中公司债筹资额占比最高，高达 90.8%。但股票市场筹资规模减少，市场成交量萎缩。2012 年各类企业和金融机构在境内外股票市场上通过发行、增发、配股等方式累计筹资 3862 亿元，比 2011 年减少 33.4%。多层次资本市场建设稳步推进，新股发行、退市等重点领域改革稳步推进。各地区证券经营机构业务发展多元化，创新业务不断推出，内部控制水平提高，规范经营与风险管理意识增强。天津、吉林等省份积极推进上市公司股改工作，加快上市公司重大资产重组步伐，广东积极推进证券公司增资扩股和股权转让，浙江、湖北、湖南、贵州各证券公司积极创新，整体抗风险能力提高，辽宁、宁夏等省份证券公司积极开展融资融券、IB 业务等新业务。另外，2012 年 9

月，非上市股份公司股份转让（简称"新三板"）试点扩大，除北京中关村科技园区外，新增上海张江高新产业开发区、武汉东湖新技术产业开发区、天津滨海高新区。"十二五"中期全国各省、市、区证券业发展情况如表3-5所示。

表3-5　"十二五"中期各省、市、区证券业发展情况

指标 地区	2012年				与2010年相比年均变化幅度（%）			
	当年国内A股市场筹资额（亿元）	当年国内债券筹资额（亿元）	国内上市公司数（家）	人均证券市场筹资额（元）	当年国内A股市场筹资额	当年国内债券筹资额	国内上市公司数	人均证券市场筹资额
全　国	4382.30	36699.80	2499	3081.02	-32.59	50.40	10.03	23.76
东　部	2790.10	26939.10	1623	5884.90	-37.53	49.39	12.30	22.13
中　部	555.40	3914.80	371	1250.96	-29.14	47.76	8.87	21.79
西　部	823.50	4311.80	366	1425.38	-7.49	55.07	4.06	31.87
东　北	213.30	1534.10	139	1592.40	-29.18	64.61	5.03	30.76
北　京	705.00	16969.00	217	85410.53	-45.90	43.56	15.03	25.48
天　津	37.40	612.50	38	4598.95	-27.73	33.83	2.74	-15.01
河　北	91.50	543.10	48	872.45	3.88	31.10	6.90	25.14
山　西	52.60	818.00	34	2411.08	-51.43	70.01	4.73	30.50
内蒙古	123.30	481.70	24	2658.79	396.59	71.38	9.54	97.21
辽　宁	148.40	1097.50	70	2838.69	-26.21	48.24	7.12	24.52
吉　林	59.60	92.60	38	553.37	97.37	48.48	4.20	62.87
黑龙江	5.30	344.00	31	911.06	-80.36	273.19	1.65	46.78
上　海	139.50	1432.50	203	8708.51	-59.93	44.79	7.09	7.48
江　苏	343.60	2287.30	236	3321.85	-33.12	82.73	18.17	34.12
浙　江	237.00	1368.00	246	2930.44	-42.33	91.05	15.00	21.15
安　徽	41.60	872.20	78	1526.05	-50.68	62.82	9.54	34.84
福　建	46.90	527.10	87	1585.38	-65.70	84.71	9.17	-5.61
江　西	80.00	251.90	33	745.57	-19.68	47.36	4.88	17.74
山　东	430.90	1414.10	153	1938.67	10.48	77.88	11.08	46.60
河　南	189.00	664.80	66	929.19	15.37	78.78	13.76	58.02
湖　北	104.00	717.40	84	1421.35	-30.93	14.31	7.27	3.03
湖　南	88.20	590.50	76	1022.30	-37.82	38.46	9.83	1.84
广　东	659.00	1678.00	369	2205.97	-30.44	43.75	12.03	2.93
广　西	5.30	323.30	30	701.84	-71.73	73.02	5.41	28.32
海　南	99.30	107.50	26	2332.64	-9.82	116.19	8.71	18.16
重　庆	30.00	556.40	37	1991.17	-56.51	83.80	4.32	15.27
四　川	252.50	873.50	90	1394.22	7.92	76.63	4.13	50.26
贵　州	20.80	304.00	21	932.24	-38.05	86.93	5.13	51.56
云　南	0.70	292.10	28	628.46	-88.82	-9.67	0.00	-16.42
西　藏	7.40	0	10	240.56	-64.25	—	5.41	-64.68
陕　西	64.10	590.80	39	1744.96	-41.98	47.00	2.67	18.55
甘　肃	88.20	267.00	24	1379.22	308.63	29.59	4.45	46.59
青　海	3.40	199.00	10	3531.24	—	79.16	0.00	79.14
宁　夏	23.50	9.00	12	502.17	63.42	-5.13	0.00	30.03
新　疆	204.00	415.00	41	2772.33	19.44	80.77	5.27	33.48

数据来源：中国人民银行《中国区域金融运行报告》2010、2011、2012。"—"表示2010年或2012年该指标值为0。

从全国来看，2012 年国内 A 股市场筹资额为 4382.3 亿元，与 2010 年相比，年均下降 32.59%；当年国内债券筹资额高达 36699.8 亿元，与 2010 年相比，年均增长 50.4%；2012 年国内上市公司数为 2499 家，与 2010 年相比，年均增长 10.03%；人均证券市场筹资额为 3081.02 元，与 2010 年相比，年均增长 23.76%。

从区域来看，2012 年东部、中部、西部和东北地区的国内 A 股市场筹资额分别为 2790.1 亿元、555.4 亿元、823.5 亿元和 213.3 亿元，东部地区明显高于其他三个地区，但东部地区在"十二五"中期的下降幅度也最大，下降了 37.53%。国内债券市场筹资额、国内上市公司数以及人均证券市场筹资额的发展情况和国内 A 股市场筹资额相似，东部地区所占比重最大，具体来看，东部地区的债券筹资额达到 26939.1 亿元，占全国的比重为 73.4%，与 2010 年相比，年均增长率为 49.39%；国内上市公司数为 1623 家，为全国上市公司数的 64.95%，与 2010 年相比，年均增长 12.3%；人均证券市场筹资额达到 5884.9 元，与 2010 年相比，年均增长 22.13%。

从各省、市、区来看，2012 年北京市的国内 A 股市场筹资额、国内债券筹资额和人均证券市场筹资额均居全国首位，分别为 705 亿元、16969 亿元和 85410.53 元，与 2010 年相比，年均增长率分别为 -45.9%、43.56% 和 25.48%。广东省的国内上市公司数居全国首位，达到 369 家，与 2010 年相比，年均增长 12.03%。西部地区的证券业发展相对比较落后，尤其是宁夏回族自治区、云南省、广西壮族自治区、贵州省等省份的证券业还处于起步阶段，此外东部地区的河北省，中部地区的江西省，东北地区的黑龙江省、吉林省等省份的人均证券市场筹资额等也处于全国较低水平，都有待于进一步的拓展和提升。

（六）保险业机构规模稳步扩张

2012 年，各项保险业务稳健发展，保险市场体系更加健全，保险业资产总额和保险费净收入稳步增长，保险结构调整优化，人身险业务增速趋缓，财产险进一步保持较快增势，农业保险的保费规模和保险覆盖面持续较快增长，保险公司的国际影响力和竞争力不断提高。随着保险市场化改革进一步深化和居民投保意识日益增强，各地区保险业积极开发新产品、创新业务模式，保险市场规模持续壮大，影响日益显现，效益更加突出。2012 年末全国保险法人公司合计 153 家，比 2011 年增加了 13 家，东部地区保险法人公司占全国 86.9%。在全国 31 个省、市、区中，广东、江苏、山东三个省保费收入位列前三。地区间保险密度差异较大，东部地区保险密度最高，东北地区次之，中西部地区保险密度总体水平较低。保险深度大多数省份出现下降。"十二五"中期全国各省、市、区保险业发展情况如表 3-6 所示。

从全国来看，保险费净收入由 2010 年的 11334.5 亿元减少到 2012 年的 10753.8 亿元，年均下降 2.6%。保险密度由 2010 年的 1085.97 元/人增加到 2012 年的 1142.81 元/人，年均增长 2.58%。2012 年全国的保险深度为 2.67%，比 2010 年的 3.31% 低，这与保险业的总体收入增速低于 GDP 增长速度有关。

从区域来看，2012 年东部地区的保险费净收入和保险密度都比较高，分别为 5838.1 亿元和 1630.75 元/人，与 2010 年相比，保险费净收入下降了 2.90%，保险密度增加了 2.25%。

表 3－6 "十二五"中期各省、市、区保险业发展情况

指标 地区	2012 年			与 2010 年相比年均变化幅度（%）		
	保险费净收入 （亿元）	保险密度 （元/人）	保险深度 （%）	保险费净收入	保险密度	保险深度
全　国	**10753.80**	**1142.81**	**2.67**	**－2.60**	**2.58**	**－10.31**
东　部	**5838.10**	**1630.75**	**2.84**	**－2.90**	**2.25**	**－8.75**
中　部	**2113.60**	**820.95**	**2.53**	**－2.36**	**2.53**	**－11.64**
西　部	**2015.20**	**802.33**	**2.57**	**－0.09**	**5.35**	**－10.49**
东　北	**786.90**	**1038.51**	**2.22**	**－6.84**	**－2.12**	**－16.19**
北　京	637.00	4460.45	5.16	－8.86	－4.85	－13.18
天　津	157.20	1685.60	1.85	－0.88	1.16	－10.76
河　北	542.30	1051.39	2.88	－5.01	0.66	－11.24
山　西	265.60	1065.13	3.18	－3.46	2.13	－10.54
内蒙古	162.30	994.84	1.56	2.66	6.71	－8.19
辽　宁	380.10	1282.75	2.27	－8.90	－3.69	－16.86
吉　林	161.00	845.33	1.83	－6.20	－1.50	－18.53
黑龙江	245.80	897.50	2.51	－3.80	0.12	－12.86
上　海	564.80	3447.28	4.07	－9.49	－5.24	－11.14
江　苏	914.30	1643.06	2.41	0.19	5.45	－7.39
浙　江	642.00	1797.70	2.84	1.90	8.33	－2.86
安　徽	300.90	757.52	2.64	－5.03	1.48	－13.79
福　建	327.90	1274.55	2.42	1.12	5.41	－8.16
江　西	178.50	603.25	2.10	－3.33	3.15	－11.47
山　东	803.40	1164.69	2.26	－1.08	4.12	－7.39
河　南	641.50	894.22	2.84	0.20	2.99	－9.03
湖　北	404.70	922.82	2.35	－1.01	2.82	－13.30
湖　南	322.40	700.56	2.10	－4.78	2.45	－12.37
广　东	1207.10	1597.22	2.97	－2.39	2.32	－7.46
广　西	163.90	508.97	1.83	6.03	10.86	－4.27
海　南	42.10	680.16	2.11	7.10	10.94	－4.70
重　庆	239.20	1123.94	2.90	－3.90	0.48	－15.38
四　川	586.60	1014.71	3.43	－2.33	3.25	－12.23
贵　州	94.90	431.11	2.19	2.23	10.60	－9.29
云　南	171.20	582.31	2.63	0.35	6.56	－10.25
西　藏	5.40	308.82	1.36	36.46	34.83	16.12
陕　西	260.90	973.33	2.53	－0.63	4.36	－12.45
甘　肃	110.60	616.09	2.81	－1.97	3.83	－11.03
青　海	21.50	565.28	1.71	6.38	10.68	－5.73
宁　夏	42.70	968.80	2.68	1.93	7.77	－7.43
新　疆	156.00	1056.98	3.14	4.81	9.96	－5.39

数据来源：《中国区域金融运行报告》（2010、2011、2012）。

西部地区的保险费净收入和保险密度年均增长率最高，分别为 - 0. 09% 和 5. 35%。2012 年四大地区的保险深度相比 2010 年都趋于下降，2012 年西部地区的保险深度仅为 2. 22%。

从各省、市、区来看，2012 年广东省的保险费净收入最高，为 1207. 1 亿元，相比 2010 年的 1267 亿元，年均下降 2. 39%。保险费净收入达到 500 亿元以上的还有江苏省、山东省、浙江省、河南省、北京市、四川省、上海市、河北省等省份。2012 年北京市的保险密度最高，为 4460. 45 元/人，比 2010 年下降了 4. 85%。保险密度达到 1000 元/人以上的还有上海市、浙江省、天津市、江苏省、广东省、辽宁省、福建省、山东省、重庆市、山西省、新疆维吾尔自治区、河北省、四川省等省份。2012 年北京市的保险深度也是最高的，为 5. 16%，比 2010 年下降了 13. 18%。保险深度达到 3% 以上的还有上海市、四川省、山西省、新疆维吾尔自治区等省份。

（七）金融业增加值持续增长

金融业增加值是金融从业人员报酬、固定资产折旧、生产税净额以及金融机构营业盈余等项目的总和，其大小反映了金融业作为一个产业在经济发展中的地位。"十二五"规划实施以来，全国各省、市、区金融业增加值稳步增长，对经济增长的贡献不断提高。图 3 - 1 显示了 2010 ~ 2012 年全国各省、市、区金融业增加值变化情况。

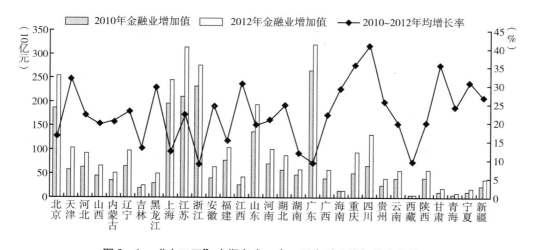

图 3 - 1 "十二五"中期各省、市、区金融业增加值变化情况

2012 年全国金融业增加值达到 28722. 7 亿元，相比 2010 年的 20980. 6 亿元增加了 0. 37 倍，年均增长率达到 17. 01%。其中，2012 年广东省金融业增加值最高，达到 3172 亿元，2010 ~ 2012 年年均增长率达到 9. 23%，2012 年浙江省、江苏省、上海市、北京市的金融业增加值也都达到 2000 亿元以上，增长速度也都较快。西部地区各省、市、区的金融业增加值规模偏小，但增长率较高，如甘肃省、重庆市、宁夏回族自治区等省、市、区 2010 ~ 2012 年的年均增长率都达到 30% 以上，发展潜力较大。

根据《金融业发展与改革"十二五"规划》,"十二五"时期,要求金融服务业增加值占国内生产总值比重保持在5%左右,社会融资规模保持适度增长。金融业增加值比重反映了金融业在国民经济中的地位和金融业发育程度。2012年,金融服务业增加值占比为5.53%,较好地完成了规划目标。近年来,随着金融改革的深入推进,金融服务业已成为部分经济发达省份的支柱产业,对这些地区的经济作出了巨大的贡献。图3-2显示了"十二五"中期我国各省、市、区金融业增加值占比的变化情况。从图3-2可以看出,2012年,除了北京市、天津市、山西省、上海市、江苏省、浙江省、福建省、广东省、重庆市、四川省、贵州省、云南省、宁夏回族自治区等13个省、市、区,其他省份金融业增加值占比都低于5%。

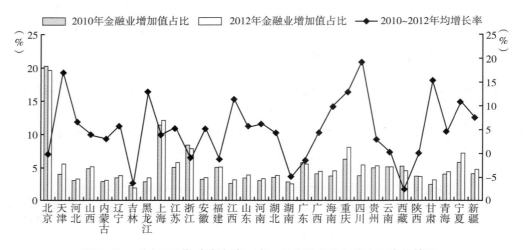

图3-2 "十二五"中期各省、市、区金融业增加值占比变化情况

三 "十二五"中期全国各省、市、区财政金融发展存在的问题

尽管2011~2012年我国各省、市、区财政金融发展取得了显著的成就,但依旧存在着一系列的问题,制约了财政金融的稳步健康发展。这些问题主要表现在以下几个方面。

(一)中央和地方财权和事权分配不均

自20世纪90年代分税制改革以来,我国就进入了中央和地方财政非对称、不平衡发展的阶段。表3-7显示了"十一五"时期和"十二五"中期中央和地方财政收入、支出占比的变化情况。从表3-7可以看出,"十一五"期间,中央财政收入占比一直处于50%以上,与此同时,地方财政支出占比持续攀升,达到80%以上。进入"十二五"时期后,虽然中央财政收入占比低于50%,但是地方财政支出占比依旧处于上升趋势,2012年地方财政收入占比52.09%,却承担了全国85.1%的财政支出。这样就可能造成地方政府事权过多,财权不足,民生政策资金无法到位。"十二五"期间,加快经济结构战略性调整、推进民生改善的社会建设、深化体制改革等许多方面,都需要财政的大力支持,然而,地方财政收入的高速增长仍不能满足政府的支出需求。图3-3显示了2010~2012年地方财政收支差额的变化情况,此处收支差额=财政赤字=支出-收入。

表3-7 2006~2012年中央和地方财政收入、支出占比情况

单位:%

指标\地区	财政收入		财政支出	
	中央	地方	中央	地方
2006 年	52.78	47.22	24.72	75.28
2007 年	54.07	45.93	22.98	77.02
2008 年	53.29	46.71	21.32	78.68
2009 年	52.42	47.58	19.99	80.01
2010 年	51.13	48.87	17.79	82.21
2011 年	49.41	50.59	15.12	84.88
2012 年	47.91	52.09	14.90	85.10

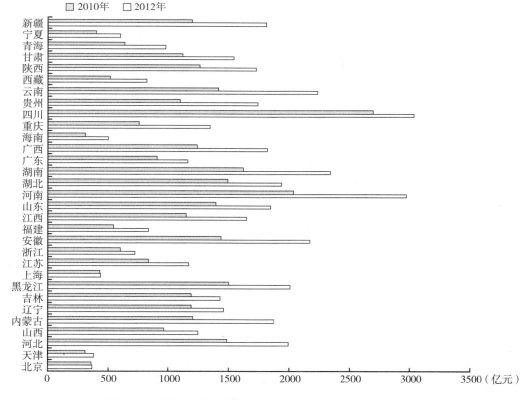

图3-3 "十二五"中期各省、市、区财政赤字的变化情况

从图 3-3 可以看出，与 2010 年相比，地方财政支出与地方财政收入的差额在进一步扩大，财政赤字逐年增加，财政收支矛盾十分突出。从区域来看，中西部地区财政收支差额的变化幅度大于东部和东北地区，其中 2012 年西部地区财政收支差额比 2010 年增加了44.17%，中部地区财政收支差额比 2010 年增加了 41.51%。从各省、市、区来看，2010~2012 年财政收支差额变化幅度最大的是海南省，增加幅度为 61.83%，最小的是北京市，增加幅度仅为 1.92%。当前，在经济增长放缓的情况下，财政收入增速放缓也是正常的，但各项民生保障建设却不能放缓，尤其是教育、医疗、社会保障、农业水利等方面的财政支出，最终导致财政收支矛盾的进一步恶化。

如今，在刚性支出的情况下，地方政府主要通过银行借贷和增加税费收入两个途径增加地方财政收入，通过征收土地，按照市场价转让使用权，获得土地出让金，地方政府又可以将土地作为抵押品，向银行申请中长期贷款，最终导致土地与信贷循环往复，并造成了银行体系与房地产行业同时构成了地方政府的债务范畴，财政和金融也因土地被捆绑在一起。更为严峻的是，地方政府财权与事权分配不均正在成为地方债务问题的根本原因。因此，地方事权过多、财权不足也成为我国财税体制亟须解决的问题。

（二）财政支出结构不尽合理

进入"十二五"时期后，人均国民收入有了较大幅度的提高，但是远不及财政收入的增幅，这在某种程度上说明人民群众并没很好地享受到经济发展所带来的好处，而产生这个问题的原因在于财政收入没有得到合理的利用和分配。现行的中央与地方分税制，地方财力更多依赖中央的财政转移支付。2012 年，中央对地方税收返还和转移支付45361.68 亿元，完成预算的 100.6%，同比增长 13.6%。其中，中央对地方税收返还为5128.04 亿元，同比增长 1.7%；一般性转移支付达到 21429.51 亿元，同比增长 17%；专项转移支付 18804.13 亿元，同比增长 13.5%。[①] 专项转移支付占中央对地方税收返还和转移支付支出总额的 41.45%，尽管相比 2010 年的 52.65% 有较大幅度的下降，但比重仍然较高，过多的配套资金对于财政贫困的地区而言，加剧了地方政府的财政压力。因此，这种非均等化的转移支付比重偏大将不利于城乡公共服务均等化目标的实现，也进一步加剧了不同地区间财政状况的差距。

（三）金融发展存在严重的结构性失衡

"十二五"中期，尽管我国各省、市、区的金融规模总体不断壮大，银行业、证券业、保险业等取得快速发展，但是金融业整体的发展存在严重的结构性失衡问题。在英美等发达国家，证券市场占据重要地位，在日本、欧洲部分国家，银行中介的影响举足轻重。在我国，从融资结构看，银行资产占全部金融资产的绝对比重，证券资产比重较低；间接融资比重较高，全社会的融资风险高度集中在银行系统。截至 2012 年底，银行业金

---

① 财政部：《2012 年中央对地方税收返还和转移支付决算表》，http：//yss. mof. gov. cn/2012qhczjs/201307/t20130715_ 966184. html。

融机构资产总额达到 133.6 万亿元①，占国内生产总值的比重为 257.45%，比 2010 年的237.35% 更高；沪、深两市股票总市值为 23 万亿元，流通市值为 18.2 万亿元，都低于 2010 年的数额，总市值和流通市值占 GDP 的比重分别从 2010 年的 66%、48.07% 下降到44.32%、35.07%；与 2010 年相比，保费收入保持不变，都为 1.5 万亿元，保费收入仍旧以人身险为主。可见，我国银行资产占据金融资产总量的绝大部分，证券资产比重过低。而保险业保费收入也远低于发达国家的水平，保险密度和保险深度也较低，保险产品不丰富。

四 未来全国各省、市、区财政金融发展的趋势展望

面对复杂多变的国内外发展环境，全国各省、市、区财政金融虽然都取得了较好的成绩，但财政金融领域也存在潜在的风险，我们必须保持清醒头脑，增强忧患意识，深入分析问题背后的原因，并适时对未来财政金融发展趋势做出科学、合理的预判。

（一）财政收入仍将持续稳定增长

随着全球经济复苏步伐的加快，我国经济增长的外部市场环境逐步好转，国内经济保持平稳相对较快的速度运行，财政收入规模不断扩大，财政支出结构不断优化，财政支出效益也不断提高，为我国财政收入持续稳定增长奠定了重要经济基础。为实现我国财政收入的持续稳定增长，首先，我国财政支出结构的改革应以政府职能的合理定位为前提，要按照满足社会公共需要的要求，科学界定财政支出责任的范围与层次。特别需要注意的是，要有效解决财政收支矛盾进一步恶化的问题，必须加快政府收支体制改革。其次，逐步完善现代税收征管体系，切实提高税收征收率，努力提高实际纳税服务水平，通过促进经济结构调整来培育新的经济增长点和培育涵养各种税源，还有，要加快产业结构转型、产业结构合理化和高级化，形成多点支撑、多级增长的财政增收格局，从而确保财政收入持续稳定增长。再次，充分认识目前财政政策存在的不足。当前，我国依然存在中央和地方财权和事权分配不均、财政支出结构不尽合理的财政问题。所以，保证财政收入持续稳定增长就必须协调好中央与地方的财权与事权，实现两者之间协调发展，同时优化财政支出结构，发挥财政资金的政策引导作用。

（二）进一步优化财政支出结构

财政支出结构的优化是提高财政资金的政策效果的有效路径，也是财政政策实施的客观要求。为了实现财政支出结构的合理化，首先，逐步改变当前财政支出结构不尽合理的部分。逐步减少对经济建设的直接财政支持资金比例，加大对非经济特别是民生领域的财政支持资金比例；为适应行政机构改革的需要，逐步减少行政支出比例，加快提高农业支出、科教文卫支出和社会保障支出比例。其次，规范财政支出行为，提高财政支出透明

---

① 此处数据是根据中国银行业监督管理委员会数据统计出来的，包含境内外本外币资产，与《中国区域金融运行报告》（2012）数据统计口径不一致。

度。坚持实行统一入库、统一管理、社会监督的财政支出原则。在财政支出预算公开的情况下，将财政支出置于社会监督之下，有效遏制财政资金不合理花费的现象，促进财政支出框架不断优化，进一步提高财政支出透明度，建立健全政府资金信息公开制度。再次，积极建立健全财政支出效用评价制度。建立一种有效的财政支出效用激励约束评价制度，提高财政支出实际效用水平，从而减少低效用水平的财政支出扶持项目。跟进财政支出执行情况，及时发现财政预算执行过程中存在的问题，及时纠正，以杜绝管理漏洞。此外，还要加强对财政支出效用评价信息平台的建设。

（三）金融发展格局进一步优化

根据《金融业发展和改革"十二五"规划》，金融结构将进一步调整。具体来看，未来政府将壮大多元化机构投资者队伍，鼓励证券公司、基金管理公司等金融机构不断扩大资产管理业务，鼓励保险机构创新发展，逐步扩大保险投资范围，提高直接融资占社会融资规模的比重，拓宽小微企业融资渠道。国际金融环境加剧动荡，欧美债务危机没有得到有效解决。外部不利的金融环境已影响到了我国金融市场的发展和金融发展格局的优化。但是，随着我国经济规模的扩大，金融服务业需求不断增长，金融服务业将保持平稳较快增长，有助于优化和调整我国金融服务产业结构。首先，积极推进银行金融业创新，不断提升银行金融业的服务水平。银行金融业需明确其战略定位，逐步放弃其单纯追求市场份额的传统行为模式，积极走差异化、专业化和特色化的新型发展道路，防止银行之间出现过度同质化竞争，从而造成金融资源的严重耗散。在风险可控、成本可算的原则下，努力提升银行业的创新程度，审慎推进诸如资产证券化、银行金融业综合改革试点等业务内容。其次，继续发展多层次的资本市场。在规范我国主板市场、中小板市场、创业板市场的同时健全新股发行、企业再融资和上市企业退市等相关制度建设。建立健全统一开放、分层有序的各种债券市场，稳步推进资产的证券化，创新金融衍生产品市场，并使其健康、安全、可持续发展。除此之外，加强资本市场相关的基础设施建设以夯实市场发展基础。再次，做大做强保险业。做大做强保险业，其重要的一点是深化国有保险公司改革，不断优化国有保险公司的股权结构，继续推动保险改革试验区创新发展，以进一步发挥其示范促进作用。拓宽保险服务领域，不断拓宽保险资金运用的渠道和范围。随着保险业开放程度的提高，做大做强具有国际竞争力的现代保险集团，从而增强其国际竞争力。

（四）大力推动金融市场健康发展

增强市场在金融资源配置中的基础性作用，进一步推动利率市场化改革，完善人民币汇率形成机制。除此之外，大力推动金融市场健康发展。结合国际经验与我国金融市场发展实际，大力推动货币市场、债券市场、外汇市场、黄金市场等金融市场市场化进程，逐步深化其市场功能。还要加强金融市场的监管力度。在金融市场化过程中，积极推进金融监管的改革，在坚持放松管制、加强监管原则的基础上减少行政审批干预，简政放权，更好地发挥市场配置金融资源的决定性作用，通过加强金融市场的监管，防止金融市场发生系统性、区域性金融风险。

B_{BLUE BOOK}.36
专题报告四
"十二五"中期全国各省、市、区
区域协调发展的总体成效

长期以来，区域发展问题是国内外普遍关注的重大经济社会问题，区域协调发展更是政府关注和学术界研究的热点问题之一。统筹区域经济，促进区域协调发展，缩小区域间的发展差距，是我国经济社会发展的一条重要原则。"十二五"规划提出，要"更加注重全面协调可持续发展，更加注重统筹兼顾""促进区域协调发展，积极稳妥推进城镇化""实施区域发展总体战略和主体功能区战略，构筑区域经济优势互补、主体功能定位清晰、国土空间高效利用、人与自然和谐相处的区域发展格局，逐步实现不同区域基本公共服务均等化"。这些政策举措充分体现了区域协调发展在国民经济社会发展中的重要战略地位。各省、市、区在"十二五"规划中也纷纷提出"构筑城乡区域协调发展格局""以统筹城乡发展为路径，深入推进城镇化和新农村建设""优化布局，促进区域城乡协调发展""促进区域协调互动发展""构建区域协调发展新格局"等战略举措，力求加快推进区域协调发展。"十二五"规划实施以来，区域协调发展取得了显著成效，区域总体差异趋于缩小，城乡差距有所缩小，基本公共服务均等化水平进一步提升，区域发展新增长极不断涌现，城镇化水平稳步提高，为加快转变经济发展方式、推动实现全面协调可持续发展奠定了良好的基础。本专题主要对区域协调发展的国内外背景、"十二五"中期区域协调发展取得的成效和存在的问题以及未来发展思路等内容进行分析。

一　国内外制定区域协调发展战略的背景分析

（一）国外促进区域协调发展的积极探索

由于自然条件和社会、历史、文化背景以及政策体制等方面的差异，世界各国普遍存在着区域发展不平衡问题。许多国家都十分重视解决区域发展不平衡问题，制定相应的区域发展战略，加强对欠发达地区的开发，促进区域总体协调发展。尽管各国的国情不尽相同，在促进区域协调发展过程中实施的发展战略和政策措施也各有差异，但其中积累的成功经验却有许多共性。

第一，制定明确的区域发展规划和政策目标。政府制定明确的区域发展规划和政策目标为具体实施区域发展战略提供了方向性导航，对促进区域协调发展具有重要意义。如日本政府从1950年开始就制定并实施了"特定地区开发计划"和五次"全国综合开发计划"，其总体思路和战略目标是调整经济空间布局，开发落后地区，发展中小城市，实现区域均衡发展。美国联邦政府为支持相对落后的南部和西部经济发展，从20世纪60年代开始就制定了一系列区域综合开发规划。德国政府提出了"经济结构薄弱地区发展中心计划"，实施"由集中建设转向整个区域开发"的区域发展战略，以期实现全国范围区域经济的均衡发展。

第二，重视加强公共基础设施建设。美国在协调区域发展过程中高度重视公共基础设施建设，从三个方面着手改善和发展西部交通运输——修建收费公路、修筑运河和改善河道、修筑铁路。日本政府不断强化交通建设在促进落后地区发展中的作用，中央和地方政府的财政支出很大部分用于落后地区的交通体系建设，地方政府主要负责城市间的干线和支线的道路建设，中央政府成立的由国家控股的"道路公团"，则重点投资建设跨地区的干线道路和高速公路。

第三，成立专门的区域组织管理机构。为保证区域发展规划持续、规范、有序地进行，许多国家设立了专门的管理机构负责相关区域发展战略的实施。如美国成立的田纳西河流域管理局、阿巴拉契亚区域委员会，日本成立的北海道开发厅、冲绳开发厅和国土开发厅，英国设立的苏格兰开发署和威尔士开发署，印度设立的国家落后地区发展委员会等。

第四，建立健全区域开发法律制度。美国为促进区域协调发展，先后颁布了《宅地法》《鼓励西部草原植树法案》《沙漠土地法》《麻梭浅滩与田纳西河流域开发法》《地区再开发法》《公共工程和经济开发法》及《阿巴拉契亚区域开发法》等法律法规。德国出台了《财政平衡法》《联邦区域规划法》《促进经济稳定与增长法》《投资补贴法》《改善区域经济结构的共同任务法》《联邦区划规划纲要》等一系列法律法规。日本颁布了《国土综合开发法》《北海道开发法》《东北开发促进法》《偏僻地区振兴法》《新产业城市带建设促进法》等。

第五，采取灵活多样的援助方式和优惠政策。灵活多样的援助方式和优惠政策是促进区域协调发展的有力杠杆。德国各州之间建立了富裕州向贫穷州转移支付的财政平衡制度。日本实行大规模的财政转移支付，保证各个地方政府都能向其居民提供一定水准之上的公共产品和服务。加拿大政府从20世纪60年代起通过"加拿大健康法""所得税转移""均衡发展计划转移""现金支付""救济法案"等各项财政补贴政策，使每个公民都能得到公平的医疗和教育机会，大大缩小了各地区之间的贫富差距。

第六，注重落后地区的人力资源开发和科学技术进步。美国政府从20世纪30年代起就强调西部开发中的科技投入，40年代初在新墨西哥州的洛斯拉莫斯投资建立了国家原子能基地，并以此为契机，在美国西部的加利福尼亚州建成了举世闻名的科学技术园——硅谷；在解决西部人力资源问题上主要采取了两种方式：大力资助落后地区的教育事业和鼓励人才迁移。日本的经济发展与高水平的教育是分不开的，日本始终把发展教育作为振兴经济的重要环节，不断加大对教育的投入，1955~1995年的40年时间里，日本教育经费绝对值增加68.8倍。巴西政府成立"基础教育发展及教学促进基金会"，专门负责基础教育的政府资金的分配与使用，协助州和市政府按照各自地区的学生数量来重新分配基金拨款，以此来促进区域教育均衡发展。印度政府比较重视把开发落后地区和发展高科技产业联系起来，利用高科技尤其是信息技术的相对独立性和其以智力因素投入为主的特点，在经济发展比较落后的地区发展信息产业并带动相关产业的发展，以实现产业结构的升级。

（二）国内实施区域协调发展战略的背景分析

国外在促进区域协调发展方面做出的积极探索为我国提供了许多可以借鉴的经验，也成为我国加快区域协调发展的外在动力。新中国成立以来，区域发展主要经历了"重点发展内地，追求区域经济均衡发展——东部沿海优先发展，先富带动后富的区域非均衡发展——全面的区域经济统筹协调发展"三个阶段。改革开放之前强调的区域经济均衡发展战略虽然改善了中国区域生产力的布局，提升了内地的经济发展水平，但是由于忽视中国的基本国情和世界经济的发展潮流，人为地抑制了沿海地区的对外开放和经济发展，加剧了中国同世界发达国家和地区的差距。改革开放以后，中国调整了区域发展战略，率先发展东部沿海地区，以先富带动后富，带动了中国经济的共同发展和总体进步。然而，非均衡发展战略也产生了诸多问题，如导致区域差距呈现不断扩大的趋势，经济发展的整体效率较低，资源短缺、环境污染、生态破坏等问题日益严重，区域基本公共服务非均等化等，导致社会不稳定因素加剧，不利于实现经济社会的全面协调可持续发展。

随着改革开放的不断深化，区域差距特别是东西部之间的差距愈加明显，中国政府开始把促进区域协调发展提到了十分重要的战略高度。"八五"计划中首次提出"促进地区经济的合理分工和协调发展"，"九五"计划再次把"促进区域经济协调发展，逐步缩小地区发展差距"作为一条重要的国民经济发展方针。十五大报告从调整和优化经济结构的战略高度，进一步阐述了促进区域经济合理布局和协调发展的战略思想，由此，中国区域发展战略逐步转变为强调实现区域差距的缩小和东西部的协调发展。进入21世纪以后，党和国家进一步明确了对区域发展战略的调整思路，并最终确立了统筹区域经济协调发展的战略。十六大报告强调"实施区域发展总体战略，深入推进西部大开发，全面振兴东北地区等老工业基地，大力促进中部地区崛起，积极支持东部地区率先发展，逐步扭转区域发展差距拉大的趋势，形成东中西相互促进、优势互补、共同发展的新格局"。十七大报告明确指出：要深入贯彻落实科学发展观，"统筹城乡发展、区域发展""推动区域协调发展，优化国土开发格局"，将国土空间划分为优化开发、重点开发、限制开发和禁止开发四类主体功能区，进一步发展和完善了区域统筹协调发展的战略思想。

"十二五"时期，国际形势继续发生深刻变化，国内经济社会发展呈现新的阶段性特征，其中发展的不平衡、不协调、不可持续问题依然突出。因此，"十二五"规划更进一步强调促进区域协调互动发展是实现我国科学发展的重要战略内容之一。十八大报告提出要"继续实施区域发展总体战略，充分发挥各地区比较优势""推动城乡发展一体化""加快完善城乡发展一体化体制机制"，更好地统筹城乡发展、区域发展。在新的历史时期下，加快推进区域协调发展的任务更加紧迫、要求更为具体、意义更加深远。首先，加快推进区域协调发展是实现全面建成小康社会目标的必然要求。党的十八大报告在全面建成小康社会目标新要求中，明确提出要基本形成区域协调发展机制和健全国土空间开发格局的目标。促进区域协调发展的战略地位进一步凸显，成为全面建成小康社会的一项重要任务，也成为检验全面小康社会是否建成的一个重要标志。其次，加快推进区域协调发展是实现生态文明、建设美丽中国的基本要求。十八大报告提出，要"按照人口资源环境相均衡、经济社会生态效益相统一的原则，控制开发强度，调控空间结构，促进生产空间集约高效、生活空间宜居适度、生态空间山清水秀"。这既是促进区域协调发展的主要目标之一，也是加快生态文明建设的主要内容。再次，加快推进区域协调发展也是贯彻落实科学发展观、构建和谐社会的重要内容。实现区域协调发展，把基本公共服务均等化目标放在突出的位置，促进城乡协调、区域协调、经济社会与资源环境协调，充分体现了"以人为本"的发展理念和"全面协调可持续"的发展方向，有利于实现构建社会主义和谐社会的发展目标。

二 "十二五"中期全国各省、市、区区域协调发展的成效分析

"十二五"规划实施以来，中国区域协调发展总体战略加快推进，区域协调发展成为国家经济结构转型升级整体规划的重要内容之一。区域协调发展不仅强调区域内的协调发展，也强调区际的协调发展，从而促进实现更加均衡、可持续和科学的发展。综合来看，"十二五"中期我国区域协调发展的总体成效主要体现在以下几个方面。

（一）中西部地区继续保持较快增长速度，区域差距扩大的趋势有所缓和

总体来看，"十二五"以来，中国区域经济继续呈现稳定增长的态势，中西部地区的发展速度领先于东部地区，区域间绝对差距仍然较大，但相对差距有所缩小。从表4-1可以看到，2010~2012年我国31个省、市、区的人均GDP都有较大幅度的提升，人均GDP的绝对差距仍然较大，2012年31个省、市、区的人均GDP标准差为19739.49，明显高于2010年的17144.40，东部、中部、西部和东北四大区域2012年的人均GDP标准差为12491.91，也高于2010年10986.91的水平。但从反映区域发展相对差异的变异系数来看，2010~2012年31个省、市、区人均GDP的变异系数由0.5139下降至0.4550，东部、中部、西部和东北四大区域的变异系数由0.3450下降至0.2983，四大区域的人均GDP比差由2010年的2.06∶1.08∶1∶1.53调整为2012年的1.84∶1.03∶1∶1.47，说明区域间经济发展的相对差距区域缩小，区域发展的协调性进一步增强。进一步分析人均GDP增长率的变化，可以看到，2010~2012年中西部地区的增长率普遍高于东部地区。2012年东部、中部、西部和东北地区的人均GDP增长率分别为5.40%、8.24%、9.89%和8.08%，中部、西部和东北地区增速分别比东部地区高出2.84、4.49和2.68个百分点。具体到各省、市、区，如图4-1所示，中国区域增长"西高东低"的特点更为明显。2012年东部地区的北京、上海、广东、浙江、海南的人均GDP增速放缓，分别为4.90%、5.70%、7.39%、7.68%和8.00%，排在全国倒数后五位。而西部地区的贵州、陕西、重庆、四川、云南的增速分别为13.50%、12.60%、12.40%、12.30%和12.30%，位列全国前五位。从固定资产投资、外商直接投资等反映经济发展的核心指标来看，由东部地区"唱主角"的传统格局也有所改变。如从区域的全社会固定资产投资总额占全国的比重来看，2010~2012年，东部地区这一比重由42.7%下降到41.2%，而

西部地区的比重由 22.8% 上升到 24.1% ，中部地区和东北地区基本持平；实际利用外商直接投资占全国的比重东部由 81.8% 下降到 55.1% ，而中部地区由 6.0% 增加到 15.4% ，西部地区由 6.0% 增加到 14.0% ，东北地区则由 6.2% 增加到 15.5% 。

表 4 - 1　2010 ~ 2012 年各省、市、区人均 GDP 及其增长率变化情况

	人均 GDP(元)			人均 GDP 增长率(%)		
	2010 年	2011 年	2012 年	2010 年	2011 年	2012 年
北　京	73856	81658	87475	4.8	3.8	4.9
天　津	72994	85213	93173	11.7	10.9	9.2
河　北	28668	33969	36584	10.6	9.7	8.9
山　西	26283	31357	33628	11.2	10.4	9.6
内蒙古	47347	57974	63886	14.4	13.8	11.1
辽　宁	42355	50760	56649	13.4	11.6	9.4
吉　林	31599	38460	43415	13.6	13.5	11.9
黑龙江	27076	32819	35711	12.6	12.2	10.1
上　海	76074	82560	85373	6.4	5.0	5.7
江　苏	52840	62290	68347	12.0	10.3	9.7
浙　江	51711	59249	63374	9.5	7.2	7.7
安　徽	20888	25659	28792	18.8	12.6	11.8
福　建	40025	47377	52763	13.2	11.6	10.5
江　西	21253	26150	28800	13.2	11.8	10.4
山　东	41106	47335	51768	11.3	9.9	9.2
河　南	24446	28661	31499	12.6	12.5	10.1
湖　北	27906	34197	38572	14.7	13.5	10.7
湖　南	24719	29880	33480	12.9	11.2	10.7
广　东	44736	50807	54095	9.5	8.0	7.4
广　西	20219	25326	27952	13.9	12.0	10.4
海　南	23831	28898	32377	15.0	11.1	8.0
重　庆	27596	34500	38914	16.2	15.1	12.4
四　川	21182	26133	29608	15.7	15.9	12.3
贵　州	13119	16413	19710	14.7	16.1	13.5
云　南	15752	19265	22195	11.6	12.9	12.3
西　藏	17319	20077	22936	11.2	11.3	10.4
陕　西	27133	33464	38564	14.4	13.7	12.6
甘　肃	16113	19595	21978	11.6	12.3	12.2
青　海	24115	29522	33181	14.5	12.3	11.3
宁　夏	26860	33043	36394	12.2	10.8	10.3
新　疆	25034	30087	33796	9.3	10.7	10.8
31 个省市区标准差	17144.40	18796.78	19739.49	2.7788	2.7090	1.9588
31 个省市区均值	33359.84	39441.87	43386.74	12.47	11.41	10.17
31 个省市区变异系数	0.5139	0.4766	0.4550	0.2228	0.2374	0.1926
东部地区	46354	53350	57722	9.89	9.22	5.40
中部地区	24242	29229	32427	18.35	14.30	8.24
西部地区	22476	27731	31357	18.63	16.84	9.89
东北地区	34303	41400	46014	15.97	14.49	8.08
四大区域标准差	10986.91	11965.84	12491.91	4.0594	3.2101	1.8581
四大区域均值	31844	37928	41880	15.71	13.71	7.90
四大区域变异系数	0.3450	0.3155	0.2983	0.2584	0.2341	0.2351

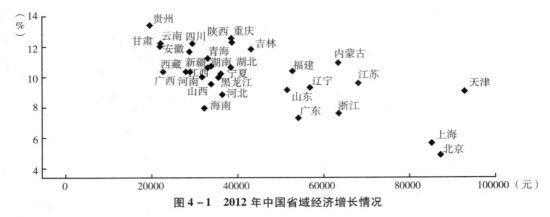

图 4 - 1　2012 年中国省域经济增长情况

说明：横轴是人均 GDP，纵轴是人均 GDP 增速。

（二）区域财政收支水平相对差距缩小，基本公共服务均等化程度有所提高

"十二五"规划实施以来，中国各个地区的财政收入和财政支出继续稳步增长，人均地方财政收入和人均地方财政支出也有了较大幅度的提高。31 个省、市、区的人均地方财政收支的绝对差距仍然较大，但相对差距呈缩小趋势。如表 4 - 2 所示，2010 ～ 2012年，省域人均地方财政收入的变异系数由 0.8281 下降至 0.7076，人均地方财政支出的变异系数先上升后下降，2012 年为 0.5206；四大区域的人均地方财政收入的变异系数由0.4221 下降至 0.3510，人均地方财政支出的变异系数由 0.1799 下降至 0.1621。此外，中部、西部和东北地区的人均地方财政收入和人均地方财政支出增长率都超过了东部地区。区域间人均财政收入和财政支出相对差距的缩小，为加快推进基本公共服务均等化提供了有力支撑。

表 4 - 2　2010 ～ 2012 年各省、市、区人均财政收支变化情况

	人均地方财政收入（元）			人均地方财政支出（元）		
	2010 年	2011 年	2012 年	2010 年	2011 年	2012 年
北　京	11998.22	14889.95	16019.59	13850.44	16073.45	17809.44
天　津	8226.10	10738.97	12454.59	10596.86	13257.05	15166.21
河　北	1851.44	2399.90	2860.07	3920.49	4885.22	5597.85
山　西	2713.02	3377.21	4199.53	5403.76	6579.04	7642.17
内蒙古	4328.08	5466.04	6236.30	9196.36	12043.55	13759.82
辽　宁	4582.59	6030.46	7075.37	7304.89	8911.36	10386.39
吉　林	2193.29	3092.40	3785.82	6507.13	8009.24	8984.86
黑龙江	1971.04	2601.85	3033.83	5877.99	7287.64	8272.10
上　海	12479.41	14613.68	15727.01	14343.78	16680.36	17576.73
江　苏	5184.50	6518.43	7399.88	6244.56	7876.59	8873.34
浙　江	4789.24	5767.53	6283.05	5889.80	7033.85	7598.83
安　徽	1929.58	2452.35	2993.85	4344.03	5534.50	6614.91

续表

	人均地方财政收入（元）			人均地方财政支出（元）		
	2010 年	2011 年	2012 年	2010 年	2011 年	2012 年
福　建	3118.04	4036.32	4738.99	4590.01	5909.09	6957.05
江　西	1743.72	2347.21	3046.21	4310.08	5647.50	6703.53
山　东	2867.57	3586.11	4191.47	4323.21	5190.48	6096.58
河　南	1468.63	1834.00	2169.18	3632.08	4525.80	5322.56
湖　北	1765.44	2651.81	3154.62	4367.04	5583.08	6505.96
湖　南	1646.38	2299.98	2684.40	4113.29	5337.72	6204.32
广　东	4326.27	5249.73	5879.91	5192.57	6389.72	6973.62
广　西	1674.60	2040.30	2490.52	4354.86	5479.61	6375.96
海　南	3120.04	3878.22	4618.32	6693.19	8880.27	10283.38
重　庆	3300.52	5098.77	5784.34	5924.65	8805.21	10344.18
四　川	1941.19	2540.11	2998.03	5292.76	5807.35	6749.45
贵　州	1534.18	2228.54	2910.55	4689.59	6484.29	7909.38
云　南	1893.23	2399.40	2872.18	4967.24	6326.06	7668.29
西　藏	1218.64	1807.26	2814.60	18323.79	25020.13	29430.41
陕　西	2565.32	4007.96	4264.98	5940.28	7830.11	8856.17
甘　肃	1381.20	1755.54	2018.97	5736.69	6986.12	7990.39
青　海	1956.01	2672.71	3252.38	13193.31	17032.92	20221.75
宁　夏	2425.91	3442.57	4078.51	8808.27	11047.10	13355.61
新　疆	2290.85	3261.34	4071.00	7774.95	10341.74	12182.42
31 个省市区标准差	2791.15	3345.51	3563.15	3582.09	4600.53	5279.86
31 个省市区均值	3370.46	4357.63	5035.74	6958.32	8799.88	10142.38
31 个省市区变异系数	0.8281	0.7677	0.7076	0.5148	0.5228	0.5206
东部地区	4540.81	5628.61	6350.27	5957.37	7294.89	8179.62
中部地区	1784.88	2373.86	2874.36	4219.53	5360.57	6297.51
西部地区	2182.86	2986.90	3503.61	5934.03	7563.62	8858.44
东北地区	3069.70	4095.05	4838.79	6605.57	8117.21	9296.39
四大区域标准差	1221.85	1428.58	1541.31	1021.62	1198.92	1322.68
四大区域均值	2894.56	3771.10	4391.76	5679.12	7084.07	8157.99
四大区域变异系数	0.4221	0.3788	0.3510	0.1799	0.1692	0.1621

　　以公共医疗卫生事业为例，如表 4 - 3 所示，2010 年省域每千人口卫生技术人员的标准差为 2.1339，变异系数为 0.4399，2012 年分别下降为 1.1189 和 0.2212；2010 年每千人口医疗卫生机构床位的标准差为 1.1672，变异系数为 0.3049，2012 年分别下降为 0.6160 和 0.1449。这在一定程度上说明了省域医疗卫生事业发展的绝对差距和相对差距都呈现出缩小的趋势。从四大区域的数据变化也可以进一步证明这一观点。2010 年四大区域每千人口卫生技术人员的标准差为 0.5120，变异系数为 0.1139，2012 年分别下降为 0.4280 和 0.0858；2010 年每千人口医疗卫生机构床位的标准差为 0.4328，变异系数为 0.1159，2012 年分别下降为 0.3755 和 0.0858。再以教育事业为例，2010 年北京的人均教

育经费支出最高，为 2695.94 元，河南最低，为 811.64 元，两者相比，前者为后者的 3.32 倍；2012 年北京的人均教育经费支出仍然最高，为 3563.45 元，河北最低，为 1159.23 元，两者相比，前者为后者的 3.07 倍；省域人均教育经费支出的变异系数由 2010 年的 0.3548 下降至 2012 年的 0.3404。尽管人均教育经费支出的绝对差距仍然很大，但差距扩大的趋势有所扭转，为进一步推进公共服务均等化奠定了基础。

表 4－3　2010～2012 年各省、市、区公共医疗卫生事业发展情况

	每千人口卫生技术人员（人）			每千人口医疗卫生机构床位（张）		
	2010 年	2011 年	2012 年	2010 年	2011 年	2012 年
北　京	13.58	14.20	9.48	7.35	7.40	4.84
天　津	7.12	7.33	5.45	4.93	4.94	3.79
河　北	4.00	4.11	4.32	3.42	3.63	3.90
山　西	5.58	5.47	5.53	4.49	4.49	4.58
内蒙古	5.13	5.34	5.62	3.81	4.08	4.45
辽　宁	5.46	5.54	5.62	4.80	5.07	5.26
吉　林	5.08	5.10	5.24	4.22	4.45	4.64
黑龙江	5.00	5.09	5.25	4.16	4.31	4.65
上　海	9.71	9.92	6.21	7.44	7.55	4.61
江　苏	4.40	4.67	5.00	3.61	3.94	4.21
浙　江	6.08	6.42	6.02	3.88	4.07	3.89
安　徽	3.10	3.16	3.94	2.75	2.97	3.71
福　建	4.05	4.47	4.70	3.20	3.50	3.72
江　西	3.37	3.49	3.99	2.66	2.85	3.64
山　东	4.71	5.02	5.47	4.01	4.34	4.89
河　南	3.45	3.63	4.56	3.03	3.20	4.19
湖　北	4.16	4.35	5.00	3.26	3.63	4.38
湖　南	3.81	3.96	4.47	3.30	3.61	4.32
广　东	5.34	5.62	4.89	3.52	3.76	3.35
广　西	3.56	3.80	4.72	2.70	2.83	3.60
海　南	4.41	4.77	5.08	2.90	3.14	3.42
重　庆	3.36	3.61	4.47	3.14	3.47	4.44
四　川	3.62	3.89	4.82	3.35	3.69	4.83
贵　州	2.48	2.68	3.72	2.51	2.77	4.00
云　南	3.16	3.31	3.58	3.47	3.80	4.18
西　藏	3.43	3.57	3.03	3.01	3.17	2.72
陕　西	4.68	5.04	5.76	3.67	3.94	4.51
甘　肃	3.65	3.88	4.33	3.33	3.48	4.36
青　海	4.53	4.94	5.11	3.72	4.15	4.54
宁　夏	4.66	4.91	5.29	3.68	3.96	4.29
新　疆	5.73	5.93	6.12	5.37	5.69	5.89
31 个省市区标准差	2.1339	2.1946	1.1189	1.1672	1.1304	0.6160

续表

	每千人口卫生技术人员（人）			每千人口医疗卫生机构床位（张）		
	2010 年	2011 年	2012 年	2010 年	2011 年	2012 年
31 个省市区均值	4.8510	5.0709	5.0584	3.8287	4.0609	4.2510
31 个省市区变异系数	0.4399	0.4328	0.2212	0.3049	0.2784	0.1449
东部地区	4.69	4.94	5.31	3.50	3.73	4.07
中部地区	4.09	4.25	4.54	3.45	3.71	4.13
西部地区	4.07	4.35	4.71	3.62	3.94	4.42
东北地区	5.13	5.19	5.40	4.37	4.58	4.89
四大区域标准差	0.5120	0.4562	0.4280	0.4328	0.4077	0.3755
四大区域均值	4.4963	4.6860	4.9871	3.7344	3.9891	4.3782
四大区域变异系数	0.1139	0.0973	0.0858	0.1159	0.1022	0.0858

（三）区域发展总体战略和主体功能区战略深入实施，区域发展新增长极不断涌现，区域发展新格局加快形成

"十二五"规划实施以来，我国区域发展继续贯彻落实"区域协调发展总体战略和主体功能区战略"，构建起全国区域协调发展"总领加支撑"的基本框架。2011 年，《海峡西岸经济区发展规划》《成渝经济区区域规划》《河北沿海地区发展规划》《平潭综合实验区总体发展规划》等区域性规划正式获得国务院批复，《国务院关于支持河南省加快建设中原经济区的指导意见》正式出台，青海三江源国家生态保护综合试验区获准建立，覆盖海洋和陆地，覆盖东、中、西部的区域发展规划继续得到稳步推进和实施。2012 年，西部大开发扎实推进，国务院正式批复同意《西部大开发"十二五"规划》，并且批复了云南省加快建设面向西南开放重要桥头堡、天山北坡经济带、宁夏内陆开放型经济试验区、呼包银经济区规划，制定了支持贵州又好又快发展政策文件，批准设立兰州新区；东北地区等老工业基地振兴步伐加快，国务院出台了东北振兴"十二五"规划、东北地区面向东北亚区域开放规划纲要，批准设立中国图们江区域（珲春）国际合作示范区；促进中部地区崛起和支持东部地区率先发展也取得新进展，批复了中原经济区规划和丹江口库区及上游地区发展规划，批准设立黄河金三角承接产业转移示范区，出台了广州南沙新区发展规划，组织编制苏南现代化建设示范区、首都经济圈、浙江嘉善科学发展示范点等规划方案。[①] 此外，为深入实施区域协调发展总体战略，政府加大了对集中连片特困地区、重点生态功能区和资源枯竭型城市（地区）三类问题地区的支持力度，颁布实施了《中国农村扶贫开发纲要（2011～2020 年）》，印发了《关于支持赣南等原中央苏区振兴发展的若干意见》，出台了陕甘宁革命老区振兴规划，批复了六盘山区、滇黔桂石漠化区、滇西边境地区、大兴安岭南麓山区等 11 个片区的区域发展与扶贫攻坚规划；加大对重点生态功能区特别是中西部重点生态功能区的转移支付力度，增强其基本公共服务和生

---

① 杨荫凯：《2012 年我国区域发展十件大事综述》，《中国经贸导刊》2013 年第 4 期。

571

态环境保护能力；出台《全国老工业基地调整改造规划》《全国资源型城市可持续发展规划》等文件，加快促进资源枯竭型城市转型，实现可持续发展。在这一系列规划和政策文件的推动下，区域发展新增长极不断涌现，区域协调发展进一步加强。

在区域发展总体战略深入实施的同时，主体功能区战略扎实推进，一系列省级主体功能区规划陆续出台。2011年，《全国主体功能区规划》正式发布，明确将此规划确定为我国国土空间开发的战略性、基础性和约束性规划，并将国土空间按开发方式分为优化开发区域、重点开发区域、限制开发区域和禁止开发区域，这是对我国国土空间的"顶层设计"。2012年4月，黑龙江省政府印发了《黑龙江省主体功能区规划》，成为全国第一部正式发布的省级主体功能区规划。一年多来，已有北京、上海、广东、河北、甘肃、湖南、广西、天津、福建等20多个省、市、区的省级主体功能区规划陆续出台，主体功能区规划体系基本形成。针对不同类型主体功能区的发展定位和政策导向，实行差别化考核，强化绩效评价考核，有利于推动经济结构战略性调整，加快促进经济发展方式转变；有利于按照以人为本的理念推进区域协调发展，加快提升地区间基本公共服务均等化水平，不断缩小人民生活水平的差距；有利于从源头上保护生态环境，促进生态文明建设，从而在可持续发展中实现包容性增长。

（四）城镇化战略加快推进，城乡一体化发展水平进一步提升

"十二五"规划实施以来，我国城镇化战略深入实施，城镇化水平进一步提高，2011年我国城镇化率达到51.3%，城镇人口规模首次超过农村。实施城镇化战略是走向城乡一体化的必由之路，也是加快推进区域协调发展的重要途径。城镇化是我国缩小城乡差别的社会实践过程；城乡一体化是城镇化发展所要追求并且实现的最终战略目标。实施"十二五"规划以来，中央关于实施新型城镇化的战略意图更加清晰、战略重点更为明确。党的十八大报告提出，要坚持走中国特色新型城镇化道路，推动工业化和城镇化良性互动，城镇化和农业现代化相互协调；必须以改善需求结构、优化产业结构、促进区域协调发展、推进城镇化为重点，加快经济结构战略性调整。新型城镇化和区域协调发展是全面建成小康社会的关键，以新型城镇化引领区域协调发展是我国现代化进程的必由之路。[1] 2010~2012年，我国城镇化率由49.9%上升至52.6%，城乡居民家庭人均收入比差由3.2284下降至3.1029，城镇化水平显著提高，城乡居民收入差距趋于缩小。各省、市、区的城镇化率及城乡居民家庭人均收入比差如表4-4所示，2010~2012年各省、市、区的城镇化率都有一定程度的提高，且31个省、市、区城镇化率的绝对差距和相对差距都呈缩小的趋势，城镇化率的标准差由14.7627下降至14.2050，变异系数由0.2904下降至0.2659，说明城镇化发展水平更加趋于均衡；从城乡居民家庭人均收入比差来看，2010~2012年各省、市、区的这一指标均呈现下降的趋势，标准差由0.5395下降至0.5100，变异系数由0.1785下降至0.1772，在各省、市、区城乡收入差距缩小的同时，区域间的差距也趋于缩小。

---

[1] 周毅、罗英：《以新型城镇化引领区域协调发展》，《光明日报》2013年1月6日。

表4-4 2010~2012年各省、市、区城镇化率及城乡居民家庭人均收入比差

	城镇化率（%）			城乡居民家庭人均收入比差（反向指标）		
	2010年	2011年	2012年	2010年	2011年	2012年
北 京	85.96	86.20	86.20	2.1922	2.2329	2.2135
天 津	79.55	80.50	81.55	2.4112	2.1849	2.1123
河 北	44.30	45.60	46.80	2.7297	2.5692	2.5421
山 西	47.84	49.68	51.26	3.3038	3.2356	3.2111
内蒙古	55.53	56.62	57.74	3.2006	3.0727	3.0416
辽 宁	62.20	64.05	65.65	2.5641	2.4669	2.4748
吉 林	53.36	53.40	53.70	2.4708	2.3697	2.3503
黑龙江	56.00	56.50	56.90	2.2311	2.0678	2.0642
上 海	88.95	89.30	89.30	2.2777	2.2568	2.2573
江 苏	60.22	61.90	63.00	2.5163	2.4378	2.4321
浙 江	61.62	62.30	63.20	2.4206	2.3695	2.3743
安 徽	42.99	44.80	46.50	2.9873	2.9855	2.9362
福 建	57.10	58.10	59.60	2.9328	2.8373	2.8148
江 西	44.06	45.70	47.51	2.6744	2.5386	2.5366
山 东	49.71	50.95	52.43	2.8534	2.7321	2.7264
河 南	38.80	40.57	42.43	2.8840	2.7551	2.7166
湖 北	49.72	51.83	53.50	2.7534	2.6637	2.6541
湖 南	43.30	45.10	46.65	2.9466	2.8695	2.8654
广 东	66.17	66.50	67.40	3.0288	2.8701	2.8670
广 西	40.11	41.80	43.53	3.7557	3.6041	3.5360
海 南	49.82	50.50	51.60	2.9535	2.8497	2.8237
重 庆	53.00	55.02	56.98	3.3226	3.1248	3.1108
四 川	40.18	41.83	43.53	3.0394	2.9206	2.9004
贵 州	32.43	34.96	36.41	4.0735	3.9792	3.9345
云 南	34.81	36.80	39.31	4.0649	3.9339	3.8908
西 藏	23.26	22.71	22.75	3.6196	3.3023	3.1521
陕 西	45.70	47.30	50.02	3.8235	3.6288	3.5981
甘 肃	34.90	37.15	38.75	3.8511	3.8340	3.8070
青 海	44.72	46.22	47.44	3.5869	3.3858	3.2746
宁 夏	47.90	49.82	50.67	3.2823	3.2494	3.2088
新 疆	41.70	43.54	43.98	2.9388	2.8506	2.8029
31个省市区标准差	14.7627	14.4688	14.2050	0.5395	0.5239	0.5100
31个省市区均值	50.8355	52.1694	53.4287	3.0223	2.9090	2.8784
31个省市区变异系数	0.2904	0.2773	0.2659	0.1785	0.1801	0.1772

三 "十二五"中期全国各省、市、区区域协调
发展存在的主要问题

"十二五"中期我国区域协调发展虽然取得了较大的成效，但必须强调，当前区域发展仍然存在诸多问题，加快促进区域协调发展依然任重道远。

（一）城乡区域发展差距仍然较大

尽管中国区域差距扩大的趋势有所缓和，但城乡区域发展的差距仍然较大，尤其是西部省、市、区。通过进一步分析表4-4，可以看到，虽然2012年中国各省、市、区的城乡居民家庭人均收入比差出现了下降，但城乡居民家庭人均收入比差仍然普遍高于2.5，特别是西部省份，这一比差普遍高于3，城乡区域发展还存在着较大差距。2012年城乡居民家庭人均收入比差最大的省份为贵州，达到3.9345；其次为云南，比差为3.8908；甘肃、陕西、广西、青海、宁夏、西藏、重庆等西部省份的差距也都比较大，城乡居民家庭人均收入比差均高于3。由于城乡区域发展的不平衡问题，农村基础设施建设还较为滞后，基本公共服务还比较薄弱，住房、教育、医疗卫生等民生问题的解决与群众的要求还有较大差距，尤其是部分经济欠发达地区由于资金投入不足，缺乏吸引人才的政策和相关配套措施，导致教育、医疗等方面的基础设施和专门人才还比较匮乏，极大地制约了落后地区人民生活水平的提高。因此，落后地区和"问题地区"的发展任务依然艰巨。尽管近年来不断加大对"老、少、边、穷"等问题地区以及资源枯竭型城市的支持力度，但由于这些地区的贫困人口多、贫困程度深，解决民生问题和扶贫攻坚的任务仍然艰巨。这些地区的自然条件恶劣、生态环境脆弱、基础设施落后、人口素质偏低，投入产出整体效益仍然比较低，区位劣势明显，投资环境较差，发展水平有待进一步提高。

（二）资源环境与经济发展的协调性有待加强

长期以来，我国粗放型的经济增长方式没有得到根本性的转变，高消耗、高污染、高排放的增长模式带来了一系列问题，资源环境约束压力不断增大。"十二五"规划实施以来，我国更加强调要加快转变经济发展方式，提出把经济结构战略性调整作为加快转变经济发展方式的主攻方向，统筹城乡发展，促进区域良性互动、协调发展。同时还把建设资源节约型、环境友好型社会作为加快转变经济发展方式的重要着力点。当前，我国对经济转型升级的呼声日益高涨，地方政府盲目追求GDP增长的政绩观逐渐受到摒弃，十八届三中全会提出"完善发展成果考核评价体系，纠正单纯以经济增长速度评定政绩的偏向"，更是明确释放出改革政绩考核评价体系的信号，这对加快转变经济发展方式、实现经济社会的可持续发展具有重要的意义。"十二五"规划实施以来，我国区域经济发展与资源环境之间的矛盾虽然有所缓解，但区域经济发展的资源环境压力依然较大，部分地区仍然存在以不惜牺牲环境为代价去换得经济增长的做法，如片面追求GDP增长，在生态脆弱区进行过度开发，在能源资源短缺的地区发展高耗能产业，严重破坏了生态环境，增加了经济发展的成本，更限制了主体功能区作用的有效发挥。以万元GDP综合能耗为例，如图4-2所示，2010~2012年我国各省、市、区的万元GDP综合能耗指标总体呈现下降趋势（除四川、云南、新疆外），说明区域发展的能源利用效率有所提高，经济发展方式转变取得新进展。但是，2012年部分省份的万元GDP综合能耗仍然比较高，宁夏、青海每万元GDP能耗分别达到2.16吨标准煤和2.05吨标准煤，西藏、新疆、山西等省份的每万元GDP能耗都超过1.5吨标准煤。而北京、上海、江苏、浙江等发达省市的万元

GDP 综合能耗指标相对较低，经济发展的效率较高。由此可见，省域之间经济与资源环境的协调发展程度差异较大，2010～2012 年 31 个省、市、区的万元 GDP 综合能耗指标的变异系数由 0.4171 扩大到 0.4628。此外，我国长期依靠投资驱动经济增长的模式也还未得到根本转变，尽管 2010～2012 年我国资本形成总额对 GDP 增长的贡献率由 52.9% 下降至 47.1%，拉动经济增长由 5.5 个百分点下降至 3.6 个百分点，但国民经济增长仍然过分依赖投资，而大量的投资局限在外延式规模扩张上，在消耗大量能源的同时也对资源和环境造成了影响。

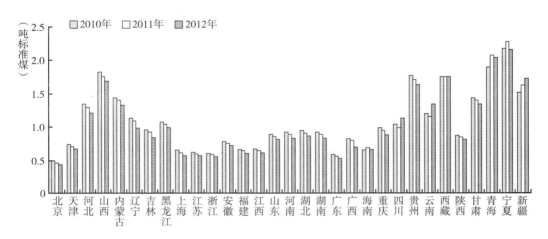

图 4-2　2010～2012 年各省、市、区万元 GDP 综合能耗变化情况

（三）促进区域协调发展的体制机制尚不健全

当前，制约我国区域协调发展的根本问题还在于区域协调体制机制不健全。具体表现如下。

第一，市场机制不健全。市场机制的作用在于使要素价格和要素收益均等化，当发达地区的资本、土地、劳动力要素以及资源能源价格上涨、收益下降时，资金必然流向要素价格相对较低的欠发达地区，从而促进欠发达地区的发展。我国的市场经济体制还不完善，市场化程度的区域差距较大。东部地区经过率先发展，市场主体发育较为完善，市场化程度较高，资源要素流动相对顺畅，具备较强的经济活力和创造力；中西部地区的市场化程度较低，市场主体发育不完善，资源配置和要素流动缺乏效率。由于市场机制不健全，要素价格还未能充分反映其稀缺程度，大部分资源性产品以政府定价为主，而且多数发达地区对土地费用等要素价格进行补贴，在一定程度上阻碍了资金在区域间的自由流动。欠发达地区的劳动力由于户籍、社会保障制度的制约，不能充分实现自由流动，难以形成区域间合理的竞争关系，发达地区利用了欠发达地区的劳动力资源，但没有付出应有的社保、教育等成本。资源价格偏低，资源税费制度未能充分补偿资源的代内价值、代际价值以及生态价值，既造成对资源的过度需求和浪费，又误导一些地区盲目发展高耗能、资源性产品。

第二，财税体制不完善。地方政府尤其是基层政府的财权与事权不够清晰，基层政府财力薄弱，造成欠发达地区政府难以提供基本的公共服务。对经济基础薄弱和生态环境脆弱的地区，专项转移支付名目繁多，但一般性转移支付规模偏小，不能满足和适应缩小基本公共服务差距的要求。2012 年我国中央对地方发挥基本公共服务均等化功能的一般性转移支付为 21430 亿元，占转移支付总额的 53.3%，专项转移支付 18804 亿元，占转移支付总额的 46.7%。尽管一般性转移支付的比重超过专项转移支付的比重，但专项转移支付的比重仍然较高，基本公共服务财政保障力度仍需进一步加大。

第三，区域协调互动与合作机制尚不健全。区域管理体制不健全，区域协调发展政策缺乏全国性的区域协调机构，涉及区域协调发展的政策名目繁多，政出多门，政策效果不明显，机构职能交叉重叠，资金多头分散，缺乏统一协调的管理机制和稳定的资金渠道，难以形成协调发展的合力。实施区域管理和区域规划缺乏必要的法律保障，区域规划的内容在实际管理中无法落到实处。区域间的利益矛盾协调机制也还不健全，生态补偿机制还处在初步探索阶段，在补偿规划、补偿标准、受益对象、补偿管理及实施操作等方面还存在诸多难点。区域合作机制尚需进一步健全，当前的区域合作组织大多属于非制度化的、松散型的协调协商组织形式，缺乏规范化、制度化和必要的上级指导。

四 加快促进全国各省、市、区区域协调发展的政策建议

统筹区域协调发展是一个涉及经济、政治、社会、文化、生态等各方面的重大战略部署，是一项长远的、复杂的系统工程，在新时期，面对国内外新的发展形势和环境，为了进一步促进区域协调发展，必须充分发挥市场机制与政府调控的双重作用，处理好政府与市场之间的关系：一方面必须顺应区域经济发展的基本规律，充分发挥市场在资源配置中的基础性作用，合理引导资源要素在区域间自由流动，提高资源利用效率；另一方面，为避免市场机制的缺陷，在统筹区域协调发展的过程中要充分运用政府的政策工具来进行宏观调控，建立健全促进区域协调发展的体制机制，强化制度保障，实现区域协调发展、共同发展、全面发展。具体来看，新时期促进区域协调发展的战略举措和政策措施主要应包括以下几个方面。

（一）继续深入实施区域发展总体战略

继续坚持区域发展总体战略不动摇，深入实施西部大开发、中部地区崛起、东北老工业基地振兴和东部地区率先发展战略。加快落实西部大开发的特殊支持政策，出台实施促进中部崛起的政策文件，统筹协调老工业基地改造和资源枯竭型地区转型升级，积极促进东部地区加快转变发展方式，提升自主创新能力。加快建立健全市场机制，创造统一、公平、竞争、有序的开放市场环境。制定配套完善的政策促进区域协调发展，保持中西部地区和东北地区增长速度超过东部地区的良好势头，在追求经济增长的同时，更加强调在民生改善、社会和谐进步、生态文明建设等方面的全面提升，努力缩小区域发展的总体差距。

（二）全面贯彻落实主体功能区战略

在全国主体功能区规划体系基本形成的基础上，全面贯彻落实全国及各省、市、区主体功能区战略，制定与主体功能区相适应的投资、产业、土地、农业、人口、环境等方面的配套政策，完善主体功能区政策体系。着力构建与按照主体功能区类型推进区域协调发展相适应的管理体制，加强对全国不同主体功能区区域协调发展的分类指导。根据《全国国土规划纲要（2011～2030年）》，优化国土空间开发格局，加快推进形成城市化、工业化和农业现代化同步发展的国土集聚、集中开发总体格局，实施差别化的国土空间开发利用和保护政策。按照十八大报告提出的"深化资源性产品价格和税费改革，建立反映市场供求和资源稀缺程度、体现生态价值和代际补偿的资源有偿使用制度和生态补偿制度"的要求，坚持按照市场定价原则，推进资源产权制度改革，引导资源要素按照主体功能区优化配置，使资源价格能够反映生态环境成本和资源稀缺程度，促进资源利用效率的提高。切实按照陆海统筹的原则，妥善安排陆海资源开发、产业布局与环境保护，大力发展海洋经济，全面拓展国民经济发展空间。

（三）以实现基本公共服务均等化为目标，加大对落后地区和问题地区的扶持力度

进一步加大对"老、少、边、穷"地区的财政转移支付和政策扶持力度，重点提高欠发达地区义务教育和基本医疗卫生服务水平，建立有利于劳动力流动的人口管理和基本社会保障制度，对提供流动人口基本公共服务的流入地给予补偿，为各地区创造良好的投资环境和发展条件。大力促进教育公平，统筹城乡义务教育资源均衡配置，对中西部地区采取特殊的政策和财政支持，坚持教育资源向农村倾斜，推进义务教育均衡发展，构建利用信息化手段扩大优质教育资源覆盖面的有效机制，逐步缩小区域、城乡、学校之间的教育资源差距，推动中西部地区人才队伍建设。加大财政转移支付的监管力度，通过规定一般性转移支付的特定资金来源，提高一般性转移支付的比重，规范省以下一般性转移支付制度，鼓励地方政府将一般性财政转移支付主要用于改善民生。有效整合专项转移支付，完善专项转移支付体系，形成有利于缩小各地财力差距的科学合理的转移支付模式。以推进基本公共服务均等化为抓手，加快建设服务型政府，强化基本公共服务均等化理念，提升服务意识和水平。进一步厘清各级政府的公共职责与公共权限，明晰各级政府事权和公共支出责任，完善中央和地方事权与财力相匹配的财政体制。

（四）充分发挥区域比较优势，促进区域合作和优势互补，实现东、中、西良性互动

加快建立健全区域合作与互动协调机制，包括区域合作互助机制、区域扶持机制、技术合作开发机制等，为充分利用各区域独特优势，同心协力共谋发展提供保障。东部沿海地区进一步加快经济发展方式转变，大力发展战略性新兴产业。着力提高自主创新能力，实施创新驱动经济结构调整和产业转型发展战略，提升企业国际竞争力，加快实施"走

出去"战略，以龙头企业为依托，进一步扩大对外直接投资规模，不断拓展对外投资领域，加大境外并购重组力度。同时，在东部地区生产成本不断提高的背景下，应加快开拓中西部市场，挖掘国内市场潜力，实现东部沿海地区的发展模式从出口导向型向国内、国际两个市场并重转变，以东带西，促进区域经济协调发展。中西部地区应加快培育优势特色产业，增强自我发展能力。加快发展特色农业，依托中西部地区特色农副产品资源，建成一批规模化、产业化、现代化示范基地，培育一批带动力强的农副产品深加工龙头企业。加快发展优势工业，强化中西部地区机械制造、钢铁、能源、石油加工等基础产业的升级改造，积极发展航天航空、装备制造、电子信息、国防科技、新能源等技术密集型产业，合理引导产业空间布局，促进形成若干特色优势产业集聚区。加快提升现代服务业，围绕完善城市功能，大力发展文化、会展、创意等现代服务业。推进承接产业转移平台建设，引导东部产业向中西部地区转移。以充分发挥区域比较优势为原则，明确产业转移的重点领域和重点地区，推进产业合理有序转移。对于区位条件较好、具备科技创新人才基础的中西部地区，要鼓励积极承接国际产业转移。加强东、中、西部地区之间资源开发利用、人力资源开发与交流以及产业转移等领域的合作，以合作共建开发区或工业园区的方式，积极引进大企业对园区进行整体开发，探索多种形式办园区、多种方式利益分享的合作机制。

（五）加快推进城镇化建设，统筹城乡区域协调发展

加快推进新型城镇化建设，既是经济结构调整的战略重点，也是促进城乡区域统筹协调发展的重要手段，应该强调以新型城镇化引领区域均衡、持续发展。推进新型城镇化建设，要坚持高起点规划，要按照区域环境承载力和绿色集约原则确定城镇化发展的蓝图，坚持走资源节约、环境友好、经济高效、社会和谐、大中小城市和小城镇协调发展、城乡互促共进的城乡一体化道路。在城镇化过程中，消除城乡和城市内部的二元结构，解决农业转移人口的市民化问题，加快改变公共服务"城高乡低"的状况，促进公共服务的城乡均等和城乡融合，实现区域城乡一体化和均衡发展的重要转变。[①] 健全城乡发展一体化体制机制，统筹城乡基础设施建设、产业发展，加快推进新农村建设，形成以工促农、以城带乡、工农互惠、城乡一体的新型工农城乡关系，让广大农民平等参与现代化进程，分享现代化成果。加快建立健全户籍管理制度，分类引导人口城镇化，鼓励人口的跨地区合理流动，鼓励农村人口进入中小城市和小城镇定居，促进人才资源的优化合理配置，推进城镇化的健康发展，加快实现城乡区域协调发展、统筹发展。

（六）加快完善区域协调发展体制机制

充分借鉴国外经验，抓紧制定促进区域协调发展的法律法规，完善法律体系，将促进区域协调发展纳入规范化、法治化轨道，统筹区域走现代开放型、法治型的协调发展道路。建立健全与区域协调发展目标相一致的考核体制，根据"以人为本"和"生态文明"

---

① 周毅、罗英：《以新型城镇化引领区域协调发展》，《光明日报》2013 年 1 月 6 日。

的基本要求，更加强调有质量、有效益、可持续的经济发展，更加重视科技创新、居民收入、社会保障、环境保护、人民健康状况等社会发展领域和生态领域的考核，引导官员干部树立正确的政绩观，为广大人民真正享受到发展的成果提供保障。加快建立健全资源开发补偿机制，对于在历史发展过程中形成的资源过度开采导致环境破坏的地区，设立专项整治资金项目，帮助资源开采地区恢复生态，发展绿色经济。结合促进区域协调发展的要求，进一步完善经济领域的考核，要加强对完善社会主义市场经济体制方面的考核，如生产要素区域间流动的顺畅程度等。加快推进收入分配制度改革，规范收入分配秩序，完善收入分配调控体制机制和政策体系，建立个人收入和财产信息系统，保护合法收入，调节过高收入，规范隐性收入，取缔非法收入，增加低收入者收入，扩大中等收入者比重，努力缩小城乡、区域、行业收入分配差距。加快建立健全金融体制，加大对欠发达地区的贷款力度。此外，进一步完善有利于实现区域协调发展的市场机制、补偿机制、扶持机制、合作机制，形成具有中国特色的区域协调发展政策体系。

B. **37**

专题报告五

"十二五"中期全国各省、市、区
创新驱动战略实施情况

"十二五"时期是全球产业分工格局、贸易格局、经济力量对比和全球治理结构的重大调整期，也是当前积极推进技术创新、实现重大关键和共性技术突破、实现产业结构升级的重要转型期，更是我国建设创新型国家的关键时期。从改革开放初期邓小平强调科学技术是第一生产力，到党的十八届三中全会提出全面深化改革要加快创新驱动，依靠创新驱动真正有效实现经济平稳较快增长和可持续发展，创新驱动战略已经成为我国在"十二五"时期内完成产业结构调整和教育体制改革的关键因素；成为我国进一步激发创新活力，推动经济社会科学发展跨越发展的核心战略；成为加快产业结构转型升级，促进战略性新兴产业发展的中心环节。① 本专题将对创新驱动战略的内涵作深入分析，并对全国各省、市、区"十二五"中期实施创新驱动战略的成效、存在的问题以及未来发展趋势进行深入探讨。②

一 "十二五"中期全国各省、市、区
创新驱动战略实施的背景分析

1. 创新驱动战略是各国提高社会生产力和综合国力的战略选择

在全球竞争与合作日益紧密的大背景下，世界各国都在加紧抢抓新科技革命的战略机遇，争取把握在全球创新竞争中的主动权。尤其是 2008 年以来的国际金融危机和欧洲主权债务危机，使得世界经济增长速度放缓，对市场、人才、技术、标准的竞争也更为激烈，也加快催生了新一轮科技革命和产业变革，许多国家推进了"再工业化"，将创新提升为国家战略。如 2011 年，美国为确保继续处于技术革命的前沿，提出了《美国创新战略：确保国内经济增长与繁荣》，指出要在创新、教育、基础设施上超越世界上其他国家。这是美国政府推动创新进程激发创新活力的重要纲领性文件。2011 年，英国政府发布了增长计划，提出要加强新兴技术的商业化能力，以便在全球创新经济中取胜，提出了发展生命科学产业、建立技术创新中心、全面启动知识产权改革、支持中小企业研发等

---

① 顾飞、黄睿：《创新驱动战略价值解析》，《重庆电子工程职业学院学报》2011 年第 4 期，第 13~15 页。
② 为了使结果分析更有针对性，本专题选取"十一五"规划的末年 2010 年以及"十二五"规划实施中期即 2011 年和 2012 年的数据进行对比分析。同时将我国区域经济分为四大板块：东部、中部、西部和东北，并分别对四大经济板块进行比较分析。

10 项具有重要意义的举措。[①] 2011 年,德国通过了《纳米技术 2015 行动计划》、"生物经济 2030 国家研究战略"、《可再生能源法》等一系列科技计划。加拿大继续实施中长期科技发展战略,明确了三大核心优势——创新、知识、人才,并确定了四个国家重点发展领域。日本也通过了"第四期科学技术基本计划",高度强调创新,把灾后重建、绿色创新和民主创新作为三大任务,通过加强科技创新与社会需求的关系,突出强调绿色创新和生命科学创新来贯彻和落实"新成长战略"。[②] 韩国政府延续了 2008 年以来的绿色经济战略,同时制定了云计算发展战略和建立在信息技术优势基础上的产业发展战略。俄罗斯发布了《俄罗斯联邦 2020 年前创新发展战略》,将提高国家创新能力确立为重要战略目标,提出进一步加大国家在创新发展中的参与及投资,通过"预算战略""能源战略""运输战略"等实现"全系统创新"。[③] 印度将未来十年确定为"创新十年",希望通过低成本包容性创新将印度打造成创新热地。巴西新政府于 2011 年 8 月宣布 2011 ~ 2014 年新的工业政策"巴西更大计划",其中包括以加强科技创新为主要内容的科技政策,提出"创新产生竞争力,竞争力促进增长"的科技政策口号,同时,将"科学技术部"改名为"科学技术与创新部",以突出对创新的重视。同时,各个国家围绕科技创新的交流与合作不断增强,2012 年 4 月 19 日欧委会正式对外宣布欧盟计量研究创新联盟建立,这对欧盟各国科研资源的整合、提高科研效率、促进科技创新、推动经济增长和增加就业有着重要的意义。

2. 创新驱动战略是打破我国在全球价值链"底端"的重要利器

长期以来,我国在全球价值链分工中扮演着"世界工厂"的角色,处于"微笑曲线"价值链的底端。以手机为例,中国每年出口手机 10 亿台以上,占据全球手机出口市场的80%,然而却只赚取了 1% 左右的利润。亚洲开发银行一项研究表明,一部苹果手机批发价格是 178.96 美元,其中日本、德国、韩国分别通过制造相关零件能取得 34%、17% 和13% 的分成,而中国最后组装只能拿到 3.6% 的分成。[④] 这种分工定位模式使我国在全球价值链的利益分配中所获得利益少之又少,若不实现转变的话,很容易被锁定在产业链的"底端环节"。另外,欧美等发达国家这一轮掀起的再工业化战略以及发展中国家对外资、技术的争夺,使得中国承接国外先进技术和产业转移的难度不断加大,技术引进方面将受到越来越多的限制。[⑤] 要思考今后的发展方向,只能是提升价值链,提升产品附加值,通过提高质量和效益来赢得长期的发展,而这些最为根本的就是要依靠创新驱动战略。

3. 创新驱动战略是中国转变经济发展方式的切入点

改革开放 30 多年来的发展表明,中国"创造了人类经济增长历史上前所未有的奇迹",经济总量已经跃居世界第二位,制造业的规模也已经是世界第一位,总结经验,这

---

① 王仲成:《2011 年英国主要科技创新政策与举措》,《全球科技经济瞭望》2012 年第 9 期,第 21 ~ 28 页。

② 孙艳艳、吕志坚、宸铁梅:《日本第四期科学技术基本计划创新政策的新变化》,《全球科技经济瞭望》2012 年第 6 期,第 41 ~ 44 页。

③ 《2011 年世界各国科技政策回顾》,http://www.instrument.com.cn/news/20120106/072898.shtml。

④ 孙斌、魏守华、王有志:《创新驱动经济发展》,经济管理出版社,2013。

⑤ 张蕾:《中国创新驱动发展路径分析》,《重庆大学学报》2013 年第 4 期,第 107 ~ 111 页。

主要得益于劳动力和资源环境方面的低成本优势。而当前这种低成本的比较优势正逐步丧失，这集中地体现在如下三方面：①各种要素资源的成本逐步上升。人口、资源和环境约束日益强化，劳动力成本逐步上升，能源、矿产品等资源性生产资料价格逐步上升，环境成本日益提高，这些使得我国经济可持续发展面临着严峻的考验。统计资料显示，我国煤炭和人力资源人均拥有量相当于世界水平的 50%，石油、天然气仅为世界平均水平的 1/15，铜和铝的人均储量仅相当于世界人均水平的 1/4 和 1/10。[1] 我国单位 GDP 能耗相当于日本的 8 倍、美国的 4 倍，以占世界 8% 的经济总量消耗了世界能源的 17.7%，成为仅次于美国的第二大能源消费国。我国每年由于环境污染和生态破坏造成的经济损失相当于 GDP 的 7% ~ 20%。[2] ②许多拥有更低廉劳动力的国家正在学习和赶超中国，如印度、非洲国家等正在实施我国过去所走的低成本战略，若不实施转型升级战略，将使得我国在发展过程中面临"双层夹击"。③从提高可持续发展能力来看，控制环境污染，减少碳排放，以及修复被破坏的生态，不能靠一般的控制和放慢工业化进程，而是要依靠科技创新发展绿色技术，开发低碳技术、能源清洁技术，发展循环经济。[3] 综合以上三点，技术创新优势与低成本优势相比，具有不可模仿性、附加值高等突出的特点，目前，我国距离进入创新型国家的行列还剩下不到十年的时间，时间紧迫，任务艰巨，必须加快创新驱动发展的步伐，这是加快转变经济发展方式、破解经济发展深层次矛盾和问题、实现跨越式发展、增强经济发展内生动力和活力的根本措施。

二 "十二五"中期全国各省、市、区创新驱动战略的实施成效

1. 创新驱动战略投入体系分析

"十二五"规划实施以来，我国科技界大力推进自主创新，全力提升国家科技实力，促进经济和社会又好又快发展。科技事业自身得到较快发展，创新型国家建设稳步推进。[4] 以下分别从创新的人力投入和资金投入进行分析。

（1）R&D 人力资源投入逐步增强。

R&D 人员全时当量指全时人员数加非全时人员按工作量折算为全时人员数的总和。由于工业企业是创新的主体，本部分主要选取大中型工业企业 R&D 人员全时当量来反映，如表 5 - 1 所示。

从大中型工业企业 R&D 人员全时当量来看，从 2010 年到 2012 年处于不断上升的趋势，2010 年为 4.42 万人年，2011 年提高到 6.25 万人年，2012 年增加到 7.25 万人年，年均增速为 28.04%。从四大经济板块的大中型工业企业 R&D 人员全时当量来看，东部地区最高，从 2010 年的 8.95 万人年增加到 2012 年的 15.46 万人年，中部次之，再次是东北地区，最后是西部地区；从年均增长速度来看，东部地区最高（31.45%），其次为中部

① 专题调研组：《调整我们的思路和对策：以创新驱动发展》，《科学发展》2010 年第 1 期，第 7 ~ 19 页。
② 辜胜阻：《创新驱动战略与经济转型》，人民出版社，2013。
③ 洪银兴：《论创新驱动经济发展战略》，《经济学家》2013 年第 1 期，第 5 ~ 11 页。
④ 科技统计资料汇编 2013，http：//www.sts.org.cn/zlhb/zlhb2013.htm。

表 5 - 1 2010~2012 年 31 个省、市、区创新驱动战略 R&D 人力资源投入状况

地　　区	大中型工业企业 R&D 人员全时当量(万人年)			2010~2012 年年均增速(%)
	2010 年	2011 年	2012 年	
北　　京	2.92	4.98	5.35	35.36
天　　津	2.82	4.78	6.07	46.71
河　　北	3.78	5.15	5.60	21.72
上　　海	5.73	7.91	8.24	19.92
江　　苏	20.12	28.74	34.23	30.43
浙　　江	11.70	20.39	22.86	39.78
福　　建	4.41	7.55	9.03	43.10
山　　东	11.99	18.08	20.44	30.57
广　　东	25.89	34.63	42.46	28.06
海　　南	0.09	0.16	0.28	76.38
东部平均	**8.95**	**13.24**	**15.46**	**31.45**
辽　　宁	4.44	4.75	5.21	8.32
吉　　林	1.94	1.79	2.44	12.15
黑　龙　江	3.25	3.97	3.63	5.68
东北平均	**3.21**	**3.50**	**3.76**	**8.23**
山　　西	3.00	3.25	3.15	2.47
安　　徽	3.42	5.63	7.34	46.50
江　　西	1.86	2.40	2.39	13.36
河　　南	6.80	9.38	10.28	22.95
湖　　北	4.78	7.13	7.71	27.00
湖　　南	3.52	5.75	6.98	40.82
中部平均	**3.90**	**5.59**	**6.31**	**27.24**
重　　庆	2.17	2.77	3.16	20.67
内　蒙　古	1.44	1.76	2.15	22.19
广　　西	1.19	2.02	2.08	32.21
四　　川	3.46	3.68	5.05	20.81
贵　　州	0.86	0.96	1.21	18.62
云　　南	0.76	1.03	1.23	27.22
西　　藏	0.01	0.00	0.01	0.00
陕　　西	2.78	3.08	3.67	14.90
甘　　肃	0.87	0.93	1.14	14.47
青　　海	0.18	0.18	0.20	5.41
宁　　夏	0.24	0.40	0.42	32.29
新　　疆	0.60	0.67	0.62	1.65
西部平均	**1.21**	**1.46**	**1.75**	**19.92**
全国平均	**4.42**	**6.25**	**7.25**	**28.04**

地区（27.24%），再次为西部地区（19.92%），最后是东北地区（8.23%）。从中可以看出，东部地区的大中型工业企业 R&D 人员全时当量年均增长速度高于全国平均水平，说明东部地区在创新驱动战略方面的投入较多，体系较为完善。从 31 个省、市、区来看，2012 年有 9 个地区的大中型工业企业 R&D 人员全时当量超过全国的平均水平，包括广东、江苏、浙江、山东、福建、上海等发达地区，其中，广东省的大中型工业企业 R&D 人员全时当量最高，为 42.46 万人年，西藏地区最低，仅为 0.01 万人年；从年均增长速度来看，有 11 个省份的年均增速高于全国平均水平，包括海南、天津、福建、浙江、北京、山东、江苏等地区，其中，海南省的增速最高，达到 76.38%，西藏地区的增速最低，这两年里几乎没有增长。

（2）R&D 经费投入情况分析。

R&D 经费投入情况主要通过全国 R&D 经费总额、全国 R&D 经费占 GDP 比重以及地方财政科技拨款比重来体现，同时也通过相关的规模以上工业企业 R&D 指标来反映，如表 5-2 和表 5-3 所示。

从全国 R&D 经费总额来看，2010～2012 年处于不断上升的趋势，2010 年为 8021.82 亿元，2011 年提高到 8358.96 亿元，2012 年为 10298.70 亿元，年均增速为 21.11%；从全国 R&D 经费平均值来看，2010～2012 年处于不断上升的趋势，2010 年为 226.51 亿元，2011 年提高到 269.66 亿元，2012 年为 332.22 亿元。从四大经济板块的 R&D 经费平均额来看，东部地区最高，从 2010 年的 467.97 亿元增加到 2012 年的 690.09 亿元，中部次之，再次是东北地区，最后是西部地区；从年均增长速度来看，中部地区最高（21.62%），其次为东部地区（21.44%），再次为西部地区（17.80%），最后为东北地区（17.57%）。从中可以看出，东部和中部地区的 R&D 经费年均增长速度均高于全国平均水平。从 31 个省、市、区来看，2012 年有 10 个省份的 R&D 经费总额超过全国的平均水平，其中，江苏省的 R&D 经费总额最高，为 1287.9 亿元，西藏地区最低，为 1.8 亿元，与江苏省差距甚大；从年均增长速度来看，有 15 个省份的年均增速高于全国平均水平，其中，海南省的增速最高，达到 70.19%，新疆增速最低，出现了负增长的状况。

从全国 R&D 经费占 GDP 比重来看，2010～2012 年处于不断上升的趋势，2010 年为 1.76%，2011 年提高到 1.84%，2012 年为 1.97%，年均增速为 5.8%。从四大经济板块的 R&D 经费占 GDP 比重来看，东部地区最高，从 2010 年的 2.03% 增加到 2012 年的 2.36%，中部地区次之，再次是东北地区，最后是西部地区；从年均增长速度来看，东部地区最高（7.70%），其次为中部地区（3.71%），再次为东北地区（0.57%），西部地区最低（-1.22%）。从中可以看出，东部地区的 R&D 经费占 GDP 比重的年均增长速度高于全国平均水平。从 31 个省、市、区来看，2012 年有 8 个省份的 R&D 经费占 GDP 比重超过全国的平均水平，其中，北京市的 R&D 经费占 GDP 比重最高，为 5.95%，西藏最低，为 0.25%，相当于北京市的 1/23 还不到；从年均增长速度来看，有 14 个省份的年均增速高于全国平均水平，其中，海南省的增速最高，达到 44.46%；西藏增速最低，出现了负增长的状况。

表 5－2　2010～2012 年 31 个省、市、区创新驱动战略经费投入情况分析（一）

地区	R&D 经费（亿元）				R&D 经费占 GDP 比重（%）				地方财政科技投款比重（%）			
	2010 年	2011 年	2012 年	2010～2012 年年均增速（%）	2010 年	2011 年	2012 年	2010～2012 年年均增速（%）	2010 年	2011 年	2012 年	2010～2012 年年均增速（%）
北　京	776.25	945.90	1063.40	17.04	5.50	5.82	5.95	4.01	6.60	6.58	5.43	-9.30
天　津	218.62	281.60	360.50	28.41	2.37	2.49	2.80	8.69	3.10	3.14	3.57	7.31
河　北	161.11	186.30	245.80	23.52	0.79	0.76	0.92	7.91	1.10	1.05	1.10	0.00
上　海	485.80	539.40	679.50	18.27	2.83	2.81	3.37	9.12	6.10	6.12	5.87	-1.90
江　苏	869.94	1017.00	1287.90	21.67	2.10	2.07	2.38	6.46	3.10	3.06	3.66	8.66
浙　江	504.55	575.30	722.60	19.67	1.82	1.78	2.08	6.90	3.80	3.78	3.99	2.47
福　建	176.85	203.70	271.00	23.79	1.20	1.16	1.38	7.24	1.90	1.91	1.86	-1.06
山　东	672.00	780.20	1020.30	23.22	1.72	1.72	2.04	8.91	2.00	2.04	2.12	2.96
广　东	809.83	936.50	1236.20	23.55	1.76	1.76	2.17	11.04	4.00	3.96	3.34	-8.62
海　南	4.73	8.58	13.70	70.19	0.23	0.34	0.48	44.46	1.30	1.28	1.32	0.77
东部平均	**467.97**	**547.45**	**690.09**	**21.44**	**2.03**	**2.07**	**2.36**	**7.70**	**3.30**	**3.29**	**3.23**	**-1.13**
辽　宁	271.40	346.70	390.90	20.01	1.47	1.56	1.57	3.35	2.20	2.16	2.22	0.45
吉　林	81.36	91.95	109.80	16.17	0.94	0.87	0.92	-1.07	1.10	1.07	1.01	-4.18
黑龙江	115.09	149.70	146.00	12.63	1.11	1.19	1.07	-1.82	1.20	1.23	1.19	-0.42
东北平均	**155.95**	**196.12**	**215.57**	**17.57**	**1.17**	**1.21**	**1.19**	**0.57**	**1.50**	**1.49**	**1.47**	**-0.89**
山　西	101.21	110.10	132.30	14.33	1.10	0.98	1.09	-0.46	1.00	1.04	1.21	10.00
安　徽	163.14	202.00	281.80	31.43	1.32	1.32	1.64	11.46	2.20	2.24	2.42	4.88
江　西	87.15	107.70	113.70	14.22	0.92	0.92	0.88	-2.20	0.90	0.95	0.91	0.55
河　南	211.38	245.10	310.80	21.26	0.92	0.91	1.05	6.83	1.30	1.31	1.39	3.40
湖　北	264.12	323.90	384.50	20.66	1.65	1.65	1.73	2.40	1.20	1.20	1.45	9.92
湖　南	153.50	228.20	287.70	36.90	0.96	1.16	1.30	16.37	1.30	1.30	1.17	-5.13
中部平均	**160.43**	**200.15**	**237.31**	**21.62**	**1.16**	**1.18**	**1.24**	**3.71**	**1.39**	**1.40**	**1.44**	**1.94**
重　庆	100.65	127.10	159.80	26.00	1.27	1.27	1.40	4.99	1.00	1.05	0.98	-1.01
内蒙古	64.20	78.98	101.40	25.68	0.55	0.55	0.64	7.87	0.90	0.94	0.81	-5.13
广　西	62.87	77.36	97.20	24.34	0.66	0.66	0.75	6.60	1.10	1.08	1.43	14.02

续表

地区	R&D经费（亿元）				R&D经费占GDP比重（%）				地方财政科技拨款比重（%）			
	2010年	2011年	2012年	2010~2012年年均增速（%）	2010年	2011年	2012年	2010~2012年年均增速（%）	2010年	2011年	2012年	2010~2012年年均增速（%）
四　川	261.22	323.80	350.90	15.90	1.52	1.54	1.47	-1.66	0.80	0.82	1.09	16.73
贵　州	31.29	37.06	41.70	15.44	0.68	0.65	0.61	-5.29	1.00	1.02	1.05	2.47
云　南	43.35	54.25	68.80	25.98	0.60	0.61	0.67	5.67	0.90	0.94	0.91	0.55
西　藏	1.99	1.76	1.80	-4.89	0.39	0.29	0.25	-19.94	0.50	0.49	0.56	5.83
陕　西	217.50	269.00	287.20	14.91	2.15	2.15	1.99	-3.79	1.10	1.14	1.05	-2.30
甘　肃	45.33	51.21	60.50	15.53	1.10	1.02	1.07	-1.37	0.70	0.74	0.79	6.23
青　海	8.33	12.36	13.10	25.40	0.62	0.74	0.69	5.49	0.50	0.55	0.62	11.36
宁　夏	13.01	14.30	18.20	18.28	0.77	0.68	0.78	0.65	1.10	1.07	1.11	0.45
新　疆	44.06	32.39	39.70	-5.08	0.81	0.49	0.53	-19.11	1.20	1.19	1.21	0.42
西部平均	74.48	89.96	103.36	17.80	0.93	0.89	0.90	-1.22	0.90	0.92	0.97	3.68
全国平均	226.51	269.66	332.22	21.11	1.76	1.84	1.97	5.8	1.66	1.67	1.71	1.65

资料来源：2012年全国科技经费投入统计公报，file: ///C: /Documents% 20and% 20Settings/ Administrator/Local% 20Settings/Temp/360zipMYMTemp/360MYM19/2012年全国科技经费投入统计公报．mht。

表5-3　2010~2012年31个省、市、区创新驱动战略经费投入情况分析（二）

地区	规模以上工业企业R&D经费（万元）				规模以上工业企业R&D经费投入强度（%）			
	2010年	2011年	2012年	2010~2012年年均增速（%）	2010年	2011年	2012年	2010~2012年年均增速（%）
北　京	1061357.2	1648537.8	1973442	36.36	0.93	1.34	1.48	26.10
天　津	1392211.6	2107771.6	2558685	35.57	1.07	1.29	1.39	14.15
河　北	1078941.2	1586188.6	1980850	35.50	0.52	0.59	0.69	15.39
上　海	2377471.8	3437626.6	3715075	25.00	1.00	1.30	1.41	18.73
江　苏	5513458.1	8998943.5	10803107	39.98	1.02	1.32	1.44	18.65
浙　江	2723446.8	4799069.4	5886071	47.01	0.97	1.45	1.75	34.50
福　建	1161170.7	1943993.1	2381656	43.22	0.90	1.12	1.29	19.47
山　东	5269240.9	7431253.9	9056007	31.10	1.08	1.21	1.31	9.97

续表

地区	规模以上工业企业R&D经费（万元）				规模以上工业企业R&D经费投入强度（%）			
	2010年	2011年	2012年	2010~2012年年均增速（%）	2010年	2011年	2012年	2010~2012年年均增速（%）
广　东	6268810.7	8994412.3	10778634	31.13	1.12	1.35	1.57	18.37
海　南	18333.8	57760.4	78092.8	106.39	0.18	0.47	0.58	80.70
东部平均	2686444.3	4100555.7	4921162	35.35	0.88	1.14	1.29	21.19
辽　宁	1913437.4	2747062.6	2894569	22.99	1.03	1.24	1.17	6.87
吉　林	355404.5	488722.8	604325.7	30.40	0.45	0.48	0.52	7.59
黑龙江	728451.1	838042.3	906170.1	11.53	0.99	1.00	1.06	3.68
东北平均	999097.67	1357942.6	1468354.9	21.23	0.82	0.91	0.92	5.52
山　西	675657.4	895890.9	1069590	25.82	0.63	0.64	0.72	6.61
安　徽	1040238.3	1628303.7	2089814	41.74	0.94	1.12	1.23	14.44
江　西	589365.7	769834	925984.5	25.35	0.89	0.72	0.69	-12.04
河　南	1485875	2137235.6	2489651	29.44	0.67	0.69	0.73	4.59
湖　北	1429049.8	2107552.7	2633099	35.74	1.00	1.16	1.27	12.60
湖　南	1137691.5	1817772.8	2290877	41.90	1.32	1.42	1.64	11.43
中部平均	1059646.3	1559431.6	1916502.6	34.49	0.91	0.96	1.05	7.34
重　庆	672418.3	943974.8	1171045	31.97	1.12	1.15	1.24	5.30
内蒙古	474299.4	701634.5	858476.8	34.54	0.56	0.62	0.77	17.03
广　西	358915.4	586791.3	702225.1	39.88	0.61	0.74	0.71	7.53
四　川	809767.3	1044666	1422310	32.53	0.58	0.53	0.71	10.51
贵　州	217790.6	275217.2	315078.7	20.28	0.79	0.78	0.80	0.57
云　南	180687	299279.1	384430.4	45.86	0.38	0.52	0.58	23.99
西　藏	1162.1	1637	5311.8	113.80	0.36	0.39	1.05	70.19
陕　西	710176	966767.9	1192770	29.60	0.87	0.88	0.93	3.58
甘　肃	208652.1	257916.4	337784.9	27.24	0.47	0.45	0.51	4.18
青　海	60209.7	81964.9	84196.5	18.25	0.47	0.62	0.58	11.17
宁　夏	73020	118879.3	143696.4	40.28	0.51	0.62	0.60	8.08
新　疆	167253.8	223351.5	273424.7	27.86	0.38	0.40	0.45	9.47
西部平均	327862.64	458506.66	574229.19	32.34	0.59	0.64	0.74	12.15
全国平均	1295289.2	1933485.6	2322789	33.91	0.77	0.89	1.00	13.87

注：工业企业R&D经费投入强度＝大中型工业企业R&D经费/大中型工业企业主营业务收入。

从地方财政科技拨款比重来看，2010～2012年，地方财政科技拨款比重略有上升，2010年为1.66%，2011年为1.67%，2012年为1.71%，年均增速为1.65%。从四大经济板块的地方财政科技拨款比重来看，东部地区最高，尽管从2010年的3.30%到2012年的3.23%略有下降，但所占比重在四大经济板块中仍然是最高的，东北地区次之，再次是中部地区，最后是西部地区；从年均增长速度来看，西部地区最高，为3.68%，其次为中部地区（1.94%），东部和东北地区均有所下降。从中可以看出，这两个地区目前的发展过程中可能更侧重于从结构调整来提高创新水平。从31个省、市、区来看，2012年有10个省份的地方财政科技拨款比重超过全国的平均水平，包括上海、北京、浙江、江苏、天津、广东等东部发达地区，其中，上海市的地方财政科技拨款比重最高，为5.87%，西藏地区最低，为0.56%。从增长速度来看，有14个省份的年均增速高于全国平均水平，除了浙江和山东外，大部分为西部和中部地区省份，其中，四川省的增速最高，为16.73%；北京的增速最低，出现了负增长的状况。

从全国规模以上工业企业R&D经费均值来看，2010～2012年处于不断上升的趋势。2010年为1295289.2万元，2011年增加到1933485.6万元，2012年增加到2322789万元，年均增速为33.91%，快于全国R&D经费增长速度。从四大经济板块的规模以上工业企业R&D经费均值来看，东部地区最高，从2010年的2686444.3万元增加到2012年的4921162万元，中部地区次之，再次为东北地区，最后为西部地区；从年均增长速度来看，东部地区最高（35.35%），其次为中部地区（34.49%），再次为西部地区（32.34%），最后为东北地区（21.23%）。从31个省、市、区来看，有10个省份的规模以上工业企业R&D经费投入超过全国的平均水平，主要集中于浙江、广东、江苏、上海、天津、福建等省份，多数为东部沿海地区，其中，江苏省的工业企业R&D经费投入最高，为10803107万元，西藏的规模以上工业企业R&D经费投入最低，为5311.8万元；从年均增速来看，有15个省份的年均增速高于全国平均水平，其中，西藏的增速最高，达到113.80%，黑龙江最低，为11.53%。

从全国规模以上工业企业R&D经费投入强度来看，2010～2012年处于不断上升的趋势。2010年为0.77%，2011年增加到0.89%，2012年增加到1%，年均增速为13.87%。从四大经济板块的规模以上工业企业R&D经费投入强度来看，东部地区最高，从2010年的0.88%增加到2012年的1.29%，中部次之，再次为东北地区，最后为西部地区。从年均增长速度来看，东部地区最高，为21.19%，其次为西部地区（12.15%），再次为中部地区（7.34%），最后为东北地区（5.52%）。从中可以看出，只有东部地区的规模以上工业企业R&D经费投入强度高于全国平均水平，这与目前我国主要创新驱动战略的实施省份集中于东部沿海地区相吻合。从31个省、市、区来看，有15个省份的规模以上工业企业R&D经费投入强度超过全国的平均水平，主要集中于浙江、广东、北京、江苏、上海、天津、山东、福建等省份，多数为东部沿海地区，其中，浙江省的规模以上工业企业R&D经费投入强度最高，为1.75%，新疆的工业企业R&D经费投入强度最低，为0.45%。从年均增速来看，13个省份的年均增速高于全国平均水平，主要集中于东部沿海省份，其中，海南省的增速最高，达到80.70%。年均增速低于全国平均水平的主要集中于西部和中部地区，如江西、贵州、陕西、黑龙江等，其中江西省的增速最低，出现了负增长的情况，为 - 12.04% 。工业企业 R&D 经费投入强度是一个地区创新驱动战略实施的重要关键性指标，这也充分说明了当前一些经济较为发达的地区已经开始创新驱动战略的实施模式。

2. 创新驱动战略产出状况分析

科技产出能力是反映科技资源配置的绩效，衡量科技创新能力的重要标志。可以用专利申请授权量、技术市场成交合同额来反映。我国发明专利授权量位居世界第三位，已经成为具有世界影响力的科技大国。第二阶段是科技产出转化为社会成果的阶段，主要体现在高技术产品出口额、重大工程项目的实施等。"十二五"规划实施以来，规划实施我国技术市场充分发挥配置科技资源的基础性作用，促进了传统产业改造升级和高新技术的大规模应用，加快了科技成果转化和产业化进程，企业真正成为"创新驱动、内生增长"发展方式的重要力量，技术交易双向主体的作用更加突出，输出和吸纳技术总量进一步扩大。本部分主要通过专利申请受理量、发明专利申请授权量、技术市场成交合同金额、高技术产品出口额以及重大项目来反映，如表 5 - 4 和表 5 - 5 所示。

（1）科技创新产出绩效不断增强。

从全国专利申请受理量来看，2010 ~ 2012 年处于不断上升的趋势，2010 年为 1109428 件，2011 年提高到 1504670 件，2012 年为 1912151 件，年均增速为 31.28% 。从专利申请受理量平均值来看，2010 ~ 2012 年，全国专利申请受理量平均值处于不断上升的趋势，2010 年为 35788 件，2011 年提高到 48538 件，2012 年为 61682 件。从四大经济板块的专利申请受理量平均值来看，东部地区最高，从 2010 年的 78015.1 件增加到 2012 年的 136399 件，中部次之，再次是东北地区，最后是西部地区。从年均增长速度来看，西部地区最高，为 35.21% ，其次为东部地区（32.23%），再次为中部地区（29.36%），最后为东北地区（26.06%）。从中可以看出，西部和东部地区的年均增长速度均高于全国平均水平。从 31 个省、市、区来看，2012 年有 8 个省份的专利申请受理量超过全国的平均水平，包括江苏、浙江、广东、山东、北京、上海等，以发达地区为主，其中，江苏省最高，为 472656 件，西藏最低，为 170 件。从增长速度来看，15 个省份的年均增速高于全国平均水平，其中，黑龙江的增速最高，达到 72.65% ，西藏增速最低，为 2.44% 。

从全国发明专利申请授权量来看，2010 ~ 2012 年处于不断上升的趋势，2010 年为 73820 件，2011 年提高到 105824 件，2012 年为 489945 件，年均增速为 157.62% 。从发明专利申请授权量平均值来看，2010 ~ 2012 年，全国发明专利申请授权量平均值处于不断上升的趋势，2010 年为 2381.29 件，2011 年提高到 3413.68 件，2012 年为 15804.7 件。从四大经济板块的发明专利申请授权量平均值来看，东部地区最高，从 2010 年的 5379.1 件增加到 2012 年的 35615.5 件，中部次之，再次是东北地区，最后是西部地区；从四大经济板块的发明专利申请授权量年均增长速度来看，中部地区最高，为 211.48% ，其次为东部地区（157.31%），再次为西部地区（137.32%），最后为东北地区（84.50%）。从中可以看出，中部和东部地区的发明专利申请授权量年均增长速度均高于全国平均水

表5-4 2010~2012年31个省、市、区创新驱动战略科技创新产出分析

地区	专利申请受理量（件）				发明专利申请授权（件）				技术市场成交合同金额（亿元）			
	2010年	2011年	2012年	2010~2012年均增速（%）	2010年	2011年	2012年	2010~2012年均增速（%）	2010年	2011年	2012年	2010~2012年均增速（%）
北京	57296	77955	92305	26.93	11209	15880	20189	34.21	1579.54	1890.28	2458.5	24.76
天津	25973	38489	41009	25.65	1930	2528	13173	161.25	119.34	169.38	232.33	39.53
河北	12295	17595	23241	37.49	954	1469	7841	186.69	19.29	26.25	37.82	40.01
上海	71196	80215	82682	7.76	6867	9160	24873	90.32	431.44	480.75	518.75	9.65
江苏	235873	348381	472656	41.56	7210	11043	84876	243.1	249.34	333.43	400.91	26.8
浙江	120742	177066	249373	43.71	6410	9135	68003	225.71	60.35	71.9	81.31	16.07
福建	21994	32325	42773	39.45	1224	1945	14745	247.08	35.66	34.57	50.09	18.53
山东	80856	109599	128614	26.12	4106	5856	34689	190.66	100.68	126.38	140.02	17.93
广东	152907	196272	229514	22.52	13691	18242	87143	152.29	235.89	275.06	364.94	24.38
海南	1019	1489	1824	33.79	190	272	623	81.08	3.27	3.46	0.57	-58.34
东部平均	78015.1	107939	136399	32.23	5379.1	7553	35615.5	157.31	283.48	341.15	428.52	22.95
辽宁	34216	37102	41152	9.67	2357	3164	9958	105.54	130.68	159.66	230.66	32.86
吉林	6445	8196	9171	19.29	785	1202	2195	67.22	18.81	26.26	25.12	15.56
黑龙江	10269	23432	30610	72.65	1512	1953	3690	56.22	52.91	62.07	100.45	37.78
东北平均	16976.7	22910	26977.7	26.06	1551.3	2106.3	5281	84.5	67.467	82.663	118.74	32.67
山西	7927	12769	16786	45.52	739	1114	3765	125.71	18.49	22.48	30.61	28.66
安徽	47128	48556	74888	26.06	1111	2026	26665	389.91	46.15	65.03	86.16	36.64
江西	6307	9673	12458	40.54	411	679	3015	170.85	23.05	34.19	39.78	31.38

续表

地区	专利申请受理量（件）				发明专利申请授权（件）				技术市场成交合同金额（亿元）			
	2010年	2011年	2012年	2010~2012年均增速（%）	2010年	2011年	2012年	2010~2012年均增速（%）	2010年	2011年	2012年	2010~2012年均增速（%）
河南	25149	34076	43442	31.43	1498	2462	12503	188.9	27.2	38.76	39.94	21.18
湖北	31311	42510	51316	28.02	2025	3160	12592	149.36	90.72	125.69	196.39	47.13
湖南	22381	29516	35709	26.31	1920	2606	16204	190.51	40.09	35.39	42.24	2.64
中部平均	23367.2	29516.7	39099.8	29.36	1284	2007.8	12457.3	211.48	40.95	53.59	72.52	33.08
重庆	22825	32039	38924	30.59	1143	1865	9784	192.57	79.44	68.15	54.02	-17.54
内蒙古	2912	3841	4732	27.48	262	364	1650	150.95	27.15	22.67	106.1	97.69
广西	5117	8106	13610	63.09	426	634	3025	166.48	4.14	5.64	2.52	-21.89
四川	40230	49734	66312	28.39	2204	3270	13443	146.97	54.74	67.83	111.24	42.56
贵州	4414	8351	11296	59.97	441	596	2794	151.71	7.72	13.65	9.67	11.95
云南	5645	7150	9260	28.08	652	1006	2404	92.02	10.88	11.71	45.48	104.42
西藏	162	263	170	2.44	16	27	18	6.07	0	0	0	0
陕西	22949	32227	43608	37.85	1887	3139	5467	70.21	102.41	215.37	334.82	80.81
甘肃	3558	5287	8261	52.37	349	552	1713	121.55	43.08	52.64	73.06	30.22
青海	602	732	844	18.41	41	70	215	129	11.41	16.84	19.3	30.08
宁夏	739	1079	1985	63.89	61	103	914	287.09	1	3.94	2.91	70.93
新疆	3560	4736	7044	40.66	189	302	1776	206.54	4.52	4.38	5.39	9.17
西部平均	9392.75	12795.4	17170.5	35.21	639.25	994	3600.25	137.32	28.874	40.235	63.709	48.54
全国	1110428	1504670	1912151	31.28	73820	105824	489945	157.62	3629.38	4463.81	5841.1	26.86
全国平均	35788	48538	61682	31.28	2381.3	3413.68	15804.7	157.62	117.08	143.99	188.42	26.86

平。从31个省、市、区来看，2012年有8个省份的发明专利申请授权量超过全国的平均水平，其中，广东省最高，为87143件，西藏最低，为18件，与广东省相距甚远。从增长速度来看，14个省份的年均增速高于全国平均水平，其中，安徽省的增速最高，达到389.91%，西藏增速最低，为6.07%。

从全国技术市场成交合同金额来看，2010年成交合同金额达到3629.38亿元，2012年为5841.10亿元，年均增速为26.86%。从四大经济板块技术市场成交合同金额均值来看，东部地区最高，从2010年的283.48亿元增加到2011年的341.15亿元、2012年的428.52亿元，其次为东北地区，再次为中部地区，最后为西部地区。从四大经济板块技术市场成交合同金额的年均增长速度来看，西部地区增长最快（48.54%），中部地区次之，为33.08%，再次为东北地区（32.67%），最后为东部地区（22.95%）。从31个省、市、区来看，2012年有8个省份的技术市场成交合同金额高于全国平均水平，其中北京市最高，为2458.50亿元，西藏最低，为0。从年均增长速度来看，15个省份的技术市场成交合同金额年均增长速度高于全国年均增长速度，其中云南省的增速最高，为104.42%，海南省出现了负增长的状况。

表5-5　2010~2012年31个省、市、区创新驱动战略高新技术产业化能力

地 区	高技术产品出口额(亿美元)			2010~2012年均增速(%)
	2010 年	2011 年	2012 年	
北　京	151.56	133.54	133.74	-6.06
天　津	146.89	173.81	190.1	13.76
河　北	36.43	38.76	32.28	-5.87
上　海	839.35	930.82	900.37	3.57
江　苏	1268.98	1303.42	1329.11	2.34
浙　江	150.07	155.39	148.76	-0.44
福　建	130.33	134.45	138.37	3.04
山　东	180.41	154.88	147.12	-9.7
广　东	1788.63	2021.17	2265.05	12.53
海　南	1.61	3.13	3.56	48.7
东部平均	469.426	504.937	528.846	6.14
辽　宁	54.52	58.29	50.04	-4.2
吉　林	2.62	2.58	2.94	5.93
黑龙江	1.76	1.63	2.73	24.54
东北平均	19.6333	20.8333	18.57	-2.75
山　西	4.76	5.88	19.52	102.51
安　徽	5.4	9.42	12.76	53.72
江　西	28.27	39.4	33.76	9.28
河　南	7	57.55	164.42	384.65
湖　北	37.65	43.21	49.9	15.12
湖　南	6.67	8.57	14.63	48.1

续表

地 区	高技术产品出口额(亿美元)			2010～2012年均增速(%)
	2010年	2011年	2012年	
中部平均	14.9583	27.3383	49.165	81.30
重 庆	8.3	58.92	148.32	322.73
内 蒙 古	1.93	3.92	2.05	3.06
广 西	6.02	8.71	14.28	54.02
四 川	39.99	119.89	173.09	108.05
贵 州	0.73	0.67	0.91	11.65
云 南	1.94	2.03	2.44	12.15
西 藏	0.05	0.1	0.21	104.94
陕 西	19.51	20.68	27.96	19.71
甘 肃	0.97	1.29	1.28	14.87
青 海	0.01	0.04	0.14	274.17
宁 夏	0.49	0.68	0.87	33.25
新 疆	0.95	1.49	1.24	14.25
西部平均	6.74083	18.2017	31.0658	114.68
全 国	4923.79	5488.3	6011.73	10.5
全国平均	158.83	177.04	193.93	10.5

资料来源：2012年1～12月各省份高新技术产品进出口情况，http://cys.mofcom.gov.cn/article/zt_gxjs/subjectgg/201302/20130200019703.shtml。

（2）科技促进经济社会发展能力显著增强。

高新技术产业化能力体现了区域产业竞争力的强弱，是区域科技创新能力的重要标志。从全国高技术产品出口额来看，2010～2012年，高技术产品出口额处于逐步上升的趋势，2010年为4923.79亿美元，2011年提高到5488.30亿美元，2012年为6011.73亿美元，位居世界第一位，年均增速为10.5%；从高技术产品出口额平均值来看，2010～2012年，全国高技术产品出口额平均值处于不断上升的趋势，2010年为158.83亿美元，2011年提高到177.04亿美元，2012年为193.93亿美元。从四大经济板块的高技术产品出口额平均值来看，东部地区最高，从2010年的469.43亿美元增加到2012年的528.85亿美元，中部次之，再次是西部地区，最后是东北地区；从年均增长速度来看，西部地区最高（114.68%），其次为中部地区（81.30%），再次为东部地区（6.14%），东北地区反而出现了负增长（-2.75%）。从中可以看出，中部和西部的年均增长速度均高于全国平均水平。从31个省、市、区来看，2012年有3个省份的高技术产品出口额超过全国的平均水平，分别是广东省、江苏省和上海市，其中，广东省的高技术产品出口额最高，为2265.05亿美元，青海省最低，为0.14亿美元。从增长速度来看，20个省份的年均增速高于全国平均水平，其中，河南省的增速最高，达到384.65%，山东省出现了负增长的状况，为-9.7%。

另外，国家科技重大专项工程自主创新取得新的突破。2012年6月18日"神舟"九号首次载人交会对接圆满成功；2012年6月24日，"蛟龙"号载人潜水器下潜至7062

米，我国成为世界上仅有的5个能制造深海载人潜水器的国家；2012年9月25日，我国第一艘航空母舰"辽宁舰"正式交付海军，标志着船舶工业的科研生产能力跨上了一个新台阶；2012年10月25日我国第16颗北斗导航卫星成功发射，打破美国GPS长期垄断市场的地位。除此之外，在生物技术领域，超级杂交水稻、转基因抗虫棉、诱导多功能干细胞、第四代艾滋病诊断试剂、重组戊型肝炎疫苗等一批重大科技成果问世。核电超大锻件、大型快速高效数控机床、宽带多媒体、12英寸65－40纳米集成电路成套工艺等关键核心技术和工艺的突破，推动了高端制造业的发展。[①]

三 "十二五"中期全国各省、市、区创新驱动战略实施过程中存在的问题

从"十二五"中期我国各省、市、区创新驱动战略实施情况来看，目前大部分地区仍然处于以要素驱动和投资驱动的经济增长模式，过度依赖劳动力比较优势和物质资本的投入。而东部地区的部分省份已经意识到创新驱动战略的重要性，开始从要素驱动和投资驱动转向创新驱动模式。在发展过程中，目前仍然存在如下突出问题。

1. 科技资源分散现象严重，区域之间的协调平衡发展仍需进一步加强

与发达国家相比，我国部分地区在产业层次、资源配置效率和发展质量效益上仍然有显著的差距，科技资源分散现象严重，科技创新对经济社会发展的支撑引领作用尚未得到充分体现。制造业大多数处于国际分工和产业链的中低端环节，工业增加值率和大中型工业企业产值利润率偏低，出口产品中拥有自主知识产权和自主品牌的仅占出口总额很小的一部分。从四大经济板块以及31个省、市、区的发展中可以看出，当前经济发展存在的最大问题是不平衡、不协调、不可持续问题依然突出，资源环境约束强化，产业结构不尽合理，创新能力还不够强。东部地区在创新驱动战略支撑能力、创新驱动战略投入体系以及创新驱动战略产出体系中的基数都远远高于其他三大经济板块，沿海的一些发达省份如北京、上海、广东、江苏、浙江等的发展水平均远远高于其他内陆省份，省份与省份之间的发展存在巨大的差距。因此，促进区域的协调发展仍然是当今发展的首要任务。

2. 科技投入有待进一步增强，研发结构仍需大力改善

从世界上已有的创新型国家发展历程可以看出，它们的R&D占GDP的比重一般维持在2%以上，而科技创新企业这一比例则维持在6%以上，美国、欧盟和日本等发达国家占据了全球R&D投入的86%，目前，我国在这方面的差距仍然很大。2011年，我国共投入R&D经费1344.5亿美元，比上年增加了301.3亿美元，增速28.88%；R&D经费投入占GDP比重为1.84%，比起2010年提高了0.08个百分点。同一时期内，丹麦R&D经费投入占GDP比重为3.09%，以色列为4.38%，瑞典为3.37%，芬兰为3.78%，美国为3.07%，远远高于我国，如表5－6所示。另外从研发经费具体的承担机构来看，发达国家大部分的研发经费是通过民间融资的方式来投入，如日本研发经费（R&D）占GDP的

---

① 陈剑锋：《创新驱动：经济转型发展的路径探索》，《江西行政学院学报》2013年第2期，第40～42页。

比重为 3%，几乎全由民间承担，形成了以民为主的格局，而我国还是处于政府导向型的结构。据统计，2011 年我国本土企业中，国有企业的 R&D 内部经费支出占当年价总产值的比重高达 4.63%，而非国有企业的 R&D 内部经费支出占当年价总产值的比重只有1.51%，国有企业仍然是创新的主体。

表 5-6 世界上主要国家 R&D 经费及其占 GDP 比重一览表

	R&D 经费（亿美元）		R&D 经费投入占 GDP 比重（%）	
	2010 年	2011 年	2010 年	2011 年
中　国	1043.2	1344.5	1.76	1.84
奥地利	105.7	114.9	2.79	2.75
比利时	94.6	105	2	2.04
丹　麦	96.1	103.2	3.07	3.09
芬　兰	92.3	99.6	3.9	3.78
法　国	574.6	624.5	2.24	2.25
德　国	926.4	1024.4	2.8	2.84
以色列	94.5	106.7	4.34	4.38
荷　兰	144.3	170.9	1.85	2.04
瑞　典	157.1	181.9	3.39	3.37
美　国	4086.6	4151.9	2.83	3.07

此外，科技人力资源也是衡量一个国家、一个企业的技术创新能力强弱的重要标准。尽管我国科技人力资源总量呈现持续增长态势，但 R&D 人力资源规模和投入强度仍然不足。如表 5-7 所示，2011 年我国每万名劳动力中研究人员数量为 16，仅相当于美国 2007年的 17.58%，芬兰 2011 年的 10.81%，丹麦 2011 年的 12.21%，远远低于其他国家的科技人力资源投入强度。另外，在中国科技人才队伍中，高层次的创新人才和科技领军人才严重匮乏，企业和基层人才短缺，技术工人缺乏的现象严重。

表 5-7 世界主要国家研究与发展活动人力及与劳动力人口的比例

国　家	年　份	R&D 活动人力（人年）	研究人员（人）	每万名劳动力中 R&D 活动人员（人年）	每万名劳动力中研究人员（人）
中　国	2011	2882903	1318086	35	16
美　国	2007	—	1412639	—	91
法　国	2010	392875	234201	139	85
德　国	2010	548526	327500	132	79
芬　兰	2011	54526	41425	202	148
丹　麦	2011	57170	37480	199	131
瑞　典	2011	78480	49053	156	98
新加坡	2010	37013	32031	118	102
韩　国	2010	335228	264118	135	107
日　本	2010	877928	656032	133	100

续表

国　家	年　份	R&D 活动人力（人年）	研究人员（人）	每万名劳动力中 R&D 活动人员（人年）	每万名劳动力中研究人员（人）
意大利	2011	231914	106848	92	43
荷　兰	2011	112546	53633	127	61
波　兰	2011	85219	64133	48	36
英　国	2011	358583	262303	113	83
俄罗斯	2011	839183	447579	111	59
西班牙	2011	215079	130235	93	56
葡萄牙	2011	52944	47301	96	85

资料来源：OECD：《主要科学技术指标》，2012 年 2 月。

3. 科学研究过于急功近利，科技成果转化率偏低

尽管我国科技产出总量位居世界前列，但论文的影响力不够，论文的总体质量还不高。由于在科学研究过程中长期受到科研行政化思潮的影响，大中小型院校、科研机构在职称评聘、考核过程中非常强调的是论文的发表数量以及发表的期刊档次。一些机构为了晋升、考核不得不花费大量的时间来炮制论文。为了提高论文引用率，出现了鼓励同事间互引或者自引的现象，科学研究过于急功近利。另外，从科技产出的质量来看，与发达国家还存在一定差距，虽然每年政府投入转化工作的资金很多，但是转化的效果不明显，转化的比例很低，科技研发和生产需求相脱节，产学研之间的合作不通畅，据不完全统计，我国科技转化率为 15% 左右，技术进步对经济增长的贡献率只有 29%，远远低于发达国家 60% ~ 80% 的水平。[①]

4. 关键技术设备依赖进口，自主创新能力仍然处于较低水平

当前绝大多数领域的核心技术和关键技术仍然被发达国家掌控。据统计，高收入国家获得了全球技术转让和许可收入的 98%，美国、欧盟和日本拥有生物工程、药物领域的 95% 专利。有数据显示，目前我国关键技术的对外依存度高达 50%，而美国、日本仅为 2% ~ 5%，我国高科技含量的关键部件主要依靠进口，如高端医疗设备 95% 以上依赖进口，光纤设备和电视机、手机、DVD 的"心脏"几乎全部是进口。[②] 尽管我国高技术产业规模快速增长，在全球高技术产业中的地位不断提升，如 2011 年我国的高技术产业总产值为 13686.1 亿美元，位居世界第一，但我国的高技术产业的劳动生产率和自主创新能力仍然处于较低水平，如表 5 – 8 和表 5 – 9 所示，我国 2010 年制造业的劳动生产率仅为美国、日本、德国和法国的 1/3 左右，高技术的 R&D 投入强度也远远低于其他国家，美国和日本分别是我国的 10 倍和 7 倍。2011 年，美国专利数为 15923 件，排在第一位，日本 14605 件，排在第二位，德国、法国和英国的数量都在千位数以上，而中国只有 891

① 陈占勇、李斌、王红江：《非对称信息条件下技术转移的成本分析》，《科技进步与对策》2005 年第 9 期，第 92 ~ 94 页。

② 《2012 年中国发展报告：科技——破解创新驱动难题》，http：//www. datanggroup. cn/templates/T_ NewContent/ index. aspx？nodeid = 22&page = ContentPage&contentid = 4100。

件，仅占世界总量的 1.36%。这进一步说明了我国的自主研发数量很少，企业创新能力不足。同样的，从专利结构来看，2011 年我国的发明专利占专利申请授权总数的比重为 4.7%，远低于美国的 19%、日本的 12.5%、法国的 26% 以及英国的 8.8%，也低于韩国的 18.2% 和俄罗斯的 19.8%。[①]

表 5 - 8　部分国家高技术产业劳动生产率

单位：千美元

	中国(2010 年)	美国(2009 年)	日本(2008 年)	德国(2007 年)	法国(2007 年)	意大利(2007 年)
制造业	10.7	37.0	30.5	30.4	37.0	27.0
高技术产业	10.1	38.8	33.2	31.3	54.4	26.7
医药制造业	10.0	71.8	70.2	41.2	107.0	42.6
航空航天器制造业	7.0	39.7	20.0	37.2	99.4	28.1
电子及通信设备制造业	8.8	29.0	31.4	43.0	34.3	24.3
电子计算机及办公设备制造业	16.1	50.3	39.0	46.6	40.4	30.1
医疗设备及仪器仪表制造业	8.1	28.5	20.1	19.2	24.0	19.1

资料来源：中国数据来自国家统计局等编《中国高技术产业统计年鉴》(2011)，其他国家数据来自 OECD《结构分析数据库》(2011)。

表 5 - 9　部分国家制造业和高技术产业的 R&D 强度

	中国(2010 年)	美国(2007 年)	日本(2008 年)	德国(2007 年)	法国(2006 年)	英国(2006 年)	意大利(2007 年)	韩国(2006 年)
制造业	1.1	3.4	3.4	2.3	2.5	2.4	0.7	1.9
高技术产业	1.6	16.9	10.5	6.9	7.7	11.1	3.8	5.9
医药制造业	1.8	26.6	16.4	8.3	8.7	24.9	1.8	2.5
航空航天器制造业	6.2	9.9	2.9	8.6	5.2	10.7	13.4	9.0
电子及通信设备制造业	1.9	15.7	8.9	6.3	12.2	7.6	4.5	6.7
电子计算机及办公设备制造业	0.6	10.7	7.6	4.5	7.9	0.4	1.2	3.9
医疗设备及仪器仪表制造业	2.1	18.3	17.0	6.3	7.1	3.6	2.6	2.2

* R&D 强度按照 R&D 经费占工业总产值的百分比计算。

资料来源：中国数据来自国家统计局等编《中国高技术产业统计年鉴》(2011)，其他国家数据来自 OECD《结构分析数据库》(2011)。

5. 体制机制改革相对滞后，相关法规和政策体系尚待完善

科技投入只是科技创新的保障，增加投入固然可以体现国家重视科学研究，但实现从科技投入大国变为科技创新大国，科技体制改革须起到重要的作用。目前，我国所面临的科技创新环境的制约因素，在很大程度上是体制造成的。我国在创新人才的量和质、创新资源的分布以及管理体制上存在诸多问题，首先，我国尚未形成完整的知识产权保护体系，例如，2012 年我国企业中拥有自主知识产权的仅有 2000 多家，仅占企业总数的万分之三，99% 的

[①]　马光远主编《中国创造力报告（2012～2013）》，社会科学文献出版社，2013。

企业没有申请专利。其次，目前还没有一部有关国家创新体系和企业自主创新的基本法，已有的《科技进步法》已经不能适应国家快速发展的现状和自主创新对法律的需求。再次，现阶段的金融体系与企业创新脱节，金融业的发展滞后于企业创新活动的实际需求。这些政策体制都在一定程度上制约了科技创新的步伐。部分重要资源价格不能反映资源的稀缺性和外部性，导致低水平重复建设和片面追求速度，导致企业创新动力不足。企业自身的现代企业制度尚未真正建立起来，使得企业难以成为研究开发的主体，从而导致了产权不清、政企不分，进一步制约了企业的创新动力，导致企业自主开发的产品少，缺乏竞争力。

四　推动全国各省、市、区创新驱动发展战略深入实施的路径探讨

（一）整合创新资源，提高创新系统整体效能

创新驱动战略的实施是个系统工程，是个需要"国家—区域—产业—企业"四位一体全面发展的重点工程。既要充分发挥知识创新、技术创新的优势，又要充分发挥体制创新、管理创新、文化创新的作用。从国家层面来说，要将其与经济发展方式转变以及经济体制方面的重大变革结合起来，尤其是要和十八届三中全会紧密结合。从区域经济发展来看，各个地区在科技创新能力上的发展要全面围绕国家创新体系来展开，围绕创新型国家的建设目标，统筹技术创新、知识创新、国防科技创新、区域创新和科技中介服务体系建设，整合区域创新资源。其中，政府是制度创新的主体，企业是技术创新的主体，研究机构是知识创新的主体，各类主体相互联系，密不可分。从产业发展来说，要紧紧围绕科技惠民开展协同创新，突出抓好民生科技产业、环保科技项目，加强公共卫生、生态环境、公共安全、建筑节能等关键技术攻关和成果示范应用，让科技成果更好地惠及广大人民群众。从企业层面来说，企业才是创新的真正主体，要让企业拥有足够的空间参与到全球创新体系中。

（二）优化科技创新投向，推进科技创新与产业结构优化升级紧密结合

技术创新是创新驱动战略的核心和关键，在创新驱动战略实施过程中要以市场为导向，把科技创新与产业结构优化升级紧密结合，以科技创新支撑引领产业发展，围绕产业链部署创新链，围绕创新链完善资金链，促进产业链向两端延伸，着力推进产业高端升级，加快构建以高新技术产业为主导的现代产业体系。推进产业技术创新战略联盟建设，以产业链延伸为基础，构建产业技术创新链。促进创新链条上各环节的政策协调，调动各方面的积极性，优化科技创新投入导向，加强各环节投入的协调性和连续性。坚持科技进步推动和应用创新拉动相结合，重点围绕节能环保、新一代信息技术、生物、高端装备制造、新能源、新材料和新能源汽车等领域，集中力量加强攻关，积极培育和发展战略性新兴产业。将科技创新与商业模式创新、服务流程创新相结合，加快推动知识和技术密集型现代服务业发展。把国家高新区作为战略性新兴产业发展的重要载体，充分发挥其集聚、

辐射和带动作用，积极支持国家自主创新示范区先行先试，有序推动省级高新区升级，建设一批特色产业基地，打造具有国际竞争力的创新集群和产业集群。

（三）鼓励产学研政合作，提高科技成果转化率

充分发挥高校、科研院所、政府、企业的优势叠加，引导高等院校、科研院所面向企业、面向市场开展技术创新活动，特别是瞄准经济社会和城市发展的重大紧迫需求，显著提高科技创新成果转化和产业化水平。支持和鼓励各创新主体根据自身特色和优势，探索多种形式的协同创新模式。加强民间科技交流合作。引导社会资本积极参与自主创新，加快科技成果转化，以科技和金融的融合发展着力促进科技型中小企业的成长。积极开展协同创新、开放式创新，着力提高科技研发能力和成果转化能力，实现创新要素和生产要素的有机衔接。

（四）强化企业在技术创新中的主体地位，激发技术创新的原动力

增强企业创新主体地位，促进创新要素向企业集聚，政府性科技经费投入向企业倾斜，鼓励企业提高研发投入比重。鼓励引导企业加大研发投入，激发中小企业创新活力，发挥企业家和科技领军人才在科技创新中的重要作用。支持企业在国内外设立、兼并和收购研发机构，积极开展多种形式的国际合作研发。推动资金、人才、技术等创新资源向企业聚集，加快培育自主知识产权的专利技术和自有品牌的企业产品，做大做强一批有影响力的创新型企业和高新技术企业。

（五）深化科技体制改革，增强自主科技创新活力

改革是创新驱动的内在动力要求，在科技创新体系中，科研机构作为知识、技术的创新主体，作为企业技术创新的源泉和后盾，应该利用科技体制改革契机，对科研机构在发展中的作用进行重新定位，对科技资源进行整合。[①] 优化政府科技资源配置，改进科技经费管理办法，提高公共资源的利用效率。进一步深化科研机构改革和重组，推进科研去行政化，建立学术共同体，实行基于学术本位的管理和评价，促进产学研协同创新。在管理体制、投融资机制、绩效考评制度、激励促进机制、人力资源开发、知识产权以及构筑各种创新、创业服务平台等方面给予支持。建立健全科技决策和宏观调控机制，促进区域内科技资源合理配置，健全科技创新投入机制，健全知识产权工作机制。完善科技支撑战略性新兴产业发展和传统产业升级的机制。完善区域创新发展机制，充分发挥地区在区域创新中的主导作用，加快各具特色的区域创新体系的建设。完善人才培养和激励机制，营造人才成长良好环境，造就规模宏大、结构合理、素质优良的创新型科技人才队伍，为创新型国家建设提供强大的人才保障和智力支持。[②] 建立科技创新资源合理流动的体制机制，促进创新资源高效配置和综合集成，建立政府作用与市场机制有机结合的体制机制，让市场充分发挥基础性协调作用，政府应当充分发挥好引导、调控、支持等作用。建立科技创

① 万娜：《我国科技创新体系建设带来的思考》，《科技创新导报》2011 年第 27 期，第 245 页。
② 朱步楼：《深入实施创新驱动发展战略》，《新华日报》2012 年 12 月 25 日。

新的协同机制，以解决科技资源配置过度行政化、封闭抵消、研发和成果转化效率不高等问题。建立科学的创新评价机制，使科技人员的积极性、主动性、创造性充分发挥出来。

（六）构建科技中介服务体系，营造良好科技创新环境

科技创新基地和平台是支撑科技进步和创新的重要物质基础，要建立有利于各类科技中介组织健康发展的组织制度、运行机制和政策法规体系，以现有的技术转移服务平台为依托，做好技术成果管理、技术合同等级、技术需求以及难题招标等工作，进一步完善科技基础条件平台和技术创新服务平台的建设布局，强化支撑服务能力建设，更加突出平台的开放运行和为研发创新提供公共服务的能力。加快建立企业技术中心、工程（技术）研究中心等研发机构和工程化平台，推动企业与科研院所、高校开展多种形式合作，参与行业标准制定，进一步提升创新能力。加大科技金融服务，开展符合科技企业特点的金融产品和服务创新，更好地满足创新需求。建设面向创新需求的科技公共服务设施，构建支持创新、鼓励创新、保护创新的政策环境。培育、支持和引导科技中介服务机构向服务专业化、功能社会化、组织网络化、运行规范化方向发展，壮大专业研发设计服务企业，培育知识产权服务市场，推进检验检测机构市场化服务，完善技术交易市场体系，加快发展科技服务业。

（七）加强创新合作，促进创新全球化

当前，世界各国正处于推进经济发展方式转变的攻坚时期，资源环境的压力正逐步转化为科技创新的强大动力，我国在引进国际技术、承接国际产业转移过程中，要争取在更大范围内、更广领域内与更高层次上推动国际科技合作。深化气候变化、能源环保、粮食安全、重大疾病防控等全球性问题的国际科技合作。要以全球视野推进创新能力建设，有效利用全球科技资源，扩大我国科技对外影响力。深化区域创新合作，增强对周边区域科技发展的辐射影响力。

专题报告六
"十二五"中期全国各省、市、区
生态环境保护状况

环境保护是我国的一项基本国策,是生态文明建设的主阵地,是建设美丽中国的主干线、大舞台和着力点。环保工作取得的任何成效、任何突破,都是对推进生态文明、建设美丽中国的积极贡献。"十二五"规划实施以来,全国各省、市、区加快发展生态文明,不断加大环境保护力度,环保工作取得了巨大成就,主要体现在:环境治理投资持续加大、节能减排工作卓有成效、自然生态建设成效显著、水土资源保护力度不断加大、城市环境质量稳步提高、防灾减灾能力有效提升等。但同时我们也要看到,我国仍存在能源资源消耗比较大、污染物排放总量比较高、能源利用效率比较低、环境治理投资仍显不足、环境法制体系不够完善等问题。

党的十八届三中全会指出,建设生态文明,必须建立系统完整的生态文明制度体系,用制度保护生态环境。要紧紧围绕建设美丽中国、深化生态文明体制改革,加快建立生态文明制度,健全国土空间开发、资源节约利用、生态环境保护的体制机制,推动形成人与自然和谐发展的现代化建设新格局。当前及今后一段时期,全国各省、市、区要深入贯彻落实党的十八届三中全会精神,加快经济发展方式转变和生态文明建设,加快推进绿色经济转型,建立健全生态文明制度体系,更加积极广泛地参与国际环境合作,持续提高公民的环保意识,有效改善生态环境质量,进一步增强可持续发展能力,不断提高生态文明水平。

一 "十二五"中期国内外生态环境保护形势分析

20 世纪以来,人类生产高速发展,经济极大繁荣,但环境也急剧恶化,环境危机步步紧逼,环境问题已经成为全球性的问题和焦点,是未来影响世界的首要问题,更是未来经济社会发展的硬约束。国际社会高度重视环境问题,已经先后召开了一系列重要的全球环境大会,通过了一系列的环境宣言和环境保护公约,加强生态环境保护已经成为各国的共识。后金融危机时代,世界各国都处于重要的战略转型期,绿色经济转型成为各国的共同选择,加强生态环境保护和环境领域的竞争对于推动绿色经济转型具有重要作用,在各国议事日程中处于重要地位,已经进入国家发展的主流,各国环境诉求越来越强烈。

1. 绿色经济转型是世界各国的共同选择

经济转型是指资源配置和经济发展方式的转变,包括发展模式、发展要素、发展路径等的转变。从国际经验看，不论是发达国家还是新型工业化国家，无一不是在经济转型升级中实现持续快速发展。2008年国际金融危机的爆发，说明原有的经济发展模式已经过时了，必须予以转变。后金融危机时代，全球生产和贸易格局发生重大改变，经济复苏缓慢、资源相对短缺、环境压力加大是各国普遍面临的挑战，传统的依靠高投入、高消耗、高污染，依靠外延扩张的经济发展方式已经难以为继，实现经济强劲增长、提高经济发展质量和效益、破解资源环境制约成为各国当前的主要任务。在这种情况下，全球经济复苏需要一个全新的发展观作为指导，加快经济结构调整、转变经济发展方式、加快推进经济转型和模式创新成为大势所趋，必须在发展中促转变、在转变中谋发展。

2008年底，联合国环境规划署提出"绿色经济"和"绿色新政"的倡议，绿色经济从此成为世界环境与发展领域内新的趋势和潮流，为重新洗牌的世界经济格局指明了道路，是各国经济转型的方向。当前，世界各国已经将绿色经济当成拉动经济走向复苏的关键和动力，吹响了发展绿色经济的号角，争先出台各类绿色经济发展计划和政策举措，大力开展各类绿色技术创新，一场涉及生产方式、生活方式、价值观念的全球性"绿色经济革命"正在悄然拉开序幕。

2. 加强生态环境保护是实现绿色经济转型的助推器和重要突破口

绿色经济转型就是要求传统的资源消耗大、环境污染重的增长方式向依靠科技进步、劳动者素质提高、管理创新、绿色生产的新增长方式转变，大力发展支撑绿色经济发展的关键技术，提高环境技术创新水平，促进结构调整，扩展发展空间，改进消费模式，提高资源环境的利用效率，使经济发展建立在节约能源资源和保护环境上，以节能环保来优化经济发展，提高可持续发展能力和水平。

从绿色经济的内涵和目标看，加强生态环境保护既是绿色经济发展的重要出发点和归宿之一，也是实现绿色经济转型的助推器和重要突破口，有利于形成新的增长领域，生态环境保护的多种手段和工具在绿色经济发展过程中大有可为。例如，严格执行环境影响评价制度有利于在源头上调整产业结构和空间布局；提高环境标准可以在上游和末端推动产业结构调整；加强环境执法可以减轻经济产出对环境的压力；推动环境产品认证可以引导绿色消费；制定环境经济政策可以推动环保产业的发展；提高环境信息公开程度可以促使公众积极参与绿色经济发展；加强环境科技应用可以为绿色发展提供技术支持。

此外，加强生态环境保护对于提升经济发展质量具有先导、优化、倒逼、保障等综合作用，将生态环境保护的"倒逼机制"传导到经济转型上来，能更好地促进产业结构调整和技术升级，淘汰落后的生产工艺、技术和项目，将宝贵的环境容量留给那些资源消耗少、科技含量高、环境效益好的项目，为经济可持续发展创造更大的空间，推动发展方式转变，并从更好的发展方式中获取环境效益，推动整个社会走上生产发展、生活富裕、环境良好的文明发展道路，这既是经济转型的重要内容，也是检验经济转型成效的重要标准。

3. 环境领域成为世界各国竞争的焦点

在资源环境的硬约束下，不同国家之间的竞争已不仅仅是以经济实力为主体的综合国力的较量，长期被忽视的环境被推上了国际竞争的前台，不仅作为国家经济竞争的组成要素，更日益成为关键竞争要素，发达国家之间、发达国家和发展中国家之间围绕着环境展开激烈的竞争和博弈，许多国家把环境治理和应对气候变化等作为参与外交以及国际竞争的重大筹码就是一个明证。在此种背景下，环境竞争力已经成为国际竞争力的重要评价指标，环保产业和技术直接成为国际经济科技竞争的新领域，生态环境保护成为国际竞争和合作的主阵地。同时，随着各国间贸易竞争的日益加剧，一些国家开始频繁使用环境壁垒以达到保护本国产业与市场、维护和增强其竞争力的目的，生态环境保护成为增强国际竞争力的重要手段。

二 "十二五"中期全国各省、市、区生态环境保护的成效

面对日益强化的资源环境约束，"十二五"规划实施以来，我国政府不断增强危机意识，牢固树立绿色、低碳发展理念，以节能减排为重点，加快建设资源节约型、环境友好型社会，加强资源节约与管理，加大环境保护力度，促进生态保护和建设，取得了显著成效，使我国的可持续发展能力进一步提高，生态文明水平有效提升。

1. 环境治理投资持续加大

"十二五"规划实施以来，我国继续加大环境保护工作力度，环境污染治理投资保持快速增长，占 GDP 比重逐年提高，尤其是加大了对工业污染的治理投资。

从全国来看，环境污染治理投资总额从 2010 年的 6654.2 亿元上升到 2011 年的 7114 亿元，增长了 6.91%。但环境污染治理投资占 GDP 比重有所下降。国家和各省份持续加大对工业污染的治理力度，2012 年的工业污染治理投资完成额比 2010 年增加了 103.48 亿元，增长了 26.07%；人均工业污染治理投资额上升了 7.36 元，达到 36.96 元，上升了 24.84%。

从区域来看，除东部外，中部、西部、东北的环境污染治理投资总额都有大幅的增长，增长幅度均在 35% 以上，其中中部增长最快，增幅为 40.77%。东部的投资下降了 15.01%，主要是由广东省的投资大幅下降导致的。环境污染治理投资总额占 GDP 比重最大的是西部地区，达到 1.94%，增长也最快，从 1.39% 增长到 1.94%，增幅达到 39.27%。东部地区大大加强了工业污染治理力度，工业污染治理投资完成额增长幅度最大，达到 49.72%，人均工业污染治理投资额也是四个地区中最高的，达到 50.04 元，比 2010 年增加了 13.83 元，增长了 38.21%；而东北地区在工业污染治理方面的投资有所下降。

从各省份来看，2011 年，河北的环境污染治理投资总额最高，达到 623.90 亿元，而贵州的增长幅度最大，为 116.33%，共有 23 个省份的投资出现了增长；其中，需要注意的是西藏从无到有，2011 年达到 28.20 亿元。环境污染治理投资总额占 GDP 比重最大的是西藏，达到 4.65%，远高于全国水平；而增幅最大的是贵州，达到 74.61%。2012 年，工业污染治理投资完成额增长幅度最大的是海南，达到 1008.98%，共有 20 个省份的投资出现了增长；人均工业污染治理投资完成额增长最快的也是海南，增长了 986.46%，共有 20 个省份出现了增长。

表 6 - 1　2010～2012 年各省份环境污染治理投资情况

指标 地区	2012 年				2010～2012 年变化幅度			
	环境污染 治理投资 总额(亿元)	环境污染治 理投资占 GDP 比重(%)	工业污染治 理投资完成 额(亿元)	人均工业污 染治理投资 完成额(元)	环境污染 治理投资 总额(%)	环境污染治 理投资占 GDP 比重(%)	工业污染 治理投资 完成额(%)	人均工业污 染治理投资 完成额(%)
全　国	7114.00	1.50	500.46	36.96	6.91	-9.34	26.07	24.84
北　京	213.10	1.31	3.28	15.87	-7.91	-20.03	69.81	61.00
天　津	174.90	1.55	12.56	88.85	59.43	30.07	-23.76	-29.90
河　北	623.90	2.54	23.63	32.42	68.21	39.93	117.60	114.80
上　海	144.80	0.75	11.59	48.70	8.06	-3.37	23.17	19.15
江　苏	575.80	1.17	39.01	49.26	23.46	4.14	109.76	108.42
浙　江	238.70	0.74	28.30	51.67	-28.47	-38.64	136.70	135.39
福　建	198.40	1.13	23.76	63.40	52.97	28.38	55.02	52.74
山　东	614.10	1.35	67.06	69.24	26.91	9.58	46.82	45.35
广　东	332.60	0.63	28.10	26.52	-76.51	-79.69	-9.53	-10.83
海　南	28.00	1.11	4.83	54.46	18.64	-2.90	1008.98	986.46
东　部	3144.30	1.23	242.13	50.04	-15.01	-12.82	49.72	38.21
山　西	248.50	2.21	32.33	89.53	20.11	-1.66	15.63	14.45
安　徽	267.50	1.75	12.73	21.27	48.69	20.11	116.23	115.10
江　西	241.20	2.06	3.95	8.77	54.12	24.47	-38.10	-38.67
河　南	163.30	0.61	14.83	15.77	23.52	5.92	18.56	18.56
湖　北	259.80	1.32	14.90	25.78	76.98	43.94	-46.30	-46.78
湖　南	127.30	0.65	17.96	27.05	19.42	-2.63	30.16	28.82
中　部	1307.60	1.43	96.70	31.36	40.77	14.38	2.57	1.63
内蒙古	395.90	2.76	18.97	76.20	65.72	34.70	43.29	42.27
广　西	161.50	1.38	8.56	18.29	-1.58	-19.65	-7.76	-9.17
重　庆	259.20	2.59	3.82	12.98	47.02	16.39	-50.68	-51.69
四　川	140.10	0.67	11.06	13.70	57.42	28.66	54.42	53.82
贵　州	64.90	1.14	12.47	35.78	116.33	74.61	83.11	82.84
云　南	119.20	1.34	19.73	42.34	12.24	-8.82	85.62	83.33
西　藏	28.20	4.65	0.18	5.77	—	—	—	—
陕　西	153.30	1.23	27.13	72.28	-14.45	-30.79	-19.39	-19.78
甘　肃	59.60	1.19	21.10	81.85	-6.73	-23.44	44.03	43.05
青　海	26.20	1.57	2.19	38.17	54.12	24.59	124.48	120.68
宁　夏	57.40	2.73	6.92	106.86	66.38	33.73	69.11	65.39
新　疆	132.70	2.01	7.91	35.43	69.26	39.23	18.40	15.87
西　部	1598.20	1.94	140.03	44.97	35.73	39.27	21.85	31.00
辽　宁	376.50	1.69	11.94	27.22	82.32	51.40	-19.13	-19.39
吉　林	101.20	0.96	5.73	20.82	-18.52	-33.18	-9.62	-9.75
黑龙江	152.70	1.21	3.93	10.25	16.30	-4.16	-20.62	-20.64
东　北	630.40	1.29	21.60	19.43	36.45	1.23	-17.10	-16.43

注：环境污染治理投资总额、环境污染治理投资占 GDP 比重采用 2010 年和 2011 年数据，它们的变化幅度的两个指标均为 2010～2011 年的变化幅度。

2. 节能减排工作卓有成效

"十二五"规划实施以来，我国继续加大节能减排工作力度，大力建设资源节约型、环境友好型社会，在节能减排方面取得了显著成效，能源资源利用效率进一步提高，二氧化硫排放量减少。

从全国来看，2012 年，我国的万元 GDP 能耗为 0.77 吨标准煤/万元，比 2010 年下降了 5.39%，共有 30 个省份出现了不同程度的下降，其中下降幅度最大的是宁夏，下降了 37.45%；下降幅度最小的是云南，下降了 9.90%。二氧化硫排放量为 2117.63 万吨，比 2010 年下降了 3.09%。但废水排放总量和一般工业固体废物产生量均有所上升，增幅分别为 3.88% 和 36.56%。

从区域来看，中部地区的万元 GDP 能耗下降幅度最大，达到了 29.20%，西部地区的下降幅度最小，下降了 19.57%。东部、中部、西部的二氧化硫排放量均有所下降，下降幅度最大的是西部地区，下降了 4.48%，而东北地区则上升了 5.77%。各个区域的废水排放总量均有轻微增加，其中中部增加最多，增长了 5.54%。各个区域的一般工业固体废物产生量上升比较快，其中西部上升最快，达到 48.94%。

从各省份来看，2010～2012 年，除西藏外，其他省份的万元 GDP 能耗均出现了不同程度的下降，下降幅度最大的是宁夏，达到 37.45%，还有 7 个省份的下降幅度也在 30% 以上。共有 16 个省份的二氧化硫排放总量下降，其中广西的下降幅度最大，下降了 44.22%。全国只有 4 个省份的废水排放总量下降，其中福建的下降幅度最大，下降了 18.95%，而天津的增幅最大，上升了 23.33%。全国只有 4 个省份的一般工业固体废物产生量下降，其中北京的下降幅度最大，下降了 13.00%，而西藏的增幅最大，上升了 3227.07%。

表 6－2 2010～2012 年各省份节能减排情况

指标 地区	2012 年				2010～2012 年变化幅度			
	万元 GDP 能耗(吨 标准煤)	二氧化硫 排放总量 （万吨）	废水排放 总量(亿吨)	一般工业固 体废物产生 量(亿吨)	万元 GDP 能耗（%）	二氧化硫 排放总量 （%）	废水排放 总量（%）	一般工业固 体废物产生 量（%）
全　国	**0.77**	**2117.63**	**684.76**	**32.90**	**－5.39**	**－3.09**	**3.88**	**36.56**
北　京	0.44	9.38	14.03	0.11	－27.97	－18.43	－3.57	－13.00
天　津	0.67	22.45	8.28	0.18	－19.74	－4.52	23.33	－2.26
河　北	1.22	134.12	30.58	4.56	－25.88	8.71	9.77	43.83
上　海	0.57	22.82	21.92	0.22	－21.69	－36.27	2.38	－10.18
江　苏	0.57	99.20	59.82	1.02	－25.14	－5.57	0.92	12.80
浙　江	0.55	62.58	42.10	0.45	－25.24	－7.75	0.20	4.53
福　建	0.61	37.13	25.63	0.77	－25.15	－9.24	－18.95	3.11
山　东	0.82	174.88	47.91	1.83	－23.51	13.72	8.07	14.37
广　东	0.53	79.92	83.86	0.60	－22.22	－23.92	6.74	9.34
海　南	0.67	3.41	3.71	0.04	－21.29	18.49	3.86	81.94
东　部	**0.66**	**645.89**	**337.83**	**9.78**	**－23.88**	**－3.56**	**2.40**	**22.57**
山　西	1.69	130.18	13.43	2.90	－28.58	4.21	15.64	58.90
安　徽	0.72	51.96	25.43	1.20	－29.01	－2.35	4.55	31.28

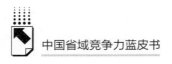

续表

指标 地区	2012 年				2010～2012 年变化幅度			
	万元 GDP 能耗（吨 标准煤）	二氧化硫 排放总量 （万吨）	废水排放 总量(亿吨)	一般工业固 体废物产生 量(亿吨)	万元 GDP 能耗(%)	二氧化硫 排放总量 （%）	废水排放 总量（%）	一般工业固 体废物产生 量(%)
江　西	0.61	56.77	20.12	1.11	−30.33	1.91	3.48	18.35
河　南	0.83	127.59	40.37	1.53	−28.08	−4.69	6.57	42.34
湖　北	0.87	62.24	29.02	0.76	−29.27	−1.61	−0.98	11.71
湖　南	0.83	64.50	30.42	0.81	−30.76	−19.51	9.11	40.58
中　部	0.93	493.23	158.79	8.32	−29.20	−3.50	5.54	38.30
内蒙古	1.33	138.49	10.24	2.42	−33.80	−0.66	2.03	42.54
广　西	0.70	50.41	24.56	0.80	−33.77	−44.22	10.40	27.79
重　庆	0.89	56.48	13.24	0.31	−24.98	−21.49	0.75	9.80
四　川	1.13	86.44	28.37	1.32	−15.32	−23.57	1.36	17.34
贵　州	1.64	104.11	9.15	0.78	−29.97	−9.38	17.36	−4.31
云　南	1.35	67.22	15.40	1.60	−9.90	34.25	4.40	70.76
西　藏	−	0.42	0.47	0.04	−	8.50	1.05	3227.07
陕　西	0.82	84.38	12.87	0.72	−30.35	8.36	5.69	4.69
甘　肃	1.34	57.25	6.28	0.67	−27.95	3.75	6.05	78.14
青　海	2.05	15.39	2.20	1.23	−23.83	7.27	3.30	589.91
宁　夏	2.16	40.66	3.89	0.30	−37.45	30.85	−1.23	20.11
新　疆	1.74	79.61	9.38	0.79	−10.21	35.28	12.58	101.32
西　部	1.38	780.86	136.06	10.98	−19.57	−4.48	5.53	48.94
辽　宁	0.98	105.87	23.88	2.73	−31.65	3.57	2.81	57.93
吉　林	0.84	40.35	11.95	0.47	−30.52	13.24	2.88	1.91
黑龙江	1.00	51.43	16.26	0.63	−17.92	4.92	7.92	16.79
东　北	0.94	197.65	52.09	3.83	−26.98	5.77	4.37	40.28

注：废水排放总量的变化幅度为 2011～2012 年的变化幅度。

3. 自然生态建设成效显著

"十二五"规划实施以来，我国坚持污染防治与生态保护并重、生态保护与生态建设并举的方针，不断加强自然生态保护，采取了一系列保护和改善自然生态环境的重大举措，自然保护区个数和面积继续扩大。同时，持续推进林业生态建设，投入力度不断加大，进一步加强、完善或改进了原有的自然生态系统，有效地保护和改善了自然生态环境。

从全国来看，2012 年，自然保护区个数比 2010 年增加了 81 个，达到 2669 个，增长了 3.13%。自然保护区面积扩大到 14978.73 万公顷，增加了 0.23%。林业完成投资额达到 3342.09 亿元，比 2010 年增长了 26.95%。

从区域来看，各区域的自然保护区个数都有一定增长，东北地区增长最快，增长了 8.88%，西部地区增长最慢，增长了 0.51%。中部地区的自然保护区面积增长最快，增长了 3.66%，而西部地区则下降了 0.23%。东部地区大大加强了林业方面投资，林业完成投资额达到 952.93 亿元，比 2010 年增长了 41.71%，增长幅度最大，而东北地区仅增长了 6.37%。

从各省份来看，2012 年，广东的自然保护区个数最多，达到 368 个，而河北的增幅最高，达到 22.86%，共有 15 个省份的自然保护区个数增加，只有内蒙古和云南的自然保护区个数减少。自然保护区面积最大的是西藏，达到4136.89万公顷，而增幅最大的是河北，达到17.95%，共有17个省份出现了增长。林业完成投资额最高的是广西，达到690.38亿元，而增幅最大的是湖南，增长了109.89%，共有25个省份出现了增长。

表6-3　2010～2012年各省份自然生态保护情况

指标地区	2012年			2010～2012年变化幅度		
	自然保护区个数(个)	自然保护区面积(万公顷)	林业完成投资额(亿元)	自然保护区个数(%)	自然保护区面积(%)	林业完成投资额(%)
全　国	2669	14978.73	3342.09	3.13	0.23	26.95
北　京	20	13.40	147.08	0.00	0.00	54.24
天　津	8	9.11	5.34	0.00	0.00	-39.10
河　北	43	69.27	66.39	22.86	17.95	21.49
上　海	4	9.38	9.69	0.00	0.00	21.70
江　苏	30	56.71	92.87	0.00	0.38	-2.64
浙　江	32	19.69	80.78	3.23	1.23	24.21
福　建	93	46.36	221.50	1.09	4.07	32.63
山　东	86	108.20	251.37	-4.66		109.50
广　东	368	355.27	63.67	0.27	-1.09	26.05
海　南	50	273.53	14.25	0.00	-0.04	82.76
东　部	734	960.92	952.93	1.52	0.36	41.71
山　西	46	116.10	102.50	0.00	0.62	-1.44
安　徽	104	52.45	45.25	6.12	4.41	12.82
江　西	200	125.98	76.04	12.36	12.88	33.23
河　南	34	73.47	97.64	0.00	0.00	0.15
湖　北	65	95.50	53.39	1.56	-0.46	31.43
湖　南	129	128.53	127.90	4.88	3.26	109.89
中　部	578	592.03	502.72	6.45	3.66	25.61
内蒙古	184	1368.90	133.40	-0.54	-0.97	16.35
广　西	78	145.29	690.38	0.00	0.13	33.81
重　庆	57	85.02	51.67	18.75	2.74	21.84
四　川	167	897.43	177.36	0.60	0.79	23.69
贵　州	129	95.18	38.00	0.00	0.00	-0.39
云　南	159	285.43	85.01	-4.79	-4.48	15.69
西　藏	47	4136.89	16.59	0.00	-0.32	11.38
陕　西	57	116.31	74.93	5.56	0.17	50.39
甘　肃	59	734.68	75.69	0.00	0.00	24.47
青　海	11	2182.22	22.72	0.00	0.00	37.39
宁　夏	14	53.56	13.90	7.69	5.61	-26.36
新　疆	27	2149.44	66.31	0.00	0.00	43.04
西　部	989	12250.33	1445.94	0.51	-0.23	27.36
辽　宁	105	267.35	145.69	7.14	0.44	21.27
吉　林	39	232.93	71.46	2.63	1.10	17.16
黑龙江	224	675.18	174.21	10.89	5.36	-6.73
东　北	368	1175.46	391.37	8.88	3.34	6.37

注：林业完成投资额变化幅度为2011～2012年的变化幅度。

4. 水土资源保护力度不断加大

"十二五"以来，我国牢固树立科学发展观的理念，加大水土资源保护力度，严格控制水土资源的开发，优化水土资源配置，努力实现水土资源科学合理的开发利用，取得了一定成效，水土流失治理面积进一步扩大，人均用水量持续增加。

从全国来看，2012 年，人均水资源量比 2010 年减少了 124.35 立方米，下降了5.38%。人均用水量达到454.71 立方米，增加了1.01%。化肥施用量增长了4.98%，而水土流失治理面积增加了4.74%。

从区域来看，各区域的人均水资源量均有不同程度的下降，其中东北地区下降最快，下降了16.44%，西部地区下降最少，下降了7.31%。东北地区的人均用水量增长最快，增长了7.21%，而东部地区则下降最多，下降了4.08%。东北地区的化肥施用量增长最快，达到10.44%，而东部仅为0.13%。西部地区的水土流失治理面积增加最快，达到6.41%。

从各省份来看，2012 年，西藏的人均水资源量最高，达到137378.05 立方米，而天津的增幅最高，达到226.91%，共有14 个省份的人均水资源量增加。人均用水量最大的是新疆，达到2657.39 立方米，人均用水量最小的是天津，为167.12 立方米，而增幅最大的是山西，增长了11.84%，降幅最大的是西藏，下降了17.13%，共有15 个省份出现了下降。化肥施用量最低的是西藏，仅为4.99 万吨，是最高的河南的0.73%，共有6 个省份出现了下降，降幅最大的是上海，下降了7.18%。水土流失治理面积增长最快的是新疆，上升了28.89%，共有27 个省份出现了增长。

表6-4 2010~2012 年各省份水土资源保护情况

指标\地区	2012 年				2010~2012 年变化幅度			
	人均水资源量（立方米）	人均用水量（立方米）	化肥施用量（万吨）	水土流失治理面积（千公顷）	人均水资源量（%）	人均用水量（%）	化肥施用量（%）	水土流失治理面积（%）
全 国	2186.05	454.71	5838.85	111862.81	-5.38	1.01	4.98	4.74
北 京	193.24	175.54	13.67	602.80	55.60	-7.31	0.00	11.05
天 津	237.99	167.12	24.45	54.24	226.91	-6.08	-4.27	16.83
河 北	324.24	268.90	329.33	6411.51	66.04	-1.23	2.00	1.93
上 海	143.40	490.62	10.99	0.00	-12.09	-12.34	-7.18	0.00
江 苏	472.01	698.21	330.95	1191.92	-3.52	-0.87	-2.98	13.27
浙 江	2641.29	362.20	92.15	2515.46	1.25	-4.37	-0.05	3.45
福 建	4047.78	535.84	120.87	1485.39	-9.88	-2.61	-0.14	0.99
山 东	283.93	229.58	476.26	4781.26	-12.48	-1.66	0.20	2.79
广 东	1921.00	427.53	245.38	1428.62	-1.15	-6.24	3.41	3.64
海 南	4130.76	513.98	45.53	38.72	-25.42	0.40	-1.94	18.32
东 部	1439.56	386.95	1689.57	18509.92	-9.75	-4.08	0.13	3.42
山 西	294.98	203.75	118.28	5290.62	12.80	11.84	7.17	-1.16
安 徽	1172.63	489.52	333.53	2245.01	-23.20	0.94	4.30	5.10
江 西	4836.01	539.44	141.26	4822.40	-5.49	0.06	2.64	6.83
河 南	282.58	253.92	684.43	4510.86	-50.10	6.79	4.47	1.86

续表

指 标　地 区	2012 年				2010~2012 年变化幅度			
	人均水资源量（立方米）	人均用水量（立方米）	化肥施用量（万吨）	水土流失治理面积（千公顷）	人均水资源量（%）	人均用水量（%）	化肥施用量（%）	水土流失治理面积（%）
湖　北	1410.97	518.86	354.89	4760.38	-36.34	3.13	1.17	2.01
湖　南	3005.68	496.88	249.11	2857.30	2.28	-0.86	5.30	-1.44
中　部	1833.81	417.06	1881.50	24486.56	-12.86	2.21	3.94	2.04
内蒙古	2052.68	741.63	189.04	11574.62	30.24	0.51	6.65	6.21
广　西	4476.04	649.76	249.04	2019.54	16.17	1.97	5.01	7.78
重　庆	1626.50	282.86	96.02	2439.97	0.60	-5.97	4.58	5.52
四　川	3587.16	304.99	253.03	6744.39	13.03	7.48	2.03	6.55
贵　州	2801.82	290.01	98.17	3513.55	2.75	0.28	13.45	13.01
云　南	3637.91	326.87	210.21	6175.57	-14.06	1.65	13.88	11.16
西　藏	137378.05	975.94	4.99	42.84	-10.61	-17.13	5.27	6.01
陕　西	1041.91	234.91	239.80	9512.32	-23.40	5.09	21.86	4.29
甘　肃	1038.36	478.71	92.13	8244.68	23.37	0.50	8.06	3.78
青　海	15687.17	480.26	9.30	856.50	18.62	-12.55	6.16	3.76
宁　夏	168.03	1078.00	39.44	1851.24	13.40	-6.29	3.99	-0.78
新　疆	4055.51	2657.39	192.70	541.90	-20.87	7.86	15.00	28.89
西　部	14795.93	708.44	1673.87	53517.12	-7.31	-1.28	9.66	6.41
辽　宁	1247.83	324.28	146.90	6678.10	-10.36	-1.64	4.87	5.44
吉　林	1674.49	472.09	206.73	3691.32	-33.11	7.88	13.09	2.92
黑龙江	2194.61	936.10	240.28	4979.77	-1.52	10.31	11.82	6.17
东　北	1705.64	577.49	593.91	15349.20	-16.44	7.21	10.44	5.05

5. 城市环境质量稳步提高

"十二五"规划实施以来，我国不断加强城市基础设施和市政设施建设，加快城市绿化，不断提升垃圾处理和污水处理能力，注重提升市民素质，继续深化城市环境综合整治，使得城市环境保护工作和环境治理能力继续增强，城市环境质量持续改善，生活环境更加优美。

从全国来看，2012 年，人均公园绿地面积比 2010 年增加了 1.08 平方米，增长了9.66%。建成区绿化覆盖率达到 39.59%，增幅达到 2.51%。城市污水日处理能力达到13692.90 万立方米，增长了 2.24%。垃圾无害化日处理能力也迅速提高，达到 446268.00吨，增长了 15.13%。

从区域来看，各区域的人均公园绿地面积均有不同程度的上升，其中西部地区上升最快，上升了 17.94%，东北地区上升最少，上升了 5.83%。西部地区的建成区绿化覆盖率增长最快，增长了 6.83%。东北地区的城市污水日处理能力增长最快，达到 10.72%，而西部则下降 5.60%。中部地区的垃圾无害化日处理能力提升最快，达到 22.51%，东北地区的提升速度也比较快，达到 20.66%。

从各省份来看，2012 年，重庆的人均公园绿地面积最高，达到 18.13 平方米，而西藏的增幅最高，达到 62.63%，共有 28 个省份的人均公园绿地面积增加。建成区绿化覆盖率最高的是北京，达到 46.20%，而增幅最大的是西藏，增长了 27.60%，共有 24 个省份出现了增长。城市污水日处理能力最高的是广东，达到 1705.30 万立方米，增幅最大的是青海，提高了 62.12%，共有 24 个省份的城市污水日处理能力提高。垃圾无害化日处理能力最高的是广东，达到 43197 吨，但提升最快的是海南，提高了 136.22%，共有 27 个省份的垃圾无害化日处理能力提高。

表 6-5　2010~2012 年各省份城市环境状况

指标 地区	2012 年				2010~2012 年变化幅度			
	人均公园绿地面积（平方米）	建成区绿化覆盖率（%）	城市污水日处理能力（万立方米）	垃圾无害化日处理能力（吨）	人均公园绿地面积（%）	建成区绿化覆盖率(%)	城市污水日处理能力（%）	垃圾无害化日处理能力（%）
全　国	12.26	39.59	13692.90	446268.00	9.66	2.51	2.24	15.13
北　京	11.87	46.20	400.50	16830.00	5.23	1.32	6.26	0.90
天　津	10.54	34.88	257.20	9500.00	23.13	8.80	14.72	18.75
河　北	14.00	40.98	522.80	13629.00	-1.62	-4.10	4.23	0.11
上　海	7.08	38.29	701.30	11732.00	1.58	0.37	3.18	11.26
江　苏	13.63	42.17	1564.50	43113.00	2.56	0.24	-1.60	14.55
浙　江	12.47	39.86	691.10	37161.00	12.85	4.07	7.35	11.52
福　建	12.10	42.03	392.10	16425.00	10.10	2.59	23.53	28.85
山　东	16.37	42.12	954.00	35795.00	3.35	1.57	15.76	1.62
广　东	15.82	41.23	1705.30	43197.00	19.04	-0.19	-5.36	27.21
海　南	12.01	41.19	73.90	4167.00	7.04	-3.38	9.48	136.22
东　部	12.59	40.90	726.27	23154.90	7.86	0.90	3.35	13.79
山　西	10.82	38.60	190.10	9936.00	15.60	1.55	1.22	-5.98
安　徽	11.92	38.80	511.40	12426.00	8.86	3.47	-3.22	31.91
江　西	14.10	45.95	226.00	9193.00	8.13	-1.44	-0.13	51.55
河　南	9.23	36.90	527.80	21790.00	6.71	0.93	8.07	6.73
湖　北	10.50	38.86	557.00	17040.00	9.15	2.97	8.43	33.13
湖　南	8.83	37.01	575.30	16704.00	-0.67	1.01	5.66	41.34
中　部	10.90	39.35	431.27	14514.83	8.08	1.31	3.96	22.51
内蒙古	15.52	36.17	167.40	9868.00	25.57	8.46	7.65	7.65
广　西	11.42	37.50	720.20	8271.00	16.17	7.27	-35.14	0.98
重　庆	18.13	42.94	238.40	8154.00	36.93	5.84	24.88	26.13
四　川	10.79	38.69	403.10	17296.00	5.89	2.14	7.98	1.90
贵　州	9.38	32.80	124.80	6296.00	27.97	10.89	2.30	10.51
云　南	10.43	39.30	229.70	9995.00	12.15	5.33	1.46	28.98
西　藏	9.40	32.41	5.00	0.00	62.63	27.60	0.00	0.00
陕　西	11.58	40.36	227.20	11212.00	8.53	5.41	8.55	4.72
甘　肃	9.52	30.02	159.10	3178.00	17.24	10.69	46.91	-5.28
青　海	9.81	32.50	32.10	2006.00	15.01	10.62	62.12	115.47
宁　夏	15.71	38.37	79.50	2160.00	-2.90	-0.98	-1.24	-22.44

续表

指 地 标 区	2012 年				2010～2012 年变化幅度			
	人均公园 绿地面积 （平方米）	建成区绿化 覆盖率 （%）	城市污水日 处理能力（万 立方米）	垃圾无害化 日处理能力 （吨）	人均公园 绿地面积 （%）	建成区绿化 覆盖率（%）	城市污水 日处理能力 （%）	垃圾无害化 日处理能力 （%）
新 疆	10.00	35.88	214.20	7310.00	16.14	-1.48	34.97	16.12
西 部	**11.81**	**36.41**	**216.73**	**7145.50**	**17.94**	**6.83**	**-5.60**	**9.49**
辽 宁	10.89	40.17	670.90	21304.00	6.66	2.16	14.45	23.52
吉 林	10.96	33.94	247.80	8773.00	6.72	-0.53	10.08	35.05
黑龙江	11.75	35.98	323.50	11807.00	4.26	3.12	4.12	7.64
东 北	**11.20**	**36.70**	**413.97**	**13961.33**	**5.83**	**1.62**	**10.72**	**20.66**

注：北京的建成区绿化覆盖率变化幅度为 2011～2012 年的变化幅度。

6. 防灾减灾能力有效提升

"十二五"规划实施以来，我国把进一步加强防灾减灾能力建设作为重大国计民生事项，健全防灾减灾体系，增强灾害预防与治理能力，取得了显著成效，自然灾害造成的经济损失明显下降。

从全国来看，2012 年，地质灾害防治投资比 2010 年减少了 13.56 亿元，下降了11.69%。森林病虫鼠害防治率为 66.50%，比 2010 年下降了 4.70%。自然灾害直接经济损失比 2010 年下降了 1154.40 亿元，下降了 21.62%。

从区域来看，除西部外，东部、中部和东北地区的地质灾害防治投资均有不同程度的上升，其中中部地区上升最快，上升了 79.59%，西部地区则下降了 31.17%。东北地区的森林病虫鼠害防治率最高，达到 85.34%，增长也最快，增长了 20.54%。中部、西部和东北地区的自然灾害直接经济损失均下降较快，其中中部下降最快，下降了 60.61%，而东部则上升了 55.57%。

从各省份来看，2012 年，四川的地质灾害防治投资最高，达到 19.22 亿元，而上海的增幅最高，达到 643.41%，共有 23 个省份的地质灾害防治投资增加。森林病虫鼠害防治率最高的是北京和天津，均达到 100%，而增幅最大的是吉林，增长了 72.21%，共有10 个省份出现了增长。自然灾害直接经济损失下降最快的是青海，下降了 93.65%，共有20 个省份出现了下降。

表 6-6 2010～2012 年各省份自然灾害情况

指 地 标 区	2012 年			2010～2012 年变化幅度		
	地质灾害防治 投资（亿元）	森林病虫鼠害 防治率（%）	自然灾害直接经 济损失（亿元）	地质灾害防治 投资（%）	森林病虫鼠害 防治率（%）	自然灾害直接 经济损失（%）
全 国	**102.42**	**66.50**	**4185.50**	**-11.69**	**-4.70**	**-21.62**
北 京	0.42	100.00	171.10	0.00	0.58	8047.62
天 津	0.12	100.00	32.50	413.64	0.00	6400.00
河 北	1.68	77.66	397.20	47.28	-22.34	307.38
上 海	0.63	98.04	5.20	643.41	-1.18	0.00

指标 地区	2012 年			2010~2012 年变化幅度		
	地质灾害防治 投资（亿元）	森林病虫鼠害 防治率（%）	自然灾害直接 经济损失（亿元）	地质灾害防治 投资（%）	森林病虫鼠害 防治率（%）	自然灾害直接 经济损失（%）
江　苏	2.39	74.19	107.80	96.71	0.49	97.80
浙　江	4.50	83.12	309.90	57.77	-13.68	311.01
福　建	5.08	52.82	47.30	104.86	-5.93	-70.23
山　东	2.22	91.38	244.80	6.33	-2.34	19.18
广　东	8.23	38.39	75.70	-41.82	10.92	-57.52
海　南	0.30	59.25	15.50	194.69	-21.57	-88.25
东　部	**25.57**	**77.48**	**1407.00**	**5.97**	**-6.49**	**55.57**
山　西	3.88	62.60	64.90	122.69	-1.83	-47.24
安　徽	2.64	81.36	87.20	132.30	-5.03	-16.23
江　西	4.48	83.78	113.30	144.27	15.08	-78.21
河　南	0.79	83.21	26.80	-17.76	-7.31	-86.27
湖　北	3.89	65.13	131.70	154.35	-22.87	-44.83
湖　南	3.72	50.65	149.10	3.32	-11.84	-45.54
中　部	**19.39**	**71.12**	**573.00**	**79.59**	**-5.99**	**-60.61**
内蒙古	0.56	51.65	152.80	-81.46	12.26	10.48
广　西	3.80	15.24	45.60	127.43	-37.04	-58.05
重　庆	5.93	63.28	56.00	565.63	-35.01	-18.01
四　川	19.22	76.78	402.40	-56.83	-4.18	-17.86
贵　州	4.22	69.43	65.80	-4.72	-13.70	-63.16
云　南	10.76	89.89	164.20	123.02	-0.10	-52.35
西　藏	1.07	56.27	2.90	309.47	61.53	-50.85
陕　西	2.45	68.75	86.40	48.32	1.48	-70.92
甘　肃	3.49	48.63	134.00	-78.07	-38.37	-39.83
青　海	1.73	58.69	15.10	223.87	-18.90	-93.65
宁　夏	0.21	38.11	8.30	522.26	-37.87	-38.97
新　疆	0.24	61.58	91.30	2.82	13.35	5.31
西　部	**53.68**	**58.19**	**1224.80**	**-31.17**	**-11.34**	**-44.13**
辽　宁	2.69	88.24	206.60	30.93	-0.60	22.39
吉　林	0.80	79.44	52.10	129.35	72.21	-90.05
黑龙江	0.29	88.34	69.90	-56.89	14.01	16.31
东　北	**3.78**	**85.34**	**328.60**	**23.20**	**20.54**	**-56.34**

三　"十二五"中期全国各省、市、区生态环境保护存在的问题

　　"十二五"规划实施以来，我国的环境保护事业虽然取得了积极进展，但生态环境保护面临的形势依然严峻，仍然存在着一些问题，主要表现在以下几个方面。首先，能源、资源消耗比较大。其次，主要污染物的排放量比较高。再次，能源利用效率比较低。最后，环境污染治理投资仍显不足。

1. 能源资源消耗比较大

"十二五"规划实施以来，我国能源消费总量持续增加，从2010年的324939万吨标准煤增长到2012年的361732万吨标准煤，增长了11.32%，我国已经是世界能源消耗第一大国。同时，根据国家发展和改革委员会发布的数据，我国也是世界上煤炭、钢铁、铁矿石、氧化铝、铜、水泥消耗最大的国家。我国的水资源相对比较稀缺，但我国对水资源的消耗比较大，2012年的用水总量达到6141.8亿立方米，比2010年增长了1.99%，占水资源总量的20.8%。人均用水量达到454.7立方米，比2010年增长了1.01%。

从各省份来看，一些省份的能源消费量非常大，如表6-7所示。2012年，有19个省份的能源消费量超过1亿吨标准煤，7个省份的能源消费量超过2亿吨标准煤，2个省份的能源消费量超过3亿吨标准煤，分别是山东省和河北省，其中山东省达到4亿吨标准煤，占全国的9.36%，远高于其他省份，是消耗量最少的海南省的23.7倍。根据2013年《BP世界能源统计年鉴》，我国一些省份的能源消费量超过了世界上许多国家，比如山东省的能源消费量为280.25百万吨标准油，除美国（2208.8百万吨标准油）、加拿大（328.8百万吨标准油）、德国（311.7百万吨标准油）、俄罗斯（694.2百万吨标准油）、印度（563.5百万吨标准油）、日本（478.2百万吨标准油）外，超过其他所有国家，而且增长速度快得多。

表6-7　2012年全国各省份能源消费量情况

地区＼指标	能源消费量 （万吨标准煤）	能源消费量 （百万吨标准油）	各省份能源消费量 比重(%)
全　国	**361732.00**	**2532.12**	**100.00**
北　京	7177.70	50.24	1.68
天　津	8202.00	57.41	1.92
河　北	30250.21	211.75	7.07
山　西	19335.54	135.35	4.52
内 蒙 古	22103.30	154.72	5.17
辽　宁	22313.90	156.20	5.22
吉　林	9028.30	63.20	2.11
黑 龙 江	10041.70	70.29	2.35
上　海	11362.15	79.54	2.66
江　苏	28849.84	201.95	6.75
浙　江	18076.18	126.53	4.23
安　徽	11357.95	79.51	2.66
福　建	11185.44	78.30	2.62
江　西	7232.90	50.63	1.69
山　东	40035.78	280.25	9.36
河　南	23647.18	165.53	5.53
湖　北	17675.00	123.73	4.13
湖　南	16744.08	117.21	3.92

续表

地区\指标	能源消费量（万吨标准煤）	能源消费量（百万吨标准油）	各省份能源消费量比重（%）
广　东	24080.97	168.57	5.63
广　西	2129.80	14.91	0.50
海　南	1687.98	11.82	0.39
重　庆	8284.94	57.99	1.94
四　川	16897.65	118.28	3.95
贵　州	9878.38	69.15	2.31
云　南	12498.00	87.49	2.92
西　藏	—	—	—
陕　西	10625.71	74.38	2.48
甘　肃	7008.93	49.06	1.64
青　海	3524.06	24.67	0.82
宁　夏	4562.40	31.94	1.07
新　疆	11840.15	82.88	2.77

注：1. 由于各种原因，各省份能源消费量的总和与《中国统计年鉴》公布的能源消费总量不一致，我们在介绍全国总体的数据时仍然用《中国统计年鉴》公布的数据，而在对各省份进行分析时，仍然用各省份的数据。在计算各省份占全国比重时，我们用各省份数据除以各省份的加和。2. 为了便于和其他国家进行比较，能源消费量采用百万吨标准油为单位。标准煤和标准油之间的转化系数为：1 吨标准煤＝0.7 吨标准油。

2. 污染物排放量比较高

巨大的能源、资源消耗给我国环境造成了很大的压力，使得我国的二氧化碳排放总量和主要污染物排放量也非常大。根据国际能源署数据，2012 年全球的二氧化碳排放量上升了 1.4%，达到创纪录的 316 亿吨。而中国是最大的排放国，为全球排放量的增加"贡献"了 3 亿吨[①]。除了二氧化碳排放外，我国各种污染物排放的总量也非常庞大。2012 年，二氧化硫排放总量达到 2117.63 万吨，废水排放总量达到 684.76 亿吨，比 2010 年增长了 3.88%，而一般工业固体废物产生量达到 32.9 亿吨，比 2010 年增长了 36.56%。备受关注的雾霾现象就是大气污染物排放过量的一个明证。

一些省份的污染物排放量也非常大，如表 6 - 2 所示。2012 年，有 7 个省份的二氧化硫排放总量超过 100 万吨，有 23 个省份的废水排放总量超过 10 亿吨，15 个省份超过 20 亿吨，2 个省份超过 50 亿吨，最高的广东省达到 83.86 亿吨。有 12 个省份的一般工业固体废物产生量超过 1 亿吨，4 个省份超过 2 亿吨，最高的河北省达到 4.56 亿吨。

3. 能源利用效率比较低

近年来，我国能源利用效率持续提高，但仍然很低，还有较大的提升空间。由表 6 - 8 可知，2012 年，我国的万美元 GDP 能耗高达 6.048 吨标准油，是世界平均水平的 2.6 倍，是日本的 6 倍，是最低的英国的 7.1 倍，远高于其他国家。由此可见，我国的能源利用效率

---

① 《2012 年全球碳排放量创历史新高达到 316 亿吨》，人民网，2013 年 6 月 19 日，http://jx.people.com.cn/n/2013/0619/c338125 - 18893262.html。

还有很大的提升空间。

从各省份来看，一些省份的能源利用效率还比较高。由表 6 - 2 可知，2012 年，万元 GDP 能源消耗高于全国水平的省份达到 19 个，最高的宁夏达到 2.16 吨标准煤，是全国水平的 2.8 倍。可见，各省份的能源利用效率还有较大的提升空间，还需要进一步通过各种途径努力提高效率。

表 6 - 8　2005 ~ 2012 年世界各国的万元 GDP 能源消耗量

单位：吨标准油/万美元

年份 \ 国家	中国	世界	美国	日本	德国	英国	法国
2005	7.095	2.341	1.871	1.162	1.204	0.994	1.231
2006	6.938	2.312	1.809	1.140	1.184	0.957	1.194
2007	6.468	2.279	1.805	1.109	1.095	0.894	1.152
2008	6.188	2.277	1.771	1.107	1.091	0.909	1.157
2009	6.045	2.301	1.738	1.076	1.083	0.895	1.131
2010	6.092	2.336	1.756	1.090	1.090	0.905	1.148
2011	6.057	2.325	1.713	1.041	1.009	0.840	1.088
2012	6.048	2.322	1.634	1.015	1.016	0.851	1.091

注：本表用到的 GDP（可比价）数据来源于世界银行统计数据库，能源消费总量数据来源于 2013 年《BP 世界能源统计年鉴》。

4. 环境治理投资仍显不足

"十二五"规划实施以来，我国不断加大环境保护力度，环境污染治理投资快速增长，但总的来看，环境污染治理投资的总量还比较小，占 GDP 的比重还比较低。

2012 年，我国的环境污染治理投资总额为 7114 亿元，占 GDP 比重仅为 1.5%，比 2010 年还低 0.16 个百分点，与我国庞大的经济总量、能源消耗量和污染物排放量相比，投入明显不足。根据国外经验，污染治理投资占 GDP 的比例达 1% ~ 1.5% 时，环境污染的恶化有可能得到基本控制，环境状况大体能够保持在人们可以接受的水平上。污染治理投资占 GDP 的比例达 2% ~ 3% 时，环境质量可得到改善。目前，世界上一些发达国家的污染治理投资占 GDP 的比例已达到 2% 以上。因此，相对来说，我国的污染治理投资占 GDP 的比重还非常低，与发达国家的差距还比较大，还难以达到改善环境质量的要求，这与我国当前迫切的环境需求是不相符的。

从各省份来看，一些省份的环境污染治理投资比较高，占 GDP 比重也比较大（见表 6 - 1），如 2012 年河北的环境污染治理投资额达到 623.9 亿元，占 GDP 比重达到 2.54%，远高于许多省份。但大部分省份的环境污染治理投资额比较小，最小的青海省仅为 26.2 亿元。如果看环境污染治理投资占 GDP 比重指标，形势则更为严峻。2012 年，环境污染治理投资占 GDP 比重超过全国水平的省份只有 12 个，比重超过 2% 的省份只有 8 个，最高的是西藏，为 4.65%，最低的是河南，仅为 0.61%。相对较低的环境污染治理投资不利于环境保护事业的发展，不利于提高污染治理效率、减少污染物排放和改善生态环境质量。因此，随着经济发展的不断加快，经济规模的不断扩大，各省份应该大幅增加环境污染治理方面的投入，切实提高其占 GDP 的比重，这是改善环境质量的重要保证。

四　未来全国各省、市、区生态环境保护的趋势展望

"十二五"规划实施以来，我国不断加大生态环境保护力度，生态环境保护事业取得了显著成效，生态环境质量有所改善，但我国面临的生态环境形势仍然十分严峻，资源环境约束日益凸显，雾霾等极端天气现象频繁发生，而且范围不断扩大，控制和减缓生态环境污染的任务还相当艰巨。在未来一段时间内，日益强化的资源环境约束是我们必须要面对和解决的重要问题，要真正实现"三大发展"，建设好美丽中国，切实提高生态文明水平，还需要我们高度重视环境保护工作，不断加快推进生态文明建设，健全完善环境管理体制，更加广泛地参与国际环境合作，持续提高公民的环保意识，最终使我国的可持续发展能力大大增强，生态文明水平进一步提高，生态环境质量得到有效提高。

1. 生态文明建设加快推进

"十二五"规划对绿色发展，建设资源节约型、环境友好型社会建设进行了统筹安排，从国家层面对环境保护事业进行了总体谋划。党的十八大报告更进一步明确提出，要大力推进生态文明建设，把生态文明建设放在突出地位，融入经济建设、政治建设、文化建设、社会建设各方面和全过程，努力建设美丽中国，实现中华民族永续发展。建设生态文明的战略目标，从根本上体现了我们党对新世纪新阶段我国基本国情和阶段性特征的科学判断，体现了我们党对人类社会发展规律和社会主义建设规律的深刻把握。目前，环境保护、生态文明建设已经成为我国落实科学发展观、构建和谐社会的重要内容，建设资源节约型、环境友好型社会成为加快转变经济发展方式的重要着力点。加强生态环境的保护和建设，促进经济社会发展与人口资源环境相协调，走可持续发展之路，是构建社会主义和谐社会的重要目标之一，体现了加快转变经济发展方式、完善社会主义市场经济体制的更高要求。

今后，我国各族人民将共同努力，坚持以人为本，坚持节约资源和保护环境的基本国策，坚持节约优先、保护优先、自然恢复为主的方针，树立全面、协调、可持续的发展观和建设资源节约型、环境友好型社会的理念，摆正环境保护与经济社会发展的关系，积极应对全球气候变化，强化政府责任，采取有力措施，全面落实科学发展观，加快经济结构调整，转变经济增长方式，加强资源节约和管理，大力推进绿色发展、循环发展、低碳发展，形成节约资源和保护环境的空间格局、产业结构、生产方式、生活方式，促进生态保护和修复，从源头上扭转生态环境恶化的趋势，最大限度地减轻经济快速发展、城市化加速推进、消费迅速升级带来的巨大环境压力，保障国家的环境安全，实现人与自然的和谐发展，切实提升生态文明水平，最终走向社会主义生态文明新时代。

2. 绿色经济发展模式成为主导方向

在全面迈向小康社会的今天，中国需要的不再是传统的经济发展模式，而是良性的、

与资源环境相协调的绿色经济发展模式。但绿色经济发展模式的实现需要很多前提条件，只有当我国的经济发展达到一定程度，法制和民生水平、全民素质有了明显提高，环保理念深入人心，绿色经济发展模式才能成为实际的行动，才能成为经济社会发展的主导。

随着我国经济发展水平的不断提高，社会民生的持续改善，未来我国将加快环境立法，引导新经济发展模式规范化实施，使之有法可依，有章可循。同时，政府将对坚持清洁生产、循环生产、低碳生产和环境友好的企业给予财政政策、税收政策方面的优惠和鼓励，引导企业转变生产方式。在技术方面，我国将逐步建立起以企业为主体、政府支持的绿色经济和技术支撑体系，将高新技术与环境保护有效结合，提高经济发展的技术支撑和创新水平，促进绿色经济的快速发展。此外，随着绿色经济发展模式的成功实践和宣传力度的不断加大，绿色经济发展理念将深入人心，进一步推动绿色经济发展模式的推广、实施。

3. 环境法制体系必将日趋完善

目前，我国已经颁布了一系列的环境保护法律、自然资源法、环境保护行政法规、环境保护部门规章和规范性文件、地方性环境法规和地方政府规章等，初步形成了适应市场经济体系的以《中华人民共和国宪法》为基础、以《中华人民共和国环境保护法》为主体的环境法律和标准体系，在法律文本的层面上已大体构建起了法制框架。今后，我国将进一步完善环境保护法律、法规和标准体系，为有效限制资源环境破坏活动、加快污染治理进程提供基础和依据，但现行法律法规仍存在着不少问题。今后，我国将不断完善环保法律法规体系，更加重视提高体系的系统性和科学性，加快与国际接轨，并加强与其他政策和法律法规体系的配套。

此外，我国始终把环境执法放在与环境立法同等重要的位置，非常重视环境管理体制建设。目前我国已经逐步建立起由全国人民代表大会立法监督，各级政府负责实施，环境保护行政主管部门统一监督管理，各有关部门依照法律规定实施监督管理的体制。随着环境保护工作的深入开展，我国将不断加强环境执法工作，建立良好的执法工作体系，严格执法程序，加大执法力度，不断提高执法能力和执法水平，保证环境法律法规的有效实施。

4. 环境保护与可持续发展的国际合作更加深入

环境问题蔓延的无国界性和环境污染传导的全球性决定了生态环境保护是全人类共同的责任，关系到世界上的每一个国家、每一个人，需要各个国家和人民全面参与，携起手来积极推动国际环境问题谈判和开展全球合作。全球生态环境破坏与气候变暖等问题的解决需要有智慧和勇气超越狭隘的国家利益理念的束缚，朝着人类追求的国际合作、集体安全、共同利益、理性磋商的方向发展。只有通过国际社会的共同努力，才能实现经济发展与人口、资源、环境相协调的可持续发展目标。

一直以来，随着环保事业的稳步发展，我国在环境保护与可持续发展领域的国际合作与交流活动中十分活跃，积极参加了很多多边环境谈判，包括气候变化、生物多样性保护等环境公约和有关贸易与环境的谈判，缔结或签署了多项国际环境公约，并积极参与有关工作，维护国际利益，履行国际义务，为解决人类面临的环境与发展问题作出了突出贡

献。今后，我国将更加重视环境保护领域的国际合作，不断加强与其他国家、国际组织的环境合作，逐步与它们建立起有效的合作模式，积极借鉴先进的环境保护理念、管理模式，引进污染治理技术和资金，促进我国环境保护事业的健康发展，同时也为更好地解决全球环境问题作出应有的贡献。

5. 公民环保意识持续提高

近年来，我国的环保宣传教育工作与时俱进，开拓进取，开展了丰富多彩的活动，取得了丰硕成果，为我国环境保护工作和可持续发展战略的实施起到了重要作用，全社会环境意识深入人心，公民环境保护意识显著增强。今后，随着我国环境保护事业的进一步发展，生态文明建设的加快推进，人们对环境问题的认识将不断深化，关注面不断扩大，全民关心和参与环境保护的热情将被极大地激发，将更加积极主动地参与环境保护，形成良好的生活方式和消费习惯，共促保护环境的社会风尚，有效地推动我国环境保护事业的发展，使大家的生活环境更加美好。

B.39

专题报告七

"十二五"中期全国各省、市、区
开放型经济发展评价

当前，经济全球化深入发展，实施大开放战略，以开放促发展促改革促创新，发展开放型经济已成为世界各国的主流意识，也是我国新时期科学发展的战略选择。胡锦涛总书记在 2011 年 12 月中国加入世界贸易组织 10 周年高层论坛上的讲话中明确指出："中国将实行更加积极主动的开放战略，提高开放型经济水平和质量，形成开放型经济新格局。"2013 年 9 月 5 日，国家主席习近平在俄罗斯圣彼得堡举行的二十国集团领导人第八次峰会第一阶段会议上作了题为《共同维护和发展开放型世界经济》的发言，指出："我们要放眼长远，努力塑造各国发展创新、增长联动、利益融合的世界经济，坚定维护和发展开放型世界经济。"开放是我国加入世界经济体系的基本途径，也是我国经济高速增长的重要途径。开放成就了我国经济实力的大幅度提升，发展开放型经济是我国今后经济发展的重要战略举措。开放型经济是一种全方位、宽领域、深层次开放的经济形态，一种内外联动、互利共赢、安全高效的经济体系。开放型经济是与封闭型经济相对立的概念，是一种经济体制模式。在开放型经济中，要素、商品与服务可以较自由地跨国界流动，从而实现最优资源配置和最高经济效益。开放型经济强调把国内经济和整个国际市场联系起来，尽可能充分地参加国际分工，同时在国际分工中发挥出本国经济的比较优势。一般而言，一国经济发展水平越高，市场化程度越高，越接近于开放型经济。本专题主要从我国发展开放型经济的国内外背景出发，分析"十二五"规划实施以来我国各省、市、区在发展开放型经济过程中取得的成效，并对各省份在对外经贸发展中表现的主要特征和发展趋势进行分析。

一 中国制定开放型经济发展战略的背景分析

（一）开放型经济发展的国际背景

1. 后金融危机时期发达国家经济缓慢复苏

2008 年美国爆发金融危机，使得以美国为首的发达国家经济出现减速甚至衰退。作为中国最大的贸易伙伴国，美国经济的低迷不仅降低了中国的出口增速，而且缩小了中国的贸易顺差规模。欧盟、日本等也因美国经济减速而下降，经济增长放缓，国内需求下降，这些国家对中国商品的需求也随之下降。美国、欧盟和日本是我国传统的主要贸易合作伙伴，对这些国家的出口贸易量占到我国出口总额的50%以上，欧美国家需求下降引起我国对外出口增长困难，使我国传统的以外向型经济为主导的发展方式受到挑战，也导致我国经济增长面临较大压力。

后金融危机时期，美国、欧盟等发达国家为了实现经济复苏，纷纷采取了降低税收、压缩政府开支等刺激国内经济的措施。美国提出了"再工业化"以及"制造业回归"，重新审视和修订北美自由贸易协定、美国哥伦比亚自由贸易协定、美韩自由贸易协定等国际贸易协议，取消把业务转移到海外的美国公司所享的税务优惠，不但促进资本回流，还会大量减少商品的进口依赖。这对中国的对外贸易是极其不利的。欧债危机影响下的德、法、英等国，为实现经济全面复苏，在厉行节约、整顿财政来保障经济可持续发展的同时，也积极吸引国外资本，促进产业恢复，这也为中国企业"走出去"提供了良好的机会。由于国际经济复苏缓慢，美国、欧盟等为了保护各自国内产业调整和工人就业问题，纷纷采取了各种形式的贸易保护措施，近年来，欧美国家针对中国出口的多种产品采取了多项反倾销和反补贴的调查，对部分产品征收了过高的惩罚性关税，对中国的进出口贸易产生较大的影响。

2. 新兴市场和发展中国家经济发展稳步增长

尽管在2008年金融危机爆发时，一大批新兴市场和发展中国家经济也受到冲击，经济增长出现萎靡，但随着各项经济刺激措施的实施，东亚、拉美、独联体等发展中国家稳定增长的势头得以保持，其中东南亚、非洲等地区仍然实现了较快的经济增长。据世界银行统计，2012年世界经济增长2.2%，增速较2011年回落0.6个百分点。其中发达国家增长1.2%，新兴市场和发展中国家增长4.9%。另据IMF预测，2013年全球经济增长2.9%，其中发达经济体仍增长1.2%，新兴市场和发展中经济体经济增速将回升到5%。"金砖四国""新钻11国"等新兴发展中国家保持较高的经济增速，将继续引领全球经济复苏，成为未来最为强劲的经济增长点。

由于经济增长的良好预期，以及市场前景巨大，发展中国家对国际资本的吸引力持续提高。发展中国家相互投资的规模迅速扩大，主要表现在亚洲内部以及亚洲对非洲的投资。根据IMF预计，2013年撒哈拉以南非洲国家GDP增长高达5.6%。面对其他发展中国家和新兴市场的繁荣，我国也在积极改变原来的外贸政策，在尽力维持传统外贸市场的同时，极力拓展新兴市场，实施对外贸易多元化战略，对于资本流动，既坚定实施"引进来"战略，加大外资引进力度，又鼓励资本积极"走出去"，促进我国经济的开放型增长。

3. 后金融危机时期，各国积极参与区域合作，抱团取暖

面临复杂的国际经济环境，为减缓经济全球化的无序冲击，区域经济合作成为各个国家顺应时代潮流的必然产物，跨区域合作正日渐成为区域合作的新亮点，在原有世界贸易组织框架内，多边贸易框架和区域合作纷纷兴起，尤其是以发展中国家、新兴市场为主体的跨区域合作蓬勃发展。除了北美自由区、欧盟共同市场等传统区域合作平台以外，较多的新兴区域贸易市场得到快速发展，其中就有致力于经济、贸易和投资合作的东盟10+3、致力于政府官方经济合作的亚太经合组织、致力于整合北部湾经济资源的北部湾经合组织等区域经济合作平台，还有致力于达成南方共同市场、南部非洲关税同盟以及印度、巴西之间区域贸易协议等,这些区域合作组织跨越亚洲与非洲、亚洲与美洲、拉美与中东,基本覆盖全球经济的各个角落。在未来一段时期,国际经济关系将逐渐由单个国家之间的竞争转向区域经济集团之间的竞争,全球经贸政策的斗争与协调也将主要在区域经济集团之间展开。

4. 世界经济复苏缓慢继续困扰国际贸易

在全球经济经历结构调整和应对金融危机的背景下,世界经济复苏动力不足,近两年全球贸易增长缓慢,特别是发达国家需求不足,进口萎缩,从而影响了国际贸易的复苏和增长。世界贸易组织(WTO)统计数据显示,2011年世界货物贸易量同比增长5.4%,2012年下降为2.3%,而2013年上半年只增长了1.2%,增长速度明显下滑。相比较而言,发达国家的进出口增速都非常低,特别是发达国家的进口增速,远远低于发展中国家的进口增速,2012年发达国家的出口增速为1.1%,而进口没有增长,直接影响了国际贸易的发展。虽然WTO预测2013年世界货物贸易量将增长2.5%,但由于2013年上半年的贸易增长幅度太小,需要下半年实现较大幅度的增长,但这一可能性比较低。WTO预测2014年世界货物贸易量增长有望加快,达到4.5%,但仍将低于2010年及以前年份的增速,这对发展中国家来说,向发达国家出口大幅度增长的可能性很低,国际贸易在未来一段时期内将继续受到世界经济缓慢复苏的影响,增长速度将保持在较低的水平。

表7-1 2011~2014年世界贸易增长趋势

单位:%

	2011年	2012年	2013年	2014年
世界货物贸易量	5.4	2.3	2.5	4.5
出口:发达国家	5.1	1.1	1.5	2.8
发展中国家(包括独联体国家)	5.9	3.8	3.6	6.3
进口:发达国家	3.2	0.0	-0.1	3.2
发展中国家(包括独联体国家)	8.1	4.9	5.8	6.2

注:2013年和2014年为预测值。

数据来源:WTO, *World Trade Report*, 2013。

(二)开放型经济提出的国内背景

自1978年以来,改革开放成为实现经济转型和推动现代化建设的根本动力。当前阶段,我国经济改革面临着众多问题:对外贸易需求萎缩,就业人口红利逐渐消失,企业用工成本增加,外贸型企业经营风险加大,同时国内制造业产能过剩严重,区域发展极大不平衡,国家财政收入增速放缓,国内生产总值增长速度下降,工业增加值增长速度放慢,社会消费品零售额增速和消费者信心指数均缓慢下降,经济增长的下行压力加大,各级财政收入增速出现较为明显的减慢,等等。

面对这些严峻考验,自十四大以来,党中央、国务院审时度势,确立了一系列保持外贸稳定发展,建立开放型经济社会的战略思维。十六届三中全会提出建立更加开放、更加富有活力的市场经济体制，十七大进一步定位为"提高开放型经济水平"，十八大报告更深入地提出"全面提高开放型经济水平"，标志着中国开放战略的逐步成熟，也展现了中国改革开放与国际经济通行规则接轨的进程。"十二五"规划中提出要"适应我国对外开放由出口和吸收外资为主转向进口和出口、吸收外资和对外投资并重的新形势"，要"完善更加适应发展开放型经济要求的体制机制"，要"优化对外贸易结构，培育出口竞争新优势，提升进口综合效应，大力发展服务贸易"，要"统筹'引进来'与'走出去'"，要"积极参与全球经济治理和区域合作"，充分体现了开放型经济在国民经济社会发展中的重要战略地位。全国各省、市、区在"十二五"规划中也纷纷提出"努力提高开放型经济水平和城市国际化程度"（上海）、"充分发挥北方对外开放门户作用"（天津）、"努力建设内陆开放型经济战略高地"（四川）、"发挥南宁内陆开放型经济战略高地的作用"（广西）、"全面提升开放型经济发展水平"（福建）等战略举措，加快推进各省份开放型经济发展。"十二五"规划实施两年来，开放型经济发展取得了显著成效，对外贸易进出口量总体持续上升，出口总量增速放慢，进口总量步伐加快，实际利用外资额稳步增加，对外工程承包、对外劳务合作、资本要素流动进一步提升，为加快实施"引进来"与"走出去"发展战略、推动全面协调可持续发展奠定了良好的基础。可以说，中国已经完成了从政策性开放向体制性开放的转变，开放型经济已经成为社会主义市场经济的必然要求，也标志着中国的改革开放进入新阶段。

二 "十二五"中期全国各省、市、区开放型经济发展评价

发展对外贸易是各省份对外开放的重点，是利用外需的主要途径，也是参与国际经济合作的重要渠道。"十二五"期间，各省份紧紧抓住经济全球化机遇，积极应对金融危机冲击，着力解决对外贸易发展中的突出问题，对外贸易规模不断扩大，对外贸易质量明显提高，我国的贸易大国地位进一步巩固。

（一）对外贸易进出口综合实力提升明显

全国对外贸易实现新发展，质量和效益进一步提高。在"十一五"成就的基础上，各地货物贸易规模迅速扩大。2012年，我国货物进出口总额累计38671.2亿美元，比2010年增加了8931.2亿美元，增长了30%，年均名义增速高达14%。其中，出口总额20487.14亿美元，比2010年增加了4709.6亿美元，增长了29.9%，年均名义增速高达14%；进口总额18184.1亿美元，比2010年增加了4221.6亿美元，增幅为30.2%，年均名义增速高达14.1%。

从对外贸易进出口额总量来看，全国31个省份总量排名变化基本保持不变。其中广东省表现突出，从2010年的7849亿美元增长到2012年的9840.2亿美元，直接跨越过了8000亿美元，登上9000亿美元的新台阶，增加了1991亿美元，增幅为25.4%，其次依次为江苏、上海、北京、浙江、山东、福建、天津、辽宁等沿海较为发达地区。西部省份的进出口总额都比较小，其中甘肃、贵州、西藏、宁夏、青海五省份进出口总额都不足100亿美元，山西、陕西、海南和内蒙古都不足200亿美元，与发达省份差距非常大。在

对外开放方面，东西部差距超过了经济发展规模的差距，全国对外贸易依然维持着传统对外贸易优势地区占主导的格局。

表 7 - 2　"十二五"前两年全国各省、市、区对外贸易进出口总额及增长率

	2010 年进出口总额（亿美元）	2011 年进出口总额（亿美元）	2012 年进出口总额（亿美元）	2010~2012 年增幅（%）	2010~2012 年平均增速（%）
全　国	**29740.0**	**36418.6**	**38671.2**	**30.0**	**14.0**
北　京	3017.2	3895.6	4081.1	35.3	16.3
天　津	821.0	1033.8	1156.3	40.8	18.7
河　北	420.6	536.0	505.6	20.2	9.6
山　西	125.8	147.4	150.4	19.6	9.4
内蒙古	87.3	119.3	112.6	29.0	13.6
辽　宁	807.1	960.4	1040.9	29.0	13.6
吉　林	168.5	220.6	245.6	45.8	20.8
黑龙江	255.2	385.2	375.9	47.3	21.4
上　海	3689.5	4375.5	4365.9	18.3	8.8
江　苏	4658.0	5395.8	5479.6	17.6	8.5
浙　江	2535.3	3093.8	3124.0	23.2	11.0
安　徽	242.7	313.1	392.8	61.8	27.2
福　建	1087.8	1435.2	1559.4	43.3	19.7
江　西	216.2	314.7	334.1	54.6	24.3
山　东	1891.6	2358.9	2455.4	29.8	13.9
河　南	178.3	326.2	517.4	190.2	70.3
湖　北	259.3	335.9	319.6	23.3	11.0
湖　南	146.6	189.4	219.5	49.8	22.4
广　东	7849.0	9134.7	9840.2	25.4	12.0
广　西	177.4	233.6	294.8	66.2	28.9
海　南	86.5	127.6	143.2	65.6	28.7
重　庆	124.3	292.1	532.0	328.1	106.9
四　川	326.9	477.2	591.4	80.9	34.5
贵　州	31.5	48.9	66.3	110.7	45.2
云　南	134.3	160.3	210.1	56.9	25.1
西　藏	8.4	13.6	34.2	309.6	102.4
陕　西	121.0	146.5	148.0	22.3	10.6
甘　肃	74.0	87.3	89.0	20.2	9.7
青　海	7.9	9.2	11.6	46.7	21.1
宁　夏	19.6	22.9	22.2	13.1	6.3
新　疆	171.3	228.2	251.7	46.9	21.2

数据来源：历年《中国统计年鉴》。

从对外贸易出口额来看，全国 31 个省份总量排名变化基本保持不变，只有个别省份的排位发生变化，但变化幅度比较小。广东省出口规模最大，从 2010 年的 4531.9 亿美元

增长到 2012 年的 5740.5 亿美元，增长了 26.7%，成为 31 个省份中唯一一个出口规模超过 5000 亿美元的省份，占全国出口总额的 28%。其他出口规模较大的省份依次为江苏、浙江、上海和山东，都超过了 1000 亿美元，另外福建、北京、辽宁和天津等沿海较为发达地区，出口规模也都比较大。西部省份的出口规模都比较小，其中贵州、内蒙古、甘肃、西藏、海南、宁夏和青海 7 个省份出口规模都不足 50 亿美元。另外，吉林、山西等省份的出口额也都比较小，说明中西部省份的对外开放经济发展水平不够高，对外开放产业发展比较滞后，与东部省份的差距还很大。

表 7-3 "十二五"前两年全国各省、市、区对外贸易出口总额及增长率

	2010 年出口总额（亿美元）	2011 年出口总额（亿美元）	2012 年出口总额（亿美元）	2010~2012 年增幅(%)	2010~2012 年平均增速(%)
全　国	15777.5	18983.8	20487.1	29.9	14.0
北　京	554.4	590.0	596.3	7.6	3.7
天　津	374.8	444.8	483.1	28.9	13.5
河　北	225.6	285.7	296.0	31.2	14.6
山　西	47.0	54.3	70.2	49.2	22.1
内蒙古	33.3	46.9	39.7	19.1	9.1
辽　宁	431.0	510.4	579.6	34.5	16.0
吉　林	44.8	50.0	59.8	33.7	15.6
黑龙江	162.8	176.7	144.4	-11.3	-5.8
上　海	1807.1	2096.7	2067.3	14.4	7.0
江　苏	2705.4	3125.9	3285.2	21.4	10.2
浙　江	1804.6	2163.5	2245.2	24.4	11.5
安　徽	124.1	170.8	267.5	115.5	46.8
福　建	714.9	928.4	978.3	36.8	17.0
江　西	134.2	218.8	251.1	87.2	36.8
山　东	1042.3	1257.1	1287.1	23.5	11.1
河　南	105.3	192.4	296.8	181.8	67.9
湖　北	144.4	195.3	194.0	34.3	15.9
湖　南	79.6	99.0	126.0	58.4	25.9
广　东	4531.9	5319.3	5740.5	26.7	12.5
广　西	96.0	124.6	154.7	61.1	26.9
海　南	23.2	25.4	31.4	35.2	16.3
重　庆	74.9	198.3	385.7	415.0	126.9
四　川	188.4	290.3	384.7	104.2	42.9
贵　州	19.2	29.9	49.5	157.9	60.6
云　南	76.1	94.7	100.2	31.7	14.8
西　藏	7.7	11.8	33.6	335.2	108.6
陕　西	62.1	70.4	86.5	39.4	18.1
甘　肃	16.4	21.6	35.7	118.2	47.7
青　海	4.7	6.0	7.3	56.3	25.0
宁　夏	11.7	16.0	16.4	40.3	18.4
新　疆	129.7	168.3	193.5	49.2	22.1

数据来源：历年《中国统计年鉴》。

从对外贸易进口额来看，全国 31 个省份总量排名变化基本保持不变，只有个别省份的排位发生变化，但变化幅度比较小。广东省进口规模最大，从 2010 年的 3317 亿美元增长到 2012 年的 4099.7 亿美元，增幅为 23.6%，成为 31 个省份中唯一一个进口规模超过 4000 亿美元的省份。其他进口规模较大的省份依次为北京、上海、江苏和山东，都超过了 1000 亿美元，另外浙江、天津和福建等沿海较为发达地区，进口规模也都比较大。西部省份的进口规模都比较小，其中西藏、宁夏和青海 3 个省份进口规模都不足 10 亿美元。另外，甘肃、贵州等西部省份的进口额也都比较小。这也说明中西部省份的对外开放经济发展水平不够高，与东部省份的差距还很大。

表 7 - 4　"十二五"前两年全国各省、市、区对外贸易进口总额及增长率

	2010 年进口总额（亿美元）	2011 年进口总额（亿美元）	2012 年进口总额（亿美元）	2010 ~ 2012 年增幅（%）	2010 ~ 2012 年平均增速（%）
全　国	13962.4	17434.8	18184.1	30.2	14.1
北　京	2462.9	3305.6	3484.8	41.5	19.0
天　津	446.2	588.9	673.2	50.9	22.8
河　北	195.0	250.3	209.6	7.5	3.7
山　西	78.7	93.2	80.3	2.0	1.0
内蒙古	54.0	72.4	72.9	35.1	16.2
辽　宁	376.1	449.9	461.3	22.6	10.7
吉　林	123.7	170.6	185.8	50.2	22.6
黑龙江	92.3	208.5	231.6	150.7	58.3
上　海	1882.4	2278.7	2298.6	22.1	10.5
江　苏	1952.6	2269.9	2194.4	12.4	6.0
浙　江	730.7	930.3	878.8	20.3	9.7
安　徽	118.6	142.3	125.4	5.7	2.8
福　建	372.9	506.8	581.1	55.8	24.8
江　西	82.0	95.9	83.0	1.2	0.6
山　东	849.3	1101.7	1168.4	37.6	17.3
河　南	73.0	133.8	220.6	202.1	73.8
湖　北	114.9	140.5	125.7	9.4	4.6
湖　南	67.0	90.4	93.5	39.5	18.1
广　东	3317.0	3815.4	4099.7	23.6	11.2
广　西	81.4	109.0	140.2	72.3	31.3
海　南	63.3	102.1	111.9	76.8	33.0
重　庆	49.4	93.8	146.4	196.4	72.2
四　川	138.5	187.0	206.7	49.2	22.2
贵　州	12.3	19.0	16.8	36.9	17.0
云　南	58.2	65.6	110.0	88.8	37.4
西　藏	0.7	1.8	0.7	6.0	3.0
陕　西	58.9	76.1	61.5	4.3	2.1
甘　肃	57.7	65.7	53.3	-7.6	-3.9
青　海	3.2	2.6	4.3	32.8	15.2
宁　夏	7.9	6.9	5.8	-27.1	-14.6
新　疆	41.6	59.9	58.2	40.0	18.3

数据来源：历年《中国统计年鉴》。

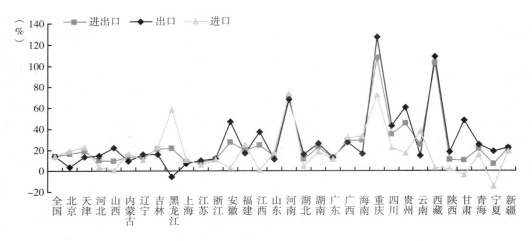

图7-1 "十二五"前两年全国各省、市、区对外贸易年均增长率

从各省份外贸进出口额增长率来看，全国31个省份增长幅度都比较大，共有18个省份超过了全国平均增速。其中增长幅度最大的是重庆市和西藏，2010~2012年增幅分别是328.1%和309.6%，其次是河南省，增幅达到190.15%，贵州达到110.74%；另外四川、广西、海南、安徽、云南、江西等6个省份的增长幅度均在50%~100%，湖南、黑龙江、新疆、青海、吉林、福建、天津、北京等8个省份的上升幅度超过了全国平均值，为30.03%~50%。西部地区进出口总额增长率普遍比较高，初步体现了我国对外贸易产业结构从东部向中西部转移、西部省份开放经济迅速发展的趋势。

从出口增长率来看，我国31个省份在2011~2012年间增长幅度明显，共有22个省份的增速超过了全国的平均值14%，各省份增长率变化趋势基本接近于进出口总额增长率的变化趋势。其中增长幅度表现突出的是重庆市，年均增速高达126.9%，西藏的年均增速也达到了108.6%，河南、贵州、甘肃、安徽、四川等5个省份，年均增速都超过40%。东部省份的出口年均增速普遍比较低，尤其是内蒙古、北京、上海，增速低于10%，黑龙江还以年均5.8%的速度下降。这说明，在面临国际金融危机和国际经济环境复杂多变、国际市场普遍不景气的情况下，大部分省份的出口仍然保持较高速度增长，取得了比较明显的成绩。另外，也说明西部省份的出口有着较为明显的增速，这里面既有西部省份的生产成本较低、价格上更有优势的原因，也与部分沿海外贸出口加工企业内迁有关。

从进口增长速率来看，全国31个省份2011~2012年增加幅度也比较大，全国平均值为14.1%，共有17个省份超过了全国平均值。其中增长幅度最大的是河南省，年均增速达到73.8%，其次是重庆，年均增速也超过了72%，黑龙江、云南、海南、广西等省份进口的增速也都比较高。进口增速比较低的省份也比较多，其中浙江、江苏、河北三个东部省份和陕西等西部省份的进口增速都低于10%，特别是甘肃和宁夏的进口出现较大幅度的下降。

（二）利用外资的规模迅速扩大

积极有效利用外资是我国改革开放基本国策的重要组成部分，也是对外开放的核心内容之一。实施"十二五"规划以来,我国各省份深入贯彻党的十七届五中全会精神,把吸引投资作为一项重要任务,积极转变利用外资方式,主动创新招商方式,从引进资金、引进产能向更加注重引进先进技术、管理技术、人力资源等方式转变,实现利用外资质与量的突破。

从全国来看,"十二五"前两年实际外商直接投资累计达到2309.92亿美元,年均增长2.0%。2011年实际外商直接投资达到1176.98亿美元,同比上涨了8.2%;2012年受到国际经济形势变化的影响,实际外商直接投资下滑到了1132.94亿美元,同比下降了3.7%,但比较"十一五"期末,"十二五"前两年实际外商直接投资仍然实现了4.1%的增长。

表7-5   "十二五"前两年实际外商直接投资(FDI)及增长率

	2010年FDI (亿美元)	2011年FDI (亿美元)	2012年FDI (亿美元)	2011年FDI 增长率(%)	2012年FDI 增长率(%)	前两年平均 增长率(%)
全 国	**1088.21**	**1176.98**	**1132.94**	**8.2**	**-3.7**	**2.0**
北 京	63.64	70.54	80.42	10.9	14.0	12.4
天 津	108.49	130.56	150.16	20.3	15.0	17.6
河 北	43.70	52.60	60.30	20.4	14.6	17.5
山 西	11.65	20.70	25.00	77.7	20.8	46.5
内 蒙 古	35.59	38.38	39.43	7.8	2.7	5.3
辽 宁	207.50	242.70	267.90	17.0	10.4	13.6
吉 林	41.65	49.47	58.16	18.8	17.6	18.2
黑 龙 江	27.60	34.60	39.90	25.4	15.3	20.2
上 海	111.21	126.01	151.85	13.3	20.5	16.9
江 苏	284.98	321.32	357.60	12.8	11.3	12.0
浙 江	110.02	116.70	130.70	6.1	12.0	9.0
安 徽	50.14	66.30	86.40	32.2	30.3	31.3
福 建	58.03	62.01	63.38	6.9	2.2	4.5
江 西	51.01	60.59	68.24	18.8	12.6	15.7
山 东	91.70	111.60	123.50	21.7	10.7	16.1
河 南	62.47	100.82	121.18	61.4	20.2	39.3
湖 北	40.50	46.55	56.66	14.9	21.7	18.3
湖 南	51.84	61.50	72.80	18.6	18.4	18.5
广 东	202.61	217.98	235.49	7.6	8.0	7.8
广 西	9.12	10.14	7.49	11.2	-26.1	-9.4
海 南	15.23	15.81	16.41	3.8	3.8	3.8
重 庆	63.70	105.29	105.77	65.3	0.5	28.9
四 川	70.13	110.30	105.50	57.3	-4.4	22.7
贵 州	2.96	6.73	10.46	127.7	55.4	88.1
云 南	13.29	17.38	21.89	30.8	25.9	28.3
西 藏	0.24	0.65	1.74	165.3	169.4	167.4
陕 西	18.20	23.55	29.36	29.4	24.7	27.0
甘 肃	1.35	0.70	0.61	-48.1	-12.9	-32.8
青 海	2.19	1.69	2.06	-22.9	21.9	-3.1
宁 夏	2.32	3.42	3.48	47.4	1.8	22.5
新 疆	2.37	3.35	4.08	41.1	21.8	31.1

从区域分布来看，外商直接投资逐渐由沿海发达地区向东北、中西部地区转移，西部地区吸引外商直接投资的增速明显高于东部地区。东部地区中，江苏省外商直接投资总量连续 3 年居全国第一，2011 年外商直接投资达到 321.32 亿美元，同比增长了12.8%，2012 年保持强势增长，同比上升了 11.3%，达到 357.6 亿美元。其次为辽宁省，2011 年外商直接投资总量达到 242.7 亿美元，同比增长了 17%，2012 年保持强势增长，同比上升了 10.4%。相比于"十一五"期末，"十二五"前两年外商直接投资实现了年均 13.6% 的增长，是"十一五"末的 1.29 倍。其他引进外商直接投资规模比较大的省份分别是广东、上海、天津、浙江、山东、河南、重庆和四川，都超过了 100 亿美元。

随着西部大开发政策和中部崛起战略的深入实施，河南、重庆、四川等中西部省份在吸引外商直接投资中取得了不俗的成绩，其中重庆 2011 年和 2012 年的外商直接投资分别是 105.29 亿美元和 105.77 亿美元，前两年平均增长率为 28.9%。四川省 2011 年实际外商投资达到 110.3 亿美元，同比增长率为 57.3%，实现了大踏步地前进，但 2012 年出现了小幅下滑。2012 年四川省实际外商投资达到 105.50 亿美元，比 2010 年增长了50.44%。一些西部省份尽管外商直接投资的规模不太大，但在"十二五"规划前两年实现了高速增长，比如，贵州省外商直接投资从 2010 年的 2.96 亿美元迅速增加到 2012 年的 10.46 亿美元，年均增速达到 88.1%。西藏自治区在吸引外商投资中也取得突破，从"十一五"末期的仅有 0.24 亿美元，快速提高到 2011 年的 0.65 亿美元，同比增速高达165.3%，2012 年继续维持强势增长，吸引了 1.74 亿美元的实际外商投资，同比增速达到了 169.4%。

在多数地区外商直接投资稳定增加的同时，出现了极个别省份的外商直接投资下降的情况，如甘肃、广西、青海等 3 个省份外商直接投资出现不同程度下滑的情况，其中甘肃省在"十一五"末的基础上，出现连续两年下滑的情况，年平均下滑达 32.8%。广西在"十一五"末的基础上，2011 年增加到 10.14 亿美元，同比增长幅度达 11.2%，而 2012年出现萎缩，降到 7.49 亿美元，同比降幅达 26.1%。

（三）对外投资规模大幅度提升

中共十六大以来，在建设开放型经济的推动下，我国对外投资的领域不断拓宽，对外投资的规模和水平不断提升，呈现出市场多元化发展态势。实施"十二五"规划以来，我国对外投资从原来主要集中在亚洲和拉丁美洲地区的发展中国家向全球拓展，欧美、非洲和南太平洋市场等地区的投资也取得积极成效。各个省份持续加快实施"走出去"战略，鼓励和引导企业从单纯产品输出向资本输出、技术输出、标准输出和品牌营销并重转变。一些具有国际影响力的企业，通过直接投资、境外上市、股份并购等方式"走出去"，参与国际分工，优化配置资源，拓展了国际国内市场，提高了企业的竞争力。

从全国来看，"十二五"前两年，我国非金融类对外直接投资累计达到 1373 亿美元，

表7-6 "十二五"前两年各省、市、区非金融类对外直接投资及增长率

	2010年对外直接投资（亿美元）	2011年对外直接投资（亿美元）	2012年对外直接投资（亿美元）	2011年增长率（%）	2012年增长率（%）	前两年平均增长率（%）
全 国	590.0	601.0	772.0	1.9	28.5	14.4
北 京	6.9	7.5	11.9	7.4	59.2	30.8
天 津	3.1	5.7	6.3	85.1	9.7	42.5
河 北	4.3	3.5	4.7	-17.0	32.6	4.9
山 西	0.4	1.5	2.6	287.6	76.1	161.2
内蒙古	0.4	1.0	4.6	161.8	342.5	240.4
辽 宁	17.7	11.5	28.4	-35.2	147.0	26.5
吉 林	1.8	2.0	2.8	9.3	40.4	23.9
黑龙江	1.7	1.6	3.5	-8.7	124.0	43.0
上 海	15.6	15.1	17.6	-2.9	16.4	6.3
江 苏	12.0	20.0	29.2	66.6	46.0	56.0
浙 江	26.2	21.1	24.0	-19.4	13.6	-4.3
安 徽	8.1	5.1	5.5	-37.2	7.2	-17.9
福 建	4.8	3.4	5.3	-28.0	54.5	5.5
江 西	2.1	2.8	3.7	32.0	30.3	31.1
山 东	15.9	20.8	30.6	30.8	47.2	38.8
河 南	1.6	3.0	2.4	93.2	-18.8	25.2
湖 北	1.4	6.9	5.0	398.9	-27.5	90.2
湖 南	3.1	8.0	14.0	158.5	74.2	112.2
广 东	12.0	19.0	32.2	59.1	69.3	64.1
广 西	1.7	1.2	2.4	-29.1	93.0	17.0
海 南	2.2	12.0	3.1	434.5	-74.5	16.7
重 庆	4.0	4.2	5.6	5.0	32.6	18.0
四 川	3.4	5.3	7.4	55.3	38.2	46.5
贵 州	0.1	0.2	0.1	282.4	-69.9	7.2
云 南	4.7	5.7	7.1	20.4	24.4	22.4
西 藏	0.0	0.0	0.0	644.8	0.0	172.9
陕 西	2.9	4.4	5.5	52.7	24.3	37.8
甘 肃	1.0	6.3	13.4	526.7	110.9	263.6
青 海	0.0	0.0	0.0	57.3	-100.0	-100.0
宁 夏	0.3	0.1	0.5	-59.4	287.0	25.3
新 疆	3.1	3.3	2.1	6.2	-36.2	-17.7

年均增长14.4%。2011年非金融类对外直接投资达到601亿美元，同比上涨了1.9%；2012年非金融类对外直接投资持续增加，达到772亿美元，同比上升了28.5%，是"十一五"期末的1.31倍。

从非金融类对外直接投资总量来看，"十二五"前两年，非金融类对外直接投资累计

超过 30 亿美元的省份有 6 个，依次是山东、广东、江苏、浙江、辽宁、上海，都分布在沿海发达地区；10 亿~30 亿美元的省份有 9 个，依次是湖南、甘肃、北京、海南、云南、四川、天津、湖北、安徽，其中甘肃省表现突出，两年内累计对外直接投资达到 19.7 亿美元；1 亿~10 亿美元的省份依次是陕西、重庆、福建、河北、江西、内蒙古、河南、新疆、黑龙江、吉林、山西、广西，主要集中在中西部地区，福建省作为沿海省份，非金融类对外直接投资规模比较小，低于其他沿海省份和部分中西部省份。

从非金融类对外直接投资增长率来看，"十二五"前两年，甘肃和内蒙古 2 个省份表现突出，较"十一五"末，甘肃对外投资由 1 亿美元迅速增长到 13.4 亿美元，内蒙古对外投资由 0.4 亿美元迅速增长到 4.6 亿美元。其次西藏、山西、湖南、湖北、广东、江苏、四川、黑龙江、天津 9 个省份的增长率也取得了不俗成绩，其中广东省能够在原有存量比较高的情况下，2011 年同比增长 59.1%，2012 年同比增长 69.3%，最终实现年均64.1% 的增长速度。但是，也有 4 个省份的非金融类对外直接投资增长率出现了不同程度的下滑，分别是浙江、新疆、安徽、青海，其中浙江省对外投资 2011 年同比下降了19.4%，只有 21.1 亿美元，尽管 2012 年有所回升，但仍然拉低了浙江省的增长率，两年平均下滑幅度为 -4.3%。

（四）对外经济合作步伐快速推进

（1）对外工程承包产业快速发展。

在国家"十二五"规划中，将对外经济合作作为战略性重点发展方向，其中将对外工程承包作为重点发展产业，给予大力支持。就我国目前的发展阶段和竞争优势条件看，对外承包工程是我国实施"走出去"战略的重要形式，可以带动境外资源开发和对外投资的发展，还可以进一步带动我国出口，推进我国开放型经济建设。

从全国范围来看，"十二五"规划第二年（2012 年），我国对外承包工程业务完成营业额 1166 亿美元，同比增长 12.7%；新签合同额 1565.3 亿美元，同比增长 10%。截至2012 年底，累计签订合同额 9981 亿美元，完成营业额 6556 亿美元。相比"十一五"末，我国对外承包工程业务完成营业额增长 26.5%，新签合同额增长 16.47%。累计签订合同额增长 42.7%，累计完成营业额增长 50.5%。

表 7-7　"十二五"前两年各省、市、区对外承包工程完成营业额及增长率

	2010 年（亿美元）	2011 年（亿美元）	2012 年（亿美元）	2011 年增长率(%)	2012 年增长率(%)	年均增长率(%)
全　国	**921.70**	**1034.24**	**1165.97**	**12.21**	**12.74**	**12.5**
北　京	22.25	24.81	28.99	11.50	16.85	14.1
天　津	24.52	29.91	31.02	21.97	3.71	12.5
河　北	28.54	24.36	28.63	-14.63	17.52	0.2
山　西	7.20	6.97	4.46	-3.23	-36.05	-21.3
内蒙古	0.32	0.00	0.09	-100.00	—	-47.9
辽　宁	13.23	15.08	18.47	14.02	22.49	18.2

续表

	2010 年 （亿美元）	2011 年 （亿美元）	2012 年 （亿美元）	2011 年 增长率（%）	2012 年 增长率（%）	年均 增长率（%）
吉　林	2.64	2.95	4.67	11.93	58.09	33.0
黑龙江	10.51	10.92	9.50	3.87	-12.94	-4.9
上　海	68.96	59.41	68.12	-13.85	14.66	-0.6
江　苏	51.67	60.01	64.68	16.13	7.77	11.9
浙　江	27.51	28.99	37.13	5.41	28.06	16.2
安　徽	19.27	23.67	28.11	22.82	18.78	20.8
福　建	2.35	5.04	6.42	114.07	27.50	65.2
江　西	10.43	15.85	18.41	51.92	16.14	32.8
山　东	52.38	74.73	81.14	42.67	8.59	24.5
河　南	20.71	29.13	22.86	40.65	-21.53	5.1
湖　北	38.13	40.67	45.62	6.67	12.16	9.4
湖　南	10.91	14.60	17.28	33.85	18.35	25.9
广　东	82.08	113.42	160.53	38.17	41.54	39.8
广　西	5.64	6.53	7.50	15.71	14.82	15.3
海　南	0.08	0.14	0.11	67.52	-24.02	12.8
重　庆	3.60	4.18	5.84	16.07	39.87	27.4
四　川	39.93	49.87	56.36	24.89	13.01	18.8
贵　州	2.20	3.00	4.00	36.41	33.29	34.8
云　南	9.92	11.45	15.48	15.40	35.20	24.9
西　藏	0.00	Na	0.05	Na	Na	Na
陕　西	8.10	13.63	16.79	68.17	23.24	44.0
甘　肃	2.24	2.97	2.62	32.41	-11.61	8.2
青　海	0.00	0.46	2.21	Na	377.10	Na
宁　夏	0.17	0.18	0.16	7.60	-15.75	-4.8
新　疆	6.29	6.32	10.14	0.42	60.43	26.9

从各个省份对外工程完成营业额总量来看，2012 年广东省最高，完成营业额为160.53 亿美元，超过排名第二的山东省 79.39 亿美元；30 亿~80 亿美元的省份有上海、江苏、浙江、四川、湖北、天津，依旧主要集中在东部沿海发达地区。上述省份累计463.46 亿美元，占全国总量的 39.5%。

从各个省份对外工程完成营业额年均增长率来看，超过全国平均水平的有福建、陕西、广东、贵州、吉林、江西、重庆、新疆、湖南、云南、山东、安徽、四川、辽宁、浙江、广西、北京、海南 18 个省份，其中福建省增幅最大，2010~2012 年增长了173%，年均增长 65.2%。出现负增长的是内蒙古、山西、黑龙江、宁夏、上海，其中内蒙古2010~2012 年下降幅度 71.88%。由此可见，"十二五"前两年，我国多数省份积极进行国际工程合作，对外工程承包完成额取得长足进步。

（2）扎实推进对外劳务派遣工作。

改革开放 30 多年来，我国对外劳务合作从无到有，从小到大，逐步发展成为我国对外经济合作的重要组成部分，为我国"走出去"战略的实施作出了重要贡献。我国是一个劳动力资源丰富的大国，积极开展对外劳务合作，对于缓解国内就业压力、改善人民生活水平具有积极意义。"十二五"规划实施以来，在推动开放型经济发展的大趋势下，全国各省份贯彻国务院关于促进对外劳务合作规范发展的精神，全面推进对外劳务合作服务平台建设，山东、江苏、湖南、四川、黑龙江、安徽、河南等省份先后建立了对外劳务合作服务平台，促进了各省份对外劳务合作的迅速发展。

表7-8　"十二五"前两年派出对外承包工程和劳务合作业务各类劳务人员数

	2010年累计派出对外劳务人员（人）	期末在外人数（人）	2011年累计派出对外劳务人员（人）	年末在外人数（人）	2012年累计派出对外劳务人员（人）	年末在外人数（人）
北　京	11804	17842	11770	22499	12501	16759
天　津	11081	16084	7066	12683	16553	17510
河　北	7228	8873	8761	13324	11533	9800
山　西	2447	5934	1224	6147	3264	3513
内蒙古	1539	5773	931	4706	4641	4272
辽　宁	20798	43262	18291	41448	25495	47143
吉　林	14878	63352	15972	66566	13935	48285
黑龙江	11200	11315	3166	12885	7047	7767
上　海	14308	23491	15910	26847	21244	29350
江　苏	39167	89254	34576	96336	46495	86849
浙　江	8933	15736	13446	26261	20020	27149
安　徽	13574	20901	12631	20236	13370	23748
福　建	27920	27601	19182	24240	35364	35162
江　西	3517	13535	4694	14615	6081	13816
山　东	48840	108666	47300	101913	51425	103736
河　南	38664	64193	32435	56291	26113	74814
湖　北	17386	23473	22372	29478	24662	31002
湖　南	9624	22578	9727	20370	11964	30077
广　东	35679	42638	24788	38455	41032	48164
广　西	3337	4394	4723	5958	4658	4883
海　南	6	6	0	2	20	26
重　庆	2149	4361	1790	4066	3643	5403
四　川	7496	21781	5876	21983	10442	21301
贵　州	2019	1938	977	1789	2178	2442
云　南	11506	26306	11275	17189	8075	19655
西　藏	Na	Na	Na	Na	153	21
陕　西	6651	10777	7638	8553	8408	12612
甘　肃	2385	2023	922	911	1982	3332
青　海	1697	411	57	51	1208	945
宁　夏	291	522	453	692	280	493
新　疆	3729	3134	5122	3077	3708	2024
全　国	41万人	85万人	45.2万人	81.2万人	51.2万人	84.7万人

数据来源：商务部网站。

从全国来看，2012年我国对外劳务合作派出各类劳务人员共51.2万人，较2010年同期增加10.2万人，其中承包工程项下派出23.34万人，劳务合作项下派出27.86万人。2012年末在外各类劳务人员84.7万人，较2010年同期增加0.3万人。截至2012年底，累计派出639万人，较2010年累计数增加96.4万人。

从各省份情况来看，2012 年对外劳务合作中派出各类劳务人员超过 4 万人的有 3 个省份，依次是山东、江苏、广东，其中山东省连续三年位列全国第一，年均外派劳务人员 49188 人；2 万～4 万人的有 6 个省份，依次是福建、河南、辽宁、湖北、上海、浙江，其中河南省则连续两年出现人数下滑，年平均下滑 6276 人，而湖南、浙江、上海则是连续不同程度增加；1 万～2 万人的有 7 个省份，依次是天津、吉林、安徽、北京、湖南、河北、四川，其中天津上升的幅度比较大，年均增加 2736 人。总体来看，我国对外劳务派出人员多的省份主要集中在中东部地区，西部各省份仍处于弱势，但西部各省份未来外派劳务的空间非常大，有待"十二五"后期加大发展力度。

三 "十二五"规划实施以来开放型经济发展的主要特征和趋势

1. "十二五"规划中期目标超额完成

国家"十二五"规划提出："适应我国对外开放由出口和吸收外资为主转向进口和出口、吸收外资和对外投资并重的新形势，必须实行更加积极主动的开放战略，不断拓展新的开放领域和空间，扩大和深化同各方利益的汇合点，完善更加适应发展开放型经济要求的体制机制，有效防范风险，以开放促发展、促改革、促创新。"实现互利共赢，提高对外开放水平，既是对过去对外开放 30 多年的经验总结，更是未来发展对外经济的指导方针。全国各省份的"十二五"规划纲要中，基本都提到了发展外向型经济，扩大对外开放水平，实现进出口规模的快速增长，大部分省份明确了进出口总额的增长目标，一些省份设定了 2015 年的进出口总额目标值，一部分省份设定了"十二五"期间进出口总额的增速目标，只有辽宁等 8 个省份没有明确对外贸易增长目标的具体数值。到"十二五"中期，大部分省份的进出口贸易表现良好，达到了规划目标值的时序进度要求。

表 7 - 9　"十二五"规划各省份进出口总额目标及中期完成情况

	2015 年目标值（亿美元）	2011 年（亿美元）	2012 年（亿美元）	2013 年 1～6 月（亿美元）	完成率（%）
北 京	6200	3895.6	4081.1	2108.3	65.8
天 津	1300	1033.8	1156.3	610	88.9
河 北	700	536.0	505.6	265.8	72.2
山 西	232	147.4	150.4	73.6	64.9
内蒙古	160	119.3	112.6	55.6	70.4
辽 宁	—	960.4	1040.9	543.6	—
吉 林	310	220.6	245.6	122.8	79.2
黑龙江	—	385.2	375.9	203.6	—
上 海	5400	4375.5	4365.9	2064.8	80.8
江 苏	—	5395.8	5479.6	2600.5	—
浙 江	4000	3093.8	3124.0	1593.9	78.1

	2015 年目标值（亿美元）	2011 年（亿美元）	2012 年（亿美元）	2013 年 1~6 月（亿美元）	完成率（%）
安　徽	390	313.1	392.8	216.1	100.7
福　建	1674	1435.2	1559.4	827	93.2
江　西*	270	134.2	218.8	161.8	59.9
山　东	—	2358.9	2455.4	1235.9	—
河　南	450	326.2	517.4	243.7	115.0
湖　北	450	335.9	319.6	156.4	71.0
湖　南	500	189.4	219.5	106.6	43.9
广　东	10000	9134.7	9840.2	5544.1	98.4
广　西	460	233.6	294.8	137.8	64.1
海　南	—	127.6	143.2	72.5	—
重　庆	1000	292.1	532.0	299.5	53.2
四　川	—	477.2	591.4	301.6	—
贵　州	78	48.9	66.3	26	84.7
云　南	294	160.3	210.1	84.1	71.4
西　藏	—	13.6	34.2	17.3	—
陕　西	300	146.5	148.0	82.1	49.3
甘　肃	150	87.3	89.0	54.6	59.3
青　海	12	9.2	11.6	5.2	96.5
宁　夏	—	22.9	22.2	19.6	—
新　疆	390	228.2	251.7	104.7	64.5

注：1. 部分省份的目标值根据 2010 年实际数据和目标增速推算。
2. 江西省的目标值和 2011~2013 年数据皆为出口值。
数据来源：2015 年目标值采自各省份"十二五"规划纲要。

在明确设定了对外贸易增长目标值的 23 个省份中，河南省的完成率最高，2012 年进出口总额达 517.4 亿美元，超过设定目标值的 15%。其次是安徽，2012 年的进出口总额也达到了"十二五"期末目标值。另外，广东、青海和福建，2012 年实现值超过目标值的 90% 以上，其他 16 个省份也都超过了目标值 50% 以上，只有陕西和湖南完成率不足 50%，但仍然超过 40%，达到了时序进度要求。

各省份都超额完成了进出口总额的"十二五"规划目标时序进度要求，部分省份超过幅度比较高，一个原因可能是当初制定规划时，过多考虑国际金融危机对世界经济和贸易的影响，担心对外贸易受国际经济形势影响而增长缓慢或下滑，不敢设定过高的目标。另一个原因是我国在应对国际金融危机时对国家经济形势把握到位，举措得力，出台的一系列促进出口的政策发挥较大作用，积极拓展国际市场，同时加大进口力度，使得各省份对外贸易规模迅速增长，超过预期目标值。可以预计，随着国际经济逐步复苏和发展中国家经济的快速发展，发展中国家之间的贸易将成为国际贸易新的亮点，我国各省份对外贸易也将抓住机会，在维持传统贸易对象的同时，不断拓展新的贸易市场，在"十二五"后期将实现对外贸易的更快发展。

2. 外向型经济格局逐步形成

"十二五"规划实施以来的近两年，国外发达国家普遍深陷债务泥潭，国际需求疲软，企业订单不足，国际贸易保护主义升温，国际贸易摩擦持续不断。在国际经济复杂多变的环境下，各省份经济仍然保持快速发展的态势，对外贸易快速增长的局面得以保存，各省份的外贸依存度得到一定程度的提高，外向型经济格局逐步形成。

从各省份外贸依存度（进出口总额/地区生产总值）来看，最高的省份是北京、上海和广东，分别是 144.1%、136.6% 和 108.8%，进出口总额都超过了地区生产总值，其他依次是江苏、浙江、天津和福建，外贸依存度都超过了 50%，比较低的是西部省份，其中甘肃等 9 个省份的外贸依存度低于 10%。从外贸依存度变化来看，西藏和重庆两地的外贸依存度在两年内分别上升了 19.7% 和 18.8%，增幅比较大，也有部分省份的外贸依存度下降，但幅度比较小。

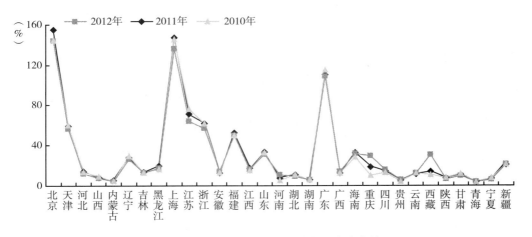

图 7-2　全国各省、市、区外贸依存度比较

从各省份贸易竞争力指数（净出口与进出口总额比值）来看，西藏和新疆等西部省份最高，也有江西和安徽等中部省份排在前列，在贸易竞争力指数排在末位的省份中，也有北京和天津等发达省份，以及甘肃等西部落后省份。这说明，贸易竞争力与本省份的贸易规模没有太直接的关系，外贸规模比较小的省份，由于部分产业的出口优势比较明显，体现出较强的国际竞争力。从贸易竞争力指数变化来看，甘肃、安徽、宁夏、贵州、江西、重庆、山西、四川、陕西和西藏 10 个中西部省份的贸易竞争力指数都提高 10 个百分点以上，说明这些省份的出口增速大于进口增速，竞争力提升的幅度大于大部分东部省份。"十二五"规划后期，中国多层次、全面的对外开放格局将逐步形成，中西部省份拥有更多的对外开放通道，经济结构将更加有利于发展开放型经济，中西部省份凭借自身资源优势，部分产业将会变得更具有竞争力。

3. 各省份对外贸易规模差距仍然较大

"十二五"规划实施以来，我国继续贯彻落实"区域协调发展总体战略和主体功能区战略"，构建起全国区域协调发展"总领加支撑"的基本框架。2011 年，《国务院关于支

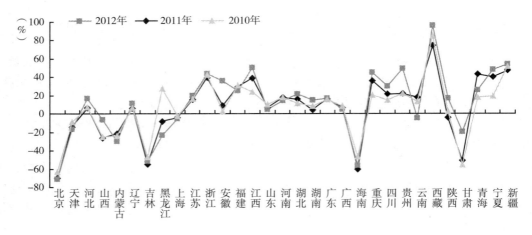

图7-3　全国各省、市、区外贸竞争力指数比较

持河南省加快建设中原经济区的指导意见》正式出台，青海三江源国家生态保护综合试验区获准建立，2012年，国务院正式批复同意《西部大开发"十二五"规划》，中国图们江区域（珲春）国际合作示范区等一系列区域发展规划出台，表明我国政府缩小中西部地区与沿海发达地区经济发展差距的决心。但由于中西部地区原有经济基础相对比较薄弱，基础设施、资源配置等条件不够完善，经济发展水平与沿海发达省份仍有不小差距。特别是中西部省份对外开放较晚，对国际市场的适应能力还不够强，产业结构还没有与国际分工体系对接，外向型经济比重仍然较低，对外贸易规模偏小，与东部沿海省份差距非常明显。

从进出口总额来看，2012年广东省进出口总规模达9840亿美元，青海和宁夏分别只有11.6亿美元和22.2亿美元，贵州和西藏等西部省份也都非常低。广东、江苏、上海、北京、浙江和山东6个省份的进出口总额占全国的75.9%，而西部地区12个省份的进出口总额只有2364亿美元，还不足山东一个省的规模，只占全国的6.1%。但近两年来，这种差距有一定程度的缩小，上述广东等6个省份的进出口总额在2010年占全国的比重高达79.5%，2011年下降到77.6%，平均每年下降幅度接近2个百分点。而12个西部省份所占比重在2010年只有4.2%，平均每年上升约1个百分点。

表7-10　"十二五"前两年进出口规模区域差距比较

	2010年		2011年		2012年	
	进出口规模（亿美元）	与东部地区比值(%)	进出口规模（亿美元）	与东部地区比值(%)	进出口规模（亿美元）	与东部地区比值(%)
东部	26057	100	31387	100	32711	100
中部	1169	4.49	1627	5.18	1934	5.91
西部	1284	4.93	1839	5.86	2364	7.23
东北	1231	4.72	1566	4.99	1662	5.08

从各大区域进出口规模的比较来看，2010 年，中部 6 个省份进出口总额只有东部的 4.49%，而西部 12 个省份只有东部的 4.93%。虽然东北进出口总额只占东部地区的 4.72%，但由于东北只有 3 个省份，相对规模比较高。从"十二五"规划实施以来，各个区域与东部地区的比值都有所提高，其中中部地区从 4.49%增长到 5.91%，上升了 1.42 个百分点，西部地区从 4.93%增长到 7.23%，上升了 2.3 个百分点，东北地区从 4.72%增长到 5.08%，上升了 0.36 个百分点。

从出口规模来看，2012 年广东省出口达 5740.5 亿美元，占全国出口总额的 28%，广东、江苏、浙江、上海和山东 5 个省份的出口总额达到 14625.3 亿美元，占全国出口总额的 71.4%。而西部省份的出口总额大多不足 100 亿美元，只有重庆、四川和新疆相对高一点，西部 12 个省份的出口总额只有 1393.12 亿美元，占全国出口总额的 6.8%，还不足广东一个省出口额的 1/4，这反映了西部地区出口能力与东部省份有巨大的差距。但从出口增长来看，西部 12 个省份的出口总额从 2010 年的 750.6 亿美元，快速增长到 2012 年的 1393.12 亿美元，增幅达 86.3%，远远超过全国平均增幅 29.9%，占全国出口总额的比重也从 2010 年的 4.8%增长到 2012 年的 6.8%，平均每年提高 1 个百分点，说明西部省份出口有更快的增长速度，与东部地区的差距逐步缩小，这一趋势在"十二五"后半期将得到延续。

4. "自由贸易区"建设为对外开放创造巨大活力

2013 年 7 月 3 日，国务院常务会议审议通过《中国（上海）自由贸易试验区总体方案》，并于 8 月 22 日正式批准设立，9 月 29 日上海自由贸易试验区正式挂牌成立，范围涵盖上海市外高桥保税区、外高桥保税物流园区、洋山保税港区和上海浦东机场综合保税区 4 个海关特殊监管区域。中国（上海）自由贸易试验区的设立，是中国顺应全球经贸发展新趋势，更加积极主动对外开放的重大举措。中国（上海）自由贸易试验区采取特殊的监管政策和优惠税收，承担着贸易自由化、投资自由化、金融国际化和行政精简化四项使命，不但将对国内的转口贸易、离岸贸易、服务业投资产生极大促进作用，同时在金融市场产品创新、离岸业务、金融业对外开放以及内资外投和外资内投等方面都有比较大的创新，为我国进一步扩大开放，发展开放型经济带来巨大的示范效应。受此影响，国内多个沿海城市都在积极筹备和申报设立自由贸易区，截至 2013 年底，已经有 13 个地方有意申报自贸区，其中已有天津提出了东疆保税港区建立自由贸易区方案，广东提出南沙新区自贸区方案，推进粤港澳自贸区建设，山东提出争取建立青岛自由贸易园区，推进中日韩地方经济合作示范区建设，另外，浙江舟山、福建厦门、重庆等城市也都做了自贸区建设方案或规划。

尽管上海自贸区成立后的运行和成效还有待观察，运行过程中还会面临许多新的问题，在总结经验过程中其他自贸区方案可能不会马上得到批复，但是各地都已经比照自贸区进行规划和建设，自贸区的管理体制和市场规则不断深入产生影响，必将带动我国管理体制和行业的深化改革，促进管理体制创新，使企业具有更大的活动空间。自贸区的建设和试验，是"十二五"后期我国对外开放领域的重要举措，必将极大地激发企业活力，更好地配置国内外生产要素，提升我国与有关自贸伙伴的双边合作层次，扩大对外开放领域，强化我国与世界各国的经贸合作关系，加快各地对外开放步伐，促进经济快速发展。

B. 40

附录一
中国省域经济综合竞争力评价指标体系

二级指标 （9个）	权重	三级指标 （25个）	权重	四级指标（210个）	权重
B1		C11		（12个）	
宏观经济 竞争力	0.15	经济实力 竞争力	0.4	地区生产总值	0.105
				地区生产总值增长率	0.095
				人均地区生产总值	0.098
				财政总收入	0.090
				财政总收入增长率	0.088
				人均财政收入	0.088
				固定资产投资额	0.095
				固定资产投资额增长率	0.080
				人均固定资产投资额	0.077
				全社会消费品零售总额	0.080
				全社会消费品零售总额增长率	0.052
				人均全社会消费品零售总额	0.052
		C12		（6个）	
		经济结构 竞争力	0.3	产业结构优化度	0.188
				所有制经济结构优化度	0.178
				城乡经济结构优化度	0.187
				就业结构优化度	0.158
				资本形成结构优化度	0.131
				贸易结构优化度	0.158

续表

二级指标 (9个)	权重	三级指标 (25个)	权重	四级指标(210个)	权重
宏观经济 竞争力	0.15	C13		(9个)	
		经济外向度 竞争力	0.3	进出口总额	0.15
				进出口增长率	0.10
				出口总额	0.12
				出口增长率	0.10
				实际FDI	0.12
				实际FDI增长率	0.10
				外贸依存度	0.08
				对外经济合作完成营业额	0.15
				对外直接投资	0.08
B2		C21		(12个)	
		农业竞争力	0.2	农业增加值	0.105
				农业增加值增长率	0.086
				人均农业增加值	0.048
				乡镇企业总产值	0.048
				农民人均纯收入	0.105
				农民人均纯收入增长率	0.089
				农产品出口占农林牧渔总产值比重	0.086
				人均主要农产品产量	0.086
				农业劳动生产率	0.102
				农村人均固定资产原值	0.102
				农村人均用电量	0.08
				财政支农资金比重	0.063
产业经济 竞争力	0.125	C22		(10个)	
		工业竞争力	0.3	工业增加值	0.113
				工业增加值增长率	0.108
				人均工业增加值	0.103
				工业资产总额	0.108
				工业资产总额增长率	0.093
				工业资产总贡献率	0.093
				规模以上工业利润总额	0.096
				工业全员劳动生产率	0.099
				工业成本费用利润率	0.093
				工业产品销售率	0.094
		C23		(9个)	
		服务业 竞争力	0.25	服务业增加值	0.150
				服务业增加值增长率	0.100
				人均服务业增加值	0.150
				服务业从业人员数	0.100
				服务业从业人员数增长率	0.100
				限额以上批零企业利税率	0.100
				限额以上餐饮企业利税率	0.100
				旅游外汇收入	0.100
				房地产经营总收入	0.100

续表

二级指标 （9 个）	权重	三级指标 （25 个）	权重	四级指标（210 个）	权重
产业经济 竞争力	0.125	C24		（10 个）	
		企业竞争力	0.25	规模以上工业企业数	0.135
				规模以上企业平均资产	0.089
				规模以上企业平均增加值	0.101
				流动资金周转次数	0.085
				规模以上企业平均利润	0.101
				规模以上企业销售利税率	0.09
				规模以上企业平均所有者权益	0.08
				优等品率	0.098
				工业企业 R&D 经费投入强度（R&D 经费支出占规模以上工业企业营业收入比重）	0.119
				中国驰名商标持有量	0.102
B3		C31		（9 个）	
		资源竞争力	0.325	人均国土面积	0.108
				人均可使用海域和滩涂面积	0.100
				人均年水资源量	0.097
				耕地面积	0.110
				人均耕地面积	0.144
				人均牧草地面积	0.099
				主要能源矿产基础储量	0.116
				人均主要能源矿产基础储量	0.117
				人均森林储积量	0.109
		C32		（8 个）	
可持续发展 竞争力	0.1	环境竞争力	0.325	森林覆盖率	0.185
				人均废水排放量	0.110
				人均工业废气排放量	0.110
				人均工业固体废物排放量	0.110
				人均治理工业污染投资额	0.100
				一般工业固体废物综合利用率	0.100
				生活垃圾无害化处理率	0.100
				自然灾害直接经济损失	0.185
		C33		（8 个）	
		人力资源 竞争力	0.35	人口自然增长率	0.111
				15~64 岁人口比例	0.122
				文盲率	0.109
				大专以上教育程度人口比例	0.150
				平均受教育程度	0.140
				人口健康素质	0.130
				人力资源利用率	0.130
				职业学校毕业生数	0.108

续表

二级指标 (9 个)	权重	三级指标 (25 个)	权重	四级指标(210 个)	权重
B4		C41		(12 个)	
财政金融 竞争力 0.1	0.1	财政竞争力	0.55	地方财政收入	0.079
				地方财政支出	0.084
				地方财政收入占 GDP 比重	0.079
				地方财政支出占 GDP 比重	0.103
				税收收入占 GDP 比重	0.09
				税收收入占财政总收入比重	0.084
				人均地方财政收入	0.084
				人均地方财政支出	0.084
				人均税收收入	0.079
				地方财政收入增速	0.08
				地方财政支出增速	0.08
				税收收入增速	0.078
		C42		(10 个)	
		金融竞 争力	0.45	存款余额	0.11
				人均存款余额	0.11
				贷款余额	0.11
				人均贷款余额	0.11
				货币市场融资额	0.09
				中长期贷款占贷款余额比重	0.11
				保险费净收入	0.08
				保险密度(人均保险费收入)	0.08
				保险深度(保费收入占 GDP 比重)	0.08
				人均证券市场筹资额	0.12
B5		C51		(8 个)	
知识经济 竞争力	0.125	科技竞 争力	0.425	R&D 人员	0.11
				R&D 经费	0.11
				R&D 经费投入强度	0.11
				高技术产业规模以上企业产值	0.11
				高技术产业规模以上企业产值占 GDP 比重	0.09
				高技术产品出口额	0.11
				发明专利申请授权量	0.08
				技术市场成交合同金额	0.08
		C52		(10 个)	
		教育竞争力	0.425	教育经费	0.16
				教育经费占 GDP 比重	0.09
				人均教育经费	0.16
				公共教育经费占财政支出比重	0.09
				人均文化教育支出占个人消费支出比重	0.06
				万人中小学学校数	0.05
				万人中小学专任教师数	0.05
				高等学校数	0.08
				高校专任教师数	0.13
				万人高等学校在校学生数	0.13

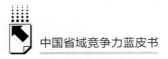

二级指标 (9 个)	权重	三级指标 (25 个)	权重	四级指标(210 个)	权重
知识经济 竞争力	0.125	C53		(8 个)	
		文化竞争力	0.15	文化产业增加值	0.11
				图书和期刊出版数	0.11
				报纸出版数	0.11
				出版印刷工业销售产值	0.11
				城镇居民人均文化娱乐支出	0.16
				农村居民人均文化娱乐支出	0.12
				城镇居民人均文化娱乐支出占消费性支出比重	0.16
				农村居民人均文化娱乐支出占消费性支出比重	0.12
B6		C61		(9 个)	
发展环境 竞争力	0.1	基础设施 竞争力	0.55	铁路网线密度	0.11
				公路网线密度	0.12
				人均内河航道里程	0.099
				全社会旅客周转量	0.129
				全社会货物周转量	0.129
				人均邮电业务总量	0.102
				万户移动电话数	0.101
				万户上网用户数	0.095
				人均耗电量	0.115
		C62		(9 个)	
		软环境 竞争力	0.45	外资企业数增长率	0.11
				万人外资企业数	0.13
				个体私营企业数增长率	0.11
				万人个体私营企业数	0.13
				万人商标注册件数	0.11
				查处商标侵权假冒案件	0.08
				每十万人交通事故发生数	0.08
				罚没收入占财政收入比重	0.13
				食品安全事故数	0.12
B7		C71		(5 个)	
政府作用 竞争力	0.1	政府发展 经济竞争力	0.366	财政支出用于基本建设投资比重	0.202
				财政支出对 GDP 增长的拉动	0.201
				政府公务员对经济的贡献	0.196
				政府消费对民间消费的拉动	0.197
				财政投资对社会投资的拉动	0.204
		C72		(5 个)	
		政府规调 经济竞争力	0.317	物价调控	0.209
				调控城乡消费差距	0.211
				统筹经济社会发展	0.19
				规范税收	0.2
				人口控制	0.19

续表

二级指标 （9 个）	权重	三级指标 （25 个）	权重	四级指标（210 个）	权重
政府作用 竞争力	0.1	C73 政府保障 经济竞争力	0.317	（6 个）	
				城市城镇社区服务设施数	0.132
				医疗保险覆盖率	0.202
				养老保险覆盖率	0.202
				失业保险覆盖率	0.202
				下岗职工再就业率	0.138
				城镇登记失业率	0.124
B8		C81		（6 个）	
发展水平 竞争力	0.1	工业化进程 竞争力	0.366	工业增加值占 GDP 比重	0.195
				工业增加值增长率	0.105
				高新技术产业占工业总产值比重	0.215
				工业从业人员比重	0.195
				工业从业人员增长率	0.105
				霍夫曼系数（反向指标）	0.185
		C82		（7 个）	
		城市化进程 竞争力	0.317	城镇化率	0.25
				城镇居民人均可支配收入	0.25
				城市平均建成区面积	0.08
				人均拥有道路面积	0.08
				人均日生活用水量	0.08
				人均居住面积	0.13
				人均公共绿地面积	0.13
		C83		（6 个）	
		市场化进程 竞争力	0.317	非公有制经济产值占全社会总产值的比重	0.212
				社会投资占投资总资金的比重	0.191
				非国有单位从业人员占城镇从业人员比重	0.176
				亿元以上商品市场成交额	0.116
				亿元以上商品市场成交额占全社会消费品零售总额比重	0.112
				全社会消费品零售总额占工农总产值比重	0.193
B9		C91		（8 个）	
统筹协调 竞争力	0.1	统筹发展 竞争力	0.55	社会劳动生产率	0.16
				社会劳动生产率增速	0.12
				万元 GDP 综合能耗	0.16
				非农用地产出率	0.15
				生产税净额和营业盈余占 GDP 比重	0.1
				最终消费率	0.11
				固定资产投资额占 GDP 比重	0.1
				固定资产交付使用率	0.1
		C92		（8 个）	
		协调发展 竞争力	0.45	环境竞争力与宏观经济竞争力比差	0.125
				资源竞争力与宏观经济竞争力比差	0.125
				人力资源竞争力与宏观经济竞争力比差	0.125
				资源竞争力与工业竞争力比差	0.125
				环境竞争力与工业竞争力比差	0.125
				城乡居民家庭人均收入比差	0.125
				城乡居民人均生活消费支出比差	0.125
				全社会消费品零售总额与外贸出口总额比差	0.125

B.41

附录二

2012 年中国省域经济综合竞争力
评价指标得分和排名情况

一 2012 年中国省域宏观经济竞争力及三级指标得分和排名情况

	指标得分				指标排名			
	经济实力竞争力	经济结构竞争力	经济外向度竞争力	宏观经济竞争力	经济实力竞争力	经济结构竞争力	经济外向度竞争力	宏观经济竞争力
北 京	39.2	68.5	25.5	43.9	12	1	11	8
天 津	50.3	58.9	26.2	45.7	3	6	9	7
河 北	36.5	51.6	16.1	34.9	15	9	22	16
山 西	29.7	31.7	14.9	25.9	29	25	25	26
内蒙古	42.7	34.9	10.0	30.6	8	23	30	20
辽 宁	48.2	52.5	37.9	46.4	4	8	6	5
吉 林	41.5	47.4	16.5	35.8	9	13	21	12
黑龙江	33.3	46.3	12.3	30.9	21	14	28	19
上 海	32.4	65.6	44.4	46.0	22	4	3	6
江 苏	60.3	68.1	56.8	61.6	1	2	2	1
浙 江	44.4	66.6	39.1	49.5	6	3	5	4
安 徽	35.2	43.9	26.1	35.0	17	17	10	15
福 建	39.8	51.5	21.4	37.8	11	10	15	9
江 西	30.2	51.3	17.3	32.7	27	11	18	18
山 东	54.8	55.8	39.7	50.5	2	7	4	3
河 南	39.1	38.3	28.2	35.6	13	22	8	13
湖 北	40.4	45.1	16.5	34.7	10	16	20	17
湖 南	36.4	45.9	23.7	35.4	16	15	13	14
广 东	46.6	63.7	73.9	59.9	5	5	1	2
广 西	33.6	25.8	13.9	25.4	20	27	26	28
海 南	21.8	49.0	15.3	28.0	31	12	23	23
重 庆	34.6	43.2	34.0	37.0	18	19	7	11
四 川	43.2	43.3	25.0	37.8	7	18	12	10
贵 州	31.0	25.1	22.0	26.5	25	28	14	25
云 南	30.5	16.2	19.3	22.9	26	31	17	30
西 藏	30.2	42.6	11.7	28.4	28	20	29	22
陕 西	38.8	20.8	16.6	26.7	14	29	19	24
甘 肃	28.9	16.7	19.7	22.5	30	30	16	31
青 海	31.4	42.2	13.1	29.2	24	21	27	21
宁 夏	34.5	32.8	5.8	25.3	19	24	31	29
新 疆	32.3	27.7	15.1	25.8	23	26	24	27

二 2012 年中国省域产业经济竞争力及三级指标得分和排名情况

	指标得分					指标排名				
	农业竞争力	工业竞争力	服务业竞争力	企业竞争力	产业竞争力	农业竞争力	工业竞争力	服务业竞争力	企业竞争力	产业竞争力
北 京	30.6	34.9	51.2	43.2	40.2	21	21	4	5	8
天 津	30.2	55.5	39.7	39.2	42.4	22	4	7	6	6
河 北	38.1	42.2	28.4	25.1	33.7	11	10	20	22	19
山 西	22.3	30.6	21.6	24.8	25.2	31	23	29	24	28
内蒙古	44.6	53.0	32.6	35.7	41.9	5	5	14	11	7
辽 宁	44.1	43.7	36.5	30.9	38.8	6	9	9	18	9
吉 林	42.1	38.7	27.8	23.5	32.9	8	18	21	26	20
黑龙江	48.5	38.9	26.2	35.8	36.9	2	17	25	10	12
上 海	35.9	41.3	55.3	38.2	42.9	12	12	3	7	5
江 苏	53.2	67.3	57.9	50.2	57.8	1	2	2	2	1
浙 江	42.4	47.1	43.7	46.1	45.1	7	8	6	4	4
安 徽	32.4	38.0	34.9	29.5	34.0	17	19	11	20	18
福 建	39.0	39.8	30.1	31.4	35.1	9	16	16	17	15
江 西	29.3	37.3	25.9	24.1	29.6	25	20	26	25	24
山 东	46.9	68.3	46.9	50.4	54.2	4	1	5	1	2
河 南	35.0	50.9	28.9	31.8	37.4	13	6	19	15	11
湖 北	33.6	40.1	33.4	28.1	34.1	16	15	12	21	17
湖 南	30.1	40.1	36.0	37.0	36.3	24	14	10	8	14
广 东	33.8	58.5	65.9	48.8	53.0	15	3	1	3	3
广 西	31.1	30.0	23.9	18.3	25.8	20	25	28	28	27
海 南	38.5	30.2	19.0	35.4	30.4	10	24	31	12	21
重 庆	25.3	29.1	27.5	18.0	25.2	30	26	22	29	29
四 川	34.1	40.3	39.7	25.0	35.1	14	13	8	23	16
贵 州	25.5	30.6	32.9	30.8	30.2	29	22	13	19	22
云 南	31.2	27.4	27.5	22.2	26.9	19	27	23	27	26
西 藏	32.4	24.2	27.4	36.7	29.8	18	29	24	9	23
陕 西	29.2	49.1	29.0	35.3	36.7	26	7	18	13	13
甘 肃	28.1	18.6	32.2	15.8	23.2	27	31	15	31	30
青 海	26.9	27.0	24.0	31.5	27.4	28	28	27	16	25
宁 夏	30.1	20.9	20.5	16.1	21.4	23	30	30	30	31
新 疆	47.6	41.6	29.1	34.9	38.0	3	11	17	14	10

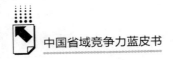

三 2012 年中国省域可持续发展竞争力及三级指标得分和排名情况

	指标得分				指标排名			
	资源竞争力	环境竞争力	人力资源竞争力	可持续发展竞争力	资源竞争力	环境竞争力	人力资源竞争力	可持续发展竞争力
北 京	0.4	63.6	73.4	46.5	31	18	1	4
天 津	3.5	70.8	58.8	44.7	29	8	5	12
河 北	13.9	43.4	51.0	36.5	12	31	13	29
山 西	20.3	61.7	47.4	43.2	5	21	20	14
内蒙古	40.3	51.8	46.9	46.4	2	28	21	5
辽 宁	16.2	54.7	52.3	41.3	7	25	12	21
吉 林	15.6	66.1	44.2	42.0	8	15	24	18
黑龙江	27.3	65.8	46.7	46.6	3	16	22	3
上 海	0.5	63.2	61.2	42.1	30	19	2	17
江 苏	12.5	61.1	53.0	42.5	14	22	11	16
浙 江	6.6	67.5	60.6	45.3	25	13	3	8
安 徽	10.6	67.8	55.2	44.8	20	12	8	10
福 建	12.2	82.8	54.4	49.9	17	2	10	1
江 西	5.7	71.4	47.5	41.7	27	5	19	20
山 东	18.1	62.0	57.2	46.1	6	20	6	7
河 南	12.2	66.5	55.5	45.0	16	14	7	9
湖 北	8.3	64.3	54.5	42.7	23	17	9	15
湖 南	6.1	70.1	49.2	42.0	26	10	15	19
广 东	7.4	71.3	59.2	46.3	24	7	4	6
广 西	9.9	75.7	47.7	44.5	21	3	18	13
海 南	14.6	83.0	49.9	49.2	10	1	14	2
重 庆	5.6	71.4	43.3	40.2	28	6	25	24
四 川	11.4	52.7	48.0	37.6	18	27	17	27
贵 州	11.2	70.1	31.9	37.6	19	9	30	28
云 南	14.2	68.9	39.7	40.9	11	11	28	23
西 藏	46.6	53.5	25.0	41.3	1	26	31	22
陕 西	12.4	73.1	48.4	44.7	15	4	16	11
甘 肃	13.8	59.6	41.9	38.5	13	23	27	26
青 海	14.8	50.0	35.3	33.4	9	30	29	31
宁 夏	9.4	57.4	42.1	36.4	22	24	26	30
新 疆	23.0	51.4	45.3	40.0	4	29	23	25

四　2012 年中国省域财政金融竞争力及三级指标得分和排名情况

	指标得分			指标排名		
	财政竞争力	金融竞争力	财政金融竞争力	财政竞争力	金融竞争力	财政金融竞争力
北　京	56.4	75.8	65.1	31	18	1
天　津	39.2	32.4	36.1	29	8	5
河　北	20.6	22.2	21.3	12	31	13
山　西	27.7	34.9	30.9	5	21	20
内蒙古	26.5	21.4	24.2	2	28	21
辽　宁	33.5	28.5	31.3	7	25	12
吉　林	21.3	20.5	20.9	8	15	24
黑龙江	19.9	20.4	20.1	3	16	22
上　海	54.9	57.7	56.2	30	19	2
江　苏	35.7	47.3	40.9	14	22	11
浙　江	25.1	40.3	32.0	25	13	3
安　徽	27.1	23.5	25.5	20	12	8
福　建	24.2	25.0	24.6	17	2	10
江　西	28.3	19.1	24.1	27	5	19
山　东	31.2	31.8	31.5	6	20	6
河　南	20.8	25.6	23.0	16	14	7
湖　北	22.8	27.1	24.7	23	17	9
湖　南	20.6	24.5	22.4	26	10	15
广　东	37.0	52.1	43.8	24	7	4
广　西	20.9	21.2	21.0	21	3	18
海　南	30.7	23.3	27.4	10	1	14
重　庆	28.5	28.9	28.7	28	6	25
四　川	30.8	34.4	32.4	18	27	17
贵　州	36.1	21.6	29.6	19	9	30
云　南	32.1	23.5	28.2	11	11	28
西　藏	49.3	16.3	34.5	1	26	31
陕　西	23.3	26.5	24.7	15	4	16
甘　肃	18.0	19.3	18.6	13	23	27
青　海	27.4	19.9	24.0	9	30	29
宁　夏	32.0	19.3	26.3	22	24	26
新　疆	32.6	21.8	27.7	4	29	23

五 2012年中国省域知识经济竞争力及三级指标得分和排名情况

	指标得分				指标排名			
	科技竞争力	教育竞争力	文化竞争力	知识经济竞争力	科技竞争力	教育竞争力	文化竞争力	知识经济竞争力
北 京	54.2	58.7	67.8	58.2	3	1	5	3
天 津	23.1	40.6	38.1	32.8	7	10	17	8
河 北	10.0	36.2	33.8	24.7	17	17	18	17
山 西	6.7	37.9	41.0	25.1	21	12	12	16
内蒙古	4.4	27.6	33.1	18.6	23	27	19	25
辽 宁	16.5	38.9	39.9	29.6	11	11	15	13
吉 林	7.9	32.7	41.9	23.5	20	19	10	19
黑龙江	8.4	27.9	28.0	19.6	19	26	25	24
上 海	43.4	40.7	68.5	46.0	4	9	4	5
江 苏	69.7	57.8	82.5	66.6	2	2	1	2
浙 江	32.0	50.0	77.1	46.5	6	4	2	4
安 徽	14.9	41.2	41.2	30.0	13	8	11	11
福 建	16.6	35.7	38.4	28.0	10	18	16	14
江 西	8.4	36.9	31.8	24.0	18	15	21	18
山 东	35.5	49.4	51.3	43.8	5	5	6	6
河 南	14.9	47.7	40.4	32.7	14	6	13	9
湖 北	17.7	37.4	45.1	30.2	9	14	7	10
湖 南	13.3	36.3	43.6	27.6	15	16	9	15
广 东	81.3	55.8	74.2	69.4	1	3	3	1
广 西	5.6	31.8	32.1	20.7	22	22	20	21
海 南	1.7	27.5	18.0	15.1	30	28	29	29
重 庆	11.4	28.9	29.4	21.5	16	24	24	20
四 川	18.5	37.6	40.0	29.9	8	13	14	12
贵 州	3.9	28.2	24.5	17.3	25	25	26	27
云 南	3.7	32.0	30.0	19.7	26	21	22	23
西 藏	0.1	27.5	0.0	11.7	31	29	31	31
陕 西	15.2	47.1	44.9	33.2	12	7	8	7
甘 肃	4.3	31.7	29.5	19.7	24	23	23	22
青 海	1.7	27.3	15.6	14.7	29	30	30	30
宁 夏	2.1	26.2	23.2	15.5	27	31	27	28
新 疆	2.0	32.5	22.4	18.0	28	20	28	26

六 2012 年中国省域发展环境竞争力及三级指标得分和排名情况

	指标得分			指标排名		
	基础设施竞争力	软环境竞争力	发展环境竞争力	基础设施竞争力	软环境竞争力	发展环境竞争力排名
北　京	56.7	54.4	55.7	3	3	2
天　津	43.5	55.1	48.7	6	2	5
河　北	33.1	34.5	33.7	11	29	16
山　西	25.4	37.9	31.0	19	23	20
内蒙古	26.9	35.9	31.0	17	27	21
辽　宁	36.4	49.4	42.2	8	6	7
吉　林	18.9	39.6	28.2	25	21	27
黑龙江	15.9	39.1	26.4	28	22	29
上　海	64.3	68.9	66.3	1	1	1
江　苏	54.9	50.6	53.0	4	5	3
浙　江	51.0	47.1	49.3	5	7	4
安　徽	31.5	34.3	32.8	13	30	19
福　建	36.0	46.3	40.6	9	10	8
江　西	21.0	42.5	30.7	22	15	22
山　东	39.9	36.3	38.3	7	25	10
河　南	35.0	36.2	35.6	10	26	12
湖　北	32.9	44.7	38.2	12	13	11
湖　南	29.1	37.2	32.8	15	24	18
广　东	59.5	33.1	47.6	2	31	6
广　西	20.1	35.9	27.2	24	28	28
海　南	23.8	44.6	33.2	21	14	17
重　庆	28.4	51.5	38.8	16	4	9
四　川	20.3	41.0	29.6	23	17	24
贵　州	18.8	40.7	28.7	26	18	26
云　南	13.7	41.7	26.3	30	16	30
西　藏	8.6	40.5	22.9	31	19	31
陕　西	25.5	45.6	34.6	18	11	13
甘　肃	14.1	46.7	28.8	29	9	25
青　海	24.3	46.8	34.4	20	8	15
宁　夏	29.7	40.3	34.5	14	20	14
新　疆	18.1	45.1	30.2	27	12	23

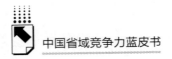

七 2012 年中国省域政府作用竞争力及三级指标得分和排名情况

	指标得分				指标排名			
	政府发展经济竞争力	政府规调经济竞争力	政府保障经济竞争力	政府作用竞争力	政府发展经济竞争力	政府规调经济竞争力	政府保障经济竞争力	政府作用竞争力排名
北 京	36.3	72.8	60.5	59.1	31	18	1	4
天 津	59.5	69.8	21.6	54.2	29	8	5	12
河 北	47.0	57.8	28.1	47.2	12	31	13	29
山 西	35.7	67.6	28.7	46.9	5	21	20	14
内蒙古	35.2	54.5	28.8	41.9	2	28	21	5
辽 宁	55.0	65.1	52.9	60.7	7	25	12	21
吉 林	40.0	68.9	34.8	50.9	8	15	24	18
黑龙江	31.9	57.6	30.0	42.3	3	16	22	3
上 海	52.3	69.9	44.6	58.8	30	19	2	17
江 苏	64.2	67.9	75.3	72.2	14	22	11	16
浙 江	60.4	78.1	48.3	66.0	25	13	3	8
安 徽	47.7	55.0	29.6	47.0	20	12	8	10
福 建	68.2	56.8	23.7	53.3	17	2	10	1
江 西	41.5	44.1	28.5	40.4	27	5	19	20
山 东	56.9	64.8	47.9	59.7	6	20	6	7
河 南	47.7	53.8	23.8	44.7	16	14	7	9
湖 北	44.7	47.5	29.2	43.0	23	17	9	15
湖 南	46.7	56.4	24.0	45.3	26	10	15	19
广 东	58.0	55.9	88.5	69.8	24	7	4	6
广 西	41.5	34.6	20.5	34.3	21	3	18	13
海 南	29.3	40.6	64.7	46.1	10	1	14	2
重 庆	40.0	37.8	32.9	38.9	28	6	25	24
四 川	47.1	55.3	37.5	49.4	18	27	17	27
贵 州	30.3	41.6	23.6	33.8	19	9	30	28
云 南	31.9	47.1	14.7	33.5	11	11	28	23
西 藏	19.8	21.7	17.5	20.7	1	26	31	22
陕 西	40.5	54.2	24.5	42.4	15	4	16	11
甘 肃	31.9	45.0	28.7	37.3	13	23	27	26
青 海	26.0	46.5	22.1	33.5	9	30	29	31
宁 夏	29.1	55.5	34.8	42.0	22	24	26	30
新 疆	26.9	35.3	37.8	34.8	4	29	23	25

八   2012 年中国省域发展水平竞争力及三级指标得分和排名情况

	指标得分				指标排名			
	工业化进程竞争力	城市化进程竞争力	市场化进程竞争力	发展水平竞争力	工业化进程竞争力	城市化进程竞争力	市场化进程竞争力	发展水平竞争力
北　京	48.8	64.8	47.4	56.6	7	4	16	5
天　津	49.7	41.7	45.0	47.7	5	12	19	9
河　北	34.8	38.4	53.7	43.8	20	18	5	16
山　西	29.9	30.9	28.6	31.3	26	23	26	26
内蒙古	32.5	41.7	39.4	39.7	24	11	21	20
辽　宁	34.2	40.9	52.7	44.2	21	13	7	15
吉　林	39.1	30.7	43.6	39.4	16	24	20	21
黑龙江	49.2	31.3	36.7	41.1	6	22	23	19
上　海	50.8	56.5	69.3	61.2	3	5	3	4
江　苏	50.7	66.3	72.9	65.9	4	3	1	1
浙　江	43.0	67.7	70.8	62.9	9	2	2	3
安　徽	39.7	38.7	50.2	44.6	14	16	13	13
福　建	53.3	53.0	52.8	55.7	2	7	6	6
江　西	41.5	42.7	51.9	47.3	10	10	10	10
山　东	40.5	55.3	61.0	54.4	12	6	4	7
河　南	40.6	29.4	51.5	41.9	11	25	11	17
湖　北	39.3	43.8	47.7	45.5	15	9	15	11
湖　南	38.7	39.6	51.1	44.9	17	14	12	12
广　东	66.0	68.5	52.6	65.9	1	1	8	2
广　西	32.7	38.6	48.0	41.3	23	17	14	18
海　南	23.6	39.4	46.9	37.9	30	15	17	22
重　庆	40.2	48.1	52.5	49.0	13	8	9	8
四　川	45.5	36.0	45.9	44.4	8	20	18	14
贵　州	38.0	19.8	34.5	32.1	18	29	25	25
云　南	33.5	13.5	25.3	25.2	22	31	28	29
西　藏	24.8	16.1	35.3	26.2	29	30	24	28
陕　西	34.9	35.0	25.1	33.5	19	21	29	24
甘　肃	28.1	20.0	22.6	24.7	27	28	30	30
青　海	30.9	26.5	27.7	29.8	25	27	27	27
宁　夏	25.3	37.9	37.8	35.1	28	19	22	23
新　疆	22.5	26.9	16.4	23.3	31	26	31	31

九 2012 年中国省域统筹协调竞争力及三级指标得分和排名情况

	指标得分			指标排名		
	统筹发展竞争力	协调发展竞争力	统筹协调竞争力	统筹发展竞争力	协调发展竞争力	统筹协调竞争力
北 京	61.5	54.1	58.1	2	19	2
天 津	48.0	55.2	51.2	6	18	10
河 北	31.5	74.9	51.0	26	1	11
山 西	28.8	64.3	44.8	28	10	20
内蒙古	34.9	73.1	52.1	22	3	9
辽 宁	41.1	70.1	54.1	12	6	5
吉 林	40.6	70.2	54.0	13	5	6
黑龙江	39.9	74.8	55.6	14	2	4
上 海	71.0	49.7	61.4	1	24	1
江 苏	51.6	60.5	55.6	4	11	3
浙 江	49.0	58.3	53.2	5	14	7
安 徽	34.7	53.1	43.0	23	20	24
福 建	38.4	46.7	42.2	19	28	26
江 西	42.2	55.7	48.3	8	16	14
山 东	41.3	65.6	52.2	11	8	8
河 南	37.6	57.5	46.6	20	15	16
湖 北	35.4	58.4	45.8	21	13	18
湖 南	41.5	55.6	47.9	10	17	15
广 东	54.4	46.1	50.7	3	29	13
广 西	38.7	44.0	41.1	18	31	28
海 南	41.5	46.9	43.9	9	27	21
重 庆	42.9	47.9	45.1	7	26	19
四 川	39.3	64.9	50.9	15	9	12
贵 州	33.2	50.4	40.9	25	23	29
云 南	39.0	48.5	43.2	16	25	23
西 藏	21.0	51.9	34.9	30	22	31
陕 西	38.9	46.0	42.1	17	30	27
甘 肃	33.8	52.6	42.2	24	21	25
青 海	20.8	71.7	43.7	31	4	22
宁 夏	22.2	58.9	38.7	29	12	30
新 疆	30.1	66.3	46.4	27	7	17

十　2011年中国省域经济综合竞争力二级指标得分和排名

地区	指标得分										指标排名									
	宏观经济竞争力	产业经济竞争力	可持续发展竞争力	财政金融竞争力	知识经济竞争力	发展环境竞争力	政府作用竞争力	发展水平竞争力	统筹协调竞争力	经济综合竞争力	宏观经济竞争力	产业经济竞争力	可持续发展竞争力	财政金融竞争力	知识经济竞争力	发展环境竞争力	政府作用竞争力	发展水平竞争力	统筹协调竞争力	经济综合竞争力
北京	43.9	40.2	46.5	65.1	58.2	55.7	59.1	56.6	58.1	53.0	8	8	4	1	3	2	6	5	2	3
天津	45.7	42.4	44.7	36.1	32.8	48.7	54.2	47.7	51.2	44.5	7	6	12	5	8	5	8	9	10	7
河北	34.9	33.7	36.5	21.3	24.7	33.7	47.2	43.8	51.0	35.9	16	19	29	27	17	16	12	16	11	16
山西	25.9	25.2	43.2	30.9	25.1	31.0	46.9	31.3	44.8	33.0	26	28	14	11	16	20	14	26	20	23
内蒙古	30.6	41.9	46.4	24.2	18.6	31.0	41.9	39.7	52.1	35.7	20	7	5	22	25	21	22	20	9	17
辽宁	46.4	38.8	41.3	31.3	29.6	42.2	60.7	44.2	54.1	42.9	5	9	21	10	13	7	4	15	5	8
吉林	35.8	32.9	42.0	20.9	23.5	28.2	50.9	39.4	54.0	36.0	12	20	18	29	19	27	10	21	6	15
黑龙江	30.9	36.9	46.6	20.1	19.6	26.4	42.3	41.1	55.6	34.9	19	12	3	30	24	29	20	19	4	20
上海	46.0	42.9	42.1	56.2	46.0	66.3	58.8	61.2	61.4	52.6	6	5	17	2	5	1	7	4	1	4
江苏	61.6	57.8	42.5	40.9	66.6	53.0	72.2	65.9	55.6	57.8	1	1	16	4	2	3	1	1	3	1
浙江	49.5	45.1	45.3	32.0	46.5	49.3	66.0	62.9	53.2	49.7	4	4	8	8	4	4	3	3	7	5
安徽	35.0	34.0	44.8	25.5	30.0	32.8	47.0	44.6	43.0	37.0	15	18	10	18	11	18	13	13	24	13
福建	37.8	35.1	49.9	24.6	28.0	40.6	53.3	55.7	42.2	40.2	9	15	1	21	14	8	9	6	26	9
江西	32.7	29.6	41.7	24.1	24.0	30.7	40.4	47.3	48.3	34.8	18	24	20	23	18	22	23	10	14	21
山东	50.5	54.2	46.1	31.5	43.8	38.3	59.7	54.4	52.2	48.0	3	2	7	9	6	10	5	7	8	6
河南	35.6	37.4	45.0	23.0	32.7	35.6	44.7	41.9	46.6	37.8	13	11	9	25	9	12	17	17	16	11
湖北	34.7	34.1	42.7	24.7	30.2	38.2	43.0	45.5	45.8	37.2	17	17	15	19	10	11	18	11	18	12
湖南	35.4	36.3	42.0	22.4	27.6	32.8	45.3	44.9	47.9	36.8	14	14	19	26	15	19	16	12	15	14
广东	59.9	53.0	46.3	43.8	69.4	47.6	69.8	65.9	50.7	56.7	2	3	6	3	1	6	2	2	13	2
广西	25.4	25.8	44.5	21.0	20.7	27.2	34.3	41.3	41.1	30.6	28	27	13	28	21	28	27	18	28	25
海南	28.0	30.4	49.2	27.4	15.1	33.2	46.1	37.9	43.9	33.7	23	21	2	16	29	17	15	22	21	22
重庆	37.0	25.2	40.2	28.7	21.5	38.8	38.9	49.0	45.1	35.5	11	29	24	13	20	9	24	8	19	18
四川	37.8	35.1	37.6	32.4	29.9	29.6	49.4	44.4	50.9	38.2	10	16	27	7	12	24	11	14	12	10
贵州	26.5	30.2	37.6	29.6	17.3	28.7	33.8	32.1	40.9	30.2	25	22	28	12	27	26	28	25	29	26
云南	22.9	26.9	40.9	28.2	19.7	26.3	33.5	25.2	43.2	29.0	30	26	23	14	22	30	29	29	23	29
西藏	28.4	29.8	41.3	34.5	11.7	22.9	20.7	26.2	34.9	27.5	22	23	22	6	31	31	31	28	31	31
陕西	26.7	36.7	44.7	24.7	33.2	34.6	42.4	33.5	42.1	35.0	24	13	11	20	7	13	19	24	27	19
甘肃	22.5	23.2	38.5	18.6	19.7	28.8	37.3	24.7	42.2	27.8	31	30	26	31	23	25	25	30	25	30
青海	29.2	27.4	33.4	24.0	14.7	34.4	33.5	29.8	43.7	29.5	21	25	31	24	30	15	30	27	22	28
宁夏	25.3	21.4	36.4	26.3	15.5	34.5	42.0	35.1	38.7	29.7	29	31	30	17	28	14	21	23	30	27
新疆	25.8	38.0	40.0	27.7	18.0	30.2	34.8	23.3	46.4	31.1	27	10	25	15	26	23	26	31	17	24

附录三

2012 年中国 31 个省、市、区主要经济指标数据

统计资料（Ⅰ）

地　区	GDP（亿元）	GDP 增长率（%）	人均 GDP（元）	第一产业增加值（亿元）	第二产业增加值（亿元）	工业增加值（亿元）	第三产业增加值（亿元）
北　京	17879	7.7	87475	150	4059	3294	13670
天　津	12894	13.8	93173	172	6664	6123	6058
河　北	26575	9.6	36584	3187	14004	12512	9385
山　西	12113	10.1	33628	698	6732	6024	4683
内蒙古	15881	11.5	63886	1449	8801	7736	5631
辽　宁	24846	9.5	56649	2156	13230	11605	9460
吉　林	11939	12.0	43415	1412	6377	5582	4150
黑龙江	13692	10.0	35711	2114	6038	5241	5540
上　海	20182	7.5	85373	128	7855	7098	12199
江　苏	54058	10.1	68347	3418	27122	23908	23518
浙　江	34665	8.0	63374	1668	17316	15338	15681
安　徽	17212	12.1	28792	2179	9405	8026	5628
福　建	19702	11.4	52763	1777	10188	8542	7737
江　西	12949	11.0	28800	1520	6943	5828	4486
山　东	50013	9.8	51768	4282	25736	22798	19996
河　南	29599	10.1	31499	3770	16672	15018	9158
湖　北	22250	11.3	38572	2849	11193	9735	8209
湖　南	22154	11.3	33480	3004	10506	9139	8644
广　东	57068	8.2	54095	2847	27701	25810	26520
广　西	13035	11.3	27952	2172	6247	5279	4615
海　南	2856	9.1	32377	712	804	521	1340
重　庆	11410	13.6	38914	940	5975	4981	4494
四　川	23873	12.6	29608	3297	12333	10551	8242
贵　州	6852	13.6	19710	892	2678	2217	3283
云　南	10309	13.0	22195	1655	4419	3451	4236
西　藏	701	11.8	22936	80	243	55	378
陕　西	14454	12.9	38564	1370	8074	6847	5010
甘　肃	5650	12.6	21978	781	2600	2070	2270
青　海	1894	12.3	33181	177	1092	896	624
宁　夏	2341	11.5	36394	199	1159	879	983
新　疆	7505	12.0	33796	1321	3482	2850	2703

统计资料 (II)

地 区	地方财政收入 （亿元）	固定资产投资 （亿元）	全社会消费品零 售总额（亿元）	进出口总额 （亿美元）	出口总额 （亿美元）	实际 FDI （亿美元）
北 京	3315	6112	7703	40810732	5963209	119000
天 津	1760	7935	3921	11563427	4831256	1501600
河 北	2084	19661	9254	5056306	2959820	603000
山 西	1516	8863	4507	1504311	701604	250000
内蒙古	1553	11876	4573	1125898	397016	394300
辽 宁	3105	21836	9347	10409000	5795905	2679000
吉 林	1041	9512	4773	2456301	598268	581600
黑龙江	1163	9695	5491	3759029	1443517	399000
上 海	3744	5118	7412	43658695	20673017	1518500
江 苏	5861	30854	18331	54796149	32852352	3576000
浙 江	3441	17649	13588	31240136	22451714	1307000
安 徽	1793	15426	5737	3928454	2674850	864000
福 建	1776	12440	7257	15593796	9783259	633800
江 西	1372	10774	4027	3341383	2511279	682400
山 东	4059	31256	19652	24554432	12870921	1235000
河 南	2040	21450	10916	5173881	2967645	1211800
湖 北	1823	15578	9563	3196375	1939850	566600
湖 南	1782	14523	7922	2194873	1260220	728000
广 东	6229	18751	22677	98402046	57405077	2354900
广 西	1166	9809	4517	2948446	1546775	74900
海 南	409	2145	871	1432210	313610	164100
重 庆	1703	8736	4034	5320358	3856758	1057700
四 川	2421	17040	9269	5914360	3846907	1055000
贵 州	1014	5718	2028	663156	495223	104600
云 南	1338	7831	3512	2101373	1001737	218900
西 藏	87	671	255	342414	335518	17402
陕 西	1601	12045	4384	1479903	865226	293600
甘 肃	520	5145	1907	890075	357355	6100
青 海	186	1883	476	115747	72876	20600
宁 夏	264	2097	549	221671	164112	21800
新 疆	909	6159	1859	2517006	1934565	40800

数据来源：《中国统计年鉴》（2013）。

统计资料 (III)

地 区	教育经费 （亿元）	金融机构存 款余额（亿元）	旅游外汇收 入（百万美元）	铁路密度（公 里/平方公里）	公路密度（公 里/平方公里）	耕地面积 （千公顷）	森林覆盖率 （%）
北 京	737.4	84837	5149	7.8	131.0	231.7	31.7
天 津	413.6	20294	2226	7.3	129.1	441.1	8.2
河 北	844.8	34257	545	3.0	86.5	6317.3	22.3
山 西	549.5	24517	720	2.4	87.9	4055.8	14.1

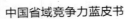

续表

地 区	教育经费（亿元）	金融机构存款余额（亿元）	旅游外汇收入（百万美元）	铁路密度（公里/平方公里）	公路密度（公里/平方公里）	耕地面积（千公顷）	森林覆盖率（%）
内蒙古	504.0	13673	772	0.8	14.3	7147.2	20.0
辽 宁	780.9	35304	3264	3.4	71.3	4085.3	35.1
吉 林	429.4	12812	495	2.3	48.8	5534.6	38.9
黑龙江	483.8	16541	835	1.3	35.1	11830.1	42.4
上 海	710.6	63555	5493	5.7	152.2	244.0	9.4
江 苏	1588.2	78109	6300	2.2	144.4	4763.6	10.5
浙 江	1206.9	66679	5152	1.7	107.7	1920.9	57.4
安 徽	817.2	23212	1563	2.3	117.9	5730.2	26.1
福 建	634.5	25058	4226	1.8	76.3	1330.1	63.1
江 西	630.8	16839	485	1.7	90.2	2827.1	58.3
山 东	1372.8	55386	2924	2.7	155.7	7515.3	16.7
河 南	1182.1	31970	611	3.0	150.8	7926.4	20.2
湖 北	684.4	28258	1203	2.1	117.4	4664.1	31.1
湖 南	798.8	23147	928	1.8	110.5	3789.4	44.8
广 东	1884.6	105100	15611	1.6	108.4	2830.7	49.4
广 西	593.8	15967	1279	1.3	45.4	4217.5	52.7
海 南	173.2	5110	348	2.0	68.6	727.5	52.0
重 庆	504.0	19424	1168	1.8	146.7	2235.9	34.9
四 川	1024.4	41577	798	0.7	60.6	5947.4	34.3
贵 州	451.1	10568	169	1.2	93.4	4485.3	31.6
云 南	658.3	18062	1947	0.7	57.2	6072.1	47.5
西 藏	82.6	2054	106	0.0	5.4	361.6	11.9
陕 西	683.8	22843	1597	2.0	78.4	4050.3	37.3
甘 肃	360.8	10130	22	0.6	32.5	4658.8	10.4
青 海	155.2	3538	24	0.3	9.2	542.7	4.6
宁 夏	131.4	3507	5	2.5	51.0	1107.1	9.8
新 疆	460.6	12424	551	0.3	10.0	4124.6	4.0

数据来源：《中国统计年鉴》（2013）。

统计资料（Ⅳ）

地 区	年末人口（万人）	人口自然增长率(‰)	城镇化率（%）	平均受教育程度(年)	城镇登记失业率（%）	居民消费品零售价格指数（%）	城镇居民人均可支配收入(元)	农村居民家庭人均纯收入(元)
北 京	2069	4.74	86.2	11.8	1.3	103.3	41103	16476
天 津	1413	2.63	81.6	10.5	3.6	102.7	32944	14026
河 北	7288	6.47	46.8	8.7	3.7	102.6	21899	8081
山 西	3611	4.87	51.3	9.4	3.3	102.5	22100	6357
内蒙古	2490	3.65	57.7	9.2	3.7	103.1	24791	7611
辽 宁	4389	-0.39	65.7	9.9	3.6	102.8	25916	9384
吉 林	2750	0.36	53.7	9.3	3.7	102.5	21660	8598

续表

地区	年末人口 （万人）	人口自然 增长率(‰)	城镇化率 （%）	平均受教 育程度(年)	城镇登记 失业率(%)	居民消费 品零售价 格指数(%)	城镇居民 人均可支 配收入(元)	农村居民 家庭人均 纯收入(元)
黑龙江	3834	1.27	56.9	9.2	4.2	103.2	19368	8604
上 海	2380	4.20	89.3	10.7	3.1	102.8	44755	17804
江 苏	7920	2.45	63.0	9.3	3.1	102.6	32519	12202
浙 江	5477	4.60	63.2	9.2	3.0	102.2	37995	14552
安 徽	5988	6.86	46.5	8.5	3.7	102.3	23525	7160
福 建	3748	7.01	59.6	8.6	3.6	102.4	30878	9967
江 西	4504	7.32	47.5	8.9	3.0	102.7	21150	7829
山 东	9685	4.95	52.4	8.8	3.3	102.1	28006	9447
河 南	9406	5.16	42.4	8.7	3.1	102.5	21897	7525
湖 北	5779	4.88	53.5	9.2	3.8	102.9	22904	7852
湖 南	6639	6.57	46.7	8.7	4.2	102.0	22805	7440
广 东	10594	6.95	67.4	9.3	2.5	102.8	34044	10543
广 西	4682	7.89	43.5	8.4	3.4	103.2	23209	6008
海 南	887	8.85	51.6	9.1	2.0	103.2	22810	7408
重 庆	2945	4.00	57.0	8.6	3.3	102.6	24811	7383
四 川	8076	2.97	43.5	8.5	4.0	102.5	22328	7001
贵 州	3484	6.31	36.4	7.6	3.3	102.7	20043	4753
云 南	4659	6.22	39.3	7.8	4.0	102.7	23000	5417
西 藏	308	10.27	22.8	5.1	2.6	103.5	20224	5719
陕 西	3753	3.88	50.0	9.1	3.2	102.8	22606	5763
甘 肃	2578	6.06	38.8	8.3	2.7	102.7	18498	4507
青 海	573	8.24	47.4	7.6	3.4	103.1	19747	5364
宁 夏	647	8.93	50.7	8.4	4.2	102.0	21902	6180
新 疆	2233	10.84	44.0	9.0	3.4	103.8	20195	6394

数据来源：《中国统计年鉴》（2013）。

B.43
参考文献

《十六大以来中国资本市场改革发展概况》[N]，《证券时报》2011年10月31日。

安增军等：《中国区域经济视角的"海峡西岸经济区"构建与福建经济竞争力提升》[J]，《经济管理》2007年第14期。

白瑞雪、翟珊珊：《基于产业链视角的"十二五"时期产业结构优化升级研究》[J]，《中国特色社会主义研究》2012年第4期。

财政部财政科学研究所：《60年来中国财政发展历程与若干重要节点》[J]，《改革》2009年第10期。

陈红川：《高新技术产业竞争力评价实证研究》[J]，《软科学》2010年第8期。

陈宏：《河南省工业竞争力研究——基于因子分析方法》[J]，《河南社会科学》2010年第2期。

陈梦筱：《中国六大经济区竞争力与发展定位研究》[J]，《经济问题探索》2011年第10期。

杜鹰：《区域协调发展的基本思路与重点任务》[J]，《求是》2012年第4期。

樊华、周德祥：《中国省域科技创新效率演化及其影响因素研究》[J]，《科研管理》2012年第1期。

范恒山、孙久文、陈宣庆：《中国区域协调发展研究》[M]，北京：商务印书馆，2012。

高培勇等：《中国公共财政建设报告2012（地方版）》[M]，北京：社会科学文献出版社，2012。

高培勇等：《中国公共财政建设报告2012（全国版）》[M]，北京：社会科学文献出版社，2012。

高山：《主要国际金融中心竞争力比较及对上海的启示》[J]，《社会科学研究》2009年第4期。

顾飞、黄睿：《创新驱动战略价值解析》[J]，《重庆电子工程学院学报》2011年第4期。

国家统计局：《"十一五"经济社会发展成就系列报告之十六：我国经济结构调整取得重要进展》[EB/OL]，http://www.stats.gov.cn/tjfx/ztfx/sywcj/t20110311_402709772.htm。

国家统计局：《从十六大到十八大经济社会发展成就系列报告之一》[EB/OL]，http://www.stats.gov.cn/tjfx/ztfx/sbdcj/t20120815_402827873.htm。

国家统计局：《中国统计年鉴2012》[M]，北京：中国统计出版社，2012。

国家统计局:《中国统计年鉴 2013》[M],北京:中国统计出版社,2013。

国土开发与地区经济研究所课题组:《"十二五"时期促进我国区域协调发展的重点任务和政策建议》[J],《宏观经济研究》2010 年第 5 期。

韩利红等:《河北省创新型科技人才竞争力评价与分析》[J],《河北大学学报(哲学社会科学版)》2009 年第 6 期。

何莉娟:《关于建设区域科技创新信息服务平台的思考》[J],《科技情报开发与经济》2012 年第 12 期。

何莉娟:《关于建设区域科技创新信息服务平台的思考》[J],《科技情报开发与经济》2012 年第 12 期。

何亚东:《我国服务贸易竞争力及发展战略研究》[J],《国际贸易研究》2010 年第 8 期。

何奕:《区域协调发展面临的问题及解决路径》[N],《光明日报》2012 年 6 月 24 日。

胡锦涛:《坚定不移沿着中国特色社会主义道路前进,为全面建成小康社会而奋斗:在中国共产党第十八次全国代表大会上的报告》[M],北京:人民出版社,2012。

黄麟:《促进城乡公共服务均等化的地方财政体制改革研究》[J],《改革与战略》2011 年第 12 期。

黄新建等:《江西省城市化进程与城市竞争力研究》[J],《企业经济》2008 年第 6 期。

黄祖辉等:《浙江省农产品国际竞争力的影响因素——基于双钻石模型的对比分析》[J],《浙江社会科学》2010 年第 9 期。

姬兆亮、戴永翔、胡伟:《政府协同治理:中国区域协调发展协同治理的实现路径》[J],《西北大学学报(哲学社会科学版)》2013 年第 2 期。

贾敬全:《促进区域经济协调发展的财政政策研究》[J],《经济问题探索》2011 年第 5 期。

贾康:《"十二五"时期中国财政制度改革》[J],《财政研究》2011 年第 7 期。

贾晓俊、岳希明:《我国均衡性转移支付资金分配机制研究》[J],《经济研究》2012 年第 1 期。

鞠姗:《国际贸易格局对中国的影响及对策》[N],《光明日报》2013 年 11 月 13 日。

李冬:《吉林省农产品出口贸易竞争力的测算与分析》[J],《经济纵横》2009 年第 7 期。

李建平、李建建、黄茂兴等:《中国经济 60 年发展报告(1949~2009)》[M],北京:经济科学出版社,2009。

李建平等主编《"十一五"时期中国省域经济综合竞争力发展报告》[M],北京:社会科学文献出版社,2012。

李建平等主编《中国省域环境竞争力发展报告(2005~2009)》[M],北京:社会科学文献出版社,2011。

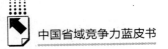
李建平等主编《中国省域环境竞争力发展报告（2009～2010)》[M]，北京：社会科学文献出版社，2011。

李建平等主编《中国省域经济综合竞争力发展报告（2005～2006)》[M]，北京：社会科学文献出版社，2007。

李建平等主编《中国省域经济综合竞争力发展报告（2006～2007)》[M]，北京：社会科学文献出版社，2008。

李建平等主编《中国省域经济综合竞争力发展报告（2007～2008)》[M]，北京：社会科学文献出版社，2009。

李建平等主编《中国省域经济综合竞争力发展报告（2008～2009)》[M]，北京：社会科学文献出版社，2010。

李建平等主编《中国省域经济综合竞争力发展报告（2009～2010)》[M]，北京：社会科学文献出版社，2011。

李建平等主编《中国省域经济综合竞争力发展报告（2011～2012)》[M]，北京：社会科学文献出版社，2013。

李梦觉：《湖南工业竞争力的横向评价》[J]，《统计与决策》2008年第9期。

李闽榕：《中国省域经济综合竞争力研究报告（1998～2004》[M]，北京：社会科学文献出版社，2006。李闽榕、李建平、黄茂兴：《中国省域经济综合竞争力评价与预测研究》[M]，北京：社会科学文献出版社，2007。

李闽榕、李建平、黄茂兴：《中国省域经济综合竞争力预测研究报告（2009～2012)》[M]，北京：社会科学文献出版社，2010。

李清彬、金相郁等：《要素适宜度与中国区域经济协调：内涵与机制》[J]，《中国人口·资源与环境》2010年第7期。

李森：《论集权、分权均衡的实现及我国财政体制的优化》[J]，《税务与经济》2012年第2期。

李葳、王宏起：《区域科技创新平台体系建设与运行策略》[J]，《科技进步与对策》2012年第6期。

李扬：《中国金融改革30年》[M]，北京：社会科学文献出版社，2008。

李应生：《科技创新成果转化的难点与对策研究》[J]，《河南科技》2012年第2期。

刘立峰：《各地区"十二五"规划比较》[J]，《中国投资》2011年第12期。

刘丽、齐磊：《推进城乡统筹发展的对策建议》[J]，《农业考古》2011年第6期。

刘丽娟：《完善公共财政体制　实现基本公共服务均等化》[J]，《广东行政学院学报》2012年第1期。

刘庶明：《全国各地"十二五"规划纲要建议比较研究》[R]，吉林省人民政府发展研究中心，2011。

刘迎霜：《中国金融体制改革历程——基于金融机构、金融市场、金融监管视角的叙述》[J]，《南京社会科学》2011年第4期。

刘志彪：《从后发到先发：关于实施创新驱动战略的理论思考》[J]，《产业经济研究》2011年第4期。

娄峥嵘：《我国公共服务财政支出效率研究》[M]，北京：中国社会科学出版社，2011。

卢启程等：《国内外区域竞争力研究现状与分析》[J]，《经济问题探索》2011年第3期。

逯元堂等：《我国产业结构调整的环境成效实证分析》[J]，《中国人口·资源与环境》2011年第12期。

吕品等：《浙江传统制造业国际竞争力实证分析》[J]，《华东经济管理》2009年第9期。

罗天洪等：《创新视角下重庆市装备制造业竞争力提升机理研究》[J]，《科技进步与对策》2011年第3期。

马蕾、刘小斌、宋华明等：《创新驱动战略下的创新高速公路初探》[J]，《科技与经济》2011年第6期。

戚汝庆：《山东科技竞争力分析及对策建议》[J]，《山东师范大学学报（人文社会科学版）》2010年第2期。

曲凤杰：《加快金融改革开放　推动金融体系国际化进程》[J]，《宏观经济管理》2012年第3期。

屈韬：《FDI对广东外贸商品结构和产业竞争力的影响》[J]，《广东商学院学报》2011年第2期。

荣宏庆：《辽宁装备制造业竞争力现状与比较优势分析》[J]，《扬州大学学报（人文社会科学版）》2011年第1期。

沙治慧：《公共投资与经济发展的区域协调性研究》[J]，《经济学动态》2012年第5期。

尚慧丽：《提升区域服务业竞争力的对策研究》[J]，《经济纵横》2010年第1期。

申曙光、吴昱杉：《我国基本医疗保险制度城乡统筹的关键问题分析》[J]，《中国医疗保险》2013年第6期。

盛朝迅：《比较优势因素变化对我国产业结构调整的影响》[J]，《经济纵横》2012年第8期。

税伟：《区域竞争力的国际争论及启示》[J]，《人文地理》2010年第1期。

宋平：《中日韩三国科技创新能力的比较与启示》[J]，《山东社会科学》2012年第7期。

孙翠兰：《"十二五"时期区域经济、社会进一步协调发展总体思路》[J]，《当代经济》2010年第13期。

孙晓霞：《统筹规划"十二五"开局之年的财政金融工作》[J]，《中国财政》2011年第5期。

谭文华等：《福建省科技创新平台建设的回顾与展望》[J]，《福建农林大学学报》2011年第2期。

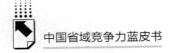

陶军：《基于产业集群战略的内蒙古"西部经济区"核心竞争力提升的研究》[J]，《开发研究》2011年第3期。

田丰：《世界经济新看点》[N]，《经济日报》2013年12月6日。

田穗、张艺壤：《城乡统筹发展下社会保障制度完善》[J]，《商业时代》2013年第2期。

万娜：《我国科技创新体系建设带来的思考》[J]，《科技创新导报》2011年第27期。

汪小亚：《农村金融体制改革研究》[M]，北京：中国金融出版社，2009。

汪阳红：《"十二五"时期促进我国区域协调发展的重点》[J]，《宏观经济管理》2010年第7期。

魏后凯：《中国区域协调发展研究》[M]，北京：中国社会科学出版社，2012。

魏后凯、高春亮：《中国区域协调发展态势与政策调整思路》[J]，《河南社会科学》2012年第1期。

魏加宁：《加快金融体制改革　化解金融潜在风险》[J]，《经济研究参考》2012年第8期。

魏晓强等：《青海旅游业综合竞争力评价与预测分析》[J]，《开发研究》2011年第2期。

温晓娟、马春光：《企业国际竞争力相关概念辨析与影响因素探讨》[J]，《经济问题探索》2010年第7期。

邬云峰等：《中国"准"经济增长第四极竞争力比较研究》[J]，《探索》2011年第4期。

吴海东：《城乡统筹中的发展机制探析》[J]，《天府新论》2013年第2期。

吴洪英：《世界经济步入长期复杂调整期》[N]，《经济日报》2013年11月12日。

吴仁伟等：《上海国际竞争力评估与比较分析》[J]，《社会科学》2009年第10期。

吴晓灵：《中国金融体制改革30年回顾与展望》[M]，北京：人民出版社，2008。

武友德等：《云南省地区综合经济实力与竞争力比较研究》[J]，《经济问题探索》2009年第5期

相丽玲等：《我国区域知识竞争力的关键要素分析》[J]，《情报理论与实践》2011年第3期。

向延平：《区域协调发展的国际经验及启示》[J]，《宏观经济管理》2013年第4期。

项卫星等：《黑龙江省文化产业竞争力分析》[J]，《学习与探索》2010年第3期。

谢旭人：《为国理财为民服务——党的十六大以来财政发展改革成就》[M]，北京：人民出版社，2012。

熊辉、杨泰龙、胡柳娟：《论新时期我国统筹区域协调发展战略》[J]，《当代世界与社会主义》2012年第2期。

徐光耀、宋卫国：《2011~2012全球竞争力指数与中国的创新型国家建设》[J]，《中国科技论坛》2012年第7期。

徐昭锟：《我国统筹城乡养老保障制度的探讨》[J]，《劳动保障世界》2013年第1期。

许楠、王立岩：《创新型城市科技创新系统运行机制与效率测度》[J]，《统计与决策》2012年第13期。

延昕珂：《我国企业科技创新的问题与对策研究》[D]，武汉理工大学硕士学位论文，2011。

杨道建等：《江苏省区域竞争力实证研究》[J]，《科技管理研究》2010年第22期。

杨洁：《陕西经济对外开放的实证分析及发展对策》[J]，《理论导刊》2010年第5期。

姚丽娟：《创新型产业集群是提升欠发达区域竞争力的战略选择——以甘肃为例》[J]，《甘肃社会科学》2009年第3期。

尹晨、严立新：《中国农村金融改革与发展战略刍议》[J]，《毛泽东邓小平理论研究》2012年第1期。

余子鹏、刘勇：《我国产业结构调整与要素效率关系分析》[J]，《经济学家》2011年第8期。

张纯记：《中国省级区域经济发展水平的动态综合评价》[J]，《工业技术经济》2010年第7期。

张俊飚等：《湖北农产品市场竞争力的现状分析及提升对策》[J]，《湖北社会科学》2010年第12期。

张涑贤等：《基于拓展偏离——份额法的陕西省服务业竞争力及发展对策分析》[J]，《华南师范大学学报（社会科学版）》2010年第1期。

张伟丽、李建新：《中国行政区经济协调发展的空间格局及演化分析》[J]，《经济地理》2013年第6期。

张文兵：《安徽省制造业竞争力分析》[J]，《国际贸易问题》2007年第9期。

张耘：《北京国际科技创新枢纽建设与世界城市战略研究》[J]，《开放导报》2011年第5期。

赵弘等：《比较视角下的北京信息服务业竞争力分析》[J]，《中国科技论坛》2009年第7期。

赵敏、潘晓广：《环境规制、技术创新与经济转型的理性思考》[J]，《山西农业大学学报（社会科学版）》2012年第11期。

赵作斌：《刍议区域经济核心竞争力理论与实践》[J]，《经济问题》2008年第3期。

郑甘澍：《金融危机对我国区域经济影响的分析及其思考》[J]，《中国经济问题》2010年第3期。

郑新立：《我国金融体制改革的五大关键点》[J]，《经济研究参考》2012年第8期。

郑珍远等：《福建省高新技术产业竞争力评价研究——华东六省一市的比较分析》[J]，《东南学术》2010年第5期。

智颖飙等：《安徽资源环境绩效评估研究》[J]，《安徽大学学报（自然科学版）》

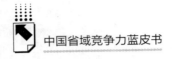
2008 年第 5 期。

中共第十七届中央委员会第五次全体会议公报，2010 年 10 月。

中国科技统计，http：//www. sts. org. cn。

中国人民银行：《2012 中国区域金融运行报告》［EB/OL］，http：//www. pbc. gov. cn。

中华人民共和国商务部：《中国农产品进出口月度统计报告》。

中华人民共和国新闻出版总署：《2012 年新闻出版产业分析报告》。

周广亮：《基于主成分分析的省级区域竞争力评价》［J］，《经济研究参考》2010 年第 65 期。

周小川：《党的十六大以来中国金融业改革发展取得巨大成就》［N］，《金融时报》2012 年 9 月 19 日。

　　本书是课题组编写的第八部"中国省域竞争力蓝皮书"。八年来，在各方的关怀和支持下，"中国省域竞争力蓝皮书"得到了社会各界的广泛关注和高度认可，产生了积极的社会反响。2013 年 8 月，由中国社会科学院主办的"第十四次全国皮书年会"公布了首批"中国社会科学院创新工程学术出版项目"院外优秀皮书，"中国省域竞争力蓝皮书"光荣入列。这是对这部皮书的重要褒奖，我们必将继续奋力前行。

　　本书是全国经济综合竞争力研究中心 2014 年重点项目研究成果、中央财政支持地方高校发展专项项目"福建师范大学产业与区域经济综合竞争力研究创新团队"2013～2014年重大研究成果、中央组织部资助的首批青年拔尖人才支持计划（组厅字〔2013〕33 号文件）2013～2014 年阶段性成果、国家社科基金项目（项目编号：10CJL006）、（项目编号：10BJL046）资助的阶段性研究成果，是教育部新世纪优秀人才支持计划（项目编号：NCET - 10 - 0017）、福建省新世纪优秀人才支持计划（项目编号：JA10074S）、福建省高等学校科技创新团队（闽教科〔2012〕03 号）和福建师范大学创新团队建设计划资助的阶段性研究成果，以及福建省特色重点学科和省重点学科福建师范大学理论经济学暨福建省高校服务海西建设重点项目 2013～2014 年重大研究课题的最终研究成果。

　　省域经济是中国经济的一个重要组成部分，省域经济的重要地位日益凸显，越来越引起区域经济发展战略决策者和经济理论界的高度关注。省域经济在中国经济的发展中发挥了中流砥柱的作用，由此也决定了大力提升省域经济综合竞争力研究必将引起理论界、学术界和各级政府决策者的高度重视。自 2007 年起，由全国经济综合竞争力研究中心福建师范大学分中心具体承担研究的《中国省域经济综合竞争力发展报告》系列蓝皮书，已由社会科学文献出版社正式出版了 7 部，分别于 2007 年、2008 年、2009 年、2010 年、2011 年、2012 年和 2013 年全国"两会"期间或前夕在中国社会科学院第一学术报告厅举行新闻发布会，引起了各级政府、理论界和海内外新闻媒体的高度关注，产生了强烈的社会反响。

　　为了全面贯彻落实党的十八大、十八届三中全会和 2013 年中央经济工作会议精神，课题组结合国内外经济形势对我国各省域经济发展的影响，紧密跟踪研究"十二五"中期我国各省、市、区经济综合竞争力的评价结果，为我国区域经济战略选择提供有价值的分析依据。在国务院发展研究中心管理世界杂志社、中国社会科学院和社会科学文献出版社领导的大力支持下，全国经济综合竞争力研究中心福建师范大学分中心将《"十二五"中期中国省域经济综合竞争力发展报告》蓝皮书研究项目再次列为重大研究课题，福建师范大学原校长、福建省社科联副主席李建平教授亲自担任课题组组长和本书的主编之一，直接指导和参与了本书的研究和审订书稿工作；本书主编之一福建省新闻出版广电局党组书记、福建师范大学兼职教授李闽榕博士指导、参与了本书的研究和书稿统改、审订工作；国务院发展研究中心管理世界杂志社社长高燕京同志对本书的研究工作给予了积极指导和大力支持，并担任本书的主编之一；国务院发展研究中心管理世界杂志社竞争力部主任苏宏文同志为本书的顺利完成积极创造了条件；福建师范大学经济学院院长李建建教授对本项目的研究工作给予了大力支持；全国经济综合竞争力研究中心福建师范大学分中心常务副主任、福建师范大学经济学院副院长黄茂兴教授为本书的研究从课题策划到最终完稿做了大量具体工作。

2013年3月以来，课题组着手对省域经济综合竞争力的创新内容、主攻方向、评价方法等问题展开了比较全面和深入的研究，跟踪研究"十二五"中期（2011~2012年）中国各省、市、区经济发展动态和指标数据，研究对象涉及全国31个省级区域。本书一百多万字，数据采集、录入和分析工作庞杂而艰巨，采集、录入基础数据1.2万个，计算、整理和分析数据4万多个，共制作简图100多幅、统计表格500多个、竞争力地图30幅。这是一项复杂艰巨的工程，编写组的各位同志为完成这项工程付出了艰辛的劳动，在此谨向全力支持本课题顺利进行的福建师范大学经济学院领导及参与本项目研究的李军军博士（承担本书第二部分第4~11章和第三部分"专题一"，共计20.6万字）、林寿富博士（承担本书第二部分第19~23章和第三部分"专题六"，共计13.0万字）、陈洪昭博士（承担本书第二部分第24~26章和第三部分"专题二"，共计9.0万字）、王珍珍博士（承担本书第二部分第29~31章和第三部分"专题五"，共计9.3万字）、陈伟雄博士（承担本书第二部分第27~28章和第三部分"专题四"，共计6.7万字）、周利梅博士（承担本书第三部分"专题七"，共计2.8万字）、易小丽博士（承担本书第三部分"专题三"，共计3.1万字），以及博（硕）士研究生杨雪星、张宝英、陈贤龙、郭少康、吴其勉、叶婉君、张璇、邱雪萍、李师源、兰筱琳、陈志龙、贾学凯、季鹏、邹尔明、肖蕾等表示深深的谢意。他们放弃节假日休息时间，每天坚持工作10多个小时，为本书的数据采集、测算等做了许多细致的工作。

该书也是福建师范大学与福建省人民政府发展研究中心共同组织实施的福建省研究生教育创新基地建设项目——福建省政治经济学研究生教育创新基地的阶段性成果，福建师范大学经济学院各年级研究生通过积极参加本项目的研究，增强了科研意识，提高了创新能力，使经济学院的研究生培养质量有了很大提高。

本书还直接或间接引用、参考了其他研究者的相关研究文献，对这些文献的作者表示诚挚的感谢。

社会科学文献出版社的谢寿光社长，社会政法分社王绯社长以及责任编辑曹长香、李兰生，为本书的出版提出了很好的修改意见，付出了辛苦的劳动，在此一并向他们表示由衷的谢意。

由于时间仓促，本书难免存在疏漏和不足，敬请读者批评指正。

编　者
2013年12月

中国皮书网
www.pishu.cn

发布皮书研创资讯，传播皮书精彩内容
引领皮书出版潮流，打造皮书服务平台

栏目设置：

☐ 资讯：皮书动态、皮书观点、皮书数据、 皮书报道、皮书新书发布会、电子期刊

☐ 标准：皮书评价、皮书研究、皮书规范、皮书专家、编撰团队

☐ 服务：最新皮书、皮书书目、重点推荐、在线购书

☐ 链接：皮书数据库、皮书博客、皮书微博、出版社首页、在线书城

☐ 搜索：资讯、图书、研究动态

☐ 互动：皮书论坛

中国皮书网依托皮书系列"权威、前沿、原创"的优质内容资源，通过文字、图片、音频、视频等多种元素，在皮书研创者、使用者之间搭建了一个成果展示、资源共享的互动平台。

自2005年12月正式上线以来，中国皮书网的IP访问量、PV浏览量与日俱增，受到海内外研究者、公务人员、商务人士以及专业读者的广泛关注。

2008年、2011年中国皮书网均在全国新闻出版业网站荣誉评选中获得"最具商业价值网站"称号。

2012年，中国皮书网在全国新闻出版业网站系列荣誉评选中获得"出版业网站百强"称号。

权威报告　热点资讯　海量资源

当代中国与世界发展的高端智库平台

皮书数据库　www.pishu.com.cn

　　皮书数据库是专业的人文社会科学综合学术资源总库，以大型连续性图书——皮书系列为基础，整合国内外相关资讯构建而成。该数据库包含七大子库，涵盖两百多个主题，囊括了近十几年间中国与世界经济社会发展报告，覆盖经济、社会、政治、文化、教育、国际问题等多个领域。

　　皮书数据库以篇章为基本单位，方便用户对皮书内容的阅读需求。用户可进行全文检索，也可对文献题目、内容提要、作者名称、作者单位、关键字等基本信息进行检索，还可对检索到的篇章再作二次筛选，进行在线阅读或下载阅读。智能多维度导航，可使用户根据自己熟知的分类标准进行分类导航筛选，使查找和检索更高效、便捷。

　　权威的研究报告、独特的调研数据、前沿的热点资讯，皮书数据库已发展成为国内最具影响力的关于中国与世界现实问题研究的成果库和资讯库。

皮书俱乐部会员服务指南

1. 谁能成为皮书俱乐部成员？

- 皮书作者自动成为俱乐部会员
- 购买了皮书产品（纸质皮书、电子书）的个人用户

2. 会员可以享受的增值服务

- 加入皮书俱乐部，免费获赠该纸质图书的电子书
- 免费获赠皮书数据库100元充值卡
- 免费定期获赠皮书电子期刊
- 优先参与各类皮书学术活动
- 优先享受皮书产品的最新优惠

> 阅读卡

3. 如何享受增值服务？

（1）加入皮书俱乐部，获赠该书的电子书

　　第1步 登录我社官网（www.ssap.com.cn），注册账号；

　　第2步 登录并进入"会员中心"—"皮书俱乐部"，提交加入皮书俱乐部申请；

　　第3步 审核通过后，自动进入俱乐部服务环节，填写相关购书信息即可自动兑换相应电子书。

（2）免费获赠皮书数据库100元充值卡

　　100元充值卡只能在皮书数据库中充值和使用

　　第1步 刮开附赠充值的涂层（左下）；

　　第2步 登录皮书数据库网站（www.pishu.com.cn），注册账号；

　　第3步 登录并进入"会员中心"—"在线充值"—"充值卡充值"，充值成功后即可使用。

4. 声明

　　解释权归社会科学文献出版社所有

皮书俱乐部会员可享受社会科学文献出版社其他相关免费增值服务，有任何疑问，均可与我们联系

联系电话：010-59367227　企业QQ：800045692　邮箱：pishuclub@ssap.cn

欢迎登录社会科学文献出版社官网（www.ssap.com.cn）和中国皮书网（www.pishu.cn）了解更多信息

社会科学文献出版社

皮书系列

　　"皮书"起源于十七、十八世纪的英国，主要指官方或社会组织正式发表的重要文件或报告，多以"白皮书"命名。在中国，"皮书"这一概念被社会广泛接受，并被成功运作、发展成为一种全新的出版形态，则源于中国社会科学院社会科学文献出版社。

　　皮书是对中国与世界发展状况和热点问题进行年度监测，以专业的角度、专家的视野和实证研究方法，针对某一领域或区域现状与发展态势展开分析和预测，具备权威性、前沿性、原创性、实证性、时效性等特点的连续性公开出版物，由一系列权威研究报告组成。皮书系列是社会科学文献出版社编辑出版的蓝皮书、绿皮书、黄皮书等的统称。

　　皮书系列的作者以中国社会科学院、著名高校、地方社会科学院的研究人员为主，多为国内一流研究机构的权威专家学者，他们的看法和观点代表了学界对中国与世界的现实和未来最高水平的解读与分析。

　　自 20 世纪 90 年代末推出以《经济蓝皮书》为开端的皮书系列以来，社会科学文献出版社至今已累计出版皮书千余部，内容涵盖经济、社会、政法、文化传媒、行业、地方发展、国际形势等领域。皮书系列已成为社会科学文献出版社的著名图书品牌和中国社会科学院的知名学术品牌。

　　皮书系列在数字出版和国际出版方面成就斐然。皮书数据库被评为"2008~2009 年度数字出版知名品牌"；《经济蓝皮书》《社会蓝皮书》等十几种皮书每年还由国外知名学术出版机构出版英文版、俄文版、韩文版和日文版，面向全球发行。

　　2011 年，皮书系列正式列入"十二五"国家重点出版规划项目；2012 年，部分重点皮书列入中国社会科学院承担的国家哲学社会科学创新工程项目；2014 年，35 种院外皮书使用"中国社会科学院创新工程学术出版项目"标识。

法 律 声 明

　　"皮书系列"（含蓝皮书、绿皮书、黄皮书）由社会科学文献出版社最早使用并对外推广，现已成为中国图书市场上流行的品牌，是社会科学文献出版社的品牌图书。社会科学文献出版社拥有该系列图书的专有出版权和网络传播权，其 LOGO（📖）与"经济蓝皮书"、"社会蓝皮书"等皮书名称已在中华人民共和国工商行政管理总局商标局登记注册，社会科学文献出版社合法拥有其商标专用权。

　　未经社会科学文献出版社的授权和许可，任何复制、模仿或以其他方式侵害"皮书系列"和 LOGO（📖）、"经济蓝皮书"、"社会蓝皮书"等皮书名称商标专用权的行为均属于侵权行为，社会科学文献出版社将采取法律手段追究其法律责任，维护合法权益。

　　欢迎社会各界人士对侵犯社会科学文献出版社上述权利的违法行为进行举报。电话：010 - 59367121，电子邮箱：fawubu@ ssap. cn。

社会科学文献出版社